数字经济学系列丛书
THE DIGITAL ECONOMICS SERIES

数字经济学
制度经济卷

The Digital Economics:
Volume of Institutional Economics

下 册

姜奇平　于小丽・著

中国财富出版社有限公司

图书在版编目（CIP）数据

数字经济学．制度经济卷．下册／姜奇平，于小丽著．--北京：中国财富出版社有限公司，2024.11．--（数字经济学系列丛书）．--ISBN 978－7－5047－8300－4

Ⅰ．F062.5；F019.8

中国国家版本馆CIP数据核字第2025E6P699号

策划编辑	谷秀莉　郑晓雯	**责任编辑**	谷秀莉	**版权编辑**	武　玥
责任印制	荀　宁	**责任校对**	卓闪闪	**责任发行**	于　宁

出版发行	中国财富出版社有限公司		
社　　址	北京市丰台区南四环西路188号5区20楼	**邮政编码**	100070
电　　话	010－52227588转2098（发行部）		010－52227588转321（总编室）
	010－52227566（24小时读者服务）		010－52227588转305（质检部）
网　　址	http：//www.cfpress.com.cn	**排　　版**	宝蕾元
经　　销	新华书店	**印　　刷**	宝蕾元仁浩（天津）印刷有限公司
书　　号	ISBN 978－7－5047－8300－4/F·3812		
开　　本	710mm×1000mm　1/16	**版　　次**	2025年3月第1版
印　　张	33.5	**印　　次**	2025年3月第1次印刷
字　　数	584千字	**定　　价**	98.00元

2024 年度国家出版基金资助项目

《数字经济学・制度经济卷（上册）》

《数字经济学・制度经济卷（下册）》

《数字经济学・产业经济卷》

《数字经济学・技术经济卷》

总　　策　　划：张红燕
项 目 负 责 人：谷秀莉
编辑执行团队：刘康格　郑晓雯
质 量 保 障 组：杨小静　卓闪闪　庞冰心　孙丽丽
　　　　　　　　尚立业　苟　宁
进 度 保 障 组：贾紫轩　杨　杰　武　玥
经费使用保障组：戚　珂　李　妍　王鹤豫　左亚威
廉 洁 保 障 组：贾浩然　马欣岳

总　序

数字经济学的特质

姜奇平

信息革命给经济带来了从工业生产方式向信息生产方式的转变。数字经济通过生产方式的转变，将自己区别于工业经济。数字经济学以体现信息生产方式为自己的特质。

经济学本应具备区分不同生产方式的功能，但现有经济学并不具有这种功能。普适的经济学至少要具备能够区分 3 种不同的生产方式——定制化的农业生产方式（小批量多品种）、大规模的工业生产方式（单一品种大批量）、大规模定制化的信息生产方式（大批量多品种）——的功能。它们分别体现 3 种具有不同历史特点的经济规律①。现有经济学更多的是对工业生产方式进行理论总结，并把从这一特例中归纳出的局部经验当作普遍原理。

数字经济学超越了工业经济学的局限，具有以下特点：

一是内生生产力。有什么样的生产力就有什么样的经济。农业革命、工业革命和信息革命，都是技术革命引发的生产力革命。经济学不能用农民的经验去指导工人，也不能用工人的经验去指导知本家，根本原因是作为人与人关系前提的人与自然的关系（技术、生产力）发生了范式转变。

此前，除了德国历史学派、历史唯物主义理论具有生产力概念外，经济学基本没有生产力意识。微观经济学相当晚才在生产函数与全要素生产率理论中内生了技术概念。而技术经济学中的技术，更多的是工程概念（自然科

① 在高维的经济数学分析中，我们把 3 种生产方式的数学转换关系高度归纳、概括为随机网络、规则网络与复杂网络之间的图值转换关系。详见姜奇平《网络经济：内生结构的复杂性经济学分析》（中国财富出版社，2017 年）。

学中的功能概念），而非生产力概念（社会科学概念）。以往经济学不讲生产力，实际是固化了生产力的默认选项，即假设只有工业生产力这一种形式。以此为基础总结经济规律，就把现代经济学与现代经济学家几百年有限的经验不恰当地当作了具有普遍解释力的法则。在遇到信息革命时，就容易出现问题。因为数字经济学发现，在信息生产力作用下，一些经济规律所能解释的现实所占的比例，正在超越工业经济学。

从数字经济学角度看，以往的各门经济学都是工业经济学，即以工业生产力为默认前提的经济学。数字经济学是以信息生产力为默认前提的经济学，如果数字经济学不声明这一点，而仍然以工业生产力为默认前提，那它的研究就几乎无法进行下去。举例来说，信息技术具有“通用目的技术”的特性，在生产力上具有资本通用性（使用上的非排他性），这与工业技术排他性使用基础上的资本专用性不同——从资源配置到利益分配，结论都是矛盾的。用资本专用性解释资本共享，就会导致解释力下降。

数字经济学是广义的技术经济学，是不以技术为主题的技术经济学。经济学在此不但涉及被技术、生产力所决定的经济，而且涉及内生技术与生产力观念调整后微观经济学、宏观经济学、技术经济学、制度经济学、管理经济学会发生何种质的变化。它实质上反映了内生信息生产力后带来的经济学各个部分范式、框架的根本调整。

二是内生生产方式。生产方式是生产力与生产关系结合的结果，有什么样的生产方式就有什么样的经济与经济学。

经济学要想从只对工业经济具有解释力的特例经济学发展为对农业经济、工业经济和信息经济都有解释力的普适经济学，就必须具备区分不同生产方式功能的顶层框架。具体来说，要从数学上实证地辨识生产方式，就要有“数量 Q—品种 N”二维框架，而以往的经济学框架都只有数量 Q，没有品种 N，这使其只能识别“大批量单一品种”的生产方式，而无法识别“小批量多品种”的生产方式和“大批量多品种”的生产方式。由此，经济学对农业经济、数字经济的解释力大为弱化。数字经济首当其冲，“索洛悖论”认为信息技术有投入没产出，就是因为缺乏辨识数字经济特有产出的计量单位。

专门擅长解释工业经济的特例经济学（典型如新古典理论），隐含着将品种设为 1（“单一品种”）这样一个默认选项（称为“同质性假定”）。这相当于将“单一品种”这样一种纯属工业经济的特例，当作人类历史中的普遍现象。数字经济的实践表明，人类并不是只有传统中国制造这种以“单一品种”为常态的经济，在数字经济中，以质量、创新、体验为基础的“多品种”的多样化经济，才是更为普遍的情况。

数字经济学不想罗列信息技术在经济中引发的各种表面新现象，尤其不想因为这种罗列导致形成“数字经济只有技术变化，没有经济学变化”这种旧学为体、新学为用的“洋务运动”式的认识，而希望通过经济学的范式变革，向世人展示信息革命真正的“响动”在经济和经济学，技术只是“引信”，不是主题。

经济学范式变革的切入点，是迪克西特－斯蒂格利茨模型（Dixit－Stiglitz Model，简称D－S模型）。阿维纳什·K. 迪克西特（Avinash K. Dixit）和约瑟夫·E. 斯蒂格利茨（Joseph E. Stiglitz）在1977年发表的论文《垄断竞争与最优产品多样化》中构建的D－S模型，首次将品种内生于“数量—价格”均衡，第一次为经济学从特例经济学推广为普适经济学提供了规范的经济数学条件。数字经济学将沿着D－S模型开辟的方向，将特例经济学品种为1（$N=1$）的同质性假定放松到多品种（$N>1$）假定，并将信息生产方式首次纳入经济学解释范围。数字经济学将内生品种的均衡与最优，称为广义均衡与广义最优。对应传统概念，狭义均衡就是完全竞争均衡，广义均衡就是垄断竞争均衡。

传统经济学的基本假定是同质性假定，一旦放松这个假定，就会发现狭义均衡与广义均衡是正负相反关系。单一品种（$N=1$）与多品种（$N>1$），就是无差异均衡经济学与差异化均衡经济学“革命”的两端。我们视传统经济学为无差异均衡经济学，数字经济学为差异化均衡经济学。这清楚地显示了数字经济学同传统经济学在实证上最大的不同。

无差异均衡经济学的均衡由边际成本定价，均衡点为$P=MC$①；差异化均衡经济学的均衡由平均成本定价，均衡点为$P=AC$②。二者相差类似“保角映射”的固定尺度$AC-MC$。这个差，对应创新具有的价值（罗默③）。这意味着，工业经济与数字经济相差一个物质驱动与创新驱动的量差。无论具

---

① P，即单位价格；MC，即边际成本。

② AC，即平均成本。

③ 罗默，即保罗·罗默（Paul M. Romer），其将$AC-MC$视为对创新的“补贴”。新熊彼特学派将$AC-MC$视为“创新代理成本”。

体的供求关系如何变化，这个量差不变。这可以有效说明，抛开数字经济在运用信息技术上存在的各种与自然科学的不同，经济本身（商业本身）到底有什么不同，以及问题的本质是什么。

《数字经济学》分为管理经济卷、宏观经济卷、微观经济卷、技术经济卷、制度经济卷、产业经济卷，上述核心观点一以贯之。它表明，我们不是要在管理经济学、宏观经济学、微观经济学、技术经济学、制度经济学、产业经济学之外或之下另设一个数字经济学子集，而是要建立数字管理经济学、数字宏观经济学、数字微观经济学、数字技术经济学、数字制度经济学、数字产业经济学。它们同传统经济学的共同区别，在于拥有与传统经济学不同的技术经济前提，即以信息技术、信息生产力与信息生产方式为范式转换、框架转换等经济学“体变”的立论前提。

目　录

第二篇　要素：占有、经营与分配

第三篇 均衡：配置与分配的综合

第二篇

要素：占有、经营与分配

将第二篇研究对象定位于要素而不是经济学通常使用的资本，是因为在西方化、工业化以利为本的经济学中，资本是利益的中心，以利为本，首先就是以资本为本，但在东方化、数字化以人为本的语境中，资本只是要素之一，以人为本，要求以利益相关者为本，使用“要素”这个词，旨在表示一种要素间平等的合作关系，而非要素间的雇佣关系。所有要素都有平等地获得新增价值的机会，因此它们都是“资本”，如劳动可以成为人力资本。

从生态这个顶层设计角度看，本篇继上篇讨论商品的生态化之后，讨论的是要素的生态化。这种生态化主要指社会生态化而非自然生态化（如环保之类）。对于要素来说，社会生态化意味着从理性的、以拥有权为中心的经济与经济学转向生态的、以使用权为中心的经济与经济学。“具体—抽象—更高的具体”这一生态化纲领，在要素理论上，映射为“使用权—拥有权—更高的使用权”这一要素纲领。本篇核心讨论的使用权，指的就是要素的更高的具体价值（康德与马克思共用“感性的占有”这一概念，指向制度中针对要素的使用价值的权利）。数字经济在要素上的核心制度特征，在于产权的重心，由理性的法权（“理性的占有”）向生态的使用权（“感性的占有”）转移，由现代的产权制度向现代之后的产权制度转变。这是从通用技术决定通用资产的制度逻辑中得出的必然结论，也是理解数字共享经济实践的理论线索。

第二篇总的论域，是把数据作为要素或者说中间产品来加以解释。

第一篇与第二篇的主要区别：第一篇讨论的是商品，第二篇讨论的是要素（如资本）；第一篇讨论的主要是生活资料，第二篇讨论的主要是生产资料；第一篇侧重的是商品交换，第二篇侧重要素交换。商品与要素总的区别是，商品不涉及增值、剩余，要素则在成本之上加上了增值与剩余。

同为权利，第一篇讨论的所有权与使用权主要是商品权利，第二篇讨论的所有权与使用权主要是要素（资本与劳动）权利；同为财产权利，第一篇所指的财产权利主要是生活资料的所有权与使用权，第二篇所指的财产权利主要是生产资料的所有权与使用权。与商品的财产权不同，要素的产权加入了对剩余控制权与剩余索取权的讨论。

产权制度依拥有权、使用权侧重的不同，可分为两大类：以拥有权为核心的制度设计，以现代产权制度为代表；以使用权为核心的制度设计，以合作制为代表。受互联网影响，产权逻辑正从原子论向关系论演变，资产主体的行为从竞争向合作演化，所有制形态从生产资料专用向生产资料共享演化，要素交换从不平等交换向平等交换演化。总的趋势特征是，淡化拥有权，强化使用权。第二篇以此为线索，总结了数字经济的产权制度规律。

占有、经营与分配是生产关系的三个方面，第二篇从生产关系的三个方面来讨论产权制度。

第二篇中的第 4 章，是财产权基础理论，描述了所有制的重心从法权（拥有权）向使用权转移的内在逻辑。总论之后，分社会分配与资源配置两个大的分支来介绍。社会分配分支由第 5 ~7 章构成，分别按生产关系的三要素（每章一个要素）介绍了在新的产权逻辑下，以使用权为核心的新产权理论与实践。第 5 章讨论生产资料占有，数字经济的特色在自然占有方面；第 6 章讨论生产过程中的经营关系，以往的经济学常把它当作管理学的内容，数字经济由于将重心放在资产的使用而非拥有上，因此把经营权（包括决策权、控制权和分配权）作为生产关系的重要内容来讨论。第 7 章讨论生产关系最后一个方面的内容——分配问题。新产权理论突显了生态化背景下合作制的复兴趋势。总的内容是想说明数字经济下的制度演进最终会趋向共享发展、合作共赢这一生态化方向。资源配置分支由第 8 章构成，主要讨论要素特别是使用价值（而非社会关系）意义上的资本的配置机理，即市场机制与定价机理，第一次建立了数据资本资产定价模型①。

数据要素经济学解释的东方化主要表现在关系、生态与行为三个方面：一是对资本理论的关系实在论的批判，坚持认为资本不是物而是关系（是关系中的社会关系且是网络化的社会关系）；二是对资本理论的生态批判，坚持认为西方式现代化中广泛存在的拜物教（特别是资本拜物教），在资本水平将物（客体）与人（主体）割裂开来，让人屈从于物，贬低了人的尊严，应该以人为本，在资本（要素）水平上将人的主体价值融入物的价值，实现主客体统一；三是强调实践，认为人类在工业化时代对于物质规律的顺从，造成了社会广泛的不自由，数据生产力发展不是让机器支配人，而是让数字化为

① 资本资产定价模型：Capital Asset Pricing Model，CAPM。

人的机会公平服务，通过降低经济事务参与门槛（比如对资本的使用权的开放），赋予人们将自由选择（或称实践）与对客观规律的认识结合起来的主动权。通过数字化，解放各种“小人物”，使之自由而全面发展，既可以在不拥有资本的条件下获得剩余，又可以“释放”个人的创造力、创新潜力。

这种东方化与数字化一体带来的改变，集中到一点上，就是要实现经济学的名实相副，具体来说，就是财产权利上法律占有权这种名分①上的权力向自然占有权这种实在的权力复归，令代理层面不平等（“支配—服从”分化）的权力向其委托来源——平等（且扁平化）的权力主体复归，实现有效率的公平正义。一言以蔽之，资本以人为本，克服劳动异化。

---

① 这种名分由“抵押”作“担保”，利用各种中间人权力（如法律等）来保证。

4 要素占有一般：权力与要素交换

要素占有理论对应以往理论中的资本理论——产权理论。关于要素的产权理论是关于商品的产权理论的进阶。商品指的是最终产品，如生活资料，如果把生产资料当作最终产品来讨论，那讨论的不是作为资本品的特殊问题，而是作为商品一般的问题（例如，只进行价值转移，不讨论增值）；要素指的是中间产品，如生产资料，要讨论的不是商品一般，而是商品投入增值过程中的特殊问题。因此，要素理论作为财产权理论，不限于讨论一般财产（商品）的所有权与使用权，如自家的房子、车子等的财产权利，而重点讨论作为特殊财产（要素）剩余权利的所有权与使用权。

要素论的讨论围绕财产权利的名实之争展开，使用权是财产前现代性的自然权利，是一种关于占有事实的实在的权利；所有权是财产现代性的法律权利，是一种关于占有名分的名义上的权利。法权之名，对使用之实的异化，使数据要素权利的重心重新回到使用权，但不是回到前现代性的自然权利，而是进展到后现代性的参与的权利。

数字经济是财产名、实矛盾的新的解决。数据要素所有权与使用权在现期收益上的分离——所有权对应的价值不可复用（不可复“加”，如一元钱不可以通过复印变成两元），使用权对应的使用价值却可以复用（如价值一元钱的使用功能可以通过代码拷贝实现功能倍增），导致二者回报从相同转为不同，最终引致财产制度上的演进性变化——用财产名义上的权力决定实际的权力，越来越不符合生产力发展与公平公正的要求，由此产生了自法国大革命以来最大的产权制度创新：技术通用性引致资产通用性的数据共享经济，以共享参与（access to use）这种使用权为数据要素的财产权主导本质，重新确立了以人为本的基本权利，为克服以利为本、用物的力量压制人的力量，充分发挥人的潜力，奠定了新的产权制度逻辑基础。

称要素而不称资本，是因为数字经济中分享剩余的不仅有资本还有劳动，数字经济需要讨论技术、数据、管理等一旦与资本或劳动结合会导致剩余权利发生什么样的制度性变化并探索其中的规律。要素，也不仅是物的概念，还是社会关系的概念。数字经济学制度理论视资本与劳动都不是物而是社会关系，从关系主义这一东方化视角来研究要素的数字化规律。

工业化、西方化的产权逻辑把占有直接当作所有，偷换了使用权与所有权的概念。苏东经济理论与西方经济学虽然在立场上相反，但在底层逻辑上一致——都以所有权为中心构建产权理论与所有制框架，从而潜在地干扰对数字化、东方化特有产权、所有制问题的理解。举例来说，生产资料占有是什么意思？工业化、西方化的理解是把占有直接等同于法律占有（所有权占有），“遮蔽”了马克思文献中原本与东方化相关的内容，这成为阻碍中国式现代化发展的理论“绊脚石”。此外，将生产资料（资本的使用价值）混同于资本，在所有制解释中又“遮蔽”了马克思生产关系理论中关于生产过程的思想内容，直接阻碍了数字经济在鼓励劳动者自主决策方面相关实践的探索。

数字经济学产权理论的一个创新，是明确将生产资料占有问题分为法律占有（所有权占有）与自然占有（使用权占有）两个既有联系又有区别的问题，通过扬弃工业化、西方化的产权理论传统，与东方化实践中的农业基础制度和数据基础制度（“数据二十条”）顺接，从而达到以人为本、重新彰显使用权的目的。并且，将生产资料占有与生产过程自主及分配平等联系为一个整体来研究所有制的数字化、东方化问题，得出符合数字经济实践的新结论。

在数字经济中，数据作为新型生产要素，与之相关的权力（产权）安排，是制度经济需要解释的新现象。不同的权力安排，会引致不同的社会结果：一种可能是数字经济发展导致数字鸿沟，进而加剧不平等；一种可能是数字化多样性红利的出现，带来大量劳动者机会，促进平等发展。

从数字经济的特殊性来看，与中心化权力结构有利于精英充分发展不同，与自然生态相似的分布式权力结构，通过以参与为核心的使用权的制度安排，有可能促进要素产权及社会组织的生态化，使经济发展出现生态化趋势，具体表现为非精英化、普惠化、包容化。这是工业化中由于理性自身局限难以实现的发展模式。数字经济在生态基础或生态理性基础上，实现由理性资本向生态资本（如社会资本）的重心转移。

新古典生产函数理论包含着古典经济学各家学说都难以接受的隐含假设与结论，即根据要素贡献分配，而要素贡献这一概念完全排除了社会关系范畴的力量（人的因素）的作用。

数字经济学用古典经济学对新古典经济学进行新的综合，在要素问题上，就要内生社会关系分析，改变生产函数单纯分析技术关系的局面。

根据马克思对所有权规律与占有规律的区分，我们可以在经济行为中区分出两种基本社会关系，一种是权利关系，另一种是权力关系。所有权规律反映的是权利关系，表现为商品等价交换中交换的是平等的权利；占有规律反映的是权力关系，表现为要素交换中权力要素（如资本）对非权力要素（如劳动）等价但不平等的交换关系。生态马克思主义针对以理性为中心的工业化的历史局限，提出了社会生态的制度主张，其核心是要素平等（在生态中不存在金字塔结构，诸要素平等利用资源），旨在实现要素从等价交换到平等交换的跃升，以此解决贫富两极分化问题。与之竞争的另外一种路径，是将工业资本主义的制度逻辑（等价但不平等）延续到数字经济中，形成数字资本主义，其结果是进一步扩大贫富差距。

我们对拥有权与使用权，同样进行了权利与权力的区分，后者主要是基于生产资料的权利而形成的权力。从本章起，我们主要研究这种意义上的拥有权与使用权。

数字经济学要矫正一种成见，这种成见认为要素中的技术（如信息技术）和数据天然就是属于资本的，与资本的利益同向变动。数字经济学更倾向于认为技术与数据是中性的，至少它对劳动与资本的影响，要由生产关系的性质来判断，生产关系的性质不同，结论不一样。

◎ 命题 7　数字经济创造的新价值，表现为要素（特别是生产资料）的价值的权利，即财产权力。其中的所有权（拥有权）、使用权及包含使用权在内的参与权，都具有剩余索取权。

权力与权利的不同在于，第一，权力是关于要素（财产）的权利，而不仅是对商品的权利。第二，权力不但占有对象本身，而且占有剩余。也就是说，权力包含支配－服务关系，以此区别于等价交换。

这个命题已经同工业化中的产权有了理念上的明显区别。在工业社会生产关系中，只有所有权（拥有权）具有对应剩余的收益权；在雇佣关系中，不能凭借不具有所有权（拥有权）的使用而索取剩余。而在数字经济（共享经济）生产关系中，不具有所有权（拥有权）的使用方，拥有分享剩余的权力。

4.1 法权现象学：生产方式与不平等交换

如果说在商品层面讨论的所有权与使用权只是有关财产的权利，那在资本层面讨论的所有权与使用权则主要是有关财产的权力。转到产权制度分析视角后，要素的产权交换就比商品交换多出了一个剩余问题，就需要区分从使用中产生剩余与从价值中产生剩余的不同了。

关于财产权的学说，可以分为两个层次：一个层次是权利的层次，这时的拥有权与使用权是商品层面的，是等价交换背景下的财产权，不涉及剩余；另一个层次是权力的层次，这时的拥有权与使用权是要素（资本）层面的，是针对要素（如生产资料）的，把财产当作权力来讨论，以剩余为核心，涉及生产资料所有制。如果不区分权利与权力，也可以认为，前者涉及的是生活资料的权利，后者涉及的是生产资料的权利（下面主要讨论后者）。生产资料的权利，本身就是权力。

对重农学派来说，剩余是从使用中产生的。可从工业学派的角度看，换成交换价值，把剩余视为从价值中产生的剩余，比如定义资本为产生剩余价值的价值，含义会有什么不同呢？区别就在于占有权利进而占有规律发生了潜在变化。当把资本和劳动作为要素进行交换时，关于价值的权利与关于使用的权利，就产生了明显的分化，变为两种占有。工业学派通过将法权置于自然权利之上，为资本无偿占有劳动——劳动力的使用价值提供了基本理据。法权理念的客观历史意图，就体现在这里。

数字经济学在产权基础理论上主要关注两个问题：一是要素权力构成中的拥有权、使用权二分问题，意在梳理数字经济转向使用权的思想渊源；二是要素交换中的平等与不平等问题，意在梳理数字经济转向平等交换的思想渊源。

本节按两条线索来梳理以上问题：第一条线索，是将权力区分为使用权（自然权利）与拥有权（法权），其中经历了一个把法权误认为自然权利（洛克）、基于物权认识法权（康芒斯）及认识到财产的使用价值属性对法权的影响（威廉姆森）的过程；第二条线索，将产权从权利提升到权力高度，对其权力特征（不平等特征）的认识有一个不断深化的过程。其中，主要涉及对商品交换与要素交换（资本与劳动交换）性质不同的认识。

财产被投入生产后，从权利变成了权力，从等价交换的商品变成了不平等的权力。（体现理性内涵的）法权向权力的转化，在这一过程中扮演了重要角色。只有在以利为本的交换中，才存在系统的不平等；以人为本的交换，不但要保证价值交换的等价，而且要保证价值所衍生价值（剩余）交换的平等，因此是平等的等价交换。

4.1.1　科耶夫：区分等价与平等

人们在谈论所有权时，谈论的往往是商品、是权利，而在谈论产权时，谈论的往往是资本、是权力。尽管其中都包含拥有权与使用权的概念，但二者有很大区别。商品的拥有权与使用权，都还只是权利；资本（资产）的拥有权与使用权，则属于权力。最显著的区别在于，第一，权利只带来价值，没有剩余，而权力带来剩余价值。第二，权利与权利交换，是等价交换；权力关系，是支配（权力）与被支配（服从）“相交换”，是不平等交换。概括来说，即权力带来服从和剩余，权利却不产生服从和剩余。

一个令人迷惑的现象是，商品与商品的交换，既平等又等价，但是，当劳动力成为商品时，资本与劳动力的交换，虽然形式上是等价的，实质却是不平等的。如果不细分等价关系与平等关系，我们也可以称资本与劳动力的交换是不等价交换。

科耶夫的《法权现象学纲要》简明地指出，资产阶级法权的本质在于等价却不平等。等价是指，商品交换，是使用价值与交换价值的交换，双方的价值是相等的，使用价值与交换价值可以互换但不改变各自的价值；不平等是指，资本与劳动力交换，预先内嵌了“主人－仆人”这一“支配－服从”结构，在权力结构中，双方的权利是不平等的，在交换中不能进行支配与服从地位的互换，交换的只是使用价值与交换价值，表面的相等中包含着实际的不等。因为一旦劳动力被使用，从劳动的使用价值中产生的高于交换价值的衍生价值，就被主人无偿占有了。“主人 - 仆人”这一隐喻，表明了自主与非自主的关系。雇佣制本质上就是“主人”可以自主而“仆人”不能自主的制度。

科耶夫彻底否定了洛克的自然权利说①，从法权（法律占有）的现代性中揭示了马克思所说的所有权规律与占有规律区别背后的现象学逻辑。

占有的法权，在商品等价交换阶段，只是对于自然占有（如先占）状态的一种法律认可，但在要素交换（资本与劳动交换）阶段，开始内嵌不平等。法权刺激了一种政治性的统治者 - 被统治者关系的产生。科耶夫从资产阶级法权——法律占有权的诞生开始分析，认为法权有诞生之日起就将“主人 - 奴隶”关系内置其中，这是与法律占有相反的自然占有不具有的特征：奴隶从定义上被排斥出排他性的政治集团，因而永远不可能作为统治者以不可抗拒的权力来实施其决定。② 这无比直接地响应了马克思的分析，说明了在资本与劳动的交换中为什么劳动创造的剩余价值可以被资本无偿占有。

科耶夫一针见血地指出，资产阶级用等价性取代了平等性，借助等价性使这种不平等正当化。资本与劳动相交换，实际是在人与人的交换中套用物与物交换的公式。

科耶夫指出，在资本（主人）与劳动（奴隶）的交换中，主人与主人的权利是平等的，奴隶与奴隶的权利也是平等的，但主人与奴隶的权利是不平等的。③

法权背后是法律所保护的所有制。科耶夫认为，在这种设定主人权力及支配 - 服从关系的所有制中，主人是法律的主体，奴隶则不是。法律就是为主人而设立的，它要求奴隶只能服从。这解释了工资与利润的交换，不管形式上多么等价，但天然是不平等的。科耶夫反对资产阶级法权而主张“平衡性的正义”，即“平等性的正义和等价性的正义”。④ 不过，科耶夫对于平等的理解，仅限于法律的平等，即要求主人与奴隶都成为法律的主体。这仅相当于马克思所说的“消极的扬弃”。马克思看得更远，他认为国家和法律消亡以后，真正的平等最终要复归到“感性的占有”即自然占有权利上。

---

① 洛克所称的自然权利，其实正是法权，只不过他把法权伪装成自然权利。

② 科耶夫．法权现象学纲要［M］．上海：华东师范大学出版社，2011.

③ 同②.

④ 同②.

值得注意的是，科耶夫分析了资本与劳动交换等价性的深层意蕴，他认为资本与劳动的交换实际是自由与安全的交换。① 所谓自由，是付出风险，获得剩余（施行奴役）；所谓安全，是不冒风险，不得剩余（被奴役）。在数字经济中，这种情形反了过来，生态中的应用方甘冒风险，因此获得高比例剩余（尽管因分散经营其绝对值较小）；平台方不冒风险，因此仅获低比例剩余（但获得较大绝对值的剩余）。

4.1.2　亨利·乔治：对法权垄断的否定

亨利·乔治是又一位将所有权（拥有权、支配权）与使用权并列起来的思想家。亨利·乔治的产权思想与蒲鲁东的存在内在关联。亨利·乔治说自己把斯密和李嘉图学派发现的真理与蒲鲁东和拉萨尔学派发现的真理统一了起来。亨利·乔治与蒲鲁东在产权上的共同点表现为，他们都把拥有权与使用权当作并列关系，而不是像现代产权制度那样把使用权（与用益权等）当作所有权的子集。亨利·乔治对所有权的批判，与蒲鲁东关于“所有权是使用与滥用的权利，简而言之，就是专制权”的观点②高度契合。

拥有权与使用权两权分离，对于数字经济来说，实质是在说拥有者的使用权（自用的使用权），与不具有拥有权的使用者的使用权（他用的使用权），是否同样可以分享剩余（具有对同一财产的收益权）。亨利·乔治与蒲鲁东都是在这个意义上将两权并列在一起的，都多出这样一个意思：不依靠拥有权，仅靠使用权，也可以分配到剩余。

亨利·乔治将拥有与使用对立起来，认为承认土地私有会妨害土地的恰当利用。③ 亨利·乔治在这里否定的是法权（拥有权）本身，即法律占有本身会妨害自然占有。

亨利·乔治没有言明的一个产权基本逻辑是，拥有不创造价值，使用才创造价值。对土地来说，土地的使用创造价值，但土地的拥有（它主要是一种权力垄断）本身不创造价值。

亨利·乔治的土地思想有一个特殊印记，即改良除外（不包括改良④）。

---

① 科耶夫．法权现象学纲要［M］．上海：华东师范大学出版社，2011.

② 蒲鲁东．贫困的哲学：上下卷［M］．北京：商务印书馆，2010.

③ 亨利·乔治．进步与贫困［M］．北京：商务印书馆，2010.

④ 布莱森．亨利·乔治经济学［M］．北京：东方出版社，2014.

因为改良属于使用的范畴，进一步推广，在土地上盖厂房，从事制造活动，是创造价值的。

现代产权制度理论，从来不强调拥有妨害使用这一面的道理，而是强调另一面的道理，即有效使用的前提是拥有，没有有效拥有就无法有效利用。土地私有是浪费的、不可靠的方法。①

亨利·乔治揭示了现代产权制度理论一直隐瞒的一点，即拥有权含有不让他人使用的权力，包括拥有者自己不使用（不能使用或不愿使用）的权力：如果土地是私人财产，就得允许个人所有者阻止其他人使用或改良他本人不能或不愿使用或改良的土地。② 这一思想，显然来自蒲鲁东。蒲鲁东在批判所有权时说，所有者有权错误地使用自己的财产，他可以不因为这种错误使用而受到追究，而且不必为他的错误向任何人负责。③

亨利·乔治激烈批判的所有权（拥有权）不是一般商品的所有权，而是作为特殊商品的生产资料（土地）的所有权。生产资料的所有权，不但是一种权利，而且是一种权力。权力就意味着不平等，而权利在交换中却是平等（等价）的。这是理解亨利·乔治思想（特别是以分配为中心的政治经济学思想）的关键。亨利·乔治认为，生产资料拥有权中不可竞争的部分，构成市场竞争机制之外、与竞争机制不兼容的东西。反垄断所说的滥用市场支配地位，就是从滥用财产支配权而来的，这种滥用的最初意思，就是闲置、不使用、浪费等与资源有效利用背道而驰的行为，它们构成了权力中对应“不使用”的那一部分。

从定量分析看，“不使用”这部分权力的价格，就是拥有权的价格，对应“不出代价可以使用的土地的能力”④ 的价格。“不出代价”主要指不出先占的代价。先占是先有使用后有拥有。地主最初取得土地的拥有权，往往并不是因为此前他是使用者（耕种者），而是战争（权力）分配给他拥有权。例如，战争结束后贵族从国王那里得到的战利品，其所有权转移不是买卖而来，而是把原来的拥有者消灭，通过暴力实现的。因此，这种拥有权的本质，是一种由非经济权力转化而来的经济权力。

---

① 亨利·乔治. 进步与贫困［M］. 北京：商务印书馆，2010.

② 同①.

③ 蒲鲁东. 贫困的哲学：上下卷［M］. 北京：商务印书馆，2010.

④ 同①.

在这方面，亨利·乔治针对李嘉图的地租定义进行了个人发挥，他指出，劳力和资本从最下等土地上获得的产品或从最低生产点上获得的产品当然是不付地租的①，这是非生产性的，是得自垄断权力的。“地租是所生产财富的一部分，是使用自然能力的专有权利时给予所有人的那一部分”。② 亨利·乔治在这里完全把农民与地主对立起来，认为农民得自纯自然（且不可以资本化）的部分，是在转移财富而非生产财富。地主是在不劳而获，因此，应对地租集中收税，以补偿土地之上的增值活动。这与重农学派的立场正好相反。

资本主义生产关系中，应从土地原有的交换价值中划出这部分“来自强制的价值”，从这个角度说，“地租是垄断价格”。③ 对土地的工业式的（资本式的）利用，包括土地改良，土地附属建筑的利用，以及以土地为生产条件产生各种增加值的活动，都在这个垄断价格（地租）之外。

亨利·乔治所说的私有，实际是专有。亨利·乔治反对土地私人所有的逻辑，也可以用在另一种专有形式即公有制上，比如人民公社吃大锅饭，也可能造成与土地私有同样的浪费，由此可以理解亨利·乔治反对土地私有，但并不真正主张土地公有。实际上，亨利·乔治混淆了公有与公用的概念，他主张的实际是公用，或者更准确地说是共用。他所有提到土地公有的地方，实际都可以替代为土地公用。由此可知，孙中山根据亨利·乔治思想提出的平均地权，也是指土地公用而非土地公有。

亨利·乔治的主张，他自己表述为用充公地租的方式实行土地公有。④ 但地租已是使用权概念。亨利·乔治说，只有在所有人与使用人是不同的两个人时才谈到地租。因此，充公地租的实际意思，在这里只能是土地公用而非他所说的土地公有，否则就与他说的“不是收购私有土地，也不是充公私有土地”冲突了。亨利·乔治私有公用的思想，最早来自斯宾塞的《社会静力学》，但斯宾塞的表述是土地租赁成为占有土地的唯一方式，而土地可以归国家或集体。⑤ 与斯宾塞的主张相比，亨利·乔治的思想更接近所有权（拥有权）无关的思想，可以在更为放任的私人拥有条件下实现共同使用。

---

① 亨利·乔治．进步与贫困［M］．北京：商务印书馆，2010.

② 同①.

③ 同①.

④ 同①.

⑤ 同①.

从这个角度看，亨利·乔治像极了凯恩斯，都是在不触动私有制和微观市场机制条件下利用再分配机制（凯恩斯是通过政府财政货币政策，亨利·乔治是通过土地租金）补上配置均衡与分配均衡的差额。不同之处只在于，凯恩斯对应单一税的地方是有效需求，而亨利·乔治对应有效需求的是单一税。相比之下，亨利·乔治的策略是，当资本家造成贫富不平等时，通过挖地主的“肉”来补偿造成分配失衡的公共利益部分，凯恩斯的策略则近于无差别征税。从实施效果来看，凯恩斯征得的用于再分配的量，远大于亨利·乔治单一税所征得的量。

对数字经济来说，亨利·乔治单一税的针对性更强，第一个有借鉴价值的地方在于，可以精准地针对数字经济的“土地”——平台进行定向征税。平台企业因为垄断平台这个“土地”而造成的分配失衡的部分，可以通过征收针对其的单一税来进行再分配。这时只要将亨利·乔治的土地当作一种比喻，推广到一切产生垄断价格的要素上去，道理就可以通用了。只不过在借用土地概念的时候，要做好要素中边际成本定价、平均成本定价与垄断价格之分，将垄断价格部分作为再分配的税基。

欧美讨论的数据税或数据服务税，相当于亨利·乔治所说的土地税，它们都是针对基础设施垄断价格区间征收的一种精确的定向税。这也是我们翻出古老的亨利·乔治理论重新加以讨论的原因。这里只是就市场机制和作用来加以讨论，在后面我们会针对平台机制和作用进一步讨论。

第二个有借鉴价值的地方在于，沿着资源更有效利用这个市场机制要求，令（不具有拥有权的）使用者参与剩余分配，以加强平等性与公平性，通过以效率促公平的方式将市场经济与社会主义结合起来。这就是亨利·乔治说的所谓放任主义开辟了实现社会主义崇高梦想的途径。

亨利·乔治认为，为了引导人耕种或改良土地，没有必要对其说“这块土地是你的”，只要说“这块土地上由你的劳动和资本生产的东西将是你的”即可。① 尽管亨利·乔治从不着墨分析劳资不平等，但至少在这里肯定了劳动可以获得剩余，超出了雇佣制这种仅给劳动力工资的分配方式。更主要的是，他主张平等分配的理由，不是简单的公平，而是更有效地利用资源，体现了市场经济机制对效率的追求。

---

① 亨利·乔治．进步与贫困［M］．北京：商务印书馆，2010.

对数字经济来说，劳动者以增值应用方的身份参与工资以外的剩余分配，正在成为一种可以大规模甚至普遍实行的分配形式。

亨利·乔治的独特主张，既有重农学派对使用价值的强调，通过隔代遗传，对数字经济中资源有效利用的市场机制设计产生启发；也有与重农学派立场完全相反的对土地私有制的严厉批判，这种批判甚至超出了现代产权制度的局限，对共享经济中的产权机制（开放使用）设计产生启发；还有古典经济学特有的分配论及对分配平等的强烈追求，对于数字经济的共同富裕机制设计产生启发。能同时具有这些亮点，可供数字经济研究借鉴的经济学家，在工业时代可谓凤毛麟角。

4.1.3　威廉姆森：技术对法权的影响

直到威廉姆森的新制度经济学，才慢慢意识到财产权问题不是出在康芒斯所谓的有形或无形上，而是与财产专用性与通用性的区别密切相关。这使我们对数字经济的新价值在哪里不同于工业经济的价值的认识，又进了一步。

信息、知识、数字（数据）在价值上都具有通用性，这是斯密与康芒斯都失察的地方。正是在这里，产生了数字经济与工业经济价值权利最初的不同。

这种通用，与康芒斯说的货币的无形，概念上不同。数据与货币都是以符号形式存在的，但是，一方面，前者可以是具体的（因此，在价值上是差异化、多样化与异质性的），后者只能是抽象的。不能说一元钱只能买米而不能买面，货币对于米和面来说，在价值上是无区别的。但信息、知识和数据都是情境性的，在这一场合说的话，换到另一场合，同样的文字意思可能不同。另一方面，数据是通用的，可以同时分享，货币是非通用的，无法同时分享。这里的通用，在权利上首先涉及的是使用权而非拥有权，是指在使用上通用或专用，而非在拥有上共有或专有。通用不是指同一货币可以在买米或买面上通用，而是指同一使用价值可以在不同主体间非排他性、非竞争性地使用。使用一次，货币的使用价值就减少一分，从这个意义上说货币是不可复用的；信息、知识和数据则是通用的，使用一次与使用多次，其使用价值可能不变，甚至越使用其使用价值越高。

使用的另一重性质，就是它相对于拥有的差异化、多样化和异质性。有形无形这种说法，只聚焦于形式层面的特征，符号这种无形的东西，仅限于文本层面。现代符号学的发展表明，对于意义（价值一般）来说，语形（文本）只是语义的表层根据，语用（语境）才是语义的深层根据，而语用（对商业来说就是情境、情景，即用户需求的上下文环境）必定是差异化、多样化和异质性的。这意味着，通用在这里，将直接一致于差异化、多样化和异质性。因此，通用的价值，一定是生态的价值。通用性资产①的通用，以复用（非排他性使用和非竞争性使用）为主要内涵。在真实世界中，生态是复用资源的典型，生态多样性由此成为可能。在经济世界中，商业生态将成为数字经济的常态。

如果通用性资产同时是异质性的，又有通用性技术加持，会怎么样？就会出现数字经济。

威廉姆森的价值取向是与工业生产方式相适应的，表现为他认为资本主义的经济基础在于专用技术下的专有制度。这仍与制造业主导的经济遥相呼应。

威廉姆森与康芒斯的制度逻辑相差很大，威廉姆森不是从一般的交换价值入手，例如，不是像凯恩斯那样把资产仅仅理解为货币资产（康芒斯所谓无形的财产），而是与奥地利学派一样，从资产的使用价值角度进行分析。在他的认识中，交易费用是与资产的使用价值特点密切相关的制度费用，因此，产权安排不是像科斯那样以支配权为中心并形成以支配权决定控制权的现代企业制度，而是从财产的使用价值（技术上的通用性与专用性）及使用权属性（资产的通用性和专用性）出发，围绕从“使用”成本方面节省交易费用设计合约。这使美国的产权理论终于从以法、德、俄为代表的大陆法系产权观念的阴影中挣脱出来，开始向海洋法系产权观念回归。

威廉姆森的逻辑是，一种资产，如果因技术的原因是通用的，比如共性

---

① “通用性资产”这一概念最初出现在“新制度经济学”命名者威廉姆森的《资本主义经济制度》中，“通用性资产”（General Purpose Assets，GPA）是指与通用技术（General Purpose Technology，GPT）对应的资产。国内信息技术与产业界一般把GPT译为“通用目的技术”（这里的“目的”是直译），经济学界则一般将其译为通用技术或通用性技术。同样，GPA也没有必要生硬地译为“通用目的资产”，可以译为通用资产或通用性资产。

与通用性技术（通用技术）、通用性资产（通用资产）相对的，是专用性技术（专用技术）和专用性资产（专用资产、专用固定资产）。

技术，那对应的资产也是通用的（通用性资产），这意味着它在不同使用价值（不同“用途”）之间可以平滑转换而不需要付出额外成本。以此为基准，这种资产的专用性每增强一分，它在使用价值转换中付出的置换成本就增加一分。这种置换成本被当作一种社会关系成本看待时，就被视为交易费用。

相较于康芒斯更反映利益的普遍性、共同性的法律与制度，威廉姆森说的合同，是一种更为特殊的社会关系，因为涉及的不仅是套利（交换价值），还包括委托－代理关系中的资产使用（决策、激励、组织、监督控制等一系列经营活动），这使其更具有社会关系的差异性与具体性。当然，从理论经济学更为抽象的意义上说，威廉姆森所说的合同与治理形式的交易费用，与其他经济学家所讨论的支配权与控制权、经营权之间的产权安排，可以总体视为由资产的支配权派生出来的使用权问题。

这种社会关系的工业经济属性何在，或者说，相对于重农学派，从哪里看可以看出它是在创造比自然价值更高的价值呢？大致说起来，可以认为，资产经营中的社会关系反映了工业阶级在生产关系诸环节作出社会贡献并据此要求分配价值而不只是从物质生产中转移价值带有管理也创造价值的意味。

“威廉姆森们”的局限性也是明显的：即使讨论深入使用权层面，但由于只是在与加工、制造对应的交换价值的水平认识价值，固然比重农学派的看法先进，但失去了进一步发现“新价值”的机会。

新旧制度经济学家说不清楚的一点是，加上交易费用后，均衡价格实际已提高到平均成本定价的水平，那么 $AC-MC$ 这个差在价值论上算什么。他们反复强调的只是成本，而且是不得不付出的成本，或如张五常所认识的，如果不用产权加以治理就会失去的租值。这是非常消极的一种认识。实际当然不是这样，由加工制造创造的交换价值，使人类的社会意志得到更高水平的肯定与发展，或者说与农业经济相比，人类提高了自由的水平。

但是，数字经济并没有停留在这里，它要提出新价值主张，前提是克服工业阶级对新价值以下认知方面的问题。

一是忽略了从社会关系中产生新价值的可能。交易费用作为社会关系的价值，在制度经济学中仅仅被理解为成本，只考虑到租值耗散的一面，而没有从基于通用技术的高级使用权中发现服务创造差异化价值、多样化价值与异质性价值等新价值的可能。这种新价值的存在依据，不是制度经济学所理解的套利，套利对应的只是（以边际值作为均衡尺度的）交换价值；从通用技术与资产的使用权中产生的新价值，是以这种套利价值为成本，在其上加成获得的。换句话说，与社会关系的权利安排相关的，除了租值耗散这种成本方面的机会成本，还有租值聚集这种加成的机会成本。这构成了数字经济独有的价值来源。

二是以拥有权的安排降低使用成本的认识，逻辑上不严密。威廉姆森由专用技术直接推导出专有制度，又由专有直接推论出专用。后一个推理过程中，漏掉了专有通用这种实际可能。数字经济中广泛存在的专有通用，直接暴露出威廉姆森的逻辑漏洞。这不仅是威廉姆森存在的问题，几乎所有新制度经济学者都存在这类问题——以为只要明晰了私有产权（实际只是其中的私人拥有权），监督、控制、激励等使用方面的问题就会自行解决，效率就会最大化。数字经济中之所以兴起共享经济，就是因为经济中现实地存在这种漏洞，即明明私有产权是明晰的，仍存在资源的闲置与浪费。例如，一辆轿车的产权明明是由行驶本所明晰的，仍避免不了它一天大部分时间都在车库中闲置的可能，这时采用通用的权利安排（以租代买），有进一步提升效率的空间。大陆法系将拥有权绝对化，必然导致浪费，但海洋法系不是这样认识问题，对海洋法系来说，如果存在使用上的浪费，就一定存在产权上的效率改进空间。巴泽尔的产权逻辑接近这种理念。

威廉姆森对技术与价值通用性与专用性的区分，其实只差一步就可以直接推论出数字经济所需要的价值逻辑——从与共有、专有无关的“通用”中产生新价值。

总的来说，新制度经济学的“新制度”一词，具有新古典的制度经济学与新的制度经济学双重含义。在均衡结论上，新古典理论与制度经济学差着一个交易费用的距离，需要把交易费用直接解释为 $AC-MC$，从而把制度因素当作均衡上的垄断竞争因素来理解。

新的制度经济学，依稀延续了制度经济学对交易的认识，例如，康芒斯的见解。康芒斯认为交易是对利益冲突的一种解决，是在冲突中选择实现自己利益的方案，依靠的不是理性，而是权力带来的支配力。交易费用由此顺理成章地成为利益冲突付出的代价，而对这种代价的避免就成为（权力的）所得。这种理论不是一般地谈论谈判、合约，而是专注于权力（财产的拥有权及其具有的权力），把产权当作权力意志的“实现”（类似康德的观点）。

新古典的制度经济学，更多地把交易视为资源配置问题，只是重心从价值转移到使用价值，在资产配置问题之外，将资产的经营问题（决策、监督、激励、控制等近于管理学的问题）纳入社会关系原来的位置来讨论，较少涉及真正的社会分配问题。

这里，费用不是基于资源配置产生的，而是在配置资源过程中，产出应归给社会关系的部分。在很大程度上，它是生产关系所产生的费用。节省的费用，也可以视为创造出的租值。或者，反过来说，不如此（以支配权方式行使权力进而体现自由意志）就会导致租值耗散。在这里，劳动价值转化为另一种工业价值（加工与制造的价值）。

4.2 产权内在矛盾：感性占有与理性占有

马克思关于所有权与使用权的思想，较少涉及生活资料，主要与生产资料所有制有关。因此，这里的产权，特指要素的产权，而非商品的产权。与康德讨论抽象、一般（主要是针对一般财产，如生活资料）的商品层面的两权不同，马克思揭示的是资本与劳动在要素交换中的不平等的权力。

占有规律之所以构成不等价、不平等的交换，在于感性的占有与理性的占有存在基本矛盾以及二者从权利关系转化为权力关系（支配－服从关系）。劳动与生产资料最初的结合方式是感性的占有（自然的占有），即基于使用价值的占有。这种占有的特征是感性的存在（劳动者）与感性的占有（使用生产资料并从中获得剩余）的直接结合，工业化带来的一个关键的制度性变化，是以法律权利为标志的理性的占有（法律的占有）成为占有的主导方式。

当这种占有方式以资本主义的面貌出现时，就出现了所谓的占有规律，即理性的占有，导致劳动对于生产资料的感性的占有的权利（从感性的占有中获得应有剩余的权利）丧失，表现为在资本与劳动的要素交换中，剩余索取权仅由理性的占有单方面地决定，而工人使用生产资料不再具有感性的占有的基本特征，即不再从这种占有中享有剩余索取权。从这个意义上说，资本主义所有制代表着理性的占有对感性的占有的否定。社会主义在建立之初尚处于工业化阶段，理性的占有虽然归还给工人阶级，但由于工业化资产的专用性，生产资料仍由政府企业（国企员工是其人格化代表）代持，人人占有水平上的感性的占有，仍然没有条件完全实现。

数字经济的生产力以技术非专用性为标志，创造了基于通用性资产的人人占有的条件，这使理性的占有与感性的占有的矛盾第一次出现了把解决感性的占有作为主要问题提出的条件。

感性的占有与理性的占有二者关系中，理性的占有只是手段，感性的占有才是目的。为拥有而拥有，并不能达到生产真正而客观的目的，反而可能造成资源上的浪费。只有当不合理的拥有成为使用的障碍时，改变拥有才具有充分理由。信息生产力的发展，改变了资源的使用条件，围绕这种条件变化，创新生产资料管理制度，将成为产权制度的新课题。

4.2.1 马克思早期思想中的两权分离

4.2.1.1 《黑格尔法哲学批判》中的两权分离

在《黑格尔法哲学批判》中，马克思与黑格尔采用的财产权力公式是不同的。如果说黑格尔的正反合是感性占有—感性与理性占有—理性占有，那马克思的正反合则是感性占有—理性占有（抽象价值）—更高的感性占有，虽然从形式上看黑格尔讨论的是正反合关系，但从实际内容上看，正反题在讨论使用权，合题在讨论拥有权（所有权），更接近康德“合目的性[①] – 目的性”二律背反框架的改进版。其中，使用权对应合目的性，拥有权对应目的性。但这时对“人是目的”的认识水平一下就降到了斯密的水平，与马克思有了天壤之别。马克思的合题是劳动复归，回到更高的感性占有。人不是以理性为目的，而是以理性为手段，回到更高的感性。黑格尔与斯密都把工具理性当作目的本身（“人唯有在所有权中才是作为理性而存在的”[②]），这是唯心化后的拜物教。从现实意义上来说，证明理性的普适性无非是在证明工业经济的永恒性。转了一圈，其进步性仅表现在高于魁奈上。

马克思在《黑格尔法哲学批判》中区分两权时将“使用”与“支配”并称，“使用”的权利是使用权，“支配”的权利是拥有权（又称支配权、所有权）。这里与“事实”对应的占有，就是使用价值意义上的占有，即自然占

① 黑格尔．法哲学原理［M］. 北京：商务印书馆，1961.

② 同①.

有；与“法律规定”对应的占有，则是价值意义上的占有，即法律占有。这与萨维尼关于自然占有与市民法占有的区分完全一致，也是黑格尔的分法。

值得注意的是，马克思这里把事实占有，也就是拥有使用权，作为私有财产的“真正基础”，是在先的；法律占有，则是在后的。结合马克思在谈“共产主义是私有财产即人的自我异化的积极的扬弃”时谈及的感性的占有的前后文，可以感到，马克思谈扬弃私有财产，有一个人们以往没有察觉的顺序，即先解决法律占有的问题（从私有变公有，如建立社会主义公有制），再解决自然占有的问题（从私用变共用）。仅是所有、拥有或仅是使用、利用，都是不全面的，因为只改变法律占有状态而不改变私有财产的“真正基础”，很可能只是消极的扬弃，也就是在所有权、拥有权上实现了公有，但在使用权、经营权上没有实现人人平等使用（共用）。因为在马克思的语境中，私有制包含了私有与私用两层含义。私用就是专用，即排他性使用。依排他的范围，专用可能是私人专用，也可能是集体专用，还可能是国营专用。专用仍然可能具有“私”的特点，是私有制的残余，因此才说是对私有制消极的扬弃。公有制与私有制存在同样的问题，即一部分人经营（使用）而另一部分人没有机会经营（使用），一旦前者成为利益集团，财产在“无可解释的事实”（全民无法人人使用）上就会与其法律形式（全民形式上拥有）产生矛盾。

这个问题，在工业化条件下几乎是无解的，因为工业经济中生产方式表现在要素供给方式上的一个重要特点，是财产（生产资料）排他性使用，也就是常说的“物质投入驱动”。这是由工业生产力的本质特征，即技术和生产力的非复用性质（使用价值的排他性）决定的。因为这种由生产力上的排他性传导至使用权上的权利特征，决定了即使消极扬弃了私人财产（从私有变为公有），公有财产在使用（包括使用权、经营权）上仍然与私有财产一样，是专用而非通用的。因此，只能由少部分人代全民使用公有财产，而难以让全民人人都有机会直接使用。而要想实现积极的扬弃，即不但公有而且公用，前提是生产力要从生产资料的排他性投入变为通用性投入（如数据资产等通用性资产，可以复用，有条件令人人有机会平等使用），将这种生产力传导到生产方式特别是要素供给方式上，这样才能实现共产基础上的共享。这很可能就是马克思区分对私有财产的消极扬弃与积极扬弃的真实意图，但长期以来没有被人们解读出来。

马克思在成熟时期的改变，主要在于将法权的实质定位从法律（上层建筑）领域移向生产关系（经济基础）领域——所谓法权，不过是拥有权——从而与自由意志（精神）松绑，转向历史唯物主义。

作为比较，蒲鲁东坚持把“自然权利论证”与“法权论证”置于财产权分析核心，将财产权区分为支配权（今天多称所有权）与使用权，主张废除资产阶级法权，只保留自然权利意义上的占有（“平等占有”，即平等使用）。他也反对仅从法律意义上理解法权，但他主张只在经济权利范围内改进而反对改变相应的社会与法律状态。在这一点上，马克思、恩格斯与之持相反态度，他们指出了蒲鲁东的错误与局限。

4.2.1.2 《1844年经济学哲学手稿》[①] 中的两权分离

1. 区分拥有与使用

制度经济学是从权利角度而非资源配置角度来研究价值的。劳动是以占有为条件并经过占有这种对象化活动产生价值的。因此，我们需要从占有这种权利入手，认识劳动进而认识价值的本质。

马克思指出，“共产主义是私有财产即人的自我异化的积极的扬弃，因而是通过人并且为了人而对人的本质的真正占有”。

这里的占有，一直有两种含义，萨维尼把它区分为自然的占有（使用、利用、享用）与法律的占有（拥有、支配、归属）；按康德的分法，前者是感性的占有，后者是理性的占有。[②] 这个区分从古罗马就有（前者是及物权，后者是对物请求权），一直到《拿破仑法典》才得以明确（前者称为享用权，后者称为随意支配权）。数字经济的本质特征，就在于“使用而非拥有”，而自洛克之后的工业化产权理论，却是“拥有而非使用”。

产权包括拥有权与使用权。历史上，大陆法系偏向“拥有而非使用”（外在表现是强调物权法），海洋法系偏向“使用而非拥有”（外在表现是一般没有物权法）。这就可以解释，为什么法国、德国等的产权理论一般非常强调公有或私有之分，而英国在理论上更强调市场而非产权（如斯密）、在实践上也更偏向经营权和租赁权了。

---

① 以下简称《手稿》。

② 康德. 法的形而上学原理：权利的科学［M］. 北京：商务印书馆，1991.

在工业化时期，由于深受大陆法系影响，产权制度通常被说成所有制，意思是关于所有权的制度。所有权本来包括拥有权与所有权两个方面，在大陆法系观念的主导下，所有权主要指拥有权（ownership），使用权则被当作拥有权的子集，隐而不现。数字经济的发展导致术语的混乱。“支配权－使用权”两权分离被说成“所有权－使用权”两权分离。我们可以从众地使用这个不准确的提法，但应清楚，这里的所有权特指拥有权，而不包括使用权。

以工业经济的产权概念解读《手稿》，往往会由于没有特意对这对在数字经济中显得至关重要的对立概念进行辨析而把两种权利混为一谈。幸好《手稿》的译者在翻译时遵守了严格学术规范，因此在译文中我们可以看出两个概念的不同。只是马克思本人在使用“占有”这一词时，没有像萨维尼那样严格区分法律占有与自然占有，有时指前者，有时指后者，因此我们需要根据上下文进行区分。

马克思说，“对私有财产的积极的扬弃，作为对人的生命的占有，是对一切异化的积极的扬弃，从而是人从宗教、家庭、国家等等向自己的人的存在即社会的存在的复归”。这里的占有，因为是对生命的占有，显然是指感性的占有，也就是说这里谈的是今天的使用权。

马克思说，“私有制使我们变得如此愚蠢而片面，以致一个对象，只有当它为我们拥有的时候，就是说，当它对我们来说作为资本而存在，或者它被我们直接占有，被我们吃、喝、穿、住等等的时候，简言之，在它被我们使用的时候，才是我们的。尽管私有制本身又把占有的这一切直接实现仅仅看作生活手段，而它们作为手段为之服务的那种生活，是私有制的生活——劳动和资本化”。

这里实际指出拥有权是使用权的异化。一个对象是不是我们的（为我们占有），有两种标准，因自然占有而成为我们的，或因法律占有而成为我们的。私有制（私有的有显然指拥有）却把法律占有作为自然占有（“使用”）的前提。如果不拥有一个对象，就无法（在分享剩余意义上）使用这个对象。数字经济中的以租代买，显然是与之相反的——我不拥有一辆共享汽车（没有车的行驶证这一 ownership 凭证），但我可以仅凭驾驶本（对车的使用权凭证）而使用（享用）它，而且是以 access（双手直接控制方向盘）的方式使用它。如果这个物是资产，我可以凭借使用而获得剩余。

控制与占有一样，也有两层含义，法律控制是指拥有资产，自然控制

（如管理控制）是指使用资产。凯恩斯所说的所有资产，因为是指货币资产，所以只有拥有（法律控制）后才能进行自然控制；奥地利学派所说的所有资产，因为是指生产资料，所以可以不拥有（没有法律控制权时）而进行自然控制（如职业经理人经营他所不拥有的资产）。

2. 作为使用权的感性的占有

马克思主义价值理论与所有制理论研究多年来的一个最大遗漏，是对感性的占有研究上的遗漏，而感性的占有正是数字经济的核心与关键。

从背景上看，马克思指出的“私有财产的积极的扬弃”，即《资本论》剖析的那个社会（工业资本主义）结束后新的经济、社会的财产制度的核心特征。他明确指出是感性的占有，特别指出感性的占有不是“占有、拥有”，因此不能是公有、私有那个“有”，不是在谈公有制。公有制只是工业经济阶段为实现“感性的占有”而进行的过渡。感性的占有正是数字经济中通用、专用那个“用”。

公有、私有都是马克思说的“占有、拥有”，道理很简单，一旦国家和法律消亡，公有与私有都不会存在，因为它们都是法律占有的产物，实际存在的只有马克思单独提出来的感性的占有。只有共有分用思想将“有”（拥有权）和“用”（使用权）分为所有制的两个基本方面，真正与马克思这里的意思吻合上了。

共有分用的典型实践就是我国农村改革。数字经济的核心，就是“以租（用）代买（有）”。这也是研究数字经济一定要与《手稿》研究进而与整个西方马克思主义研究联系起来的原因。因为只有如此，才能将我国的家庭联产承包责任制与互联网共享经济这两个伟大实践中相同的“中国特色”硬核提炼出来，才能达到与马克思同一水平的理解，才能使之从一种特殊认识变成共识。

《手稿》中“感性的占有”指使用，马克思特别强调“不应当仅仅被理解为占有、拥有”。一旦将全部注意力都集中到“有”而忽视了“用”，必然会造成资源浪费和社会不公，从而瓦解本来具有合理性的生产关系。

人们原来以为，《手稿》只要沾上“感性”一词，其思想一定来自费尔巴哈，或认为马克思即使有独立见解，也是在费尔巴哈基础上的提高。这会遗漏更重要的事实：“感性的占有”的思想来源是德国古典哲学，特别是康德的思想。这一点是从来没有人指出过的。由于事关重大，我们对“感性的占有”的思想源流做一番梳理。

与马克思“感性的占有”直接相关的，是康德、萨维尼与黑格尔关于占有的思想。

从时间上看，康德的《法的形而上学原理：权利的科学》在先，出版于1797年。萨维尼1803年出版了《论占有》。1821年，黑格尔出版了《法哲学原理》。

“感性的占有”是康德首先提出来的。康德关于“感性的占有”的思想，是在讨论“占有与所有权”问题时提出的：“使用任何东西的主要条件就是对它的占有”“因此，自己占有任何外在物是会自相矛盾的，如果‘占有’这个概念不是有两种不同意义的话，即作为感性的占有（可以由感官领悟的占有）和理性的占有（可以由理智来领悟的占有）。同一个事物，对于前者，可以理解为实物的占有；对于后者，则可以理解为对同一对象的纯粹法律的占有”。①

《手稿》对“感性的占有”的定义，与康德这里的提法是一致的，尤其是康德也提到了“感官”。费尔巴哈谈的是感性存在而不是感性占有（感性占有属于“感性活动”而不是感性本身）。凭借感官而感性的占有这一思想，在当时德国法学界有明确的理论出处，不排除马克思受到影响的可能。

“占有”这个词，与“控制”这个词一样，都具有法律占有与自然占有、法律控制与自然控制这种二义性。前者针对的是对象的价值，与之同义的是拥有、支配、归属；后者针对的是对象的使用价值，与之同义的是使用、利用、享用。例如，共享就不是指共同拥有，而是指共同使用。“所有权”这个词则比较特殊，它有时指产权，此时它同时包含拥有与使用二权，但有时单指产权中的拥有权。例如，当人们说所有制时，这个“所有”就是广义的，同时包含拥有权意义的所有权与使用权。数字经济在讲“使用而非所有（拥有）”或“所有权－使用权”两权分离时，这个“所有”都指窄义的拥有，否则就会出现“所有权（拥有权＋使用权）－使用权”两权分离的情况。

萨维尼的《论占有》，从法律角度展开了康德所有权二元论。萨维尼把康德说的理性的占有（也就是拥有权）称为市民法占有，它属于法律占有；把康德说的感性占有（也就是使用权），称为自然占有。萨维尼认为，市民法占有和自

① 康德．法的形而上学原理：权利的科学［M］．北京：商务印书馆，1991.

然占有互相对立。①

萨维尼与康德共同的法理源头都是古罗马法。古罗马法将产权区分为两个对立的部分，即今天所说的拥有权与使用权，即有与用（买与租）。拥有权当时称作“对物请求权”，使用权当时称作“及物权”。及物权中的及物，与数字经济中的使用权中的使用都带有“直接触及”的含义。举例来说，行驶本代表对车的拥有权，驾驶本代表对车的使用权。使用权中及物的意思，在这里就是直接触及方向盘。

由以上基于文献的解读，可以得出一个明显被理论界忽略的结论：马克思思想，一直包含后来在家庭联产承包责任制及数字共享经济中以实践方式展现出来的使用权（感性的占有）优先思想。这是最早的共享发展理念（这也证明共享发展是马克思的核心理念）。而且，它既是出发点，也是归宿点，反倒将拥有权的重要性放在出发点与归宿点的中间。改变所有权中的拥有权的目的，仅在于提供让活劳动感性占有生产条件（自主使用生产资料）的机会。也就是说，“有”的目的在于“用”，而不是相反。这层意思一直没被理论界有效解读出来。数字经济中的共享发展（如共享单车）的逻辑是，只要让闲置资源得到最大限度使用和利用，资源归谁拥有（比如是公家拥有共享单车还是私人拥有共享单车）并不重要。

3. 使用的感性与直接性特征

一切肉体的和精神的感觉都被这一切感觉的单纯异化即拥有的感觉所代替。

私有财产的扬弃，是人的一切感觉和特性的彻底解放，但这种扬弃之所以是这种解放，正是因为这些感觉和特性无论是在主体上还是在客体上都变成了人的。眼睛变成了人的眼睛，正像眼睛的对象变成了社会的、人的、由人并为了人创造出来的对象一样，因此，感觉通过自己的实践直接变成了理论。

马克思说：“人对世界的任何一种人的关系——视觉、听觉、嗅觉、味觉、触觉、思维、直观、情感、愿望、活动、爱，——总之，他的个体的一切器官，正像在形式上直接是社会的器官的那些器官一样，是通过自己的对象性关系，即通过自己同对象的关系而对对象的占有，对人的现实的占有；

---

① 萨维尼．论占有［M］．北京：法律出版社，2007.

这些器官同对象的关系，是人的现实的实现，是人的能动和人的受动，因为按人的方式来理解的受动，是人的一种自我享受。”这里的占有，因为是与感官联系在一起的，所以只能是使用，而不能是拥有。数字经济中的核心概念access，就是直接接触的意思，即亲自占有，同这里所说的与感官相联系的占有是同样的意思，表现在价值上，即所创造的价值，一定是亲自创造的（《国际歌》中对创造概念的限定——“全靠我们自己”）。亲自，在这里，还有不可转让（主权是不可转让）的意思。因此，排除了卢梭所说的可以交由他人（如《国际歌》所说“神仙皇帝”）代理、代表的理性权利的特征。

4. 积极的扬弃与消极的扬弃的区别

对私有财产的扬弃，有积极与消极之分。积极的扬弃是“真正占有”，也就是感性的占有。马克思没有直接点出消极的扬弃是什么，但可以推论，消极的扬弃是虚假的占有，也就是只在法律上实现了占有在感性上却没有完成占有（从而以资源闲置、浪费形式损害生产力）。不能实现感性的占有，引发的弊端包括低效使用资源、垄断经营而无法保证平等使用资源、形成特殊利益集团等。

马克思还从积极的扬弃中区分出一种最初的积极的扬弃。最初的积极的扬弃与消极的扬弃的区别在于使用的范围不同，最初的积极的扬弃有两面性：一方面，具有“积极的扬弃”的共同特征，即感性的占有；另一方面，又具有“最初”特征，也就是感性的占有不完全。消极的扬弃则停留在法律占有上，没有把感性的占有的主导性体现出来，其扬弃仅表现为以共有保证了共用，把共同使用理解为共同拥有。与私有制的区别在于，从私有私用变为了共有共用。

首先，我们来看“积极的扬弃”的正面特征。

马克思在《手稿》中指出，“对人的生命的占有”就是指“感性的占有”，即使用权。感性的占有，当然不是指物，而是指权利，即主体意志在物上的确证。它不是感性本身，而是感性活动，作为感性活动与“人的生命”相对应。与感性相反的是宗教、家庭、国家等超过感官尺度因而不直接与“人的生命”对应的人。在积极的扬弃中，组织可能扁平化、生态化，不给作为中间阶层的代理人以演变为特殊利益集团的机会。当然，要不要把家庭列入，是可以讨论的。从数字经济的实际演进趋势来看，组织扁平化、生态化是可能发生的，而在家办公可能成为实现感性的占有的一种选择。

马克思认为，“自我异化的扬弃同自我异化走的是一条道路”。这应该是指，异化是从感性到理性，而复归是从理性到感性。对价值来说，异化是从感性的使用价值到理性的交换价值，复归是从理性的交换价值上升到新感性价值。能不能“感性的占有”，是检验质变是否发生的标准。

其次，可以认为“消极的扬弃”只改变有而不改变用（感性的占有）。

按这种标准，凡工业生产方式下以国家资本主义形式（包括股份制）扬弃私有财产，都可以归为消极的扬弃。其特点是通过改变拥有权来实现共有而不改变使用权来实现共用。这里的共用，以能否分别直接使用（“平等使用”，如平等准入）为标准，有两种情况：不可以分别直接使用的共用属于代理使用，即名义上的共用，实际是指定代理人（如获得牌照的企业）进入，其他则无法进入；可以分别直接使用的共用，所有经营主体都可以平等进入，包括共同私用，即私人、个体都可依共同标准进入使用。

排斥共用，这不是由主观原因造成的，而是工业生产力的专用性质决定了资产只能专用而难以共用。例如，国家资本主义改变了财产的拥有状态，却没有改变财产的使用状态。因为资产具有排他性、竞争性、使用意义上的专用性，所以由少数人垄断经营，而国有的实际产权主体——全民仍难以直接触及（access）资产，更何况当国家资本异化为只代表特殊利益集团时了。说这种扬弃是消极的，是说它只改变拥有，不改变使用，而使感性的占有这一归宿无法达成。使用（感性的占有）才是实现复归的标准和最终要达到的状态。因此，感性的占有包含平等使用（而非代理使用）生产资料的意思。因为代理使用时设置进入许可，有可能造成全民不平等使用。如果使用不平等，但从使用中产生的剩余分配是平等的，那情况可能有所缓解。

最后，我们来看“最初的积极的扬弃”这种过渡状态，它的特点是部分地改变用（感性的占有）。

马克思批判了作为最初的积极的扬弃的“粗陋的共产主义”：“对私有财产的最初的积极的扬弃，即粗陋的共产主义，不过是想把自己设定为积极的共同体的私有财产的卑鄙性的一种表现形式”。

如何理解“粗陋的共产主义”？马克思指出其特征在于“工人这个规定并没有被取消，而是被推广到一切人身上；私有财产关系仍然是共同体同实物世界的关系”。我们理解，在工业生产方式下，共同的自然占有，最初是作为共同的法律占有实现的。但在共同的法律占有下，拥有的印记仍然存在。马克思解释了这种情况出现的原因，“共产主义是扬弃了的私有财产的积极表现；起先它是作为普遍的私有财产出现的。共产主义是从私有财产的普遍性来看私有财产关系”。也就是说，起先共用是以公有的形式出现的，它与私有在“有”（拥有）上是一致的。把一部分人所有扬弃为所有人所有时，就和所有人私有相似了。把人人占有（实指人人自然占有）曲解为人人拥有（也就是人人法律占有），就是这种感觉。

在这个意义上说，因为“工人这个规定”的存在，当初就是以法律占有为前提的，是法律占有决定了工人只有工资而没有剩余。没有法律占有（拥有），也就无所谓是由工人占有还是由资本家占有了。例如，一旦真的实现全民的感性占有，就不会再存在无产阶级（工人阶级）这一称谓，因为不再按有产无产这样的法律占有标准（“有”的标准，即是否拥有资产）来划分。人民这个概念，就泛化为建设者的概念。“建设”，就是一个用的概念（参与的概念）而非有的概念，它相当于“咸与”（共同参与，如“咸与维新”）这样的概念。

对照实际，国有资本就处在这种过渡性位置上。当公有以国有方式实现时，在工业化条件下，公有不等于公用（不能“咸与”），而只能代理公用，即让有准入资格的代表全民的少数人来代表全民使用。与私有财产一样，能不能使用即感性占有生产资料，仍然沿用的是资产专用性条件下“只有拥有才能使用”的原则，而不是“无论拥有与否都可以使用”的原则。

现阶段经济发展中存在着国家、集体和个人三者的利益矛盾。要改变这种状态，只能是以合作制替代雇佣制（哪怕雇佣制在转移支付等宏观机制上已向全民分享了剩余，但经营自主权并没有实现）。

现实的条件正在出现。一旦改变了生产方式，从以工业生产方式为主导变为以信息生产方式为主导，积极的扬弃的条件就开始具备。国有资产可以转化为民用资产，即从全民所有的资产转变为全民所用的资产。按《国家发展改革委　中央网信办印发〈关于推进“上云用数赋智”行动　培育新经济发展实施方案〉的通知》（发改高技〔2020〕552 号）（以下简称《通知》）、《关于支持新业态新模式健康发展　激活消费市场带动扩大就业的意见》（发改高技〔2020〕1157 号）（以下简称《意见》）指出的路径，第一步，是实现生产资料数字化。其意图在于将只能专用的实物生产资料转化为可以通用（复用）的代码形态的生产资料，即通用性资产。第二步，是按市场化原则、商业化方式实现数字生产资料的有偿共享（按数字生产资料的使用效果——赢利或不赢利——收取分享平台的固定资产投入补偿）。原来不可以共用（共同使用，即共同地实现感性的占有），是因为资产专用性；在数字经济中可以共用，是因为资产通用性。如果说专用性资产构成了威廉姆森所说的资本主义经济的制度基础，那么，通用性资产将构成劳动复归的制度基础。

马克思通过感性的占有这一命题，非常有预见性地提出了“现实的占有”即名义上拥有而现实中无法使用这一问题。

人的自由而全面发展中的全面，一定是拥有与使用同时占有这种全面。全面，是指感性的方式加上理性的方式，只有感性的方面或只有理性的方面，都是不全面的。

5. 共享与共用：社会的感官活动

马克思指出：“在被积极扬弃的私有财产的前提下，人如何生产人——他自己和别人；直接体现他的个性的对象如何是他自己为别人的存在，同时是这个别人的存在，而且也是这个别人为他的存在。”这说明这个感性的占有，还是共同占有（共享）。占有这个意志，不是个人意志，而是共同意志（“共同体”的意志）。这说明马克思反对劳动异化不是为了回到小农式的个人自然占有（小农经济），而是实现社会化基础上的自然占有，即今天所说的共享发展。这与二次分配的福利不同，是机会公平，即要在一次分配中取得公平。

马克思指出，“虽然共同的活动和共同的享受，即直接通过同别人的实际交往表现出来和得到确证的那种活动和享受，在社会性的上述直接表现以这种活动的内容的本质为根据并且符合其本性的地方都会出现”。这里的“共同的享受”，与今天所说的共享，是同样的意思，也就是共同使用。因为享受是指使用而非拥有。农村改革中农民获得的，就是共同使用的权利，而非共同拥有的权利（拥有方仍是国家与集体，不是个人）。

马克思说，“感觉为了物而同物发生关系，但物本身是对自身和对人的一种对象性的、人的关系，反过来也是这样”“因此，需要和享受失去了自己的利己主义性质，而自然界失去了自己的纯粹的有用性，因为效用成了人的效用”。这里几乎可以说是马克思对共享的定义。在数字经济中，通用性资产就是“需要和享受失去了自己的利己主义性质”的资产（所谓“利己主义性质”可以理解为排他性、竞争性使用，即资产专用性）。按资产专用性提出者威廉姆森的界定，资产完全通用，交易费用为零，只要专用，就会有一个根据专用变通用的转换难度而计量的交易费用 k 产生于交易之上。共享（共同使用）的实现，是否以拥有权的改变为前提，取决于生产力的发展，如果生产力停留在工业化水平，由于专用性是工业生产力的本质特点，则只有公有才能实现共用，但如果生产力发展到信息化水平，生产资料数字化使资产由专用变为通用，则无论公有还是私有，都可以实现共用（共享），无非是有偿共享。这一变化，完全超出了马克思所在时代可能接触到的经验。

马克思说："别人的感觉和精神也成为我自己的占有。因此，除了这些直接的器官以外，还以社会的形式形成社会的器官。例如，同他人直接交往的活动等等，成为我的生命表现的器官和对人的生命的一种占有方式。"这里，把感觉与占有联系在一起。共享作为共同的自然占有，构成"社会的器官"的活动。"社会的器官"是一个比喻，它比喻的是与交换价值相反的事物。交换价值是社会的，却不是"器官"的（感性的）活动；交换价值是抽象而社会的，就只能是理性的活动。"社会的器官"，是指既是社会的又是感性的。"社会"表现为占有的共同性，"器官"表明占有的直接性和感性，因此"社会的器官"比喻的是共同而直接的自然占有，即共享。共享与共有（公有）不同，只要一说"有"，它就只能是抽象的。

应当避免重新把"社会"当作抽象的东西同个人对立起来。个人是社会存在物，因此，他的生命表现即使不采取共同的、同其他人一起完成的生命表现这种直接形式，也是社会生活的表现和确证。

6. 工业经济的有限性

马克思特别指出了工业经济的特殊性、有限性（非普适性）。这种有限性，导致了对私有财产的扬弃只能是消极的扬弃。只有发展数字经济，才能创造积极的扬弃的生产条件。

马克思曾直接点出工业经济与私有财产扬弃的关系，在批判圣西门时他指出，"他把工业劳动本身说成本质，因此他渴望工业家独占统治，渴望改善工人状况"。注意，这里说的是"工业家"而不是资本家。这是指，取代资本家位置的人（如国有化部门），仍然具有他所替代的人一样的"独占"（排他性拥有）特征。马克思指出，"物质的财产对它的统治力量如此之大，以致它想把不能被所有人作为私有财产占有的一切都消灭；它想用强制的方法把才能等等抛弃"。这与数字经济以创新驱动替代物质投入驱动、采用信息生产方式的情况形成对照。对只能专用而难以通用的物质财产的依赖，会形成占有上的排他性，从而完全忽视共享发展，以致忘记扬弃自我异化实现普遍的感性的占有这种初心。

“被所有人作为私有财产占有的一切”指的就是公有。公有一开始时，在工业生产方式惯性思维下，把感性的人人占有理解为工业化条件下理性的人人拥有，因此，把公有制仅仅理解为从少数人的私有变成人人私有。其中，被无意中排除而又符合感性的人人占有初衷的情况，就是“才能”（如以 App 为代表的活劳动的创造性）的发挥。这里值得注意的是，在马克思语意中，共享发展不仅是二次分配公平，即结果公平，因为结果公平仍然可能“用强制的方法把才能等等抛弃”，仍然达不到人的自由而全面的发展；共享发展还需要一次分配公平，即机会公平，因为只有给活劳动足够的机会，才能使他们的才能也就是他们的潜能全面释放出来，才能使他们在自我实现层次上实现公平。

“才能”这个隐喻，最初出现在《国民财富的性质和原因的研究》中。斯密说，使各种职业家的才能形成极显著的差异的，是交换的倾向。① 实现规模（经济）不需要才能，但实现范围（经济）需要才能。分工具有专业化与多样化两种倾向，工业化由前一种倾向发展出来，信息化由后一种倾向发展出来。分工越多样化，市场容纳的不同质的范围就越广，需要的才能就越多。因此，才能专指劳动的差异化、多样化和异质性等感性特征，而有别于人把自己当机器使的能力。才能是与感性的占有相联系的主体特征。因为人只有在为了自己的目的（以自己为目的而不是把自己当作实现资本家目的的手段）而感性占有生产资料的条件下，其潜力才能得到充分释放。这种被释放出的潜力，就是才能。

数字经济学认为，工业生产方式本身就有抑制才能的内在动力机制。这是因为，物质投入驱动与才能释放所需的创新驱动方向是相反的。以同质性的资本，无法催生异质性的劳动（创造性劳动）。这意味着无论是公有还是私有，只要是沿用工业生产方式，以物质投入驱动为主，都会“用强制的方法把才能等等抛弃”。在这种生产方式下，个别劳动者仍然有创造性发挥的可能，但更多的只是个人现象而非制度性现象，不可能成为普遍的现实。只有改变生产方式，以创新驱动经济发展，而且将创新投入作为通用性资产分享给活劳动，让其感性占有，才具备普遍地将才能释放出来的基本条件。从数

① 斯密．国民财富的性质和原因的研究：上卷［M］．北京：商务印书馆，1972.

字经济实践来看，真正让活劳动的才能得以释放的条件，不是来自工会，而是来自市场，来自平台有偿共享，即分享数字生产资料（如开发平台、开发工具），并根据使用效果（赚不赚钱）收费，这样才能使劳动者以App形式发挥出创造才能。

正如马克思在指出工业化局限时所说："我们看到，工业的历史和工业的已经生成的对象性的存在，是一本打开了的关于人的本质力量的书，是感性地摆在我们面前的人的心理学；对这种心理学人们至今还没有从它同人的本质的联系，而总是仅仅从外在的有用性这种关系来理解，因为在异化范围内活动的人们仅仅把人的普遍存在，宗教，或者具有抽象普遍本质的历史，如政治、艺术和文学等等，理解为人的本质力量的现实性和人的类活动。在通常的、物质的工业中（人们可以把这种工业理解为上述普遍运动的一部分，正像可以把这个运动本身理解为工业的一个特殊部分一样，因为全部人的活动迄今为止都是劳动，也就是工业，就是同自身相异化的活动），人的对象化的本质力量以感性的、异己的、有用的对象的形式，以异化的形式呈现在我们面前。"这些都是在说工业化中的感性已经是异化的了，也就是说，不具有才能和创造性这种生命性本质。在工业化中，人由于失去了感性的占有这一发挥潜力的条件，而不得不使自己从属于人的抽象的、普遍性的本质，即从抽象价值到同质性资本所代表的异化的本质，这时的感性只剩下动物性的生存需求满足（如工人维持生命、满足生存需求）。这里，把"艺术和文学"都归入"抽象普遍本质"大类，说明马克思所说的感性不是指形式上的感性，其理性也不是指形式上的理性，即认识论特性，而是指相对于"本质力量"而言的感性，即直接性，与之相对的是理性——间接性，即由他人代理。相对于这种本质力量的理性，是指它是从属于工具理性的，是可委托给精英代理与代表的。这时哪怕"艺术和文学"，也是理性的（如启蒙理性下的"艺术和文学"）；"艺术和文学"的感性，只在中介（能指）上是感性的，而所指上是理性的。相对于这种本质力量的感性，则是指它的非工具性，即相对于目的的直接性、非代理性。自然经济具有这种直接性，是因为中间的对象化体系（如机器体系）不发达；数字经济具有这种直接性，则是因为要从过度将理性对象化复归到感性的占有，以实现包括才能在内的生命创造力这种潜能的发挥，这时人是以自由（自我实现）为本质的而不仅是以生存或发展为本质的。

在工业生产方式下，压制才能，损害的是人的解放，因为人的解放，不但是人的物质与社会福利的满足，而且是人的自我实现能力的释放。工业生产方式即使可以通过对私有制的“消极的扬弃”在二次分配中提高工人的福利，也无法释放才能（因为满足不了将资产通用于人这一机会公平条件），只能实现结果公平；信息生产方式，通过数字生产资料复用，满足机会公平条件，能从根本上解决因为生产方式舍弃才能的问题，实现活劳动的一次分配公平或机会公平。由此可见，马克思心目中的共享发展，不仅包含对活劳动来说的结果公平，更注重机会公平，也就是才能发挥。

7. **“感性的占有”与新的公平之源**

马克思采用康德的术语，把使用权称为“感性的占有”。马克思指出，“对私有财产的积极的扬弃，就是说，为了人并且通过人对人的本质和人的生命、对象性的人和人的作品的感性的占有，不应当仅仅被理解为直接的、片面的享受，不应当仅仅被理解为占有、拥有。人以一种全面的方式，就是说，作为一个总体的人，占有自己的全面的本质。”①

“占有、拥有”根据德文原文译为“所有、拥有”，更贴近一些，感性的占有“不应当仅仅被理解为占有、拥有”中的后一个占有，实际是有特指的，指法律占有而非自然占有（感性的占有），否则上下文矛盾。事实上，萨维尼本人就将占有分为市民法占有（拥有）与自然占有（使用）两类，这也是康德“理性的占有”（拥有）与“感性的占有”（使用）的前身。马克思前面所说的感性的占有，正来自康德。马克思这里的实际意思是说，感性的占有不应理解为拥有意义上的占有或拥有本身。

马克思把“感性的占有”提到“私有财产的积极的扬弃”的高度来认识，并且特别指出不要把它理解为所有、拥有，与共享经济对共享（通用条件下“使用而非拥有”）的认识高度吻合，有助于我们理解所有权－使用权两权分离的思想来源。

生产要素供给新方式体现了共享经济的本质特征，是以共享经济的商业实践为基础发展起来的。第一次揭示出其产权不同于现代产权制度、现代企业制度特征的，是 Eilene Zimmerman 的文章《租还是拥有？新的分享型经济

---

① 中共中央马克思恩格斯列宁斯大林著作编译局．马克思恩格斯全集：第三卷［M］．北京：人民出版社，2002.

对使用所有权进行估值》。① 该文章中的“access over ownership”（一般译为“使用而非拥有”）实际是在说，在对产权进行估价时，对使用权的估价要超过对拥有权的估价。后来也有人说 access rather than owning，意思一样。access 这个词译为使用，含有亲自接触之意，显示出与传统两权不分条件下使用权内涵上的不同。在拥有权与使用权不分，被统称为所有权的现代产权制度下，使用权并没有他人亲自参与这个含义。

将使用权分为 use right（right of use）和 access，实质的区别有两个。第一，前者不含亲自的意思，后者包含亲自的意思。例如，说资本家具有生产资料的拥有权与使用权，这个使用，主要不是亲自使用，而是雇佣使用，因此不是 access；又如，农村土地所有权、承包权、经营权三权分置中，承包权与经营权对应的都是使用权，但前者不含亲自之意，后者含有亲自的意思。第二，收益权不同。前者不对应剩余索取权，后者对应剩余索取权。资本家获得剩余依靠的是拥有权，对生产资料的使用与拥有对应的是同一个收益权，这体现了生产目的与收益权的统一。劳动力，如工人，也在物理的意义上“亲自”使用资本家拥有的生产资料，但不能称为 access，只有共享经济中的使用才算 access。原因有二，一是生产目的不同，劳动性质不同。工人只是代老板使用，而不是为自己使用，是雇佣劳动的使用。可见，access 的亲自，还含有生产目的的意思（为自己而亲自，就是自主的意思），只有为自己而亲自才算亲自，才是自主劳动。二是对应的要素收益权不同，工人的使用，通过雇佣劳动，只能带来工资，没有对于剩余的索取权，不可能带来分成，因此工人使用生产资料时的身份只是劳动力；而共享中的使用，不但可以得到工资，而且可以得到分成，具有对于剩余的索取权，因此其身份不是劳动力，而是劳动者（不是商品，而是人，这种人，有的称之为创客）。

通用性资产的出现，代表着工业生产方式向信息生产方式的转变，在通用目的技术的作用下，资本通过数字化转化为通用性资产，从专用性资产的使用（不具有剩余索取权这种收益权）转变为通用性资产的使用，第一次具有了独立于拥有权的剩余索取权，从而增进了公平。其公平的性质，包括可能优化分配的定性的原因，就在于凭借活劳动在一次分配中直接具有对剩余的收益权这一点。

---

① 姜奇平．为什么是分享型经济？［J］．互联网周刊，2013（2）.

从剩余索取权变化角度理解新方式，它含有对共享的这样的新理解：对通用性资产的“感性的占有”所带来的公平，不但体现在结果公平上，即“直接的、片面的享受”，而且体现在机会公平（生产资料公平）上。在机会公平上，也不但体现为拥有权的改变（“不应当仅仅被理解为占有、拥有”，如股份分红），而且体现为使用权的改变（如使用分成，含经营权流转），它为劳动者带来“要创造人类的幸福，全靠我们自己”的 access 类型的机会，或者说是参与分成的自主劳动的机会。如果不是通用性资产这个生产力革命因素的出现，对专用性资产的使用，无论如何调整生产关系，都不可能达到 access 的效果。

4.2.2 马克思中晚期思想中的两权分离

4.2.2.1 《资本论》中的两权分离

1. 正题：物品的所有权证书

《资本论》多次在名实之分的含义上说明所有权与使用权（与所有权并称时常称为“占有权”）的区别。

例如，“A 卖给 B 的房屋，是作为商品流通的，但是它并没有移动。棉花、生铁之类可以移动的商品价值，经过许多流通过程，由投机者反复买卖，但还是留在原来的货栈内。这里实际运动的，是物品的所有权证书，而不是物品本身”。

“这种固定资本的所有权证书却可以变换，可以买卖，就这一点说，可以观念地流通。这种所有权证书，甚至可以在国外市场上流通，例如以股票的形式。但是，这一类固定资本的所有主的人身变换，不会使一个国家财富中不动的、物质上固定的部分和可动的部分之比发生变化”。

在这里，马克思把所有权当作证书（“所有权证书”，这源于萨维尼“法律的占有”），明确有别于使用权的对象（“物品本身”）。作为一种名义、名分，只是“观念地流通”。使用权也不是物品本身，但它是对物品本身的权利（直接触达占有的权利）。相形之下，所有权是对物品价值的权利（例如，以货币形式交换所有权，并不需要直接触达占有）。

马克思还指出，所有权这种名分，表明的是“法律上有权”，包括剩余索取权。当然，法律上的占有，并不仅是观念上占有，它是由国家（法律、暴力机构）背书的，因此是可以使观念上的流通现实实现的。同时，名义上的占有（法律占有），与实际的占有（自然占有），并不是两个不同的对象，而是同一个对象虚实对等的两个方面。

“公用事业、铁路、矿山等等的所有权证书，正如我们上面所说的，事实上是现实资本的证书。但有了这种证书，并不能去支配这个资本。这个资本是不能提取的。有了这种证书，只是在法律上有权索取这个资本应该获得的一部分剩余价值。但是，这种证书也就成为现实资本的纸制复本，正如提货单在货物之外，和货物同时具有价值一样。它们成为并不存在的资本的名义代表。这是因为现实资本存在于这种复本之外，并且不会由于这种复本的转手而改变所有者。这种复本所以会成为生息资本的形式，不仅因为它们保证取得一定的收益，而且因为可以通过它们的出售而能得到它们的资本价值的偿付。当这些证券的积累表示铁路、矿山、汽船等等的积累时，它们也表示现实再生产过程的扩大，就像动产征税单的扩大表示这种动产的增加一样。但是，作为纸制复本，这些证券只是幻想的，它们的价值额的涨落，和它们有权代表的现实资本的价值变动完全无关，尽管它们可以作为商品来买卖，因而可以作为资本价值来流通”。

2. 反题：“劳动者与生产资料分离”

有学者认为，从法律实践的历史看，在所有权与占有权分离的情况下，经济上的所有制关系在法学上的要素必然包括所有权与占有权。所有权意味着在一定约束条件下对财产的任意处分权，占有权则指对物的实际控制。①

工业经济（首先以工业资本主义的形式出现）的所有制特点，在于所有权与使用权的两权合一，这个合一特指二者在收益权（剩余索取权）上指向同一主体。这与亚细亚生产方式及数字经济的两权分离是完全不同的。两权分离的分离，特指收益权（剩余索取权）可以分属所有权与使用权不同主体。

两权合一以《资本论》提出的“劳动者与生产资料分离”为内在条件，与生产资料（法律）占有联系在一起。离开了生产资料，两权合一还是两权分离，只具有有限的意义，不过是对于物的单纯的租与买的区别。而与生产资料相联系，就与主权联系在一起了，主权分为生产资料所有者的主权与劳动力所有者的主权。在商品交换中，交换主体的主权本来不在交换范围内，

① 刘明．论公有制范畴的消解［J］．制度经济学研究，2004（2）．

主权（例如，作为人权的人格权）是不可转让的，但“劳动者与生产资料分离”改变了这一点，变成生产资料所有者的主权在交换中不转让（例如，不转让所有权人的用益权），但劳动力所有者的主权（如劳动者获得剩余的权利）被当作商品转让。也就是说，除非劳动者本身就是生产资料的所有者，否则一旦与生产资料分离——包括所有权分离与使用权分离（指使用权的用益权），劳动者不仅不能从生产资料使用中获得分成，连从自身的使用（劳动）中获得剩余的权利也被剥夺。

两权分离作为一个现实的理论问题，实际针对的是生产资料的社会关系，针对的是主权者而不是物（物没有主权、自主权），即针对“劳动者与生产资料分离”状态的改变，也就是劳动力作为商品的雇佣制这一条件的改变。当两权分离时，劳动者与生产资料结合的新方式出现，其中主要的改变是恢复了劳动者的主权者身份。

“劳动者与生产资料分离”，意味着劳动者不能获得自己劳动的全部产品，只能取得其中对应工资的那一部分。这是劳动力成为商品的基本条件。《资本论》提到，“资本关系以劳动者和劳动实现条件的所有权之间的分离为前提。资本主义生产一旦站稳脚跟，它就不仅保持这种分离，而且以不断扩大的规模再生产这种分离。因此，创造资本关系的过程，只能是劳动者和他的劳动条件的所有权分离的过程，这个过程一方面使社会的生活资料和生产资料转化为资本，另一方面使直接生产者转化为雇佣工人”。

在这一过程中，生产资料的所有权与使用权是合一的，是在对应同样的剩余索取权（受益权）意义上的合一。工人可以使用资本家提供的机床，但这不意味着其具有对于生产资料的使用权，因为工人虽然使用，但没有从中获得剩余的权利。

马克思在《资本论》中说过，生产资料确实具有物与价值两种存在形式，因而就其所有制来说，自然也有这样的两种形式，它是这样两种形式的有机统一。在一般条件下，这二者是不可分离的，即使在可分离的状态下，就其一般意义而言，对物的占有也更具有实质性意义。[①]

“劳动者与生产资料分离”在两权合一与两权分离下的表现是不同的。在

---

① 屈炳祥．马克思生产资料所有制原理及科学方法的当代价值［J］．黄河科技学院学报，2020，22（9）．

两权合一条件下，“劳动者与生产资料分离”是指与生产资料所有权的分离，并且由于两权合一，它同时是与生产资料使用权的分离。但是，在两权分离条件下，“劳动者与生产资料分离”多了一层不但与所有权而且与两权分离中的使用权分离（不共享）的含义。

马克思指出，既然生产的要素是这样分配的，那么自然就产生现在这样的消费资料的分配。①

按劳分配与按要素分配过去是相反的，这个要素多为资本的代指，在劳动作为要素与数据作为新型要素的情况下，将出现劳动由于共享数据生产要素而分享剩余这种新的可能。这时的按要素分配，不再仅指按要素的所有权分配，也包括按使用权共享资本要素来进行分配。这应是“完善按要素分配政策制度，探索多种渠道增加中低收入群众要素收入，多渠道增加城乡居民财产性收入”② 的新内容。

在两权分离条件下，公有制共享生产资料与私有制共享生产资料，区别主要在于资本按要素分配，相同之处在于，生产资料的所有者，在合约分成中的所得，都属于按要素分配所得。这是所有者不参与劳动，仅凭所有权本身获得的部分。这一部分在数量上不应低于本金（投入的不变资本），而是应足以抵偿生产资料的资金成本（加一个利息），在此基础上协商分成。单纯从配置角度讲，公有还是私有，并不影响资方的分成比例。但私有条件下所有者获得的是纯个人的剩余，而公有制特别是全民所有制下的所有者凭借所有权获得的剩余，理论上只是再分配给全民的财产。

周新城指出：“毫无疑问，在微观领域，由于劳资关系的不对称性，资本家由于拥有资本而处于优势地位，加上劳动力供给的充裕，工人在分配领域与资本家的斗争中处于劣势。资本家压低工资，工人往往无力反抗。但在宏观领域，工人阶级处于领导地位，是国家的主人，因而完全可以通过党组织和工会组织，通过政治的、法律的手段来捍卫自己的权利和利益，这是同资本主义市场经济不同的地方，这种条件不能不影响到按要素分配的实现形式。”③ 这在宏观上进一步说明了生产资料所有制不同对于分配的影响。

---

① 中共中央马克思恩格斯列宁斯大林著作编译局，《马克思恩格斯选集：第 3 卷》。

② 出自党的二十大报告。

③ 周新城．研究分配问题必须从生产资料所有制出发：研究分配问题的一个方法论原则［J］．当代经济研究，2018（1）．

3. 合题："重新建立个人所有制"的所有权虚置

产权合题是否定之否定，表现在"重新建立个人所有制"这一《资本论》重大思想上。研究者发现，在《资本论》德文第 4 版、法文本中译文中表述为"重新建立个人所有制"，而且在对"个人所有制"的理解中排除个人拥有具体的所有权，则必然在共同占有基础上使所有权虚置。①

法国学者巴利巴尔指出，马克思将财产关系分成若干种复杂的形式，其中主要是"占有"和"所有"的二元化，但在一些场合，马克思也感受到了区分二者的困难，所以也在"所有"意义上使用占有概念。至少在两个场合，马克思对占有与所有是作了严格区分的：一是研究亚细亚生产方式时；二是在《资本论》中。②

在《资本论》中，马克思说："从资本主义生产方式产生的资本主义占有方式，从而资本主义的私有制，是对个人的、以自己劳动为基础的私有制的第一个否定。但资本主义生产由于自然过程的必然性，造成了对自身的否定。这是否定的否定。这种否定不是重新建立私有制，而是在资本主义时代的成就的基础上，也就是说，在协作和对土地及靠劳动本身生产的生产资料的共同占有的基础上，重新建立个人所有制。"③ 与德文第 1 版相比较，其变化在于将"共同所有"修改为"共同占有"。这个修改是十分重要的，因为把重心从所有权转向了使用权。"协作"和"共同占有"在中国式现代化语境下，称为"共享发展"，属于使用权的范畴，其实质内涵为共同使用（亦称"平等使用生产要素"），在数字经济条件下，这种共同占有必然是协作的，突出表现为对流量外部性的互补使用。

这里的所有制显然不等于所有权，否则就不会有私人产权与个人产权之分。私人产权（私有制）是指私人所有 + 私人占有（使用）；个人产权在此则指共同所有 + 个人占有（共有分用）。这里的个人占有与共同占有是同一个意思，都指对物的重叠占有（使用）。

有学者把"重新建立个人所有制"解释为"共同占有 + 个人所有"④，这其实是把意思理解反了。共同所有限制了生产资料的买卖，个人所有则会允

① 刘明．论公有制范畴的消解［J］．制度经济学研究，2004（2）．

② 同①．

③ 马克思．资本论：第一卷［M］．2 版．北京：人民出版社，2004．

④ 同①．

许生产资料的买卖。个人所有制恰恰不是个人所有权，即个人所有，而是共同所有 + 个人使用（等于共同使用）。马克思这里说的否定之否定，实际等于从共同所有、共同使用的公社所有制向共同所有、共同使用的“重建的个人所有制”螺旋式上升。要点在于，property 不等于 ownership，而等于 ownership + use of right，在这里，个人所有制（个体化的产权）不等于个人所有权，而是个人使用权。

所有权虚置在“共同所有 + 个人占有”这一产权结构中，主要表现是“共同所有”可以表现为多人对同一物的法律占有，这分两种情况，一种是重叠的共同占有，另一种是统一的共同占有。统一的共同占有与公有（公共所有）语义相近，而重叠的共同占有与共有（共同所有）语义相近。主要区别在于，公有可以采用委托 - 代理结构，由一人（代理人）代表多人占有；共有可以不采取委托 - 代理结构，更强调多人直接重叠（平等）占有。

这时，出现了不关心先进生产力的传统马克思主义研究者没有注意到的重大变化：在数字经济中，生产资料“复用”使重叠占有成为现实可能。

在这两种方式中，前者（公有）适合存在国家的社会主义状态，后者（共有）适合不存在国家的共产主义状态。在前一种状态，所有权之必要，在于代理权（代表权）的必要，为的是备战、提供难以市场化的公共产品、增加税收等。在后一种状态，所有权是彻底虚置的，因为共产主义假定的是国家不存在。法律伴随国家产生并伴随国家消亡，法律消亡，以法律作为保障的所有权（法权）也就消亡了。

数字经济中出现的一个所有权虚置的现实的先兆，是一旦公共池资源不再为企业所垄断，“平台 - 应用”双层结构转化为“小程序”（脱离平台的自由应用），则基于共用（重叠占有）的生产方式（完全的个性化，又称再小农化——比工业化更加社会化条件下的定制化）就可能现实地出现。此时并非没有人从事公共事业，从事公共事业的人、财、物就绝对值来说甚至高于工业化（如工业社会主义），但占有资源总比例将显著低于工业社会。此时的公有将转化为公用，即公共经营，也就是公共部门、准公共部门（如平台、链主企业和部门）将以参与公共经营（统分结合、双层经营中的“统”）的方式，与分散的个人占有、使用共生存在。

亚细亚生产方式中的公社所有，主要是共有，只是有些共有不包括公用，有些共有包括公用上的共用。

苏联将战时体制制度化，走向了《资本论》“重新建立个人所有制”愿景的反面。这种偏离的一个重要特征，是夸大了法、德、俄原有产权思想中片面强调拥有权而忽视使用权（其极端表现是无视资源浪费——对不“使用”见怪不怪，如软预算约束）的传统倾向。这一点只有在同东方产权思想特别是产权的“中国特色”（强调使用权且可与拥有权分离）加以比较时才可以显著地看出。

如果从历史与逻辑相统一的尺度看，往往在谈正题、合题时较关注两权分离，而在谈反题时较关注两权合一；往往在历史分析涉及来源与归宿时较多谈及两权分离，而在谈现实时较多谈及两权合一。

这可以解释马克思涉及财产权思想的文献中存在许多看似矛盾实则不矛盾的说法了。例如，有时说消灭私有制，有时又说不一概反对私有财产。

如何理解《资本论》提出的“重新建立个人所有制”？把马克思关于财产权的思想当作前后一贯的整体来看，我们大胆猜测存在这样一条线索：理想中的财产权，应是人人使用，且生产资料不排他使用，这是机会平等的意思。但是，表述时称为人人占有、个人所有制等，指的都是使用权而非拥有权。这与法权特别是资产阶级的法权即排他性的拥有权，产生了冲突。因为现实中存在的所有制都是工业化的所有制，其特征是专有决定专用，排他性拥有决定排他性使用，由此构成了人人平等使用的制度障碍。马克思中期之所以集中谈消灭私有制，主要是因为这种专有不打破，人人使用（我国称为共享发展）就不可能实现。消灭私有制既不是目的，也不是结果，而是实现理想财产制度的条件。只是马克思不得不把满足这个条件作为终身（一直属于工业化这一历史阶段）面对的现实。马克思谈拥有权多，但不等于拥有（包括消灭私有制）就是一切。按马克思的初衷，共有（如公有）一旦实现，就要马上创造条件实现尽可能广泛的共用（包括共享）。

使用是目的，拥有只是手段。

按照对马克思产权思想的中式解读，建立起公有制，只是解决了第一步，即打破共享发展的制度障碍，特定历史条件下的国有并不是马克思当年设想的理想制度，只是过渡性安排。第二步是创造条件，实现共有向共用的转变，而且（除了特殊情况，如战时经济）共用的群众基础越广泛，政权才能越巩固。我国在国有这种有限共用（少数人代表大多数人直接使用共有财产）之外，迈出了关键性的一大步，就是通过改革，把共有财产（土地）的使用权开放给国有企业职工之外一个更广大的群体——农民，从而令共用的范围（使用生产资料的机会）达到了人口基数的半数以上。这是中国特色社会主义制度具有强大生机活力的重要原因。

值得特别注意的是，我们需要仔细辨析马克思所说的占有这一概念到底是法律占有（所有）还是自然占有（使用）。当涉及所有制（产权）时，人们通常说生产资料占有权而不说资本所有权。生产资料占有权，一般理解为生产资料占有关系的法律表现形式，指人们通过合法占有、支配和使用生产资料的权利。这样的理解，把占有等同于所有（法律占有），但纵观马克思从19世纪50年代到80年代的研究，不能排除生产资料占有权含有生产资料使用权的可能。结合马克思晚期人类学笔记，将生产资料占有权全面理解为生产资料所有权与使用权的共称，可能更符合马克思的原意。

4.2.2.2 《共产党宣言》1882年、1890年序言

《共产党宣言》确实提及消灭私有制，并且把它当作共产党的纲领性主张。《共产党宣言》提出消灭私有制，有其特定含义，必须完整、准确理解。

《共产党宣言》有一段重要的话，"《共产党宣言》的任务，是宣告现代资产阶级所有制必然灭亡。但是在俄国，我们看见，除了狂热发展的资本主义制度和刚开始形成的资产阶级土地所有制外，大半土地仍归农民公共占有""那么试问：俄国农民公社，这一固然已经大遭破坏的原始土地公有制形式，是能直接过渡到高级的共产主义的土地所有制形式呢？或者，它还必须先经历西方的历史发展所经历的那个瓦解过程呢""对于这个问题，目前唯一可能的答复是：假如俄国革命将成为西方工人革命的信号而双方互相补充的话，那么现今的俄国公有制便能成为共产主义发展的起点"。

这段话提出了"所有制灭亡"的观点：现代资产阶级所有制必然灭亡。在这段话里，所有制的概念出现了新内容，出现了占有这个词，与拥有相对。这里说的占有，就是《手稿》中说的感性占有。

这段话值得注意的地方有两点。第一，是把所有制与不同的生产力发展水平联系在一起，有什么样的生产力发展水平才有什么样的所有制形式，而不是像有人那样生搬硬套。第二，更重要的是，恩格斯已经注意到拥有（公有或私有）与使用（如公共占有）是所有制中的不同形式，从而提出了从公共使用直接过渡到高级所有制形式的问题。这可以说是改革思想的理论源头。

原始公有制，不同于公有制，实际是指公共自然占有，即这里说的农民公共占有。因为公有是指法权（法律占有），当占有还没有以法律形式确定下来的时候，它不算拥有（法律占有），只是使用（自然占有），所以这里的公有实指公共的自然占有。

在1882年俄文版序言手稿中，“农民公社”是用拉丁字母拼写的俄文“公社”，没有“农民”这一字眼。因为在当时，以“拥有”为内涵的法律制度（资产阶级所有制）还没有广泛推行到俄国农村，所以这里说的公共占有只能是公共使用而不是公共拥有。

萨维尼在《论占有》中将占有分为两个相对的基本义：“拥有”（市民法占有）与“使用”（自然占有）。前者对应价值，后者对应使用价值。

今天说的共享经济，就是“使用而非拥有”。现在的互联网平台与这里的农民公社，有一共同特征，即谁拥有不重要，重要的是生产资料“天下为公所用”（公共自然占有，或这里说的“公共占有”），以通用也就是手稿中说的感性占有的方式对待资产。将手稿与宣言贯通起来，可以这样理解，马克思在说两件事：在工业经济条件下（法律占有是所有制主导形式），要实现公共占有，必然消灭私有制，把私有变为公有，通过公有，为公用创造条件，扫清障碍；但在更高发展阶段的经济条件下，实现公共占有的重心，将不再是消灭私有制，而是让所有制消亡（包括私有制的消亡，以及国家资本主义形式的公有制的消亡），让法律占有复归自然占有，这时已不存在法律占有（因为国家与法律都不再存在），因此公共占有只能是公共自然占有，不可能是公共法律占有。

占有区分两义，意味着所有制开始包含“有”与“用”两重意思。“消灭私有制”实际出现了“天下为公所有”与“天下为公所用”两义。《共产党宣言》1882年俄文版序言与1890年德文版序言反复强调的这段一模一样的话，提示人们思考，在通向共产主义的道路上，可不可以绕过拥有而直接采用“天下为公所用”这种“公共占有”的新产权制度。

今天，有人用“消灭私有制”来反对改革，这恰恰用错了经典。与有的人的理解正好相反，这些人以为“消灭私有制”是说用公有制的封闭、垄断来排斥民营企业使用公共资源。可事实上，今天我们说的共享发展，就是共有分用。分用，说的是公有资源（国有资源、集体资源）可以平等地开放给民营企业所“用”，而不是封闭、垄断经营。

当然，共享经济也提倡民营企业开放资源为天下所用，但要出于其商业上的自愿有偿共享（按使用效果收费），不能强迫，包括不宜触动私有产权，尤其不能搞共产风。

《共产党宣言》英译本译作 property（财产，所有权），是十分正确的。请注意，没有把产权（所有权）译为 ownership（拥有、归属、所有）。有人在引用“消灭私有制”文本时，上下文的解释却成了 ownership，这偏离了马克思、恩格斯写成《共产党宣言》多年后对所有制成熟思考时的意思。

此前，许多人认为，手稿是“不成熟”的（深受费尔巴哈人本主义影响，还处在同一水平），而《资本论》与《共产党宣言》是成熟的。通过以上文本分析，可以看出这种看法基本上是不成立的，至少在对使用权的认识上这种看法是不成立的。马克思、恩格斯写成《共产党宣言》多年后的思想，不可谓不成熟，但同样出现了与“感性占有”实质相同的“公共占有”的思想，说明这种思想是深思熟虑后的思想。需要说明的是，公共占有与个人占有完全不矛盾。因为《共产党宣言》中明确指出，“每个人的自由发展是一切人的自由发展的条件”。

生产力的变化如何影响所有制的变化？

《共产党宣言》提及消灭私有制时，说的是“现代资产阶级所有制必然灭亡”。有人将这里的“现代”偷换成了“过去、现在与未来”，将一件事照搬照套到另一件事上，这是马克思主义特别是毛泽东思想倡导者特别讨厌的做法。

由于“现代”生产力的局限，天下为公所有与天下为公所用只能以消灭私有制的形式变革所有制。但在共享发展时代，“当代”生产力出现了新的革命性变化，天下为公所有与天下为公所用可以在混合所有制下实现。

道理很简单。工业生产力靠物质投入驱动，物质投入只能专用，无法分享。为此，相应的生产关系形式被历史地规定为专用只能对应专有，包括私用只能对应私有、公用只能对应公有。这是由“现代”生产力性质决定的。

“当代”生产力以信息生产力为代表。物质难以分享，但信息可以共享，原来“专用只能对应专有”的生产关系逻辑不再适用，变成专有（包括私有、公有）都可以共用。是否要消灭私人拥有，已变成次要的了。更主要的是，私人所有的业主，同样处于共用的主体（社会主义建设者）之中，且公有不应排斥私人业主使用公共资源。制度设计的重心，转向对各主体平等一致的资源使用规则（权责利关系）。

利用共享发展这种新的生产关系逻辑，可以促进工业生产力的解放与进一步发展。例如，当国有资源在使用上出现闲置进而造成严重浪费时，应通过改革，开放给民商使用，真正实现《共产党宣言》中说的“公共占有”。

马克思、恩格斯没有预见到信息生产力的出现，却留下了生产力决定生产关系的逻辑。马克思当年说消灭私有制是说得通的，但同一个逻辑，可以在新的生产力条件下得出不同的结论。

值得注意的是，马克思关于所有制的思想，带有明确的使用权中心论色彩。这突出表现为，他所倡导的公有制，是生产资料公有制，也就是资本的使用价值的公有，他不是直接提资本公有制或货币资本公有制，即资本的交换价值上的公有。由此，可以把马克思主义的产权思想，按所有权中心论与使用权中心论区分为西方系与东方系。当然，这里的东方、西方不是严格的地理概念，比如生态马克思主义是一种使用权中心论，而且通过“错置具体性的谬误”，强烈反对所有权中心论，但它也是来自西方的思想。这与东方人（主要是中国人）倡导生态文明、命运共同体的取向是趋同的。只不过在实践中，东方系的思想在东方更容易成为主流性的政策取向。

4.2.2.3 东方问题：人类学笔记、历史学笔记

1. 东方问题的研究背景与现实意义

马克思晚年有一个众所周知的东方问题研究时期，显著的标志是对亚细亚生产方式与“卡夫丁峡谷”问题的研究。这为我们提供了研究马克思主义“新教”（以中国式现代化为代表的东方马克思主义）的重要线索。

值得让马克思放下《资本论》写作和出版而全力投入的事情，一定是马克思主义发展中具有转向意义的重大思考。这个点，有理由认为是从所有权向使用权的转向。

这种转向，具有从西方中心论逸出，转向东方道路论的意味。人类学（包括民族学）这个名称本身，就具有非西方中心论的色彩，兴起于人们对非西方经验的各种非标准文化的兴趣，其背后是东西方不同范式的对比。

可以作如下推理，使用权是自然占有，所有权是法律占有。前者是占有之实，后者是占有之名；前者主要来自西方经验，后者主要来自东方经验。当然，东方经验主要是前现代经验，西方经验主要成熟于工业化经验。《资本

论》的批判重点指向的是占有之名，而早期、晚期替代这种批判对象的是占有之实。历史上是“卡夫丁峡谷”之外—“卡夫丁峡谷”之内—“卡夫丁峡谷”之外的螺旋式上升，逻辑上是占有之实—占有之名—占有之实的否定之否定。

所有权作为现代性的产物，是有特指的，指的是私人拥有（私有）。公社所有、国家所有，都不是严格意义（现代性意义或理性意义）上的公有。严格意义的私有，是指专有，主要是工业化的产物（现代性的产物）。此前自然经济中的主要生产资料不是（工业）资本而是土地。在工业化（现代性）出现之前，土地是国有（王有）的，它与社会资本一样，都难以转移所有权（除非改朝换代）。因此，在工业化之前存在的是一种不存在（个体）所有权只存在使用权的经济。

马克思的《资本论》主要以使用权即占有之名为研究中心，这不是为了肯定工业化的所有权，恰恰是为了否定它。而寻找代替它的制度，就成为顺理成章的问题意识。从前面的分析可以看出，替代性制度的一个重要特点是复归自然占有（“感性的占有”）。

仅仅改变占有之名而不改变占有之实，那不是对私有制的积极扬弃，只是过渡时期的选择。在工业化、现代性条件下，即求实必以正名为前提条件时，才存在以所有权为中心为直接占有创造条件但不实施直接占有（以代理占有，如以国营代理全民自然占有为过渡）的问题。

过渡完成之后是什么呢？按马克思否定之否定规律，自然会产生一个大胆想法，在《资本论》针对的那个工业化（对马克思而言工业化就是工业资本主义，那时还不存在工业社会主义）之后，会不会出现一个像东方社会亚细亚生产方式那样，只有使用权没有（个体）所有权的新经济、新社会？这很可能是马克思东方研究总的问题意识。

综观马克思一生，他的主要精力用在“破”即批判现代性（以工业资本主义为具体目标）上，但早期、晚期还有关于“立”即超越现代性（早期主要涉及工业化之后的未来社会，晚期主要涉及工业化之前的古代社会）的问题意识。而联系早期与晚期的，正是正反合公式中的正题与合题。它们的共同点是都以使用权为中心。显然，苏联对马克思主义的理解（特别是对所有制的理解），完全是一种现代性的理解，是基于传统工业化的理解，还局限于占有之名中，完全没有我国跳出工业化、将过去与未来联系起来的“使用而非拥有”这个方向的思考取向（农村改革与数字共享经济的取向），没有回到占有之实这个“实事”之中。把马克思的注意力从“破”转向“立”的引力中心，正是在辨析各种社会主义学说和主张时马克思对于“积极的扬弃”这一主题的着迷。这一主题是关于共产主义的斯芬克斯之谜，它以强烈的吸引力，最终把马克思晚期的注意力从《资本论》上引开，投入历史学笔记。

如果沿着这样的线索梳理马克思的问题意识，对工业资本主义的基本矛盾可以有另一角度的解释，以凯恩斯理论中的有效需求为过渡，所谓生产的社会化与私人占有的矛盾，反映了以所有权之名否定使用权之实产生的矛盾，在矛盾的一端即消费端，否定使用权之实，是指工人没有所有权就不能（从对生产资料的实际占有与使用中）获得剩余。不能获得剩余，有效需求就不足，因为不具有均衡水平的有效支付能力。在矛盾的另一端即生产端，资本家仅仅凭借所有权之名就获得全部剩余，势必会刺激其提供过剩产能，因为剥削会误导其把超过限度而取得剩余所消灭的有效需求当作真实需求，此时生产的社会化会放大生产手段与生产目的的差距，进一步刺激其为了生产而生产，通过偏离社会分配均衡破坏资源配置均衡。

由此一看，私有制的不合理，还不仅仅在于私人拥有（私人法律占有）本身（因为国有也一样），而在于在“拥有而非使用”（这一与数字经济“使用而非拥有”相反）逻辑中，不打破私人法律占有这一分配剩余的前提（实际国有也一样），就无法通过劳动者私人自然占有获得剩余。这里私人不私人并不是要件，分配剩余主要是依据所有权还是使用权才是要件。工人自然占有生产资料，实际付出活劳动（活劳动即进行实际占有的劳动）却不能获得剩余，获得剩余只能通过法律占有，别无他途，这才是问题的关键。面对《资本论》揭示的这一不合理现象，有没有不依赖占有之名而直接解决占有之实（通过使用权直接分得剩余）的制度可选呢？这就需要诉诸历史研究了，马克思的两部历史学研究笔记（人类学笔记算其中第一部），要解决的正是这样的问题。当西欧经验（西方式现代化）无解时，亚细亚的方式（东方道路）是否可行呢？这就通向了今天对中国式现代化的探索。

在西方化、工业化范围之外（在自然经济与数字经济中）存在与西欧经验明显构成反例的历史经验，这就是，自然经济能够不以所有权为前提分配剩余，数字经济也能够不以所有权为前提分配剩余。既然如此，是否一定要经过“以所有权为前提分配剩余”这一“卡夫丁峡谷”？

在东方的《资本论》中，写的是“使用而非拥有”，这是针对剩余说的，意即没有所有权，仅凭使用权，也可以参与剩余分配。我们不妨验算一下，在亚细亚生产方式中，农民并不具有土地所有权，仅仅是土地的使用者，行使的是土地的使用权，但农民（农奴、雇农除外）除了工资，还参与剩余分配。[①] 数字经济学非常看重亚细亚生产方式，是因为感同身受地体会到马克思当年遇到的同样问题，有没有一条不同于西欧“拥有而非使用”的产权选择？感同身受，是因为数字经济自己走的就是这样一条路，更接近亚细亚“使用而非拥有”的生产方式，而不是西欧那种重名轻实的产权制度之路。

如果把马克思的思想当作一个整体来看，中期《资本论》的思想与晚期人类学笔记其实是一个整体，前后反映的是同一体系的一体两面，并不矛盾。前者面向的是政治经济学（资本主义政治经济学），后者面向的是科学社会主义（社会主义或共产主义政治经济学）。二者在财产权上恰是一对镜像，前者是要破的财产之名，后者是要立的财产之实。从这个意义上说，人类学笔记的重要性，一点也不亚于《资本论》。后世所说的科学社会主义，主要指政治与社会理论，但人类学笔记，可以视为政治经济学版的科学社会主义理论。

2. 亚细亚生产方式的分析角度

有些学者在研究马克思人类学笔记时，出于特定证论目标，如否定东方专制主义，有意离开“卡夫丁峡谷”问题，孤立讨论亚细亚生产方式，由此更多地把亚细亚生产方式当作一个负面的、需要全面否定的生产方式来看待。更主要的是，绝大多数研究者，受到不自觉的西方中心论的局限，以所有权为中心观察一个不是以所有权为中心的经济现象，表现是，研究者只关注亚细亚生产方式中“公有制”这一个点，而不自觉地忽视亚细亚生产方式的自身语境及马克思文本关注的另一个点，即公用问题。现有研究普遍而重大的误区，是对马克思问题意识的误读，以为谈的是社会主义的建立，实际是社会主义的完善（或者说共产主义的建立），也就是前面一再提及的私有制的积极的扬弃问题。这才是令马克思放下《资本论》的心结。

回到马克思的语境中来，马克思讨论东方问题，是把亚细亚生产方式、“卡夫丁峡谷”理论当作一个整体来研究的。它们互有内在关联。从时间来看，人类学笔记在先，历史学笔记在后；“卡夫丁峡谷”理论（或猜想）见

---

① 姜奇平．分享经济：垄断竞争政治经济学［M］．北京：清华大学出版社，2017.

于《共产党宣言》1882 年俄文版序言“假如俄国革命将成为西方无产阶级革命的信号而双方互相补充的话，那么现今的俄国土地公有制便能成为共产主义发展的起点”，这可以认为是对“卡夫丁峡谷”问题下的结论，也可将其当作马克思的正式意见来看待。① 显然，马克思倾向于可以不通过“卡夫丁峡谷”。如果不是有这样重大的研究值得付出的话，马克思放下《资本论》写作、出版就说不通了。可以不通过“卡夫丁峡谷”，用今天的话说，即可以不选择西方式现代化而选择东方式现代化之路，可以说这是人类学笔记和历史学笔记研究的最终归宿点与呼之欲出的结论。

这关系到马克思主义“旧教”与“新教”的核心分野。所谓“旧教”，就是以苏联为代表的西方式现代化的选择，其西方性表现为以所有权为中心，把所有权绝对化而否定使用权的所有制理论与实践（剥夺劳动者自主经营权）；所谓“新教”，是以中国为代表的中国式现代化的选择，承认所有权，但不把所有权绝对化而高度重视并强调使用权的理论与实践（它体现在“交够国家的、留足集体的，剩下都是自己的”实践中，主张劳动者凭经营而不仅是拥有直接分享剩余）。

解读马克思《科瓦列夫斯基〈公社土地占有制，其解体的原因、进程和结果〉一书摘要》（以下简称《摘要》），应注意马克思与恩格斯研究侧重点的不同。二人观点的交集，主要表现在《共产党宣言》1882 年俄文版序言中关于俄国公社问题的断言上。同时，二人观点在不存在矛盾的前提下在表述上各有侧重。恩格斯在关于所有制西方道路（包括五大生产方式）的表述上，全面采用了摩尔根《古代社会》的研究成果。摩尔根《古代社会》主要考察的是西方类型的所有制发生发展史（如古希腊、古罗马），重点研究西方原子论式的所有制——私有制的产生。恩格斯虽然声明参考了马克思对《古代社会》的摘要，但马克思关于此书的批语并不多，恩格斯在《家庭、私有制和国家的起源》中更是比马克思更详尽地引用了摩尔根关于所有制的西方道路的研究发现。马克思在西欧所有制上与恩格斯的看法是一样的，认为西方在一开始（氏族时期，如梭伦时代的雅典）大部分土地都已由个人占有了，人

① 有学者根据马克思给查苏利奇回复的草稿中“卡夫丁峡谷”表述不一，认为马克思的结论并不肯定，就文字本身来看，也许是这样，但结合 1879—1883 年马克思研究的上下文语境，特别是 1882 年恩格斯的表态（当时马克思尚在世），马克思真实意思中的倾向性是不言而喻的。

们已经学会了抵押土地。① 而在东方，这是不可能的，因为公社所有的土地是不可转让的。恩格斯的一个重要观点是家庭（从氏族中独立出来，尤其是父系制的出现）对于私有制的产生具有重要作用。但马克思在人类学笔记中，很少触及东方的父系制（并未以西欧同样方式产生私有制）。② 相对而言，在马克思的人类学、历史学笔记中，摩尔根的《古代社会》只是与众多所有制相关的东方道路材料并列的一个，他的研究重心主要在亚细亚生产方式上，特别是科瓦列夫斯基公社土地所有制上。恩格斯却极少谈及科瓦列夫斯基的公社所有制。这不代表两人观点有所不同，而是表明两人针对的问题不同。在历史学笔记的“分工”中，摩尔根的《古代社会》“管”的是资本主义是从哪里来的，亚细亚生产方式研究“管”的是社会主义往哪里去。

另一个应注意到的是，马克思的《摘要》与原著的着重点有所不同。科瓦列夫斯基关注的主要是公社所有制的解体，隐含的问题意识是探究印度公社最后是如何与西方殊途同归，走向与西方一样的私有制的，全书的主线是一再出现的“财产关系的个体化”③，而且观点是认为这种个体化（西方化）是基于印度社会内因而发生的。马克思主要关注的是公社所有制本身，即不同于西方道路的、与“个体化”相反的那些方面（称为“共同经济”④ 的那些方面），而且明显认为西方所有制（私有制）的产生主要受外因（英国、荷兰、西班牙等国家）影响。此外，还几次在批语中批评科瓦列夫斯基把公社所有制中的个人使用（个人占有）误解成个人所有。例如，当科瓦列夫斯基说在《摩奴法典》时代就发现土地私有制的痕迹时，马克思反驳说所有这些规定可能也应用于不是私有的个人份地。⑤ 又如，对于科瓦列夫斯基认为《摩奴法典》时代人们就有私有倾向，马克思分析他假设的理由是，感到对财产的自然占有受到威胁，因而急于用法律占有来保护。马克思尖锐地指出其

---

① 曹典顺．马克思《人类学笔记》研究读本［M］．北京：中央编译出版社，2013.

② 较多涉及的是外来移民、公社内部不平等和西方殖民者的影响。

③ 马·科瓦列夫斯基．公社土地占有制，其解体的原因、进程和结果［M］．北京：中国社会科学出版社，1993.

④ 马克思．科瓦列夫斯基《公社土地占有制，其解体的原因、进程和结果》一书摘要［M］．北京：人民出版社，1965.

⑤ 同④.

中自相矛盾的地方：那么我们就不明白，为什么应用时效的原则就会有特殊困难或者显得有点莫名其妙。① 显然，马克思不认同科瓦列夫斯基公社所有制与私有制在亚细亚生产方式源头并存的观点。这个问题在后世的亚细亚生产方式研究中引起了关于生产方式普遍性与特殊性的争论。

区分马克思主义的西方道路与东方道路，具有重大现实意义。从今天事后的视角（包括数字经济的事后视角）重新反思亚细亚生产方式，会导出一个马克思当初可能都没有意识到但与问题的基本面内在相关的问题，这就是要避免官僚主义的出现对社会主义产生重大影响。

3. 关于亚细亚生产方式的文本发现

把主线捋顺后，再来剖析文本，思路就会清晰许多。尽管有学者依据原文，对亚细亚生产方式进行了多方面概括，但其中最主要的，是这样一个意思：在亚细亚的（至少是占优势的）形式中，不存在个人所有，只有个人占有。② 个人所有，说的是所有权（法律占有或理性的占有）；个人占有，说的是使用权（自然占有或马克思所说的“感性的占有”）。显然，这正是西方式现代化与中国式现代化的分界线。

由于是笔记，马克思混杂地使用了不同概念的公有制、占有、所有等词语，后人在解释时，不免望文生义，出现错误。例如，公有制，按现代理解，当然指所有权公有（公共拥有、公共所有），但在亚细亚生产方式特定语境下，其实指的是使用权公用，即公共使用，所谓公共占有，实指公共自然占有，而非公共法律占有。因为专有（包括私有与公有）的制度，只有在现代背景下才能产生。道理很简单，马克思之所以提“卡夫丁峡谷”，就是因为亚细亚生产方式还没有形成现代性意义上的、由现代性国家保障的、以启蒙运动的理性为内涵的所有权（现代性法律保障下的法律占有），这种权利一个突出的现代性特征是可以在市场上交易。东方社会当时既然连（可交易的）所有权都没有（成熟），何来所有权上的公有？所以这里被误解为公有的，只能是公用。在这个语境下使用公有制，就等于临时把使用权（而非所有权）当作决定所有制的主要标准，用公用来替代公有。这需要结合马克思分析对象

---

① 马克思．科瓦列夫斯基《公社土地占有制，其解体的原因、进程和结果》一书摘要［M］．北京：人民出版社，1965.

② 中共中央马克思恩格斯列宁斯大林著作编译局．马克思恩格斯全集：第三十卷［M］．北京：人民出版社，1995.

所处的历史实际来灵活、变通地理解，而不能拿工业化成熟时期的概念往上套。一些学者以现代性的视角解析前现代的现象，因此不自觉地出现错位，比如说东方所有制是公社所有制与个人所有制的混合，把公有加私用错当成公私混合所有，这是西方化、工业化“拥有而非使用”现代性观念作祟带来的错觉。在亚细亚生产方式研究中，充满了拿今人概念往古人头上生搬硬套的现象。我们跳出现代性范式看问题时，需要避免这种误读。

误读的一个重要的外部标志，就是脱离文本研究亚细亚生产方式。下面，我们结合马克思《摘要》的文本解读，说明亚细亚生产方式研究者与马克思的关注点是如何基本相反的。亚细亚生产方式研究者的关注点集中在“公有制”（所有权）上，而文本说的公有制，实际是“公用”（或更准确地说是“共用”“分用”）制，这从《摘要》集中在使用权这个方向就可以看出。《摘要》真正涉及现代意义所有权的，多在讨论公社解体的部分。马克思首要关注的显然是公社本身而非公社解体。

西方道路与东方道路的主要区别，可以由产权基本矛盾中所有权与使用权的相对关系（谁为主谁为次）来判别。当然，首先要建立一个中性的判别标准。当所有权主体与使用权主体分别为不同要素主体时，两权分别对应自己的收益权（主要是剩余索取权），其中使用对方财产的收益权为用益权。这个标准的中性是相对西方化的两权合一标准而言的，即两权对应同一主体，对应同一收益权。非所有权人一般不享有用益权（如工人不享有作为生产资料用益权的剩余索取权）。

同具剩余收益权的所有权与使用权，分别代表财产的名义权利与实际权利。区分占有的名义权利与实际权利的标准，是一旦不再使用，占有的权利是否消失。名义权利的特点是，不使用，占有的权利（所有权）仍不消失，即不使用，也可以不让他人使用；实际权利的特点是，不使用，就不再具有占有的权利，即不使用，不可以不让他人使用。以这个标准，可以明白区分人类学笔记中公有制与公用制的区别，公社所有制主要是以公用制区别于西欧生产方式。

东方所有制的核心特征，可以概括为“共同所有并共同经营”①，特点是所有权与使用权相互匹配，即公有与公用（或共有与共用）的匹配对称。其

① 曹典顺．马克思《人类学笔记》研究读本［M］．北京：中央编译出版社，2013.

本质是由占有之实决定占有之名。这是在工业化（现代性）中消失的前现代特征。工业化（现代性）的总特征是以占有之名否定占有之实。在另一译本中，这里的共同所有，被译为“共同所有制”，共同经营被译为“共同占有制”①。

马克思指出，在5—6世纪的印度，立法者不承认非法占有，即占有不与耕种结合起来的情况。② 这表明在东方模式中，自然占有是法律占有的先决条件，名义占有而实际不占有的是“非法占有”。这里的事实占有指实际耕种。这个逻辑反过来，就是一旦不使用就不再拥有。其中一个例子是，一连五年始终没有耕种的土地就被认为是无主的。③ 这里的“无主的”，明显否定了西欧式所有权“自己不用，也不让他人使用”这一要件。④ 把闲置等同于无主，与数字共享经济反对资源闲置利用是一致的，说明亚细亚生产方式中使用权为主、所有权为次（用决定有）。这与西欧五大生产方式中的所有权为主、使用权为次（有决定用）形成对比。在西方化的所有权概念中，闲置并不构成非法拥有，甚至只有闲置（而不被剥夺）才更能证明拥有的绝对性。

亚细亚生产方式中使用权为主、所有权为次并不代表所有权不重要，所有者（如公社）索取地租，已代表了所有权的收益权（即使不参与经营即使用）。但是，与西欧的情况不同，作为次要方面的所有权，在东方受到来自主要方面的使用权的两个限制：第一个限制是，空闲即无主，即如果不使用（不包括让他人承包经营、轮耕空闲），就否定其所有权；第二个限制是，所有权的收益权，受使用权的收益权限制。如果所有者不参与使用，完全转让使用权，那他只得对应所有权本身的一份地租；如果参与使用（经营），则根据参与情况，如是参与统分结合中“统”的经营还是与非所有者共同采用“分”的形式经营，获得对应所有者使用权的收益权（在现代企业中，这部分往往是作为所有者代理人的经理人的控制权的收益权）。

---

① 马克思．科瓦列夫斯基《公社土地占有制，其解体的原因、进程和结果》一书摘要［M］. 北京：人民出版社，1965.

② 同①.

③ 同①.

④ 在西欧五大生产方式的早期（工业化之前），已存在不以使用权为先决条件的所有权，在古罗马法中称为滥用权。滥用权是否定使用权建立的所有权。

与工业资本主义生产方式中所有者获得全部剩余、非产权人的使用者在剩余方面“一无所有”不同，东方的非产权人使用者是参与剩余分配的，也就是所有权在两种模式中的主要区别，是一个得全租、一个得部分租（如果得另一部分租，除非所有权人直接使用，如地主直接耕地，否则，另一部分租要分给所租使用权的使用者）。

这一点往往是亚细亚生产方式研究者不太注意的。印度公社的基本形式是公社所有、个体使用（个体份地）。这被有的学者不恰当地称为“公社公有制－个体私有制”的混合经济。实际上，这里所说的个体私有制指的是个体对份地的权利，只有使用权，没有所有权，除非把个体份地变为私有，像公社所有制晚期被西方殖民者瓦解那样。

亚细亚生产方式的主要标志是公社所有制。我国学者添加了国家所有制这一马克思在人类学笔记中极少涉及的提法（包括马克思 20 世纪 50 年代提及的“东方专制主义”），用以解释我国亚细亚生产方式。

公社所有制经常被称为公有制（但公有并不是其主要的特殊性），有时被称为公共所有制（但实际是公共使用的所有制）。使用权特征才是亚细亚生产方式的特殊性或特色所在。在印度，这种所谓的公有制有多种多样的形式：一是公社所有、个体使用，其中，所有者不直接使用，而是将使用权租给使用者；二是统分结合双层经营，即作为所有者的公社也参与直接经营，这种经营主要是统一经营。例如，公社的经营和私人的经营错杂相间①（或公社的经营和私人的经营同时存在②）。

这两种形式中的使用权有一个共同特征，就是共同使用，表现为共同耕地。共同使用第一个方面的特征是个体对份地只有使用权，没有所有权，一个突出的外在标志是个体份地经常调整，即重新分配耕地现象（我国农村改革中仍延续这种做法，实质是重新分配使用权）。《摘要》中多处提及这一现象，如“定期的平均的”重新分配耕地和草地，而且对使用权的重新分配，往往取决于最后一次重新分配时期的实际占有情形。③

---

① 马克思．科瓦列夫斯基《公社土地占有制，其解体的原因、进程和结果》一书摘要［M］．北京：人民出版社，1965.

② 曹典顺．马克思《人类学笔记》研究读本［M］．北京：中央编译出版社，2013.

③ 同①.

重新分配耕地包含的产权理念是公社全体居民都可以使用公社土地。[①] 对使用权的重新分配，在于强调使用的平等性，即平等使用生产资料，否定了有些人可以使用有些人不可以使用的的情况，任何人都不能借使用而转为拥有（相当于垄断性地使用）。

从今天的视角看，它带有从根本上抑制官僚主义的功能。在使用者之间平等分配使用权，正是对有权者垄断使用权、阻断资源平等使用机制异化企图的防止。

在公有制下，西方式现代化的逻辑，表现为抽象肯定公有之名、具体否定公用之实的产权逻辑。垄断利益集团形成的过程，与亚细亚生产方式下的公社，在英国、荷兰等西欧势力的影响下，将个人份地以占有时效为名转变为西式的土地私有[②]十分相像，只是名分未改，但已有其实。按西欧人的理解，将个人份地转化为私有土地，是因为耕种者感觉受到某种“威胁”。[③] 这种“威胁”实际来自土地兼并者自己不使用时对于使用权被剥夺的担心，他们想通过所有权固化自己不使用也不让别人使用或自己使用但同时把别人的机会收益据为己有的财产“安全”。这与我国古代将使用权加以固化的永佃制是相反的做法。如果仅仅是为了保障耕种安全，永佃制已经足够，因为在永佃制下，甚至连所有者都无法剥夺使用者的使用权。醉翁之意不在酒，否定共同所有并共同经营[④]，意在剥夺他人由平等使用资源带来的剩余收益权。

这个问题之所以是重大问题，还在于，探索中国式现代化，要借鉴亚细亚生产方式中相对完善的做法，补救现实中的不完善之处。

所有权与使用权不对称、不匹配（这正是马克思谈消极扬弃与积极扬弃时所担心的问题），所有权公有，使用权本该公用却没有公用（演进为变相私用，为特殊利益集团所用），造成了产权名实上的自相矛盾——公有徒有虚名（变成“空空洞洞的全民所有”）而没有公用之实（使用上“全民皆无”）。

这个问题在工业化生产方式下难以提出，不是不存在，是因为受历史条

---

① 马克思．科瓦列夫斯基《公社土地占有制，其解体的原因、进程和结果》一书摘要［M］．北京：人民出版社，1965.

② 曹典顺．马克思《人类学笔记》研究读本［M］．北京：中央编译出版社，2013.

③ 同①.

④ 同②.

件所限难以解决，客观原因是工业生产要素因生产力原因具有难以分用的专用性，有限而集中使用的生产资料不能拆成零件一人一份地使用。

今天把这个问题提出来，是因为已经可以解决了，实体生产资料的功能，通过数字孪生，能够以数据要素形式复用，这时应该就到了官僚主义的末日，因为数字化的生产方式一旦成势，将“掘掉”官僚主义最主要的经济基础。通过吸收亚细亚生产方式中的可取之处，特别是其中统分结合双层经营的经验，度过初期阶段对西方式现代化的追随与学习，我国可以走上中国式现代化之路。

古老的亚细亚生产方式，从后现代观点看，反而是成熟的、完善的，这表现为它的所有权与使用权是对称的、匹配的。既然所有权上是公有，在使用权上就匹配以配套的共用，即公社全体居民都可以使用公社土地。这种亚细亚生产方式的做法，在今天的表达，就是2023年7月《中共中央　国务院关于促进民营经济发展壮大的意见》重申的，“使各种所有制经济依法平等使用生产要素、公平参与市场竞争、同等受到法律保护”。说这样的产权设计是完善的，是因为它避免了“挂羊头卖狗肉”的名实不副，用公用来保障公有，在理论和制度上不给特殊利益集团以反客为主的可乘之机。

将平等使用这一使用权原则（而非所有权原则），用于对权贵的生态抑制（把权贵想象成草原上的一个物种，研究其天敌），就可以发现它与公社重新分配土地之间的联系。一方面，公社重新分配土地，性质上是机会分配①。依据的是平等使用原则而非所有权标准（公社内部所有权不细分，否则个体份地将成私产），是对机会（生产资料使用权）的平等准入。只要是公社成员，使用土地的资格就是平等的，不存在所有权歧视，个体份地分配一视同仁，限制了使用权集中，杜绝了利用所有权歧视、排斥全民进入，形成名为国有实为小集团的私利集团，限制了利用许可使用或特许经营，在准入上排斥异己，以权谋私的操作空间。另一方面，机会重新分配，依据的是使用权标准，即不使用者无使用权且使用者有收益权。这解决的是名义占有（法律占有）与实际占有（自然占有）名实背离的问题。

保障真实所有权人（全民）直接剩余索取权②不被代理人僭越，在亚细

---

①　机会分配又称零次分配，指对生产资料准入机会（使用权）的配置。在生产资料占有权上，属于自然占有权分配，即中间产品使用权分配。

②　再分配与转移支付是间接剩余索取权。

亚生产方式中，不是靠搞运动，也不是靠反腐败，而是靠经济方法本身，这是亚细亚生产方式比苏联社会主义生产方式成熟的另一个地方。

研究者经常忽视的一个特征，是东方道路中使用权的特殊性质，即使用者具有用益权上的收益权（特别是剩余索取权）。共同收益中包含的剩余，可以经由共同耕地为所有使用者（耕作者）获得。①

有些研究者在研究亚细亚生产方式时，将集体农庄、人民公社当作亚细亚生产方式的继承，把“以共同收益满足自己的需要”这一本质特征完全搞反，是一个极大的研究失误。

以往亚细亚生产方式研究包括对于东方道路与西方道路含义的争论，往往只是围绕所有权的公有、私有线索展开，而没关注使用权上的共用（分享）与专用。从今天的新视角，尤其是数字经济的“事后”视角看，更值得注意的是另一个线索，即东方道路与西方道路在使用权上的区别（尤其是使用权的用益权的区别）。这种辨析与传统上关注的社会主义的建立没有关系，但与社会主义的完善具有莫大关系。

西方道路（西欧的五大生产方式）中使用权不参与剩余分配，也就是说，转移出去的使用权不具有（剩余意义上的）用益权；东方道路（亚细亚生产方式）中的使用权参与剩余分配，也就是说，使用权转移出去后，可以对剩余进行分成。

这首先是逻辑特征（从中可以分出东西方），其次才是历史特征（分出谁先谁后）。使用权的这种相反特征，不是在生产方式存在上谁先谁后的问题，因为在同一阶段两种相反制度的并存是可能的。比如所谓的“封建”② 阶段，日耳曼的“封建”，是农奴制，即农民只获得工资水平（甚至低于工资水平）的报酬，完全不分享剩余（完全没有相对于土地的用益权）；我国古代的“封建”，在大多数时间内都是佃农制，农民除了工资（维持生存的成本），还与所有权人分享剩余（相当于存在对于土地的用益权③）。这是东方特色与西方

① 马克思．科瓦列夫斯基《公社土地占有制，其解体的原因、进程和结果》一书摘要［M］．北京：人民出版社，1965.

② 封建原是基于日耳曼经验的总结，用古代汉语中的“封建”来翻译，加入了内涵相反的某些含义。

③ 这时的用益权从地上权扩大为农民耕作土地的权利。用益权不是严格概念，只是比附地上权的说法。

特色依据的底层逻辑不同，而不是哪种方式一定在先或在后的不同。

放在现实语境中思考，数字经济产权最核心的特点，就是与亚细亚生产方式一致的具有收益权的使用权转移这一点。它代表着对西方道路中用益权（地上权）理念的根本性突破，把用益权延及劳动的权利。这是我们花费大量精力研究亚细亚生产方式的原因。

在亚细亚生产方式研究中，也有一种理论的分析重点不是公社所有制，而是国家所有制，这种理论认为国家所有制与个人所有制的区别是东西方的主要区别。马克思确实比较关注西欧生产方式（西方道路，包括五大生产方式）与亚细亚生产方式（东方道路）的分别，但他更关注的是公社所有制，虽然在谈及亚细亚社会和亚细亚生产方式时他多次提到国家和政府的作用，如租税合一、权力干预等，但国家所有制这种提法，主要还是后人的概括。

将亚细亚生产方式刻意向国家所有制靠拢，其现实意义主要是为了说明苏联体制的弊端。这种弊端确实存在，但与亚细亚生产方式几乎不再有本质联系，因为苏联国家所有制与亚细亚生产方式的核心特征恰好是相反的，前者是一种现代性体制，后者是一种前现代体制。相反的特征表现为，苏联国家所有制以所有权为中心，而亚细亚生产方式以使用权为中心。苏联正是因为忽略了亚细亚生产方式中，在所有权之外，围绕使用权进行的各种制度安排，如永佃制、承包制等都与经营相关，没有让民众广泛参与感性的占有，只顾平等拥有生产资料，忽略平等使用生产资料，才为失败“准备”了充分的经济条件。一些学者借亚细亚生产方式批判东方专制主义，没有问题，但这种借题发挥，与马克思本人关注亚细亚生产方式的角度，基本上没有任何联系。马克思关注亚细亚生产方式问题的根本出发点与兴趣点，是东西方不同的剩余分配，是李嘉图式的问题意识，社会治理方式只是旁及而已。对亚细亚生产方式借题发挥式的研究，始终都对一个重要问题漠不关心，即这种生产方式具有令劳动者凭使用权（而非所有权）获得剩余的安排，这是马克思极感兴趣而借题发挥者不感兴趣的。尽管马克思有时误用公有制这一词语说明公社所有制，但从完整、准确把握其研究出发点的角度，可以把这个词理解为公有私用制甚至公用制。

这里需要说明一个问题：前现代的所有与现代性的所有有没有区别？一方面说前现代产权中所有权不成熟甚至没有所有权，另一方面说它是王有或公社所有，这不是自相矛盾吗？合理的解释是，所有权与使用权，不但在工业经济中存在，而且在自然经济中存在。说在自然经济中不存在的所有权，是现代性意义上的所有权。现代性意义上的所有权，有几个条件是亚细亚生产方式不具备的。一是以西方中心论语境下的原子论为前提，表达出来就是个人的所有权。亚细亚生产方式中的所有权不是个人的所有权，它的哲学基础是关系论而不是原子论，表现在实务上，公社的所有权类似社会资本，是不可以交易的，国王的所有权（对普天之下王土的所有权）也是不可以交易的（唯一的交易方式是以改朝换代的方式来转移所有权）。工业化市场经济中的个人所有权，可以在个人间进行交易（所有权转移）。在现代性条件下，公有财产也是可以交易的，例如，在资本市场以股权转移方式交易。在亚细亚生产方式下，使用权是可以交易的。二是在西方式现代化语境下，具有所有权才具有剩余索取权这种收益权，而在亚细亚生产方式下，不具有所有权也可以具有剩余索取权。例如，农民不具有土地所有权，但“交够国家的、留足地主的，剩下都是自己的”，尽管有时剩余的价值在灾年连成本（工资）都不够。但是，主三佃七、主四佃六等分配形式广泛而客观存在，说明与《资本论》分析工业资本主义条件下工人一无所有的情况完全不同（工人同样使用了生产资料，但除了工资，什么也得不到）。

由此可以看出，在亚细亚生产方式下，谈及公社所有、国家所有，重心都不在所有，不在公有、私有这些西方化概念，而在使用，以及使用所涉及的剩余分配方式。亚细亚生产方式下，资产（土地）所有者的所有权（以及所有权直接对应的收益权），在剩余分配中所占的地位，与西欧成熟的资本主义生产方式（工业化生产方式）下完全不同。

所以说，西方道路与东方道路（如果不用地理概念而用逻辑概念来概括，是现代性道路与前现代道路）确定存在分野。这个分野是，以西方原子论本位的个人所有，通过令财产可交易，从而实现价值的充分抽象化与社会化（理性化），使理性的占有（占有之名）在剩余分配上牢牢取得对感性的占有（占有之实）的主导地位（主要依所有而不是使用分配）；以东方关系论本位的群体所有（如公社所有），财产难以进行所有权转移，从而价值的抽象化、社会化不充分，使感性的占有在剩余分配上挤占了所有权的收益权空间（从西欧的全部占有变为亚细亚生产方式下的部分占有）。

以西欧为基础的、以西方原子论为特色的 5 种生产方式，是个体所有权发生学；以东方关系论为特色的亚细亚生产方式，是群体使用权发生学。在时间上，东西方存在这样的否定之否定的可能——东方在先，西方（“卡夫丁峡谷”）在后，而未来东方可能从正题（越过“卡夫丁峡谷”）直达合题；在逻辑上，东西方存在这样的否定之否定的可能——东方重使用，西方重所有（“卡夫丁峡谷”），而未来东方可能从正题（越过“卡夫丁峡谷”）直达合题。这是理解西欧 5 种生产方式与亚细亚生产方式关系的线索。

需要指出的是，苏联的发展实际背离了马克思期望发生的东方化（共同占有）之路。马克思期望的不是国有化（共同拥有）本身，而是像亚细亚生产方式那样，不让所有权限制使用权参与分成，进而用共同拥有保障、促进共同占有、共同分成。

4. 数字经济视角中的“卡夫丁峡谷”：一个再阐释

1881 年，查苏利奇致信马克思，希望马克思说明对俄国农村公社可能有的命运以及世界各国由于历史必然性都应经过资本主义生产各阶段的理论的看法。马克思在回信中指出，《资本论》对资本主义生产的起源分析，明确地限于欧洲各国，俄国由于历史条件不同，不适用“历史必然性”。在西欧，是把一种私有制形式变为另一种私有制形式，另一种私有制应指国家所有制，这实际是在说从一种所有权中心转向另一种所有权中心，其言下之意，是俄国可以不采用这种有所特指的“私有制”（实为以所有权为中心）而转向本来擅长的不靠所有权（共有）来实现使用权的共同占有（共用）。

马克思关于“卡夫丁峡谷”的表述，是使俄国可以不通过资本主义制度的“卡夫丁峡谷”，而把资本主义制度的一切肯定的成就应用到公社中来，希望达到的结果是它能够不通过资本主义生产的一切可怕的波折而吸收它的一切肯定的成就。

“卡夫丁峡谷”问题是一个什么问题？现代性（工业化）之后有一个新视角的解释或者叫猜想：“卡夫丁峡谷”问题并不主要是以往研究的那样的不经过私有制而直接从原来的公有制进入新的公有制的问题，其很可能主要是这样一个问题：不经过以所有权为使用权（分配剩余）前提的所有制，是否可能直接从原来的公有公用制进入新的公有公用制（共有分用）。

可以认为，查苏利奇的来信问的确实是前一个问题。列宁、普列汉诺夫的理解，也主要是从前一个角度思考问题——主要是现实的问题。这时的回答就变成所有制（生产关系）可以“跨越”，但要配以生产力条件。把这个问题放到马克思对于亚细亚生产方式的整体思考框架中来看，其仍是个局部问题（虽然本身已经够宏大了），恩格斯在《共产党宣言》俄文版序言中的回答，已算是最后结论。

放眼马克思更为宏大的视野，他想的很可能是后一个问题，即共产主义本身超越社会主义的那个方面，或者说令社会主义彻底不同于资本主义的那个方面（也就是所有权都不存在以后仍然存在的问题）。

理由有两个。

一是正面理由。研究亚细亚生产方式，可能隐含社会主义公有制也可能在“卡夫丁峡谷”之内的内容。证据是马克思对社会主义消极扬弃与积极扬弃的区分。因此，《摘要》的问题意识，主要不在对公有制的进入（建立）而在对公有制的完善这个点上。

二是反面理由。如果马克思的思考方向真的只是公有制建立，那怎么解释人类学笔记、历史学笔记把主要精力放在相对“无关”的“共同使用”方面呢？一个旁证是，这个问题在现实中存在。苏联并没有彻底解决“卡夫丁峡谷”问题，走上共同使用（共享发展）之路，而是剥夺了农民的自主经营权。

今天，我们有条件重新思考马克思在《黑格尔法哲学批判》中说的，私有财产的真正基础即占有，是一个事实，是无可解释的事实，而不是权利。只是由于社会赋予实际占有以法律规定，实际占有才具有合法占有的性质，才具有私有财产的性质。①

由此推知，在“卡夫丁峡谷”内外，占有的“真正基础”可能是不一样的。在“卡夫丁峡谷”之内，无论公有私有，使用权都排他专用，这个排他包括排除所有权人（如全民）分享剩余的实际可能。因为代理形式的“公用”只是专用的特殊形式，即获得准入资格的人代理所有权人去使用。它存在的潜在问题是，可能排斥没有准入资格的所有权人进入，损害机会公平。与此形成对照的是，亚细亚生产方式中个人份地在使用权界定为共同使用这种非排他性使用时，实际占有者是可以分享剩余（分成）的。在“卡夫丁峡谷”之外，无论公有私有，使用权都非排他共用（平等分用，即“平等使用生产要素”）。与此形成对照的是，个人份地一旦转为私有，就被界定为专用，

① 中共中央马克思恩格斯列宁斯大林著作编译局．马克思恩格斯全集：第三卷［M］．北京：人民出版社，2002.

即排他性使用。这样一看，就可以理解为什么根据马克思说的对私有财产的消极的扬弃，社会主义公有制也可能处在“卡夫丁峡谷”之内了，苏联就是一个从社会主义倒退回“卡夫丁峡谷”的典型。

在写作《资本论》时，马克思预想的是社会主义只有在资本主义高度发展的基础上才能诞生，途径是改变所有权性质，变私有为公有。以所有权为中心改变所有制，是一个“西方问题”。提出这种“西方问题”，是为了解决西欧实现社会主义的问题，根据马克思对查苏利奇的回复，这并不适用于东方。西方有什么不同于东方的条件呢？在西方式现代化条件下，西方不能像“卡夫丁峡谷”之外那样共同使用、共同享有，因为这种实际占有方式已被制度性地规定为不合法。如果不是这个原因，要不要消灭私有制还可以商量，但有了这个原因，就非得消灭私有制了，因为它在以法律占有给财产明确名分的方式妨碍“卡夫丁峡谷”之外那种共同使用、共同享有的实际占有的实现。为了实现共同使用、共同享有这个“实”（感性的占有），必须除掉法律占有这个“名”。本来，对于东方社会来说，只要生产力足够先进，就可以在保留亚细亚生产方式使用权优点（共同使用）的前提下进一步“跨越”法律规定“名分”，直接以合作制取代雇佣制，真正实现不同于资本主义（包括国家资本主义）的社会主义。这是马克思在巴黎公社时就梦想的、在《国际歌》中说得明明白白的。顺着这个思路，就可以理解马克思为什么在建设社会主义的思路上要超越消极的扬弃了。因为他认为社会主义如果只是改一下法律占有的名，变私有为公有，一旦官员异化，仍然可能实现不了共同使用、共同享有这个实际追求（初心与使命），仍然可能被打回原形。

数字经济以实践证实了马克思关于“卡夫丁峡谷”的天才猜想。因为数据通用性资产的性质决定了数字生产资料可以复用，解除了“只是由于社会赋予实际占有以法律规定，实际占有才具有合法占有的性质”这个魔咒，真正出现了“跨越”“卡夫丁峡谷”的大量事件，而且汇聚为越来越主流的经济形式。比如，“数据二十条”淡化所有权（法律占有），强化使用权（实际占有），重现了亚细亚生产方式中没有什么法律占有规定限制要素不能共同使用、共同享有（剩余）的生产方式，这为生产力的解放与人的解放同时创造了优于工业时代的条件。

东方化这个思路贯穿马克思一生，从 19 世纪 50 年代提出亚细亚社会概念一直到晚期研究亚细亚生产方式，马克思面对东方问题，开始思考可不可以越过所有权决定使用权（以产权之名决定产权之实）这个“卡夫丁峡谷”，直接过渡到在共同使用（并共同分成）这个目标模式上，由财产的实际占有决定名义占有（以产权之实决定产权之名）这条东方道路上来。数据要素这种财产的实际占有，是在引用、使用、应用等实际活动中发挥作用，这些真实的活动决定了数据名义上的价值，回到活动或活的劳动，才使原来以利为本的财产转向为人服务、以人为本。

仅仅公有可能不能解决社会主义实质问题，只有把公有与公用结合起来，才能真正建立一个有别于资本主义的经济体制。

马克思思考的，不是东方是否采取专制主义这样的社会治理问题，即使想过，也是一笔带过，他正式思考的，是正题与合题直达（或称跨越）的条件。我们可以简单列出其中算式：生产方式 = 生产力 + 生产关系。合题的生产方式（共产主义生产方式），生产关系条件已经具备（公用或共用，即全面的个人占有，不再受限制），需要再加上生产力条件（比如，西欧的生产力成果可以直接转移）。这就是马克思对“卡夫丁峡谷”问题的思考。历史将证明，只有数字生产力，才是真正满足这种先进生产方式的生产力条件。

新的解释思路甚至可以重新解释马克思关于工业资本主义的基本矛盾。把生产的社会化与私人占有的矛盾理解为使用权与所有权的矛盾，即使用权上的社会化与所有权上的私人限制间的矛盾，或者说生产资料的事实占有（自然占有）与生产资料的名义占有（法律占有）间的矛盾。

西方式现代化产权模式的特点是以法律占有决定自然占有，以理性之名否定感性之实，这在历史上曾经代表了工业经济对自然经济的革命与进步，但是，一旦走向反面，即将所有权绝对化，就会阻碍生产力发展。因为绝对产权在用法律占有保护自然占有的同时构成对自然占有的否定，表现为保护产权人自己不使用也不让别人使用的权利，这会导致资源利用不充分、剩余分配不合理（没有给使用者分成①）。这种在剩余分享上法律占有绝对地决定自然占有的模式，与“生产的社会化”这种对生产资料的实际占有和使用社会化的冲突，表现为对资源使用本身的“社会化”，要求扩大再生产、创造

① 这时的活劳动与死劳动之分，可转义为使用中的劳动（活动、过程）与脱离使用的劳动（存量、状态）之分。西方模式把剩余完全归给了脱离使用的名义占有的力量，而没有形成对使用中的、实际占有的力量的正向激励。

（涌现与生成）新价值，客观上要求给使用主体以分享剩余的正向激励，为此，应像亚细亚生产方式或“卡夫丁峡谷”之外那样，保持使用者在所有权之外、使用权之内的分成权利（所有权之内的分成体现在转移支付与再分配中）。现代性模式在鼓励所有权人不使用也不让别人使用的基础上，“雪上加霜”地取消了使用者的用益权（剩余索取权），这使使用者在人的发展方面从人力资本退化为机械劳动力，在经济增长方面失去达到均衡水平消费所需的社会支付能力。这造成了一种与可持续发展不相容的非均衡态（配置），形成人与自然、人与社会（人与人）的双重对立，破坏了自然生态与社会生态。

从数字经济角度解读资本主义基本矛盾，用所有权与使用权的矛盾进行解析，剥离工业化这一特殊因素，就把它推广到了对数字资本主义的批判上。数字资本主义不同于典型的工业生产方式（社会化大生产），有信息生产方式方面的特征（如个性化定制）。如果套用原有分析，不免会产生私人拥有与生产社会化矛盾而与生产个性化不矛盾的悖论。但是，用所有权与使用权矛盾就容易解释了，私人拥有（也可推广为一切专有）可能排斥非产权人的个人占有（共同使用），因而不但与社会化大生产矛盾，而且与个性化定制矛盾。数字资本主义的基本矛盾，可以表述为生产资料的私人所有与生产资料使用（就是生产的意思，指的是经营）的大规模定制的矛盾。大规模定制包括社会化大生产与个性化定制两个方面。

至于所谓的“剥削”（死劳动对活劳动的剥夺），可以从新角度理解为名义上的劳动对实际劳动的剥夺，乃至作为状态的劳动对于作为生成的劳动的剥夺。总之，以劳动之名，剥夺劳动之实。马克思的事业，可以认为是对现代性的一种扬弃，现代性以对象化这种名扬弃前现代之实，未来将以后现代之实扬弃现代性之名，通过让资产之名复归于资产之实，让对象化的人复归人本。

4.2.3　中国式社会主义与马克思主义东方化

从经验上看，马克思主义者千差万别，但有一个共同点，即都有普度众生的情怀。这是西方所谓的“普世价值”中没有的。所谓普度众生，是指关怀底层民众特别是普通劳动者，并把这种关怀同对整个人类命运的关怀联系在一起。这与西方文明秉持的重视精英、轻视“草根”的“普世价值”形成鲜明对比。

马克思主义内部存在西方系与东方系之分。中国特色社会主义，就是东方系的马克思主义。西方系则指以法、德、俄 3 个大陆法系国家为发源地的社会主义思想。西方系的突出特点是在所有制的拥有权与使用权之间强调拥有权；东方系的突出特点是在所有制的拥有权与使用权之间强调使用权。共享发展可以作为东方系马克思主义思想的代表性主张。共享代表其最核心的价值，其他核心价值都可以从中派生。共享发展与众生情怀是一脉相承的。

马克思本人的产权思想徘徊在西方系与东方系之间。

其中，西方系的一面体现在对法国空想社会主义的继承、对德国法权思想的扬弃上。我国改革开放之前的所有权思想，主流是苏式思想，特别强调对于公有与私有的区分，相对忽视了公用与私用之分。

法、德、俄这一派产权思想，一般被称为产权绝对论，表现为把拥有权绝对化。绝对化的一个外在标志，就是产权神圣论。法、德将私有产权神圣化，苏联则把公有产权神圣化，二者虽然立场相反，但在把拥有权绝对化上如出一辙，都是与亚细亚生产方式相对立。

产权绝对论与一般肯定拥有权不同，它的特点在于将拥有权绝对化并推向极端。绝对化与走极端的标志以使用权为参照，就是把使用与拥有对立起来，用否定使用（如浪费）来确立对拥有的绝对肯定。其要点，在于暗中取消亚细亚生产方式中劳动的用益权。

这种思想先于法权而存在，几乎是人类的一种本能。原始自然社会的“夸富宴”，就是世界范围内都有的一种现象。它的实质，是通过故意浪费来体现主人对财富的绝对拥有——我越是不使用（闲置、浪费、滥用）而又令别人无法拥有与（不经我的许可）使用，就越证明我对这些财富拥有绝对权利。古罗马法把拥有权称为滥用权，十分准确地概括了绝对论定义的拥有权的特征。滥用权这个说法，一直到《拿破仑法典》，才被随意支配权这个概念所替代。随意支配，与滥用实际是一个意思。只有滥用、随意浪费，才能充分证明拥有的绝对性。这是意大利、法国传统产权思想的典型表现。

在私有制下，许多法国贵族的庄园即使被后代荒芜在那里，也不给别人使用，这证明了产权中拥有权足够的神圣性。科斯一派的产权主张，也有这样的倾向。在公有制下，苏联的工厂与集体农庄以近于闲置与浪费的最低效率使用资产，反而证明了财产公有的神圣而不可侵犯性。这种把法权极端化的产权思想，有意无意继承的是大陆法系的传统。它们有时以私有面目出现，有时以公有面目出现，但在把法权（法律占有）绝对化上是完全一样的。

马克思本人不是产权绝对论者，他在肯定拥有权（公有、私有）重要性的同时还有另一面的思想，即对使用权（公用、私用）重要性的肯定，我们把这种思想称为东方系的思想。马克思产权思想中东方系的一面，可以划分为3个阶段：一是《手稿》之前，以《手稿》中提出的“感性的占有”为标志，开始摆脱德国的大陆法系理念（说扬弃，是因为对康德的“感性的占有-理性的占有”产权二元论持批判继承态度），不再仅仅从法律角度认识产权；二是以马克思在《政治经济学批判》中提出亚细亚生产方式为标志，马克思晚期开始了被称为“东方化”的研究；三是以马克思、恩格斯《共产党宣言》1882年俄文版序言和1890年德文版序言中的同一段话为标志，以公共占有（共用）为核心对产权进行重新反思。

马克思的这种东方系思想，被苏联社会主义主导的俄式思想完全打断。苏联“拥有权神圣，使用权浪费”的“现代夸富宴”模式，以崩溃告终。东方系思想，在与海洋法系的美国、英国的长期竞争中，在解决国内体制原因造成的资源闲置、浪费的长期探索中，最后以中国特色社会主义的形式重新复活。它有几个重要标志：一是政策上包产到户的主张；二是共有分用的理论思想（回到了马克思的“感性的占有”）；三是改革开放以来的农村家庭联产承包责任制，以及邓小平提出的不问姓“社”姓“资”的思想；四是习近平的共享发展理念。

作为马克思主义的“新教伦理”，东方系思想与当前在美、英、中流行的互联网共享经济有一个贯通之处（这也是数字经济学研究这段历史的原因），是都把“感性的占有”（使用权）放在拥有权之前。这种思想与法、德、俄的大陆法系产权思想相反，认为财产的使用才是产权的重心，拥有是为使用服务的，反对闲置资源，反对浪费（甚至说“贪污和浪费是极大的犯罪”）。东方系的产权思想，以中国上千年的古代产权实践为代表，十分接近海洋法系理念，反倒与大陆法系理念格格不入。①

值得注意的是，以广松涉为代表的日本马克思主义理论，正在为马克思

---

① 姜奇平．分享经济：垄断竞争政治经济学［M］．北京：清华大学出版社，2007.

主义东方化提供基础理论一级的支持，包括为政治经济学的东方化提供哲学东方化基础。广松涉理论的主要特点，是把马克思主义由一种西方式现代化理论重释为东方式现代化理论。方法是从马克思主义历史唯物主义和实践观点入手，将西方式的主客二分理论重释为东方式的关系实在论。广松涉所谓的“事的世界观”，将物的存在转向物在事（实践）中的存在。在广松涉看来，价值只是一种“物象化”的存在，它的本质在于关系（社会关系）。关系无法直观，只能通过物这种“相”来观察（凡“相”都只是关系这种“虚无”的物象）。而使用，正是一种关系性的、发生在时间之中的活动。无论是创造使用的物象（使用价值）还是参与这种使用活动，都不过是劳动这种改变世界的活动的表象。这就彻底摆脱了费尔巴哈西方式的机械实在论。

如果把马克思关于拥有权与使用权的思想连贯起来看，二者并不矛盾，但存在被后人深深误解之处，这集中反映在“消灭私有制”这一主张上。在马克思看来，法律占有（法权）只是手段，自然占有（“感性的占有”）才是目的。“消灭私有制”，是说当法权阻碍了劳动者“感性的占有”时，要打碎资产阶级这种法权。这时有两种典型的误解：一种是把打碎资产阶级法权当作目的而忘记“感性的占有”这个使命，从而导致经济官僚化，以及与民众的疏离（例如，苏联）；另一种是“感性的占有”已经实现（例如，数字经济中的通用性资产已可以共享使用）时，仍然形式化地追求改变拥有权。这些都不符合马克思的本意。

发展数字经济，正确的选择是坚持共享发展，推动社会向更高阶段迈进。

1. 新时代要把握成果与机会公平，推进共享发展

新时代，要通过理解马克思主义的精神实质也就是初心来发展马克思主义。理解习近平新时代中国特色社会主义思想，需要对共享发展这个核心理念有贯通性更强的理解。

共享发展很重要的一个方面是共享成果。但是，如果认为共享发展只强调共享成果，是不全面的。通过二次分配、转移支付共享发展成果，虽然有助于结果公平，但不能解决与机会公平相对应的劳动者主人翁精神和中国梦实现有关问题，还要加上共享机会。

做到共建和共享的辩证统一，是共享发展的内在要求，这要求把参与发展机会、分享发展成果两个方面统一起来。

习近平总书记的一系列讲话，如“尊重人民主体地位，发挥群众首创精神”“着力解决人民群众最关心最直接最现实的利益问题”“充分调动最广大人民的积极性、主动性、创造性”“共同享有人生出彩的机会，共同享有梦想成真的机会，共同享有同祖国和时代一起成长与进步的机会”“使人人都有通过勤奋劳动实现自身发展的机会”。这些都在强调分享成果的同时强调了机会公平。

我们可以看出，这与毛泽东时代倡导的“两参一改三结合”初心相通，都强调参与，强调在参与中体现人民主体地位而不仅限于分享成果。这里的关键还是用。参与，就是新时代的使用。参与发展机会，具有与分享发展成果同等重要的意义，有助于确立人民的主体地位。这是单纯调整拥有权做不到的。要通过天下为公所用，让人民群众真真正正通过使用资源参与到建设中去。

当然，在工业生产方式下，“两参一改三结合”的实现难度很大，扬弃劳资对立最恰当的契机，是在数字经济条件下以人力资本、社会资本的形式将资本与劳动融于数据要素，进而实现资本即劳动、劳动即资本。

在信息生产方式背景下，“两参一改三结合”正演化为知本家、合伙制等新形式，即资本参与劳动、劳动参与资本，形成人力资本这种复合形式。这有助于实现共享发展最终要达到的人的发展的目标。

发展分享经济，把天下为公所有与天下为公所用结合起来，有助于“双创”和中国梦的实现。

第一，促进大众创业、万众创新。以分享、协作方式搞创业创新，门槛更低、成本更少、速度更快。分享生产资料（知识工具或闲置资产），可以使更多的人获得分享重资产进而参与轻资产运作的机会，有利于大大加快创业和创新的节奏。

第二，有利于经济包容。拓展我国分享经济的新领域，让更多的人参与进来，有利于增强经济的包容性，促进机会公平、社会流动。特别是分享机会，有利于在一次分配中实现公平，大大减轻国家二次分配的负担。

第三，有利于人自由而全面的发展。一方面，分享经济中拥有者与使用者是分成关系，劳动者通过分成改变了劳动力单纯获取工资的地位，加入剩余价值的创造与分配；另一方面，劳动者作为使用者，分成靠的是创造性劳动而不是转移支付、二次分配，这样更有利于劳动者自豪感和主人翁精神的树立，有助于创造条件实现人自由而全面的发展，实现中国梦。

2. 新时代需要新思想

按照马克思的逻辑，共享发展应在生产力发展的高级阶段实现，其中一个条件是物质极大丰富。我们显然不能把产能过剩理解为物质极大丰富，那么，物质极大丰富又是指什么呢？

生产力决定生产关系。当前决定让生产关系向共享方向发展的生产力，是信息生产力。财富数字化后，财产将由技术上排他使用变为技术上非排他使用，从而引致制度上非排他使用的创新，推动共享发展。

举例来说，商业地产就是技术上非排他使用的，一位商人租用了一个店铺，别人就不能重复租用；通过数字化，把实体的商业地产转变为具有同样功能的虚拟的商业地产（虚拟店铺），共享发展就从空想变成了现实。对商业生产资料来说，物质极大丰富在功能上就实现了。

马克思说消灭私有制，前提是私有制“霸”着生产资料不让别人分享使用。如果生产资料由于数字化这种生产力大解放的原因变得“霸”不住了，那不仅私有，连公有都会出问题。这时，共享发展就会出现马克思预言的不以个人主观意志为转移的一个变化，财产躲在“有”这个神圣光环里，再也靠不住，要接受实践（“用”）的检验。这时，以“用”为核心的共享发展自然就成了新时代的选择。

信息革命带来的数字化趋势，必然将人类产权制度占有的重点从“有”再次移向“用”。美国现在的分享经济，只是在分享闲置的有形物质资源（如自行车、汽车、房屋），一旦共享发展的浪潮涌向非闲置资源，如知识、数字化的大型价值网络，包括用来替代工厂的虚拟生产服务平台，人类生产方式将发生自工业革命以来最急剧的变化。

今天强调“用”，不是主张回到传统承包制，而是希望在数字化条件下进一步推动改革开放，通过充分市场化地分享使用，把公共资源使用的潜力发挥出来，把劳动者实现梦想的潜力发挥出来。举例来说，互联网“平台＋增值应用”的分成制、合伙制已创造出新的参与及使用财产的形式，出现共享经济这种既代表先进生产力又富有活力的改革开放新实践。

新时代呼唤新思想，习近平新时代中国特色社会主义思想的内容必将随着改革开放的推进而不断丰富、完善。

我们看到，马克思主义、毛泽东思想和习近平新时代中国特色社会主义思想在共享发展这个核心上是血脉相连的。当前，共享经济正在成为改革开放的前沿。互联网时代，中国正在把“用”从中国特色变为世界潮流。如果把这一切结合起来，形成合力，不忘初心，共享发展就一定能够实现。

套用《资本主义经济制度》的公式（技术专用性决定资产专用性），用历史唯物主义加以改造，可以形成一个关于“社会主义经济制度”的简明表达，即技术通用性决定资产通用性，其制度特征的根本点在于“共享技术+共享发展”，前者代表先进生产力发展的要求，后者代表最广大人民群众的根本利益，合在一起，就是中国式现代化。

4.3　数据要素的产权合题：扬弃要素不平等交换

◎ 命题8：数字经济的财产权，适应要素平等使用资源、平等分配剩余，改变了工业经济要素交换中等价但不平等的关系。

数字经济的要素交换，既不是资本雇佣劳动，也不是劳动雇佣资本，而是取消了以不平等交换为特征的雇佣制本身，转变为要素平等合作、平等分配剩余的合伙制、合作制。

这不代表在数字经济的真实世界中要素交换一定能够实现平等使用、平等分配，因为人们仍然可能不承认数字经济的原则而沿用工业经济不平等使用、不平等分配的方式处理财产。命题8只是保证在产权模式与生产力（在这里是数据要素的特征）一致时，生产力与生产关系才处于最佳组合状态，否则，不是造成资源闲置，就是造成不公正。

4.3.1　“所有权的重要条件”的隔代遗传

魁奈曾在租佃分成制基础上概括“农业国所有权的重要条件”[①]，他将生产者划分为生产阶级与土地所有者阶级（他认为工商业者不是生产阶级），认为土地所有者除了支配权，还应在经营上有充分的预付[②]；生产阶级（佃农，

① 魁奈．魁奈经济著作选集［M］．北京：商务印书馆，1979.

② 有人认为魁奈不会使用“资本”才用了“预付”这个词，实际上，“预付”有别于“资本”（代表工业资本主义生产关系），这里应理解为生产资料。

又译为租地农场主）除了提供劳动力，还要具备能够支撑经营能力的“知识”①。租佃分成制能够以分成方式处理双方收益，是因为具备不同于工业化雇佣制的生产关系。

将生产者划分为生产阶级与土地所有者阶级的思路很“落后”（很不具有现代性），但完全跳出了工业化范式，不受工业化思维的局限，从工业化完成的观点看，具有否定之否定意义上的前卫性。

从现代性之后的观点来看，数字化制度经济可能使魁奈所谓的“生产阶级”②（当时是耕作者）“满血复活”。数字化制度经济中的 access 一词，就具有魁奈所说的“生产”的特殊含义，即直接接触（对信息经济来说是服务），而不是非接触式的“非生产”（如重农学派眼中的加工、制造等生产性活动）。只不过这里直接接触的不仅仅是物，也是“意义”，即一线劳动者可能比资本更贴近并直接了解用户的需求，更有条件让生产和服务获得用户的体验认同，在宏观上更接近生产目的。

重农学派把接触不接触（直接不直接）作为生产非生产的划分标准。倘若站在重农学派立场推理，他们认为机械的作用是“助产”而非“生产”。这就好比孩子是财富，母亲算“生产性的”（因为通过产道直接接触），助产婆（喻指机器）是“非生产性的”（作用仅在于助产）。重农学派认为劳动价值论不可理喻，恐怕是觉得“斯密们”认为孩子是助产婆“生产”的。助产婆是不是“生产性的”呢？那要看对财富的理解。如果把孩子身体（质料）的有无当作财富的标准，那助产婆当然是非生产性的（因为她没有经过受精这一“人体质料”从无到有的必要条件），但是，如果把孩子的健康概率（有多大比例的婴儿不在出生时夭折）作为财富标准，那助产婆这种“加工”也算“制造”了“产品”——提高了出生率这种抽象的价值。显然，劳动价值论这种工业化财富论代表了更高水平的人类福利。

由“农业国所有权的重要条件”可以隔代遗传地推导出“信息国所有权的重要条件”。数字经济恢复了对直接接触的重视，原因在于对财富的理解进一步深化了。直接接触与否，对物来说并不重要，但对人的目的和意义来说非常重要。直接接触意味着与目的、意义不再隔着一层，这是人的潜力（创

---

① 魁奈．魁奈经济著作选集［M］. 北京：商务印书馆，1979.

② C2B 条件下的一线劳动者。

造性）得以正当发挥的重要条件；不直接接触意味着与意义（如用户真正需要什么）隔着一层（通过企业主“转述”），那人的潜力发挥就难以保障。

数字经济视人的潜力发挥（自我实现）为财富价值一般（人目的的实现）的重要组成，因此，不但要问选择（自由）的结果（阿马蒂亚·森谓之“发展”），而且要问是否有选择（自由）。在数字经济中，信息最终是用来做什么的呢？无非是向生产者指示人的最终目的，从而对行为进行自觉校正，以此节制为生产而生产的倾向，使生产真正有助于人自我的实现。

农业国与信息国所有权的重要条件，都是生产目的直接决定生产手段。用东方化的语言来表述，就是“君子喻于义，小人喻于利”，对其重新进行解释，即全面发展之人通晓于意义（生产目的），片面发展之人只通晓于（抽象）价值（生产手段）。在农业国，意义仅在于“足用”，满足于衣食住行这些使用价值；在信息国，意义将在高度发展的基础上达到自主参与以自我实现的高度。

参与（aceess）意义上更高的使用价值的达成，主要取决于机会公平的实现，即生产资料通用与分享的实现。为此，产权的制度重心开始有规律地由所有权中心向使用权中心转变。

4.3.2 数字生产资料的产权特性

4.3.2.1 知识产权与“所有权的终结”

知识产权是一个过渡性的概念与问题。过渡性表现在它同时具有有形与无形两方面特质上。与工业时代财产相通的一面，在于它是有形化知识的财产权，那些彻底无形化的知识，如波兰尼说的个人知识，表现在行为中的知识，如人力资本中以能力形式存在的知识，更不用说流动中的信息与数据，都不是知识产权规范的合适对象；与数字时代财产相通的一面，在于知识的本质是一种信息，本身（不包含其承载物）具有无实体性与虚拟流动性。这种无形资产的财产权，不同于土地、机床等有形财产的财产权。

知识产权是数据产权制度中的一个独特问题，它是介于工业时代物权与数字时代数据权间的产权安排问题。

作为基于知识创造成果和工商标记依法产生的权利的统称，知识产权主要包含 3 种，分别是著作权、专利权和商标权，其中，专利权与商标权被称为工业产权，其有形的特征更为明显，这里不重点讨论，而重点讨论著作权（版权）。

首先需要指出的是，将知识产权与著作权画等号是有问题的，这与把产权与所有权画等号存在同样的问题，即隐含了所有权与使用权合一、使用权附属于所有权这层工业化的制度含义。在工业化条件下与工业经济中，这样画等号引起的矛盾不是很大，但是对数字经济来说会存在拿工业经济规律往数字经济上生搬硬套之嫌。

对数字经济来说，所有权与使用权的并列分离不是可有可无的边缘特征，而是一旦发展成熟将变得越来越核心的特征。从两权分离的前景出发，需要尽早把知识产权分为知识产权中的所有权问题与使用权问题深入讨论，一类是侧重所有权设计的版权、著作权问题，另一类是侧重使用权设计的许可使用、权利用尽问题。

1. 所有权对使用权的两类主导权利

首先重点分析所有权中所有权对使用权的主导权利。这种主导包括两个方面的权利。

一是所有权人自己使用或不使用的权利，可以分解为权利 A（使用的权利）与权利 B（不使用的权利）两项。其中，不使用的权利包含浪费、闲置的权利，而包含浪费、闲置权利的广义使用，称为滥用——《拿破仑法典》制定时，认为古罗马法中用来界定支配权（所有权）含义的“滥用”说法不“文雅”，因此，改用了“随意支配”这种“文雅”的说法。

二是所有权人自己不使用时可以允许（许可）也可以不允许他人使用（包括转让）的权利。它也可以分解为权利 C（允许他人使用）与权利 D（不允许他人使用）两项。

这两方面的 4 项权利都是关于使用的权利，法律中的“处置”是对使用权的限定。与这 4 项权利同步存在的，是相应的收益权（包括剩余索取权）。

对实体来说，法律占有是抽象占有，也就是名义、名分上的占有，占有的对象是抽象价值；自然占有是具体占有，也就是实物、功能上的占有，占有的对象是具体价值（使用价值）。

2. 名实相副：压力的产生与趋势指向

工业化产权中两权合一的合理性是明显的，因为要名实相副。但是，巴泽尔发现，名实相副是需要交易费用的。他举的例子是，自家的苹果树归主人法律占有，在名分上苹果树归属主人，但邻居趁主人不在家拿走了苹果，是实物、功能上占有。主人为了让苹果的产权名实相副，需要付出看守苹果的时间做交易费用。巴泽尔认为，如果不把产权当作（法律）制度而是当作合约，可以达成这样一个均衡：主人承诺秋后送邻居一筐苹果，作为回报，邻居承诺不再偷摘主人的苹果。这样，双方利益均最大化。巴泽尔的产权理论明显带有削弱权利 B 的意味，这与亨利·乔治的思想一脉相承。随着越来越多的亨利·乔治门徒获得诺贝尔经济学奖，以拍卖理论和市场机制理论为代表的理论开始有了“逼宫”的味道，如果所有权人不能最大限度地发挥效率，那就要设计一套新的游戏规则，引诱（如拍卖）甚至迫使（如“单一税”）所有权人将所有权转移给能够更大限度地发挥效率、“更识货”的竞争者。

有形财产如此，无形财产更甚，名实相副开始遇到越来越大的难题，这些难题已经不是进行交易费用的制度设计就可以解决的了，进而产生了“所有权的终结”① 这样的问题。

“所有权的终结”这一趋势的变动方向，是上述两项权利中许可使用（权利 C）的独立化（表现为与所有权并列、分离）及对不许可使用（不允许他人使用，即权利 D）越来越大的限制，并且间接削弱权利 B（如共享经济反对资源闲置，从法律与道义上削弱闲置浪费的正当性），把所有权压缩在权利 A 中。

这本质上是工业化的产权危机，以洛克为起点的法权主导自然权利的过程，在生产力的强制作用下开始出现否定之否定（复归更高自然权利）的反转。

3. 工业化产权容器的破碎：“所有权的终结”

此前，工业化时代产权的容器边界（对关于使用的所有权限制）是用益物权，但用益物权仅限于与土地有关的产权。用益物权对工业财产权是不太适用的，因此，人们很少听说有关厂房、机床有用益物权的问题。但是，数据资产不同，工业产权“这件衣服”，对正处于长大中的生产力来说，实在太小了。把“衣服”做大的办法，就是将用益物权的范围和边界从土地扩展到

---

① 普赞诺斯基，舒尔茨．所有权的终结：数字时代的财产保护［M］．北京：北京大学出版社，2022.

数据，让用益物权变成用益“数”权。

有形财产与无形财产的矛盾，最初突出表现在“销售”含义的不同上。对有形财产来说，销售等同于买卖是指在交换中卖方同时向买方转移商品的所有权与使用权。但是，对无形财产来说，销售虽然在口语中也称买卖，但卖方并不转移商品的所有权，只转移使用权，也就是许可使用。例如，在网上购买一首音乐作品，买到的只是版权产品而非版权，版权仍在作者或销售者手中；买到的只是卖方许可买方使用的权利，实际是转移使用权而不转移所有权（或者说转移的只是内容载体的所有权）。这与实体商品的租赁有一定区别。例如，租录像带要按时还回去，购买歌曲却不需要还回去。因此，知识产权商品的“销售”同时具有借与买的特征，用交易来指称更为恰当。

实体与知识性质不同产生的早期矛盾，可以在许可使用（权利 C）范围内得到解决。根据终端用户许可协议（End User License Agreement，EULA），“你买的书不是你的，你只是被许可接触它们”。① 对实体来说，租赁也是许可使用。对无形产品来说，借而不还可勉强解释为许可使用中的折旧殆尽，顶多扩展到介于权利 C 与权利 D 的“合理使用”。

工业化与数字化的产权矛盾在现实中迅速深化，表现为版权与权利用尽的矛盾甚至冲突。这一矛盾反映了工业经济产权制度的根本性内在矛盾，即法律占有（所有权）与自然占有（使用权）间的矛盾。知识产权的过渡性，表现为从工业时代法律占有居矛盾的主导地位转向数字时代自然占有居矛盾的主导地位。知识产权正是这种过渡的中间站。权利用尽原则开始突破许可使用（权利 C）的边界，深入用益物权（对权利 D 进行限制）的腹地，这将是一场以“使用权时代”的到来为起点，“所有权的终结”为终点的产权革命。

4. 版权与权利用尽的矛盾

版权对应的是两权合一条件下的产权概念，其特点是使用权完全为所有权主导。标准说法，如所有权是指权利人对自己的不动产或动产依法享有的占有、使用、收益和处分的权利。这里的使用，作为所有权的子集叠入所有权合集。这里的处分，包括知识产权中加入的复制、分发、传播（演奏、展

---

① 普赞诺斯基，舒尔茨．所有权的终结：数字时代的财产保护［M］．北京：北京大学出版社，2022.

示）、衍生等，实际都是广义的使用。至于占有，包括持有、控制、转让等，都是二义概念。其中，法律占有（“依法享有的占有”）、法律持有、法律控制，以及转让法律占有权，等同于所有（拥有、归属、支配）；自然占有、自然持有、自然控制（如管理），以及转让自然占有权，等同于使用（利用、享用①）。

权利用尽是知识产权人一旦把产品销售或交付给新的所有者就必须放弃对产品的某些控制权。我们说这些权利已经用尽，是因为权利人无法再控制新的所有者对该产品的许多使用方式。禁止分发、展示甚至有时禁止复制产品的权利都让位于所有者的个人财产利益。② 最后一个所有者指销售的买方（“新的所有者”“副本所有者”），可以细分为最终消费者与最终产品与服务提供者。

对版权与权利用尽之争，需要把收益权内生进来统一分析。利益之争的焦点，实际在剩余索取权。权利用尽，是指“销售”一旦完成，所有权人的使用权的权利③，在只留权利 A、权利 B 的前提下，权利 C、权利 D 被不同程度地“用尽”，所有权人不能继续对权利 C、权利 D 索取剩余。这就看出两权分离的不同了：两权分离令使用权独立、并列的意图，是分利。分利的对象是权利 C 和权利 D。现在的问题不是使用者借助数据基础制度的保护能不能在权利 C 和权利 D 上分利，而是与所有权人各分多少的问题。这里出现了一个与实体经济不同的重要变量，即衍生价值主流化。

对数据来说，它的使用及使用权主要体现在阅读、转换（如另一台机器）、复制、分发、携带、传播（演奏、展示）、服务（再使用）、封禁、删除、销毁、修复、修改、管理、控制、出借、衍生、分享、转让、转卖、捐献等活动中。

首先是直接使用权的演变。在数字经济出现之前，尤其是古代，版权包括了复制权，以及对作品本身及其载体的所有权和控制权（权利 C 与权利

---

① 至于“享有”到底是拥有还是享受（使用），要看上下文语境。如果意思是“取得拥有资格”（“享”指取得，“有”指拥有），则指所有（拥有）；如果意思是“使用的东西有……”（“享”指受用，“有”指包括），则指使用（享用）。

② 普赞诺斯基，舒尔茨．所有权的终结：数字时代的财产保护［M］. 北京：北京大学出版社，2022.

③ 这里排除了所有权中非使用权的权利，如署名权或大陆法系所谓的“人格权”。

D)。这里的复制权（不允许人们复制的权利）作为一种使用权，实际是封闭使用模式（权利 D，不允许非使用权人使用的权利）。这一点首先在数字经济中被突破。对于非所有权人且非付费直接使用，版权所有者与消费者展开了捉迷藏式的激烈博弈。围绕复制与反复制，从最初的加密解密到后来音乐、文献资源的垄断与反垄断，从追究个人到追究平台……不一而足。但是，在云服务（按使用付费）模式的冲击下，封闭使用模式在竞争中日处下风，适用范围越来越窄。可以说，按使用收费模式的出现，是使用权处于主导地位的关键。知识产权这种激励方式（把知识作为产品来激励的方式），随着产业升级，被服务收费这种激励方式（把知识作为服务来激励的方式）所取代。

其次是间接使用权（使用权的流转权）的演变。对于间接使用的限制也在放松。利用首次销售原则，即使版权人反对，法律也允许副本所有者出售、赠送、出借或出租他们的副本。①这意味着解放了使用权的流转权。但是，此时流转的不是版权的所有权，而是副本的所有权（出售、赠送）或使用权（出借或出租）。

最后是使用权衍生权利的发展。关于衍生，情况复杂一些。在传统条件下，无形产品的衍生品只不过涉及改编、再创作等，一部小说被改编成一部电影是正常现象，改编成十部电影以上很少见。但是，一旦从数据资产中衍生出增值服务（App），这将无穷无尽。增值产品及增值服务的所有权属于使用者而非拥有者。此时，是发展还是阻碍数据生产力，制度关键就演变成允许不允许（包括鼓励不鼓励）数据资产衍生增值产品与服务，以及数据资产（中间产品）的所有者与使用者（最终产品所有者）围绕收入的利益争夺或合作（分成）的制度设计。

知识产权中一个经典的利益权衡，是对所有权人进行强保护会提高原创的生产力（效率）但会（因为门槛过高）降低再利用的生产力（效率）。在数字经济之前，平台与应用的生态分工还不普遍，这个问题不突出，但这个问题现在成了核心问题。

按三七分成的市场行情来分析市场势力，数据资产拥有方（往往是上市公司，数量在百到千量级）的所有权对应的收益权从 100% 缩小到 30%（税

---

① 普赞诺斯基，舒尔茨．所有权的终结：数字时代的财产保护［M］．北京：北京大学出版社，2022.

前），数据资产使用方（这个群体在百万至千万量级）对应的收益权从 0 上升到 70% 。这是一个比内容市场庞大得多的市场。它施加给产权制度的变革压力是传统产权经济学家无法忽视的。

如果说收入贡献的 70% 来自非所有权人的使用者，那再强化权利 D 就真的成为既不公平也无效率的产权安排了，这势必要求扩展权利用尽的适用范围。权利用尽原则的共同点，是将副本所有者的财产利益置于版权人的经济利益之上。①权利用尽原则的基本内涵，即所有权人拥有的权利不取决于版权人许可，能够而且应当在向数字版权经济的过渡中存活。②

从这个意义上说，所有权不再被重视的时代不但不可避免而且已经到来。③

5. 把握矛盾的尺度与生态解决方案

从上述分析中可以发现，版权（所有权人的权利）与权利用尽（对所有权的限制）这对矛盾是实践中存在的力量博弈的反映，是一种客观存在。因此，其中的是非不是靠理论本身来解决的，相反，理论只是对实践本身解决的总结。

实践本身是什么呢？争论的双方都没有注意到的一个事实，是以“平台 - 应用”共同体为标志的生态结构的出现，它最终构成了评判版权与权利用尽矛盾的尺度。

版权方只有具备对生态（特别是其中的流量）的掌控力，才能决定自己能否决定权利用尽的边界。

版权原本是基于产品业态设计的制度，但现在的现实是产品业态向服务业态升级，按产品收费正让位于按服务收费（云模式）。这种业态正一步步演化为“基础产品 + 增值服务”的生态业态。

在生态业态中，原有的知识产品仅仅作为中间产品存在，为了吸引流量进而从增值服务中收费（会员费、使用费），提供者（所有权人）往往低于实体成本甚至免费提供中间产品，这实际是在用中间产品换取流量，这更使版权模式整体式微。对应用服务提供商（也就是最终产品与服务提供者）而

---

① 普赞诺斯基，舒尔茨．所有权的终结：数字时代的财产保护［M］．北京：北京大学出版社，2022.

② 同①.

③ 同①.

言，“购买”中间产品（包括由中间产品转化而来的流量），再将其投入最终产品——增值服务，要求尽可能地扩大权利用尽的范围，特别是衍生新产品、新服务的权利。在这里，“购买”这个词对无形产品而言与“销售”一样，都是不准确的说法，因为其中不包含所有权的转移。转移所有权的只是内容的容器而不是内容本身。这种扩权，在性质上等价于对所有权人进行用益权限制，最终产品提供方可以找出各种理由，说明中间产品在衍生中的价值已被用尽，而且是在首次销售时用尽。

并不是说版权方不能在首次销售的后续使用中主张权利。版权方要在首次销售后进一步对中间产品的利用、使用主张权利（特别是剩余索取权），其只能把自己的身份从产品提供者转换为平台经营者，把支付权或流量变现的能力（如用户画像能力、提高转化率的大数据分析能力等）掌握在自己手中，围绕版权的再使用条件进行分成谈判。

举例来说，苹果商店将无形的知识资产作为中间产品（商店这一平台，以及 App 开发工具）免费提供给应用开发者，与应用方达成按最终产品三七分成的合约，然后，通过苹果商店内部支付（唯一支付渠道），计算流量变现（也就是中间产品向最终产品转化）的收入量，根据流量变现效果分成。这就把知识所有权人的权利——对衍生的一部分剩余索取权（30%）从首次销售水平延伸到衍生领域。至于合不合算，要看这 30% 与直接销售中间产品（同时权利用尽）哪个收入更多。这是对权利用尽的积极处理办法。

这时，版权方已不再是传统意义上的知识产权所有权人，而是把版权作为中间投入、将其价值在生态合作方的最终产品与服务中变现的生态平台经营者，他需要与不同的所有权人共生于同一生态，建立利益共同体。

在理论上，这类似于人力资本的期权对从潜在价值向实现价值转变进行贴现。版权将以这种方式退出历史舞台，或者不如说以所有权与使用权两权分离为条件而生存。

4.3.2.2 数字生产资料的“使用权时代”到来

1. 数字生产资料的基本特征

当我们不再把数据资产的有形化（如版权化、商标化、专利化）作为产权先决条件时，我们就从知识产权这种半有形化、半无形化的过渡状态进入纯无形资产的产权状态了，这时的产权必然发生从所有权中心向使用权中心的复归性转变。

数字生产资料是以数据为载体而存在的生产资料，它在“数字—经济”“产品—服务”“替代—增值”方面具有以下基本特征。

（1）数字生产资料具备数字经济的“技术－经济”双重特征

一方面，数字生产资料依托通用目的技术形成，可作为中间投入，具有数字一般特征，包括使用上的非排他性、非竞争性等外部性特征。

另一方面，数字生产资料具备生产资料的一般特征，是为生产最终产品而投入的中间产品，包括生产设备与生产条件，前者如虚拟厂房、店铺、开发工具，后者如网络基础设施、应用基础设施、流量平台。

这样的数字生产资料包括（但不限于）作为中间产品的技术、通用性资产、数据、人才（知识）、市场（流量）、渠道、设施、中台等。

（2）数字生产资料以产品和服务方式存在

一方面，以产品方式存在的数字生产资料主要是信息技术产业提供的作为中间产品的软硬件产品，以及以 ICT 软硬件为载体承担各行各业业务功能的生产资料，包括数字化的市场、渠道、设施、中台等资源。

另一方面，以服务方式存在的数字生产资料主要是生产性服务业所提供的软生产要素，包括技术、通用性资产、数据等资源。

（3）数字生产资料具有数字孪生、数字增值功能特征

一方面，数字生产资料可以通过实体生产资料数字化生成，实现资产的数字孪生，如数字孪生工厂、数字孪生车间。

根据美国通用电气公司的定义，数字孪生是资产、过程软件形式的代表，用于理解、预测和优化绩效，其目的是提高资产和流程的性能，进而达到改进业务结果的目标。英属哥伦比亚大学等则将数字孪生定义为有形资产或系统的生命模型，它基于收集的在线数据和信息不断适应业务变化，并可以预测相应有形资产的未来。这些定义揭示了数字孪生与资产的联系。

数字化生产资料应具备原有实体生产资料的基本功能，即具有功能实现层面上的等价性，如网上书店与实体书店在售书方面基本功能等价。

另一方面，数字化生产资料也可以派生新功能，特别是通过平台化实现企业核心资源的开放，面向买卖双边市场提供基础业务并从中衍生各类增值应用服务。平台免费提供基础业务服务，从增值服务中按使用效果适当收取租金以补偿基础业务投入，依合约与应用方分成。

2. 满足政策上“共享”要求的生产资料条件

《通知》提出，共享技术、通用性资产、数据、人才、市场、渠道、设施、中台等资源，探索培育传统行业服务型经济。

政策上的“共享”要求，主要是按市场化原则、商业化方式有偿共享生产资料。生产资料要成为这种可共享的生产资料，需要具备以下特征或条件。

（1）要素条件：非物质生产要素“使用而非拥有”

可共享的生产资料，第一，可由实体生产资料，借通用目的技术，数字孪生形成；第二，这种生产资料为非物质生产要素，主要是以数据为载体的数字生产资料；第三，数字生产资料具有通用性，可由同一主体一次投入不同主体多次复用而不造成实体损耗，属于通用性资产。

20 世纪 80 年代，在学者大多认为服务只是消费资料，所有生产过程均不需服务充当生产要素时，沙吉才等在四部类再生产表式中提出：所有生产过程均需“非物质生产资料”充当生产要素。①

非物质生产要素具有使用而非拥有的要素属性。对非物质生产要素的共享，不改变生产资料的物权属性，即不改变生产资料所有权。共享之前是公有，共享后仍是公有（公有共用）；共享之前是私有，共享后仍是私有（私有共用）。共享改变的只是使用而非拥有。反之，所有权的状态与改变，并不必然导致特定的使用（专用或共享）。例如，私有变公有并不必然导致专用变共享（企业收归国有并不必然导致生产资料由专用变为开放共享，仍可由企业内部封闭专用）。

（2）功能条件：具备实体生产资料功能替代特征

数字生产资料可以实现实体与符号间基于信息的功能对等的功能替代、功能交互、功能增强。

一是可共享生产资料必须具有实体生产资料功能替代作用，而不只是模型。也就是说，数字功能实现与现实中功能实现具有等价性。其现实系统与仿真系统具有功能实现层面上的等价性。②

二是可共享生产资料可实现实体与虚体互操作（而不只是数字模型）。例

① 沙吉才，孙长宁．关于社会主义制度下的生产劳动问题［J］．经济学动态，1981（8）．

② 杭玥璐．计算主义视野下的数字孪生研究［D］．上海：华东师范大学，2022．

如，实体可为虚体感应（基于传感器的物联网），同时可通过虚体控制实体。

（3）价值条件：具备生产资料的价值功能

符合生产资料的政治经济学特征，生产资料是不变资本的物质存在形式。资本是可以带来剩余价值的价值。对生产资料来说，数字孪生意味着具有中间产品并向最终产品进行价值转移、产生价值增值（“剩余”，即在分配中通过要素贡献体现）。

生产资料数字孪生还可能带来新功能，如资产使用（运营）中决策、控制、设计能力的增强。

生产资料的价值条件决定了共享的施予者和接受者。生产资料所有者向作为非所有者的使用者提供所共享的作为中间产品的生产资料；生产资料所有者之外的使用者，作为最终产品与服务的生产者、提供者，从所有者手中接受并使用生产资料作为中间产品投入（进行价值转移）。双方依合约从最终产品（价值增值）中扣除成本后分成（分享剩余）。

这一条件说明生产资料共享仅实现功能替代（数字孪生）是不够的，还需要在原有功能上通过中间件系统派生各种应用功能以实现增值。

（4）市场条件：具备固定成本分摊与外部性内部化特征

共享生产资料以双边市场（平台）数据要素交换形式实现。

一是生态特征。可共享的生产资料具有基础业务（中间产品）与增值应用（最终产品）分离功能，可由 API（应用程序编程接口）连接。其基础业务具有固定资产或流量外部性共享、分摊功能，由基础业务可派生增值业务。基础业务与增值业务共同构成业务生态。

二是有偿共享特征。平台方按市场化原则、商业化方式向应用方共享可复用的平台生产资料或由中间产品投入形成的外部性资源（如流量），作为对增值业务（最终产品）的投入（中间产品与中间服务），依使用效果收费补偿中间产品投入。

（5）分配条件

生产资料本身并不决定剩余分配，而是对生产资料的占有决定剩余分配。共享生产资料改变了生产资料的占有方式，使生产资料占有从法律占有（所有）与自然占有（使用）合一转变为二者分离、分置。两权分离后，从对生产资料的法律占有与自然占有中可以分别产生剩余。前者一般对应“要素贡献”，后者可以对应活劳动（在此特指创造性活劳动）贡献。

数字生产资料与实体生产资料具有一个不同的生产力机制，即中间件机制。它在分配中所起的作用，在于从技术上连接可有偿共享的不变资本（作为固定成本的生产资料）与共享前者的可变资本（活劳动），这种协同为生产关系中合作分成式的分配提供了技术条件，为有偿共享提供了业务保障（合约保障）。

共享数字生产资料的分配原则是按劳分配与按要素分配相结合。按要素分配，从生产要素所有者一方来说，主要包括固定的进入费（用于补偿生产资料的固定成本投入）与不固定的使用费（用于按市场化原则、商业化方式补偿要素贡献）。从生产资料所有者之外的使用者一方来说，主要包括成本（劳动力价值即工资）与剩余（创造性劳动价值）。

4.3.2.3 数据生产资料共享使用与用益权

两权分离中的使用权，不是指所有者的使用权，而是指非所有者的使用权，即使用（利用）他人所有的财产并从中获得收益的权利。从这种意义上来说，它与用益权处于同一产权类别。用益是使用与收益的合称。

用益物权不是法律概念（没有哪部法律使用这一概念），只是法理概念，它的法理在于对所有权进行限制。一旦对所有权进行限制，所有权就从绝对的产权——绝对一般用“神圣”这个字眼表示（如产权神圣论）变为相对的产权。因此，用益物权作为法理，是绝对产权论与相对产权论两种法理（具体说，是大陆法系法理与海洋法系法理）争论的产物。由于这个原因，我们不把用益物权当作产权的顶层基础概念（像康德把所有权与使用权并列为“理性的占有”与“感性的占有”那样）而当作一个比“道生阴阳”次一级的概念（“三生万物”层次的概念），它是“感性的占有”下的一个派生概念。从法理本身来讲，在用益物权是非所有权人对他人之物所享有的占有、使用、收益的排他性权利①这个定义中，占有这个概念是不够“哲学”的，因为这种用法无视了萨维尼关于占有存在法律占有（“市民法占有”）与自然占有而使用权仅是自然占有的说法。

要适用数字生产资料的使用权，需要将用益中的收益明确为剩余。用益物权中的收益有两种理解：一种是使用价值，如租住房屋；另一种是价值，

---

① 王利明．物权法研究［M］．北京：中国人民大学出版社，2005.

主要是对应“本金”（成本）部分的价值（类似“担保物权”）。但是，两权分离所指的收益，不只是成本，而且包括使用价值上的剩余（“纯产品”）与交换价值上的剩余。这种剩余是对不受限制的所有权人（绝对产权所有权人）收益的剩余的扣除。用益物权并没有对所有者与非所有权人使用者分成进行明确表达，而从租赁权中也看不出所有权人分享使用者所创造的剩余的意思。

不把用益物权当作与两权并列概念讨论的另一个原因，是用益物权的对象仅限于不动产而一般不用于动产。数字经济中生产资料存在服务形态的生产资料这种特殊财产分类，它不属于物权（实物财产权）范围。讨论数字生产资料，需要首先将用益物权放宽到用益权，其次把上述定义中的“排他性权利”这个表述从用益权中去掉，因为网商（非所有权人）对他人之物（虚拟网店）所享有的使用、收益权利都是非排他性的。这也反映了数字经济与工业经济的不同之处。

不把用益物权当作与两权并列概念讨论的原因，还有它不像所有权与使用权那样存在于所有类型财产之中，而是一种限定适用范围的权利（“定限物权”）。例如，根据各国法律不同，用益物权的实务仅限处理地上权（如德国的所有权人地上权）、永佃权、地役权等少数特定用途的权利，主要是与土地有关的使用权。关于用益物权的讨论，甚至连工业生产资料（实物生产资料）相关权利（如租赁权）都较少涉及。数字经济学所要讨论的数字生产资料共享相关的使用权，是整个一类资产（通用性资产）的一般权利。如果一定要将共享数字生产资料纳入用益物权研究，需要极大地拓展这个概念，将它从农业生产资料越过工业生产资料拓展到数字生产资料，包括彻底修正用益物权概念本身。

另外，共享数字生产资料所涉及的实质性的制度安排，是打破所有权的垄断（所有权的绝对性、“神圣”性），引入使用权竞争，以达到公平的目的等。出于这种考虑，微观上的拍卖机制与宏观上的庇古税等问题，需要纳入经济学开放使用权同一项下，这是用益物权难以涵盖的。

如果一定要采用用益物权概念，不妨将其扩展为用益权，去掉其专门针对物的限制。在两权分离的语境下，允许使用者享有用益权。例如，所有者将使用权转移给使用者，赋予使用者获得用益权（包括剩余索取权的权利）的权利。这将实际性地改变用益物权的理念，将对于物的权利（如地上权）扩展为人的权利（如一般劳动者的权利）。

4.3.3 从所有权规律到占有规律

4.3.3.1 “所有权规律”与“占有规律”矛盾之谜

马克思在《资本论》中用“所有权规律”与“占有规律”这对概念来概括商品等价交换与要素不平等（不等价）交换现象。

在这里，所有权规律指商品等价交换规律，占有规律指要素交换（资本交换劳动）的不等价交换规律。

可以注意到，在所有权规律中，隐含所有权与使用权合一假设，这决定了在商品交换中所有权转移与使用权转移是同时发生的。价值与使用价值，以及背后的所有权与使用权，是一一对应的。二者间的矛盾处于完全同一状态。

在占有规律中，所有权与使用权、价值与使用价值间潜在的矛盾开始从同一中浮现出来。要素间的价值交换仍然是等价的，是资本的成本与劳动力的成本的交换，但剩余交换是不对等、不平等、不等价的，表现为要素使用价值与商品使用价值不同，会产生剩余。使用价值交换并不等价，因为劳动力的使用价值是劳动，它包含了成本之上的剩余，这部分剩余被资本方无偿占有，先是使用价值上的剩余，接着是它所转化的价值上的剩余，形成了所说的“占有规律”。问题出在用益权上，因为在使用权转让时用益权并没有让渡（如以分成形式让渡），相反，把用益权仅限于用益物权，无形中剥夺了用益“人”权。

占有规律中的占有，指理性占有，即拥有（支配、归属），这是法权意义上的占有，资本家通过对生产资料的理性占有（所有权），否定工人对生产资料的感性占有（使用权），隐蔽地剥夺了工人凭借感性的占有索取、获得劳动剩余的权利。

如果没有法权，一方获得剩余，只需通过感性的占有（使用），通过先占获得（如开荒）并通过实际控制独占。如果没有法权，一方只能通过外力的形式（如暴力、掠夺、偷窃等）剥夺另一方的剩余。这是自然经济中的情形。

在以理性为原则的工业经济中，一旦出现可靠的（由国家暴力背书）法权，一方无论是获得剩余还是剥夺他人剩余，都不必然通过使用本身（既不需要自己劳动先占，也不需要暴力夺取）而只需要通过理性的占有。此时的占有规律，表现为资本家只需掌握生产资料的所有权就可以实现两件事。第一件事，雇佣关系剥夺工人对生产资料的使用权，即在创造剩余的过程中，自己不直接使用自己的生产资料而交由他人代替自己使用。在雇佣关系中，工人虽然可以在物理意义上使用雇主的生产资料，但他并不具有生产资料的使用权，因此，社会意义上的使用权仍属于雇主。这与自然经济中人人具有生产资料使用权、都可以从中获得一定剩余不同。第二件事，无偿占有工人的使用权，资本家在不让渡其拥有权与使用权时，仅仅凭借生产资料的拥有权就交换到了工人劳动的使用权，这种权利在自然经济中是有可能获得剩余的（如自耕农、渔民）。在雇佣制下，劳动力的使用价值（劳动）所创造的剩余是被资本家用理性的占有无偿交换而来的。

要素交换与商品交换不同，商品交换是物的拥有权与使用权之间的买卖交换，而资本家与工人形式上的商品交换，双方并没有交换自身的拥有权，即资本家不因交换而把生产资料的拥有权转移给工人，工人也没有把人身的拥有权转移给资本家（这一点不同于人身依附关系）。资本家与工人的交换，只是要素使用与要素使用间的交换，或者说，是工人用工资取得使用生产资料的资格，换取资本家对劳动力的使用。占有规律的全称，应是利用对生产资料的法律的占有（理性的占有），无偿占有劳动力的使用价值（感性的占有）。

以对资本的拥有权换取劳动力的使用权，是不平等的起源。其中的不平等之处，在于本来是“感性的占有”获得剩余，现在变成了“理性的占有”获得剩余，资本家可以不劳而获，工人则会劳而不获。工业化经济中法权的这种（可以占有自然权利所得）特性，或者说占有规律，构成了不平等的起源。

社会主义在工业化阶段并不能完全解决雇佣关系带来的要素间不等价交换这一问题。虽然从理论上说拥有权转移到劳动者一方，由国家或集体代为掌握，改变了不平等的性质，但感性的占有（人人亲自占有生产资料）不能完全实现这一点就决定了贫富两极分化仍有加剧的可能。平等的实现，有赖于由工业化生产关系向信息化生产关系转变。

至此，问题就转到数字经济的本题上来。数字经济有可能不是主要通过理性的占有来解决平等问题——虽然也不排除这一可能，但依其自身特性，更可能是沿着马克思最初提出的方向，通过实现由理性的占有到感性的占有的复归，通过在通用性资产基础上共享生产资料，实现人人亲自占有生产资料，亲自创造并亲自分享，从而从根本上消除不平等的根源。因此，平等问题不是数字经济学之外的问题，而是数字经济学本身的问题。

这时的改变，在于要素等价交换应是要素的人格化代表之间对剩余进行合约分割，而不是一方剥夺另一方。剩余分割的依据，从数字经济实践看，主要是“风险 - 收益”的分担程度，承担高风险者获得高收益（剩余中的较高比例），承担低风险者获得低收益（剩余中的较低比例）。在“平台 - 应用”生态中，资本方（平台方）承担生态固定成本（固定投入）的全部风险，应用方不承担生态固定成本的任何风险（当平台上市公司退市时，应用方的资产负债表上不承担平台方的任何负债），应用方承担全部生态可变成本（不包括生态中平台内部的可变成本），平台方完全不承担这部分风险，也就是说，应用没有收入不直接影响平台方的资产负债表，平台方不承担应用亏损。生态的劳资（应用方 - 平台方）之间分成比例为七三，这意味着可变成本与固定成本间的风险比是七三、收益比也是七三。收益来自应用方最终产品与服务的收入，其中的 30% 交给平台方，作为提供中间产品（固定投入形成的平台设施、流量等）的使用费，替代的是应用方的固定投入（生产资料等重资产），如果不借用（分享）平台方的数据资产（其生产力特征表现在 0、1 代码可复制，资产可复用、通用上），应用方在工业经济条件下本应以自有资金或银行贷款购置生产资料，而一旦破产，这将形成实际的资产负债。借助信息生产力的技术通用性，则将无“产”可破，因为所破之“产”（重资产部分），将通过对应 0、1 代码的删除（或停止使用）而自动、无（物理）损失地勾销。

马克思说的占有规律自动改变（从要素不平等、不等价交换变为平等、等价交换）的关键，在于历史唯物主义反复强调的生产力这个因素的变化。信息生产力导致了要素所有权与使用权的分离，进而导致对要素价值与使用价值分离的数字经济利用。其最主要的规律，是技术通用导致资产通用，资产通用导致资本稀缺性下降，劳动地位上升。资本主义由此以马克思的方式“和平演变”。

2012 年以来我国电子商务的爆发式增长与固定资产投资的大幅下降，可以解释为，中小企业与大量劳动者（金融业资本主义化导致的）资金困难，导致全行业背离以货币资本为代表的工业资本（不可复制、不可复用资本），转投以数据要素为代表的数据资产（可复制、复用资产），通过复制数据要素来获得资本使用价值，本能地谋求在破产时不致自有资金或银行贷款损失。这种资产替代，本质是工业资本投资（固定资产投资）让位于数据资本投资（平台复用资本使用价值）。为此，全社会均在不自觉的状态下走向了马克思预言的那个方向。

4.3.3.2　生产资料范围在数字经济条件下的扩展

庞巴维克将资本定义为在间接生产中出现的中间产品，将资本看成一种生产资料。马克思将资本定义为社会关系，即可以带来剩余价值的价值。同时，生产资料是不变资本的物质存在形式，与可变资本（劳动）共同构成生产资本。可见，马克思是从价值与使用价值两个方面来看待资本的。

马克思没有对生产资料所有制直接下定义，生产资料所有制应包括所有权与使用权两个方面。但是，在雇佣制下，两权是合一的，因此，马克思所指的生产资料所有制更多的是指所有权方面。

生产资料的使用权不同于它的实现形式，即生产资料由谁经营以及怎么经营，后者是从所有权中分离的经营权，是资产使用权的一部分。两权分离中的使用权，是与剩余分配相联系的自主经营权。

在资本主义条件下，生产资料的资本化使生产目的发生了根本改变，变成了生产和占有尽可能多的剩余价值。在《资本论》中，马克思这样说，生产剩余价值或赚钱，是这个生产方式的绝对规律。产品分配是生产资料所有制的最终实现形式，是马克思对生产资料所有制做的基本规定。其中，“生产资料归谁所有”是根、是本、是源，“生产资料所有制的实现形式”“生产资料与劳动者相结合的社会方式”“生产目的”“产品的分配方式”是枝、是末、是流。前者决定后者，有了“生产资料归谁所有”，才能依次有后面的几个因素。

谭希培等（2009）将劳动者通过科学劳动创造的科学、知识和“一般智能”等知识性因素和条件称为知识性生产资料（包括知识性劳动对象和知识性劳动资料两部分）。相晓冬强调了精神生产资料的一个“伟大特性”，即无论怎样被使用，只要能够被记载、传播下来，就永远不可毁灭，就会越来越丰富。

《资本论》指出，生产力包括两个要素：生产活动进行的主体，即劳动者；生产活动得以进行的客观条件、物的因素，即生产资料。劳动的简单三要素：有目的的活动或者劳动本身、劳动对象和劳动资料。劳动资料和劳动对象共同构成生产资料。“广义地说，除了……以这种或那种方式充当活动的传导体的物以外，劳动过程的进行所需要的一切物质条件也都算作劳动过程的资料”。①

《资本论》指出，劳动资料是劳动者置于自己和劳动对象之间、用来把自己的活动传导到劳动对象上去的物或物的综合体；劳动对象是人类劳动的对象，分为两种——一种是“未经人的协助……天然存在的”，如土地、水、在原始森林中砍伐的树木、从地下矿藏中开采的矿石等自然界客观存在、未经人类劳动加工的自然物质或资源；另一种被称作“原料”，指“已经被以前的劳动可以说滤过的劳动对象”。一切原料都是劳动对象，但劳动对象并不都是原料。劳动对象只有在已通过劳动而发生变化的情况下才是原料。②

《〈资本论〉辞典》对生产资料的解释是，生产资料是人们从事物质资料生产所必需的一切物质条件，即劳动资料和劳动对象的总和，它包括自然物和经过劳动加工的产品，如土地、森林、河流、矿藏……是构成生产力的物的要素，起决定性作用的是生产工具。③ 同时，该书把能够转化为资本的生产资料规定为物质生产资料，指出变为生产资料即原料、辅助材料、劳动资料的那部分资本为不变资本。

现代科技经济社会中，科技劳动的主体即科技劳动者在劳动过程中发挥的劳动力主要是智力，与这种智力相结合的生产资料也就是科技劳动者本身掌握和占有的科学知识、技术、信息等精神生产资料，作为人类精神劳动（在当代主要是科技劳动）产品，这些精神形态的生产资料与传统的物质生产资料功能一样，它们都是生产得以进行不可或缺的资料，同样具有价值，并且它们在生产过程中都能够实现价值转移，参与形成商品（在当代主要是科技商品）价值，因此，它们被纳入“生产资料”的范畴。

在当代，只有突破传统的“物质生产资料”的设定，将科学知识、技术、信息等具有价值的精神产品纳入“生产资料”范畴，这些精神产品在理论上

---

① 马克思．资本论：第一卷［M］. 2 版．北京：人民出版社，2004.

② 同①.

③ 宋涛．《资本论》辞典［M］. 济南：山东人民出版社，1988.

才能转化为“资本”的形式，参与到追求价值增殖过程，真正适应市场经济运行和发展的规律，科学知识等精神产品才能得到社会主义市场经济广泛的“承认”和充分利用，在解放生产力、发展生产力方面充分发挥作用，为社会和经济的发展、向更高层次的社会形态变迁提供强大的科技支持。

科学知识等精神生产资料的使用具有明显的“公共产品”特性，其消费过程有明显的非排他性和非独占性。同一劳动者能够反复利用其掌握的科学知识等精神生产资料，多次获得其使用价值。在考察科学在生产过程中的应用时，马克思明确指出，知识和技能的积累……表现为固定资本的属性。

在生产中，科学知识等精神生产资料的价值转移不是一次完成的，而是类似固定资本那样逐次地、一部分一部分转移的，其价值转移表现出“虽转移但不减少”的“奇异”特征。劳动者能够将科学知识反复应用于生产，这种应用不仅不会使科学知识等精神生产资料的价值有任何“磨损”，反而会引发科学知识的不断创新，甚至使其价值增大。

同时，在现代商品经济社会，科学知识等精神产品已成为商品，具有巨大的经济价值，在与传统的物质资料结合时，其巨大的经济价值也会转移到物质产品的载体上并内化其中，进而赋予物质生产资料更大的经济价值，这也是当代科技商品较传统物质商品具有更大的交换价值、价格更高的原因。

精神生产资料能够发展劳动者的智力，表现为“智力”劳动者较普通体力劳动者具有更强的劳动能力。

工人由从事简单体力劳动的雇佣劳动者变为“人人有知识、个个有技能”的掌握一定科学技术的全新劳动者、社会主义建设者和主人，工人主要从事的不再是简单的体力劳动，而是更高层次、更复杂的智力劳动。工人通过学习和生产实践等方式掌握和占有的科学知识、技术、信息等精神生产资料，能够与劳动者的智力直接结合，并且随着工人学习和实践的进行，劳动者的智力会不断提高，表现为劳动者拥有更高的劳动能力，特别是以智力为主的精神生产能力。

在市场经济条件下，劳动者甚至能够将其掌握的科学知识等精神生产资料与传统的物质资本一样作为一种“智力资本”，在资本“追求价值增殖”的逻辑下，追求超越其劳动力价值的剩余价值。某种意义上，劳动者可以成为与传统的资本所有者相对应的智力资本所有者，参与利润分配。

科技劳动者是指那些能动地运用现代仪器设备和图书情报资料等进行探

索，认识自然、社会和人类自身的本质和规律，以及在此基础上创造性地利用自然和社会资源，以及人自身的潜能，实现与客观世界的物质、能量、信息交换，制造出各种有形和无形产品的专门人才。① 科技劳动者可以分为精神生产资料的基础性成果研发者、精神生产资料的应用性开发者、精神生产资料的直接应用者等几种类型。② 科技劳动者在从事科技具体劳动即具体的劳动过程时，应用的生产资料是将科学知识、技术、信息等精神生产资料内化结合起来的资料：科学知识与机器设备、仪器材料等“硬性”技术设备结合的物质资料，如电子计算机、智能机器人、数控机床、智能机器等马克思时代没有的新的物质资料，这使科技劳动者的“肢体延长”“感官延长”“思维器官功能放大”，释放出科学的巨大力量；科学知识、信息等与书籍等“软性资料”结合的物质资料，科学知识在其中得以综合和储存。科技劳动者通过学习和获取前人的知识并加以创造、世代积累，完成科学知识内容的增加、价值的增殖。

一方面，科技劳动者能够吸收和运用“前人”的精神产品，将其作为精神生产资料来进行科学研究、科学创造，这是对前人精神产品的应用过程；另一方面，这些精神生产资料在应用时被科技劳动者运用智力不断地加工，形成了新的、具有更大价值的精神产品，这是为后人提供新的精神生产资料的一个生产过程。

传统的社会主义“生产资料公有制”，生产资料只是名义上被社会主义劳动者“公有”的一种法权关系，现实中，并不可能保证每一个单个劳动者都实现对物质生产资料的直接支配、转让等，也不能保证每个劳动者都能真正参加社会劳动、发挥其劳动力。这种情况下，“公有制”其实难以真正实现每个劳动者对生产资料的“实际的占有”。与传统的物质生产资料不同，科技经济条件下，作为“精神生产资料”的科学知识等精神产品能够被“人人有知识，个个有技能”的社会主义劳动者现实地、直接地占有，并与劳动者的智力直接结合、一体化发展。“精神生产资料”的显化，拓展了生产资料的范畴。社会主义生产资料所有制体现出新内涵：一方面，社会主义制度下，传统的物质生产资料归全体社会主义劳动者所有，表现为物质生产资料的公有

---

① 刘冠军．现代科技劳动价值论研究［M］．北京：中国社会科学出版社，2009.

② 同①.

制，物质劳动者能够以签订劳动合同的契约形式与传统的物质形态的生产资料“间接结合”；另一方面，每一个具有正常思维能力的社会主义劳动者，通过学习、研究、探索科学知识，都能够将这些科学知识和信息为个人所有，实现与精神生产资料的“直接结合”。

社会主义生产资料所有制的这种新内涵，能够促进社会主义分配制度的新变革。一方面，社会主义劳动者能够通过工资的方式获得其投入的劳动力的那部分价值。知识经济下，智力投入占相当大的比例，工人劳动力的价值包括其发挥的体力和智力的价值因科技劳动而更复杂、更高级。这也是当代科技劳动者工资收入比一般体力劳动者要高的原因之一。另一方面，科技劳动者能够将其掌握的科学知识等精神生产资料当作一种“资本”，获得一部分剩余价值，即参与到科学知识所创造的巨大的利润分配中来。

传统生产资料市场分为农业生产资料市场与工业生产资料市场，但这种分类只是就物质产品分类而言的。在数字经济中，存在服务业生产资料市场。

农业生产资料市场的交换对象是用于加工业的原材料，如小麦、棉花、甘蔗、麻类、皮革、烟叶等。农业生产资料市场可进一步细分为粮食市场、油类市场和棉麻市场等。工业生产资料市场的交换对象是经过工业加工的用于社会再生产的原材料、燃料、机电设备。工业生产资料市场又可细分为金属材料市场、非金属材料市场和机电设备市场两大类。金属材料市场包括黑色金属材料市场和有色金属材料市场两类；非金属材料市场包括化工材料市场、轻工材料市场、木材市场、建筑材料市场、燃料市场。机电设备市场包括通用设备市场和专用设备市场。①

不少生产资料属于中间小产品或再制品，即一个部门或企业的生产品经过商品流通进入另一个部门或企业，作为生产要素被使用、消耗，消费过程与生产过程同时发生，经过生产性消费而被创造出新的产品。没有生产资料的流通，就没有下一个生产过程的进行。从这层意义上看，生产资料流通具有生产性特点。②

产业数字化，主要是一二三产业中的服务化部门，信息产业则是服务生

---

① 张建华，贾文艺．生产资料市场的类型、特点与作用［J］．造纸装备及材料，2020，49（3）．

② 同①．

产资料的提供部门。由于服务业具有产销合一的特点，流量成为生产资料的一个主要组成部分。

4.3.3.3 生产函数解释力的枯竭与再解释

用生产函数解释要素，优点是可以发现要素与要素相对于供求的相对量的变化关系与变化比例，缺点是对于制度设定的刚性——供求同时对称地相对于某种社会关系尺度（它形成于特定的力量平衡）既定而同步地产生反应——是无感的。换句话说，生产函数刻画的要素贡献是技术性贡献，忽略了社会性因素。

如何将社会关系内生于生产函数的生产要素的分析中，成为古典与新古典方法综合的难点之一。

数字经济学认为，应建立内生社会关系的生产函数，将诸要素与其社会关系联系起来，综合确定要素贡献与要素收益。

这样的生产函数，应是“技术关系 - 社会关系”二元生产函数。

在《数字经济学：微观经济卷》中，这样的二元生产函数表示为两商品模型的生产函数，需要将 K 替代为同质组投入 H_1，L 替代为异质组投入 H_2，q 为组合商品或商品组合的产出量。

设两要素的生产函数为

$$q = f(H_1, H_2)$$

其 CES（不变替代弹性）生产函数①为：

$$q = f(H_1, H_2) = (H_1^{\rho} + H_2^{\rho})^{\gamma/\rho}$$

$$\sigma = \frac{1}{1-\rho}$$

σ 为同质投入与异质投入之间的替代弹性。

在新综合中，我们扩展 H_2 的内生变量范围，将要素的社会关系纳入其中，将异质组投入划分为图 4－1 中作用于 P_2ABP_1 和 P_1BCP_0 的两部分，前者代表社会关系影响，后者代表资源配置影响。进行这种改变后，将新古典结论加以古典化的效果，表现为要素交换的占有规律（等价却不平等）转化成了

① 尼科尔森．微观经济理论：基本原理与扩展［M］.9 版．北京：北京大学出版社，2008.

“理性与感性双重占有”的规律，从等价但不平等交换变为等价且平等交换。平等表现为H_2代表所有权与使用权两权分离后，所有权方与使用权方具有平等谈判分配剩余比例的权力。按风险与收益关系确定分成比例而不是以制度刚性的方式规定资本可以越界侵占劳动剩余。

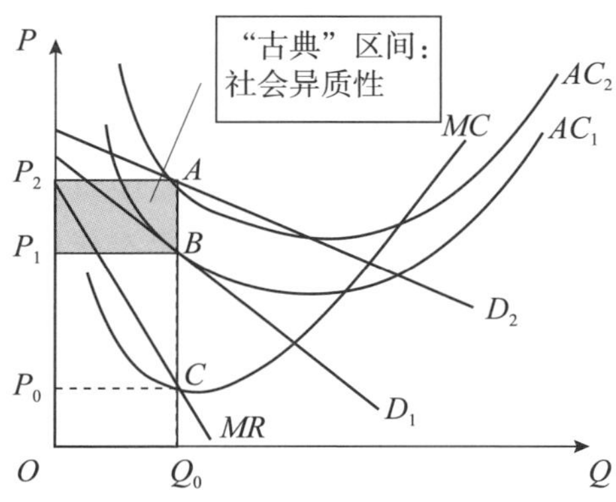

图 4－1　古典经济学在统一场结构中的位置

4.3.3.4　生产资料占有规律的数字化、东方化

以往的分配理论主要讨论结果公平，主要涉及一二三次分配，对于机会公平少有涉及；现有机会公平理论主要讨论平等问题，主要涉及教育、就业和族群平等。我们第一次将机会公平理论纳入包括整个生产关系的分配理论范畴进行研究，提出新机会公平理论。新机会公平理论，扩展了平等的含义，第一次将平等使用生产要素纳入机会公平范围，在教育、就业和族群平等之外扩展机会公平的经济含义；将生产资料占有条件与由它决定的要素收入与财产性收入联系起来，纳入广义“分配”概念，形成以机会公平为内涵的“零次分配”机制，将机会公平的零次分配与结果公平的一二三次分配扩展为四次分配。

我们不提平等拥有而提平等使用，是因为数字化是这个问题成立的总背景。我们认为生产资料占有中的所有权占有是一个工业化问题，可以在工业化的总范畴内提出与解决。数字经济在已经发展起来的条件下，由于它必须以工业化为基础（就像工业经济必须以农业为基础一样），因此，持续进行所有权调整（例如，国有化或私有化）与这里的理论并无直接冲突，但也没有关系——我们把它悬置起来，放在一边，顶多在涉及实务时确定一个所有权占收益权分割的比例（就像工业化发展起来以后确定一个资本化地租一样）。

生产资料东方化与数字化是研究的重点，它突出表现为把生产资料占有重心（包括剩余分配重心）从所有权移向使用权。这是实践的要求，因为根据现有市场行情，资产所有与使用的收入分割比例确定为三七（所有权占三，使用权占七），这客观上要求重点研究以使用权为核心的产权安排。

生产资料占有上的东方化和数字化不同于西方化和工业化的鲜明趋势，表现在以下方面。第一，不是从资产的物化状态（being）而是在（社会）关系与（价值实现）过程所在的生成（becoming）中重新确定权力的重心甚至重构权力。第二，用人与自然、人与人共生的生态化取代人与自然、人与人二元对立的工业化，通过形式上类似于东方关系网络的网络外部性获得一种对工业化本身进行改革的效率与公平增量。与工业化突出物的价值相反，其不惜在扬弃中一时矫枉过正地突出精神价值、自然价值、社会价值，以实现主客体一元化。第三，强调建立面向底层的更为包容的机会公平机制，让民众参与财富创造并分享创造剩余，以这种不同于西方化、工业化的方式最大化地调动人的能动性、创造性，从而在货币、资本面前彰显人的价值和自然的力量。

如果用西方化的概念表述这种东方化、数字化取向，核心问题是改变西方化和工业化造成的商品交换等价（“所有权规律”）但要素交换不平等（“占有规律”），使商品交换与要素交换都等价且平等。当然，东方化不等于东方人提出，与地域无关。西方由于生产力先进，在共享经济中正每日每时自发地产生具有这种东方化萌芽因素的实践。只是中国历史有丰富的以使用权为中心的改革经验（从大历史角度看，农村改革是这种传统的延续与发扬光大），中国人借着数字化时代共享发展的顺风，可以方便地把它从实践提炼为理论。中国人没必要也不需要垄断这种理论的解释权。

我们将平等使用生产要素与生产资料占有统一在数字经济的“数字化生产资料共享”这一实践中。“平等使用”这种机会公平以及要素收入与财产性收入可以由零次分配而来，前提是具备数据生产力及与其相适应的生产关系条件。以零次分配机制为主要内涵的新机会公平理论成立的先决条件是数字化。将生产资料占有条件（主要是使用条件）与由它决定的要素收入与财产性收入联系起来，在数字化条件下产生了实体工业经济中没有的一种新现象，即“数字化生产资料共享”。它改变了实体生产资料由于专用难以共享的使用属性。这为将分配从结果公平环节扩展到包括机会公平（生产资料占有）的整个生产关系体系提供了实践基础。一个最主要的改变，是生产要素与财产（生产资料）非所有权人可以仅凭使用权从生产资料有偿使用中获得来自生产资料自然占有的剩余（要素收入与财产性收入）。

数据生产力显示出以复制、复用为代表的与实体资源、要素不同的生产力特征，推动了以使用价值非排他性使用为技术特点的共享经济的迅速兴起。随着生态（平台+应用）模式的兴起，共享由技术现象（复制）变成社会关系现象（复用），并且这种社会关系开始从商品交换这一市场层面深化到要素交换（如资本要素与劳动）这一产权层面，从不涉及剩余价值分配变为改变剩余价值分配。

首先，是对市场交换中商品产权关系的冲击性影响。实体交换中的销售意味着商品所有权与使用权同时转移。数据交换虽然称为“销售”（如软件销售），但所有权并不转移（如软件版权并不转移），转移的只是使用权（如“许可使用”），由此带来资源配置规律的改变。不可复制、复用商品在交换中两权现期收益对等（租与买折合现期收益基本相等）改变为可复制、复用商品两权收益不对等（租比买收益大许多倍）。这种改变的区别是明显的，例如，土地不可同时反复收租，SaaS 中软件却可以同时向不同使用者反复收费。这导致数字经济中商品交换出现“以租代买”的潮流。

其次，一旦商品交换深化为（涉及增值与剩余的）要素交换，生产关系就开始受到全面冲击。在生产关系中，决定性的因素是生产资料的占有。其中，占有可分为两权，即生产资料的法律占有（所有权）与生产资料的自然占有（使用权）。对实体生产资料，区分两权与不区分两权，剩余价值分配是一样的。但对数据这种新型生产要素来说，生产资料占有却实在地出现了影响剩余价值分配的两权分离趋势：要素交换（比如，平台所有权人向平台使用者转移平台生产资料使用权，如流量设施、开发工具）之后，所有权不发生转移，只转移使用权，这与商品交换不同，在不改变生产资料法律占有性质（不改变公有、私有性质）的条件下，仅改变生产资料自然占有性质（专用、共享），会改变剩余价值的分配机制与体系，引发剩余价值分配模式天翻地覆的变化。

生产资料两权分离对以两权合一为主要特征的现代产权制度造成了解构性影响。生产关系上的最大变化，就是非所有权人可能仅凭使用权获得并分割实体情况下全部归属于所有权人的剩余，也就是要素收入与财产性收入出现新来源。传统所说的劳动者的要素收入与财产性收入，多是利用结果分配收入（如工资）购买不动产带来的收入，如从工资中省吃俭用购房进而带来的房租收入。共享生产资料带来的非所有权人的要素收入与财产性收入，不是来自结果分配而是机会分配，所以我们用零次分配概括这种由于占有权变化而产生的要素收入与财产性收入。

党的二十大报告提及“促进机会公平”和“增加中低收入群众要素收入，多渠道增加城乡居民财产性收入”。《通知》明确指出鼓励数字化生产资料共享，《意见》提出要探索生产资料共享新模式。

一旦将“促进机会公平”“生产资料共享”“要素收入”与“财产性收入”统一纳入“完善分配制度”，就要用一套新的理论来解释，为此我们提出基于零次分配的新机会公平理论。

本书主要研究以共享生产资料方式促进机会公平，完善分配制度的新机会公平理论（亦称零次分配理论）。研究的实践背景主要是在数字技术影响下发展的有偿共享生产资料的共享经济现象，在现有理论中，生产资料理论、公平机会理论与分配理论是 3 个基本互不相关的理论，生产资料理论主要研究生产关系的前置环节，分配理论主要研究生产关系的后置环节（结果公平），而机会公平主要研究教育、就业、各种歧视中的公平问题。本书将三者融为一体，将结果公平的分配理论发展为机会公平的分配理论，将机会公平理论发展为生产资料使用的机会平等理论，以此形成新机会公平理论。

4.3.4 东方化：抽象占有与感性占有

4.3.4.1 将“具体－抽象”范畴用于资本分析

马克思提出的“抽象的统治”，对于产权理论的数字化、东方化具有重大意义，因为从中可以推导出，工业化、西方化之后，一旦颠覆“抽象的统治”，必然导致“感性的占有”复归，从而提示产权演进的未来方向。

作为马克思成熟时期的思想，“抽象的统治”建立起商品和资本之间联系的历史脉络。从客体的抽象价值对具体价值的统治，转变为对（抽象价值的）所有权与对（具体价值的）使用权进行的统治。一旦这种关系从商品层面跃入要素层面（产生剩余价值的层面），就进一步变为对生产资料交换价值的所有权进行的统治。这种统治表现为对象化的劳动（资本）统治非对象化的劳动（活劳动），形成抽象占有（所有）对具体占有（使用）的统治。

马克思将原本用于商品价值分析的“具体－抽象”用于资本分析。在这里，资本一般……仅仅表现为一种抽象，资本成为对活劳动能力的统治权，由此，马克思把“抽象的统治”从商品引申到资本领域，从商品等价交换引申到要素不平等交换。

在马克思的逻辑中，从商品的抽象到资本的抽象，可以得出这样一种判断：抽象的统治以抽象的占有为基础，这种抽象的占有由对商品价值的占有发展为对资本价值的占有。

对数字经济来说，从具体－抽象（无论是对象、劳动还是权利）的否定之否定规律中，可以导出一种新的产权认识：在颠覆了“抽象的统治”后，将存在一种更高水平的“感性的占有”，作为通向数字化、东方化未来的新的产权基础。

4.3.4.2　“抽象的占有”与“感性的占有”

占有是对象化的意义认同，是对凝聚在对象物中的目的的承认，是对于对象化主体的目的确认。相对于自然经济与数字经济，工业化、西方化的特点，是以手段－目的二分的方式营造人（作为目的的人与作为手段的人）的对立，而占有，成为目的确认时，意味着不占有的人是占有的人的手段，而占有的人成为不占有的人的目的。前者存在的意义，变成为后者而活着。工业经济的历史进步表现为人类手段的发展，因此，它无论存在多少问题，这一点都是值得在扬弃中肯定的，但是，把一类人当作手段，形成手段人与目的人（没有意义的人与有意义的人）间的不平等，从人的自由全面发展来看是不理想的，这是工业经济高度发达后需要被否定、被扬弃的根本理由。

根据否定之否定规律，“回到未来”是发现变革所蕴含的对现实的否定力量来源的好方法。因此，需要从东方化中找到数字化的灵感。在要素产权问题上，现在数字化研究恰好面临与马克思晚期思考“东方问题”、亚细亚生产方式时相近的语境。这个语境是一种共同问题意识：在东西方产制比较中发现东方不同于西方的某种特质，从而不经过西方化的“卡夫丁峡谷”，在东方化与未来经济间建立直接通道。

先把思考的结论直截了当地摆出来：东方化产权的特点是以使用权为核心，西方化产权的特点是以所有权为核心。“卡夫丁峡谷”的特点是以所有权为中心建立“抽象的统治”，它与东方盛行的（可分享剩余的）“感性的占有”相矛盾。在工业化、西方化条件下，只有颠覆“抽象的统治”，才能复归这种“感性的占有”；工业化与东方化结合，也有跨越“卡夫丁峡谷”的可能①，但并不具有必然性；但是，如果数字化与东方化结合，一定会形成对“卡夫丁峡谷”的跨越（可称之为中国式现代化）。

这里形成了一个新知识，就是第一次分别用“抽象的占有”与“感性的占有”来概括所有权与使用权，为的是说明数字经济学的要素产权论为什么应把更高的“感性的占有”纳入产权结构，以实现东方化，并与数字化逻辑相统一。

4.3.4.3 从“抽象的统治”到跨越“卡夫丁峡谷”

东方化产权的特点是以使用权为核心，所有权与使用权两权分离；西方化产权的特点是以所有权为核心，所有权与使用权两权合一。

“卡夫丁峡谷”正是以所有权为中心建立的“抽象的统治”，其工业化特征在于，其产权建立在现代性理性基础上，形成理性的占有。

“抽象的统治”这个概念中的“抽象”来自抽象价值（交换价值）的抽象，指基于抽象价值建立起来的权力。但是，抽象价值对应的只是权利，不是权力。因此，抽象价值本身是无法构成统治的。马克思说“抽象的统治”是在说统治基于抽象价值，也就是以抽象价值为必要条件，充分条件是抽象价值对应的权利转化为权力，也就是由商品的所有权转化为生产资料的所有权。其中包含的权力，就是对劳动者剩余价值索取权的剥夺。由此，我们可以根据马克思的原意，将“抽象的统治”理解为抽象权力的统治，即生产资料所有权的统治，进而将生产资料所有权称为抽象的占有，以便同作为生产资料使用权的“感性的占有”形成一对矛盾。

“抽象的统治”把抽象价值对具体价值的分离作为必要条件，是因为这种分离是抽象占有与具体占有（“感性的占有”）分离的基础。对于要素来说，所有权常被称为对生产资料的占有权，实际是对生产资料这种要素使用价值

① 我国农村改革的本质是跨越“归谁所有”（所有权）这一“卡夫丁峡谷”，直接解决“归谁使用”这一使用权问题。

背后的抽象价值的占有权，因此，是抽象的占有权。显然，资本家即使不直接具体占有（接触、触达即 access）生产资料，其仍然具有生产资料占有权。这说明生产资料占有所指的占有主要是所有权而非使用权（具体的占有权），只是在工业化两权合一的条件下，权利主体是同一主体，因此，没有必要对产权人是占有抽象价值还是具体价值进行区分。

但是，对数字经济来说，这种区分具有重大意义。因为在工业化、西方化条件下，两权合一暗含所有权对使用权的一个从数字化、东方化角度看不再具有或者说不再绝对的权力。这就是所有权人自己不使用也不允许他人（更具效率或更公平地）使用的权力。对通用性资产来说，这一权力显得尤其不合理。可以认为，这一不合理的权力也是一种抽象的统治，即当资产在使用价值上通用化之后，产权仍然通过对抽象价值的绝对维护，令其具体价值是专用的，这既可能构成对效率的限制，也可能构成对公平的限制。

4.3.4.4 劳动权力的数字化、东方化

马克思主义理论的东方化转向，不但表现在关系论转向上，而且表现在感性论转向上。感性存在与感性解放成为马克思存在论的重要特征。①② 我们把这种感性转向与数字化、东方化联系在一起理解。

1. 反对“抽象的统治”

根据基本公理推论 2③ 关系与具体同一原则，我们可以把对象化劳动（资本）与非对象化劳动（活劳动）关系的讨论，从关系论这个角度转向存在论（感性论）角度，把活劳动理解为一种“具体”的权力，以贴近马克思所说的把感性理解为实践活动的唯物主义。④

剩余索取权不仅仅是权利，更重要的是权力，离开权力结构，就无法理解其内容。仅仅把劳动理解为一种权利是不够的，因为只能理解到商品等价交换中的权利的程度，还需要把劳动理解为一种权力，以说明其具有剩余索

---

① 陈曙光．马克思人学的存在论阐释［M］．北京：社会科学文献出版社，2019.

② 刘兴章．感性存在与感性解放：对马克思存在论哲学思想的探析［M］．长沙：湖南师范大学出版社，2009.

③ 见《数字经济学：制度经济卷（上册）》。

④ 中共中央马克思恩格斯列宁斯大林著作编译局．马克思恩格斯选集：第 1 卷［M］．北京：人民出版社，2012.

取权力。这种权力在工业化、西方化的理论中往往被遮蔽。

“抽象的统治”建立在抽象的权力上，而这种抽象的权力又被安在对象化劳动（资本）头上。但是，这只是历史的部分事实，是历史发展到工业化、西方化时的基本事实，不是历史发展到数字化、东方化时代的基本事实。

在要素（而非商品）水平上，东方化表现为，用具体的权力颠覆“抽象的统治”。从树立“抽象的统治”这一“靶子”起，劳动代表一种具体的力量就明确了。这种具体性、感性体现在活劳动“活”的性质上。

2. 资本与活劳动：经济学语境中的哲学话语

马克思对于对象化劳动（资本）与非对象化劳动（活劳动）关系曾进行过解释，说明了为什么获得剩余索取权的应是活的劳动（“活劳动”）而不是死的劳动（“对象化劳动”）——前者是价值，后者创造价值。[①] 这意味着，前者是抽象的价值存在，后者是具体的价值生成。此时，马克思把感性的、具体的生成活动置于状态性存在之上。这反映了马克思剩余价值学说在本体论思路上的出发点。在这里，劳动价值论成为具有东方色彩的过程价值论（活动价值论），从批判土地价值论（自然存在价值论）发展为批判工业资本价值论（资本状态价值论，或抽象资本价值论）。把资本当作广松涉所说的“物象”，从而劳动为其关系主体。

马克思在这里讨论的只是一般劳动或劳动一般，并没有区分资本的人格化代表是否参与活劳动，以及活劳动是否拥有生产资料所有权。对于剩余价值的归属与分配，首先考虑的不是人格化的问题（谁的问题）而是存在方式的问题（以什么方式对待价值，是以现存的方式还是以生成的方式处理价值）。

这里的对象化劳动（资本）与非对象化劳动（活劳动）都是泛指。在劳动一般中，资本与劳动的对立还处于潜在状态。只有当资本家不劳而获而劳动仅得工资时，这种对立才显现出来。在工业化、西方化的默认条件下，资本获得利润，劳动获得工资。典型的资本家是食利者。

比在商品水平讨论劳动价值更深一层，马克思在对象化劳动（资本）与活劳动的对比中，在要素水平也就是在剩余价值水平深化了对东方化的分析。研读马克思晚期经济学手稿，可以非常深切地体会到“经济学语境中的哲学话语”。

---

① 中共中央马克思恩格斯列宁斯大林著作编译局．马克思恩格斯全集：第三十二卷［M］. 北京：人民出版社，1998.

马克思关于对象化劳动（资本）与非对象化劳动（活劳动）的对比，非常像是一个标准的东西本体论比较研究。处于西方化一端的是作为存在状态的死物——资本，处于东方化一端的是作为生成过程的活动——活劳动。当然，不言而喻，这里的死物不是真正的物，而是社会关系，广松涉称为物象，是社会关系投向的“事”物。在这里，资本是 being，劳动是 becoming。马克思把对象化劳动支配活劳动理解为围绕剩余价值状态与过程的转化。

第一，活劳动作为一种生成活动，只是作为才能、作为能力存在于劳动者身体，这是非对象的、本原的劳动。只有当主体作用于客体时，才能转化为现实的活动，即主客一元化的社会实践活动。通过同资本接触，它成为现实的活动……从而成为现实的创造价值的活动。①

第二，对资本来说，生成活动相当于资本这个状态性的存在（物象、事物）在“消费”（使用）活劳动：劳动也被消费了，因为劳动被运用了，进入运转了②，劳动力的使用价值就在于他的活动价值。

第三，对于活劳动来说，生成的过程又终结于生成的结果，也就是作为存在状态的产品，生成活动最终被物象化。劳动不但被消费，而且同时从活动的形式被固定化、物质化为对象的、静止的形式：劳动在改变对象时也改变自己的形态，从活动变为存在，过程的终点是产品，在这个产品中，原料表现为同劳动结合在一起，劳动工具由于变成劳动的现实传导体，也从单纯可能性变为现实性。③

牟宗三比较了东西方哲学语术，发现如出一辙，由此我们可以还原出马克思剩余价值学说的东方化语境。虽然“从活动变为存在”并不是劳资对立的直接理由，但我们可以明显从中看出马克思在做一种重要的铺垫：以东方化的生成为正，以西方化的存在为邪，进而指明剩余应有的去向。

在分析数字经济时，这种“经济学语境中的哲学话语”将对数字化、东方化分析产生决定性影响。因为数字经济的“平台－应用”生态，终于以一种可实证的方式验证了马克思说的道理。在生态中，平台方是提供对象化劳动（中间产品）的一方，应用方是提供活劳动（合成最终产品）的一方，同

① 中共中央马克思恩格斯列宁斯大林著作编译局．马克思恩格斯全集：第三十卷［M］．北京：人民出版社，1995.

② 同①.

③ 同①.

样存在“劳动工具由于变成劳动的现实传导体也从单纯可能性变为现实性”这种贴现的情况。然而，绝妙的是，获得剩余价值更大比例的，是活劳动一方。这说明在没有施加人为制度干预的情况下，马克思认为的活劳动“应当”获得剩余，而非工资的“应然”，这在市场经济中是可以自然实现的。反过来说，马克思揭示的相反的“实然”——资方获得全部剩余，劳动（除工资）一无所有——是一种不正常状态。研究为什么工业化是一个样、数字化是一个样，可以发现数字经济的不同。

3. **全面理解活劳动**

以上是哲学视角的活劳动。什么是经济学视角的活劳动？从生成方式的角度看，它有着比付出体力劳动更多的含义，涉及生产关系的 3 个方面。

首先，生产目的由谁决定，是由死劳动还是由活劳动决定？在工业化、西方化生产关系中，生产资料的法律占有决定着在其自然占有中形成的“支配－服从”权力关系。所有权人的目的成为生产目的，因此，其权利等同于支配权；非所有权人的目的只是个人主观目的（例如，为了求生），这种目的只能被当作实现前一种目的的手段，因此，他只具有服从的义务。

与之形成对照，在数字化、东方化条件下，从生产资料的自然占有中活劳动可以得到剩余，这就打破了“支配－服从”权力关系。这时的活劳动是在为自己的目的而劳动，在生态中，应用方不是为平台方打工，应用方通过劳动获得剩余，就生成了获得剩余的第一个条件。这一点将在第 5 章全面展开。

其次，生产过程中谁来决策、控制与激励等？活劳动包括在生产过程中进行活的决策、活的控制、活的激励。这时的“活”指自主，即自主决策、自我控制、自我领导。这一点将在第 6 章全面展开。

在数字化、东方化条件下，活劳动所谓的“创造价值”，从被动创造变为自主创造。不仅是通过分享股份，以与资本家同样的食利方式实现，更主要的是以涌现、生成的方式在过程中实现自主创造。如果仅拿股份，不参与决策、控制与领导，那还不是完全意义上的活劳动，而只是活劳动的人格化代表，以“对象化劳动”（资本）的方式参与食利。这里的食利，指仅以所有权人的身份分食劳动成果，而处在生产过程以外，既不直接参加生产活动，也不直接参加商业活动。①

---

① 布哈林．食利者政治经济学［M］．北京：商务印书馆，2011.

提出这个问题，是基于劳动者参与 App 的实践。对劳动的自主性这一活的特征而言，是否在法律上占有是第二位的，第一位的是在创造价值的活动中的参与（与食利相反的“直接碰撞”①，access），以及参与中的自主性（如大众而非企业家发挥“企业家精神”）。

最后，分配如何实现公平、平等？活劳动在此的含义，不但是结果分配公平，而且涉及机会公平（如零次分配公平）。原因是劳动是“活”还是不“活”，不仅由结果这一现实（“死”的结果）决定，更主要的是与人的发展、潜力释放联系在一起。这一点将主要在第 7 章全面展开。

数字化、东方化条件下，活劳动的自我确证，不仅以福利多少为标准，不需要把别人的剩余归为己有，而是强调在获得剩余的公平结果的同时，享受与剩余创造过程伴生的自我实现过程，并在这一过程中承担责任、发挥能力、释放潜力，实现自由而全面的发展。

我们用劳动权力来概括上述 3 个方面构成的活劳动从创造价值中获得工资水平之上的权利。把这种权利称为权力，是因为权利只对应工资水平，而权力涉及剩余，是一种特殊的权利。劳动权力得以实现的总的条件，是劳动摆脱“抽象的统治”，在感性的占有、感性的行为、感性的认同中，向人人具有价值生成的权利与实现权利的生成复归。需要注意的是，这种复归可以以理性的占有为条件（如公有），也可以不以理性的占有为条件（私有或法权消亡），只是复归的程度不同。

4.3.4.5 生产资料占有的第三重含义：感性的占有

通过梳理本章，对于资本理论（推广到要素理论），数字经济学的新发现，是生产资料所有制的权力基础不但包括已知的使用权占有、所有权占有，而且包括“感性的占有”这种新的样式。生产资料在数字化、东方化条件下的“感性的占有”，构成生产资料占有的第三重含义。

这三重含义的占有，构成了要素产权的否定之否定规律，即最初的“‘感性的占有’（使用权）—理性的占有（所有权）—更高的‘感性的占有’（更高的使用权）”这一正反合结构。

这是马克思产权理论的一条隐含主线。《资本论》的研究对象是工业化

---

① 布哈林．食利者政治经济学［M］．北京：商务印书馆，2011.

（主要是其中的样式之一：工业资本主义①），但马克思在开始写作《资本论》之前与之后，都存在一个对非工业化、西方化类型的产权进行研究的经历。

其中，马克思晚期的“东方化”（亚细亚生产方式）研究中，产权的研究重点是没有进入过工业化，因此，不存在理性的占有（基于现代意义的国家法权确认的占有）条件下东方经济中最初的感性的占有。认为这种占有是一种公有，是站在现代性立场上的误读，因为公有、私有的前提都是理性的占有。站在工业化角度看农业化，会误以为农业经济已具备工业社会才有的以理性为内涵的法权制度，这显然是张冠李戴。本研究的结论，是最初的感性的占有是公用而不是公有。马克思的研究背景，在于看一看能否从不具理性占有的状态，从原始的感性的占有，直接跨过理性的占有（私有或公有）这一“卡夫丁峡谷”，直接越入更高层面的感性的占有（共用意义上的“公”用，即共享发展或通用性资产的通用）。

马克思早期的产权思想，则在批判工业化（异化）时直接提出工业化之后（从今天的观点来看，与数字化实质内涵相同）“感性的占有”这一正式概念。这种更高的“感性的占有”，高于工业化，是在对私有财产积极的扬弃下提出的。从数字化、东方化角度理解，其想表达的意思，是私有制本身就是工业化的产物（工业化之前与之后，以现代性理性为内涵的法权都不存在，因此，无所谓公有私有）。克服这种工业化产权制度的局限，有两种途径：一是消极的扬弃，指在工业化内部将私有变为公有，但保持专用不变（不提共享发展这种通用、共用或公用而提代理人代为使用）；二是积极的扬弃，即在工业化完成后，进入新的历史阶段后，在所有权（法权）弱化②，“使用而非拥有”条件下，主要凭借“感性的占有”决定剩余分成比例。残余的所有权占有的剩余索取权逐渐食利化、“地租”化，成为边缘收入。实现按需（按真实需求）——实际是按生产目的——分配，按劳动（按必要劳动，即真实需

① 有国外学者认为马克思一生没用过“资本主义”一词，后经反复考证，发现仅使用过一次作为名词的“资本主义”。因此，这里的工业资本主义可以理解为资产阶级或资本家统治下的工业化，以区别于社会主义工业化。

② 法权弱化的初期表现是生态化，即由国家法律权力主导占有，向国家、社会、个人共治（协同治理）转变，外部表现是非国有部门越来越多地供给具有公共性的产品，以费代税，求取市场回报。成熟期的表现是税在经济中的比例显著降低，自由人通过联合体（利益共同体）直接占有，自主管理成本占比超过国家，创造财富“全靠自己”。

求限度内必要的劳动）——实际是按有意义的生成价值的活动（排除为生产而生产）——分配。

4.3.5　小结：产权数字化、东方化的实质

下面对数字经济要素产权理论进行小结。

要素产权是商品产权的进阶。如果说商品产权是关于价值的，那要素产权就是关于剩余价值的，对应原有的资本产权理论。称要素而不称资本，是因为在数字经济中除了资本要素还有劳动要素，二者与工业化、西方化条件不同，发展成相对剩余的对等要素。

在工业化、西方化条件下，资本是带来剩余价值的价值，劳动却不是（创造剩余但只获得工资，仅补偿成本）。资本依剩余定价，劳动力仅依工资定价。但是，在数字化、东方化条件下，劳动不再仅仅是劳动力，而是人力资本，从而成为带来（获得）剩余价值的价值。相比劳动力，这等于在工资水平上多出“一块”剩余。这是对数字经济中活劳动在增值应用下有可能直接参与剩余分成这一基本事实的理论概括。因为资本与劳动的对等性，所以称要素论而不称资本论，否则应称资本与劳动论。

作为对于工业化、西方化制度经济理论的批判，数字经济学的要素产权论将工业化中的劳资矛盾进一步提炼为要素所有权与使用权矛盾，并将之作为工业化的产权基本矛盾。

本章对工业化产权基本矛盾进行了如下解释。

一方面，所有权与使用权的分工是劳动分工的必然结果，二者是名义权利（法律占有）与实际权利（事实占有）之分。

这种划分改变了工业化制度理论中将产权内部诸多权利束不分主次进行杂陈的做法。依法律实务概括的权利束杂陈理论，遮蔽了名实对立这一矛盾。

本章以康德及萨维尼更为专业的划分为依据，把产权内部诸权利束高度提纯为所有权与使用权这一对基本矛盾，将其他权利束当作这对基本权利的派生。例如，将剩余索取权区分为所有权的收益权与使用权的收益权，以解释数字经济中非产权人凭借使用权索取剩余的现象；将用益权从用益物权扩展为一般使用权（而不限于地上权）的收益权，并入使用权。

这种改变的批判性所指，在于揭示了工业化、西方化的产权逻辑遮蔽了使用权具有独立的剩余索取权（从而引发劳资对立）这一真相。在自然经济

中，不存在法律占有这种名分上的权利，谁使用（谁事实占有）谁获得使用剩余。当劳动内部产生对象化劳动（资本）与非对象化劳动（活劳动）的社会分工后，前者依靠名分上的权利可以剥夺后者实际使用而产生的剩余。这是“占有规律”不同于“所有权规律”的更为基础的原因。

另一方面，在所有权与使用权的矛盾分析中，依否定之否定规律，得出更高的使用权（“感性的占有”）这一数字化、东方化结论。

本章认为，最初的感性的占有（事实占有）占主导，是因为法律占有不存在、不成熟。这时的剩余是名实相符的。工业化、西方化区分占有的名实，形成所有权占有与使用权占有的分工，这是对以使用权为中心的第一次否定，并扬弃为两权合一共存，以所有权为主导，将使用权当作子集。其初衷与本意是稳定、保护事实占有以提高生产力，包括降低自然界动物守护猎物（财产）的成本，降低交易费用，使恒产者有恒心，避免财产无主造成的浪费，提高有主财产的利用率。但是，随着工业化异化的产生与加剧，名义占有从手段转为目的，而实际占有从目的变为手段，当这两种权利分别人格化为资本家与工人时，前者利用对价值的剩余的权利，剥夺后者对使用价值的剩余的占有，使工业化、西方化之路走向制度意义上的“终结”。

数字化、东方化对以所有权为主导的两权进行了第二次否定，并扬弃为以更高的“感性的占有”为主导的三权并置。更高的感性的占有（事实占有）占主导，是因为法律占有“成熟”过度而走向了反面。以数字经济中App实践为代表的新的“感性的占有”，其实质在于感性的人（感性的实践生成活动，又称“双创”，即创新、创业）的复归。它既不是对象化劳动剥夺非对象化劳动，也不是非对象化劳动剥夺对象化劳动，而是双方的合作分成，以此打破工业化、西方化条件下的剩余独占（其另一面是与合作对立的雇佣）。

这从根本上改变了“占有规律”，从要素间商品等价但要素（剩余）不平等、不等价交换变为要素间商品等价、要素（剩余）也等价的平等交换。围绕剩余交换，在平台＋应用的生态模式中，其平等性表现为固定成本与可变成本的人格化代表，围绕风险－收益对等原则进行平等的合约分成。与工业化、西方化模式相比，最大的改变有两点：一是非对象化劳动一方（应用方），即工业化中的劳动，从不获得剩余变为获得剩余，而且有可能是获得高比例剩余；二是对象化劳动一方（平台方），即工业化中的资方，从获得超出风险范围的（显然来自对方的）过多剩余，变为只获得与自身要素付出相对应的剩余。

资本越集中（就平台的法律占有而言）就越分散（就其对于感性占有方的分享范围而言），越分散（重资产越分散地共享于轻资产方）就越集中（固定资产较多的资本家变为较少的资本家），总体上导致全社会资本有机构成（资本收入与消费占比）的下降。人类的财富分布开始逆转，从抽象本质（以资本为代表）复归存在（以活劳动为代表）。

最后，从理论与实践相结合的角度来看产权理论语境改变。

纵观马克思的产权理论，明显包含“卡夫丁峡谷”之前、之中、之后三段论，以正反合（按研究时间是合反正）自然衔接，天衣无缝。长期以来，人们不重视这种三段论，是因为社会主义处于与资本主义同样的工业化发展阶段，处于“卡夫丁峡谷”之中，这使东西方经济学同时封闭于工业化的自我循环论证。数字经济学关心这个问题，不是无缘无故的，因为数字经济实践中的共享经济正好处于此处的合题阶段，而且与正题的位置正好对上。因此，有必要认真研究这个问题。

数字经济学引入历史观点重新审视这一产权逻辑，首先需要从批判工业化产权局限来获得信息。马克思关于私有财产的消极扬弃与积极扬弃的思想，提供了一个宝贵的解题线索。消极扬弃与积极扬弃指的是工业化中的另一种样式，即工业社会主义的产权样式。以往研究马克思消极扬弃与积极扬弃思想，受西方化传统影响，缺乏两权分离的意识，因此，忽略了一些关键信息。按两权基本矛盾观察，消极扬弃是指只改变所有权而不改变使用权，即公有但不公用。不公用，就是仍然以专用的方式处理使用权，专用包括国营、私营。扬弃，则否定了工业化产权的所有权，但肯定了使用权。专用本来是配合专有的，公有配合专用是不匹配的，因此才说是“消极的”。在实践中，以专用的方式，比如国营的方式使用生产资料，本来的合法性来自公有相配的国有企业作为全民代理人。但是，代理人一旦脱离委托人（全民），形成特殊利益（如金融利益集团），就会表现出不公用的消极性，即在全民中形成国营与私营不能平等使用生产资料这一问题，严重时，可能导致脱离群众的后果。

积极的扬弃，是指同时改变所有权与使用权，即不但公有，而且公用（人人使用，或称共用、共享）。例如，我国农村改革就是不但公有（土地所有权公有）而且公用（土地使用权由农民直接共用）。这是一种典型的与现代产权制度（西方化产权制度）正好相反的东方化的产权样式。

数字化发展了东方化的产权样式，形成了积极的扬弃的两种实现方式，一种是以所有权为前提的使用权形式（只有公有才能公用）；另一种是不以所有权为前提的使用权形式（无论公有、私有都可以公用，即具有剩余索取性的共享、共用）。从马克思提出“感性的占有”的上下文来看，他的本意似乎是，“感性的占有”是目的，只要人人都能仅凭自然占有生产资料的权利就获取剩余，就可以达到目的；法律的占有（所有权）只是保障感性的占有的手段。在工业生产力（技术专用决定资产专用）条件下，积极的扬弃只能采取第一种方式，也就是说，为了实现感性的占有，必须消灭私有制（私有的所有权）。但是，在数字经济中，由于信息生产力的非专用性（技术通用决定资产通用），出现了第二种方式，也就是共享生产资料，不需要改变所有制中的所有权归属，公有也可以共享，私有也可以共享。这时，消灭私有制就不再是共享的必要条件。目前，中美数字经济实践前沿的共享经济模式就是这种情况。当然，从马克思当时的角度看，第二种方式就等同于所有制本身已经消亡，因为只有这时才无所谓公有私有。现实是在工业化与信息化混合（“两化融合”）的历史阶段出现了共享经济这种过渡形式，既存在所有权专有，又存在使用权共享，共享发展成为命运共同体交集。这意味着社会主义与资本主义可能都有向所有制最终消亡阶段平滑演变的产权动机（也不排除通过冲突形式实现），谁先到达终点都有可能（前者先到达是量变，后者先到达是质变），这并不是理论问题，而是实践问题。

综合上述分析，马克思说的消灭私有制与扬弃私有制实际不是一回事。扬弃私有制，带有否定对象只是“私有构成共享障碍”（不取消私有就不能共享）这一点。当然，在工业化条件下，这与消灭私有制的说法几乎没有区别（因为确实构成了障碍）。因为按威廉姆森《资本主义经济制度》的逻辑，专有这种所有权是用来保护专用这类使用权的。既然工业化生产力以专用为主，那产权中的所有权只能是专有。因此，《共产党宣言》要求把它们一块消灭是自然而然、顺理成章的。但是，信息生产力改变了私有就不能共享这一点，此时就会出现消灭私有制与扬弃私有制含义不同的问题。

从马克思与蒲鲁东的论战来看，双方都有最终取消所有权（消灭资产阶级法权）的倾向，但为什么二者势同水火？可以认为，问题出在条件上。蒲鲁东的错误在于认为在当时的工业化条件下可以直接取消所有权，即同时取消公有与私有。这就把消极的扬弃一步跨过了。马克思认为这是不现实的。马克思设想的所有权上的专有不再成为感性的占有这种共享的障碍，条件是国家消亡，即最终取消所有权的条件，是国家消亡使依托国家暴力存在的法律消亡，进而法律占有（所有权）自然消亡，这里不仅没有私有，连公有也不复存在了。因为“有”（所有、拥有）这种权利本身，只有在“卡夫丁峡谷”才能存在。这当然只能是工业化之后的事情，马克思并不知道信息生产力的出现，但他对生产关系、上层建筑变化的预见，与信息生产力出现后的影响，是高度吻合的；马克思也不会想到在“两化融合”阶段有一个共享经济作为过渡形式。此时，所有权既没有消亡，又不像纯工业化时期那样起决定性作用，这就带来第二种样式的积极的扬弃，而且与混合经济可以相容。

可以说，社会主义一直发展到我国农村改革才第一次显示出社会主义不同于资本主义的全貌，才出现了劳动者（限于农村）绕过“卡夫丁峡谷”直接获得剩余的真实且主流化的现实，开启了不同于西方化道路（西方化社会主义道路）的东方化道路。

此前的西方化社会主义道路只是消极的扬弃，一切围着所有权转，没有动摇资本主义的使用权根基，没有改变劳动者在法权之外占有生产资料直接获取剩余这一现实，从而被官僚利益集团钻了空子，形成官民对立，很快失去了劳动者在历史选择关头的有效支持。

我国农村改革是在工业化条件下对“卡夫丁峡谷”的一次巧妙穿越，找到了实现马克思“感性的占有”这一“积极的扬弃”的实现方式。这次跨越的大的生产力背景仍然是工业化，因此，这一跨越还存在“积极的扬弃”中第一种样式的局限，即公用必以公有为条件。

数字化、东方化的共享经济，已不是处于“卡夫丁峡谷”之中，而是越出了一切以所有权为中心的这段“峡谷”，出现了邓小平理论与数字经济逻辑的大会师，表现为大大淡化了所有制中所有权归属（拥有）的影响比例，把剩余分配权的重心放在使用权设计上。对邓小平来说，这可以表述为上下同义的两句话，一是不问姓“社”姓“资”，二是只要“为我所用”就是社会主义；对共享经济来说，就是“使用而非拥有”。二者在产权上完全是同一种逻辑。它标志着产权设计的顶层理念，从以工业化、西方化为主转向以数字化、东方化为主。对中国式现代化来说，这预示着伟大的历史转变，是马克思“旧教”向“新教”的决定性转变。

突出“感性的占有”，作为产权理论的轴心，要解决的实际问题是找到活劳动获得剩余的必要产权条件。要实现的转变，是从不顾实在而只顾“空空洞洞”的名分，改变为追求“实实在在”的富裕，看轻名分①。这不是说所有权这个法律名分不重要，而是说它不能脱离自己的感性的实际（尤其是与民生相连的实际）而变成完全抽象的东西。抵制西方化的“地球引力”，也不能靠欧亚大陆联合这种形式上的东西，更不能靠空空洞洞的东西，而是要把马克思面向中俄思考东方化问题的实质想明白。要认识到，工业化、西方化的两权合一，客观上造成名实两分，有优点，也有缺点；数字化、东方化的两权分离，复归感性的占有，主旨是要从名实异化回归名实相副。这才是真正的“地球引力”。

最终用一句话概括要素产权数字化、东方化的要旨：通过“感性的占有”，让劳动获得要素收入与财产性收入。最初，这一趋势并不明显，甚至相反，但数字经济发展（以数据资本分享程度为指标）越深入，制度演进越与之相适应，这种趋势将越明显。

---

① 名分指法律上的抽象占有（证书式占有），实际指自然上的具体占有（身体接触式占有）。

5 通用性资产：占有环节的共享

以下3章，将从以资产使用权为中心（或资本的“使用而非拥有”）这一总的角度，分使用权占有（起点占有的“使用而非拥有”）、使用权经营（中间过程的“使用而非拥有”）、使用权分配（最终结果的“使用而非拥有”）3个方面展开论述。在经济学说史上，以从这个角度分析资本为特色的，主要是奥地利学派。我们与奥地利学派观点不同，但在侧重资本使用立论这一点上与之相近。

与资源配置框架相对照，古典经济学研究利益的主要框架是权利框架。例如，制度经济学可以认为是为财产权利制定的游戏规则的“大杂烩”。新古典主义经济学只有生产要素论，没有产权论。在这方面，新（古典）制度经济学的立场可以代表新古典主义的立场。

◎ 命题9：数据要素平等交换的基础，是所有权与使用权交换时平等交换各自的收益权（剩余索取权），依平等合约确定双方的分成比例。

这针对的是，在工业经济中，实体要素交换在商品层面等价而在要素层面（剩余层面）不等价，一方全面剥夺另一方的剩余。

▲ 命题9推论1：数字经济中要素平等交换的基础，是按市场化原则、商业化方式有偿共享通用性资产，资产由平台方一次性投入、应用方多次复用，资产拥有方与使用方围绕使用效果按比例分成。

5.1 数字化基本经济制度

在一个社会中，基本经济制度的核心，是关于生产资料占有方式的选择。

在工业化、西方化语境下，这个占有往往指所有、拥有。但实际上，生产资料本身这个提法就是指使用价值，而占有在所有、拥有之外还存在使用的含义。根据农村改革与数字经济实践，在数字化、东方化语境下再看生产资料占有，存在以使用权为中心的新的可能。因此，理论上存在与工业化、西方化不同的数字化基本经济制度选择，作为中国式现代化的制度基础。

5.1.1 通用性资产与资本内涵拓展

在进入正题分析之前，需要先做好知识准备，重温一下资本定义，从不疑中发现相对新方式的疑点，以便诱导出背后的原理，进而深入分析。这里选择从商品二重性透视资产二重性作为切入点。因为新方式的总前提是“培育发展共享经济新业态”，共享经济的重心在于“使用而非拥有”，即“使用价值而非价值”，所以一切分析要从价值与使用价值的区分开始。

资本可以从技术关系（资源配置）与社会关系（社会分配）两方面定义，我们把前一种定义中的资本改称资产（引述文献概念例外），以别于政治经济学所说的资本。

5.1.1.1 文献梳理：生产资料共享与通用

《白重恩：在三次分配前可引入“零次分配”促进共同富裕》（以下简称“白文”①）、《以 0 次分配促进共同富裕》（以下简称“姜文”②）共同提出零次分配，同样以生产资料占有为条件，但在生产资料占有指什么上有重大区别。“白文”的生产资料占有指所有权占有（靠金融平衡获得资本的机会，是指让没有资本的人以拥有方式占有资本进而拥有生产资料），“姜文”的指使用权占有（让资本的非所有权人靠使用权占有生产资料）。这种区分决定了零次分配与数字化有没有内在关系。

1. 占有的两重含义：所有权与使用权

首先需要辨析生产资料占有的两重含义，即区分所有权占有与使用权占有。

---

① 原文见 https：//baijiahao. baidu. com/s? id = 1726449439710398560&wfr = spider&for = pc。

② 姜奇平．以 0 次分配促进共同富裕［J］．互联网周刊，2022（11）．

所有权与使用权分离（在实践中对应中国农村改革与数字化共享经济）最初的源头为古罗马法中对物请求权与及物权之分。近代第一个把两权分离当作产权基本矛盾、从哲学上高度概括的，是德国著名哲学家康德。

康德在《法的形而上学原理：权利的科学》中区分了占有的二义性，即实物的占有和法律的占有。这就指出了后来成为制度的土地两权分离与数据两权分离的最终哲学划分根据。

德国著名法学家萨维尼把康德的这种哲学区分转变为法律区分。在《论占有》中，其第一次将占有区分为法律占有与自然占有。这是农村改革与“数据二十条”中两权分离的近代最初的法理源头。黑格尔的《法哲学原理》直接承接了萨维尼的这种划分。

马克思在《黑格尔法哲学批判》中区分两权时说，私有财产法是使用和支配的权利①，将“使用”与“支配”并称。

2. 数字经济标志“使用权时代”到来

因为数字化独具复制、复用特征，数字经济表现出与工业经济不同的产权特征，即“使用而非拥有”（拥有不可复制、复用，但使用可以复制、复用）。这是“数据二十条”强调的数据基础制度与现代产权制度最主要的不同。

2001 年，里夫金首先提出“使用权时代”②，到 2016 年，普赞诺斯基与舒尔茨提出“所有权的终结”③，所有权与使用权在产权中的位置发生了主次颠倒，这标志着数字经济从市场化阶段深化到产权化阶段。

在 Eilene Zimmerman 的文章《租还是拥有？新的分享型经济对使用所有权进行估值》中第一次出现“access over ownership”，其表达的是“更看重使用权而非所有权”之意。

实践变化马上反映到研究中，集中表现在对所有权中心论代表人物科斯的质疑上。首先是新规制学派的代表人物、诺贝尔经济学奖获得者梯若尔，

---

① 中共中央马克思恩格斯列宁斯大林著作编译局．马克思恩格斯全集：第三卷［M］．北京：人民出版社，2002.

② 里夫金．使用权时代：整个人生皆为付费体验的超级资本主义新文化［M］．郑州：河南人民出版社，2018.

③ 普赞诺斯基，舒尔茨．所有权的终结：数字时代的财产保护［M］．北京：北京大学出版社，2022.

其明确指出，在科斯研究的世界里，市场是单边性的。基于科斯定理，不区分市场的单边性与双边性而对价格结构问题进行商业和公共政策方面的讨论是误入歧途的。① 梯若尔在市场理论层面，将工业经济的单边市场理论发展为解释数字经济的双边市场理论。其中一个核心，就是为使用权收费（他称之为使用费、准入费）奠定了模型基础，从而在对云模式（所有权免费，使用权收费，如 SaaS）的解释力上超过工业经济市场理论（他称之为单边市场理论）。其次是奥地利学派在产权理论层面出现了改朝换代式的变化。这种变化也将目标指向科斯，转而主张使用权中心论。代表人物是中国奥地利学派的领军人物张曙光。张曙光等指出，科斯定理的成立是有条件的，只有在所有权中心范式下才能够成立，如果经济发展导致所有权中心转变为使用权中心，那么科斯定理以及新制度经济学的一些结论就会被颠覆。其还指出，使用权和所有权的相互关系发展史呈现典型的“正—反—合”三段论式发展特点，经历了一个否定之否定的演化过程。张曙光做了一个与零次分配有关的判断，真正贴合了数字经济的真实世界——使用权中心论下产权束内使用权占主导地位，表现为使用者逐渐获得更多的剩余经济价值分成②，这有效解释了苹果商店模式中活劳动剩余分成比例高于所有权人的现象。

5.1.1.2 技术关系分析中的资产二重性

从技术关系角度定义资产，有两种方法，一种方法偏重从交换价值角度定义，另一种方法偏重从使用价值角度定义。前者指货币资本，后者指生产资料。两类定义都默认价值与使用价值在量上是对称的（只不过一个是价值量，一个是物量），也就是默认一个单位的货币资本对应一个单位的生产资料（如 1000 万元货币资本购买 1000 万元的生产资料），不能用复印货币资本的方式获得多于一个单位的生产资料（如不能用同一笔 1000 万元货币资本一次又一次地购买多个 1000 万元的生产资料），不存在以复用方式“倍增”的现象。

侧重从交换价值角度定义资本的，以凯恩斯为代表，将资本基本等同于

---

① 让·梯若尔．创新、竞争与平台经济［M］．北京：法律出版社，2017.

② 张曙光，张弛．使用权的制度经济学：新制度经济学的视域转换和理论创新［J］．学术月刊，2020，52（1）.

货币资本（M2），明确拒绝以生产资料来定义资本；侧重从使用价值角度定义资本的，以奥地利学派为代表，倾向于将资本等同于生产资料，明确拒绝以货币来定义资本。他们分别将定义的重心置于资本价值与使用价值的一侧，坚决与另一侧对立。

以往人们不太关注这种对立，因为在旧方式中这种定义差别不影响会计计量，也不影响投资分析。但是，新方式中的“倍增”，就影响到计量了（如价值没有倍增，使用价值却倍增了），这使这种对立开始具有实质意义，因此，需要重新审视。

在凯恩斯之前，货币资本已是通行概念。凯恩斯理论的特色，是把资本这个概念有意识地与货币资本当作同一概念。凯恩斯虽然也区分了“物质单位的资本”（对应资本的使用价值）与“价值单位的资本”（对应资本的交换价值）①，但认为讨论前者是“不必要的”。因为没有办法把前者（如计量生产资料的物量单位）标准化为“价值单位”（如货币单位）那样的“数字比例”②。

在马歇尔、费雪思想基础上，凯恩斯首次提出资本边际效率概念，把资本严格限制在货币资本这个范围内。凯恩斯把资本边际效率定义为属于交换价值范畴的“一种贴现率”，根据这种贴现率，在资本资产的寿命期间所提供的预期收益的现在值等于该资本资产的供给价格③，这就把资产的使用价值内涵完全排除在外了。习惯从资产的“纯产品”角度看问题的斯拉法（包括整个英国剑桥学派），无法接受这种资本边际效率概念。资本边际效率这个概念，意味着资本是完全同质的，排除了生产资料作为具体价值含有的异质性成分。在凯恩斯看来，由于资本只是货币，资本与资本之间可以完全自由替代，生产资料上的异质性对这种替代造成的“摩擦力”无足轻重。这与新剑桥学派、奥地利学派的资本理论格格不入，与新制度经济学派的观念也存在潜在冲突。

与凯恩斯这种定义完全相反的，是奥地利学派对资本的定义。奥地利学派从门格尔、庞巴维克、哈耶克、熊彼特，一直到拉赫曼等，都倾向于把资

---

① 凯恩斯．就业、利息和货币通论：重译本［M］．北京：商务印书馆，1999.
② 同①.
③ 同①.

本定义为生产资料，从使用价值角度概括资本的特征，而明确反对把资本简单理解为货币资本。

庞巴维克认为，资本产生于通过生产中间货物来生产消费品的迂回生产过程，资本就是运用于生产过程的中间货物。① 在这里，资本实际成了资本品，即资产，是作为使用价值的资产。庞巴维克的观点隐含了后来奥地利学派“资本结构”概念的最初含义。拉赫曼大大发挥了这种观点，为了建立一个“通用”的资本概念，其主张用结构定义取代存量定义。他把凯恩斯以货币资本定义的资本称为资本存量，而把庞巴维克以集合体定义的资本称为资本结构。② 拉赫曼反对凯恩斯的资本概念以及资本边际效率概念，认为货币资本没有结构这种元素，因此，无法解释资产的组合与“互补”，这种定义的重心只在“替代”，只在“资本存量的净增量”。拉赫曼认为，资本有着复杂的结构，由于组成这个结构的资本资源具有不同的功能，从而它本身在功能上存在区别。③

凯恩斯学派与奥地利学派对于资本定义的区别：第一，前者强调资本价值（交换价值），后者强调资本使用价值；第二，前者强调资本的量（这种量是同质的），后者强调资本的质（这种质是异质的）。

当我们把数据资产按数据特征定义为通用性资产时，奥地利学派说的这个结构，忽然变得重要起来。通用性资产具有复用这个关键特征，因此，需要先搞清楚复用的是什么，是资产的价值还是使用价值。显然，可复用的，是资本结构而不是资本存量。数据资产包括“中台”“通用软件”“数字孪生的解决方案”“数字化生产资料”等，是一种由软件定义的结构，这种结构决定了它们的功能。比如，网上书店，因其结构而具有与实体书店近乎同等的功能，可以替代实体书店。对数据资产来说，资产组合可以理解为体现功能的代码在结构上的重新排列组合（不同的组合，具有不同的功能）。例如，网上书店与网上药店，它们的软件结构不同，功能也有所不同。“复用”显然指数字化生产资料在结构、功能上的重复使用。“复用”是以往定义资本时没有的新概念。

---

① 庞巴维克．资本实证论［M］．北京：商务印书馆，1964.

② 拉赫曼．资本及其结构［M］．上海：上海财经大学出版社，2015.

③ 同②.

5.1.1.3　通用性资产与资产第三重属性

同价值具有第三重属性一样，资产也具有第三重属性，通用性资产就含有这第三重属性。如果说价值的第三重属性在于基于更强的使用性（自主参与性）的创造性，那么资产的第三重属性就是为创造新价值提供生产要素条件，即创造机会公平条件。这种条件，就是提供通用的生产资料，从而使人不受拥有的限制和发挥创造性，为此令创造新价值的门槛达到最低，为更多的人投入自主劳动创造机会。

从实际内涵看，生产要素供给新方式可转述为把专用性资产转换为通用性资产，以通用性资产替代专用性资产。通用性资产与专用性资产是经济学已有的概念，其研究领域属于资产使用价值的性质领域。

"大力推进实物生产资料数字化"，是指改变生产资料的使用价值性质，由不可通用变为可通用。经济学史上的古典经济学、新古典经济学，一般以价值（交换价值）研究为主，较少研究使用价值，更少研究资产使用价值（有时会把资产管理问题划入管理学）。但历史上，奥地利学派与新制度经济学派，偏好从使用价值形态角度出发考察资本，把资本当作生产资料。例如，奥地利学派代表拉赫曼就把属于管理学的计划问题归入经济学问题来研究。① 相对而言，新制度经济学者所说的通用与专用更接近这里的研究语境，不完全指使用价值本身，而是对于使用价值的权利，即使用权。本书重点评述这一分支的理论。

美国制度的根基，在威廉姆森的《资本主义经济制度》中表述得很清楚，就是资产专用性及围绕它的制度设计。以通用性资产替代专用性资产所需付出的成本，称为交易成本。威廉姆森的制度经济学就是交易成本经济学。套用政治经济学生产力决定生产关系的公式，资本主义经济制度的逻辑就是专用性技术决定专用性资产，而数字经济的制度逻辑就是通用性技术决定通用性资产。

国家发展改革委等提出的"通用性资产"与威廉姆森提出的"通用性资产"，英文上对应的都是"General Purpose Assets"，但含义上既有联系又有区别，下面将威廉姆森含义的通用性资产依中译本译法称为通用资产，以示

---

① 拉赫曼．资本及其结构［M］．上海：上海财经大学出版社，2015.

区别。

通用性资产与通用资产，都是以使用价值界定资产。通用与专用中的“用”，都指使用（“感性的占有”）。在这一点上，有别于（作为“理性的占有”的）“共”有（如公有、国有）与“专”有（私有）。不同之处在于，通用性资产说的通用，重心在复用，是数字经济的独有特征；通用资产说的通用，重心在专用，主要是工业经济特征。复用，是指非排他性使用、非竞争性使用。例如，同一个中台，既可用于网商 A，也可用于网商 B，用于网商 A 的同时也可以用于网商 B，且可以在不同空间同时使用。专用则可能是排他性使用、竞争性使用。例如，一套实体机床设备，可以用于 A，也可以用于 B，但用于 A 时 B 就无法使用，用于 B 时 A 无法使用，因为同一个设备在同一个时间只能出现在同一个空间。简单地说，通用性资产可以“分身”，通用资产不可以“分身”。国家发展改革委有关文件将通用性资产的这种分身属性称为复用，如“通过平台一次性固定资产投资、中小微企业多次复用”。

从上述梳理中我们得出一个新结论：通用性资产是一种可以用通用结构替代专用结构的资产。其复用的实质是这种功能替代的效果。

如果说资本的使用价值在于提供可带来“纯产品”（使用价值剩余）的生产资料，那价值属性在于可以带来剩余价值的价值，它的意义价值属性就在于提供可供人的潜力释放（人在生存发展层面之上自由而全面发展）的机会。

从两权分离角度讲，要使资本的第三重属性得以发挥，必须对法权（所有权）进行限制，主要是限制其中所有权人自己不使用也不许他人使用这条，扩大用益权的范围，这不但是为了充分利用数据要素，而且是为了人更全面地发展，为了机会更平等、经济更包容。

5.1.1.4 通用性资产与数字化

政治经济学不是把资本定义为资产这种物（包括使用价值与货币两种形式的物），而是从社会关系角度把它定义为可以带来剩余价值的价值，实质是把资产（物）的定义转化为关于资产（物）的权利的定义，即资本依生产资料的占有获得剩余索取权。

数字经济新的生产方式使这种定义产生了 3 个歧义。

第一个歧义，这里的占有是指拥有还是使用？占有具有两个相反的意思，萨维尼在《论占有》中第一次做了区分：一是法律占有（对应拥有权，即窄义所有权）；二是自然占有（对应使用权）。康德把前者称为理性的占有，把后者称为感性的占有。在旧方式中，生产资料的两种占有都归资方。劳动力使用资方的生产资料但没有使用权，他只是被雇用，是为了别人而不是自己使用生产资料。按照新方式，“生产资料所有权和使用权分离”，共享经济生态组织中的生产资料（平台）由平台企业拥有（法律占有），劳动者作为独立主体拥有使用权。这种使用权是通过两权分离合约确定的。

第二个歧义，资本的剩余索取权是全部还是部分？即资本作为带来剩余价值的价值，带来的是全部剩余还是部分剩余？旧方式下，无疑是全部（把劳动创造的剩余包括在内）。但共享经济采取的是分成制，生产资料的拥有者与使用者双方享有剩余索取权，“按使用效果”分割剩余。新方式下，一旦劳动者（注意，不是劳动力）依生产资料占有（使用）而获得剩余索取权，资本依生产资料占有（拥有）而获得的剩余索取权就不再是全部剩余索取权，而变成劳资双方分割剩余索取权。尽管可以勉强解释为此时的劳动者也拥有资产（轻资产，如时间、精力、冒险精神、能力等），可索取剩余，但有一点显然与旧方式不同，这时劳动者索取剩余，仍然不是依据对生产资料的拥有权而实现的，例如，不是通过占有股份实现。

第三个歧义，通用性资产可能导致两种剩余来源：一是法律占有获取剩余，如平台企业靠共享数字化生产资料获取一定比例（如 15%）分成剩余；二是自然占有获取剩余，如应用企业（包括活劳动，如创客）靠使用数字化生产资料获取一定比例（如 85%）分成剩余。这都符合通过占有获得剩余的原资本定义，但性质发生了根本变化。

对专用性资产来说，这个分歧是不存在的。因为专用性资产的法律占有与自然占有对应的是同一个收益分配权。工人“使用”资本家的生产资料，只是一种行为，不是一种关于资产的权利，只是身体接触意义上的使用，并不对应资产使用权，如决策权、领导权、组织权、控制权 4 类管理权力。

按所有权与使用权两权分离的生产资料管理新制度来重新定义资本，会形成一个共享发展型的新定义，即资本是通过占有（包括数据资产在内的）生产资料带来剩余价值的价值，包括原资方（现平台企业）通过法律占有（拥有、支配）生产资料而分配一部分剩余价值，以及原劳方（现应用企业，自然人如微商、个体经营者、在家办公及副业创新的劳动者）通过自然占有（使用、利用）生产资料而分配一部分剩余价值。

这在理论上意味着，也可以将劳动定义为带来剩余价值的价值，也就是用定义资本的方式来定义劳动。只有在工业资本主义资本与劳动不平等交换的条件下，这个定义才独属于资本。在数字经济中，通用性资产具有特有的社会关系内涵，它令劳动也成为可以带来（获得）剩余价值的价值。

5.1.1.5 “感性的占有”与东方化

“感性的占有”，必须是具体的。这种具体表现在奥地利学派、新剑桥学派所说的资本异质性上，也就是说，每一个具体的资本使用价值，其结构和功能都是不同的。这与中国古典经济学所理解的资产，即自然资产，具有相通之处。土地是异质的，数据也是异质的，但在货币面前，二者的异质性都不见了，只剩下凯恩斯意义上的资本。

现有政治经济学的资本定义，难以全面涵盖新方式对应的实践。我们经过文献梳理，发现马克思有一个长期被学界忽略的重要概念——“感性的占有”，该概念可以在“生产资料所有权和使用权分离”的意义上有效解释共享经济中的要素供给新方式。根据基本公理推论 2，我们可以把“感性的占有”理解为一个东方化概念。

对于马克思“感性的占有”这个概念，人们容易误会其来自费尔巴哈（实际出自康德）。康德关于“感性的占有”的思想，是在讨论“占有与所有权”问题时提出的。《关于支持新业态新模式健康发展　激活消费市场带动扩大就业的意见》（发改高技〔2020〕1157 号）（以下简称《意见》）中的“探索生产资料所有权和使用权分离改革”，所有权指的就是这里的“理性的占有”（窄义所有权、拥有权），使用权指的就是这里的“感性的占有”（使用权）。

值得注意的是，马克思特别排除性地指出，感性的占有不应当仅仅被理解为占有（一译所有）、拥有。共享经济的要旨，就是“使用而非拥有”，即将“感性的占有”置于优先位置，而“不应当仅仅”局限于“理性的占有”（所有、拥有）。这与马克思关于私有、公有的判断并不矛盾。主要是因为，工业生产方式特别是其中的生产要素供给“旧”方式，决定了资产只能专用而不能共用（现在称为“共享”）。因此，改变拥有状态，就成了实现“感性的占有”必要的先决条件。但是，人们忽略了马克思这里的另一层意思，即仅仅所有、拥有不是充分条件，只有实现了“感性的占有”，即人人机会平等——都可以使用生产资料（且直接触及，而非由他人代理、代表性地使用资产），实现“生产资料共享”，才能真正实现人的目的。因为机会不仅涉及福利，还涉及人自由而全面的发展。

“创造生产要素供给新方式”的政治经济学实质，就是创造一种实现马克思所说的“感性的占有”也就是人人机会公平的条件：不因为不拥有就无法使用，更不会拥有后仍无法使用。

在这里，无论生产资料归谁所有、拥有（是国家拥有、集体拥有还是个人拥有），人人都可以越过这种拥有的门槛而去使用。只有极大地降低创新、创造的门槛，人的能力才能得以充分发挥，内需才能转化为有效需求，即有支付能力保障的需求，而且这种需求的规模才能达到折冲凯恩斯总需求中政府需求的部分，内循环才能全面实现，中等收入陷阱才能跨越。

需要指出的是，这一切的前提是生产资料可以数字化。马克思所谓的在高度发达条件下物质极大丰富，可以从“创造生产要素供给新方式”角度重新理解为，生产资料的复用使资产获得使用上的无限丰裕性，而不是产能过剩。如果不能数字化，生产资料仍然普遍稀缺，那制度再好、机会再公平也难以普惠众生。

通过上述分析，我们得到新知：以数据资产为代表的通用性资产在社会关系上的特点是不但可以给它的拥有者带来剩余，而且可以通过“感性的占有”给它的使用者带来剩余。生产资料拥有者（资方）与生产资料使用者（劳方）可以是独立的产权主体，他们分割生态组织（平台 - 应用双层结构，而非企业）的剩余，主要凭借的不是拥有权，而是使用权（“使用效果”），怎么分割则取决于平台方（生产资料拥有方）与应用方（生产资料使用方）的“风险 - 收益”比例。举例来说，市场风险是 3% 的成功率、97% 的失败率，平台企业将生产资料（平台）共享给 1000 万家应用企业，30 万家企业赢利（生产资料“使用效果”好），则从收入中上交 15%（所谓“适当收取”）作为生产资料使用费（平台服务费），将 85% 作为保留剩余，其余 970 万家企业亏损（生产资料“使用效果”不好），不向平台上交使用费，平台也不分担其亏损后在轻资产上的风险。

在这个社会分配关系中，平台企业得到的利益，是只承担重资产整体失败风险而不承担“增值开发应用”（如 App）经营失败的风险，且旱涝保收（总有一个 3% 的比例，可以收到 15% 的分成）。相对于重资产（平台固定资产投资）来说，这具有保值的作用。而且，平台共享使用权的数字化生产资料可以复用，因此，即使只有 3% 的比例带来 15% 的分成，其总额仍可能远远超过不分享时获得的收益与利润的总额。

应用企业或个体劳动者的利益，是经营失败也无须承担重资产（平台）风险，虽然有高达 97% 的应用风险，但该风险由应用企业或个体分散承担，基本不会赔“本”（包括固定资产、不变资本、重资产）。如果企业的生命周期平均为 3 年，那应用企业或个体连续创业 10 次，花费 30 年时间，只要有一次成功，就可以获得高达 85% 比例的分成，如果仍不成功，就只能依靠国家二次分配，在转移支付中享受应得的福利了。

至于中美共享经济市场为什么会形成劳资双方 85%∶15% 这个分成比例行情（典型如苹果、谷歌公布的分成的比例），还没见过学者的有关分析。这个比例曾在市场上调整过多次，最后稳定在这个均衡点。我们猜测，这主要是由风险与收益的关系决定的。所谓“重赏之下，必有勇夫”，面对差异化、多样化、异质性市场上高达 97% 的失败风险，如果资方不提高分成比例，没有人愿意冒风险。劳方得的是高风险对应的高收益，赢在剩余分配的比例；资方得的是低风险对应的低收益，赢在剩余分配的总额（因为复用，可以获得“无限的租”）。

归纳起来，通用性资产加给剩余分配一个新含义，即把创新、创造内生进了剩余分配的社会关系逻辑。从根本上说，人自由而全面的发展，需要付出创造性努力，高收益只能在高风险中实现而不可能通过当懒汉实现。

5.1.2 通用性资产与相对剩余价值

上面主要从实践方面归纳了新方式的内涵与特点，下面将从理论上对新方式的机理加以分析，重点探讨“激活数字化对实物生产资料倍增作用，提升全要素生产率”在经济学基础理论上到底是成立还是不成立。

提出这个问题，是因为这里的“倍增”是一个异乎寻常的现象，是工业革命中从来没有遇到过的。如果这个“倍增”是成立的，那会引发与日常经验相反的悖论：本来，按日常经验，货币资本用于置换生产资料，是价值与使用价值——对称的交换，但是，按新方式，二者关系不是对称的而是倍增的，更显诡异的是，复用（复印）货币资本违法（犯伪钞罪），复用生产资料（如运行虚拟店铺的代码）却不违法。如果这个可以成立，人们与其依赖增发价值（货币资本）的银行，不如直接求助增发使用价值（生产资料）的“银行”，量化宽松的经济意义就会大幅下降，数字化就会像“孙悟空吹毫毛”一样一本万利。这到底是不是事实，符合不符合逻辑？

5.1.2.1　数字化资产替代是否倍增社会财富

从围绕通用性资产概念对于资本定义的辨析中，我们可以发现，在技术关系与社会关系定义之间存在新的矛盾，这涉及怎么理解“倍增”。从技术关系看，通用性资产倍增财富几乎是不言而喻的，但从社会关系看，资本只是一种权利，权利的总和是 100%，资本在物上倍增后，权利总和仍然是 100%，既不增加，也不减少。那么，新方式倍增的是什么呢？真的倍增了吗？下面就来讨论这个问题。

1. 要素使用价值与价值是反比还是正比关系

政治经济学定义财富有 3 种不同的见解，第一种认为财富指使用价值，第二种认为财富指价值，第三种认为财富指使用价值和价值。本书倾向于第三种观点。数字化对实物生产资料的倍增，首先倍增的是使用价值，这是不需要讨论的，因为网店从没有生产资料变得可以使用生产资料，是看得见摸得着的事实；需要讨论的，是使用价值（在这里指通用性资产这种生产资料）倍增后价值本身是否增加。

一种观点认为“倍增”不仅不提高价值量，反而降低价值量。这种观点把新方式单纯地视为一种技术现象，认为通用性资产的改变完全是技术性的，即利用信息技术中的复制技术，提高生产资料与劳动力人数的比率，从而提高劳动生产率。该观点把生产资料“倍增”等价于技术进步的自动化效应，劳动力（可变成本）不变，倍增生产资料（不变成本），只是改变了资本有机构成。提高劳动生产率的结果，是令单位劳动时间创造的价值量减少。有了更多的生产资料，就会替代更多的人力，从而减少产出同样产品和服务的单位劳动时间，减少价值量而不是增加价值量。比如，有专家认为，从产品的角度来说，生产可复制的、数字化的生产资料，有一部分固定资本投入，这个部分的固定资本的价值随着产品不断转移，产品生产越多，对应的这部分固定资本转移到产品中的价值量越小，意味着产品的劳动生产率越高，唯一的区别是这种生产过程不需要流动资本的投入或者投入可以忽略不计，这是固定资本随着生产规模扩大而带来的一种普遍情形。从生产资料的角度，这些数字化的生产资料进入劳动过程，也只是作为物化劳动发挥作用，其价值越低，进入其所生产的商品的价值也就越低。这个过程实际上是随着产品复制的增加或者说使用价值的增加，单笔使用价值所对应的价值量降低的过程。

这种解释，把生产资料这种使用价值的倍增理解为同样多的人分摊更多的生产资料。这与实际不符。按这个解释推理，在电子商务中倍增生产资料，会替代劳动力，从而导致就业减少。可是，从实际数据（图 5 - 1）来看，2014—2019 年我国电子商务从业人员不仅没有减少，还增加了很多。因此，事实是，生产资料的倍增会使更多的人得到机会。举例来说，同样是一家店铺平均就业 4 ~ 5 人，原来 1 万家实体店铺就业 4 万 ~ 5 万人，现在倍增到 1000 万家网店，那就业会是 4000 万 ~ 5000 万人，而不是只就业 4 万 ~ 5 万人。因此，不存在单笔使用价值所对应的价值量减少的问题。

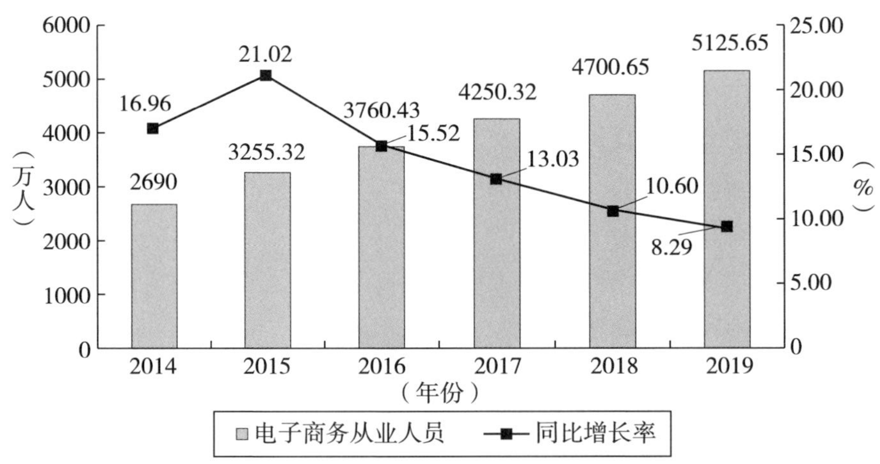

图 5 - 1　2014—2019 年中国电子商务就业规模

资料来源：中华人民共和国商务部，《中国电子商务报告 2022》。

要真正从理论上说明问题，就要对劳动生产率与商品价值量的关系进行正面回答。政治经济学界对此有过讨论，主要是讨论劳动生产率与商品价值量的关系是反比关系还是正比关系。

反比关系是可以成立的，但前提是社会必要劳动时间需采取静态定义。社会必要劳动时间指在社会正常的、平均的劳动熟练程度和平均劳动强度下生产商品所需要的时间。但是，我们主张的是正比关系，更赞同这样一种动态的观点：当由于科学技术的发展和应用，个别生产者劳动生产率的提高带动整个部门甚至全社会劳动生产率提高时，整个社会生产的劳动复杂程度将增加，部门专业化程度将增强。这时候，新的产品和新的生产部门会应运而生，社会生产部门增加，劳动复杂程度提高，所以全社会的社会必要劳动时间会随之增加，产品不仅使用价值增加，价值总量也会随之增加。①

从这个角度解释“倍增”，会得出反比变正比的结论，社会价值总量增加的倍数刚好与使用价值增加的倍数一致。② 新方式的实践表现，在 3 个方面佐证了生产资料的倍增会带来社会财富的倍增。第一，数字经济提高了整体经济的附加值，这个附加值代表的就是劳动复杂程度的提高。仅考虑资源配置，简单劳动的产品均衡点是 $P=MC$，复杂劳动的产品均衡点是 $P=AC$。$AC-MC$ 就是劳动的复杂度（包括差异化程度、多样化程度）。第二，数字经济依靠的信息技术，不但提高自动化效率，而且提高多样化效率。在新方式中，“引导增值开发应用”是主要方向，是倍增生产资料后要完成的主要工作。当擅长提高多样化效率的信息技术与劳动结合时，降低多样化成本将带来劳动特有的多样化产出（如 App）的增加，由此产生多样性红利。③ 高比例分成说明复杂劳动创造新价值的能力在提高，提高幅度一致于垄断竞争定价高于完全竞争定价的幅度。第三，退一步说，信息技术即使提高的只是自动化效率（指把信息技术当工业技术来使，如将计算机当打字机），由于提高了专业化意义上的劳动生产率，会因原有部门产能过剩而导致新的产品和新的生产部门应运而生。新方式没有减少电子商务就业，是因为在平台上产生了诸多新产品和新部门，表现为品类的多样化。

2. 倍增后的价值“隐形”到哪里去了

如果说新方式不但从使用价值上倍增生产资料，而且从价值上增进社会财富，那么，在实践中，倍增生产资料所对应的价值（一次投入多次复用对

---

① 逄锦聚，等．马克思劳动价值论的继承与发展［M］．北京：经济科学出版社，2005.

② 同①.

③ 斯科特·佩奇在《多样性红利》一书中提出“多样性优于能力”的模型。

应的价值）能否找到货币形态的存在呢？我们对流动性这个概念加以扩展，将其当作流动性一般，即价值流动性，那么，需要认识的问题就变成信息流动性与资金流动性是否构成价值对应关系，即数据资产（B_2）与 M2 是否对应？是怎么对应的？

可以用扩展费雪方程的方式来表达货币流与信息流之间的价值转换机理。假设存在信息市场，B 为信息（数据）价值量（含 B_2），H 为信息价格水平（含 H_2，即数据资产价格水平或信用资产价格水平），将费雪方程扩展至信息市场，得出扩展费雪方程 $MV=BH$。其中，M 为货币价值量（含 $M2$），V 为货币价格水平（含 r 利率）。

数字经济平台在复用生产资料 B_2 时并没有对应发行与所倍增生产资料 B_2 等值的 $M2$，也没有估值出一个信用资产价格水平 H_2，但确实有可能创造出一笔与资金流 MV 等值的资本流动性，这种资本流动性可能以两种形式现实地存在（变现），一种是货币资本，一种是资本信用（包括公司的信用，即公司的资产信用）。

如果数据资产的信用价值被认同，那至少平台企业、应用方中的一方可以用这笔信用作抵押来获得信贷，从而将 B_2 转化为 M2。

但是，目前还不存在将数据资本当作实际资本入账的会计制度，银行也基本不认同数据资本作为信用抵押的资格，当信息流动性的资产价值真实存在又不能兑现为货币流动性时，就会造成“金融－信息”虚拟经济与实体经济的脱节，并以扭曲的形式造成资金流的再分配效应：由名义货币流动性承载加入新价值之后的实际价值，新价值就相当于变相再分配给了实际货币流动性的获得者。

举例来说，按信用可获得性门槛或资金可获得性政策门槛，可将经济主体分为主体 1（民营中小企业）、主体 2（国有企业、地方政府等）。主体 1 面临“资金难”（M2 难）的情况，在政策鼓励下，采用新方式，以 B_2 替代 M2；另一方面，M2 按资金投向的“三大”（大城市、大企业、大项目）惯性，主要流向主体 2。这就导致当前我国经济存在一个特有现象，即财富的使用价值与价值分流，前者以 B_2 形式进入实体经济（中小企业），后者以 M2 形式进入虚拟经济（金融业、房地产业）。这是第一步，即数据资产与货币资产脱钩。金融部门严词拒绝 B_2 的抵押，加之房地产资本化，进一步加剧这种脱钩。第二步，依据扩展费雪方程的市场机理，会自发诱导 B_2 已实际形成的价值向 M2

的获得者转移。也就是说，以资金来结算，M2 获得者（主体 2）所获的等量名义货币量，在注入 B_2后，其实际价值量会增加。这个利益转移过程，实质是主体 1 向主体 2 “进贡” 而主体 2 向主体 1 “收租” 的过程。反过来说，如果 M2 获得者（主体 2）所获的等量名义货币量中含有泡沫，则泡沫值会相应下降，下降的部分正好等于注入 B_2的价值。假设泡沫是 430 万亿元，当预期泡沫破灭时，人们会发现并没有动静，因为利用新方式将 B_2注入实体经济，可以为金融业、房地产业泡沫背起一定比例（比如 300 万亿元，但不是全部）的 M2 替代品，且在实体市场具有对等功能。换句话说，新方式通过数字生产资料替代实物生产资料的货币结果，就是令量化宽松中出现对应比例的虚拟抵押，从而起到稳定经济的作用。这一部分本来在流动性中应算作泡沫的量，却被发现可兑现为真实价值，这就是 B_2在量值上的显现。

5.1.2.2 通用性资产倍增价值是否会极化社会分配

数字化生产资料由平台企业一次性固定资产投资、应用企业复用这种倍增实物生产资料使用价值与价值的行为，带来生产资料拥有者与使用者之间新的社会分配关系，这种新的生产关系，会对社会分配产生哪个方向的总体影响呢？换句话说，是会扩大贫富分化、劣化收入分配还是会缩小贫富差异、优化收入分配呢？

1. 生产资料拥有者是否会利用分享占有更大份额财富

凭第一印象，答案往往是扩大贫富分化。因为互联网平台造就了巨型企业，这些平台企业作为生产资料的拥有者，依靠数字化生产资料价值倍增来获取巨大的租金收入，市值甚至可达万亿量级，从而与作为生产资料使用者的应用企业及个体劳动者产生巨大收入差距。

有人因此认为平台企业获取超额利润或者垄断租金，是对其他生产者生产的价值的一种占有，实际上所有者是占有了更大部分的社会剩余，他们在全社会总收入中占据了一个更大的份额。

这里先纠正一下，巨额收入与超额利润是两个不同的概念。数字生产资料有偿共享所获取的租金，可能是巨额收入，但不必然是超额利润。区别在于，这里的租，是指垄断竞争均衡定价（$P = AC$）高于完全竞争定价（$P = MC$）的部分，即零经济利润之上的正经济利润。超额利润则指定价高于平均成本的部分，它因为不符合均衡，不可视为一种可持续的现象。

印象往往是不准确的。如果区分绝对值与份额，印象将是反过来的。如果这里的所有者（生产资料拥有者）是一个人，那看他收入的绝对值确实可能是巨额收入，这无疑与单个使用者的收入差异巨大。但如果将拥有者、使用者都作为一个整体，那情况正好反了过来。以两权分离后收益权的实际比例（拥有者占 15%，使用者占 85%）来看，总收入更多的不是拥有者而是使用者。

2. 拥有者绝对财富的增加是否会影响一次分配公平的共享性质

平台企业以一个相对较小的比例获得一个较大绝对值的财富，是否与共享经济的共享存在矛盾，是否足以否定一次分配公平的性质呢？

一方面，有偿共享与政府倡导的共享是一致的。政府倡导的“数字化生产资料共享”不是指提供公共产品、公益产品，而是“按市场化原则、商业化方式”“有偿共享”，这是一种市场行为，而且必然以某种资本集中为条件（如“平台一次性固定资产投资”，其共享倍增程度与资本集中度有关）。另一方面，资本集中虽然提高了与监管者“议价”的能力，但是没有改变这一共享经济事实的存在：上千万量级不具有生产资料拥有权的经济主体（小微企业主、个体劳动者）降低生产资料占有门槛，参与分配剩余。有偿共享有利于居民财产的增多，激励有效需求，推动内需，这是值得肯定的。总之，需要全面分析资本集中的利弊。

有人提出这样一种意见：租金获得后形成对一切其他产品的购买力，这意味着数字化生产资料的所有者会获得更多购买其他商品的权力……实际上所有者是占有了更大部分的社会剩余，这能否称之为一种共享呢？

这实际可以分为两个问题。

一个问题涉及的仍是比例与绝对值的关系。例如，1 个平台企业家将数字化生产资料共享给 1000 万个使用个体，这 1000 万个不拥有、只使用生产资料的“无产者”，依高比例分成，作为整体，“占有了更大部分的社会剩余”，拥有者则谈不上“占有了更大部分的社会剩余”。

另一个问题涉及共享，指的是共享成果还是共享机会。共享成果，是二次分配，如转移支付；共享生产资料，是共享机会，属于一次分配范畴。这里的机会，主要由生产资料的非拥有者是否具有条件使用生产资料获取剩余决定。质言之，使用生产资料的机会就是获取剩余的机会。之所以说共享生产资料促进一次分配公平，是在说劳动者利用这种机会，不但可以作为劳动力获得工资收入的分配，而且可以作为劳动者（如不持股的创客、合伙人）

获得剩余分配的机会，分配比例还可能高于生产资料拥有者。但是，这不代表平均分配成果，比如，让平台企业家与1000万个使用个体收入相等。可以算笔账，假设每个应用（App）净收入10万元（平台方得15000元，应用方得85000元），平台企业家将生产资料分享1000万次，每次收15%的租金（生产资料使用费），可获得1500万元的租金。如果平台方与应用方等收入才算共享，那就意味着平台企业家只能从1000万个使用个体收取85000元。这样的共享就与平均主义没有区别了，绝不是“按市场化原则”“有偿共享”的本意。

当然，不可否认，即使在一次分配公平的机会门槛降低的条件下，仍存在集中的平台资本家个人与分散的经济主体绝对收入分化现象，个别企业家的炫富行为对社会风气的影响也需要关注，但是不是要因此将其资产充公或实行新的公私合营，甚至直接剥夺平台财富来国有化（包括以国有企业垄断替代民营企业垄断），限制企业家个人消费，则需要综合考虑各方面因素，慎重对待。

5.2 生产要素供给新方式：生产要素平等交换

在数据被确定为新型生产要素的背景下，国家发展改革委等提出“创造生产要素供给新方式”。生产要素供给新方式是共享经济的主要实现方式。以数据形式的生产要素替代实物形式的生产要素，以通用性资产为核心，通过实物生产资料的数字化与数字化生产资料的有偿共享，实现平台一次性固定资产投资、中小微企业多次复用。与旧方式相比，一方面，用数据资本替代实体资本，提高了资本丰裕性，形成了资金节约型经济，有利于促进经济集约化发展；另一方面，通过劳动者①“感性的占有”实现剩余分成，有利于增进一次分配公平，扩大内需与实现共同富裕。这种新方式，正以不亚于当年农村改革、乡镇企业崛起的规模与速度在全国自下而上兴起，成为数字经济发展潮头最引人注目的现象。本书在总结实践基础上，重点论证以通用性

---

① 本书定义的劳动者有别于劳动力，指不拥有生产资料且直接从事劳动，同时拥有人力资本，具有自主决策等能力，因从事创造性活动（而非持股）而分成的经济主体（也涵盖借用生产资料的小微企业主）。

资产为核心的生产要素供给新方式在增进社会财富、优化财富分配方面发挥的作用及相应的理论机理，并提出与其发展相适应的观念转变、产权改革与政策协调建议。

生产要素供给新方式，是指通过平台一次性固定资产投资、中小微企业多次复用的方式提供生产要素的方式。其具有重要的现实意义与理论意义。生产要素供给新方式的出现，是数字经济资本深化的标志。创造生产要素供给新方式的核心，是“促进生产资料共享”，特指按市场化原则共享通用性资产。本书以“通用性资产”为核心概念，探讨生产要素供给新方式的理论与政策内涵，重点研究通用性资产与实物生产资料的不同，激活数字化对实物生产资料的倍增作用，以及探索适应通用性资产共享要求的新的产权改革思路，探讨数字化生产资料有偿共享实践对于丰富、完善供给侧结构性改革理论以及中国特色社会主义经济学理论带来的启示。

生产要素供给新方式，是从数字经济实践中提出来的，以往理论中并没有对应的概念。从字面上看，与生产要素供给方式相近的概念，有“生产要素供给”，但其讨论的是供给而不是供给方式；还有“要素替代”，其多指劳动与资本的替代，很少指同一类资本实物形态与数字形态的替代；另外，“数字孪生”属于数字对实物的替代方式，其更多的是技术替代而非资产替代。由于现有经济学理论中并没有与生产要素供给方式相近的概念，我们需要结合实践，归纳与概括它的内涵与特征。

以资产为核心剖析生产方式改变带来的生产关系变化，有助于人们理解从要素不平等交换向要素平等交换转变的逻辑。

生产要素供给方式，是资本从价值形态（货币资本）转化为使用价值（生产资料）形态的方式。依生产要素在使用价值性质上专用与通用（“复用”①）的不同，可以将生产要素供给方式分为两类：生产要素供给旧方式（以下简称“旧方式”），即传统生产要素供给方式，主要提供实物形态的生产资料，一个（价值量）单位的货币资产投入形成一个（物量）单位的生产资料；其资产是专用的，同一时间、地点不可在不同主体间复用。生产要素供给新方式（以下简称“新方式”）是新型生产要素供给方式，主要提供数

---

① “复用”这一概念，首见于《通知》。本书在资产通用性的“通用”概念中加入数据特有的“复用”（反复非排他性使用）这一新内涵，将通用性拓宽为复用性。

据形态的生产资料，一个（价值量）单位的货币资产投入形成多个（物量）单位的生产资料（本书称之为“倍增”）；其资产是通用的，可以在不同时间、不同地点由不同主体复用。

我们将生产要素供给新方式定义为，以有偿共享方式提供通用性资产并将之作为生产要素加以复用的方式。通俗地讲，生产要素复用相当于以“孙悟空吹毫毛”的方式“倍增”资产使用价值（“孙悟空”喻指 M2，“毫毛”喻指生产资料）。具体是指，通过将实物生产资料数字化，形成具有通用性资产性质的数字化生产资料，通过分离生产资料所有权和使用权，将数字化生产资料使用权共享给其他主体，用于增值开发应用，并按数字化生产资料在增值开发应用中的使用效果收费，补偿资产方投入，实现平台一次性固定资产投资、中小微企业多次复用。新方式有利于促进数据要素流通，引导增值开发应用，激活数字化对实物生产资料的倍增作用，提升全要素生产率。因此，需要探索并大力推进生产资料所有权①和使用权分离改革。

这里所说的通用性资产，指具有对应实物生产资料的基本功能，但以数据形式运行，且具有复用性质（平台一次性固定资产投资、中小微企业多次复用）的数据资产（数字化生产资料），在现实中包括中台、通用软件、数字孪生的解决方案等。例如，电子商务中的虚拟店铺，具有实体店铺的基本功能（如选书、卖书），但这种店铺不以砖头瓦块等有形的实体方式存在，而是通过代码形式以虚拟方式存在，并在计算网络运行、使用数据中实现其基本功能。这种数字化的生产资料可以在不同主体间不排他地同时使用、反复使用（“复用”“通用”），不像实体店铺，租给一家使用，另一家就无法使用。

新方式具有以下不同于旧方式的特点和作用。

（1）资本使用价值的性质不同，新方式中的生产要素以通用性资产为特点

旧方式中，使用价值形态的资本是专用性资产；新方式中，使用价值形态的资本是通用性资产。通用与专用的区别，是“用”的区别（使用价值上

① 本书所用“所有权”是窄义概念，特指 ownership，即拥有权（与支配权、归属权同义）。不同于作为广义概念的产权（property），产权这种广义所有权，表现为对财产的占有、使用、收益、处分。窄义所有权不包括使用权（且与使用权并列），广义所有权包括使用权（且以使用权为子集）。

的区别），不是“有”（价值归谁拥有）的区别。通用在此主要指复用（非排他性使用）的性质，专用则指不可复用性（排他性使用）。同样的生产资料功能（例如，书店具有卖书功能），实体生产资料（如实体书店）是专用的，数据生产资料（如网上书店）是通用的。

新方式要求“大力推进实物生产资料数字化”，就是要改变生产资料的使用价值性质，变专用为通用，以便“复用”。

（2）资本价值与使用价值的关系不同，新方式具有生产资料倍增作用

旧方式中，资本的价值与使用价值具有量值对称性，一个（价值量）单位的货币资产投入，形成一个（物量）单位的生产资料；新方式中，资本的价值与使用价值具有量值不对称性，一个（价值量）单位的货币资产投入，形成多个（物量）单位的生产资料。

新方式要求激活数字化对实物生产资料倍增作用，提升全要素生产率，就是指相对于货币资本而言，通用性资产具有生产资料倍增作用，有利于打造共享生产新动力。反过来，也可以认为，生产资料倍增而固定资产投入不变（平台一次性固定资产投资、中小微企业多次复用），可以相对节约 M2。

为了增强这种倍增作用，政策鼓励企业开放平台资源，共享实验验证环境、仿真模拟等技术平台，充分挖掘闲置存量资源的应用潜力；鼓励公有云资源共享，引导企业将生产流程等向云上迁移，提高云资源利用率；鼓励制造业企业探索共享制造的商业模式和适用场景，促进生产设备、农用机械、建筑施工机械等生产工具共享。

（3）资本组织运作模式不同，新方式有助于培育发展共享经济新业态

旧方式下多采取由同一企业经营不变资本与可变资本的运作模式。创造生产要素供给新方式是在培育发展共享经济新业态的语境下提出来的。新业态的特点是由平台企业与增值应用企业共同组成生态组织，对资产进行不变资本与可变资本的双层经营分工，由平台企业承担整个组织的不变资本（“一次性固定资产投资”）经营（平台经营）功能，提供“中小微企业多次复用”不变资本，而由应用企业提供可变成本，进行“增值开发应用”。例如，在苹果商店模式中，苹果公司提供虚拟店铺（“苹果商店”平台）和开发工具两类数字化生产资料，作为不变成本，而应用企业提供可变成本，进行增值应用开发。

有别于单一企业组织，生态组织的投资主体（平台企业）与使用主体（应用企业）不同，平台一次性固定资产投资、中小微企业多次复用。政策鼓励“平台免费提供基础业务服务，从增值服务中按使用效果适当收取租金以补偿基础业务投入”的新业态、新模式。

（4）中小企业创新、创业门槛不同，新方式具有增加一次分配公平机会的效果

在旧方式下，中小企业需要获得资金，将M2转化为实体生产资料并承担固定资本投入的全部风险，而且会普遍遇到资金难的投资门槛限制。在新方式下，中小企业不必向金融机构贷款来购置固定资产，而是由平台企业承担固定资产（重资产）投入，中小企业只承担可变成本（如时间、精力等）投入，从事的是轻资产运作，一旦经营失败，不必承担固定资产投资风险（因为租用数字化生产资料是“按使用效果”收费，经营失败不交生产资料使用费，如平台服务费）。降低经营的生产资料进入门槛，增加小微企业和个人（如零工经济、副业创新等）参与创新、创业，获得财富收入（如App分成比例可达85%）的机会，可以使经济变得更加普惠。

5.3　生产资料共享与实践中的分类

5.3.1　可共享生产资料的产业分类

5.3.1.1　基本概念：作为中间产品与服务的生产资料

生产服务业是以中间投入（生产资料生产）的方式向各产业提供投入服务的产业。制造业中的重工业，提供各产业的中间投入（生产资料）实体产品。生产服务业是服务业中的“重服务业”，提供各产业作为中间投入（生产资料）的虚拟产品（如平台软件）与服务（B2B）。

按服务对象不同，生产服务可分为第一产业生产服务（农业生产服务）、第二产业生产服务（工业生产服务）、第三产业生产服务（服务业生产服务）。

可共享生产资料是由生产服务业提供的产出，同时是对于一二三产最终产品的投入。但是，并非生产服务业提供的所有产出、所有对于一二三产最

终产品的投入都属于可共享生产资料。例如，所有专用性资产（竞争性、排他性使用的资产）都不属于可共享生产资料。

5.3.1.2 数字产业化生产资料（产品形态的生产资料）

1. 应用基础设施（按基础设施类型分类）

（1）互联网平台商业基础设施

互联网平台是具有复杂性结构的支撑服务平台，它是作为商业生态系统的商业基础设施。作为基础设施的电子商务实际指支撑服务业。对以电子商务支撑服务平台为代表的服务基础设施进行共享，应注意这种基础设施既有技术的属性又有经济的属性，它可以促进资源共享，它本身也正在构成可共享的固定成本。

（2）应用服务平台

具体来说，包括共享业务基础软件平台、共享生态。

一是共享业务基础软件平台。平台化是指新一代服务系统基于业务基础软件平台，建立符合 SOA 标准、支持多种应用模块化、组件化开发利用的支撑服务模式。例如，通过综合管理软件内置开发平台，实现客户对于战略和管理的灵活快速实施。通过构建平台化的管理软件，将管理软件产品的重心从各种应用模块的机械性集成向基于商业流程的有机结合发展。

在制造业中，应用服务提供商（ASP）正成为中小企业和万众创业的重要支撑，为客户提供包括客户关系管理、进销存管理、办公自动化、人力资源管理等在内的商业与信息应用服务支撑，为中小企业间的业务合作、交易和协同提供数字化、网络化的业务联动支撑平台以及数据共享的行业标准。应用软件服务网络化的趋势越来越明显，客户将按使用交费，通过网络租赁所需的应用软件服务。

随着互联网的兴起，制造业服务化中出现基础业务平台与增值业务分离互补的新业态，其灵活性突出表现在增值业务这种高度离散而多样化的应用上。这种新业态波及范围的扩大，使市场结构发生变化，出现以“平台业务自然垄断而增值业务完全竞争”为特点的“新垄断竞争”市场结构，使市场配置资源向网络配置资源转变。这种变化加强了资源配置的灵活性。

二是共享生态。随着复杂性网络的发展，出现了更新的无中心平台而以应用服务为主形成的基于 WEB 的商业生态网络。商业生态网络以端到端方式形成组件化的网络，互为支撑，互为应用，形成复杂性价值网络，体现出以生态面貌（生物多样性形态）出现的商业灵活性，使多样化资源配置效率达到更高水平。Web3.0 系统就是共享生态的主要形式。

2. 信息技术产业产品与服务（按业务形式分类）

可将信息技术产业从整体上视为产业数字化的生产资料即软生产资料提供部门，将所有产出作为各行业的中间投入，将这种中间投入的信息技术产品视为软生产资料。

《通知》提出，鼓励拥有核心技术的企业开放软件源代码、硬件设计和应用服务。

（1）ICT 系统资源共享

①ICT 基础软硬件。

②系统软件。

• 平台。《通知》要求，推进企业核心资源开放。支持平台免费提供基础业务服务，从增值服务中按使用效果适当收取租金以补偿基础业务投入。

• 跨平台系统。《通知》要求，引导平台企业、行业龙头企业整合开放资源，鼓励以区域、行业、园区为整体，共建数字化技术及解决方案社区，构建产业互联网平台，为中小微企业数字化转型赋能。

③中间件服务。

为实现异构连接和分布式应用，一些开发商开始提供带有标准编程接口和标准协议的分布式系统服务。因为它们位于中间层，即在 OS 和网络软件之上，在具体的应用软件之下，所以这些服务被称为中间件服务。

中间件服务要能够满足不同应用的要求。中间件服务必须能在多个平台上实现，否则它就只是平台服务。

④ASP 系统。

ASP 可为用户设备的配置、租赁和管理应用提供解决方案。ASP 利用集中管理的设施，为客户提供应用、服务器托管、管理及租赁等服务。ASP 通常提供软件的租赁、服务等选项，无须预先购买软件。

ASP 提供的可共享生产资料可分为应用类（分析应用软件、垂直应用软件）和服务类（性能服务、基础服务、扩展服务）。

⑤ICT 业务应用系统。

第一大类是生产方面的。

一是智能制造类，包括智能数控设备、分布式控制系统、数字控制系统、程序控制系统、信息物理系统、智能机器人、智能工厂等。

二是虚拟制造类，包括产品建模、模型库管理与模型校验系统，数字化设计软件和创新设计工具，虚拟一体化产品和虚拟一体化生产系统。

三是产品数据软件与技术，包括数据化编码、产品数据管理系统、产品生命周期管理系统、数据库管理系统、数据统计、数据挖掘、数据软件开发与利用。

第二大类是服务方面的。

一是产品设计信息化应用，如传统的计算机辅助设计（计算机辅助设计系统、计算机辅助工艺规程设计系统、计算机辅助装配工艺设计系统、计算机辅助工程分析系统、计算机辅助测试系统及其应用）、协同设计（如网络化协同设计等）。

二是供应链管理系统、价值链管理及价值网络管理应用。

三是客户关系管理系统及其应用。

四是制造业电子商务多样化应用。

（2）制造业服务化软生产资料

- 共享产品导向的产品服务系统
- 共享服务导向的产品服务系统
- 共享集成导向的产品服务系统

（3）服务业软生产资料

- 产品导向的产品服务共享实现报酬递增
- 服务导向的产品服务共享实现报酬递增
- 集成导向的产品服务共享实现报酬递增
- 应用导向的产品服务共享实现报酬递增
- 技术共享后成本递减
- 管理资源共享后成本递减
- 经营资源共享后成本递减

3. 信息技术应用（按资产应用类型分类）

（1）共享技术资源

企业的技术资源包括研发设备、研究成果、研发人员及研发组织和管理体系，共享这类资源可以形成产品差异化方面的范围经济。

（2）共享管理资源

管理能力包括企业的管理理念、组织技巧、领导技巧、沟通技巧和激励机制等。随着企业规模的进一步扩大，管理资源在产品和服务之间共享的重要性不言而喻。① 要想提高共享管理资源的范围经济效果，可以共享制造企业的管理系统，如集成的客户关系管理（CRM）、产品数据管理（PDM）、供应链管理（SCM）等，也可以共享制造企业的管理资源，提升原料、设备等有形资源利用率。

（3）共享品牌资源

品牌的整合效应是范围经济的重要来源。制造企业培育起强有力的企业品牌之后，生产出来的新产品就可以顺理成章地通过企业知名品牌的整合效应迅速打开市场了，这有利于减少新产品风险，降低新产品广告和销售渠道建立方面的各种费用。

（4）共享渠道资源

当利用原有的营销网络对相近产品进行营销时，通常不需要增加投资或者只需要增加少许投资，分配和销售的成本会在各产品中分摊，从而节约流通费用。

（5）共享客户资源

可以把顾客资源理解为一种固定资产，这种资产的积累，可以均摊推广多样化产品和服务所需付出的顾客成本。

要想提高共享客户资源的范围经济效果，可以考虑以下几方面：一是共享顾客口碑价值，即顾客向他人宣传企业产品带来企业销售的增长、收益的增加时所创造的价值；二是共享顾客信息价值，企业与顾客双向沟通过程中，顾客会以各种方式（抱怨、建议、要求等）向企业提供各类信息，包括顾客需求信息、竞争对手信息、顾客满意程度信息等，这是形成企业所提供产品和服务隐性价值的重要方式，是构建企业知识库的重要内容；三是共享顾客交易价值，企业在获得顾客品牌信赖与忠诚的基础上，通过联合销售、市场准入、转卖等方式与其他市场合作会获取直接或间接收益。

制造企业知识资产与范围经济的形成见表5－1。

---

① 王大树．关于范围经济的几个问题［J］．管理世界，2004（3）．

表 5－1　制造企业知识资产与范围经济的形成①

范围经济的来源	特点	制造企业的优势	共享的资源	节约的成本类型
技术资源	制造企业的产品和提供的服务在开发过程中存在技术上的紧密关联性	更全面地掌握产品全生命周期过程中的各项技术参数，它是企业提供各种后续服务如产品交易（信贷服务）、产品配送（电子商务）、产品使用（在线维护）的基础	技术资源、人才资源、管理资源、信息资源	技术研制、开发费用与管理费用
管理资源	企业不同产品或业务在管理上存在某种交叉和类似点	市场竞争过程中已形成具有行业特征的企业管理体系、组织模式、管理文化和管理形态	管理资源	人力资源开发、培训费用和管理成本
品牌资源	企业的不同产品或业务有共同的品牌	企业在竞争过程中已经形成了面向特定消费群体的制造业品牌	企业商标、品牌、广告和售后服务	品牌宣传成本
渠道资源	企业的不同产品或业务有相似的市场性质、范围和档次	制造企业建立面向消费者的多元化的渠道销售体系和物流配送体系	统一的销售渠道、销售机构与促销活动	物流配送成本
客户资源	企业的不同产品或业务有相同的消费群体	制造企业在长期的竞争中形成了大量的客户资源并深刻理解客户的需求和消费行为	与特定顾客高效率沟通的能力等	沟通成本

① 安筱鹏．制造业服务化路线图：机理、模式与选择［M］．北京：商务印书馆，2012.

5.3.1.3 产业数字化生产资料（服务形态的生产资料）

《通知》提出，鼓励各类平台、开源社区、第三方机构面向广大中小微企业提供数字化转型所需的开发工具及公共性服务；支持数字化转型服务咨询机构和区域数字化服务载体建设，丰富各类园区、特色小镇的数字化服务功能；创新订单融资、供应链金融、信用担保等金融产品和服务；拓展数字化转型多层次人才和专业型技能培训服务等。

1. “重服务业”：提供软生产资料的服务业

“重服务业”指专门为服务业提供生产资料（中间产品）的服务业，以平台基础服务业为代表，又称第三产业生产服务业。

（1）第三产业生产服务业

第三产业生产服务是由第三产业提供的、以中间投入方式投入第三产业生产过程的生产服务，即第三产业生产所需的服务形式。生产资料性服务的供给者和需求者都是第三产业的。

第三产业生产服务是第三产业的“软”生产要素，其与第三产业的“硬”生产要素如资本、劳动、服务设施一样发挥着不可或缺的重要作用。

根据 OECD（经济合作与发展组织）投入产出表行业分类归并、调整后的口径，第三产业生产服务业包括批发零售贸易业，住宿餐饮业，交通运输业，通信业，金融保险业，房地产和商务服务业，公共服务、社会和个人服务业，其他。

按另一种分类，生产性服务业包括为生产活动提供支持的研发设计及其他技术性服务；货物运输仓储和邮政快递服务；信息服务；金融服务；节能与环保服务；生产性租赁服务；商务服务；人力资源管理与培训服务；批发经纪代理服务；生产性支持服务。

（2）“重服务业”及价值链：价值链诸环节的共享

《通知》提出，鼓励平台企业开展研发设计、经营管理、生产加工、物流售后等核心业务环节数字化转型；鼓励互联网平台企业依托自身优势，为中小微企业提供最终用户智能数据分析服务；促进中小微企业数字化转型，鼓励平台企业创新“轻量应用”“微服务”等。

①延伸研发环节获取高附加值。

②延伸设计环节获取高附加值。

③延伸采购环节获取高附加值。

④延伸销售环节获取高附加值。

⑤延伸物流、金融服务获取高附加值。

⑥延伸品牌服务获取高附加值。

2. 服务形式的生产资料：“软”生产要素

第三产业生产服务是以中间投入方式投入第三产业，即提供服务形式的生产资料。金融保险业、房地产和商务服务业构成第三产业生产服务业的主体行业。广义的生产服务指在三次产业生产实物产品和服务产品过程中被作为生产要素投入的服务，亦可称为服务形式的生产资料。①

值得一提的是，在传统分类中，原材料（如矿产）包括在中间产品范围之内。对数字经济来说，数据相当于数据生产与服务的原材料。根据《通知》“共享技术、通用性资产、数据、人才、市场、渠道、设施、中台等资源”等内容，数据也应包括在中间产品范围之内。但此时的数据共享与生产资料共享不是同一口径概念，同口径概念应是数据有偿共享。数据服务也有别于服务形式的生产资料，同口径的概念应是作为中间产品的数据服务（数据服务中的 to B 服务）。

①中间产品服务化：服务形态的生产资料。

中间产品是否服务化，要看是按产品收费还是按使用收费，按使用收费等价于按服务收费（区别在于供求方向不同），因此，按使用收费属于服务化。

- 中台

中台是企业级服务能力复用平台，主要包括业务中台与数据中台，其生产资料具有“可复用性”。

业务中台：通常是狭义层面的，业务中台需要具体承载支撑业务开展的必要业务元素，封装着为了保障业务顺利开展必须解决的问题的解决方案。通过抽象与封装不同业务线相同问题域的解决方案，通过配置化、插件化、服务化等机制，兼顾各条业务线的特性需求，实现对于不同业务线的业务支撑。会员中心、订单中心、结算中心、库存中心等，都可以算作业务中台。

数据中台：业务中台产生数据，数据中台做数据的二次加工并再服务于

① 李江帆．第三产业与两大部类的关系试析［J］．改革，1986（3）．

业务，为业务的数据和智能赋能。

业务中台与数据中台相辅相成，互相支撑，互为输入输出。

- 服务集成中间件

企业间服务的集成常利用 Web Services 这一中间件技术实现。其代码集合，构成服务形态的生产资料。

Web 商务企业紧耦合环境下的服务集成共享。

Web 商务企业松耦合环境下的服务集成共享。

②面向服务架构的中间件。

数据服务注册和引用平台是基于面向服务的体系架构（Service - Oriented Architecture，SOA）的数据服务中间件（Data Serving Middleware，DSM），将中间件技术与 Web 服务技术相结合构建出来的。

DSM 采用 SOA 核心思想，通过制定统一的标准和规范，将数据以服务的形式由数据提供者注册提供，接着又以服务的形式由数据使用者使用，从而达到数据共享的目的。DSM 数据共享主要涉及 3 种核心角色：数据服务提供者、数据服务请求者和数据服务代理。3 种核心角色通过 DSM 提供的服务接口使用共享数据。①

5.3.2 可共享生产资料的外延与产业分类

对数字化生产资料，可以从外延上建立可共享的概念。可共享的概念，一方面是指技术条件允许共享，如可以复制复用；另一方面是指制度（商业）条件允许共享，如允许转移非排他使用权，包括闲置实体生产资料的再利用。可共享的数字化生产资料的外延可以高度概括在“服务形式的生产资料”概念之下，以与实体形式的生产资料（包括闲置生产资料）相区别。由于技术与制度两方面的原因，实体形式的生产资料难以共享，如果共享，往往以闲置为条件；服务形式的生产资料则容易共享，往往不需要闲置就可以同时利用。

服务形式的生产资料是由李江帆等首先提出的：社会生产资料不但包括实物生产资料，而且包括服务生产资料；服务产品直接构成一二三产业的生

---

① 李帅，王永丽，杨宝祝．基于 SOA 的数据服务中间件的研究与实现［J］．成都信息工程学院学报，2010，25（5）.

产要素。并非所有服务形式的生产资料都是共享的。例如，私有云上服务形式的生产资料，因商业模式设计并不对外开放共享（可共享但不对外共享）。这里需要辨析一个概念，即数字化硬件。数字化硬件也是数字化生产资料，但它同时具有不可共享与可共享两种属性，作为实体的产品其可能不可共享（如实名认证的个人手机不能与外人分享），但该实体的使用有可能可以共享（如服务器计算资源可以为他人所借用）。这里约定作为服务形式的生产资料的，特指数字化硬件的使用功能部分。在服务形式的生产资料这个大的范围内，数字化生产资料的范围可以覆盖一二三产业服务化的各个领域，以下仅以列举的方式指出其具体存在形式，并对一二三产业中可共享的生产资料进行初步分类与归纳。

5.3.2.1 农业可共享生产资料的外延与分类

第一类是作物生产系统。作物生产系统是不同阶段管控方式以移动互联网、物联网、大数据、云计算技术为支撑的智能农业系统。《数字农业农村发展规划（2019—2025年）》指出，新一代信息技术支撑下的现代作物生产系统是实现农业农村现代化的先决条件。

第二类是作物数字孪生系统（Digital Twin of Crop Production System，CPS-DT）。作物数字孪生系统是作物生产系统日趋复杂、物联网日渐成熟及DT技术不断完善等多方背景催生的新兴产物。CPSDT是数据驱动下对作物生产系统的全息映射，侧重于对作物生产过程的实时态势感知、超实时虚拟推演和全程交互反馈，旨在为作物生产的智慧管控提供参考，自动生成指导作物生产系统的决策方案。

对以上两类生产资料共享的建议：一方面，需要加强农业传感器的标准研究，提高多传感器组网效率和农业生产大数据的结构化程度；另一方面，加快推进农业生产环境采集设备和解析技术的共享激励机制。

第三类是农业服务化数字平台。农业服务化数字平台（数字田园、数字牧场、数字渔场、智能农机等）通过iApp（一种应用程序开发工具）融合线上与线下农场的功能，共享土地租赁和农场投资等，构建天、空、地全覆盖的智慧农业数字孪生平台，提供覆盖全产业链、全价值链的智慧农业服务化解决方案。

对这类生产资料共享的建议：在数字田园、数字牧场、数字渔场、智能农机等领域共享信息、服务平台资源，推进线上农场与线下智慧农场功能融合。

5.3.2.2 制造业可共享生产资料的外延与分类

1. 智能制造中的数字生产资料共享（产品生产资料孪生）

在制造业的数据层推动数字生产资料共享，是智能制造的重要内容，可以通过对数据资产的共享、孪生来实现对工厂生产要素的优化。

第一大类是数字工厂。数字工厂是工厂的通用模型，可以应用于任何实际工厂，用于表示基本元素、自动化资产及其行为和关系。基于模型的虚拟企业和基于自动化技术的企业镜像，包括“产品数字孪生”“生产工艺流程数字孪生”“设备数字孪生”，可以支持企业进行涵盖其整个价值链的整合及数字化转型。

对共享数字工厂的建议：在工厂升级、优化和改造的过程中，通过共享数字工厂模型，加强对实体工厂全要素、全流程、全业务数据的集成和融合，并在孪生数据流的驱动下实现对工厂生产要素优化。

第二大类是数字孪生车间（Digital Twin Workshop，DTW）。数字孪生车间是在新一代信息技术和制造技术的驱动下，通过物理车间与虚拟车间的双向真实映射与实时交互，实现全要素、全流程、全业务数据的集成和融合，以及车间生产要素管理、生产活动计划、生产过程控制等的迭代运行。DTW 主要由物理车间、虚拟车间、车间服务系统、车间孪生数据 4 部分组成。

对数字孪生车间的建议：通过数字孪生车间对车间生产要素如人员、设备、物料、半成品和产品进行整合，提高生产要素管理水平。同时，数字孪生不但可以替代实体功能，而且可以伴随制造系统建立增值服务系统。

2. 制造业服务化中的生产资料共享（服务生产资料集成）

第一大类是企业数字孪生云服务。一是数字模型设计服务使用 CAD 等云端 App 应用工具，构建出能够反映企业物理各实体特征的数字化虚拟模型，并可以进行可视化展示和系列检验；二是生产过程仿真服务，生产前以虚拟方式模拟不同产品、不同参数、不同外部条件下的生产过程，实现提前预判；三是数字化产线服务，将生产阶段的各环节集成在一个紧密协作的生产流程中，实现自动组合操作，同时记录生产过程中的各类数据，然后进行后续分析和优化。

第二大类是虚拟工厂服务系统。虚拟工厂三维布局设计通过鼠标交互、触摸交互或虚拟现实交互方式把模型库中已存在的厂房搭建基本元素、设备分类和基础设施分类元素放置在场景环境中，从而搭建出整个工厂的布局结构，以便用户浏览工厂环境和操作相应设备。虚拟工厂设备监控服务提供数据接入与监控服务，通过传感器或 DNC（分布式数控）等工业控制系统，为虚拟工厂采集设备数据。用户可以打开该子系统查看企业实体设备数据，也可以打开三维虚拟工厂系统，通过在三维场景中点击对应实体设备查看该设备的运行数据。

5.3.2.3 服务业可共享生产资料的外延与分类

1. 服务基础设施

《通知》要求构建产业互联网平台，为中小微企业数字化转型赋能。这里的产业互联网平台，就是指服务基础设施。其他服务基础设施还包括以下几方面。

第一，流通领域生产资料：网店。电子商务是我国全行业整体共享数字化生产资料的行业，有1000万个以上的网商共享虚拟店铺、虚拟柜台等数字化生产资料，据统计，实现生产资料共享的企业已超过我国企业总数的1/3。

第二，共享面向服务的技术基础设施。如公有云、私有云、数据中心等公共服务器池或私有服务器池等。

第三，共享商务云基础设施。建设面向服务的架构，面向业务（而非仅仅面向技术服务如托管、VPN 等）的商务云基础设施与应用系统，以及应用导向的产品服务系统（Apply - oriented PSS，APSS）等。

第四，共享知识基础设施。将知识管理从管理中分离出来并归类为基础设施，是因为知识管理系统具有企业基础设施的公共服务系统功能，可以将员工个人知识转化为企业共同知识，促进个人知识充分交流与共享，并从中涌现出新知识。

2. 面向服务架构的软技术型生产资料

广义 SOA 包括共享 XML 与 WEB 服务架构、共享面向服务的建模框架（SOMF）、共享企业服务总线（ESB）、共享面向服务架构的业务流程管理（BPM），以及共享技术架构，如共享服务组件架构（SCA）、共享服务数据对象（SDO）、共享服务仓库等。

3. 进入经济过程的知识：流量与人力资本

OECD 认为，知识流量是指某一时间段内进入经济系统的知识存量比例。知识流量是指某一阶段内流入和流出系统的知识资源数量。对某一系统而言，流入系统的知识称为知识流入，流出系统的知识称为知识流出，知识流入和知识流出统称为知识流量。这里的“进入经济系统”，可以在最终产品定价意义上理解为进入最终产品系统。此时，知识作为存量，实际作为中间产品，只是潜在于经济系统，它可以在知识运用中实现流量变现。在生产资料的共享中，这一类活的生产资料不可忽视。

（1）外包服务中的人力资本

现代人力资本产权理论把企业理解成人力资本与非人力资本的特别契约，企业所有权表现为剩余索取权和控制权。豆建民（2003）认为，人力资本主体依据人力资本使用后显示出的物化形态实际价值的大小分享企业剩余，所分享的企业剩余体现了人力资本的间接价格，或者说，分享企业剩余是人力资本的一种间接定价法。

（2）可变现流量：人力资本与消费资本形态的生产资料

流量可以作为中间品再投入，成为消费资本，其价值可以转移到下一轮生产与服务中。共享流量是联系平台方与应用方的生态基础。流量制造本质上是以社会资本作为中间投入，产出最终产品和服务，实现社会资本价值的过程，流量的品牌价值就是人力资本流量的间接定价。

4. 生产服务共享

生产服务的行为、活动本身也可以作为中间投入在不同应用中共享。

第一，通过服务共享实现报酬递增。服务可重用是服务化的一个特殊现象。共享的主要方式，是通过组件化将原本专用于某一特殊用途的生产服务在不同应用之间重复使用而不损失其功效。重用的范围越大，报酬递增效果就越突出。服务重用的关键领域，包括访问服务、合作伙伴服务、业务应用服务、开发服务、IT 服务、管理服务和外包服务等。

第二，通过共享服务创新实现报酬递增。我国市场广大，围绕市场需求进行的服务创新包括市场创新、组织创新、商业模式创新等，一直在互联网发展进程中起着实际的主导作用，并且在国际上形成竞争优势。此外，还可以提高支撑服务平台对服务业产品开发和传递水平的贡献，提高支撑服务平台的市值，以反映固定成本使用效果。

5.4 生产资料自然占有与新机会公平

5.4.1 生产资料自然占有与机会公平

5.4.1.1 机会公平在于生产资料平等使用

机会公平一般的实际含义是机会平等、机会均等。注意，这里的平等不是指分配。机会公平理论与结果公平理论实际不是一类理论，前者重心是平等（高低），后者重心是公平（多少）。

国外研究机会平等与不平等的学者，主要有印度学者阿玛蒂亚·森、法国学者皮凯蒂等。代表性专著，首推美国学者罗默的《机会均等》。罗默将西方盛行的机会均等定义主要归为两类：一类是"层级原则"，社会应就参与职位竞争的个体进行分类（分层），在职位竞争时具备相关潜质的所有个体都能够有机会参选；另一类是"非歧视原则"，在社会职位竞争中，与该职责相关的贡献者都应成为候选人，并且对于候选人的评判只应与贡献相关。① 罗默所说的机会均等，较为偏重社会标准。《机会均等》提及生产的资源数量必须与分配数量相等，其他则语焉不详。② 英国学者芭芭拉·巴基海尔的《解析平等机会与多样性：社会分化与交叉不平等》，持"非歧视原则"观点，主要讨论多样性与机会平等关系，如"同工同酬""家庭友好政策"等"老问题"。③

国内研究机会公平的学者，于海明、于喜繁在《从机会公平到结果公平》④ 中将机会公平视为一个市场问题，即竞争公平不公平问题；潘春阳在《机会平等与幸福感》中主要讨论了机会平等与主观感觉的关系，其认为导致中国机会不平等的"制度根源"是宏观上的"财政分权制度"和"城市倾向

---

① 罗默．机会均等［M］．上海：上海财经大学出版社，2021.

② 同①.

③ 巴基海尔．解析平等机会与多样性：社会分化与交叉不平等［M］．上海：上海人民出版社，2016.

④ 于海明，于喜繁．从机会公平到结果公平：市场活力与市场失灵的辩证反思［M］．北京：中国农业出版社，2021.

的经济制度”①，未探讨微观上的生产关系原因；周谨平的《机会平等与分配正义》将机会平等与分配正义联系起来，讨论了劳动机会的公平分配，但是其讨论的劳动机会仅限于就业，即公平就业，其讨论的收入平等，仅限于工资，即劳动工资的获取机会也应该向所有人开放。② 所有这些研究的共同特点，都是没有把机会公平与生产资料占有联系起来。

以上文献，没有一篇从劳动者工资水平之上收入（要素收入与财产性收入）的角度谈论机会公平的，因此，已有研究对本研究的参考价值有限。

从以上综述中可以发现，本研究第一次扩展到要素收入与财产性收入的范围来讨论机会公平，第一次将生产资料平等使用当作机会公平。党的十八大报告中提出的“保证各种所有制经济依法平等使用生产要素、公平参与市场竞争、同等受到法律保护”，符合新机会公平所讨论的问题。现在讨论是因为，具有复制、复用特征的数字化生产资料第一次成为普遍现实，本研究条件开始成熟。

5.4.1.2 分配关系能否覆盖生产资料占有

提出这个问题，是要将零次分配容纳进来，将结果公平扩展为机会公平。

将生产资料占有当作分配问题，此前是不多见的，以往文献一般将分配当作生产关系三个主要环节（生产资料、生产过程、分配）中的一个环节。但从广义上来看，也可以把整个生产关系与分配对应起来。

分配关系本质上是与生产关系相适应的人与人之间的利益关系。马克思指出，一定的分配关系只是历史地规定的生产关系的表现。分配并不仅仅是生产和交换的消极的产物，它反过来也影响生产和交换，分配关系赋予生产条件本身及其代表以特殊的社会的质，它们决定着生产的全部性质和全部运动。这表明，需要也可以将分配问题同整个生产关系联系起来认识。对本书来说，就是将涉及生产资料占有的机会公平与涉及窄义分配的结果公平统一在生产关系之中讨论。

为区别于结果公平的分配，我们将生产资料占有这种机会公平含义上的分配称为零次分配。零次分配的提法脱胎于第四次分配概念。第四次分配概

---

① 潘春阳. 机会平等与幸福感［M］. 上海：上海人民出版社，2016.

② 周谨平. 机会平等与分配正义［M］. 北京：人民出版社，2009.

念最初在文献中所指（财政、货币、慈善等）非常分散，与本书主题无关。唯一相关的一类文献，是把财产性收入当作第四次分配的内容。马小丽提出，财产收入分配可称为“第四次分配”（提出背景是党的十七大首次提出“创造条件让更多群众拥有财产性收入”）。财产性收入，一般指通过动产（如银行存款、有价证券等）和不动产（如房屋、车辆、土地、收藏品等）所获取的收入。① 韩欢欢的观点与马小丽的类似：四次分配环节中，劳动者个人将起主导作用，劳动者个人获得的是财产性收入。② 这与我们所指的财产性收入不同，我们所指的财产性收入是劳动者作为非所有权人凭借生产资料使用由活劳动直接获得剩余分配的财产性收入。

谢琼、谷玉莹对传统三次分配之外的其他分配进行了综述：在三次分配外还存在0次分配、2.5次分配、第4种分配（如实物社会转移、关系分配）以及第5种分配（冲突分配）等。③

零次分配概念首见于王绍光的《共同富裕与四次分配：国际比较及其启示》，但指的是伦理社会家庭家族成员的共同体产出④，与本书所指的零次分配无关。真正的零次分配概念，在正式文献上首见于姜奇平的《以0次分配促进共同富裕》（“姜文”，谢琼、谷玉莹综述中的“0次分配”即指此文）。此前（2022年3月），白重恩在网上提过零次分配（“白文”⑤）。

涉及零次分配的文献极少，但与零次分配持相反观点的理论，即边际生产力分配论，在文献上却源远流长。边际生产力分配论的核心是资本要素获得全部剩余，劳动要素只获得工资（认为资本垄断剩余，工人获得工资是机会公平）。零次分配理论与之相反之处在于，要求劳动要素参与剩余分割（而且剩余分配比例高于资本要素所有权人——这一点不是理论要求，而是共享

---

① 马小丽．收入分配新切入点：“第四次分配”［J］．理论导报，2010（10）．

② 韩欢欢．缩小贫富差距的对策探析：浅析四次分配［J］．中国城市经济，2011（18）．

③ 谢琼，谷玉莹．国家、市场与社会关系视域下第三次分配的理性逻辑：评述与思考［J］．社会治理，2022（9）．

④ 王绍光．共同富裕与四次分配：国际比较及其启示（上）［J］．经济导刊，2021（12）．

⑤ 在个体创业起步阶段，如何让没有资本的人更公平地获得资本，这就要求金融体系做一些改革，通过“零次分配”平衡各群体获得资本的机会。

经济市场实际行情)，从中获得要素收入与财产性收入。

零次分配理论即本书创新的新机会公平理论。这一新知识的建立是生产力发展的要求。数字经济具有与工业经济不同的新特点，在生产力决定生产关系上，表现为通用技术决定通用资产的制度特征。这决定了共享发展中共享的使用权性质（共同使用）。以共享经济为代表的数字经济共享发展实践，带来政治经济学理论创新发展的机遇，以及从共同拥有（共产）到共同使用（共享）的研究需求。本书基于农业经济、工业经济和数字经济发展中产权制度存在“使用权—所有权—更高使用权”否定之否定现象，提出螺旋式上升意义上的“以使用权为中心”的政治经济学价值论与产权论新框架，沿着生态马克思主义框架，对习近平新时代中国特色社会主义思想产权理论思路进行新的梳理。

5.4.2 完善两权分离的生产资料占有制度

5.4.2.1 资产通用性与两权分离的内在联系

相对于现代企业制度，“生产资料管理新制度”这个新提法，将治理视角从企业（企业内部，封闭经营）拓展到生态（企业之间，开放经营）。

之所以强调两权分离，主要是针对通用性资产在使用上的通用这一特点的。通用意味着，对应拥有权的收益权（买卖的收益）与对应使用权的收益权（租借的收益）从对称、对应变得不对称、不对应。实物财产拥有权的收益权是一次收益权，对称、对应，是指一个东西只能卖一次，其使用权的收益权也是一次收益权，例如，一个馒头只能被吃完一次，不能吃完再变出一个接着吃第二次；不对称、不对应，是指数字财产拥有权的收益权是一次收益权，一个拥有权只能卖一次，其使用权的收益权却是多次收益权，例如，一款软件被使用一次后可以被另外的人同样地使用。两权分离的意图在于适应“以租代买”（以交易使用权替代交易拥有权）。以云模式中的 SaaS 为例，它是指软件（前一个 S）产品免费而服务（后一个 S）收费。

现代企业制度以拥有权为产权边界、企业边界与组织边界，拥有权与使用权（通常称为控制权、经营权）属于同一企业，同一组织同一老板；生态治理（利益共同体治理）以使用权为产权边界（共同体边界），以网络生态为组织边界，同一组织不同老板。拥有权归平台企业，使用权归应用企业，双方构成合伙制关系，拥有权的收益权与使用权的收益权形成平等分成关系。

从利益机制看，一方面，数据资产可无限复用的资产通用性特性，使分享从不经济变为经济，这就好比，如果土地可以随意复制，地主就会拼命地分享土地，以便收取更多租金；另一方面，数字经济以差异化、多样化的增值应用服务为主，应用企业从高风险中获取高收益。

从风险机制看，以两权分离为特征的生产资料管理新制度有利于风险分担。它实现了企业保值与增值的社会分工协作，平台企业专注于保值，应用企业专注于增值，双方在利益生态中进行不变成本与可变成本的社会分工，资方集中承担重资产风险（平台失败风险），劳方分散承担轻资产风险（时间、精力付出风险）。

5.4.2.2 完善两权分离的生产资料管理新制度

第一，健全完善“所有权与使用权分离”的生产资料管理新制度。

一是要推进各类所有制企业、事业单位等法人主体共享持有的生产资料：大力发展共享经济；支持企业通过开放分享资源；数字化生产资料共享；支持行业龙头企业、互联网企业建立共享平台。

二是要取消各种不合理的限制，畅通共享经济合作机制，包括推进企业级数字基础设施开放，促进产业数据中台应用，向中小企业分享中台业务资源。推进企业核心资源开放。

三是要依托互联网、云计算等技术，盘活空余云平台、开发工具、车间厂房等闲置资源，探索有偿开放给民营企业、个人使用的新模式，充分发挥市场在资源配置中的决定性作用。加大对共性开发平台、开源社区、共性解决方案、基础软硬件支持力度，推动形成公共、开放、中立的开源创新生态，引导各方参与提出数字孪生的解决方案。

第二，搭建“政府补平台，平台做服务”的行动机制。

6　资产经营权：过程环节的共创

按传统观点，资产经营属于管理学主题，不应放在经济学中讨论，但是，我们所持的经济学观点，接近奥地利学派那种重视资产使用超过资产拥有的观点（“使用而非拥有”），因此，与奥地利学派一样，我们也把资产经营当作资本的核心经济学议题来讨论。

随着经济基本单位从企业转向生态，这个问题变得突出。企业本质是建立在要素买卖关系上的，生态则是建立在租用关系上的。只有要素买卖才会形成雇佣，而一旦转向租用（历史上曾是亚细亚生产方式），则雇佣制的基础将崩溃，被合作制（合伙制）所取代。那样的话，对资本理论的议题中心，将产生内核级的改变，从主要讨论从资产的所有权中取得剩余，转向从资产的使用权中取得剩余。放大到全球历史来看，就呈现为亚细亚生产方式（如中国式现代化）与西欧生产方式（西方式现代化）在资本问题上的大分野。

随着数字经济产权关系的变化，组织开始系统地发生从以利为本的企业组织向以人为本的生态组织的演进。外部产权的变化，表现为以网络集群为特点的生态共同体的发展，如“平台－应用”生态合作；内部产权的变化，表现为经营权合作关系替代传统雇佣关系，以利润最大化为诉求的企业转向利益相关方合作共创的生态企业。

数字经济在资产经营上的最大变化，是最关键的经营主体从经理人（精英）向一线劳动者（“草根”）转变，合约也从利益不对称合约（不完全合同）向利益对称合约（完全合同）转变。

资产经营权是使用权中的一类，主要指生产关系中第二个环节（生产过程）上的使用权。在工业经济中，经营权主要是代理人权利，是由所有者作为委托人所授之权；但在数字经济生产资料共享中，经营权不再指所有者权利（包括所有者委托权利），而是指自主劳动者独立的、可分享剩余的使用权。在平台经济中，可能存在两种性质的经营权，一种是委托－代理关系的经营权，它是平台的经营权，是所有者权利的派生，一旦分成，分的是所有者的剩余；另一种是增值应用的经营权，它是非所有者的使用者的经营权，其分成不占所有者剩余的份额。

数字经济产权是基于自然占有的产权，产权合约从以所有权（法律占有）为核心转向以使用权（自然占有）为核心，合约的主要内容也不再是针对法权下资产价值的归属（归谁所有），而是针对使用权下资产使用价值的归属（归谁所用），由此展开围绕资产经营权责利的制度安排。

由资产的通用性，派生出体现其社会关系特征（平等合作）的制度安排，其生产关系特征直接体现在合约与组织中。前者体现了新的社会关系及治理的内在结构，从支配－服从型的不完备契约发展为体现生态合作特点的完备的链群合约；后者体现了新的社会关系及治理的外在结构，从企业组织治理发展为生态组织治理。本章对从雇佣制向合作制背景下治理结构的转变进行分析。

合约与治理结构问题是制度经济的核心问题之一。产权更侧重生产关系中价值类别的关系（如谁拥有生产资料，怎么拥有），治理则更侧重生产关系中使用价值类别的关系（如谁利用生产资料，怎么利用）。经营权、控制权、承包权等，对应的都是后者。

从数字经济的远景看，最大的变化将是随资产性质变化带来的劳动性质的变化。一旦合作制的条件成熟，劳动者在合约中的地位，将从不自主的、从属的角色（非合约主体）转变为自主的合约主体。数字经济中的合约，主要指要素合约，而不仅是资产合约，因为它把劳动当作与资产对等的权利看待。要素合约处理的是要素之间的平等交换关系（其平等性主要体现在生产资料共享、生产过程权责对等，以及所有要素都参与剩余分配上），如劳动与资本的关系，它们之间的关系是合伙制关系（分成关系）；传统产权合约中，资本与劳动只是雇佣关系，劳动不参与剩余分配。

同样，组织也将不再以所有权为基础形成其边界，而主要以使用权为基础形成其边界。与企业只有一个老板（不管具体是多少人，他们在所有权上都是同一个）不同，生态组织是不同老板的集合，各个老板可以不具有同一个所有权，但需要是同一个使用权。

6.1 合约：制度分析

治理研究中的契约框架，可以分为古典类与新古典类两种。新古典契约是一种排除了社会关系分析的理性框架，它把一切差异化、多样化和异质性的价值因素都从契约中排除了，因而成为基于同质性价值的信息对称的完全合约。古典类契约（如制度经济学契约）则多少恢复了社会关系等差异化、多样化和异质性因素在分析框架中的地位。数字经济的合约理论与二者都有所不同，它是通过后者实现前者，即通过纳入社会关系的利益机制安排形成基于异质性价值的信息对称透明的完全合约。

6.1.1 经营而非拥有

一般理论往往将经营问题归入管理学，而不作为经济学问题。本书把资产经营权单列一章，是因为在使用权中心论中，资产的使用（经营）相较于拥有更处于核心位置。此前的经济学中，只有奥地利学派的资本理论将重心放在使用而非拥有上。

合约分析是从使用权角度对产权进行分析，它是相对于产权分析而言的。合约分析的重心在于使用价值，产权分析的重心在于价值。对要素来说，合约分析对应的权利是使用权，产权分析对应的权利是拥有权。对资产来说，前者对应的是资产（人财物）经营权（股权），表现为权责利安排，后者对应的是资产拥有权（股份）。

在制度分析中，产权理论与治理理论的分析侧重有所不同。产权理论的分析，主要集中于资产的拥有权（包括使用权与之关系），治理理论的分析，主要集中于资产使用权的内部分析（包括对代理方的委托）。

制度理论在治理结构这个主题上，探讨的是与新制度经济学不同的主题。传统的企业与产业治理理论，围绕的中心都是资本拥有权，包括委托人对代理人的激励与控制，数字化制度经济的治理，围绕的是诸要素的使用权。由此，决策、激励、组织和控制理论将显示出巨大区别。数字化治理的总趋势是生态化，向着自决策、自激励、自组织和自控制的方向演进。作为制度经济的基础，合约正在向生态合约（海尔称为链群合约）制度方向演进。生态合约相当于用一系列短期的、临时的合约来替代一个长期合约。工业经济向数字经济的转变，就在其中完成。

新制度经济学的产权理论，很大一部分是治理理论，是将所有权理论向控制权（实际是资产使用权）的延伸。其将规则（以合约为形式）视为一种通则，认为存在两种合约，一种是市场合约，一种是企业合约，前者是市场的（非科层制的），后者是非市场的。数字经济学探讨的则是网络。如果说市场与企业都是规则网络，那互联网络就是随机－规则网络。它们的治理结构是不同的。

工业经济的经济学，是以价值为中心议题设置起来的；数字经济的经济学，将使用恢复为中心议题并进行重新设置。所谓“操作”，实际就是要素（如资本）的使用（“运营”）。从凯恩斯经济学视角看，货币资本（资本的价值）才是经济学的研究对象，生产资料（资本的使用价值）不是经济学的研究对象。但整个奥地利学派（从庞巴维克到哈耶克）看法正好与之相反，认为生产资料（以及对资本使用价值的具体运用）才是经济学的研究对象，资本的价值不是研究重点。按后一种观点，管理学本身反倒具有经济学的意义，因为它研究的资本，重心不在价值而在使用（也包括其他生产要素的使用），也就是说，运营问题由此开始具有基础理论意义。

数字经济制度分析内容，除了传统的公司治理主题，还包括资源利用（运营）中与使用主题有关的治理，包括计划（决策、战略与方案）、领导（激励、沟通与学习）、组织（结构、边界与合约）及控制（目标、运营与结果）。每一项都涉及资源利用上的社会关系分析。其中，数字经济的治理特征在许多方面与工业经济形成对照。

以拥有权为核心建立的产权理论框架，之所以较少讨论资产经营问题，是隐含了资产的使用是潜在优化的。因此，问题只在于价值的优化，即相同的经营能力条件下，资产的价值无摩擦地从一个企业流向另一个企业，以寻找最优的价值组合。换句话说，即资产的价值问题是实质性问题，资产的使用价值问题是非实质性问题。

从东方化视角看，资本的拥有是价值状态问题，资本的使用（经营）是价值过程问题。从这个角度看，奥地利学派虽然在方法论个体主义上与东方理念相反，但在过程优先上与东方化的取向有一致之处。

仅从数字经济学研究角度来看，相较于新古典治理理论，奥地利学派的治理理论有一个突出的优点，即它不完全像新古典契约理论（包括多数新制度经济学的契约理论）一样仅仅围绕产权中的拥有权来设计与分析制度，而是把分析重心转向了资产使用，也就是一般所论的管理问题（从资产拥有到资产经营），并把资产的使用当作实质性问题。这里所谓的管理问题（如决策、激励、组织与控制），正是奥地利学派（一直倡导从资产使用而非资产拥有角度分析问题）所见的经济学问题。数字经济是一种以使用而非拥有为重心的经济，把使用当作实质问题，因此，关注到这一点是必然的。

◎ 命题10：数字经济产权制度不同于以所有权（拥有权）为核心的现代产权制度，特点是以使用权为核心的合约，合约双方为资产拥有者与使用者，围绕通用性资产使用（经营）中的权责利关系，建立起信息对称、利益对称的完全合约，并围绕租值进行共赢的分配。

要素的使用可以从计划、领导、组织和控制 4 个方面来把握。从制度经济角度研究计划、领导、组织和控制，更加关注的是社会关系而不仅是技术关系。可以将亚里士多德四因说框架作为资源使用分析框架。

万物有“形式因”“质料因”“动力因”“目的因”，资源利用也不例外。这四因分别体现在资源利用的计划、领导、组织、控制 4 个方面。价值分析定位于交换价值，分析的是对象化的合目的性；要素利用分析定位于要素资源的使用（经营）功能，分析对象是主体行为的合目的性。

其中，计划是对“质料因”进行要素资源利用，领导是要素资源利用的“动力因”，组织是要素资源利用的“形式因”，控制是对“目的因”进行要素资源利用。在这些功能内部，又有一个小的“目的因”“动力因”“质料因”“形式因”的全息分形闭环系统。全息分形，是说在计划、领导、组织、控制每个上层结构的内部又各自有一个计划、领导、组织、控制内部结构，上下好像有分形关系一样。要素资源利用学是由这种双层闭环系统构建的学科。这种结构在其他学科极为罕见。

组织的资产使用权结构见图 6－1。

用这样一个基于四因说的双层闭环系统，可以很好地解释要素资源利用闭环。

在计划功能中，大“质料因”功能中的小“目的因”机制是预算，要为整个资源计划确定目标，而且是符合全局“目的因”的高目标，以达到“算

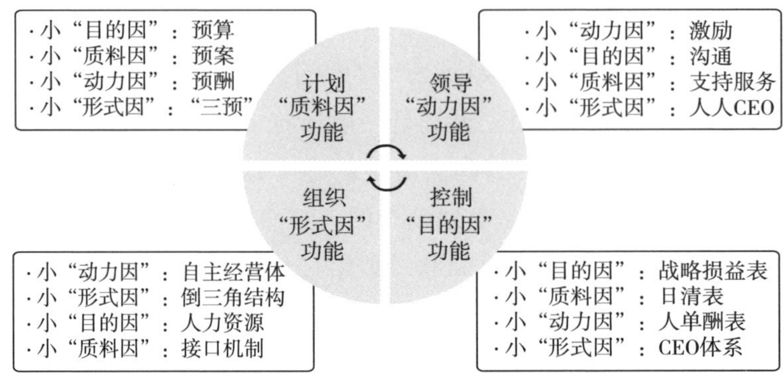

图6-1 组织的资产使用权结构

赢”（通过筹划实现双赢）；大“质料因”功能中的小“质料因”机制是预案，要为预算的实现准备好资源，包括内部资源与外部资源，“兵马未动，粮草先行”；大“质料因”功能中的小“动力因”机制是预酬，要为实现预算与预案提供作为积极性动力来源的薪酬资源；大“质料因”功能中的小“形式因”机制是“三预”，即整个“三预”体系所形成的形式化制度。

在领导功能中，沟通是大的“动力因”功能中的小“目的因”机制，任务在于要素资源利用目标形成（达成）与共识凝聚；激励是大的“动力因”功能中的小“动力因”机制，包括创客所有制，解决实现目标的动力问题；支持服务是大“动力因”功能中的小“质料因”，解决“人要创造价值，到哪里去获得负熵作为‘燃料’”的问题；人人 CEO 是大“动力因”功能中的小“形式因”机制。

在组织功能中，大“形式因”功能中的小“目的因”机制是人力资源；大“形式因”功能中的小“动力因”机制是自主经营体（产权机制），解决自组织的动力问题；大“形式因”功能中的小“质料因”机制是接口机制（企业无边界），为组织提供负熵；大“形式因”功能中的小“形式因”机制是倒三角结构。

在控制功能中，大“目的因”功能中的小“目的因”机制是战略损益表，保证行动不偏离大“目的因”（目标控制）；大“目的因”功能中的小“动力因”机制是人单酬表，保证动力机制不偏离组织目标；大“目的因”功能中的小“质料因”机制是日清表，保证组织行为与资源调度不偏离目标；大“目的因”功能中的小“形式因”机制是 CEO 体系，通过控制形式化来保证整体目标不偏离。

6.1.2 合约：信息与利益从不对称到对称

合约问题被当作理论问题提出，是有针对性和背景的。虽然人们也可以把企业称为一种合约，如张五常那样，但人们心目中的合约，一般指市场合约。市场合约的特点是平等而等价交换。企业所称的合约，指要素交换合约。在工业化、西方化的企业制度下，要素合约可能虽然等价但不平等。张五常认为这种不平等就是平等，因此，他才会把企业完全等同于市场合约。我们了解了这一背景，就可以知道，数字经济学在此的问题意识，在于如何建立一个既平等（就剩余交换来说平等）又等价（就商品交换来说等价）的合约。结论是，只有以使用权分成作为基础，才能同时实现既平等又等价，从而令生态组织的要素交换达到合约所要求的信息对称与利益对称的状态，从不完全合同转向完全合同。

工业经济和数字经济的合约与治理理论，定位完全不同。以目的（“人是目的”）作为价值一般的贯穿线索，前者定位于工具理性（以目的的手段为目的），后者定位于意义（目的本身，以满意为符合目的，不满意为不符合目的，又称价值理性①）。

工业经济的合约与治理理论，先验假定经济系统的合法性来自资本，以资本的目的（目标）——这种目的只是实现“人的目的”的手段——为目的。人们说用户是上帝，这是把需求作为最终的目的，而把资本主观目的的达成作为实现手段（中间目标）。如果资本拥有者为企业设定的目的（目标，中间目的）出现错误，例如，对需求（最终目的）的理解有偏差，那主观目的就可能偏离“人是目的”这个最终目的，就意味着资本失败、企业破产、组织解体。明知如此，工业经济的合约与治理理论却没有像公共治理理论那样设立一个立法机制，避免这种错误的发生，而只相当于设定了一个关于私人物品的“行政”机制，以老板政治正确（老板是对的）为假设前提，只研究如何将老板的目的更有效地分解、执行下去。

相反，数字经济治理结构的要旨，是实现“立法”与“行政”的统一。

① 我们不采用价值理性，是因为这个概念中的理性超越了理性本身固有的范围，例如，价值理性具有感性特征，正如目的与意义都不仅是理性的也是感性的一样。

它与工业经济理论的相反之处，表现为强调用户的“选票”是资本（包括所有要素）的商业合法性的来源，保证最终消费者满意的“立法”机制的建立，应成为治理结构的中心。在此前提下，再顺承工业化的治理思路，讨论资本确定的目标（包括生态中增值业务的目标）如何贯彻落实。这样的框架，在极大提高工具理性（手段）效率的同时，为矫正“为了手段而忘记目的”提供了基本面上的保障。

▲ 命题 10 推论 1：数字经济中的合约，由于委托 – 代理关系向直接使用模式的转变，由利益不对称日益转向利益对称。

▲ 命题 10 推论 2：数字经济中的合约，由于委托 – 代理关系向直接使用模式的转变，由信息不对称日益转向信息对称。信息透明的合约将成为完全合约。

6.1.2.1 委托 – 代理关系与不完全合同的历史分析

委托 – 代理关系是治理所包含的基本矛盾，它是拥有权与使用权矛盾在治理中的体现。

工业经济与数字经济在治理上的最大区别，在于前者以“委托 – 代理”二分（不对称）为基本取向，在传统关系中，拥有者是委托方，使用者是代理方；后者以“委托 – 代理”合一（对称）为基本取向，双方是对等的利益主体，在生态中实现对等合作。

主张后者，并不代表前者是“错误”的。“委托 – 代理”二分，与“政治 – 行政”二分一样，都是专业化分工的必然结果，是工业化治理的主题，它有力地提高了专业化效率，推动了历史进步。

但是，肯定前者并不代表认为它是“正确”的。“委托 – 代理”二分若走向极端，会导致人的异化（表现为以中间人权力膨胀为代表的官僚化），因此，需要有相反的力量加以节制。相反的力量来自分工多样化，一旦经济发达到委托人利益差异化、多样化、异质性成为主流的水平，一对一地、分布式地实现委托人意愿的生态机制，因其灵活应变能力的提高（多样化效率与效能的提高），就会取代以不变应万变的代理人机制。在实践中，就表现为追求“人的价值第一”的人单合一机制，通过链群合约，实现工业化难以想象的完全合同，从而使利益不对称转向利益对称。

从合约（契约、合同）角度看，存在“委托－代理”问题与信息问题两个方面，前者侧重社会关系中的利益关系，后者侧重社会关系中的技术方面。工业经济更加强调利益不对称与信息不对称；数字经济更加强调利益对称与信息对称。

“委托－代理”关系与不完全合同并不是一种资源配置中的必然与永恒现象，它只是利益不对称这一社会关系下的特殊现象。也就是说，如果社会关系的结构是利益对称（就像原始自然经济与未来数字经济中那样），那“委托－代理”关系与不完全合同就不会成为常态。例如，狼群为了围猎一只野兔，通过交换眼神，达成的一瞬间的“合同”，就是完全合同，它是点对点信息完全透明的、对称的，没有任何成本，随着一次具体捕猎行动的成功而自动终结。数字经济中的链群合约也一样，只锚定于一个具体订单而达成资源临时组合匹配的合同，以点对点的方式实现信息透明对称，按单聚散，以分布式的方式完成利益合作，也属于完全合同。相反，工业社会那种把无数订单合并成一个叫作企业大单的合约方式，只是一种极暂时（只盛行几百年）、极特殊的立约方式。只有在这种特例下，才涉及权利的转让与委托问题，也才有代理人的存在空间。

“委托－代理”关系与不完全合同仅仅是工业经济这一特定历史阶段的社会关系逻辑，是数字经济所要转型的对象。

“委托－代理”关系的实质，实际是“目的－手段”关系问题。这种关系与“政治－行政”二分的公共行政框架是对应的。委托人是目的（“人是目的”）的承载体（人格化代表），代理人是手段（“人是手段”）的承载体（人格化代表）。工业经济的核心特点是“人是目的”（价值理性）与“人是手段”（工具理性）的分离，由此导致二者的异化关系（如为了手段而忘记目的）。分工专业化主导条件下，代理人的专业化能力，和行政的专业化能力得到较大发展一样，在促进社会生产力发展的同时，物极必反，走向反面，中间人尾大不掉甚至反噬主人的问题越来越突出。这种矛盾，往往以技术关系上信息不对称的形式暴露出来。表面形式上，在信息不对称中，代理人似乎处于更为有利的位置，而委托人被代理人所蒙蔽。实质上的问题是利益不对称，“手段”的人格化代表者成为特殊利益集团，与“目的”的代表者发生权利冲突甚至权力冲突。

在理论上对工业经济中这种现象出现的必然性进行反思，要考虑的是，为什么手段可以专业化而目的逐渐业余化？数字经济治理，本质上要求“人是目的”这一点在经济系统内全面复归，以克服手段僭越目的这种异化。这是数字化转型的本质。将社会关系分析与技术关系分析结合起来，可以发现，信息不对称是信息经济学制造的一个伪命题，它把存在于工业经济这一特定历史阶段的特殊利益结构当作万古不变的东西，往基础理论的硬核部分固化。虽然确实如信息经济学所说信息不对称是现实存在（只是在将来才不存在）的，但是掩盖了信息化将是透明化、对称化这一点，掩盖了大数据、区块链等新兴生产力为信息透明化、对称化赋能这一新的现实。数字经济学在技术关系上破除信息不对称这一伪命题（但承认它在工业经济描述上的正确性），是为了找出与之对应的（并被掩盖的）利益不对称这一社会关系发生转化的条件。数字经济学治理理论，重点研究从利益不对称向利益对称转变的历史逻辑，即研究从资本与劳动对立到资本与劳动一体化（如知本家）的转变。在现实中，这反映了我们现在可以用建设者这一“使用”型而非“拥有”型概念概括既不同于资产阶级也不同于无产阶级的利益主体，背后的制度经济原理是什么。数字经济通过信息透明化、利益透明化或者说信息对称化、利益对称化，使这样的利益判断问题越来越成为现实问题。

不完全合约的不完全，不主要由技术关系上鸡毛蒜皮的原因造成，而是由让这些鸡毛蒜皮变得不可逾越的社会关系决定的。具体来说，是利益不对称本身所加固的定式。信息技术可以使合同变得完全，但如果没有这样做的社会关系上的意愿，完全合同是不能实现的。

6.1.2.2 作为利益不对称合约的雇佣制

> ▲ 命题10推论3：雇佣制本质上是利益不对称合约，合作制则是利益对称合约。

雇佣制本质上建立的是资本与劳动利益不对称合约，马克思在《资本论》中将对称（等价）与不对称（不等价）的关系概括为所有权规律与占有规律的关系。此处的所有权规律，特指商品等价交换规律；占有规律，指资本购买劳动的不等价交换规律。

我们将劳动还原为劳动者，其只有包括物化劳动（劳动力，异化的劳动者）与“人”化劳动（创造性劳动，非异化的劳动者）两个方面，才具有全面的本质。如果劳动者以自己“物 + 人”的全面本质与资本交换，应获得“对应物的工资”及“对应人的剩余”两部分，而不是只有“对应物的工资”。这将形成利益对称合约。

但是，异化劳动把劳动者变成了物（物化的人），而失去了人之为人的那部分特性（如对应剩余的创新、创造性）。人一旦失去自主性，就变成了物。在与资本交换时，异化的劳动者只交换到自身对应物的那部分价值，即劳动力的价值（维系劳动者生存活动的成本），而把劳动作为劳动力的使用价值白白（本质上是非自愿）地“附送”给了资本家。因此，这时的“占有规律”代表的是不对称合约，其内容是劳动与资本之间的不等价交换。

马克思分析，在劳动与资本的不等价交换中，交换等式双方所列项如下：

①产品属于资本家而不属于工人；

②产品的价值除包含预付资本的价值外，还包含剩余价值，后者要工人耗费劳动而不要资本家耗费任何东西，但它却成为资本家的合法财产；

③工人保持了自己的劳动力，只要找到买者就可以重新出卖。

马克思分析其中的逻辑：最初，在我们看来，所有权似乎是以自己的劳动为基础的。至少我们应当承认这样的假定，因为互相对立的仅仅是权利平等的商品所有者，占有别人商品的手段只能是让渡自己的商品，而自己的商品又只能是由劳动创造的。现在，所有权对于资本家来说，表现为占有别人无酬劳动或产品的权利，对于工人来说，则表现为不能占有自己的产品。所有权和劳动的分离，成了似乎是一个以它们的同一性为出发点的规律的必然结果。

需要指出的是，这里的产品包含的剩余并不是劳动者剩余的全部。我们可以将其分为两部分：一部分是同质性剩余，创造的是增加值意义上的剩余，这一部分是被资本家没有耗费任何东西就拿去的；另一部分是异质性剩余，创造的是附加值意义上的剩余。后者是熊彼特创造新价值意义上的剩余，它在工业化生产方式下，没有创造出来就被作为潜力抑制下去了。

在不被抑制的状态下，本应作为人的自由而全面发展的能力，表现为主人翁精神（相当于工人的某种意义上的“企业家精神”）、大众创新能力、创造活力。工业化以物质资本驱动这种生产方式，将处于波兰尼所说的个人知识范围的潜力抑制于无形。因此，在劳动与资本的不等价交换中，工人损失的不仅是福利意义上的剩余，还有发展潜力意义上的剩余（相当于“作为自由的发展”）。

链群合约的本质，是一种利益对称合约。利益对称的前提，是劳动恢复自主性，这种自主性构成获得剩余的条件。在合约中，劳动与资本的交换，在结构上都是“物+人”与“物+人”，表现为劳动，是“工资（物）+分成（人）”，表现为资本，是“本金（物）+分成（人）”。这种交换不是雇佣制交换，而是合伙制交换。在合伙制交换中，马克思所说的所有权规律转化为占有规律的问题才得到真正解决，变为以所有权规律交换生产要素（劳动或资本）。

相较雇佣制，在合伙制交换中，劳动者会多得两样东西：一是工资之上的剩余，以分成这种福利公平（结果公平）形式表现；二是创造性潜力释放，以人的全面发展这种机会公平形式表现。这有别于福利国家模式。分成本身又分为所有权分成（股份分红）与使用权分成（股权分红），二者的区别在于前者干与不干都可以分成，可能“养懒汉”，后者只有干才能分成，不干不能分成，更有利于人潜力的发挥与能力的发展。

现有的社会主义分配制度，仍然具有雇佣制的特征，表现为劳动者只获得工资，在一次分配中一般不直接参与分成（分享剩余）。但是，在数字经济中，如在海尔及一些互联网生态组织中，合伙制已悄然替代雇佣制，成为分配的主要形式。

马克思指出了工业资本主义的交换特征：尽管每一个单独考察的交换行为仍遵循交换规律，但占有方式发生根本变革，而这丝毫不触犯与商品生产相适应的所有权。

究其原因，是商品交换本身是物的交换。使用价值与交换价值，都是物的价值。一旦将物的交换用于人（权利）的交换，把人物化的工业化生产关系与经济制度，就会因为把人当物（商品）看待——在此是把劳动者当劳动力（一种商品）看待——而把人之为人的权利（非商品化的部分或即使商品化也应给予溢价估值分成的部分）制度化地“遗漏”——实际是将其无偿归给权力一方（如资本权力），令没有经济权力的人服从于掌握经济权力的人。资本（经济权力）的公式，就从交换前的“本金+利息”变为交换后的“本金+利息”+他人剩余，亦即，占有规律表现为劳动≠资本。因为劳动力价值（“本金”）≠劳动力使用价值（剩余）+资本本金+资本利息。

相反，链群合约的公式是劳动力价值（“本金”）+劳动力使用价值（剩余）=资本本金+资本利息。二者是平等的分成关系，分成比例取决于双方的实际贡献。二者风险共担、利益分享。

新古典主义经济的边际生产要素分配论，以要素贡献说明劳动与资本交换的平等性，有意或无意地掩盖了其中暗含的假设，即资本稀缺、劳动力过剩是一种常态。在数字经济条件下，通用性资产一旦成为资产的主要存在方式，那依据新古典主义自身逻辑，可能得出相反结论，即资产不再稀缺、劳动相对稀缺。再补充一个条件，即机器与技术替代劳动，就会使劳动就业与工作机会更多（以 App 形式变得多样化，不存在收入减少状况）。资产的利息，可能以负利率方式，在属于一次分配的交换中，转交给更为稀缺的（异质）劳动一方。

因此，在这个意义上，资本-利息（利润）、土地-地租、劳动-工资显示出一种整齐的对称的不相称的东西。事实上，既然雇佣劳动不表现为劳动的社会规定的形式，一切劳动按它的性质来说都表现为雇佣劳动（被资本主义生产关系束缚的人就是这样看的），那么，物质劳动条件（生产出来的生产资料和土地）对于雇佣劳动所采取的一定的特有的社会形式（它们反过来又以雇佣劳动为前提），也就直接地和这些劳动条件的物质存在，换句话说，和它们在实际劳动过程中一般具有的、不以这个过程的每一种历史规定的社会形式为转移的，甚至不以任何社会形式为转移的形态，合而为一了。因此，劳动条件的这种与劳动相异化、相对立的独立化的转化形态（在这种形态下，生产出来的生产资料已转化为资本，土地已转化为被人垄断的土地，转化为土地所有权），属于一定历史时期的形态，这就和生产出来的生产资料及土地在一般生产过程中的存在和职能合而为一了。这种生产资料就其本身来说天然是资本，资本不外是这种生产资料纯粹的“经济名称”，土地就其本身来说也天然是若干土地所有者所垄断的土地。正像在资本和资本家（事实上不外是人格化的资本）那里产品会成为对于生产者独立的权力一样，土地也会人格化为土地所有者，并且作为一种独立的权力，要求占有在它帮助下生产出来的产品中的一份，因此，不是土地得到了产品中归它所有的那一部分以便用来恢复和提高自己的生产率，而是土地所有者得到了产品的一部分以高价变卖和挥霍浪费（使用）。资本是以作为雇佣劳动的劳动为前提的，但是，如果从作为雇佣劳动的劳动出发，一般劳动和雇佣劳动合而为一好像是不言而喻的事情，那么，资本和被垄断的土地也就必然会表现为劳动条件的自然形式，与一般劳动相对立。现在，资本表现为劳动资料的自然形式，从而表现为纯粹物的、由劳动资料在一般劳动过程中的职能所产生的性质，由此，资本和生产出来的生产资料就变成了一个同义词。同样，土地和被私有权垄断的土地也变成了一个同义词。因此，天然就是资本的劳动资料本身也就成了利润的源泉，土地本身则成了地租的源泉。

资本主义生产发展到一定程度，就要求资本家能够把其充当资本家即人格化的资本的全部时间都用来占有从而控制别人的劳动，进而出售这种劳动的产品。

6.1.3 完全合同的数字实现方式：链群合约

> ▲ 命题 10 推论 4：链群合约（生态组织合约）用一系列（以超链形式存在的）点对点之间连续的短期临时合约，替代了一个叫作“企业”的长期正式合约。

合约不完全，有技术与制度两方面的原因，信息不对称是技术原因，利益不对称是制度原因。制度因素是决定性的，技术因素只是从属的。要实现完全合约，需满足信息从不对称到对称这一条件，同样是技术性的，它能不能实现及实现难度大小，要看能不能满足其制度条件（利益从不对称到对称）。如果不想实现利益对称（利益平等），一旦发现信息对称会导向利益对称，就会千方百计地不让信息对称实现。这与最难喊醒的人是装睡的人是一个道理。信息化本质上是一个信息对称化（透明化）的过程，虽然在工业化制度性利益动机下，可能向制造信息不对称以牟利的方向发展，导致更大的利益不对等，但最终的取向一定是信息对称与利益对称向生产力与生产关系一致化的方向演进。

利益对称本质上是权利交换的对等、平等。信息技术革命只是提供了权利平等的技术条件，要实现权利平等，在制度上，需要建立权责利关系上利益对等的合约。一些人把建立完全合约、完全合同的难度推到技术上，认为信息对称难以实现，这虽然有一定道理，但忽略了利益对称的制度意愿对于解决信息对称问题造成的影响。阿尔法狗可以把围棋这样复杂的双边博弈中的得失利害在“走一步瞧一步”中计算清楚，从理论上说，合同中的利益博弈也是可以在一定颗粒度上计算清楚的。

新制度经济学家认为，市场存在的交易费用与信息问题，使理想中的完全合同变成现实中的不完全合约。不完全合约虽然偏离了完全竞争市场，但这种偏离如威廉姆森所说可以达到节省交易费用的目的。[①] 数字经济学的合约理论则认为，利用数字化达成的信息透明机制，可以达成一个完全合同，这个合同同样偏离同质完全竞争市场，只是偏离中包含了正向租值（租值聚集[②]），其偏离度等于垄断竞争均衡定价与完全竞争均衡定价之差。

链群合约是一种生态合约，它是完全合约。它与不完全合约最大的不同，在于将企业与员工之间订立的合约变成用户与员工之间订立的合约，略过了企业代表用户确定目标这一步，从而避免了企业作为中间人由于产生代理人特殊利益而对合约目的性的扭曲，在社会关系上消除了信息不对称的利益动机。

在技术关系上，链群合约用一系列（以超链形式存在的）点对点之间连续的短期临时契约替代了一个叫作“企业”的长期正式契约，因此，使信息从不对称变得对称、从不透明变得透明。其交易行为，同样可以用搜寻、考察、订约、施行、控制及执行六项活动[③]来概括。不同之处在于，搜寻、考察的活动是“自生成”的，订约是基于生态共赢的，施行、控制与执行是“同进化”的。

以海乐苗为例，它本来的产品是疫苗保温冰箱，“自生成”新合约的契机在于深入最终用户（服务对象——医院的用户，即注射疫苗的孩子和伴同家长），搜寻发现国内存在百万量级拿错疫苗的现象，同时发现孩子怕打针是家长头痛的问题。经过考察相关资源，其确定由这两点衍生的服务是高附加值

---

① 弗鲁博顿，芮切特．新制度经济学：一个交易费用分析范式［M］. 上海：上海人民出版社，2006.

② 姜奇平．分享经济：垄断竞争政治经济学［M］. 北京：清华大学出版社，2017.

③ 同①.

的。解决问题需要外部合作，由此开始订立合作合约，从提供良好体验带来的高附加值中分享成本之上的剩余，以实现双赢。合约的施行、控制及执行则是以项目为单位（而非以企业为单位）灵活安排，比如，在非洲没有电的地区服务时，临时与太阳能提供方合作，为保存疫苗的冰箱供电，提供合同的实施保障；在用户分散的农村，与移动交通提供方临时合作，上门注射，保证项目的执行。根据项目需要，整个控制过程与企业外合作伙伴共同进化、修正、完善。

从合约内容上看，链群合约是使用权交易合约，与不完全契约不同，它不是对中间工具价值（抽象交换价值）负责，而是对决定这种价值的最终价值（用户价值与创客价值）负责，并且以资产使用权合约——权责利落实这种责任。

数字经济的一个根本性改变，是将企业组织转型为生态组织，并且改变了其中的治理逻辑。因此，决策、激励、组织和控制各环节都同步地贯穿于同一线索，即从企业逻辑向生态逻辑的转型，包括从企业决策到生态决策、从企业激励到生态激励、从企业组织到生态组织、从企业控制到生态控制的逻辑上的转变。这些分析潜在地认为，目标与目的不同，企业目标是工具理性的（“人是手段”），生态目的是“价值理性”的（“人是目的”）。从手段向目的回归，要借助同一条路径，即从以生产者自我为中心向以用户体验为中心转变。

企业治理倾向于克服外部性这种“通用性”，从他决策、他激励、他组织、他控制中保持专用性，以壮大其专业性；生态治理则倾向于通过有偿共享，按市场化原则、商业化方式放大通用性这种“外部性”，从自决策、自激励、自组织与自控制中吸收生态养分，以滋养其多样性。这导致其中的治理原则与原理都存在系统的相反之处。

链群合约还可以理解为一种反向拍卖形式，其特点是由用户评定合约定价。海尔流行的“竞高单”，就是现实中的反向拍卖。所谓反向，是指定价主体由产品和服务供给方转向需求方，过程是，平台对项目进行类似招标的“竞单”（拍卖），项目与拥有权无关，只是单纯地面向使用权，即相当于使用权竞标。使用者（创客或小微主等经营者）参与项目的使用权（经营权）拍卖，价高者得，高单就是项目可行性条件相同下由出价最高一方定价所形成的合同。作为完全合同，它是相对于最终用户的，因此，是信息透明、对称的。其中的信息，不经过拥有者（平台企业）中间再估价，合同的授权由用户赋予。

6.2　行为：自主人与自主经营

完全合约是这样一种要素交换契约：取消了科耶夫所说的“主人－仆人”关系，代之以平等交换。在要素的平等交换中，从只有主人（资本）是法律认可的权利主体，变为仆人（劳动）也成为主体。这意味着仆人转变成主人。在海尔，自主人假设取代了经济人假设，这个自主人，意味着“人人都是自己的CEO”，不再存在“主人－仆人”中的支配－服从关系，人人都可以成为自己的主人而不再让资本成为自己的主人。劳动作为一个使用资产并在其中发挥劳动潜力的过程，最主要的自主性表现在使用资产上，从决策、控制到分配，都具有经营自主性。从这个意义上说，我国农村改革的真正意义，表面上在于使用权承包，而以人为本的含义在于劳动者自主性的恢复。劳动者获得工资以上的剩余，体现自主劳动在不依赖于法权（无论其归属于谁）的条件下初步觉醒。

雇佣制下不可能产生资本与劳动之间的完全合约。完全合约首先表现为一种先于信息对称的利益对称，即资本与劳动的平等交换。这要求在资产经营上资本与劳动进行平等的权利交换。这种权利交换，包括了责（责任）、权（职权）、利（分配）3个方面的平等。本节所讨论的围绕资产使用权的资本与劳动合约，其中的许多内容，以往都被归入管理学。因为传统经济学更关注资产拥有权合约（包括雇佣制下的委托－代理合约），只有奥地利学派将资产使用（经营）纳入经济学来讨论。例如，拉赫曼在《资本及其结构》中指出，所有的资本品经济价值都来源于其使用模式，资本使用计划的本质就在于其功能的多样性。① 我们在这里借鉴了奥地利学派注重资产使用（经营）的方法并加以扩充，用于分析利益对称的资产使用（经营）合约。

---

①　拉赫曼．资本及其结构［M］．上海：上海财经大学出版社，2015.

6.2.1 自主决策：选择与战略

决策是对于实现目标的资源、路径的选择。新制度经济学家詹森等讨论了“决策权在市场和企业内安排的制度设计”。在委托－代理结构中，代理人决策依靠的知识被称为“专门知识”，指“转换成本所费很高的知识”。①为了降低交易费用，要考虑两个基本问题：一是“确定什么人应当行使决策权”，二是“如何保证自利的决策代理人按给定的组织目标来行使他们的决策权”。②

在传统治理理论中，决策是属于拥有者以及拥有者委托的代理人的权力，员工只是决策的执行者。但在数字经济治理中，“确定什么人应当行使决策权”，不是在决策代理人中选择，而是“让听见炮火的人决策”。在平台生态中，最终产品只能由应用方决策，平台方不可能代替应用方决策。

至于如何保证这些人“按给定的组织目标来行使他们的决策权”，这个问题本身就有问题。生态组织的目标不同于企业组织的目标，要由平台方和应用方共同实现，目标并不是在中间产品阶段就先验给定的，只有在接触最终用户过程中才能最终完成，用户决策也构成目标的内容。用户的决策表现在用户对产品和服务的选择上。“炮火”代表用户需求，它随时随地可以校正组织目标，使之变成可实现的客观目的。在链群合约中，一线决策的权力与用户需求直接关联，并与责任、利益挂钩，构成一个资产使用权的权责利闭环。

发生这样的变化，是因为在詹森等的问题如何保证自利的决策代理人按给定的组织目标来行使他们的决策权中，“决策代理人”与“给定的组织目标”这两个要件都发生了变化。

第一，决策人发生了变化。数字经济不同于工业经济，由于资产通用性，创造价值的劳动会发生从雇佣劳动那种被动劳动向自主劳动这种主动劳动的转变，从而使创新、创造成为新价值的源泉。同样是对于资产的使用，自主劳动下使用他人的生产资料，与雇佣劳动下使用他人拥有的生产资料，最大

---

① 在传统工业化条件下，对资产使用进行经济学分析，往往被归类于“庸俗”经济学方法（因不接触实质问题），但在数字经济条件下，资产使用（经营）涉及自主劳动这一实质问题，因此，需要正面面对。

② 科斯，哈特，斯蒂格利茨，等．契约经济学［M］．北京：经济科学出版社，1999.

的区别在于自主决策，而非按他人决策来落实。

第二，决策目标发生了变化。自主决策包括对人、财、物的筹划，都是按照自己的目标（而非企业设定的目标）来进行方案选择。当然，前提有两个，一是这种目标必须符合用户需求，二是这种目标需要与企业目标（主要是战略目标①）一致。

6.2.1.1　决策权：授权与转让

在数字经济中，自主决策不同于自上而下授权，而是自下而上生成权力。这个“下”，一是指用户，相当于选票那样，生成决策的合法性，二是指创客，相当于竞选者，通过竞选获得权力。因此，这种权力不是由“上”（企业）赋予的，“上”没有权力收回“授权”。

为什么只有在数字经济中一线自主决策才会成为可能？这是因为资产通用性必然形成资产风险的分散。在资产专用性条件下，风险只能由资产拥有者集中承担，而在资产可以通用的条件下，一份资产可以在多项试错性的应用中分享使用，分散风险而（例如，按资产使用效果收取租金）集中收益。因此，高风险、高收益就从集中决策机制变为分散决策机制，资本出于分散风险的内在需要，选择不是以授权方式（委托方式）而是以租佃方式（永佃、分成等形式，在互联网中即平台模式）让渡决策权。

资本在让渡决策权这项资产使用权时，可以保留战略选择的权力，以战略限制决策的类型与风格。例如，在海尔的预算机制中，限制决策的先决条件只能是获取高单（差异化战略），在这个范围自由选择，进而避免低端决策者（如清库存、打价格战类型的决策者）的进入；淘宝商城中，打价格战的商户更容易存活……

战略决定固定资本投资的方向，事关资产通用的范围及所面向的服务对象类型。传统治理理论在讨论决策时，一般不细分战略决策与具体决策，这是因为二者的产权主体是同一个。但是，在数字经济中，二者分别是平台方（资产拥有者）与应用方（资产使用者）的功能，双方的产权主体在生态上

---

①　在海尔这样的企业，企业目标只是战略目标，没有以往那种具体目标，具体目标由用户与创客以链群合约形式商定，但集团企业要求每一合约都符合高单（高附加值合约）的战略要求。

是同一个单位，但在拥有权上是不同主体。

6.2.1.2 信息决策与人财物使用权

决策的一般形式是信息决策。拉赫曼所说的“资本使用计划”，在很大程度上可归类于信息决策。

在资源使用上，信息问题与决策问题都与资源筹划（包括资产的组合）相关。在决策中，人们通过信息活动选择目标、规划路径、制定方案，实质是根据目的和意义（具体到实施中，是组织的目标），对资源对象（“质料”，包括人、财、物）进行合目的的规划（目标规划），使之取得形式（如预算），以促进价值实现。

按人、财、物对决策分类（企业内分割决策权的技术①），是对资源具体调度上的方案选择（包括方案的创建、批准、实施和监督②）。在决策分类上，数字经济治理与传统治理是一致的，但具体内容显著不同。

第一是用人权，包括选人、用人、解聘或晋升。在实施时，数字经济治理的做法是由自主经营体实施按项目聚散的自主决策（进入或离开项目，即工作或不工作），而不是由企业领导以企业为单位③聚散员工（就业或失业，即进入或离开企业）。传统治理在用人时往往更看重人员的静态能力（如学历、资历等），日、美大企业这种现象更为突出。但在自主经营中，完成项目的实际能力与贡献，更被看重。

第二是货币预算。传统治理中，对代理人的货币预算约束来自委托人。代理人有权进行货币形式的资产置换，而委托人可以限制这种行为的范围。但是，因为委托人缺乏具体的专门知识，所以会在信息不对称中形成预算约束的软化，甚至出现“风险归委托人，收益归代理人”的异化现象。在数字经济治理中，解决的办法是由用户需求直接约束自主经营体的预算，资金可以保障供应，但要与项目一一挂钩，形成项目级的链群合约，这样，自主经营体必须利用其专门知识，在资金的使用成本与收益之间平衡预算。

第三是实物预算，如资产设备或建筑场地的使用。在数字经济中，原有

---

① 科斯，哈特，斯蒂格利茨，等．契约经济学［M］．北京：经济科学出版社，1999.

② 这是法玛和詹森的分类。这里的监督不同于控制之处，是不包括事后奖惩。

③ 相当于将企业视为由一系列短期项目集合而成的长期项目。

的领导者（经理人）成为资源接口人，为自主经营体提供对接物质资源的服务。而实物预算的平衡，由创客与用户直接匹配完成。创客超出需求地多用物质资源与少用物质资源，在自我约束机制下成为没有必要的行为。

自主决策以上三方面的不同，都可以总的归纳为由委托－代理结构的信息不对称转向最终供求关系的信息相对对称与直接平衡。

6.2.1.3 自主决策中创造新价值的体现

需要指出的是，自主决策是与“创造新价值”这一数字经济核心特征内在联系的。前面在价值论的讨论中，我们已经明确，“创造新价值”特指创造异质性价值，包括新质使用价值与具体交换价值，以及创新（供给）和体验（需求）两个方面不同于制造的价值（同质使用价值与抽象交换价值），它们共同构成可以定量区分的质量这种价值。这种价值的总的来源，是创造性劳动，即自主劳动。

这种劳动在决策中“创造新价值”的特征，从价值一般角度，体现为决策只是人（创客）的目的性（创造性）与单（用户）的目的性（自我实现的体验性）先匹配出目标函数，再根据人与单两方面的资源约束条件限制，形成双层规划。传统的原子论理性假定条件下的数学规划，对复杂世界加以简化，以达到技术可以处理的程度，成为一个决定论的过程。而人单合一，内在隐含非决定性的因素。在技术决定之外，人的介入不是外在的，而是过程的一个内在组成部分。人的价值第一，在供方体现为创造性劳动创造新的价值（异质性价值），在需方体现为自我实现需求高于生存、发展需求的体验价值（实现优质生活）。

自主劳动下的决策，绝不同于物质驱动下的价值循环流转，它必须把理性的规划与对价值创造的规划统一起来。办法就是把计划从一种原子论式的理性规划职能推广为人单关系中的目标与约束的规划流。这时，计划的主体就发生了变化，计划不再是以企业为中心计划，而是在人单协同中进行双赢的规划。计划不再是一种职能，而是一个动态过程。

6.2.1.4 自主决策与战略决策分工

自主决策发生在生态组织中，生态组织包括平台方（集团企业）与应用方（如小微企业）两类企业，由不同的独立法人主体组成。这时的自主决策，指应用企业（租用生产资料的活劳动）的自主决策，与之对应的是平台企业的决策，主要是战略决策。

一般来说，经济学家很少谈战略，因为他们认为战略在全局中所起的作用是无用功。例如，认为以波特成本领先与差异化为代表的战略，在全局水平，战略的得与他人的失相抵后，归于零经济利润，因此，战略只对个别企业有意义，对企业整体无意义。数字经济的实践却显示，战略是可以具有经济学意义的，也就是说，可以在均衡水平达到正经济利润。其理论根据是平台的报酬递增。

以黑海战略为例，它不但强调低成本差异化（范围经济），以平台提供固定资产投资的分享为条件，而且其中的差异化因生态化、场景化达到高附加值体验的程度，不可模仿和替代。其实施结果，就会在零利润之上产生一个由生产者剩余与消费者剩余构成的溢价，这个溢价不会因生态合作企业内外的会计利润相互冲抵而消失，从而成为共赢、多赢的社会分配基础。

原有的战略管理以企业自我为中心，管理的只是既定战略能否在协调手段中实现，担心的只是手段与目标匹不匹配。具体到价值实现上，泰勒制主观上追求的只是创造会计利润，客观上只能得到零经济利润。以丰田经验为代表的日式管理面临两难，一是希望从需求多样性中获得经济利润，二是需要在供给方面克服由多样化带来的成本，其盲区在于不懂得如何提高经营多样化效率（如打飞靶）。

但对于自主决策来说，要处理的是在供求平衡关系中创造价值的模式问题。作为利益共同体生态的一部分，平台要承担活劳动之上的战略规划。范围经济战略管理要实现的，则是专门定向于创造价值。它既要求从用户角度更要求从员工角度管理高附加值的需求。为此，要求通过治理产生范围经济的效能。

活劳动实现创新、创造，并不代表其就具有战略规划能力，但平台作为创新生态的一部分，它的形成本身就内在要求具有战略能力，否则它不能得到资本的持续支持。因此，平台应该成为活劳动资本的深化。以股权股份分离为特点的风险投资，则应成为创造性劳动实现的必要条件。在高风险对应高收益这一点上建立起平衡机制。

6.2.1.5 自主决策的社会关系影响

下面我们从制度分析角度，比较一下工业经济决策权与数字经济决策权在产权上的区分要点。按照科斯、阿尔钦、艾伦等的观点，决策权与转让权的结合也是经济学中通常使用的产权一词的一般意义。① 自主决策，可以理解为决策权的一种转让、让渡。按新制度经济学的观点，决策权在市场上加一个溢价后可以转让，但在企业中不可以转让（包括转让给代理人），更多的是授权（可以收回）。海尔与阿米巴形式上都是一线决策，但阿米巴的决策权不是转让而是授权，双方是同一法人主体，因此，可以由企业收回；海尔的决策权是转让而不是授权，双方已不是同一法人主体，因此，不可以在企业集合这个生态组织中收回，否则会构成侵权。

另一个重要区别是，在授权关系中，得到授权的决策者只是代理委托人决策，并没有"将收益据为己有的权利"；在转让关系中，决策者可以直接参与分成。这决定了，在工业经济资产专用性条件下，由于让渡权的缺位，组织必须通过另外的制度和程序来解决权利的安排和控制问题。② 由此可见，转让权的关键，是收益权的（部分）转让。具体到数字经济来说，是将资产的使用权（而非拥有权）收益，由拥有者独占转变为与使用者分成。一般是按各自承担的风险来分配利益，高风险对应高收益，低风险对应低收益。由于通用性资产自身固有的特性，拥有者集中（独占）使用风险高，分散（分享）使用风险低（因为资产是按使用效果而非使用收费③，所以创业失败不承担任何重资产风险）。

自主决策的社会关系影响是明显的。在预算约束中，一个利益对称的权责利契约，一定会使自主决策者得到应有的分成，而分成本身，标志着雇佣劳动的终结与自主劳动的开始。雇佣劳动是不直接参与分成的，这是由工业经济生产方式与治理机制决定的。它与分红还有所不同。将股份社会化，按股分红，在工业经济条件下是可行的，但其重大局限在于，仅仅使劳动者得

---

① 科斯，哈特，斯蒂格利茨，等．契约经济学［M］．北京：经济科学出版社，1999.

② 同①.

③ 在苹果商店的规则中，按使用效果收费，意味着：第一，App 失败的风险完全由 App 开发者承担，资产分享方（苹果公司）不承担任何风险（高风险部分带来的亏损完全不计入损益表）；第二，App 如果失败（"效果"不好），不必向资产分享方提供租金（服务年费）。App 分散承担的风险，主要包括损失的时间、精力（活劳动投入）和机会成本（扣除积累的经验的价值），可以承受。

到股份而没有得到股权（特别是决策权），因此，劳动者即使得到分成，在资源使用（马克思所说“感性的占有”）上也难说是自主的，因为劳动者只有价值上的参与而缺乏使用价值上的参与。

数字经济中的自主决策，其社会分配实质，是活劳动直接参与决策，通过这种“感性的占有”并依据在其中作用的大小获得相应剩余。这产生一个与分红不同的效果，那劳动者创造潜力得以发挥。从某种意义上来说，获得剩余不是目的，而是人自由而全面发展的自然结果。相反，如果劳动者不经过创造性劳动就获得剩余（像北欧福利国家那样），那必然会以自身潜力的不发挥以及外围劳动者（如不发达国家的劳动者）陷入进一步的贫困为代价，出现劳动者按国别等级化的情况，这不是一种包容性的发展。

数字经济在自主决策中的关键作用，在于以平台承载资产通用性是活劳动参与应用决策的必要条件。这是只有通过数字技术、数字商业模式才能形成的新业态、新模式，它不可能出现在生产力落后的工业经济中。质言之，最终是生产力的发达与否决定了劳动的自主与否。自主劳动的生产关系，是由信息、数据生产力发展决定的必然现象。

6.2.2 自主控制：自我校正

控制与占有一样，也是二义概念，有法律控制与自然控制两种，前者是所有权，后者是使用权。控制是使用权中的一类，是在经营中利用目的对手段进行校准。

传统控制理论的控制对象主要有两个：一是治理理论所谈的委托人对代理人的控制，包括代理人控制，比如新制度经济学讨论的拥有权与控制权的关系；二是管理理论所谈的企业主或代理人对员工的控制。数字经济治理面对的是自我控制，即需方对供方的控制，其特点是将需求目标内化于供给目标，自我校正行为以符合目的，其本质是目的行为对合目的行为的控制。如果不发生目的与手段的人格化分工（产消分工），那它就是同一目的的自身的一体两面，因此，叫作自我控制。

控制的本义，在管理学中指参照目标，利用奖惩等手段校正结果，以使结果符合目标的行为。从价值一般角度看，它属于目的因范畴。目的因中的目的，实指目标，用目标来校正行为，是目的得以实现的动因。在资源配置中，这相当于约束条件对目标的最优“控制”。

新制度经济学讨论的控制，含义却不尽一致。新制度经济学学者经常把决策与控制混为一谈，把控制当作决策，认为控制即“谁说了算”的问题，如是老板，还是经理人决策。事实上，当决策的选择（相当于目标函数）确定后，控制行为才开始，它决定的是目标是否有条件实现（相当于约束条件的软硬）。为此，要进行结果与目标之间的信息反馈，如评估、监督，发现偏离时，要及时纠正。

新制度经济学学者经常在所有权与控制权的关系下讨论控制，这时的控制仍具有二义性。控制与占有一样，都有拥有与使用二义性。在新制度经济学中，拥有权与控制权关系中的控制，一种含义是指法律控制，归于拥有权，一种含义指自然控制，归于使用权（经营权，包括人、财、物的控制权）。如果拥有权与使用权的主体不是同一个，例如，前者指企业主而后者指经理人，那拥有者与使用者对资产的控制就可能不一致。

新制度经济学讨论控制时，其中的拥有权是既定的，并不重点讨论拥有权的形成与确立，而是研究拥有权确立后，拥有者是直接控制还是委托代理人控制（同时，拥有者对代理人的控制及代理人的反控制）。这时的控制是运作意义上的控制，问题指向的是，拥有者委托代理人经营并控制代理人利用、运作资产的行为，以使拥有者确立的企业目标得以实现。这里说的控制，是指使用权意义上的控制，即自然控制。

6.2.2.1 控制与控制权

1. 市场控制、企业控制与“古典”控制

新制度经济学讨论的控制权问题，分为两类：一类是市场控制，另一类是企业控制。

市场控制主要讨论拥有者之间的权利交换，比较市场交易和企业交易费用的得失，当内部协调成本高于外部协调成本时市场替代企业，当内部协调成本低于外部协调成本时企业替代市场。

企业控制主要讨论拥有者与使用者之间的关系。使用者又可以区分为两类：一是雇佣制下的使用者，主要包括经理人与员工，新制度经济学侧重讨论经理人，管理学侧重讨论员工；二是合伙制下的使用者（包括外包对象），主要涉及分成制。

市场控制主要讨论的是签约后的活动，包括施行、控制和执行。其中，重点讨论5个方面的问题，包括市场价格高于竞争价格、特许、纵向与横向一体化、公共管制、私人第三方裁决争议。①

从广义均衡观点看，这5个方面的问题涉及的都是完全竞争与垄断竞争均衡价格之差。新制度经济学想把它们解释为企业契约替代市场契约引起的变化，起因是市场在这些方面存在着由社会关系摩擦引起的交易费用，企业正是为解决这个问题而进行的制度安排。与政治经济学相比较，这里的社会关系更多的是指社会关系中的技术性关系，或者更多的是指资方面对的社会摩擦问题。回避了劳资矛盾，未顾及劳动分配剩余的问题。

企业控制主要讨论监控（监督）、绩效评估、比较和纠正（奖惩）。企业控制问题上，新旧理论核心的区别是谁在控制，传统治理理论认为是产权拥有者（如企业主）在控制。从数字经济角度来看，不是领导或控制部门在控制，而是目的（而非目标）本身在控制，也就是用户需求在控制。因此，这种控制从价值一般角度来看是目的的自我控制。用户需求在控制中的核心作用，在于决定组织确定的哪些目标属于目的因而是客观的、哪些目标不属于真正的目的而只是企业（企业主）的主观意愿。

从社会关系分析角度看，这里的控制还有另一重实质含义（“古典”的控制），即把控制当作权力实现的手段，一是保证支配-服从关系中服从方对支配方的顺从，二是从这种关系中保证剩余的流向。

需要指出的是，古典控制虽然本身是一个资产使用（经营）范畴的问题，但决定性的是围绕资产拥有权的制度设计。工业生产方式下的生产关系，先验设定了法律控制的权力关系，自然控制（管理控制）的权力关系是从中派生的。

数字经济的演进方向，是法律控制与自然控制同时向平等合作（而不是权力服从）方向发展。其中，自然控制（经营控制）发生的变化是从等级制控制向生态制控制转变，由上下关系变为交互关系；法律控制则向合作分成的方向发展。特别是，如果自我控制不能以劳动分享剩余为先决条件，那生态化的控制就毫无意义，因为这时的控制将不再处于合作伙伴这个范围内，而处于传统的上下级关系中。而合作的前提，就是要有对于剩余的分享。合

---

① 弗鲁博顿，芮切特．新制度经济学：一个交易费用分析范式［M］．上海：上海人民出版社，2006.

作的平等性，不仅表现为在行为上谁听谁的，还表现在剩余分配是否平等上。

市场控制与企业控制都属于资源配置控制，而“古典”控制属于社会分配控制，数字经济控制同时改变了这两个方面。

2. **效绩控制**

首先来看拥有者（含委托代理人）控制的情况。经济学一般不讨论效绩问题，因为有效绩不等于有价值。例如，目标错误，效绩越高越会使企业破产。一般经济学重点讨论价值（对企业来说意味着选择正确的机会）而不是使用价值（对企业来说意味着经营，落实抓住的机会）。新制度经济学有一个优点，它讨论经营运作这种纯属于资产使用价值范畴的问题（围绕生产资料的“活动”与行为）。这就把奥地利学派关于资产的观点具体化为治理理论了。这种从价值到使用价值问题深化的顺序，符合数字经济重心从拥有权向使用权转移的趋势。因此，以往在多数经济学家看来没有讨论必要的、纯属管理学的绩效控制问题，今天开始具有经济学本身的含义。

新制度经济学家詹森等专门讨论了控制体系。① 这个体系，主要包括两个部分：对企业的每一个下属部门和每一个决策代理人的绩效度量和评价体系；与个人绩效相关的奖励和惩罚体系。

通过对比成本中心与利润中心，詹森与麦克林敏锐地观察到控制行为中存在的信息不对称与利益不对称现象。他们发现，制造部门通常按成本中心原则来组织生产。由于经理的特殊利益，绩效测量与企业目标往往不一致，本来给定的产出使总成本最低（等同于给定总成本使产出最大），但经理只追求产出最大，“通过降低质量来减少成本”，因为质量是不容易监测的。他们没有明言利润中心出现的背景（服务部门的兴起），但指出了如果“分权给购买者”，让控制中“包含了消费者对质量、时效和价值的评价”，会使利润中心出现反向变化，即收益相对于成本具有相对独立性。这正是数字经济致力于控制发生改变的方向。利润中心提高收益，固然有其相应成本，但不是通过简单地降低成本做到的。这主要取决于创造新价值。

事实上，成本中心或利润中心本身不是主要的，控制的真正问题，在于如何打造一个创造新价值的体系。这就需要打破企业的组织边界，从“外部”

① 科斯，哈特，斯蒂格利茨，等．契约经济学［M］．北京：经济科学出版社，1999.

引入新的竞争。这个“外部”，处于目的之内却处于目标之外。

对数字经济中的控制而言，控制要面向可能性，让用户体验得以充分释放，让人的创造性得以更大程度的发挥，从提高多样化效率中，通过创新、创造，将多样化的可能性变为现实，以获得高附加值。

3. **控股与控权**

企业治理中进一步的控制问题，在于控制拥有权（控股）与控制使用权（股权）关系的处理。

德姆塞茨在《所有权、控制与企业》中提出“控股股东”的问题，即面对更大的企业特定风险，是什么原因促使投资者成为控股股东呢?①

提出这个问题的背景，是在工业经济的委托代理条件下，代理人可能通过分散股权来获得企业的实际控制权，将高风险转移给委托人，而把对应的高收益转移给自己。以雷曼兄弟公司为例，在雷曼兄弟掌权时代，委托人与代理人是一致的。随着第一代领导者的离去，代理人逐步控制了组织。一是公司股份高度分散，导致委托人失去对组织的控制；二是经营者实际控制了组织，风险和收益开始不对称。经理人形成了在华尔街非常普遍的“收益归自己、风险归公司”的代理人行为模式。他们急剧膨胀有利于提高高管薪酬的金融创新工具，不顾公司长远利益，使公司行为短期化，将自身利益最大化凌驾于委托人与消费者利益最大化之上，最终导致雷曼兄弟公司破产。

面对这种问题，德姆塞茨仅仅想到集中拥有权，即委托人直接收回代理人的权力，由自己掌管，这实质是资产拥有权与使用权的合一。这样并没有解决问题。因为委托人正是没有必要的专门知识（信息不对称）才去找代理人的，集中权力并不能因此获得这些专门知识。在委托 - 代理结构与信息不对称的条件下，该问题几乎是无解的。

数字经济中发生的是另一种相反变化，即资产拥有权与使用权分离，表现为股份与股权的分离。这是美国纳斯达克风险投资市场与近年来中国香港市场接受的一种支持数字经济企业上市的资本规则。创始人通过股权控制企业，而不是实行拥有权集中的控制。这显然与资产性质的转变是有联系的。实行这种制度的结果，是高风险在市场上得到分散，为风险投资分散了风险。

---

① 德姆塞茨. 所有权、控制与企业：论经济活动的组织（第 1 卷）[M]. 北京：经济科学出版社，1999.

苹果商店的所有权结构，则是股权高度集中于苹果公司，但对应的风险被分散到海量的App开发者身上。苹果公司以分享数字化资产（平台与开发工具）、按使用效果收费为条件（且分成比例为15%：85%），换取App开发者的承诺，一旦App市场失败，由App开发者承担全部风险。苹果用较小的分成（15%），避免了高风险市场上的风险。

以上说明，随着数字经济的兴起，企业资产中最核心的控制——对资产风险的控制，越来越从拥有权集中向使用权分散的方向演进。进一步的演变，就不再是企业控制，而是打破企业边界，变成生态控制（自我控制）了。

6.2.2.2 自我控制

1. 自我控制：从目标控制到目的控制

在工业经济治理中，控制的根本对象是企业目标，这只是中间形态的目的，在数字经济中，控制将直接面向最终形态的目的（“人是目的”）。

不是为控制而控制，而是要保障非目的行为不干扰目的的实现。不符合目标的行为，既可能来自员工，也可能来自老板。前者不符合，多是因为个人目标与组织目标不符合；后者不符合，则属于目标本身不符合企业客观目的，多由企业目标与用户目标不符导致。传统治理理论从不考虑后者，以资本天然“政治正确”为前提。这相当于认为权力的合法性仅仅在于暴力而非服务一样。在优胜劣汰的完全竞争中，为了自利，资本也确实可能达到目标与目的的统一，例如，一些优秀企业的核心价值观在千变万化中得以坚守。但这不是必然的，更多的情况是德鲁克指出的那样，几乎没有几个公司认识到发生根本性变化的不是企业内部，甚至根本不是企业的经营方式，而是外部环境。企业一开始设定的目标是与市场需求吻合的，但当市场环境发生变化时，企业可能因为过去的成功而忘记自己的核心价值观，没有相应的改变去适应变化，从而与市场乃至核心价值脱节。

在批判理论看来，控制是一种反控制——释放或解放，是人的潜力的释放。控制不是用工具理性抑制人的目的，而是用人的目的（“人是目的”）解放工具理性。人单关系中体现的是人的目的性本身在控制，而这个目的体现在价值创造（如顾客创造）中。这决定了控制过程是打破既定秩序、创造新秩序的行为，是有序创新的行为。

无论是管理控制（对员工的控制）还是治理控制（对代理人控制），在施加控制之前，人实际是受限制或者说受控制的。受什么控制？在心物二元状态中，人受到物（工具理性）的控制。人因受到物的控制，人之为人的潜力得不到释放。这包括两个方面：一是用户价值；二是员工价值。员工本来是劳动者，但传统管理把他“管”成了劳动力，使他身上“为 CEO”“为圣贤”的潜质没有了。

控制应是对这种物化控制的严加控制，以使它不得干预人的（创造）行为。办法就是把控制置于人单关系中，通过合一这种心物一元化的努力，使人潜在的价值与能力得到发挥。从这个意义上，才能理解海尔的日清体系本质上是清人的原因。如果只是将现代信息技术用于集中控制，实际起作用的还是工具理性，而没有实现心与物二元的合一（进而无法实现人单关系在增值水平上的合一），那还是物化管理。

2. 生态化：从中心控制到全员控制

按照罗宾斯等从职能角度的定义，控制是监控、比较和纠正工作绩效的过程。①

控制是对手段的校正，又称执行。控制力决定执行力。经济学不谈执行，假设的是目标一旦设定正确，就会自然而然实现。但是，正确的目标，在管理现实中，并不一定能够顺利实现。管理通过控制功能来保证目标的实现。

从价值一般的高度来看，一个目标要真正与“人是目的”相吻合，其控制理念一定要从以生产者自我为中心向以用户体验为中心转变。

工业经济中的控制治理，是以自我为中心的。它从不审议企业目标的合法性，只研究如何落实。如果目标错了，那这样的控制，就是在教人如何将错误“有效率地”放大；只有目标对了，才是将正确放大。

在管理学中，控制主要指用企业目标来校正行为，通过奖惩、会计等手段使经理或员工不偏离目标。但在经济学，尤其是数字经济学中，还有特别的原因要对企业目标符合不符合客观目的进行一重在先的控制，它有点像商业的“立法”过程。

传统治理理论中的控制，是上对下的控制，包括拥有者对使用者的控制。数字经济治理理论中的控制，是自我控制，是扁平化结构中的控制。这个自我，是在“人是目的”这个层面讲的，是指用户这个自我与创客这个自我的

---

① 罗宾斯，库尔特. 管理学［M］. 13 版. 北京：中国人民大学出版社，2017.

统一。上对下的控制，是中间人控制，中间人设定的企业目标，对人是目的来说，只是中间价值，即实现目的的手段，它自身并不能保证目标与目的的一致性。如果中间人不忘初心，目标可以是目的体现（符合最终用户的需求），但工业经济每日每时都产生着让中间人偏离目的（为手段而手段）的力量。数字经济从社会关系角度矫正目标对于目的的偏离，主要是让供求两端直接见面，力求避免中间环节特殊利益作用（如股东利益最大化）造成的扭曲。

一旦让最终用户与最终服务者直接见面，一种新的可能就会涌现出来，即“人的价值最大化”（人之为人的潜力发挥，或者说自我实现）成为可能。一方面，用户潜力，从服务需求升级为体验需求，这使人的目的的潜力从需求端提升到自我实现的高度（例如，达到高峰体验）；另一方面，供给者潜力，从标准化的制造、服务，提升到创造性劳动的高度，从而创造高附加值的新价值。这两个方面的统一，构成自我控制的闭环。在自我控制中，不是老板（中间人）控制员工，而是最终用户控制最终员工。这样的控制如何实现，以及其中的机理，是下面要讨论的问题。

6.2.3 自主激励：领导与激励

激励是资产使用（经营）另一个方面的重要内容，指资产使用者根据人的行为动机提供引导成员实现组织目标的动力。对自主人而言，激励是一项权力，是作为主人（“领导”）的权力。只有主人能够决定社会分配，并用这种分配作为激励手段。对于生态组织而言，人人都应成为组织中的主人，因为自主的意思就是成为自己的主人。

社会分配问题，在制度经济学中被称为激励问题，在管理学中则被称为领导问题。在经济学中，人们很少看到在管理学中经常看到的“领导”这个词。事实上，领导作为一个激励问题，可以被分解为两个问题：一是领导与领导之间的激励关系问题，依对于资产的拥有权与使用权，可以分为企业拥有者与经理人之间的激励问题；二是领导与员工之间的激励问题，是资本与劳动的分配关系问题。这两个分支都悬置了企业拥有者自身的激励问题（用户“激励”老板的问题），仅将追求利润作为企业拥有者的行为动机与激励来源。这就留下了资本方为了追逐利润，为利润而利润，不惜牺牲用户的问题。数字经济把用户作为激励源，作为激励理论的重心，形成了自我激励的自主人制度。

在信息对称透明技术机制的辅助下，数字经济学需要致力于实现利益结构的对称。这种对称是指，将用户需求决定企业目标（企业“立法”）与企业目标决定员工目标（企业“行政”）有效对接在一起。将老板付薪变成用户付薪，实现了激励源、沟通源上的信息对称。

6.2.3.1 从激励到自我激励

1. 激励与动力

我们在此将科耶夫所说的主人替换为“领导”。在利用资产的活动中，自主人的领导力体现在将自主落实转化为自驱上，自主人要想成为自己的领导，需要在激励、交互与支持3个方面努力。

激励涉及利益的动力因，旨在打造自愿这种遵从力；交互（沟通）涉及意义认同，旨在打造自觉这种影响力；支持涉及资源（资本），旨在打造自驱这种服务力。领导的作用最终是要就目标形成组织合力，使人、财、物服从调动。最高的领导是自我领导，凝聚各方，产生自驱力。

在数字经济中，激励、交互与支持都围绕同一个问题发力，即建立治理的动力原则，让系统产生自我驱动力。它们都属于领导决定动力来源与方向这一类。

数字经济动力原则的根本原理如下。

第一，通过最大限度地发挥人的潜力（人的价值最大化），体现公平，“给人以公平感”①，使人产生趋向高级目标的内在行为动力。用德鲁克的话说，就是体现个人尊严和机会平等。管理1.0、2.0（特别是丰田模式、京瓷模式）相对而言的不公平，是给领导、高管的机会多，而员工、用户的潜力无法发挥。海尔模式的公平体现为给所有人实现自我的公平机会，特别是通过激发员工动能来实现自我驱动。

第二，通过系统闭环，实现自驱动意义上的自治。数字经济将用户需求内生于企业，从而获得系统循环自驱动的闭环，形成用户驱动创客、创客驱动领导的“永动机”动力循环系统，进而与传统的领导驱动员工、员工驱动顾客自上而下的动力系统形成互补，解决企业自我驱动的问题。此时的沟通，

---

① 文正欣．张瑞敏谈战略与管理［M］．深圳：海天出版社，2011.

不再是领导与员工围绕领导意图理解而展开的沟通，而是直接与价值源、动力源互动。

第三，将原有的领导动能调整为支持与服务，这同样是自驱动的需要。在雇佣制中，领导与被领导关系是主仆关系，领导并不具有支持与服务的职能，但在生态组织中，双方转化为合作关系，原有的领导者变为提供基础资源与工具支持的人。例如，平台方为应用方提供支持服务，从利益共同体角度，这可以视为自己（生态方）给自己（生态方）提供服务，自己为自己提供驱动资源。

只有在生态中每个主体才能既是自主的又是互助的，这就好比，一辆车是自动系统但不是自主系统，因为它的动力要靠外部输送，除非这个动力来自自身。自动系统不能与外界形成像呼吸那样的能量循环，而自主系统好比新能源装置，可以将太阳能与自身整合，产生能量循环。自主系统的“领导”，提供的支持服务是系统的自我服务，相当于系统自己给自己输入负熵之源，而不是在车之外依靠加油站。

2. 激励中的利益对称

在制度理论中，激励是作为一个分配问题来讨论的。作为分配问题，剩余被理解为激励源。然而，剩余产生于哪里，始终是矛盾的焦点。从供求全过程来看，剩余的源头其实是支付剩余的人，即最终用户，最终用户决定哪些供给属于“社会必要”。如果能把这个价值源纳入系统内部，那系统就会变成自我激励的，而一线员工可能比老板更有条件成为激励的感应者与决定者，劳动者的被动性就会被自主性取代。在生态组织中，扁平化首先是利益对称这种对等，利益相关者是平等交互关系，没有领导与被领导之间的绝对界限，存在的只是自我鼓励与自我领导。这是自主激励的原理。

从合约角度看，激励指激励契约，即委托人采用的一种借激励机制诱使代理人按照自己意愿行事的条款。这一般是就企业主与经理人的关系而言的。这里的意愿，实指目的，而不是主观情绪。委托人的目的与代理人的目的，在利益（决定动机之力）上可能不一致，这导致双方在动力因上不一致。为了解决利益不对称在动力因上造成的矛盾，需要激励。

分析这种矛盾的由来，就可以看出，在满足用户需求（用户的目的）上，二者并无实质矛盾。委托人的目的（体现于所设定的服务目标），如果不符合用户需求，就实现不了（用户不会为他买单），那就只能是主观目的，而不是我们作为价值一般的客观目的。同样，代理人如果为自己设定一个既不符合委托人也不符合用户需求的目标，偷换用户、委托人为目的设定的内涵，就只能在对方对目的失察的条件下获益，而不能够在对方明了他的僭越行为的情况下实现自身目的。也就是说，代理人只能偷偷摸摸而不能公然违背委托人利益与用户利益，这是他以权谋私的根本性制约因素。

委托－代理关系本身屏蔽了这一层同一性关系，而且在工业经济实践中，代理人经常可以令委托人失察，借助信息不对称，以自身的私利“偷换”委托人的目标。这是由工业化的本质（委托－代理二分）决定的。委托－代理二分本身，随时随地创造着异化的条件。

激励关系中信息不对称更深层的原因，是占有方式决定的利益不对称。它不仅产生于委托人与代理人之间，更产生于资本与劳动之间。在不平等的要素等价交换中，资本权力不但无视劳动者，而且无视消费者，否则有效需求不足问题就无从发生。当资本剥夺了工人的剩余时，其也在剥夺自身的激励来源，因为没有足够的用户买单，资本的价值循环在均衡水平会受到破坏。

传统激励理论是工具理性导向的，由于工业生产方式（它必须以强化中间手段为要）的局限，并不去深究背后的“委托人”（用户）赋予委托人（老板）的合法性，并把这种合法性的生成内嵌于激励理论。

数字经济从对称化、透明化这种与工业生产方式根本相反的模式出发，认清这样一个真相：激励中的信息不对称，首先不是信息本身的（资源配置与技术关系）问题，而是一个利益问题。首先是想不想信息对称，其次才是能不能对称。一个组织中，即使能做到信息对称，由于这会伤害中间人利益，也会使一些人不愿意。资本家本身就是全链条中的中间人，不等代理人制造信息不对称，他们就先有了这样做的“作案”动机。

原有的资产经营中所说的激励，更多的是企业主或经理人对员工的激励，通过这种激励，使员工按照企业确定的目标（这种目标本身已内生了使利益不对称的权力）行事。传统管理学激励理论的缺陷，是缺乏将员工的行为动机与用户利益直接关联的机制。在一个消极的员工看来，是否满足用户利益，是老板的问题而不是自己的问题，自己只是给老板打工。

对于一个不以股东价值为第一的自主人组织来说，需要通过沟通来搞清楚用户这个“股东”的意旨。当股东与经理、员工对用户需求的判断不一致时，真正的委托来自哪里？由谁说了算？只有解决这样的问题，才能实现自我激励与自主激励。

领导所决定的方向不是主观随意的，而是由用户决定的。用户的需求与企业自身的使命，决定了价值创造的内核，这才是领导力的客观来源。它不是领导的个人禀赋，而是可管理的对象。当领导力可管理时，变化就出现了：领导力不一定非体现在领导身上，也可以体现在员工、创客身上。

员工在领导定义中处于什么位置？按照传统定义，员工是被企业领导所领导的人。但按自主人来定义，员工可以是最先得知领导的“领导”（用户）意旨的人。因此，员工内在地具有企业领导所不具有的领导力因素。当然，这不是说领导还不如员工。领导与员工在面对他们共同的“领导”（用户）时，表现出的长项是不同的。领导信息可能更加全面，可以从全局上把握用户；员工与用户关系更直接，可以从当下与现在的局部把握用户。

数字经济的激励首先需要转向价值理性（或以人为本），不是股东价值第一，而是人的价值第一。这时，激励的主体改变了，成为每个人的自我激励，即通过直接面向最终价值源提供服务获取报酬来对自身进行激励。

面向全员的领导（人人可以成为自己的领导），不是一种固定在职位上的职能，而只是一个打造合法性的过程，是企业的“立法”功能。因此，激励的本质就是组织自我立法。为自己打造合法性的过程，就是疏通激励源的过程。自主人组织倡导“我的用户我创造”。“我创造”，自然就是“我领导”。领导的对象也不是员工，而是给管理操作“灌注”合法性、提供激励源的人。

当一个组织建立起面向价值源头的自我激励机制时，其合法性的来源，就不再只取决于企业主，同时取决于作为合作者的员工，是否存在自主激励的机制，让所有人为赢得来自价值源的激励而共同努力。

3. 以认同为基础建立领导力

那么，自我激励（自我领导）的基础又是什么呢？应该说，是人的目的、意义本身。一个人是否自主，主要看他的行为是否实现的是自己的目的，而不是别人（如老板）的目的；他的行为是否有意义，主要看是否对他自己有意义，还是仅仅对别人有意义。衡量行为与目的是否符合的标准，就是认同。

经济学中并没有领导这个概念，因为它是模糊概念。替代领导这一概念的，依据所掌握权力性质的不同，分别为企业主、经理人（代理人）。对数字经济来说，还可能包括创客，甚至用户。这就让领导从依靠不平等的权利转向面向平等的意义认同。

一般管理中的领导，以权力资本为领导基础，自主管理则以意义认同为领导基础。

意义是认同的对象。认同理论就是意义理论，认同的对象不是有没有钱，而是品牌的价值。自主管理所指的意义是自我实现。量子领导力就是建立在全体员工对自我实现的认同上的。

传统领导的价值基础是权力。工具理性价值外化在领导上，表现为权力，即由规则赋予的支配力。权力是无论全体员工是否认同都需要服从的东西。沟通不是在意义层面，而是在达成领导确定的企业目标层面，为的是将共识统一到权力者的目标上。

领导以权力为基础，符合专业化分工要求，但存在一个问题，目标与目的可能一致也可能不一致，即企业目标与人生意义可能相符也可能不符。管理中的领导职能，只能聚焦企业目标，无法聚焦人生意义。对管理3.0来说，人生意义是个人行动的目的，一旦行动者的目的与企业的目标一致，领导就会变为自我领导，企业领导就可以无为而治。

与激励并列的是沟通，就是在意义（目的）的理解上，如何实现有效认同。现有沟通治理理论的局限，是仅限于资本（老板）与劳动（员工）之间的沟通，让员工把老板的目标当作自己认同的企业目的，将个人目标与企业目标一致化，普遍缺失一个更重要的环节，即企业目标是否“合法”、是否符合企业的客观目的（如支持可持续发展的价值观）、如何保障。它要求是真正符合用户的需求的，而不是老板主观臆想出来的与实际不符合的目的。“让听见炮声的人来做决定”就含有这种合法性校正的意思，当老板的主观目标与客观目的（用户需求）不符时，要让这种主观目标变得更加客观。

权力是规则化的，因此，是简单的；意义却是语境相关（每个人的自我实现各有不同），因此，是复杂的。如何对意义认同进行管理呢？

第一，无为而治是自主管理特有的领导理念。张瑞敏认为“超级领导”是老子所说的“太上，不知有之”，即达到最高境界的领导人，他的部下不知道他的存在，但都会按照他的意图去干。[①] 这样的意图不是指个人主观的意图，“不是靠他自己下结论”[②]，而是体现企业核心价值观的意图，是企业存

---

① 李野新．向张瑞敏学什么［M］．杭州：浙江人民出版社，2010.

② 同①.

在的意义所系。

机械式管理的领导力，主要来源于中间价值，只要可以代表资本等物化权力，往往不问对错，就要求仅凭领导人的位高权重来让别人服从。在这一前提下，领导职能中的沟通，只是让大家在工具理性价值基础上取得一致。可以通过文化，但不一定非通过文化。比如，被管理者可以不认同，但因为互利而与管理者走到一起。自主管理将领导力的来源定位于最终价值（客户所赋予的意义），就一定要通过文化来进行沟通，从而达到对意义的认同。

第二，“执一不失，能君万物”。领导力（“君”）的发挥，源自意义认同之道。只要把握住了意义这个“一”，就可以领导和驾驭“万物”。在倡导人的价值第一的组织中，所要满足的实质性意义，是两个“满意”：一是用户满意，二是员工满意。以此作为认同的意义，有效克服机械式管理的以下弊端：以中间价值为中心代替以最终价值为中心“算账”，进而导致意义迷失或为了中间利益丧失根本利益。

第三，领导者把握意义要靠“悟”，要用心把握意义，培养自己对意义的洞察能力。

“悟”的重要性是由事物的复杂性决定的。复杂性事物不但有逻辑和本质的存在，而且有更高层面的感性、实践的存在。知识、智力只能在理性价值层面把握事物，长于透过现象看本质；悟则是在意义层面把握事物，长于透过本质看本然。意义处于理性之上的感性直观层面，例如，用户满意处于体验层面，它需要诉诸直觉把握并且通过行为把握。

悟和洞察都是超越概念层面的本质直观。领导者要想从本原上获得领导力，就必须培养敏锐的洞察力。在互联网时代，领导者的洞察获得了大数据的支持。大数据提供的主要就是洞察力，通过数据分析，激发人们超越于知识层面的智慧，达到知人或自知之明的境界。

第四，发挥领导力牵引作用的意义是一套体系，反映在企业文化和机制中。

管理不是神秘的东西，而是在日常行为中可以亲近、在组织中人人都可以把握的东西。在管理中，将企业文化提升到领导力的高度，就是看重文化是企业核心价值的感性载体。

在自主管理中，企业文化承担着将企业核心价值自上而下、自下而上地贯注于整个企业的职能，促使企业人人都具备领导者素质。

6.2.3.2 从利益对称到信息对称

当利益对称通过生态化的平等交换与合作实现以后，以往困扰中间价值体系的信息不对称就有了转机。实现信息对称，从面临技术、利益双重阻力，转变为在利益对称牵引下克服技术性不对称阻力这一相对简单的事情。

> ▲ 命题10推论5：生态组织本质上是一系列完全合约的集合。合约由不完全向完全转变的关键，是组织从面向中间人（中间价值）转向面向最终的人（最终价值），在资产的使用（而非拥有）上建立信息对称合约。

1. 化解道德风险

用户付薪这一理念，隐含着由最终价值源（需方）提供剩余并且平等地向劳资双方支付剩余之意。因此，更准确的说法应该是用户付酬。用户付酬，通过平等地向劳资双方支付剩余这样的利益对称机制，有利于化解利益不对称导致的信息不对称，特别是激励问题上的道德风险。

可以把道德风险理解为利益不对称，用利益（经济上的社会关系）替代道德（伦理上的社会关系），以进入经济学讨论。

道德风险是一个隐喻，将代理人的行为与结果作为利益的喻体：结果，是代理人给委托人带来的利润；行为，则是代理人对应付出的成本。风险则指结果与行为不对称、收益与成本不对称。在利益对称条件下，行为与结果应是一致的。但在工业经济条件下，行为与结果由于信息不对称而不一致。委托人只可以观察到结果的信息，但得不到行为的信息。为了获得想要的结果，委托人需把利润的一部分分给代理人（对于委托人，则是付出交易费用这种成本），以激励其创造更大的利润。

企业的契约理论视企业为一系列契约（合同）的组合，是个人之间交易产权的一种方式。

从合约角度理解道德风险，可将这种风险理解为参与合约的一方所面临的对方可能改变行为而损害本方利益的风险。从资产使用（经营）合约角度进一步理解这个问题，可以视道德风险为合约双方对资产使用（经营）权责利的安排不能达到对称这种情况。例如，当高收益对应高风险时，一方（代理人）获得高收益，而将对应的高风险甩给另一方（委托人）。

从行为上看，道德风险具体表现为从事经济活动的一方在最大限度地增进自身效用的同时做出不利于另一方的行动，或者，出现签约一方不完全承担风险后果时所采取的自身效用最大化的自私行为。在管理中，道德风险诱发了员工的机会主义行为，员工会尽可能地选择以付出较少的努力来换取较多的收入或报酬。

相对于市场而言，企业是一种不完备的契约。在代理人最大化（把股东利益最大化扭曲为经理人利益最大化）条件下（“现官”完全失去对资源使用的控制，“现管”完全控制资源使用时），代理人可以获得全部利润而只给委托人一个定额。

数字经济首先从相反方向进行突破，通过削弱中间人，向两端利益对称方向建立信息对称的治理结构。方法是，在委托人（股东）之前，再加一个委托人，也就是用户，由用户提供激励，以此遏制代理人（经理）的膨胀。在海尔，这种信息对称机制叫作“用户付薪”。用户付薪时，用户是老板的老板，他可以越过老板，直接与原来的代理人甚至代理人的手下员工（创客），围绕需求项目，订立短期临时契约。这时，代理人的隐瞒行为近乎徒劳，用户只看结果，结果满意就付薪，不满意就不付薪。如果代理人任意提高结果的价码，用户可以在近乎完全竞争的链群中随时掉头，与别的节点及生态网络缔约。反过来，如果结果出乎用户意料之外的满意，用户也可以给出更高的溢价，而不考虑成本在边际上“值不值”。这样的激励机制，给了原来的代理人，也是现在的创客，更正向的激励，使其主动进入“黑海”，充分发挥自身潜力，以创造用户的体验价值。

生态组织的合约与企业合约有所不同。生态组织本质上是一系列完全合约的集合。完全合约等于产权是无关的，意思是只有透明市场起作用，权力不起作用。合约由不完全向完全转变的关键，是组织由面向中间人（中间价值）转而面向最终的人（最终价值），在资产的使用上立约，因此，风险由抽象（因不可见而信息不对称）变得具体化（因直接可见而信息对称）。这个最终的人，具体指需求方的最终用户与供给方的最终落实者（一线员工）。合约的“完全”性，表现为最终的人在供求之间保持利益与信息的完全透明。

自主管理十分强调回到管理的源头进行管理，工具性的价值不是源头，目的性的意义才是，它来自自我的心灵层次或心灵层面。左哈尔指出，公司就如同个体一般，必须随时准备触及自己的心灵核心。① 为此，他与提出管理3.0的尤尔亨一样，十分强调动机管理，认为愿景通过形成人类动机来成就现实。他将激励的重心放在由高层次动机所激发的企业文化可能带来的积极影响上，在激励这一环节，企业转型要做的是指导人们如何从低层次动机向高层次动机转换。人的行为动机是具有复杂性的，它的作用相当于驱动行为的“吸引子”（“动机的角色就如一个‘吸引子’”）。② 管理者的成败取决于激活或激励复杂系统中的人员。③

传统激励理论的共同点是将这种复杂性简单化，表现在实践中，是采取的吸引人们行为的激励措施（吸引子）对应的都是人们的低层次动机与中等层次动机，这就使人的高级价值潜力难以发挥。

▲ 命题10推论6：掌握资产使用（经营）上的决策权、用人权和分配权是成为自主人的关键。

自主经营体不是听领导的而是听用户的，其拥有决策权、用人权和分配权。推行自主经营体，要求人人都做自己的CEO。

现代企业制度主要通过改变经理人激励模型来改变员工的行为，这主要是通过“纳什均衡”的原理来加大其道德风险成本。生态组织在激励上的主要改变，是改变员工的激励模型，让员工成为自主人，通过让劳动者掌握经营权力，改变他们处于无权的服从地位时的机会主义行为。

2. 应对逆向选择

如果说道德风险主要是“企业”型信息不对称问题，那逆向选择就是“市场”型信息不对称问题。

逆向选择是信息不对称带来的另一个问题，它使价格反映供求信息的作用部分失灵。市场交易的一方如果能够利用多于另一方的信息使自己受益而使对方受损，那信息劣势的一方便难以顺利地做出正常买卖的决策，于是价

---

① 左哈尔．量子领导者：商业思维和实践的革命［M］．北京：机械工业出版社，2016.

② 同①.

③ 阿佩罗．管理3.0：培养和提升敏捷领导力［M］．北京：清华大学出版社，2012.

格随之扭曲，失去客观调节作用，价格降低不带来需求增加与供给减少，价格提高不带来需求减少与供给增加，进而导致市场效率的降低。也就是说，当“买的不如卖的精”达到极端时，买方就不再信任卖方。

逆向选择这种信息不对称的背后，仍然是利益不对称在起作用。表面上，是信息劣势导致“不知道”信息背后的真实得失，实际是利益优势方强加了一种权力，使对方被迫接受不利的利益安排。这时失效的不是价格，而是价格反映边际信息的能力，价格变成垄断定价。可以说，是利益的优势方令劣势方强制接受了包含租值的价格。

正是这种权力构成了信息获得的门槛，而建立这种门槛的权力，往往来自作为中间人的代理人一方。它可以令委托人的权力发生逆转与失效。例如，代理人向委托人出示虚假信息，从而提高委托人的交易成本（发现真正信息乃至真正利益的成本）。逆向选择令委托人的权力发生异化，使权力中的主仆关系发生逆转，代理人反客为主。

数字经济化解逆向选择，仍主要从利益关系入手，辅以技术上的透明化。单纯运用数字技术，虽然可以使信息透明化在技术上逐步成为可能，但如果代理人出于利益受损原因阻碍技术起作用，那技术作用就可能退居次席。制度的作用比技术的作用更为突出，改变逆向选择，首先是制度问题，其次才是技术问题。

数字经济理顺利益关系的方向，是将利益不对称转变为利益相对对称。在海尔的实践中，仍然是通过用户付薪来解决这个问题。用户付薪，把利益结构从“委托－代理”调整为“委托－‘（委托）－代理’”，第一个“委托”，指用户本身，它是委托人（企业主）的委托人；第二个“委托”，是企业主，它被虚化，让用户与代理人直接博弈。代理人如果想营造逆向选择的条件（如买的不如卖的精），在完全竞争条件下，用户可以直接在市场上比较出其中的利益之差（买者变精），从而选择别的提供商。这里的主要改变是消除了具有人为扭曲信息动机的中间人。只有当最终消费者与直接生产者利益完全对称时，逆向选择才能从根本上消解。

从这里也可以看出，代理人相对于委托人，在制造与维持利益刚性时，还是有根本局限的。代理人不掌握权力的来源，害怕要素充分流动。一旦委托人依靠自身权力的真正源头（在此指用户最后埋单），复归的力量就会战胜异化的力量。相应的信息问题，就只剩下技术上的难度，而这在大数据条件下是可以不断改进、解决的。

6.2.3.3 剩余激励

在上述讨论中，无论是对付道德风险还是对付逆向选择，最优结果不过是信息对称与利益对称。但数字经济并不限于信息对称与利益对称上的循环流转，它还有另一方面的追求，即创造新价值。因此，构成均衡与最优水平的拉姆齐定价，还要包含这部分价值。

新制度经济学家罗森提出了“职业激励”的概念，模型化了“选择与激励相互作用”。[①]这个模型将决策与激励联系起来，将职业生涯看作一个“爬楼梯式”的过程，“企业内部的竞争有时可能形成接近社会最优的激励结构”，人们除了货币激励，还存在“升迁预期”，激励自己在更高的层级上创造“剩余”。将这个模型从企业组织中的经理人拓展为生态组织的潜在合伙人[②]，有助于说明发挥人的潜力、创造新价值的原理。

设从竞争中涌现新价值的剩余 γ_t：

$$\gamma_t = \max\{P(l,\bar{l})\gamma_{t-1} + [1 - P(l,\bar{l})W_{t+1}] - c(l)\}$$

l 和 $\bar{l}$ 分别代表主体与竞争者付出的努力，c（l）代表努力的成本，P（l，$\bar{l}$）代表赢家的概率，W_{t+1}代表付给输者的补偿。注意，这里的努力不是成本（劳动力），而是成本 c（l）加上附加值，即创造新价值的努力。

从中得出努力的递推形式：

$$\gamma_t = \beta_t\gamma_{t-1} + (1 - \beta_t)W_t$$

努力将得到股权回报，β 为贴现因子，激励 W（奖金）在努力的上下周期层级间使每个主体不断迈上新台阶。在海尔实践中，这里的激励是自我激励，自我实现是努力的根本动力，而创造并实现用户完美体验决定了这种努力的客观内容。创客通过努力获得剩余。

---

① 科斯，哈特，斯蒂格利茨，等．契约经济学［M］．北京：经济科学出版社，1999.

② 每个主体都可能在相互竞争状态下通过相互选择成为对方的生态合作伙伴。在这种相互竞争中，主体彼此是对方潜在的合伙人，它们为实现合作（成为正式合伙人）而竞争。

6.3 组织：生态化的社会关系及其组织

组织是为实现目标而结成的社会关系的结构形式，属于目的实现的形式因。工业经济的组织形式，以企业为代表，企业是以拥有权为单位形成边界的组织，是科层组织；而数字经济的典型组织，以生态组织为代表，生态组织是以使用权为单位形成边界的组织，是扁平组织。

◎ 命题11：数字经济以生态组织为典型组织形态。生态组织由平台方与应用方共同构成。生态组织不同于以资产所有权为组织边界的企业，而是以资产使用权为边界形成组织，围绕资产使用权合作形成利益共同体。

6.3.1 生态化：组织间范围经济

生态在政治经济学中的含义，是依使用（而非拥有）结成产权共同体。保证各种所有制经济依法平等使用生产要素、公平参与市场竞争、同等受到法律保护中的“平等使用生产要素”，可理解为允许不具有所有权的主体（“各种所有制经济”）共享使用同一所有权主体（如全民所有制拥有方或平台）的生产资料（“生产要素”）。其中隐含社会主义公有制的一个新理念，即生产资料不仅要为全民所有还要为全民所用。全民所有企业的生产资料，可以不为各种所有制经济（生态方）所有，但可以为各种所有制经济（生态方）所用。体现在生产资料所有制上，是全民所有与全民所用相结合以实现共享发展的思路。针对的现实问题是，全民所有但代理所用，要避免因代理使用、脱离全民的群众基础而形成特殊利益集团，出现使用机会不均，加大分配上的两极分化，对共享发展造成不利影响的情况。

生态的资源配置特征在于报酬递增，包括规模报酬递增与范围报酬递增。其中，范围经济分内部范围经济与外部范围经济。内部范围经济，指企业组织内部的范围经济；外部范围经济，指企业组织之间的范围经济。二者的区别是，看固定成本是在同一所有权人的组织内部分摊还是在不同所有权人的组织之间分摊。在不同所有权人之间分摊固定成本，就是共享经济，在不同产权主体之间分享同一财产，其收益权是通过合约①来分割的。

我们把提供固定成本的企业（如平台企业）与分摊固定成本的企业（如应用企业）不是同一所有权人的组织，称为生态组织。例如，互联网中广泛存在的“平台－应用”模式、实体经济中的“集团企业－创业企业”合作经营的企业（如海尔的“集团－小微主”模式），以及“线上流量场－线下零售店”的生态组织（如红星美凯龙模式）。此外，还包括以服务外包为特征的各种虚拟企业等。

外部规模经济与外部范围经济都是生态组织的形式，二者的区别在于，外部范围经济的最终产品一定是差异化、多样化、异质性的，外部规模经济的最终产品一定是非差异化、非多样化、同质性的。最终产品是否差异化，与固定成本的性质有关。一般来说，由数据资产构成的固定成本，其最终产品更有利于形成范围经济；由实体资产构成的固定成本，往往容易形成规模经济。例如，在钢铁行业，“龙头企业－上下游”的供应链模式往往以规模经济为主。

6.3.2 生态组织的社会关系形式：组织特征

6.3.2.1 生态网络的功能形式

网络（或生态）组织为什么可以替代企业成为新的组织常态，企业的边界为什么会被拆掉，这是网络经济学在面对经济结构变化时从头到尾贯穿的核心问题。② 对这样的组织，可以从治理方式角度加以比较与解释。治理方式，就是组织的生产方式。例如，企业治理是私人产品生产方式，政府治理是公共产品生产方式。它们都是工业化的生产方式在组织上的体现。生态组织，相当于是私人产品与公共产品双层经营的生产方式，是一种信息化的组织方式。如果极简地概括两种生产方式的区别，可以说是组织官僚制与组织合作制的区别。官僚制是科层的，是机械组织的治理方式；合作制是扁平的，是生态组织（生命组织）的治理方式。

生态组织的治理，是一个组织的资产经营（权力或解构权力的运作方面）

---

① 包括成文或不成文的合约，用以约定风险承担的比例、剩余分割的比例。

② 姜奇平，《用网络方法解释网络经济学》，《财经问题研究》2018 年第 5 期《互联网时代的经济学革命》成果之一。

的问题。组织是社会关系的形式，组织的功能就是为社会关系赋予关联形式。这种形式按亚里士多德四因说分类，可以划分为组织结构、人力资源管理、自组织动力、接口机制等管理问题。①

1. 组织外部边界的变化

网络组织与企业组织不同。管理 1.0、2.0 的组织都是企业组织，管理 3.0 的组织是网络组织。网络组织包括企业组织及其他利益相关者。网络组织与企业组织的区别在于，企业以支配权为边界，同一个老板的人在同一个边界之内；网络以使用权为边界，共同使用同一资源的人在同一边界之内。这时，组织边界就突破了企业边界。企业无边界不是指没有一切边界，而是指不再以拥有权为边界，转而以使用权为边界。使用权的边界比拥有权的边界大，因此，把突破了拥有权这种小边界的现象称为无边界，准确的表述，应是无“拥有权”边界而以使用权为边界。

超过了使用权边界后，人与人将不再是直接的利益相关者。可见，这里的利益相关具体指同一使用权产生的利益是相关的。以合约划界，网络组织（无边界组织）以使用权立约，建立了利益相关者边界；企业组织以拥有权立约，同一老板才是窄义的利益相关者。

二者最大区别，体现在“借用”上。企业组织对资源，只买，不借；网络组织，买卖资源，但更倡导借用资源。借用资源是指借用别的老板的资源，推广为企业老板借用别的老板的资源为自己所用；员工变为创客小微主后，借用企业老板的资源，并依合约对使用收益进行分成。

从结构功能来看，管理的边界不能再仅仅理解为企业，更准确的边界应是网络，也就是用网络（方式）来组织网络。企业与网络的区别在于，企业以财产的拥有权划分边界，网络则以财产的使用权划分边界。同一个人，在企业内部称为员工，在网络内部称为创客，前者是被雇用者，后者是创造者（分成的人），一人可能兼有雇工与“佃农”的双重身份。这对于交往理性来说是一种解放。因为雇工只是雇主的手段，他的目的只是主人的合目的，他表现得再自觉，也只是觉悟主人让他觉悟的东西。创客则不同，他不再居于交往的下方，而是有自己的目的，这种目的通过分成，现实地体现出他人之

① 叶秀敏，姜奇平. 数字经济学：管理经济卷［M］. 北京：中国财富出版社有限公司，2020.

为人（而不只是劳动力、工具）的特殊部分。管理 3.0 的组织理论处理的是，当交往的多方（用户、员工、老板）都体现为目的人（而不只在成本水平体现价值）时，组织应该按什么原则来设计，组织的边界在哪里，组织的结构应是什么样的（例如，是金字塔式的还是倒金字塔式的），等等。

2. 组织内部主体关系的变化

领导者与被领导者是组织的两大主体，对经济组织来说，表现为资本与劳动两大组织要素。管理 1.0、2.0 组织中，二者关系是雇佣制，资本雇佣劳动。从管理角度讲，雇佣制与合作制（双赢制）存在本质上的冲突。因为雇佣制天然地把劳动者设定为劳动力，从能力发挥方面去掉了劳动者创造价值的属性，从分配角度以工资报酬去掉了劳动者获得剩余的机会。这两条都不利于员工发挥创造价值潜力。人人都是 CEO，隐含着把员工当作资本管理的含义，是让员工像资本家那样发挥出企业家精神，进而实现创新与创造。这就决定了组织不能按雇佣制的原则设计。

在历史上，佃农制属于一种“劳动力 + 资本”的制度设计，这里的“资本”主要指佃农自带的农具、经营才能。佃农不同于雇农，不是只出劳动力，还创造劳动力之上由自带资本创造出的价值，在分配上则获得工资之上的分成收入。这种分成制，相当于劳资双方物质资本与人力资本的合约。互联网中广泛存在的合伙制，也是一种合约分成的制度。

自主经营体是企业内部具有资本功能的劳动者组织（内部员工组织），小微企业是独立法人，是企业外部具有资本功能的劳动者组织（外部虚拟员工组织，相当于虚拟企业）。二者都以轻资产方式运作。企业则以经营重资产的平台经营体、战略经营体形式存在，为自主经营体和小微企业提供固定成本均摊功能。二者共同构成“平台 + 增值应用”的网络。

连接企业与劳动者（创业者）的纽带，不再是雇佣合同，而是分成合约。这个合约是合伙人之间资本与资本的契约。这个合约可以是关于资本的，如基于股份的合伙人契约，但更常见的是资本与创造性劳动（创业）的立约。实质在于，这个合约针对的不是资本的拥有（股份），而是资本的使用（经营），因此，内容主要是围绕双方的权责利来约定。因此，可以说是风险共担、责任共担、利益共担。其中，自主经营体具有 3 项权利，即用人权、分配权和决策权（这 3 项权利过去都是属于资方的权利，包括委托给经理的权利）。

以支配权为边界，形成的劳资关系是雇佣制，其中明显限定了劳动力在创造价值与分享创造成果方面的无效。以使用权为边界，形成的劳资关系是分成制，双方是合作关系，因此，也可以说是合作制。合作的意思是双方都是有产者，只不过分为生产资料的产与人力资本意义的产。合作制的一种形式是同伙制，该形式强调双方的资本合作。但资本合作不一定只有拥有权合作意义上的合股一种形式，也可以是人力资本合作，企业家的双重投票权就是人力资本的一种形式。在双重投票权制度中，资本只享受分红，不具有同股同权上的经营（使用）使用决定权。

6.3.2.2　生态组织的产权实质：与企业的区别

组织形式分析，主要是从治理角度分析组织；组织实质分析，则主要是从产权角度来分析组织。

生态组织是“平等使用生产要素”的一种具体落地、落实方式，其政治经济学上的核心特征，是令不具有所有权的主体按市场经济原则参与到生产要素（生产资料）的使用当中。这就为共同富裕开辟出了一条不借助行政手段和宏观调控的第二通道，将共同富裕从一种短期行为转化为一种长期机制，让资本从自身利益出发，认识资本以自我为中心的害处，从生产资料的基础制度安排上顺应生态合作、互利共赢的潮流，从而将自身的行为动机，由扩大贫富差距转向顾及协调贫富关系，在共享发展、共同富裕道路上，“不用扬鞭自奋蹄”。

生态链群的特点在于，它围绕资源使用（而非拥有）的现实利益形成。第一，生态链群中的各个参与主体，在所有权上不是同一个单位（不属于同一个老板），但在使用权（使用资源的利益）上是同一个单位（利益共同体）；第二，生态链群中的各个参与主体可以彼此使用（相互借用）不属于自己（自己没有所有权）的资源（生产资料）。这改变了市场经济以资本（无论是私人资本还是国有资本）为中心的制度基础。这种跨所有权（不是所有制）使用生产资料（开放使用权）的制度创新，与我国农村改革中对于土地实行的所有权、使用权两权分离制度，具有异曲同工之妙。“平等使用生产要素”的潜在政治意义，可以理解为为无产者越过资本所有权使用（共享）生产资料提供制度依据。

作为政策概念的“生产资料共享”，出于《通知》《意见》。“生产资料共享”，特指在数字经济条件下按市场化原则、商业化方式有偿共享数字化生产资料。与实物生产资料共享不同，实体要共享使用权，前提是共同拥有所有权，因为实体不能同时为不同主体所分享，更适合专有（包括私有与公有）；数字生产资料（例如，具有与实体同样或类似功能的虚拟店铺、数字孪生解决方案等）在共享使用权时，不必改变所有权归属，这意味着共享生产资料并不改变所有权，共享生产资料可以同时适用于公有制（公有共享）、私有制（私有共享，如苹果商店模式）与混合所有制。

这样一种方式，在微观经济基础上，重置了资本与共享的关系，重新梳理了市场经济与社会主义的关系，把它们由矛盾关系转化为统一关系。

通过变革生产资料的组织形式，对社会主义基本经济制度进行的创新，在于以共享发展为特点的生产资料所有制实现形式，这将共享发展理念落在了生产资料所有制的实处。

企业组织以生产资料所有权为产权边界，资本与劳动的关系是雇佣关系；生态组织以生产资料使用权为产权边界，资本与劳动结成平等的利益共同体（经济上的“命运共同体”）。二者的重大不同在于，生态型组织的要素主体（如劳动）在不拥有生产资料条件下，可以通过使用生产资料与资本分享剩余价值。这是西方产权制度和原有社会主义生产资料所有制无法实现的。这是用共享发展思路来实现共同富裕的制度创新探索，令共同富裕接上了新时代的天时、地利。

生态链群的本质是两权分离条件下以生产资料共享使用为核心的产权制度，是体现共享发展理念的新型生产资料所有制。以此为基础实现的共享经济，体现的是共享发展理念。其将共同富裕的文章，作在了资本的核心（生产资料所有制）的产权安排上。

1. 生态链群的外部与内部资产特征

第一，产权共享的外在实现方式是打造生态品牌。

生态品牌是物联网时代体验经济、社群经济和共享经济的集中体现，是新发展理念的创新实践。

生态品牌资源属于资产，它是资产使用权形态的存在。生态品牌的产权共享性质，表现在是产权主体跨所有权合作（共同使用）的成果上。不同所有权主体可以共享同一品牌资产。

第二，产权共享的内在实现方式是实现所有权与使用权两权分离，围绕资本使用权（资产经营使用权）安排，形成以放三权为核心的权责利安排。

权责利安排不同于西方现代产权制度之处：产权安排重心不在资本的价值（股份）而在资本的使用价值（股权），股份股权一体转型为股份股权分离；产权安排的重点不是围绕资本的所有权而是围绕资本的使用权（经营权）。这是农村改革证明行之有效的具有中国特色的产权安排。

2. 链群合约：两权分离的具体契约形式

以资本使用权为中心的产权制度创新，在实践层面是通过链群合约这种具体方式实现的。链群合约不同于以资本为中心的现代产权制度的特点，是在不改变原有生产资料所有权（无论公有、私有或混合所有）的条件下，围绕生产资料使用权共享进行合作分成。链群合约是一种使用权合约。

生产资料使用权合约不同于拥有权合约之处，是将重心从资产拥有上转移到资产经营（权责利）上。首先，在资产责任上，将决策权从所有者下放给使用者（经营者）；其次，在资产权利上，所放之权都是资产经营权；最后，在资产收益上，把原来由所有者独享的剩余分享给非拥有者。

从合约经济学角度看，谁使用资产谁具有（关于资产经营权责利的）充分信息（这也是奥地利学派的观点），这就把现代产权制度下的不完全合同改进为了信息对称的完全合同。其中最大的福利改进，在于令使用者（包括无产者）拥有了与资本对称的信息，从而实现权利平等。

共享经济所共享的生产资料，包括平台企业形成的全部资源，包括平台设施、生产设备（包括模具）、技术（如生产标准、信息系统、开发工具）、数据以及用户关系链资源。

链群合约分为资本与资本间合约与资本与劳动间合约两种情况，其中，后者具有的政治性，在于第一次从产权制度上开辟了无产者按制度直接（而非转移支付）分享剩余的共享渠道，这是社会主义基本经济制度的一项重大突破，也是在践行习近平新时代中国特色社会主义思想过程中对马克思主义政治经济学的一个创造性发展。

3. 生态组织的合作制特征

作为生态组织（可视为一个企业集合，以此区别于企业个体），需要区分平台方与应用方，它们是两类不同的产权主体。平台企业在合作制中的作用，主要是提供整个生态的固定成本（固定资产），而多元所有的应用方，主要承担整个生态的可变成本（可变资产）。我们按生态标准将平台方确定为资方，将应用方确定为劳方。这个劳方有特定含义，是生态中的“劳动者”。应用方在现实中对应的是增值服务提供商。在现实中，可能是小微企业、在家办公者或自然人，也不排除极少数大中企业①。将其当作劳动者，是因为相对于整个生态的资产结构来说其只是“无产者”，生态的主要生产资料（固定成本、固定资产）投入不由其承担，破产后果也无须其承担（平台退市、破产均不直接改变应用方资产负债表）。当然，作为生态关系之外独立存在的企业，其也可能是资方，但不是生态的资方。在生态关系中，可将其视同于带有一定生产资料的劳动者（类似自耕农）。此外，多数应用方直接参与劳动。在平台生态中，毕竟在家办公者或自然人等灵活就业形态的主体以劳动者为主。根据实际调查，一个 App 中的就业者一般为 4 ~5 人，他们直接从事劳动或直接参与管理，少有脱产者。

对于生态劳资双方之间的所有权合作与使用权合作组合关系，需要分别看待。

提供固定资产的平台方，在所有权上可以采用任何所有制的所有权形式，但平台基础业务在使用权上是一元化的，即平台一元经营，经营的业务一般称为基础业务。基础业务包括平台方对最终用户的服务（吸引流量）与平台方对应用方的服务（转化流量）。应用方并不参与平台基础业务经营，主要从事流量变现。

这意味着平台所有权几乎是与合作制无关的。无论是私人企业、政府企业还是混合所有制企业，都可以充当合作制中的平台，而不是只能由私人企业或公有企业充当平台。具体来说，可以有 4 类主要平台。第 1 类平台，如果平台的产权结构以个人所有为核心，则可以形成的是私人所有、私人经营合作制的平台。第 2 类平台，如果平台由联合起来的劳动者共同筹资、共同拥有生产资料、共同使用（包括租让）生产资料、共享成果，那平台也可以是集体所有制平台。建立在个人所有制基础上的集体所有（所谓“自由人联合体”），与此类同。第 3 类平台，国有企业、国营企业也可以作为平台（一

① 最典型的是仅以平台为渠道的外部品牌，分析时之所以将其排除出应用方主体，一是其在整个生态中数量占比极低（不到 1‰）；二是其自有资产（主要是生产资本），与平台几乎只是交换关系（支付佣金）而非资产关系（分配剩余），且其有自己单独的渠道（如规模化的网商集中于天猫）；三是“三七分成”模式仅适合全部生产资料由平台提供而应用方“无产”的情况。

般称为“链主”)。第4类平台，如果实行个人所有和集体所有、全民所有相结合的产权关系，也可以形成混合所有、混合经营合作制的平台。

合作制的另一产权主体，是在产权上各自独立的应用方。多元所有的应用方，可以同平台（无论私人平台、集体平台、国有平台）以合约的方式实现生产资料共享，进而进行分成合作。以App形式存在的应用方，从使用权上看，是多元经营的。因此，生态组织的使用权合作，采用的是平台一元经营与应用多元经营相结合的合作方式。

在“平台-应用”一体生态中，平台方提供的固定资产为中间产品，应用方向最终用户提供的产品与服务是最终产品。平台方按市场化原则、商业化方式向应用方有偿共享生产资料（生态固定资产），并按应用方使用效果（盈亏状况）适当收费（从最终产品中扣除生产资料租赁费），应用方没有收入不必交纳生产资料租赁费，平台方也无义务承担应用方亏损时的可变资产投入损失。例如，三七分成，平台方收获最终产品收益的30%（有时被称为“苹果税”)，应用方收获最终产品收益的70%。平台方并不参与应用方提供的应用服务，取得的30%主要来自生产资料所有权，以及所有权对应的使用权有偿共享转让（与非共享转让、租赁的区别主要是应用无收入则完全免费)。应用方（或劳动者个人）获得的70%，则主要来自对平台生产资料使用权的共享（使用）及劳动付出。

这一分成合约，可以认为是平台方要素（资本）使用权（转让）与应用方要素（劳动）使用权使用（经营）相交换的结果，本质上是平台方要素所有权①与应用方要素所有权②基于双方使用权比例的分成交换合约。从这个角度看，所有权合作是间接的，不像实体的合作社，只有混合股份才能共同经营，而是一方要素的使用权（生产资料）与另一方要素的使用权（劳动）依托各自所有权的（因分享剩余而接近平等的）交换。从业务性质看，具有相互服务性质，即平台方提供生态的基础业务服务［包括向最终用户提供的免费基础服务，为应用方提供流量，同时为应用方提供准公共（90%以上免费）的生产资料租赁服务］与应用方提供整个生态的增值业务服务相交换。

---

① 因为收生产资料租赁费（从生产资料使用权中获得收益权）的权利来自生产资料所有权。

② 应用方的高比例剩余索取权，也来自对自身劳动（不仅是劳动力，否则就只能分得工资）完全的所有权。

当然，三七分成的前提是应用方的全部固定资产与生产资料由平台提供。如果应用方是独立品牌，仅以平台为销售渠道，生产资本为自有资本，那三七分成中的“三”不应涉及生产资本剩余。

与工业时代的合作制往往形成所有权共同体不同，应用方与平台方很少在合作中发生所有权合并，不会通过合作改变双方的所有权状态，除非平台方收购应用方，但这种情况可能会因损害平台的中性地位（既当裁判员又当运动员）而受到严厉监管。

我们可以把这样的合作制称为生态合作制，即基于要素使用权的合作。其与传统资本主义生产关系明显的区别是，第一，生产资料共享体现了一定的公共性（虽然是按市场化原则、商业化方式有偿实现），本质是资本让渡了一部分使用权的收益权（原来是自己不使用也不让别人使用，工人使用资本家的生产资料不具有与剩余索取权相联系的使用权），从这个意义上说，生态合作制是围绕生产资料共享展开的合作。第二，不拥有生产资料所有权的一方，凭借劳动（增值服务）可以获得剩余（而且是高比例剩余）。这说明生态合作制是超越雇佣制的合作。因此，这种合作制带有使用权上的公私混合性质（有别于混合所有）。生态合作制的这两个特点，构成它可以将市场经济与社会主义有机结合起来的条件。我们可以把这种将市场经济与社会主义结合起来的新方式视为市场社会主义合作制。

6.4 东方化：链群合约与关系型治理

6.4.1 关系型治理的复归

迪克西特（2007）以微观的研究视角建构了一个体现法律缺失与经济学特点的关系型治理模型。

根据迪克西特的解释，在欠发达国家与转轨经济中，由于正式法律制度运行成本太高或政府出于寻租目的不愿提供正式法律服务，民众之间广泛运用私立秩序来解决经济纠纷。迪克西特对法治缺失条件下广泛存在的包括财产权利的自我保护和雇佣专业化保护、信息传播网络、社会规范及合约执行的惩罚性机制进行了深入分析，提出，随着交易范围的扩大和人员的频繁流动，私立秩序的优势将逐渐丧失，正式法律的优势会逐步确立起来。

私立秩序与交易信息有关，迪克西特系统考察了私人信息、可观察信息与可证实信息 3 个核心概念。在一个合约执行过程中，其中一方能够获得而另一方无法获知的信息，就是私人信息；交易双方均可获得的对称信息，即可观察信息；如果这种可观察信息能够被第三方（如法庭、行业协会等）证实，则是可证实信息。私人信息、可观察信息与可证实信息的区别，为法律之外的合约执行提供了基础。对于私人信息与可观察信息的证实，法庭通常无力解决，法庭只能以可证实信息为基础解读交易纠纷。那么，基于私人信息或可观察信息的合约，人们如何进行交易与冲突解决呢？

第一种方法，是以交易者之间的长期关系或持续交易为基础来解决，如果一方出现败德行为，那这种交易关系将会断裂，对方也将因此失去进一步从这种交易中获得利益的可能，这种关系断裂因此会成为一种有效的惩罚措施。关系型合约正是基于私人信息或可观察信息的特质进行的民间建构。

第二种方法，是以交易者所在环境的群动机制（如行业协会）为基础来解决，当交易双方的信息是可观察的但无法证实时，拥有专业知识的内部组织执行将成为最优选择。利润导向型合约正是基于这种信息结构做出的自然回应。与此同时，迪克西特清醒地认识到，私立秩序的有效性，高度依赖交易范围的大小、信息的可获得性与惩罚实施的有效性。当交易范围不断扩大、人员频繁流动和惩罚无法有效实施时，私立秩序的优势将逐渐丧失，正式法律的优势会逐渐确立起来。

但关系型治理也有其负面影响，关系资本主义①（又称权贵资本主义、裙带资本主义、朋党资本主义、密友资本主义）就是其表现。“权贵资本主义”是一种畸形的或坏的市场经济，其中一些人通过权势和关系网寻租致富，在成为既得利益者后，以各种方式对种种合理的市场式改革大加阻挠。②

6.4.2 合约与产权制度

6.4.2.1 合约：通用产权框架

新古典经济学以资源配置为中心，讨论的是经济中物质力量的相互作用；

---

① 因血亲、姻亲和密友关系而获得政治、经济上的利益，以及政治领导人对效忠者、追随者给予特别的庇护、提拔和奖赏。

② 关宇．法治缺失经济学研究［D］．沈阳：辽宁大学，2011.

古典经济学以利益相互作用为中心，讨论的是经济中社会力量的相互作用。然而，以往的古典经济学在讨论社会力量的相互作用时，更侧重于支配权利而非使用权利的相互作用。

现代产权制度是以拥有权为核心建立起来的，但以拥有权为核心，只是工业化和现代性的产物。有没有一种超越工业化和现代性的更广泛的产权框架呢？我们把目光投向了合约。合约是包括支配权与使用权在内的社会力量相互作用达成均衡的方式。

合约理论在工业时代也强调拥有权，但就其本身而言，单纯以拥有权为核心却不是必然的。意思是说，哪怕合约理论的提出者这样运用它，也不等于说别人不可以从合约本身的逻辑发展出更全面的运用方法。全面的合约理论可以同时包含拥有权和使用权的利益博弈，也就是说，它有利于将使用权同时纳入核心框架来考虑问题。这对制度经济来说意义重大。

合约强调在收入水平上分成，而不一定把社会分配固化在雇佣关系中，这是对工业化理论传统的一个巨大“解脱”。这就在理论上为使用者分配剩余“安排”了一条“暗道”。在传统工业化理论条件下，工人分享剩余的问题，被窄化、扭曲成工人只有成为拥有者（生产资料公有）才能分享剩余，在实践中导向国有化和二次分配的单一社会分配关系。这一理论路径，锁定了使用者只是受雇者而不能直接占有、控制资产。这与制度经济条件下劳动者直接使用资产（不同于由国资代理使用资产）并以人力资本身份（至少像佃农那样）在一次分配中参与分成这样的实践完全脱节。

合约是一种基于物质利益的人的认同，它强调利益的全面互动。制度不过是这种互动在均衡状态下的定型。从这个意义上说，合约先于产权，尤其是排他性产权。

在历史上，使用权先于支配权。人们并不是因为首先形成了支配权才以此为前提建立起原子论的契约，而是先有了使用并在使用中合作，才有了合作的协议。这种最初的契约具有非排他性。

洛克颠倒了这个关系，把支配权当作先于使用权的存在。事实上，支配权的产生并不源于先占本身，而是由最初使用上的排他逐渐形成归属上的排他。人们把这种物的排他属性当作人的排他属性，这就是人的原子化。实质上，人在对物的占有中，将物的排他转化为人（人与人之间对物的关系）的排他，变成社会意义上（法权意义上而非自然意义上）的排他性占有。由此可见，原子论与契约论等同是有具体的历史条件的，它们不是必然相等的。

制度经济理论探讨建立一种全面的契约论，不仅能够处理支配权关系，更能够处理使用权关系。并不是一说契约论，就只能有原子论，以及只有从原子论派生出的支配权论；在分享使用中，还存在另外一种契约——一种关于合作的契约。借用波粒二象性来说，它是关于波的而不是关于粒的。

这样一种合作的契约论，具有同样充足的历史根据。工业化之前的礼品经济，就是这样一种以使用上的合作为连接的经济。在礼品交换中，使用价值交换了，价值却没有交换，因为礼品交换并没有改变拥有关系。礼物送出前与送出后，拥有者并不发生变化。对应洛克所说的支配权利的价值，存在于交换双方的情感连接（波）之中。这种“使用而非拥有”的交换，就是与原子契约相反的合作契约的实例。

今天，制度经济作为礼品经济在更高阶段上否定之否定的发展，也需要有“西方中心论”之外的另一种契约来加以规范。我们后面将通过双层规划的合约理论，为基于分享使用的合作中的分成问题提供分析框架。这样的合约理论，从盛行于工业化实践的“西方中心论”的产权理论（它始终纠缠在私有与公有的拥有权之争中难以自拔）中解脱出来，在信息技术解构专有与专用生产力基础的条件下，将产权理论的重心，转向新的产权理论，它把所有权的重点转向更加关注排他性使用与包容性使用的矛盾，将所有权议题设置的方向从主要问谁拥有转向主要问谁使用，从而为现实中的私有公用、公有私用、公有共用、专有共用、分享共用等制度经济实践形式开辟道路。

6.4.2.2 链群合约

链群合约是在互联网生态化发展中出现的在现实中实际存在的契约形式。

在传统方式中，市（交易）与场（场景）分离，传统制造业关注供给侧，消费互联网则立足于需求侧，它们都割裂了价值创造（供给侧）与价值传递（需求侧），难以形成循环。在生态方式中，市（交易）与场（场景）合一，物联网为联系供给侧与需求侧提供了场景这一生态条件。用户与供方，围绕场景，达成跨边界的合作。

生态方式改变了企业经营方式。在企业经营方式中，用户在场景中集中的需求被分割为一个个企业的孤立产品，1+1的价值小于2；在生态方式中，企业以用户场景为单位结成一个虚拟的临时共同体，提供整体解决方案，企业的创新模式升级为以用户为中心的全链路创新，实现了 1 +1 的价值大于 2。

在一个智慧家庭，家电行业、家居行业、石材行业、木板行业等全部融合在一起了，所以这个行业必须变成生态。从某种意义上说，生态品牌必然是跨行业品牌，必然是聚焦于场景的品牌，必然是以用户为中心的品牌。

生态方式也改变了用户需求实现方式，从单一的产品功能到“多元化场景、个性化定制和终身化迭代”的丰富体验，产品和服务都因注入体验价值而增值。

场景消费对经济的强牵引力，不仅是在需求侧创造了场景新需求，更重要的是这种模式从需求侧走向供给侧，形成了“以场景催生新需求，新需求牵引更高质量供给”的动态循环。

1. 共赢增值：新生态下的财务格局

人类经济从“市场 - 企业”模式向“生态”模式的转变，导致财务理念的深刻转变。

传统财务报表是“市场 - 企业”模式的产物，财务三张表只考核产品，找不到用户。三张表体现的都是表内资产，缺少生态方收益、生态平台价值总量等内容，有收入但是只有产品收入而没有生态收入，成本也是如此，更缺少边际收益。

海尔在生态模式实践中开发出了第四张表——共赢增值表。共赢增值表的六大核心要素中，最重要的是用户资源，这是传统的企业表格所没有体现的。共赢增值表最引人注目的改变，在于对高附加值的财务发现，一是以生态创造边际收益递增，二是让每个人创造价值与分享价值合一。

这抓住了生态发展的财务关键。生态在财务上要求共赢，而共赢不可能在零利润条件下实现（因为不够双方分），必须在零利润水平上有一个“1 +1 > 2”的溢价，第四张表本质上就是这个溢价表。这是许多“声称”生态的模式无法实现共赢的症结。只有抓住高附加值的价值创造来源，才能让生态各方获得足够分配的利益。

2. 链群合约：新生态下的完全合约

链群合约的基础是企业拥有权、使用权分离，企业将资产使用的三权（决策权、薪酬权、用人权）充分下放给自主人经营主体，由自我激发的独立经营主体，在生态中自我繁衍。

例如，为了达成目标，实现指数级增长，疫苗网链群内部创出新的链群，包括阳光疫苗子链群（针对非洲等缺电地区提供不用电的疫苗保存管理方案）、移动接种子链群（提供移动接种服务）、新冠采样子链群（提供核酸检测样本采样场景服务），实现了从 1 到 4 的裂变。

如果没有智能合约，区块链只不过是一个分布式的记账系统，但智能合约只解决了信任问题，它解决不了如何满足用户体验迭代的问题。链群合约则可以解决这个问题。在链群合约中，一个是体验链群，另一个是创单链群。所有的链群都是由很多小微节点组成的。体验链群负责了解用户需求，创单链群负责迅速满足这种需求。

链群合约的价值取向是共赢共创。

生态格局有新旧、真伪之分，其中的标志泾渭分明：打价格战的生态是旧生态、伪生态，创造高附加值的生态才是新生态、真生态。某些互联网电商巨头提出的生态只是打价格战与恶性竞争的旧生态、伪生态。这种生态虽名为生态，但由于创造不出足够分的利益，久而久之，陷入与国家、行业、顾客各方的利益冲突就成为必然。

新生态要求放大价值观格局，从根本上解决新价值创造问题，让价值创造充分泉涌。人的价值第一，从增值角度讲，包含两个与打价格战格格不入的理念：一是认为用户的高附加值来自产品、服务之上的体验，对于体验的格局（包括价位）来说，提价自然高于降价；二是在创造者的高附加值方面，认为如果把员工当劳动力，那创造的只是机械劳动价值，只有把员工当作创客，才能创造出创造性劳动的价值，后者格局自然高于前者。

伪生态创造不出高附加值的根本原因，出在价值观上，出在对新价值创造的误解上。股东价值优先导向，偏离了可以带来更高附加值的用户价值与创客价值。一方面，浪费了流量蕴含的创造价值的机会。本来流量平台的出现，客观上令行业转向用户价值主导，但一些流量平台忽略通过交互挖掘需求侧价值，反而把顾客当作巨头权力自我膨胀的本钱，与社会发生冲突。另一方面，在价格战中，调动不出员工创造性，陷入同质化的不正当竞争，在零和博弈中破坏行业生态。

中国经济，正在从低附加值、低质量发展转向高附加值、高质量发展，打造新生态格局将成为中国经济的“下一桶金”。

7 平等分配：分配环节的共赢

数字经济中的成果分配，是要素交换中的最后一个环节。我们要搞清这样一个基本逻辑：生产力基础不同对要素分配的影响。数字经济的一个显著特点，是将信息技术而非工业技术作为主导的生产力。这自然带来一个有待澄清的疑问：技术的不同会带来分配的不同吗？

技术本身是中性的，但对技术的社会选择，会使对选择者有利的技术得到更多的发展机会，从而使技术对于分配产生偏向影响。谁具有选择技术的权力，谁就可能成为技术对分配影响的决定性因素。围绕这种选择权力产生的矛盾，会将社会关系注入技术关系。有权选择技术的主体，利用技术使自身获得更多剩余，而无权选择技术或被迫接受技术的主体，会在技术作用下加剧剩余的流失。

数字经济导致贫富差距扩大还是缩小，答案是不确定的。这个问题主要取决于制度，现有基于工业生产方式的制度（无论是何种具体制度），都有可能导致贫富差距扩大，但是，数字化导致贫富差距扩大却不是必然的结论，因为有明显的反例。如果采取适当的制度，也可能导致贫富差距缩小。为此，我们需要讨论在数字化中什么造成贫富差距扩大，什么造成贫富差距缩小。

在古典－新古典综合框架下所讨论的均衡，其中的技术性均衡是由资源平衡即供求相等构成的，而社会性均衡是由权利平等构成的。因此，制度均衡本质上是平等问题。在数字经济中，信息技术作用于制度，对于平等（贫富差距是其外在表象）是起到促进作用还是阻碍作用，是制度经济需要研究的问题。

如果将信息生产力这个新变量纳入制度分析，那这个问题将被归结为生产力向生产关系的传导影响的逻辑，核心是技术革命对占有方式的影响。不同的占有方式决定不同的权利平衡关系，存在两种平衡关系：一种是利益相关人权利不平等交换，由力量因素达成的平衡是通过制度刚性维系的不平等的平衡；另一种是通过权利平等交换达成的力量平衡，是平等的平衡。

数字经济学需要研究信息技术、数据这两种生产要素对于分配来说是否是中性的。如果是中性的，则意味着信息技术与数据既不扩大也不缩小贫富差距；如果是非中性的，则意味着这两种生产要素要么是资本增强型的，要么是劳动增强型的。进一步的研究则具有政策意义，要看在自然趋势发展的技术进步的基础上，社会选择与制度安排能否干预技术路线选择，以实现平等分配，或者，观察生产力发展是否有其不以主观意志为转移的客观趋势，通过改变占有规律来改变分配规律的。

7.1 数字技术对分配的影响

7.1.1 技术偏向性与平等

◎ 命题 12：数据本身呈技术中性，但随着劳动、资本要素对其利用的不同会产生技术有偏性①，既可能有偏于资本，也可能有偏于劳动。

技术或者机器是否一定和资本相对应？我们得出的制度分析结论，是数字技术并不必然与资本相对应——像在工业化生产关系中那样。工业化生产方式中，技术曾是工人的竞争者，是导致劳动与资本对立扩大的因素。信息化生产方式可能改变要素的“中心 - 外围”地位，使居于中心地位的资本向居于外围地位的劳动发生力量转移。

由命题 12 得出的第一种可能是先退一步说的可能，即数字技术有可能与资本对应，体现资本（及其人格化代表）的利益。这种可能性很大，在现阶段（工业化因素占比仍然较大）甚至是主要的可能性，但这不是无条件②的

① 技术有偏性是指，如果增加某种要素的供给，产出增加的同时，技术的进步会进一步提高这一要素的边际产出。如果技术进步可以提高某种要素的相对边际产出，则称技术进步具备偏向性，偏向于这种要素。

② 这个条件是，生产关系一定不加改变地沿袭工业社会的制度（金字塔结构中以精英——代理人为中心的制度）。

（如果不进行下面的研究，人们得出的结论很可能是无条件的）。

然而，这种推论只是一种假设，假设信息技术与工业技术的生产关系取向必然一致而不发生质变。

由命题 12 得出的第二种可能会推翻前面的结论，即一旦采用与数字生产力相适应的生产关系，数字技术也可以同劳动者的利益相对应。例如，多样化技术与多样性红利结合。经过这种分析，马克思将是最终的理论上的赢家，因为正是他独特地预言，生产力高度发达的最终结果可能“共产”这样的社会关系成为现实。得出这种结论的前提假设，与前一种推论相反，即认为信息技术与工业技术的生产关系取向可能相反。

技术有偏于资本的可能性的大小，与生产方式中工业化成分比例的大小相关，工业化比例越大，技术有偏于资本（无论是私人资本还是公有资本）的可能性越大；技术有偏于劳动的可能性的大小，与生产方式中信息化成分比例的大小相关，信息化比例越大，有偏于劳动的可能性越大。后一种与我们将谈到的社会选择有关，可能不会自动发生。

生产力决定生产关系，有什么样的生产力就有什么样的生产关系。因此，我们可以间接否定这样的断言，即认为工业生产力决定生产关系而信息生产力不决定生产关系的断言。信息生产力在本质上没有不同于工业生产关系之处，更直接地说，即它没有使劳动者得到解放的可能和希望。

制度经济要素理论的一个基本假设是，任何要素（无论是劳动、资本还是土地）都是社会关系的产物。即使是数据、技术要素，也只有通过社会关系才会影响其利益有偏性。技术、数据等要素，都应依其权利归属倾向纳入社会关系，这样才能得到完全的解释。例如，数据要素，如果由个人、企业、平台三重授权，就应分别归入 3 类主体权利来考虑它们之间的权利关系。数字经济学这样做，可以避免脱离社会关系，武断地得出技术、数据有偏性的特定利益结论，如数字技术“一定”会或“一定”不会导致贫富差距扩大的结论。数字经济应把关注点放在生产力与生产关系什么样的结合关系会导致贫富差距扩大、什么样的结合关系会导致结果相反上。举例来说，同样的数据开发工具，处在不同生产关系中，对就业、分配的影响可能是相反的：由企业专用，可能所得剩余全部分配给资本；由平台开放给 App 主体使用，可能剩余的 70% 以上分配给无产者（非开发工具拥有者、所有者）。

7.1.1.1 偏向型技术进步理论：研究进展

新古典增长模型假定资本与劳动的替代弹性为1，这时技术进步是中性的。在典型的生产函数（C－D生产函数）中，资本和劳动这两种重要的要素投入的分配份额是恒定不变的（称为“KAlDor事实”）。

但是，在很多情况下，技术进步不是中性的，它偏向并有利于某一特定生产要素。

偏向型技术进步与早期的“诱导性创新”联系较为密切，有关诱导性创新思想的论述可以追溯到希克斯的生产要素相对价格的变化本身就是激发技术发明的动力及推动特定的技术发明。根据这种理论，“技术创新的目的在于节约使用变得昂贵的生产要素”。①

在技术进步偏向性理论体系中，经济实现均衡时，存在两种效应（“价格效应”和“市场规模效应”）影响厂商创新活动所得利润的净现值及技术偏向。②③“价格效应”鼓励技术创新偏向于稀缺要素的方向发展，因为由稀缺要素生产的商品更加昂贵，此时，稀缺要素增进型的技术能获得更多的利润。“市场规模效应”则鼓励技术创新偏向于丰富要素的方向发展，因为如果有更多的生产要素与一种技术协同生产，就意味着该技术存在更广阔的消费市场，此时，厂商对该技术进行研发变得更有利可图。

由于两种效应导致技术进步的偏向相反，最终技术进步偏向于哪种生产要素或生产部门，取决于两种生产要素替代弹性的大小。当两种生产要素存在很大的替代弹性时，市场规模效应会占支配地位，即技术创新偏向于丰富生产要素；当两种生产要素为互补品时，价格效应则占支配地位，技术创新偏向于稀缺生产要素。

在1996年之前，中国的劳动收入占比处于上升趋势，但此后不断下降，到2006年已跌至40%的水平。④ 各项研究大多得出了总体上技术进步偏向于资本的结论，这反映出劳动和资本的收入差距拉大。这与中国进入快速工业

---

① 张俊，钟春平．偏向型技术进步理论：研究进展及争议［J］．经济评论，2014（5）．

② ACEMOGLU D. Directed Technical Change［J］. Review of Economic Studies，2002，69（4）．

③ ACEMOGLU D. Equilibrium Bias of Technology［J］. Econometrica，2007，75（5）．

④ 同①．

化时期有一定关系，因为这一时期往往存在着资本稀缺的情况。然而，随着服务化与信息化的同步发展，也会出现技能劳动稀缺。数字经济正出现引发多样性红利的劳动偏向性技术快速增长的趋势。

7.1.1.2 信息技术的社会偏向

信息技术代表什么人的利益？这个问题实际是问信息技术的技术进步偏向是更加偏向于资本利益还是更加偏向于劳动利益。

迄今为止，技术进步偏向理论一直在资源配置理论中发展，侧重实证研究。这一理论目前存在两个方面的问题：一是没有内生信息技术的分析；二是缺乏内生制度的分析。下面先讨论第一方面的问题。

1. 两种相反技术对应的不同效率

从数字经济学研究角度看，技术进步偏向理论研究普遍忽略了工业技术与信息技术的区分，把技术笼统地当作同一种技术。实际上，工业技术与信息技术的技术进步偏向性可能存在明显区分。

（1）技术有数量与质量功能区分，表现为两种不同效率

工业技术与信息技术，就其各自擅长的方面来说：一种长于提高量（同等质下的量）的效率（称为专业化效率）；另一种长于提高质（同等量下的质）的效率（称为多样化效率，特点是在量不变条件下提高质）。更确切地说，这里的量特指同质之量，主要表现是在处理单一的质时，其产出在量扩展时投入的降低，衡量的是通过改变量以获益时所需投入的大小。与质对应的效率，也是一种量的尺度，特指异质之量，这种量体现为质的多样性量度，其效率表现为当产出为异质性、多样化水平提高时投入的降低，衡量的是改变质以获益所需投入的大小。

斯密区分的分工专业化效率与分工多样化效率，对应的就分别是这样两种相反的效率。芒福德认为，技术应同时满足数量、质量上的功能需求。而工业化技术更多的功能在前一个方面，即数量方面①，对自动化技术效率来说，数量就是一切，谁若是敢质疑数量增长的价值，无异于离经叛道，削弱

① 芒福德．机器的神话（下）：权力五边形［M］．北京：中国建筑工业出版社，2015.

这个体制。① 鲍莫尔较早认识到还存在一种与质有关的效率（不同于与量有关的自动化效率），他称之为音乐四重奏的效率问题，并将之作为服务效率的研究原型。从这个角度说，“鲍莫尔病”并不能单纯认为是在说“非生产性的”服务业效率低，而只是说它自动化效率低。服务业占比超过制造业，是因为它还存在另一种与质量密切相关的效率。从这个意义上说，信息技术革命只是为了提高这种效率而经过社会选择被人类“召唤”而来。可以说，不是从信息技术发展中才产生了对质的经济性的需求，而是对质的经济需求使信息技术从默默无闻到炙手可热。这个过程，早在工业化时期就开始了，数控机床的发展就是一个例子。

工业技术本质上提高的是同质价值的量（马歇尔意义上的创造新价值）的效率，信息技术本质上提高的是异质之量（熊彼特意义上的创造新价值）的效率。在交响乐中，指挥的效率高，并不表现为他不顾音乐走不走调地催促乐团加快演奏速度，以达到赶紧下班的目的，而表现为对交响乐团上百种乐器一起演奏时产生的多样性音质、音色进行有效率的辨析。他辨析的是不同的质，其效率高表现为，在更高水平上处理有意义、有价值的复杂性信息。创新活动与艺术活动一样，其效率也表现为能更有效率地创造出有价值的质的不同，比的是与众不同，“会者不难”（质量高者付出成本低）。经济高质量发展对应的效率，应是这种对质具有敏感性的效率，也就是针对提高（创新、体验活动中由差异化、多样化、异质性带来的）附加值的效率。工匠的效率，就属于这种技艺型的效率。只不过，工匠的效率往往是赤手空拳的效率，而 App 的效率，是基于信息技术（如开发工具）的效率，是技术与个人智慧（个人知识）的结合。

（2）技术有物性化和人性化的区分，与不同要素主体关系不同

在区分两种不同效率时，芒福德把自动化效率称为“与人无关的机械效率”，多样化效率（技艺、艺术活动的效率）则是与人有关的效率。前者是人的物化效率，后者是“人性化”的效率。芒福德认为，人的本性就存在于创新与创造性活动体现的多样化中，而非以同质性为本质的机械化、自动化中。他说，归根结底创造是人类最为重要的活动，人类存在的重要理由，也是人

① 芒福德．机器的神话（下）：权力五边形［M］．北京：中国建筑工业出版社，2015.

类在这个星球上短短历程中最具备永恒性的活动。①

诺布尔同样从社会角度而非自然角度对技术进行分类，他根据维纳的理论，将技术（系统）分为决定性的与非决定性的。决定性的技术是物性化的技术。诺布尔在分析以机械化、自动化为代表的决定性技术时说，极端决定性的系统否认了人类的充分潜能以及经验、技能和隐含知识的积累，这必然严重损害人类实现各种可能性的动力。非决定性的技术是人性化的技术（“本质上是人性的”“有机的、生态的并且是人性的”）。维纳试图将技术进步引向一个更具人性化的方向。②芒福德注意到自动化技术的效率主要与数量有关，而难以体现与质量有关的效率。他说，自动化过程因此产生一个质量方面的缺憾，这缺憾是从其数量方面问题直接衍生而来的。简单地说，就是它增加了或然率（probability）而减少了应然率（possibility）③，因而呈现与多样性相反的特征，即“僵化、死板”④。

斯科特·佩奇则将不同技术效率按偏向主体的不同分为两大类，并用“能力与多样性”来概括。⑤ 能力对应的是专业化。与同质化、专业化相联系的主体，是有“能力”的人，即精英。多样性自然对应多样化。与多样化相联系的主体，是“草根”（群众、劳动者）。斯科特·佩奇提出“多样性优于同质性定理”：如果两个问题解决者集合都只包含了个体能力相等的问题解决者，并且第一个集合中的问题解决者是同质性的，第二个集合中的问题解决者是多样性的，那么平均而言，它们的局部最优解将会有所不同，而且由多样性问题解决者组成的集合将优于由同质性问题解决者组成的集合。⑥ 斯科特·佩奇的这个结论更加适合信息技术，因为多样性优于同质性（包括自动

---

① 芒福德．技术与文明［M］．北京：中国建筑工业出版社，2009.

② 诺布尔．生产力：工业自动化的社会史［M］．北京：中国人民大学出版社，2007.

③ 这里的“或然率”，指客观概率，表示确定性在系统总体中所占比例，比如说70%的概率，代表有70%的确定性，另外30%是不确定的。应然率，表示的是人的能动选择，是自由选择的空间，比如70%的可能性，是在说70%之外的结果是无法选择的，但这70%是可以选择的。

④ 芒福德．机器的神话（下）：权力五边形［M］．北京：中国建筑工业出版社，2015.

⑤ 斯科特·佩奇．多样性红利［M］．北京：机械工业出版社，2020.

⑥ 斯科特·佩奇．多样性红利［M］．杭州：浙江教育出版社，2018.

化、专业化）的前提条件，是工业化已完成，经济的主要问题已从解决大规模制造（简单性任务）转向解决多样化服务（复杂性任务）。与多样化效率最匹配的是“复杂性任务”①。对劳动密集的服务化来说，多样性中孕育着劳动者的红利。

需要指出的是，老百姓对于技术的日常经验，受到“有机事者必有机心”观念的影响，他们潜意识中就把技术当作不好的东西。这反映的是传统观念的局限。只有当这一代老百姓的父辈、祖辈的经验不再是农业技术经验、工业技术经验而是信息技术的经验时，理解信息技术、生命技术的不同技术偏向才会成为一种普遍可能。

2. 两种不同技术的相反社会偏向

在芒福德的语境中，多样化效率的技术方向有偏于劳动，因而是劳动增强型技术（虽然他没有直接采用这样的词语，而采用的是“技艺”）。在与自动化相反偏向的技术中，人们应该能从中欣赏由人类的技能——我们称之为艺术所创造的材料多样性。② 这种与人有关的效率，要为工人提供更多的参与和满意的机会，无论生产有多大的提高都不能成为把人性化的因素排除在外的借口。③ 这样的技术，不是为生产而生产（因而引起过度与过剩），而是以消费为生产目的。

以自动化为导向的工业技术，一般是资本增强型技术。当然，在这个主导倾向中也存在作为次要方面的劳动增强型技术。以多样化④为导向的信息技术，从长期观点看，有很大可能成为劳动增强型技术。当然，在工业化成分占比较大的数字经济中，这种技术经常被用于自动化方向，例如，数控机床就把编制程序当作一种自动化任务来完成。

说信息技术有很大可能成为劳动增强型技术，是因为信息技术所具有的碎片化、拓扑结构、不确定性等特性，与劳动的异质性、个性化等特点高度相容。信息技术更加适合波兰尼所说的个人知识的发挥。举例来说，平台上提供的 API，要由劳动者开发，App 就可以成为劳动增强型技术的样式。这与

① 斯科特·佩奇．多样性红利［M］．北京：机械工业出版社，2020.

② 芒福德．技术与文明［M］．北京：中国建筑工业出版社，2009.

③ 同②.

④ 多样化这个词的英文是 Variety，在大数据定义中，Variety 指的是非结构化数据。相关关系比因果关系，具有更明显的多样化的特征。

工业技术下从标准化的机床上加工出一模一样的产品，特点正好相反。再如，3D 打印技术，成本上因为不再受规模经济的约束，所以适合个性化创作。

信息技术固然也以技术标准为基础，但与自动化机床不同，标准化的不是最终产品而是中间工具。在信息技术统一的技术标准之上，产出的可以不是标准化产品，而是通过将开发工具交给劳动者，在创意、设计等创造性劳动中，产出个性化或大规模定制的产品。让工人失去创造力的自动化机器，标准化的是流水线上的最终产品。

在数字经济背景下研究技术进步偏向性，应区分信息技术在最终产品的标准化与个性化之间的偏向性，进而分别与资本、劳动进行关联分析。

同时，应当认识到，虽然信息技术总体上偏向多样化技术，但是不排除内部仍然存在资本增强与劳动增强两种倾向的选择。这是指信息技术既可以被作为资本增强型技术来应用，也可以被作为劳动增强型技术来应用。

信息技术被作为资本增强型技术来应用，是指不用其提高多样化效率之长，而专用其提高专业化效率之短，也就是把信息技术当作一种数字化工业技术来使用。举例来说，在数控机床中，程序的作用是加强自动化，由此起到替代劳动的作用。这一点并不违反信息技术自身规律，因为数字编程与机械编程都有自动化能力。许多时候，用信息技术实现自动化的效果，甚至高于工业技术。但是，这一事实不等于信息技术只有这种专长，或这种专长可以成为其专长的主要方面。其中道理相通于，北洋水师用工业技术（当时的海军技术）加强封建社会统治，不等于说工业技术的特长就在于维护封建统治。甲午海战的结果，就是技术偏向与社会选择相矛盾的结果。工业技术与工业制度（明治维新）相匹配的一方，战胜了工业技术与封建制度相匹配的一方。这说明，工业技术虽然可以为农业社会服务，但是它最匹配的是工业社会。当用一种长于大生产的技术去维护一种小生产的秩序时，技术效率可能更高，但始终是用技术所短而非用技术所长。今天，这个道理仍然适用。

信息技术被作为劳动增强型技术来应用，在发挥其提高多样化效率所长。此时，它既可以加强资本（例如，当平台采用范围经济而非规模经济情况下），也能够实现对劳动的增强。因为劳动具有多样性，这一点是劳动本身的固有特征。人以创造性区别于动物，劳动者身上同样具有人这一本性。工业化生产固然可以把劳动者当作机器使用，但这是在抑制而不是在发挥其本性。人人都可以成为自己的 CEO，但工业化制度限制了这种潜力的发挥。信息技术不同，一旦发挥其所长，以 App 为代表的分布式、碎片化的新的技术方向就将成为主流，技术就会实现生态化，从而与劳动的多样性形成技术经济匹配关系。一旦制度设计顺应多样性红利，令使用者（在“不拥有生产资料”的条件下）获得分享作为创造力成果的剩余的权利，一种新的占有方式（作为拥有与使用的新结合方式）就会在《共产党宣言》“废除全部现存的占有方式”后形成。“不拥有生产资料”，也可以在各种生活场所实现生产目的，如在家办公、副业兼营、灵活就业、零工经济等。

7.1.2 技术偏向与社会选择

技术进步偏向理论往往强调技术进步是自发生成的而非社会选择的结果。事实上，两种作用是共同存在的。当人们意识到一种技术进步在利益上会有偏于某种要素（资本或劳动）时，人们可能会出于不同的利益选择对其更为有利的技术路线，这时，技术进步就转化为一个社会关系类型的问题。反过来说，当人们意识到一种技术进步可能存在非中性的利益偏向选择时，也可以通过社会选择来决定技术进一步发展的方向。当然，有时这种选择不是决定性的，例如，地主阶级即使认识到工业技术可能不利于自身，也无法阻止或左右工业技术革命的发展。对信息技术来说，情况也是这样。

对技术进行社会选择的本质，是按合意的人与人的关系选择人与自然的关系。制度设计的作用，在于当市场自然而然的选择失灵时进行人为的社会选择。技术也存在从社会关系来看的失灵（失去社会意义的均衡——利益与力量平衡）现象。

诺布尔认为，技术也可以通向两种不同的生活：一种服从设计者的意图与权势阶层的利益；另一种则完全相反——在技术设计者后面产生各种出乎意料的结果与不可预期的可能性。① 选择自动化方向，通向前一种方向，而选择多样化方向，通向后一种方向。

▲ 命题 12 推论 1：自动化的技术取向可能扩大贫富差距，多样化的技术取向可以缩小贫富差距。

① 诺布尔．生产力：工业自动化的社会史［M］．北京：中国人民大学出版社，2007.

▲ 命题12推论2：将技术、机器与资本相对应的生产关系，可能扩大贫富差距。将信息技术用于自动化方向，在有利于提高专业化效率的同时可能扩大贫富差距。将技术、机器与劳动相对应的生产关系，可以缩小贫富差距。

7.1.2.1 自动化与扩大贫富差距的社会选择

1. 工业技术为什么有偏于资本利益

作为一个整体，工业技术有偏性偏向的是资本。马克思在《资本论》中指出，工业革命以来的技术、机器与资本存在利益取向上的一致性，工人则往往反对技术、机器。马克思把技术进步理解为生产相对剩余价值，他认为，生产相对剩余价值即靠牺牲工人来加强资本。

马克思在《资本论》中指出了工业生产方式与技术偏向性的关系：大工业则把科学作为一种独立的生产能力与劳动分离开来，并迫使它为资本服务。资本主义生产方式使劳动条件和劳动产品具有的与工人相独立、相异化的形态，随着机器的发展而发展成为完全的对立。因此，随着机器的出现，第一次发生工人对劳动资料的激烈的反抗。

芒福德把这种现象归结为对技术的“社会选择”（机器研制中所包含的社会选择），他认为，社会进步不能简化为单纯的技术发展，它与技术发展并非一物，技术仅仅是一种社会变量，可以根据我们的选择而做出改变。他进一步指出，我们名之为“机器”的那个事物，是技术自身的无意识的副产品；隐藏其中的动机并不是技术上的效率，而是统率他人的神圣或权力……机器扩展了这些目的，并为它们的实现提供了一种物质手段。①

诺布尔通过回顾工业自动化的社会选择历史②，指出工业化中的技术偏向（自动化）是由社会选择决定的，技术的投入者（资本家）根据自身利益对技术进行选择，只让那些符合自身利益的技术偏向成为主导方向。

诺布尔认为，自动化崇拜最终与资本主义的内在逻辑融合在一起，源自第二次世界大战后管理层要捍卫和扩大管理层权力从而将控制劳动本身视为

---

① 诺布尔．生产力：工业自动化的社会史［M］．北京：中国人民大学出版社，2007.

② 同①.

目的，通过所谓节省劳动的设备来削减劳动，这是雇主为了借着提高人类境况的名义而实现其狭隘的经济利益的实质，旨在使用自动化来扩展人类控制能力。①

从一开始，自动化浪潮就源自于减少对熟练劳动力的依赖，降低工人的必要技能，从而削减工资。② 因此，自动化在资本与劳动的关系中，增强的是资本，削弱的是劳动。正如马克思在《资本论》中指出的那样，机器不仅是一个极强大的竞争者，随时可以使雇佣工人“过剩”，它还被资本公开地、有意识地宣布为一种和工人敌对的力量并加以利用。

国内外技术有偏性的实证研究，大多也支持这种观点。其中，国内相关研究得出技术有偏于资本的结论，多与改革开放多年的发展主要是工业化发展有关。这进一步说明，以自动化为主的工业技术，不但有偏于资本，而且可以有偏于国有资本。

自动化技术本身可能是中性的，但当它与特定利益选择结合在一起时，就会成为利益有偏的。在利益中性的情况下，自动化技术本应不减少甚至提高工人的就业与收入，但前提是，存在一个社会性（而不只是技术性）的安排框架，与技术引入相平衡。例如，让节省出的人手平滑地转向只多不少的服务性岗位，甚至让工人因此得到更多的闲暇（甚至直接分享技术红利）。但在资本主义制度安排下，这是难以实现的（即使国家资本代表工人利益，在现实中也难以实现），这使自动化技术实际上不能做到利益中性而偏向增强资本。其中的原因在于，因为机器效率提高而节省出来的劳动力被安排到足够多的新工作岗位，这件事本身也取决于社会分配制度的安排以及相应收入结构的演进。一个根本不允许劳动获得剩余的分配制度，是不可能自动地创造出足够的有效需求来保障新职业的发展的。也就是说，只有让劳动分享技术的（至少部分）红利，才能造就人口统计学上有意义的有效需求，以进一步刺激服务性岗位新增，吸纳由于自动化水平提高而节省出来的人手。几乎所有的工业化体系都在一个关键环节上“掉链子”，即把理性以及理性的人格化代表（资本精英）当作优先分配的对象，通过不平等的占有制度，剥夺劳动

---

① 诺布尔．生产力：工业自动化的社会史［M］．北京：中国人民大学出版社，2007.

② 同①.

通过使用获得剩余的基本权利，因而制度性地而非偶然性地留下有效需求不足以打破这一自然循环的隐患（实际是由分配的不平衡向配置的不平衡传染、扩散）。

为什么工业技术往往成为资本增强型技术？这一点还可以从要素投入中发现线索。技术本身的偏向性，与投入来源有关，我们可以把广义的技术与资本、劳动关联起来。

资本所投入的技术，往往是同质化技术、自动化技术、机械化技术，这更加符合工业生产方式（大规模制造）的客观历史要求。

劳动对自身的技术投入，投入的往往是与默会知识相联系的技艺。劳动者对技艺的投入，虽然有利于劳动要素分配，例如，可以提高技能型工人的收入，但之所以在总体上不能与资本家（包括国家资本①）在争夺技术方向决定权上占据主导地位，与工业化生产方式具有内在关联。一般来说，技艺与工业化生产方式是不兼容的，它之所以在农业经济中得到推崇，与农业生产方式不具有大规模生产方式的特点有关。像美国这样缺乏农业生产方式积淀的国家，在工业经济自动化浪潮下，很难对技艺加以保护。劳动者对技艺的投入，只有在个性化成为生产方式主导方向时，才能充分显示出它的力量。随着工业化的日益实现，对个性化的重视渐渐让技艺显得稀缺。稀缺不完全是一种自然现象，它也与社会选择有关，不同的生产方式决定了不同要素的稀缺，进而使这样的要素的人格化代表在获得权力时处于更有利的地位。

应区分技艺与人力资本。劳动者可能拥有人力资本，但这与他拥有技艺含义是不同的。人力资本是劳动者拥有的资本要素而非劳动要素，如专利（包括职业发明等）。如果劳动者自我投入的是可以转化为显性知识的同质性技术（如发明专利，包括职务发明），那很快会被纳入资本的范围加以保护，而不是作为劳动来保护。技艺则只能是劳动要素，难以转化为同质性、标准化的资本。在整个工业化时期，劳动者不是没有对自身进行技艺这个方向的技术投入，如师徒传承，但在标准化流水线面前，这种技艺所处的地位越来越低。因为主流的生产方式以专业化为导向，技艺所代表的多样化方向只能是次要的。

---

① 在工业化时期，即使国家资本代表劳动者利益，仍然会优先发展资本密集型技术与产业，因为这代表劳动者的“根本”利益而非眼前利益。

2. 数字经济极化分配的技术与制度选择

工业化制度下，资本（包括官僚资本）具有技术方向的选择权，劳动者只具有有限的讨价还价权（如工会的权力），但总体上对技术的社会选择的方向，由资本主导。

资本主导技术，当资本的利益与劳动的利益对立时，会倾向于用机器替代工人，以削弱工人的权力。为此，资本家会更倾向于选择自动化，作为技术进步总的取向。这不意味着自动化之外的其他技术不会出现或不能得到发展，而是说自动化技术会因资本家的选择而得到更多投资，从而成为主流的技术，其他技术则自生自灭，显得好像其他技术不代表技术自身自然而然的发展方向一样。从工业自动化的历史（尤其是早期历史）来看，在资本投资助力下自动化技术高度发展的过程，往往是多样化技术（典型如技艺）衰败的过程，除非有特别的力量（如日本、瑞士的工匠文化传统）在维系。

从技术本身来看，工业化生产力有利于加强资本（包括官僚资本）的权力。与分工专业化方向相同的、能够提高专业化效率、有助于巩固专用性制度的技术，在工业化条件下，将成为生产力发展的主要支持力量。其倾向于保护并大大扩张集中控制权力、精英力量。这种力量的产生，并不一定是资本家选择的结果，往往是自然科学家、发明家爱好的结果。专业化技术对于特定主体力量的增强，使更多体现理性的经济精英成为与地主不同的统治阶级。

如果说地主阶级主要是从对与农业技术相适应的自然生产要素（土地、牛马等）的支配权力中产生出来，那与物质资本相联系的阶级（包括直接掌握资本的国家力量）则主要是从对与工业技术相适应的生产要素（工业化技术、大工业机器体系）的支配权力中产生出来。

在数字经济中，资本并不必然地将多样化技术作为投入重点，即使这个方向更有利于发挥信息技术所长，也会因利益原因而加以忽略或放弃。在最初的发展中，资本更可能听从自身利益的召唤，选择不发挥信息技术所长，而是沿着工业化形成的惯性，专门向自动化的方向来发展与利用信息技术，以使自身利益最大化。这会导致资本有意识地把信息技术当作工业技术来使用。为此，选择者肯定不希望把这种技术应用称为信息 1.0（IT 应用）、信息 2.0（CT 应用），而更愿意叫作工业 3.0（IT 应用）、工业 4.0（CT 应用）。美国资本家在这方面表现得格外突出，他们愿意接受前沿的信息技术，但为了对付工人，更愿意选择让信息技术沿着自动化的方向发展。

当然，也不能仅仅因为信息技术的主导方向是提高多样化效率以及按自动化导向发展信息技术会有偏于资本就轻率地否定信息技术的自动化取向。原因在于，历史发展有其延续性。数字经济发展初期，需要进一步巩固而不是削弱工业化基础。这是因为，如果多样化效率的提高，没有以高度发展的自动化效率为基础，就会倒退回小农经济。小农经济虽然与数字经济一样，也是个性化定制经济，但它是未经社会化（大生产）洗礼的低水平的个性化定制经济。数字经济只有通过小农经济—工业经济—数字经济的正反合式螺旋式上升，才能达到高级的个性化定制即大规模定制的高度。因此，利用信息技术加强工业化，促进工业化与信息化融合，有其历史必然性。离开雄厚的工业化基础（包括自动化、机械化基础），片面强调劳动增强技术发展，会陷入经济失衡。如果贸然放弃专业化效率、自动化效率的提高而极端地发展服务化，一国经济就会陷入产业空心化的境地。只增强劳动不增强资本，可能因公平而伤害效率，甚至掉进福利国家的陷阱，在激烈的国际竞争中自我弱化。合理的办法，是处理好自动化与劳动增强型技术间的发展关系，把握好度。

可以说，在工业经济条件下，无论资本掌握在谁手里，技术偏向资本都有一定的必然性。这是因为，即使资本（如国家资本）代表工人的利益，实际上代表的也主要是工人的长远利益与根本利益。为此，当国家资本（如国有企业）选择资本增强型技术时，理由一定是其他选择本质上仍然是劳动增强的，因为国有资本此时代表了工人的长远利益与根本利益，这是由工业化生产方式决定的。如果在工业化没有彻底完成之前，过早地选择劳动增强型技术，会影响到发展与国际竞争。为此，在数字经济发展的早期阶段，或者叫“两化融合”阶段，为了发展工业生产力，若选择信息技术按有偏于资本的方向发展，会付出扩大贫富差距的代价，否则就有可能掉入福利国家的陷阱。这是一种两难选择。只有当数字经济进一步发展，条件更加具备时（比如基于信息的服务业与服务化比例达到一定限度），才可以把社会选择的重心从发展移向公平。这种转变不会骤然发生，而是一个劳动增强型技术选择由弱变强的过程。因此，“人是目的、以人为本”不应是一种哲学上“政治正确”的抽象口号，而需要随着历史发展，根据形势变化（主要是各种条件的变化）而逐步实现。这是历史方法不同于教条主义的地方。

7.1.2.2　多样化与缩小贫富差距的社会选择

信息技术就其自然的倾向而言，会因多样性红利而有偏于劳动者利益，但这不等于说信息技术的发展会自然而然地有偏于劳动分配，这是因为在社会中发展的技术首先是由社会选择决定，其次才是科学技术家兴趣的结果。

那么，什么时候在数字经济中缩小贫富差距才会成为主导性的社会选择呢？这不是主观决定的，而是需要顾及多方面因素。

第一，当共同富裕作为一个目标模式时，就把对信息技术的包容性选择提上议事日程了。

这与把这个目标当作主要目标不是一回事。即使将发展和效率提高作为主要目标，将公平作为从属目标，也需要正面面对多样化与劳动增强这个技术偏向的社会选择。

仅从公平分配、缩小贫富差距方面来讨论对技术的社会选择时，应主要关注多样化技术与多样性红利的内在关联逻辑。这种选择可以用包容性取向来概括。这意味着，对技术的社会选择不应只考虑精英的利益与感受，还要考虑弱势群体。更不用说，所谓弱势群体，其中许多并不是真正弱势，而是现代技术体系抑制了他们潜在的创造能力的发挥，一旦社会提供充分的公平机会，这些人就会从弱势群体变成自由而全面发展的人。

第二，要考虑到在信息生产方式到达成熟阶段后，不利用信息技术所长（多样化）而只取其所短（自动化），有可能导致不可预料的重大安全风险。只有当分布式模式对集中式模式产生压倒性的安全冲击后，人们才会在反思中逐步接受新的模式，最终导致这种压力从军事、政治传导到经济，在竞争的胜出者身上表现出来。一旦新的生产方式成为胜出者，使劳动变得稀缺的生产方式成为经济基础，就有可能在多样性红利的主导下缩小贫富差距。在现实中可以看到的一个先兆，是生态型组织的竞争力正在复杂的环境挑战中获得对传统组织的竞争优势，生态合作正在取得对零和博弈的竞争优势。

将生产力与生产关系的这种关系联系起来看，新出现的情况是，信息技术和数据，以及与之联系的机器（计算机），由于其通用性、非竞争性、分布式的特性，可能具有与工业技术不同的特性（例如，不同于集中控制、专用、同质竞争等）。

一方面，这会导致一类不同于与物质资本相联系的新利益主体（例如，有知识的劳动者，可称之为知本家）的出现，这些人将成为社会的建设性力量而非破坏性力量。

另一方面，旧利益主体也可能通过社会选择反作用于技术未来的发展方向，限制信息生产力发展。例如，如果发现信息技术向多样化方向的发展不利于自身利益（一般称之为“安全”威胁），就会通过支持特定利益集团垄断技术乃至技术投资来控制信息技术，使其向有利于自身利益的方向（如加强集中控制权力的方向）发展。

从长期来看，这种社会选择也会付出代价，即当与善用信息技术所长的利益主体进行国际范围的持久竞争时，会因创新实力不足而落败。信息技术在生态化方向的竞争力，是难以通过相反的集中模式以可持续的方式打造出来的，其结果往往是安全隐患会不由自主地越来越多，相关利益主体会因对无孔不入的安全隐患的无休止恐惧和徒劳防御耗竭自身力量。

我们可以把对信息技术的社会选择大致分为两个相反的方向：一种是推动、引导信息技术向着维持、加强工业化制度和社会关系模式的方向发展，例如，信息本来是可以通用的，但微软的利益是，最好软件向着技术上可以通用但制度上不可通用的知识产权（许可使用）方向发展，这不代表软件本身会自然地向这个方向演进，开源软件、云技术、区块链等，引导技术向相反的非专用制度的方向发展，使非专用的技术与非专用的制度相结合；另一种选择是推动信息技术向顺应其自身规律的方向发展，并在这一过程中进行利益适应与调整，以及进行有利于生态化、包容性的利益选择（例如，实现更普惠的发展）。

7.2 劳方分配：多样性红利

我们定义广义的劳动是活劳动的提供方，是组织中承担可变成本的一方。如果这个组织指企业，则对应的是劳动力；如果这个组织指生态，则对应的是应用方。生态中的应用方，既可能是劳动者（而劳动者可以在劳动力之上，另具人力资本），也可能是企业（这时企业对自身的固定成本投入，在整个生态中仍视为可变成本）。

本节讨论拥有权－使用权两权分离条件下资本与劳动关系向复归方向的逆转。

◎ 命题 12 推论 3：数字经济将信息技术、数据与劳动相结合，从而产生多样性红利。

有人问：信息生产力代表什么人的利益？我们理解这个问题的背景，是当初工业革命导致地主阶级退出历史舞台，而资产阶级登上历史舞台。那么，信息革命会令谁退出历史舞台、令谁登上历史舞台？

由现有迹象判断，如果通用技术与通用资产成为主导，相应的两权分离成为制度趋势，那跨越初期的数字鸿沟后，资本与劳动一体化于知识的新人将成为这场革命的显著受益者，这样的人将越来越多，直至延及全民。

由于资产通用性替代专用性，一种意见认为，资本的稀缺性将减弱，劳动的稀缺性将增强。我们认为，活劳动与知识的结合，在较低的资本门槛条件下将普遍激活劳动的创造性，从而主导未来经济。数字经济中的失能者（包括非创造性劳动者，以及多次创业的失败者），仍需要二次分配公平的照顾，但将成为少数。资产拥有者将逐步食利化（集中风险的回避者）以实现保值，他们（无论是以公共还是私人名义）占有财富的绝对值高于工业经济，但在总财富中的比例将越来越低于工业经济。

自主化的活劳动以分散承担风险为代价占有多样性红利（在总财富中占比越来越大的增值部分），将成为主要的利益变化。

7.2.1　分配条件的变化方向

如果说马克思提出消灭私有制的特殊背景，是工业化特殊的资产专用性导致不改变私人拥有就无法实现人人对生产条件（主要是生产资料）的“感性的占有”（共用），那么，当资产专用性转变为资产通用性后，无论生产条件由谁拥有，都可以实现人人“感性的占有”时，情况会发生什么变化？

现代法律思想渐渐认识到支配权与使用权的区分是归属与利用的分别，这带来一个与排他性方向相反的转机：如果不改变归属关系，是不是有一种制度创新可以实现分别利用、人人利用？

对制度经济来说，蒲鲁东第二个见解的可取之处，是可以从“使用而非拥有”类型的所有权中推论出不论姓“社”还是姓“资”这类“拥有”但求包容性“使用”的混合所有权的意思来。

具体来说，混合所有权在这里不是指在“拥有”上混合公有和私有而不问谁“使用”，而是倒过来，不问“拥有”上是公有还是私有，而是追问“使用”上能不能让大众和万众都能包容性地参与其中。中国农村改革已经证明所有权真正的基础是使用，土地是归属于国家还是集体，本身对产量没有决定作用（反之，土地私有也不会有决定作用）。举例来说，互联网平台可能是私有公用，在拥有上归资本方私有，但免费公用；在收益权上，拥有所占的分成比例可能低至 15%，公用所占分成比例则可能高至 85%。

蒲鲁东在低生产力条件下设计的社会改革方案可能没有多大价值，甚至有许多时代局限性和错误，但从发展制度经济角度往前看，其中包含着在今天看来仍有重大现实意义的理念。综观实践，各国的国有化并没有带来预期中的包容性，原因就在于“拥有而非使用”，生产条件在拥有上归属于全民，在使用上却只能为极少数国企员工利用。与之相反，制度经济的“使用而非拥有”，“使用”指包容性使用——这是当前制度经济流行理论定义漏掉的核心特征之一。

对制度经济，我们需要反思。“使用而非拥有”中的“使用”，与使用权既有联系又有区别。使用权可以让渡、转让、交换，但与拥有（支配权）真正的区别，在于是否真正亲自使用，以及这种亲自性是否具有包容性、包容性有多少。这才是“使用而非拥有”的玄机。

说得更直白一些，“使用而非拥有”中的“使用”，特指直接使用（亲自使用），它的反义是间接使用（代理使用）。举例来说，网约车是否排斥私家车，决定着车辆资源使用的包容性。如果只是少部分司机改行参与，或专业的经营者参与，那就属于一部分人代理参与；私家车参与，则标志着参与的范围（包容性）扩展到自然人，即人人参与。当年蒲鲁东所说的人人占有，在制度经济中，当指人人使用（包容性地人人参与）。“使用”的这一特殊内涵，是不应被制度经济的定义所遗漏的。

7.2.2 一次分配中的风险与收益共担

在传统政治经济学中，拥有者与使用者一般是雇佣关系，使用者只是拿工资的劳动力。但是，制度经济中的拥有者与使用者的基准关系是分成关系（其中，雇佣只是一种特例，即一方分成为 0 时的特例）。使用者在拿到相当于工资的劳动力报酬之外，还可以获得对应剩余的分成。例如，苹果商店模式中，劳资分成比例为七三，App 开发者拿大头。

劳动者作为生产资料的使用者，之所以在一次分配中就可以参与分成，对制度经济来说，有两种情况。

一是 20 世纪 80 年代国内外提出的制度经济理论，包括私有制下的制度经济①、公有制下的制度经济②③，它们的共同特点是就分配谈分配。威茨曼的分成制，仅适用于滞胀条件，一旦经济修复，资本重新变得稀缺，分成就不再具有条件。除本分成制虽然符合共享发展理念，但缺乏先进生产力和创新作为基础，因此，容易流于空想。

二是当前互联网条件下制度经济中的分成。这种分成不是从分配角度而是直接从生产角度提出的。分成是因为拥有者提供平台，使用者提供创造性劳动（利用人力资本提供增值应用服务），二者都具有资本的地位。知本家就是指具有知识“资本”的劳动者。在互联网制度经济中，一线劳动者比拥有者更接近顾客，他们在利润和溢价中形成的地位与作用不断提高，其具有的个人知识，成为分成的现实基础。

产权拥有与使用的二分，非常适合高风险、高收益条件下拥有者与使用者之间的利益协调。因为产权的拥有方一旦分享生产资料的使用权，在平台与应用分离的新业态下，其就可以同使用者就分担风险与收益进行谈判。这也是分成得以成立的条件。

7.3　资方分配：对租金盈余的剥离

对互联网平台的租金盈余进行面向公共目标的再分配，是对保护平台利益中性的定量描述。转移这部分利益，具体是采用征收赋税的方法（例如，税还是费）还是以行为方式付出的方法（如参与公共项目、公益行为、承担社会责任等），都不是原则问题。其本质是通过剥离租金盈余令平台方回归社

① 威茨曼．分享经济：用分享制代替工资制［M］．北京：中国经济出版社，1986.

② 李炳炎．公有制分享经济理论［M］．北京：中国社会科学出版社，2004.

③ 李炳炎．利益分享经济学［M］．太原：山西经济出版社，2009.

会企业本位，进而保证其发挥协同治理作用的利益中性。

7.3.1 一次分配中的平台贡献

租金盈余再分配指的是从超额利润中剥离租金盈余，即在平台一次分配之外对涉及公共利益的部分进行再分配，使平台企业从私人企业转变为社会企业。

这样做之前，需要充分评估平台在一次分配中对公共利益已做出的贡献，将其作为可以折抵再分配的减免与缓征因素，平衡考虑。

第一，平台对于公平或共同富裕的一个重要贡献，是共享数字生产资料（通用性资产）带来的公共与公益贡献。

一是替代固定资产投资，为经济增长注入新动能。平台方向互联网生态中的应用方有偿提供可复用的数字生产资料，实质是在进行数字资产对实物资产的功能替代，有助于实体经济与中小企业摆脱对资金的依赖，叠加、放大、倍增投入，为经济增长提供低碳绿色的新动能。

二是缓解中小微企业面临的资金难困境，缓解金融与房地产部门泡沫化，支持实体经济，稳定货币。国家一直将小微贷作为政策贷，倡导资金向实体经济与中小企业倾斜，但实践中仍然难以扭转银行资金向房地产、金融业倾斜的倾向。平台生产资料共享对货币政策的影响，相当于为实体经济直接注入生产资料，形成对 M2 的替代。这笔注入，将抵消同等资金按惯性进入房地产、金融业空转造成的泡沫，从而起到支持实体经济、稳定货币的作用。

三是通过提高一次分配公平，促进共同富裕实现。具体表现为，通过广泛共享生产资料，降低自然人、在家办公者、自由职业者的创业门槛，进而降低获得财产性收入的生产资料门槛，以提高效率的方式促进分配公平。同时，避免大众创业、万众创新一旦经营失败，让贷款银行背上负担的问题。因为用数据生产资料创业，一旦失败，没有破产之忧（生产资料是复制得来的，电费可忽略不计）。

第二，促进了就业，促进了内需，增加了社会有效需求。

平台方与应用方在互联网生态范围内的合作，在促进就业、增加内需方面发挥了重要作用。

由于平台的合作制与社会企业特点，分配倾向于多元经营的劳动者，可以通过提高劳动者支付能力，这比倾向于资本的分配更有利于刺激有效需求。

当有效需求不足，政府把促进就业当作一项公共政策目标，运用税收支持手段促进就业时，可以考虑，是将租金盈余再分配收上来用于就业创造的就业机会多还是将租金盈余再分配留在企业促进的就业多，这样就可以看出一次分配中，有的时候少就是多。

7.3.2 二次分配：赋税与再分配原理

将租金盈余再分配真的当作一种法定税来收，不是不可以讨论，这么做的前提应是利大于弊。当公共产品由公共部门提供时，税就是公共部门提供公共服务获得的“收入”，也是私人部门为从公共服务中受益而付的支出。

我国政府具有公共管理者和国有资产所有者双重身份。公共部门直接提供公共产品，有两种形式：一种是由政府以公共管理者身份直接提供公共服务；另一种是政府企业将提供的商品作为公共产品来提供。租金盈余再分配可以比照后者来讨论，因为可以把政府企业的普遍服务理解为一种隐形的租金盈余再分配。

也就是说，可以把政府企业的税收上限当作租金盈余再分配的上限来看待。当然，租金盈余再分配对应的服务与普遍服务有本质区别，因为平台服务本质上仍是商业服务，即使共享生产资料，也要按照市场化原则、商业化方式进行。从这个角度说，租金盈余再分配应低于普遍服务对应的公共责任。

一个现实的计算方法，是把国有经济与民营经济的税收差额当作租金盈余再分配的一个参考依据，意思是让平台方上交一笔高于一般企业但低于国有企业的税，补上这个差，将其作为租金盈余再分配的定量依据。

但是，以法定税形式进行租金盈余再分配有一个问题。法定税与实际税负不是一个概念，它只占实际税负一个很小的比例。规范税收及与税收性质相同的收入均应纳入计算宏观税负的税收收入。尽管按规范税收，税收负担只占企业综合成本的6%。① 但算上其他，我国的宏观税负接近30%。② 因此，几个百分点的法定租金盈余再分配，可能只是实质租金盈余再分配的一小部分。租金盈余再分配要解决的是实质问题，如果真以税的形式解决，会偏离方向。

此外，平台与平台之间差异较大，标准难以掌握。例如，一项研究显示，

① 刘尚希，傅志华，程瑜，等．税收负担只占企业综合成本的6%：来自中国财政科学研究院调研数据的分析［J］．新金融评论，2017（1）．

② 李文．税制结构与我国企业税收负担［J］．东北师大学报（哲学社会科学版），2017（5）．

某市的平台企业2020年平均综合税负为2.5%，较低的税负不到1%，较高的超过13%，差距较大。①

法定税的一个变通形式是自然垄断行业的收费。有运营商曾主张互联网平台向其交通道费。由私人部门向政府企业交费，并非不可，但向同为企业的运营商交通道费，在情理上却难讲通。一是运营商主张通道费不是出于公共目的或普遍服务，而是商业原因（认为互联网平台占用通道成本），这在技术上很难讲通；二是运营商主张通道费是为了解决OTT问题，在运营商自身对提速降价尚不完全认同的情况下，一旦收通道费，很难期待运营商不把这笔费用用于自身利益而会真用于公共目的。与其交给普通服务企业转手，不如由互联网平台将租金盈余再分配用于企业转移支付，来得更加直接。

7.3.3 三次分配：企业转移支付

以三次分配形式进行租金盈余再分配，主要指企业的转移支付，包括以慈善、基金等形式支付，或从事公共、公益事业，如扶贫开发、乡村振兴、科研教育、文化事业等。

企业的转移支付通常指企业对非营利组织的赠款或捐款等。转移支付在客观上缩小了收入差距，对保持总需求水平稳定，减小总需求波动幅度和强度，稳定社会经济有积极的作用。

当前，互联网平台多偏好采取三次分配形式来承担社会责任。这种形式可以适应不同政策变化，随需、随时调整。但是，仅以临时、权宜方式理顺国家、集体、个人三者间的利益关系，也不现实。

以三次分配形式实现租金盈余再分配，其优点是形式灵活多样，便于企业定向支付与监督，缺点是不稳定，需要进一步制度化、规范化。这一点我们可以借鉴发达国家引导私人资本支持慈善、教育、文化的做法，探索公平与效率相结合的长效机制。

研究租金盈余再分配，并非要对平台方施行歧视待遇，而是正其准公共企业（包括“社会主义建设者”）的名分，以利于理顺互联网平台所在经济领域中国家、集体和个人三者间的利益关系，稳定互联网平台方营商环境。

---

① 朱庆华．规范互联网平台企业的税收管理：以某副省级城市平台企业的税收管理为例［J］．湖南税务高等专科学校学报，2021，34（3）．

历史上曾有类似的成功经验。我国农村改革“交够国家的、留足集体的，剩下都是自己的”中，“村提留、乡统筹”即私人部门向非政府公共部门缴纳的提留，平台方在实质性地尽到这一部分公共义务后，“剩下的全部归自己”就不应再引起所有制歧视。

7.4　完善基本经济制度语境下的分配制度创新

将所有权与使用权并列，起于农业革命时代的古罗马法。当时，所有权叫作“对物请求权”，使用权叫作“及物权”，它们分别相当于财产的“行驶本”与“驾驶本”。“及物”含有直接触及的意思，同义于互联网共享经济中的使用，其相当于“驾驶本”，涉及的是直接触及“方向盘”的权利。工业革命直接导致产权中所有权与使用权并列的传统的终结。此后，在大陆法系主导下，使用权成为所有权之下的子权利。这种情况一直持续到信息革命发生，共享经济重新将所有权与使用权并列。①“生产资料所有权和使用权分离”的提法，显然是针对共享经济的。

现代企业制度的产权逻辑是以所有权②为核心，使用权是产权之中、所有权之下的权利。也就是说，产权包括所有权、使用权、收益权、转让权等，使用权与收益权都是所有权之下的权利，是所有者的权利。收益权与使用权并列，意味着收益权是资产所有者的收益权，资产使用者通常只是被雇用者，没有资产的收益权。《意见》的产权逻辑是将所有权与使用权并列，这通常意味着所有权之下有与之对应的收益权（所有者的收益权），使用权之下也有与之对应的收益权（使用者的收益权）。使用者分割资产的收益权，是合伙制下的分成者。《意见》在这里突出的是劳动者作为资产使用者对资产的收益权，即剩余索取权，劳动者要在一次分配中索取剩余。质言之，劳动者有股份固然可以索取剩余，没有股份通过共享经济，根据分成合约同样可以索取剩余。索取的是使用带来的剩余，而不是拥有带来的剩余（包括转移支付的剩余）。

---

①　姜奇平．分享经济：垄断竞争政治经济学［M］．北京：清华大学出版社，2017.

②　本书中所有权特指 ownership，即拥有权，又称支配权、归属权，而将所有权与使用权的集合称为产权。

这是与股份制的实质区别。这极大地拓宽了共享发展在中国的道路。这当然不排斥劳动者通过拥有（如拥有股份、拥有转移支付）索取剩余，但劳动者在所有权之外凭什么获得剩余呢?《意见》讲得很明白：促进数据要素流通，引导增值开发应用。其意思是，在使用（租用、有偿共享）生产资料（共享平台基础业务服务）过程中，通过增值开发应用来获得剩余。也就是，将剩余分成重资产剩余与轻资产剩余，利用合约来分成。

7.4.1 新机会公平的指向

7.4.1.1 激发公平分配的微观活力

新机会公平不同于教育平等、就业平等、族群平等意义上的机会公平，是生产资料占有与交换上的机会公平，是财产获得意义上的机会公平，要解决的是商品交换等价但要素交换不平等的问题。

数字经济一旦从商品交换深化到要素交换、从市场深化到产权，数据生产资料这种通用性资产适合于要素平等使用资源、平等分配剩余的特点，就有助于改变工业经济中商品交换等价但要素交换不平等的关系，进而为完善分配制度提供微观产权基础。

商品交换等价但要素交换不平等的问题，是马克思在《资本论》中提出的“所有权规律”与“占有规律”关系这一问题。“所有权规律”指等价交换，针对的是商品；“占有规律”指不等价（不平等）交换，针对的是要素（资本与劳动）。

“占有规律”中的占有，指理性的占有，即拥有（支配、归属），是法权意义上的占有，资本家通过对生产资料的理性占有（拥有），否定工人对生产资料的感性占有（使用）。其中，隐蔽地剥夺了工人凭借感性占有索取、获得劳动剩余的权利，即工人可以使用资本家的机器，但没有使用权（因为不对应剩余索取权）。

新机会公平理论的意义在于，将边际生产力分配论的要素“机会公平”（不平等）理论改造为内生社会关系的政治经济学的机会公平理论。

在数字经济下促进机会公平，大思路是通过在通用性资产基础上共享生产资料，实现人人亲自占有（使用）生产资料，并建立使用权与对应剩余索取权之间的联系，而且在根本上消除不平等的根源。

其政策含义在于，借助数据生产力的复制、复用特性，改革生产关系中的“占有规律”，第一次将促进要素平等交换纳入“促进机会公平”的政策推进，将其当作完善分配制度的一项工作。推进共同富裕，除了使用较为依赖财政（转移支付）的结果公平模式，可以用更依赖微观市场机制的机会公平模式来补充完善。

要达到的政策效果，是同时提高资本预期与劳动预期，充分调动企业家与劳动者积极性，为共同富裕增添微观活力。

7.4.1.2 沿中国式现代化促进机会公平

新机会公平所指的共享生产资料，是生产资料自然占有（使用权），而不是法律占有（所有权）。因此，推动实施的要点不是在两权合一条件下调整所有权，而是在两权分离条件下激活使用权。两权分离是一种中国特色，其突出优点是在所有权上不折腾，务实改革使用权。

与国有化、私有化不同，共享生产资料不改变任何一方所有权，改变的只是使用权（同时改变与使用权对应的收益权）。生态共享比企业封闭更有市场竞争力，其机会公平表现在社会分配机制的改变上。

在政策上，不动所有权的共享①，就是要以生产资料管理新制度（而不是西方现代产权制度）为切入点，来实现财产获得意义上的机会公平。为此，当前亟须健全、完善所有权与使用权两权分离的生产资料管理新制度。生产资料管理新制度就是管理可以复制、复用的生产资料的使用权制度。新就新在与美联储的“量化宽松”（增加不可复制、可复用的货币资本）正好相反。前者针对的是资产的使用价值，后者针对的是资产的交换价值。

一方面，对于国有企业来说，通过两权分离，更多的是要解决通过开放经营提高资源配置效率的问题。其机会公平体现为沿共享发展方向从“天下为公所有”升级为“天下为公所用”。要打破封闭资源造成的数据要素闲置与浪费，积极推进实体生产资料数字化，构建由不同所有权主体利益共同体组成的商业生态系统，促进面向供应链、价值链的各种增值应用的开放利用，保证各种所有制经济依法平等地使用生产要素、公平地参与市场竞争、同等受到法律保护，以此解决经济主导力量闲置数据资源问题，更充分地开发利

---

① 共享本身就是共同使用之意，享指享用，即使用。与之相对的是共产，即共同拥有。

用数据资源。

另一方面，对于民营企业来说，尤其是对于平台企业来说，在两权分离中要更多地在完善社会分配公平方面补短板。民营企业尤其是平台企业，应积极推动生态合作，一是在有偿共享数据生产资料中降低应用方（特别是应用方中的自然人、活劳动、小微企业）进入门槛，通过零次分配，促进机会公平，形成“共同参与”“共享红利”的模式；应加紧落实“数据二十条”指出的“合理降低市场主体获取数据的门槛，增强数据要素共享性、普惠性，激励创新创业创造”。二是应矫正私人资本对生态的垄断，将平台企业攫取的适度水平之上的租金盈余以二次分配、三次分配形式返还给社会；引导生态沿着兼顾公私双重属性的方向健康发展，引导平台企业以有别于应用企业的定位承担应尽的社会责任，与国有企业一同促进全体人民共享数字经济发展红利。

零次分配这种思路，有助于争取共同富裕的主动权。一方面，于再分配调节之前预先埋下公平的种子。减少微观上的（要素交换）不平等，以宏观方式调节平等矫正带来的反差与冲击（例如，对企业预期的影响）。另一方面，在所有权上不折腾，务实推进生产资料管理新制度，是一种长效机制。要达到的政策效果是，通过共享数字生产资料，从机制上，探索出一条公平与效率相互促进的中国式现代化新道路，减少当前社会主义市场经济公平与效率之间的摩擦，使社会主义基本经济制度得以稳定。

7.4.1.3 降低机会进入门槛

同是增加要素收入与财产性收入，新机会公平增加的不是来自工资积累的动产与不动产收入，而是生产资料使用的工资外的要素收入。前者来自财产所有权，是工资再投入转化来的非劳动收入；后者来自财产使用权，是直接从活劳动中获得的工资以外的剩余。

初次分配所得是通过在初次分配中围绕分离的所有权与使用权分割剩余索取权，令劳动获得剩余分配的机会。不把零次分配直接当作一次分配，是为了有别于一次分配中的所有权所得，例如，员工持股。零次分配的要素收入与财产性收入，完全凭借生产资料使用权（复用）而得，完全不依赖于劳动是否拥有资本的所有权（如股份）。

在政策上，要求在民众增加银行存款、有价证券、房屋、车辆、土地、收藏品等收入之外，利用数字化方式“复制”可无穷复用生产资料的使用权，从而降低资本相对稀缺性，推广共享经济中行之有效的有偿共享生产资料使用权的高效率的市场机制，开辟民众参与“双创”、增加要素收入与财产性收入的新财源。

新机会公平理论建议进一步深入探索的改革方向：将生产资料共享涉及的生产关系改革，从生产资料使用权进一步扩大到生产过程中的经营权，在大力鼓励平台共享资源的基础上，活劳动在应用（App）领域进行自主决策、自主经营，激发劳动者的创新、创造能力，让人人成为自己的CEO。为此，建议政府要求平台适当降低活劳动进入平台增值应用创造价值的门槛（如使用费）。具体来说，在充分保障平台 $gfiP_{AC}$ 收入的前提下，结合一二三次分配，降低 $P_{M}efg$ 部分的租收盈余水平，让平台企业充分认识其社会责任，主动有所担当。[①]

7.4.1.4　以机会公平完善分配制度

新机会公平所说的零次分配，不同于第四次分配之处在于，虽然二者同为其中的要素收入与财产性收入，但这里的第四次分配所指来自再分配，不涉及人的发展（创新与创造力发挥）。零次分配则不涉及再分配，主要涉及人的发展。

新机会公平所说的零次分配与一次分配的区别：第一，一次分配提高的是奖金，与所有权人（包括代理经营者）的意愿有关，是临时性的激励，没有约束力；零次分配是通过合约分成，例如，苹果商店三七分成是有约束力的通用规则。第二，一次分配提高劳动者收入，是针对所有人的，与个人的主观努力和实际贡献无关。例如，提高平均工资水平，落实“五险一金”等。零次分配则分为使用有效（扣除使用费，分成）与使用无效（免费占有，但不分成）两种情况，与劳动者能力发挥挂钩，有利于通过人的全面发展实现公平。

我们所说的零次分配，不是“白文”所说的金融政策上的零次分配，不是在资本金获取来源上向中小企业适当倾斜（对这种零次分配，我们也完全赞成），而是以增加财富创造的参与机会、降低财富创造的参与门槛为主要形式的零次分配，比较接近周其仁（1996）所指的人力资本与物力资本的分割剩余，带有强烈的以人为本（包括“资”本）的色彩。与周其仁所指的不

---

①　可参考图8－2。

同，仅在于这里的人力资本不是指精英，而是指“草根”。App 经营者作为人力资本，主要是更接近市场与顾客的一线活劳动，发挥个人知识作用，替代人力资本。

以上不同，决定了政策取向的侧重不同。

第一，按新机会公平理论，完善分配制度，要突破分配理论与分配政策只包括结果公平不包括机会公平的现状，要将促进机会公平纳入分配理论、分配政策来研究。这样，党的二十大报告将“促进机会公平”纳入“完善分配制度”项下，才能进一步落实。

第二，要把分配制度的范围，从结果公平的窄义分配（一二三次分配）扩大到机会公平（生产关系中生产资料占有的公平，生产过程中决策、经营、管理的公平），从结果公平与机会公平相结合的角度完善分配制度，从生产关系全局完善社会主义市场经济。为此，应大力推进（由实践证明有效的）以市场化原则有偿共享数字化生产资料，推进经创客、小微主实践经验检验的做法，在生态应用领域鼓励劳动者自主决策、自主经营，充分发挥创造性并获得与价值创造相称的剩余。

第三，把零次分配当作一个单独的制度性政策加以综合研究，加强政策配套。一是把平台企业出于市场化目的共享生产资料当作社会主义的有益补充，及时总结经验教训，从所有权与使用权相结合的新方式上进一步完善我国生产资料占有制度，使之具备与共享经济相适应的国际竞争力。二是对于“平台 - 应用”一体化发展的生态组织，对中间产品价格宜从价格管制转向特许经营，辅以数字税调节，以避免人为扭曲价格的问题，让市场充分发挥作用。三是在平台反垄断政策上，应注意区分企业与生态的不同，分类施策。应借鉴美国通过反垄断反私人资本大幅提高平台国际竞争力的经验，对现有反垄断法的芝加哥学派基础进行深入反思。尤其应避免将双边市场混同于单边市场而“误入歧途”（梯若尔①），造成治理上的“合成谬误”，伤及共享发展大局的情况。四是在引导平台企业承担社会责任方面，在一二三次分配调节的同时，考虑零次分配因素，区分商品型共享经济（如共享单车、分时民宿等非增值类产品）与要素型共享经济（如共享虚拟店铺、虚拟车间、虚拟农场等可带来剩余增值的服务型生产资料），对后者采取特别的肯定、支

① 让·梯若尔．创新、竞争与平台经济［M］．北京：法律出版社，2017.

持、鼓励政策。可以将可复制、复用数据生产资料所替代的同功能的实体生产资料折算成等额银行贷款，视同解决中小微企业和灵活就业人员“资金难”的贡献，以及化解等额资金流入房地产、金融业造成泡沫的贡献。

7.4.2 建立资本与劳动的平等分配机制

如果说协同消费意义上的制度经济还只是交换关系，那么，分享生产资料（而非闲置资源）意义上的制度经济就应当作生产关系特别是生产关系中资本与劳动之间的新型关系来看待了。

资本关系以劳动者和劳动实现条件的所有权之间的分离为前提。① 这里关注的主要是拥有（支配权）。从制度经济角度审视问题，需要具体分析所有权内部有与用的关系。资本专有与资本专用是不同的概念。

在传统经济中，无论是资本主义还是社会主义，资产专用性都决定了生产资料只能在产权主体内部使用，而数字经济由于生产资料（如开发工具）可以非排他性使用，因此，生产资料可以分享给不同的产权主体使用。例如，App 开发者与苹果公司不是同一个产权主体，但可以分享使用苹果公司的平台与开发工具。我们在虚拟企业、虚拟企业联盟的实践中，可以不同程度地看到这种现象的扩展。

由于生产力条件变化（从工业生产力发展到信息生产力），资本专有与资本专用，从一个主体问题变成了两个不同主体的问题。

资本可复制，说的是使用，从利益关系看，会导致资本稀缺性的流失，导致资本专有（在收益权上表现出来的）价值的下降，进而导致资本及其主义地位下降。里夫金曾预言：到 2050 年，协同共享很可能在全球大范围内成为主导性的经济体制；资本主义体制将丧失在经济中的主导地位；资本主义的没落并非由“敌对势力”所致，而是资本主义“内部架构”中存在的矛盾“加速了它的灭亡”。

资本可复制，从经济角度讲，首先是其具有同质性、通用性，适合各个不同的 App 劳动者使用。劳动却难以复制，因为更高级别的具体劳动（创新），在一对一的条件下，复制没有多大意义。

---

① 安帅领．马克思生产方式二重性理论研究［M］．北京：社会科学文献出版社，2015.

资本可复制而劳动不可复制，从长远来看，将导致二者地位的此消彼长。以物质资本投资为导向的经济，不仅仅会由于生产过剩而使资本陷入流动性陷阱，更会因为稀缺性的流失而雪上加霜。新兴的知识经济也不仅仅是由于技术上的原因而成为新的方向，更是由于知识与劳动的结合而形成更贴近消费者的个人知识，这在个性化时代成为财富权力的主要来源。

按照数字经济的制度逻辑，资本家除了通过暴力改变制度而退出，还存在通过市场竞争而整体退出的可能。这种竞争发生在平台资本家与一般资本家之间。借助于数字革命中的通用性资产，一个平台资本家可以替代若干（比如 1000 万）个实体资本家——如果前者可以将通用性资产复用若干（比如 1000 万）遍的话。劳动与资本的收益比例，要看是 1 个超级资本家的利润总额多还是分散的众多小资本家加在一起的。真实的情况完全可能是，1 个超级资本家的利润虽然在总量上多，但由于替代、消灭了众多小资本家，资本家作为一个整体获得的利润，与劳动者所得相比，可能不升反降。这就是“苹果 – 谷歌悖论”的另一面真相。

国家资本（国家变成一个大资本家）与垄断资本（一个大资本家替代无数小资本家）并不会因为资本集中而改变总体的劳资分配比例（制度）。数字经济学中，资本集中后，总体的劳资分配比例显著改变了。质言之，发生在通用性资产上的事情的不同，是与资本集中伴随而来的是资本收益绝对值上升而相对份额下降。这意味着，“苹果 – 谷歌悖论”背后发生的事情是，在总体的劳资分配比例向劳动倾斜时，资本内部发生了较大规模群体向较小规模群体的收缩。从历史趋势来看，这就是一种和平退出。马克思关于在高级生产力条件下分配改善的预言，对数字经济来说，在均衡条件下，将变成这样一种事实判断：数字化的通用性资产可以在多大程度上孪生并替代专用性资产的功能。

显然，在国家资本与垄断资本情况下，垄断之前与垄断之后，绝不会仅仅由于垄断就把剩余的 85% 由归给资本转为归给劳动。即使在现实的社会主义国有企业中，加上转移支付，转给全社会劳动的整体比例，也不会仅仅由于垄断而有大的改变，倒是效率可能大不如从前。存在这样的不同，根本原因是生产力与生产方式具有质的区别。

提出新个体经济，是现行经济政策的一大亮点，这为激发市场活力、开辟发展空间提供了新思路。《意见》创新性地提出，支持大众基于互联网平台开展微创新，探索对创造性劳动给予合理分成，降低创业风险，激活全社会创新创业创富积极性。这抓住了通过大众创新实现大繁荣的关键。

7.4.2.1 发展新个体经济

《意见》引人瞩目地提出“鼓励发展新个体经济”。新个体，可以理解为“互联网+个体”，把握了新个体经济，就把握了未来经济的发展方向。

什么是新个体？以直播带货为例进行解释。有人说，直播带货就是把地摊经济办到了网上，这不无道理。一个人练摊，是个体经济，它还算是“现场直播”的，直播中的吆喝算音频，直播中的动作演示算视频。直播带货与这种旧个体相比，新在哪里呢？旧个体练摊时，面前顶多有一二十个观众，再多摊就摆不开了；新个体在网上练摊，不要说一二十万个观众，一两千万个观众摊也摆得下。可见，新个体是新技术条件下更加社会化的个体经济。

人类社会的经济发展，从某种意义上来说，就是“个体经济—群体经济—新个体经济”螺旋式上升的历程。人类的前5000年是个体经济，大家都在家办公；人类的后5000年则是新个体经济，大家又在家办公。只有中间的500年（相当于中午吃饭这段时间），大家到一个叫单位（比如企业）的地方扎堆办公。人类之所以要扎堆办公，是因为旧个体经济难以社会化，现在互联网把这个问题解决了，人类自然就要回归本来状态了。

由此可见，新个体经济不是权宜之计，而是数字经济发展的常态。从现在起，就要鼓励发展新个体经济，通过培育新业态新模式，开辟消费和就业新空间。此前，有人担心数字经济会引发失业。纵观历史，工业革命让90%的农民都下岗了，但他们并没有失业，而是变成了工人。信息革命正让类似的事情发生。工人离开制造业，不等于失业，而是在新的职业中就业。以服务化为主要就业方向的新个体经济，将提供多样化的就业机会，成为未来最广阔的工作空间，而且是生活、工作一体化的空间。

《意见》抓住了真问题，提出以下几点：积极培育新个体，支持自主就业；大力发展微经济，鼓励“副业创新”；强化灵活就业劳动权益保障，探索多点执业。这三点，很有远见。美国是世界主要国家中唯一没有经历过农业经济完整过程的国家，美国有丰富的企业经济（在单位办公）经验，但没有发展个体经济（在家办公）的经验。我国必须在自身历史经验的基础上，走前人没走过的创新之路。

7.4.2.2 探索创客所有制

1. 创客所有制的理论基础：劳动财产权

创客所有制是生态条件下的所有制形态，与股东所有制一样，是生态组织的所有制形态。生态由利益相关人构成，利益相关人由资产所有者与劳动所有者等构成。与企业内部资本与劳动的关系（雇佣关系）不同，资本与劳动更接近内部市场关系，即合约关系。这种合约关系带有合作性质。合作关系与雇佣关系的不同在于，雇佣关系中，资本获得全部剩余，劳动只获得成本；合作关系中，资本与劳动的回报结构相同，都是本金+剩余，区别在于劳动获得了部分剩余，而资本获得了另一部分剩余。生态要变得可持续，需要符合双赢条件。最好的双赢，是采取分成制，任何一方所得都不低于合作之前。比如，按利益相关方原则，因合作导致报酬递增，归给股东的部分，不低于在企业制条件下按股东第一（剩余全由资本所得）原则，在不产生合作的递增报酬情况下，资方的所得。这种情况在数字经济条件下是常见的。

创客所有制的理论根据，在“劳动财产权”理论中可以看到前因。劳动财产权，指劳动本身具有的要素收入与财产性收入的权利。也就是说，劳动本身像资本一样，也可以在本金（成本，即工资）之上获得一种只有财产才具有的财产性收入（如利息、利润、剩余）。在雇佣制下，劳动显然是没有财产权的。劳动只是商品，不是财产。商品只能按本身价值定价，成本等于收益；财产则可以在本身价值之上增加一个价值，即成本加成，来定价。第四张表的出现，说明各利益相关方（包括股东、员工、用户、合作方等）都可以参与剩余分享。

艾勒曼提出劳动财产权（或译为劳动产权），他批判雇佣制剥夺了劳动剩余索取权：在雇佣制下，“我们没有劳动市场的资产价格”。①劳动只获得成本，不获得剩余。当把劳动视为资本（财产）时，劳动应获得财产性收入。

艾勒曼剥离了剩余索取权与生产资料所有权的一一对应关系，认为与生产资料所有权对应的只是利润，并因此认为分享剩余不是分享利润。他认为剩余索取权可以归属于不同要素。在这一点上，与基于利益相关人分享剩余的第四张表相似。他说，如果将工厂和设备等生产资料租赁给另一个合法方，出租方保

---

① 艾勒曼. 民主的公司制［M］. 北京：新华出版社，1998.

留生产资料的所有权（资本所有者的角色），租用资产的承租方因为在生产过程中使用这些固定资产，所以他们拥有剩余索取人的角色。在这种情况下，剩余索取人的角色就不是生产资料所有权的一部分。这等价于将用益权扩展到了劳动上。

艾勒曼将产权（企业）与契约（市场）分开，他说，“公司所有制”一般指的是资本所有者角色和剩余索取人角色的结合。但是，剩余索取权并不意味着“拥有”什么东西，它是一种契约角色。①

这相当于把契约视为交易剩余的要素市场，这样的契约实际是数字经济中的生态。契约是针对剩余索取权的分割协议。对企业来说，相当于把上下权力结构变为扁平的内部市场。传统公司却不是把公司当市场看，它交换的只是商品而非要素。其中，工资并非劳动要素的收入（成本 + 剩余），而只是劳动商品的收入（成本）。从要素角度看，公司只是规定所有权人单方面索取全部剩余的制度，艾勒曼所说的“民主的公司”（我们所说的生态），则是利益相关人的合作契约，是生态契约。

艾勒曼的契约理论，隐含了在所有权、使用权两权分离中剩余分配可以不依赖所有权而取决于使用权的意思。他说，剩余索取权并不意味着“拥有”了什么东西，资本资产只能以出租的方式被有偿地使用。② 而且，所有者能获得多少剩余，需要与使用者通过契约来“议价”。进一步地说，艾勒曼之所以把剩余归属于使用权而非所有权，实际是在生产关系中，将剩余的决定因素，从生产资料占有（生产要素第一因素）转向生产过程（生产要素第二因素）。数字生产资料的有偿共享，证实了这种理论。

劳动财产权理论与劳动价值论异曲同工，略有差别的是，劳动财产权理论在要素层面而非商品层面定义劳动，主张的是劳动的私有财产权，即私人要素产权。这种理论把劳动当作私人资本来对待，从中直接得出劳动具有剩余索取权的结论。劳动价值论则在商品层面而非要素层面定义劳动。论证劳动获得剩余索取权，直接要求改变要素分成的契约制度，即资本主义所有权制度，为此，该理论主张所有权公有，间接推导出关于“感性的占有”的剩余索取权。二者在数字经济上有一个相通点，即最终要通过劳动用益权来解决劳动剩余分配问题。只是劳动财产权理论由私有制多出一个劳动股份制的

---

① 艾勒曼. 民主的公司制［M］. 北京：新华出版社，1998.

② 同①.

主张，用股份制实现人人所有。从劳动价值论并不必然推导出股份制改造结论，反而更可能推导出与公有、私有无关的劳动用益权（租赁剩余权）结论。

财产权也可以分为所有权意义上的财产权与使用权意义上的财产权。劳动财产权理论所说的财产权，主要指前者，相当于把所有劳动都当作人力资本，可以在企业范围内，同企业的物力资本分享、分割剩余（利润只是剩余中归所有者的部分）。只要是劳动，都应得到员工持股的待遇，从而在工资之上享受企业分红。

使用权意义上的财产权，不是指资本占有劳动的使用权意义上的财产权，而是指劳动占有（使用）资本的使用权所产生的财产权。在雇佣制下，仅仅是工人使用老板的资产（如厂房、机器）是不可能获得财产权的。这时主张劳动财产权，是指从这种使用中直接获得工资之上的财产收入。这时的劳动，不再像企业内的员工，而更像市场上一个平等的合约交换主体。合约主体与企业内员工的区别在于，他可以同企业老板就分成进行讨价还价，企业内员工却不可以。创客显然属于前一种情况而不是后一种情况，只不过，创客的合约（如链群合约）是收入分成形式的利润分成。收入分成与利润分成的区别仅在于前者不扣除成本而后者扣除成本。

使用权意义上的财产权，与用益权是同一概念，都是指非所有权人在财产使用中获得的收益（当然包括剩余、利润）。

使用权意义上的财产权，与经理人通过经营、控制财产而获得财产性收益道理一样。这时的使用权，指对资产的非所有权人的（自然）控制，包括决策、经营、（窄义）控制（如对人财物的管理控制）。以往这种经营、控制权意义上的使用权，不是针对员工的，而是针对经营阶层的，它不同于股份（也不同于经营人收购），而近于期权。前者不与经理人业绩挂钩，后者则可以同业绩挂钩（也有不挂钩的）。但对创客来说，界限正变得模糊，因为创客可以对一定范围的业务具有决策权、经营权与控制权，他从这种劳动财产权中获得的是一种使用权收益。

创客所有制是在生态经济条件下支撑新个体经济的产权制度，其主要背景是以合作制替代企业制（雇佣制）。它的主要特征，是以合作制原则替代工资制原则，它使劳动者获得工资之上的剩余并参与自主决策。在合作制内部，创客所有制以使用权合作为主，以所有权合作为辅。创客所有制的建立，有赖于生态合作在价值链、供应链上的成熟与完善，有赖于合作企业的配合。

艾勒曼提出的民主的公司的概念（“新合作社”），近于创客所有制。[1] 创客所有制不等于创客所有权，它是创客所有权与使用权的合体。所有权合作是指合股，收益是指分红；使用权合作是指合伙经营，收益是指分成。

2. 创客所有制的实践基础

当前的生态是一种平台和新个体形成的统分结合的双层经营体制，这种体制兼具市场与企业的特征，既不同于市场，也不同于企业。

不同于市场的地方在于，新个体在这一经营体系中处于分的层面。但与传统个体经济（包括传统的新个体经济）不同，个体离不开统一经营层面（如平台、集团企业或集体、社区的资源池）的有偿共享支持，就统与分之间的关系——一方代表中间产品，一方代表最终产品；一方代表资本（固定资本），一方类似活劳动（可变资本）——而言，具有企业特征。

不同于企业的地方在于，统的经营主体与分的经营主体的关系，不是企业内部关系即雇佣关系，而是合作关系，类似组织内部的市场平等交换关系，只是比市场交换多了一重要素交换，表现为合作中的分成关系。

对集团企业来说，建立创客所有制，相当于把企业变成企业群。企业群中围绕集团企业的创客，就像围绕平台的 App 一样，不再是同一产权主体。创客所有制意味着组织机制由企业机制转向生态机制（也可以理解为企业群机制）。创客一旦参与决策、经营与分成，说明他们也是这个共同体的利益目标主体，这意味着该集合体的目标由股东价值第一转为人的价值第一。这个“人”，包括所有利益相关方。利益相关方不同于路人甲、路人乙之处，是受合约的约束，也就是说，有关于财产使用权的合同，以及分成约定，是利益共同体共同利益的标志。

从集团企业股东角度看，接受创客所有制，将原来的员工纳入分成的合作关系，以经济人标准，一定要符合共赢的条件，也就是分成的资本回报要等于或高于不分成的资本回报，或者说，生态（打群架）的效率高于企业（单打独斗）的效率，互补（合作）的效益高于互替（竞争）的效益。

从创客角度看，创客所有制意味着一种新的共同富裕路径——不是通过分享成果而是通过分享机会，从只能获得工资收入，变为获得要素收入与财产性

---

① 卢兹，勒克斯．人本主义经济学的挑战［M］．成都：西南财经大学出版社，2003.

收入。传统个体经济中，个体获得要素收入和财产性收入，需要承担拥有资本的风险，而创客所有制是在生态中建立 API，通过这个接口，将统的层面的资产（固定资本），以使用（租）的方式而不是拥有（买）的方式变成自己的机会（机会等于对生产资料、中间产品的使用），而一旦应用失败，除了时间、精力损失，不需要像传统个体经济那样承担银行还贷的责任与风险。

7.4.2.3 微经济降低劳动者创新创业门槛

《意见》提出，大力发展微经济，鼓励“副业创新”，这为劳动者低门槛创新创业、实现跨职业的全面发展开辟了无限的想象空间和实践空间。

《意见》提出要引导“宅经济”合理发展，促进线上直播等服务新方式规范健康发展，这触及了当前实践前沿的活跃动向。

在中国经济有序复苏的进程中，数字经济发挥了关键力量，青年创业者的生存与发展，关系未来。日益勃兴的共享经济，为青年创新创业提供了崭新的机遇与无限的舞台。总的来说，成为知本家①的门槛正在空前降低。

按劳动与资本结合方式的不同，知本家的发展可以分为两个阶段：第一个阶段是工业经济条件下的发展；第二个阶段是数字经济条件下的发展。

1. 第一个阶段，劳动与资本以拥有权的方式连接

费尔普斯在《大繁荣》中提出了一个新颖观点：英国 19 世纪大繁荣的原因与美国 20 世纪大繁荣的原因同为创新，但两种创新不同，英国是精英创新，美国是大众创新。

创新实际上就是知识与资本的结合。英国的创新是熊彼特式的创新，即精英式的创新，这种创新门槛最高，需要知本家直接成为企业主，熊彼特倡导的是大企业创新，因此，知本家还得是大企业主。熊彼特把知本家与资本家，分别称为企业家与资本家，他认为，企业家创造新价值，资本家不创造新价值，只带来物质的“循环流转”。企业家和资本家可能是一个人，也可能不是一个人（这时的知本家可能是管理者而非老板）。日本企业的理念也差不多，例如，稻盛和夫认为企业家在知识掌握方面应达到“圣贤级”，这个门槛对一般人来说实在太高了。

---

① 1999 年《知本家风暴》一书率先在国内倡导“知本家”概念，被认为“开启中关村知识、经济的历史先声”。

美国为什么能超越英国呢？在费尔普斯看来，秘密在于大众创新。成为知本家的门槛，从精英降低到大众，需要两个条件：一是知识产权；二是风险投资。这两个条件，可以把大众变成精英，进而成为创新的主体。

我国互联网的兴起，就是这种大众创新式的成功。20 世纪末，刚提出知本家时，知识到底值多少钱，有很大争议。当时，资本家对知识的理解，显然还没有达到波兰尼所说的个人知识的程度。这时候，人类出现了一个伟大的制度，即纳斯达克的同股不同权（又叫 AB 股、双重投票权）。中美几乎所有大的互联网企业，都是这种制度的产物。同股不同权是典型的知本家制度，意思是说，创始人凭头脑中以实践方式存在的知识（个人知识），一分钱不出，可以得到较大（比如说 51%）的股权，而 100% 出钱的，只有较小（比如 49%）的投票权（股权）。2018 年，香港终于从落后的英国资本理念（同股同权）彻底转向美国资本理念（同股不同权），这标志着知本家制度成为人类正式的成文制度。

但是，能上市的知本家毕竟是少数。

2. 第二个阶段，劳动与资本以使用权的方式连接

还有没有比美国大众创新门槛更低的大繁荣呢？有，这就是正在我国兴起的“双创”，它属于“草根”创新。美国大众创新要将大众转化为精英，“草根”创新则让大众在大众状态（不变成精英）就可以创新。二者学术上的区别在于，劳动掌握资本，从必须拥有（以期权、股份或股权）转变为“使用而非拥有”（不必成为资本家）。

关键性的改变，是通用性资产的出现使知本家在不拥有资产的情况下就可以使用资本，资本门槛大大降低。知本家获得资本，不再需要以期权、股份等比较麻烦的方式，更不需要知识产权、风险投资等高门槛，只要对资产“以租代买”，实际使用，然后交租金（如使用阿里虚拟店铺交服务年费）即可。这样的通用性资产包括“中台”“通用软件”“数字孪生的解决方案”“数字化生产资料”等，它的特点是通过平台一次性固定资产投资，创客、小微主多次复用，好比孙悟空吹毫毛一样“复印”（孪生）资本的生产资料功能。这样一来，资本变得充裕而劳动变得稀缺，知本家的条件就成熟了。

“草根”创新现在有多大规模？以“使用而非拥有”生产资料的比例计算，已至少占据我国企业主总数 40%。也就是说，已超过了当年英国、美国创新主体的规模，成了人口统计学级的现象。

近年我国固定资产投资大幅下降，为什么经济还保持一定速度的增长呢?这与40%以上的创业者和商业主体已适应（不采用固定资产投资，而去“租”平台的通用性资产）知本家经营方式直接相关。

当前，掌握以数据为生产要素的通用性资产，成为知本家的必由之路。知本家靠差异化、多样化获取剩余。资本家肯将剩余的大部分让给劳动者，不是因为他们不喜欢钱，而是数字经济风险太高，他们不愿承担这样的风险，而希望成为保值的食利者。劳动者借助低资产门槛进行创业、创新活动，也不是白得高收益，而是要承担与之相应的高风险。只是，这种高风险是极度分散的。与雇佣劳动相比，知本家只有充分发挥人的潜力才能活得更好，这是未来年轻人面临的挑战。

机遇在于，只要肯冒险、肯创新，普通人在“宅经济”中也可以在一次分配中获得公平。将来的世界，资本家会越来越少，一个平台资本家可以替代成千上万的实体资本家；知本家（如创客等）会越来越多，而且可以参与高分成，把自己的能力充分释放出来，实现自由而全面的发展。

“双创”使知本家常态化，每个地方都是“中关村”，每个人都有条件做知本家。

《通知》鼓励广泛开辟工资外收入机会，鼓励对创造性劳动给予合理分成，具有深远意义。一方面，这里是指按市场化原则、商业化方式，在市场竞争中让劳动者通过创新、创业承担高风险，进而获得高收益（特别是较大比例的剩余价值）；另一方面，广泛开辟工资外收入机会，有利于劳动者突破职业局限，发挥自身潜力和创造性。这为劳动者自由而全面的发展指明了方向。

7.4.2.4 强化灵活就业，优化分配效应

《意见》还强调，要强化灵活就业，探索适应跨平台、多雇主间灵活就业的权益保障、社会保障等政策，支持建立灵活就业、“共享用工”服务平台，提供线上职业培训、灵活就业供需对接等就业服务。

从消费端的直播生态就业到供给端的创新迭代、产业带创业者，从供应链上的数字仓管理师到蚂蚁森林养护员、开创大病互助共济新模式的相互宝调查员……新消费带动了大量新就业。这成为数字经济创新探索的又一大亮点。

1. **品牌社招热，预示着多样性灵活就业的兴起**

研究发现，品牌社招首先是用户最关注的招聘求职相关信息，其次是招聘平台和兼职类工作。当前，用户求职需求尤其是社会招聘关注度快速回升，网络成为求职的重要阵地。

工作选择的多样化，是一种新机会。按佩奇的说法，大众具有“多样性”（如解决方案的多样性）这一优于精英的优势。支持有效需求的高收入，取决于多样性红利机会的广泛出现。兼职类工作就是典型的多样性红利机会。在智能经济条件下，这种机会一定会发展为以多样性、高收入为标志的增值应用（App）业态的广泛出现。在苹果商店，App 开发者分成比例高达 85%，远远超过资方的 15%，这已成为美国当前行情。我国一旦出现这种趋势，意味着逆转两极分化的多样性红利会在经济中自然而然地出现。

2. **招商加盟热，预示着多样性轻资产运作的兴起**

研究发现，在企业服务细分领域，招商加盟搜索热度最高，三线城市的招商加盟需求最强烈。对创业者来说，风险较小、地域适应性较好的招商加盟模式，成为创业的首选。

智能经济出现之前，受重资产（固定资产）的限制，开办企业的门槛很高；智能经济出现之后，智能化的资产（如品牌、虚拟店铺等）可以分享（如加盟就是在分享重资产），实体中个人创业环境艰难，这使风险更低、退出方便的招商加盟模式成为企业服务中用户关注度最高的细分领域。

相对于 2000 多万家的实体企业，微商可以发展出 5000 万个甚至更多，其中反映的就是机会多样性的差别。线上行业及 O2O 行业的繁荣发展，使自媒体、电商、商超零售成为用户最关注的招商加盟类型。以轻资产方式创业的机会，带来创业的多样性红利，这无形中通过增进一次分配公平有效率地“跨越”了中等收入陷阱。

智能，就是为智赋能，即为智慧赋能，其中，智慧是主体，智能是客体。为智慧赋能，是技术产业、技术公司为利益主体提供生产力来源，使利益主体获得智慧这种能力。而智慧这种能力的本质，在学理上指多样化效率、范围经济效能。相对于精英“能力”，其要解决的问题（产出）复杂、多样，付出的成本却相对较少；产出（完成的任务）越多样化，平均成本越低（范围报酬递增定义），因为固定成本（如 AI 投入）被均摊到各个任务上。小程序就完全符合这个条件。它可以透视出智能经济中其他（不限于小程序）经济样式的运作方式。

通过这样的发展，数字经济将开辟一条优化收入分配之路，为我国顺利跨越中等收入陷阱做出贡献。

7.4.3 在两权分离改革中维护公平正义

“生产资料所有权和使用权分离改革”的实质，就是让生产关系适应生产力的发展。其表现是，在生产力上，当资产的性质由专用变为通用时，相应的生产关系要由专用（如封闭、垄断经营）变为共用（如共享、开放经营）。《意见》已经指明，改革的对象是所有权与使用权不分的生产资料管理旧制度（如现代产权制度），改革的方向是“健全完善‘所有权与使用权分离’的生产资料管理新制度”，希望得到的改革成果是“生产资料共享新模式”。因此，其实质是革除旧时代先富与共富割裂的积弊，开辟新时代共享发展的新路。

这场生产资料管理制度改革带来的最大影响，将是普通劳动者“双创”的机会门槛大幅度降低，共享发展由结果公平变为机会公平，二次分配公平与一次分配公平结合起来，成为在市场化原则、商业化方式下可以实现的内容，以效率实现公平，以公平实现效率，为跨越中等收入陷阱提供新时代中国特色社会主义的产权保障。

对中国特色社会主义经济理论的基础性建设来说，这意味着可以摸索出一条既不同于北欧福利模式又不同于北美效率模式的发展道路，即具有中国特色的兼顾公平与效率的第三条道路，这条道路通向比美国更高的效率，可以比美式生产关系更好地解放与充分发展数据生产力，更不用说让人本身得到发展了。

7.4.3.1 通过使用权确权保护劳动者权益

以市场化原则、商业化方式推进的生产资料有偿共享，虽然使劳动者获得了使用分成的机会，但共享经济作为流行的商业模式，受到各国生产资料拥有者的追捧，出发点都是逐利，而不是道德、生产关系和经济基础公平方面的主动考虑。为避免市场失灵，需要制度来保障劳动者在共享中享有的机会公平，一方面，要避免劳动者使用权分成受到资本方和既得利益者的双重侵蚀和各种形式的掠夺；另一方面，国家要保障劳动者使用权分成的正当权益，并提供相应的风险和福利配套保障机制。

1. 推动使用权流转，防止以各种形式掠夺劳动者剩余

新方式可以倍增实物生产资料的使用价值，但其对应的价值，包括劳动者通过共享使用获得的剩余，可能以非常隐蔽的方式（当前主要是金融的方式）被他人掠夺。

由扩展费雪方程可以清晰地看到一条通道，即 B_2与 M2 的转化通道。国家制定“平台一次性固定资产投资、中小微企业多次复用”，是为了倍增资产的使用价值，其性质是由 M2 向 B_2转化，这条通道成为使用价值倍增通道。这条通道还可以成为使用权流转通道。

农村土地制度将土地所有权与使用权分离，称使用权为土地承包经营权（又在社会分工中进一步区分为承包权和经营权），所有权、承包权、经营权分置并行，简称三权分置。与使用权流转相对应的权利，就相当于这里的经营权。数字化生产资料的使用者，通过与平台企业订立成文或不成文的合约（相当于承包合同），形成关于数据资产权责利的使用权交易约定。使用者行使其对于数据资产的使用权时，有两种方式，一种是直接使用（access），一种是将这种权利价值化，重新投入交易。

将使用权价值化的方法，可以分为 3 类。第一类是用连续契约，进行资源互换合作，其性质是使用权的再交换。通过链群合约，将资源使用条件作为与另一资源方合作的条件，形成的效果是企业互为资源接口，建立起共赢模式。第二类是信用化，就是针对这种权利进行信用价值评估，然后用于信用抵押，将 B_2转化为 M2，作用是灵活配置资源，“实现”机会成本。第三类是平台间社会资本共享与合作。其中，发生的市场纠纷与矛盾，许多都可以参照土地经营权流转的经验来处理。

B_2至 M2 这条通道，也可能被不当利用，如当作价值倍增通道，即 B_2向 M2 转化的通道。现实中就是利用高倍金融杠杆来放大价值的。

监管中要避免不法分子利用这条通道转移价值，首先需要了解原理以定位监控点。B_2与 M2 的价值转化，形式上看是信息流与资金流的相互转换，实质是数据资产（“通用性资产”）与金融资产的相互转换。理论上说，如果将实物生产资料（使用价值）数字化后，倍增（分享给）1000 万人次，就意味着有同样多的价值可以进入货币市场。平台企业与金融业特殊利益集团，可以从两个方面来截取这笔使用价值倍增后转化出来的价值倍增。平台企业的方法是，将倍增出的 B_2 作为本身的信用抵押，注入金融公司，以科技公司为名，将这笔钱“洗白”；金融业特殊利益集团的方法则相反，是打击平台企业，“取消” B_2 作为获得 M2 的信用抵押的资质，然后“制造”出（或通过直接量化宽松 M2，或间接改变 V）与 B_2 等额的 M2，注入特殊利益方向（或金融业，或房地产），实现逆转移支付式的价值转移（令一些原来为泡沫空转的价值“洗白”为真实价值）。无论哪种方式，其实质都是在剥夺使用者的要素使用流转权。

监管当局如果独立于前述两种利益，那保护生产资料使用者（小微企业、个体劳动者）的最好做法，既不是堵住信用抵押的路，也不是任由这笔抵押成为平台资产，而是还权于使用者：一是对生产资料使用权进行确权；二是对这种使用权的流动进行保护。可以说，数据资产的两权分离，与土地三权分置原理是相通的。只是，这里借鉴了土地流转经验，以 B_2 信用抵押为突破口，规范其流转，通过培育数据生产要素市场等，使其进入货币市场。

将数字化生产资料 B_2 资产化，推动数据要素在市场中流动、交易，也是培育数据生产要素市场要做的重要工作。生产资料使用者迈开合法致富的一步，有利于堵住生产资料拥有者非法致富的路。使用权流转的本质，说到底是推动数据生产要素信用抵押，防止逆转移支付，促进使用权流转与要素流动，令劳动者不但可以获得生产资料共享使用的机会，而且可以在流动、交易中比较机会成本，避免机会成本损失。

2. 以社会化风险和福利保障机制为共享经济护航

按市场化原则、商业化方式推进有偿共享与按公益化原则、慈善化方式推进无偿共享的一个重大区别，是劳动者不可能无代价地获得一次公平，以及像福利国家那样无代价地享受二次分配公平。

在新方式中，生产资料拥有者之所以肯将高达 85% 比例的剩余主动交给非拥有者，不是善心大发，而是回避风险。通用性资产具有天然的避险属性，在 100 次使用中，97 次没有效果都不要紧（因为生产资料可以零成本复制），只要有 3 次赢利，就可以按使用效果收取使用租金。因此，只要共享的范围足够大，即使是一个很小比例的分成，也具有保值增值的效果。

劳动者获得高比例分成，需要创新、创业两个基本条件。一是具有创造精神，由提供机械性劳动的劳动力转化为提供创造性劳动的劳动者，进而获得对应于劳动创造性的相对剩余价值；二是具有冒险精神，根据高风险对应高收益原理，进而获得与承担风险大小相对应的剩余比例。只有具备这两个条件，人才能自由而全面地发展。

对专用性资产而言，拥有方获得全部剩余，是因为其承担全部风险。对通用性资产来说，它的拥有者——平台企业类似布哈林在《食利者政治经济学》中说的食利者，对各种具体生产部门（在此是 App）没有兴趣，而是提供基础条件令他人投入具体生产，进而从中获益，也就是说其实现利益最大化不是通过自己参与生产，只不过布哈林所说的食利者靠的是金融，现实中的食利者靠的是平台。

生产资料使用者，将承担应用失败的全部风险，主要是作为可变成本付出的个人时间与精力，这时需分两种情况来提供福利性保障。

一种情况是，针对通过连续创业获得财务自由的劳动者，重点应为其提供社会性的风险保障。假设一个应用（App）的生命周期为 2 年，劳动者可以连续创业 10 次，只要有 1 次成功，就可以实现财务自由。这相当于将成功率从 3% 提高到了 30%。社会性风险保障机制的作用，是由社会进一步分散个体承担的风险，促使其在 30% 的基础上进一步提高成功率。

另一种情况是，如果创业 20 年，连续失败 10 次，仍不能达到良好的共享生产资料使用效果，则证明该劳动者基本不具备市场认可的能力，对此，应重点通过二次分配公平的办法如福利制度转移支付来保障他们的基本生活，解决他们的生存问题。

新方式与福利国家政策最重要的区别在于强调一次分配公平，它不是不区分劳动者是否具有潜力地一上来就给福利，而是给劳动者“双创”机会，把二次分配公平机会更多地让给失能者，这虽然是为了减轻国家财政负担，但从理论上说，最主要的目的还是避免因福利过度令人失去自由而全面发展的机会。

7.4.3.2 治理资本集中

通过资本投入快速扩大用户规模，是互联网成长模式的一部分。资本无序扩张这个概念，引发了学理争议。市场上的微观投资选择，应由投资主体自发做出，不存在有序无序的问题，不能把正常投资当作无序。

这里的关键词是“无序”，这种“无序”表现在多个方面。一种是行为无序，例如，以排挤竞争对手或独占市场为目的，以低于成本的价格倾销商品，违法实施经营者集中行为，排除、限制竞争，等等，这种行为属于不正当竞争行为，需要制止；另一种是不遵守规则、破坏规则意义上的无序，例如，实施没有正当理由的掠夺性定价、拒绝交易、搭售等滥用市场支配地位的行为，违法达成实施固定价格、限制商品生产或销售数量、分割市场等任何形式的垄断协议等，这类行为直接损害了明文规定的规则。还有一种是破坏行业秩序意义上的无序，例如，资本在跨界融合中，钻行业监管的空子，或在进入新领域时利用政策空白（如信息采集）以科技手段巧取豪夺、恃强凌弱等。

这些资本无序扩张，存在不合法的垄断行为，自然是要加以抑制的，可以由职能部门依职责进行管理。

问题是，资本有序扩张，形成合法垄断，是否就可以不受限制？对其该如何规制呢？这涉及共享经济平台发展中资本集中的问题，是一个全新的问题，可供选择的方法至少有以下 4 种。

1. 公益性垄断性行业的准入治理

在资产专用性条件下，公益企业利用公益条件形成垄断，不以营利为目的，但可以按成本经营，如果出现超额利润，则可以通过重新发标竞标来消除。

在资产通用性条件下，平台企业按成本经营并不可行，因为其垄断地位并不是用“不以营利为目的”这一要件换取的。资本对平台的前期投入，是以营利为目的形成的。

一般来说，平台垄断或资本集中（包含占有较大市场份额）本身并不违法。平台企业上市前，存在竞争，这很正常，一旦上市，这种平台间的竞争自然中止。反垄断法一般规制的是其垄断行为而非垄断状态。为避免重复建设的损失，可以高用户转换成本并不刻意触发平台间的竞争。

但如果认定行业存在普遍的超额利润且存在垄断门槛限制，则可以加大创新扶持力度，培育竞争者，在资本市场增加同类平台的数量，以及在反垄断法中重新引入平台竞争，直至设立与调控准入牌照，例如，通过发放支付牌照来打破支付垄断。

2. 为公益性垄断性行业规定普遍服务义务

国家为了维护全体公民的基本权益，缩小贫富差距，会通过制定法律和政策的方式，使全体公民无论收入高低，无论居住在本国的什么地方，包括农村地区、边远地区或其他高成本地区等，都能以普遍可以接受的价格获得某种能够满足基本生活需求和发展需求的服务，这种服务就是普遍服务。普遍服务主要出现在与公众生活密切相关的公益性垄断性行业，如邮政、电信、电力、供水等。普遍服务主要包括服务的普遍性、接入的平等性及用户承受性三个方面的内容。

当资本集中到一定程度，政府有必要通过约谈直至规定等方式，要求平台企业承担相应的社会责任，促使其将超额利润投向公益方向。

3. 限价规制交叉补贴

平台一次性固定资产投入，中小企业复用，按使用效果付费，从广义上看，这属于一种交叉补贴，即平台企业以生产资料的免费来补贴中小企业，中小企业用增值应用的收入来补贴平台企业。交叉补贴是垄断企业与政府管制机构订立的协约的一部分内容。

如果应用企业交取的租金达到了两个条件：一是充分补偿平台固定资产投资的成本，也就是固定成本；二是补偿达到了行业平均水平的利润标准，则政府可以要求平台降低基础服务的资费（但允许平台继续以创新方式提供非基础性的、面向增值服务企业的增值服务）。

国家对运营商提出提速降价降低平台服务年费等的要求，就属于这类政策措施。

4. 推进国有化替代

如果准入、普遍服务、限价仍不能限制有违公共利益目标的资本集中，国家就会保留实行国有化政策的最终权利，包括：由国有企业按政府定价提供原来由平台企业向应用企业提供的共享生产资料等基础服务；将相关业务领域划归基础业务领域，从而限制外资进入比例。政府在采取这些措施之前，应明白国有化的后果——可能大大降低行业效率，需要对保障公平、提高国家竞争力、改善营商环境、促进增长与就业等多个政策目标进行审慎权衡。

8 数据要素的确权与定价

本篇中以上各章对数据要素与数据资本的分析，主要是“古典”式的，主要是从财产的权力结构角度来分析数据要素中的社会分配问题并内生社会分配均衡。本章将从另一个角度——资源配置角度来分析数据要素在资源配置中的均衡定价问题。当然，这一均衡定价分析与新古典分析迥然有别，是新综合式的，已经内生了古典均衡分析，其特点是将生产关系内生在均衡定价结构之中。

对于数据要素的资源配置来说，确权与定价是两大基本问题。

数据要素确权，主要是确三权，即持有权、使用权和经营权，它们相当于传统概念中的所有权、使用权和使用权的流转权。

◎ 命题 13：数字经济要求淡化数据所有权，系统构建数据持有权、使用权和经营权相结合的数据权属制度，确保数据要素可使用、可流通。

从资源配置角度看，数据资源资产定价问题是一个中间产品定价问题，以此有别于第一篇所讨论的最终产品（商品）定价问题。最终产品定价，主要是价值本身的定价，而中间产品定价，涉及对价值的衍生价值（剩余）进行定价。当然，本书第 1 篇与第 2 篇所谈的定价有一个基本的共同点，即它们都只能是数字经济条件下的定价，都是垄断竞争均衡定价，具体来说，都是以 e^* 为广义均衡点的均衡定价。这一点所针对的扬弃对象，都是新古典主义均衡（典型的西方化、工业化均衡）。

数据资本资产定价的特殊问题在于，要解决数据资本的价值与价格不匹配这一现实问题。资产定价，本质上是将一个现值与一个未来的销售收入相联系进行定价。价值与价格不匹配就发生在现值与未来值不匹配上。在政策上，这对应一个特别的提法，即“使用价值所创造的价值”，特指的是，数据的使用价值（像劳动力的使用价值一样）在使用过程中创造剩余，但这个新增价值（与劳动力定价一样）在交换中并未体现（至少没有“充分”体现）。这是针对数据作为要素的特别提法。如果是针对数据作为商品，就只能说使用价值的价值或者指使用价值对应的交换价值或者指使用价值的功能（有用性）了。

8.1 数据资产与确权：现实问题

研究根据数据性质完善产权性质，具有重大的理论意义与实践意义。明确企业数据资产的产权性质，事关数字经济制度建设的全局和根本。

因为新型要素形态还在培育之中，所以它面临的体制机制问题是全新的。对于破题来说，议题设置本身就值得研究。数据在这里已不仅是产品了，也是要素。那么，接下来我们可以分为两个不同层次的问题。

一类是市场商品层面的问题，研究数据作为要素产品，在市场中是怎么交易的，比如，贵阳大数据交易所等数据交易中心从事的活动。这类问题本质上与个人数据交易一样，属于等价交换问题。

另一类是企业资本层面的问题。研究数据作为要素本身，在企业中作为投入品的产权问题，这不是等价交换问题，而是涉及剩余的创造与分配。

前一类问题是基础性的，其中有一些内容还没有很清楚，如数据权属，还需要进一步研究；后一类问题是关键性的，其中有一些内容，包括企业数据问题、通用性资产问题，有可能构成制度经济学意义上的制度基础，是更为重要的问题。现在研究的人很少，提出有价值的问题，就是初期研究的重点。要素市场化配置体制机制问题，显然不只是做买卖的问题，更涉及资本层面的制度建设。下面我们围绕完善产权性质来重点谈谈这个方面。①

整个资本主义经济制度的基础，就是威廉姆森所说的专用资产，而与专

---

① 中国社会科学院数量经济与技术经济研究所叶秀敏博士参与了本节的讨论与执笔，在此致谢。

用资产相反的通用资产，正构成未来数字经济的资源配置基础。新动能，主要就是由数据这种通用技术基础上的通用资产构成。《通知》中出现的多个新概念，例如，“中台”“通用软件”“数字孪生的解决方案”“数字化生产资料”等，都是通用资产的具体存在形式。

8.1.1 知识产权：拥有权与使用权两权分离

知识付费还是免费，到底收费是趋势还是不收费是趋势，这是一个问题。

获得知识，从不付费到付费，是一个历史性的进步，但从知识付费到知识产品免费，又是更高阶段发展的必然。中国的特殊性在于，这两个历史阶段在时间上叠合在了一起，从而产生了收费与不收费的两难。

第一，知识付费是经济发展到一定阶段的必然结果。

在低收入阶段，人们可支配收入主要用于衣食住行，人们还没有更多的钱用于知识付费。当前知识付费的兴起，反映了人们收入结构改变的现实。衣食足而知荣辱，知识付费光荣，这是由需求升级决定的。这个过程刚刚开始，从这个意义上说，知识付费的空间还会不断扩大。

第二，免费经济兴起，知识服务化正成为潮流。

作为一种商业模式，知识免费不是不收费，而是不按产品来收费，按服务使用来收费，例如，云服务中的 SaaS，是指软件产品不收费，按软件使用（服务）收费。其本质是将知识的业态从产品业态升级为服务业态。

这说明，知识产品收费只是初级业态，相当于知识制造业。知识产品不收费而知识服务收费则是更高级的业态，相当于知识服务业。在中国，知识产品业态还没发育好就迎来了服务升级，这是当前知识付费面临的实际形势。更特殊的地方是，知识产品不收费是初级业态之前的不发达状态形成的习惯，因落后而不收费与因先进而不收费的情况叠加在了一起。

知识收费与免费背后的制度经济问题，是知识产权拥有权与使用权的分离。

工业经济时代，知识产权的拥有权与使用权是不分的，表现为它们对应的是同一个收益权，都以产品为收费的单位。知识产品的拥有权，如署名权，体现在可交换产权的产品实体中，例如，书籍的版权。这是因为知识产权是模仿物权设立的，在那里，资产在技术上是专用的，在资产上也是专用的，既然专用，就不存在分别收费（比如同一馒头被吃两次而分别收费）的可能。

但知识在技术上是通用的，这与把它确定为在资本上专用存在矛盾，因此，实际上采用的是“许可使用”。许可使用与品牌特许一样，都属于法律占有与法律控制（不存在不同于这种法律占有的其他使用），真实意思是许可控制（许可在法律允许范围内控制）。这时占有知识的实体，是“占有”承载内容的物质媒介（如阅读）。使用与许可使用，对应的是同一次收费。

数字经济时代，知识产权出现了拥有权与使用权的分离，表现为它们可以对应不同的收益权，如来自拥有权的收益权（如购买知识产品）与来自使用权的收益权（如购买知识服务）。后者的兴起，一是因为技术革命的影响，开放源代码运动和云计算用于资产本身，推动知识使用将技术上的通用性转化为资产的通用性。二是因为产业升级的影响，知识产品业向知识服务业升级。知识在服务中可以按使用次数或使用效果多次收费，SaaS、PaaS、DaaS等纷纷兴起。

数据化的知识内容，通过服务，被用户通用性地使用，可以增强用户体验。数据化的知识可以附加高于内容价值的价值，知识拥有者可以以服务年费等形式反复、持续地获得收入，这比传统知识产权的一次性收费，能更好地促进知识开发、利用与保护。

8.1.2　数据产权开发与保护

欧盟的《通用数据保护条例》（GDPR）被公认为是“史上最严格的个人数据保护条例”。与中美相关政策取向相比，欧盟在个人信息开发与保护政策上，强化了保护，弱化了开发，这虽然有利于保护个人隐私，但与其他限制互联网发展的政策一样，拉大了欧盟与中美数据发展的差距。

中国、美国、欧盟在“赋权用户”原则上基本一致，但在是鼓励还是限制信息与数据发展这一总的原则上，态度不同。

美国将大数据战略作为国策，鼓励数据发展。中国一直倡导信息资源开发利用，甚至在文件中将信息资源称为财富。GDPR 则在个人数据处理原则中，明确提出“数据最小化”原则。在大数据时代，中美将继续前行，让数据作用最大化，欧盟却沿着“数据最小化”方向特立独行。可以预期，在 GDPR 的指导下，欧盟将难以发展出世界级的数据平台。

8.1.2.1 数据资产界定

1. **数据资产的概念界定**

（1）资产的判定原则

本书采用的资产定义：资产是在企业过去经营交易或各项事项中形成的，被企业拥有或控制，预期会给企业带来经济利益的资源。资产包括各种财产、债权和其他权利，具有交换价值或商业价值。资产是能以货币计量的，并能够给企业带来经济利益的经济资源。对企业的资产，企业具有拥有权或控制权（余绪缨，1998）。

根据这一概念界定，判定一项资源是资产，需要满足以下 3 个原则。

一是现实性，只有已经发生的交易或事项才能产生资产，即资产必须是已经现实存在的资产，还在预期中的事物不是资产，资产是企业过去的生产与交易产生的结果。

二是可控性，即资产要有所有权或控制权，也就是说，主体可以控制这些资产为企业获取经济利益。

三是经济性，即资产具有交换价值与使用价值，没有交换价值和使用价值、不能给企业带来未来经济利益的事物不能认定为企业的资产。

一般资产的经济价值属性应该是可计量的，但关于数据的成本或者价值，目前尚无规范化的标准，这导致对于数据资产价值的评估缺乏大众可接受的规则。数据是现实事物的信息化，其非常复杂，难以用一个统一的计量方法进行计量，这导致数据资产迟迟进入不了会计报表。舍恩伯格等在《大数据时代》一书中提出，虽然数据资产相关条目还没有列入当前的企业资产负债表，但在不久的将来一定会列入。

（2）数据资产识别过程

基于资产三原则，本研究认为数据资产的识别过程如图 8 - 1 所示。

首先，数据资源是由会计主体过去的交易或者事项形成的。只有过去的运营、管理或其他事项形成的数据才具有资产特性，在未来预期可能产生的数据不能作为资产。伴随着大数据技术的不断发展和进步，人类活动产生的信息所形成的数据越来越多地被处理，这些已经产生的数据就是会计主体的资产。

其次，数据资源是由会计主体拥有或者控制的。数据作为一种资源，应

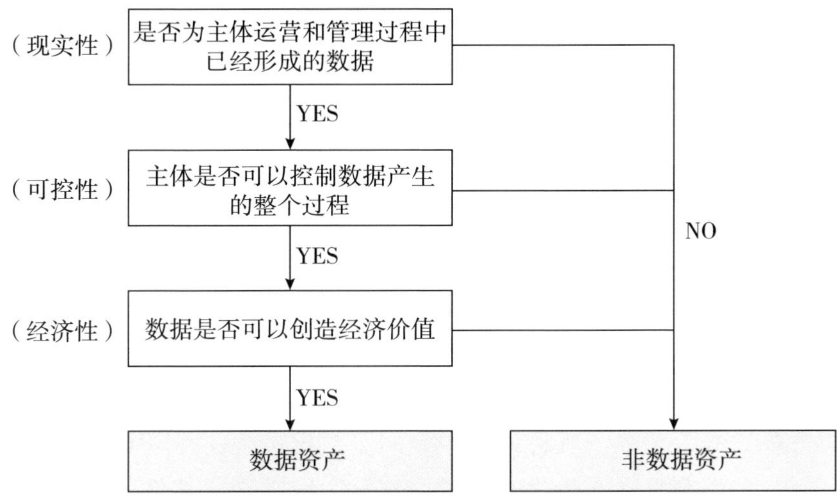

图 8－1　数据资产的识别过程

为会计主体拥有或者控制，具体是指会计主体享有某项资源的所有权，或者虽然不享有某项资源的所有权，但该资源能被会计主体控制。在判断数据资源是不是会计主体资产时，通常优先考虑所有权。但在某些情况下，数据资源的所有权不明确，这时应考虑数据资源的实际控制权，即实际控制数据资产的会计主体应可以从中获取经济利益。

最后，数据资源能够给会计主体带来利益。在经济业务活动中，会计主体可通过生产、采集、加工、购买等方式拥有并控制数据资源，并且可以通过出让数据、加工数据或提供数据服务来获取利益。数据资源是能够给会计主体带来预期经济利益或服务潜力的资源。当然，并不是所有的数据都能够给会计主体带来利益，一些无价值的、不会给会计主体带来经济收益的数据是不能称之为资产的。

（3）数据资产的定义

根据上述分析，从学理上可以判断平台数据是一种新型资产，但目前对其定义尚无统一的“定论”。早期对数据资产的定义，多从企业业务和数据本身属性两个维度出发。例如，理查德·彼得斯（1974）认为，数据资产包括持有的政府债券、公司债券和实物债券等资产；尤谷尔·阿尔甘（1997）提出，创建 E&P（资产）数据库是利用好数据资产的第一步，他认为公司的市场价值和竞争定位直接关系到其数据资产的数量、质量、完整性以及由此产生的可用性等。随着时间的推移，人们对数据资产的认识不断深入，数据资产的内涵和范围也不断扩展。近年来，更多的研究对数据资产的定义是从资产维度来考虑的：托尼·费希尔在《数据资产》中明确指出数据是一种资产，企业要把数据作为企业资产来对待；国际数据管理协会（DAMA）也指出，在信息时代，数据被认为是一项重要的企业资产，每个企业都需要对其进行有效管理；世界经济论坛（WEF）发布的《个人数据：一种新资产类别的出现》指出，个人数据正成为一种新的经济资产类别；中国信息通信研究院云计算与大数据研究所发布的《数据资产管理实践白皮书（3.0 版）》将数据资产定义为“由企业拥有或者控制的，能够为企业带来未来经济利益的，以物理或电子的方式记录的数据资源，如文件资料、电子数据等”。

数据资产作为资产，其价值不再等同于数据作为一种资源、产品或服务时的价值，应将数据资产作为企业的一部分去统筹考虑其价值。综合上述关于数据资产的学理性分析，借鉴现有的关于数据资产的定义，并结合会计学、管理学、计算机科学等学科对数据资产的定义，本研究从资产的基本特征出发，提出数据资产的概念界定：由会计主体在运营和管理过程中形成的，会计主体拥有或者控制数据产生及应用的全过程，且可以预期为会计主体创造经济利益的数据。

（4）数据资产与信息资产的区别

信息资产是一个容易与数据资产混淆的概念，二者存在一定的交叉与联系，本研究在此作区分。信息资产的概念最早由斯图亚特（1977）在介绍一款索引系统时提及——该系统是一种无价的信息资产，福雷斯特（1981）最早指出信息资产与其他资产存在重大差异。信息资产最早的定义由毕马威会计师事务所提出，该事务所发布的《霍利报告》认为信息是一种重要资源，并提出了信息资产的定义：已经或应该被记录的具有价值或潜在价值的数据。Gartner IT 术语表指出，信息资产是指与企业业务功能相关的信息，包括：从员工、客户或商业伙伴处获取的隐性知识；存储在高度结构化数据库里的数据和信息；以文本形式存储在非结构化数据库中的数据和信息，如电子邮件、工作流程内容和电子表格；存储在数字和纸质文档中的信息；购买的内容以及来自互联网或其他来源的公共内容。因此，从资产角度来定义，信息资产是由企业拥有或者控制的能够为企业带来经济利益的信息资源。

在信息论中，信息是在数据加工过程中得到的，由此可以看出信息是数据的一个子集，同理，信息资产也是数据资产的一个子集。信息资产也是一种数据，而且是有价值的数据，包括有记录的数据和没记录的数据，即任何有价值的数据，不论这个价值体现在当前还是未来。具体来说，从关注焦点来看，信息资产关注信息的识别与管理，数据资产关注数据的价值与交易；从体量上来看，信息资产的体量相对较小，数据资产的巨大；从价值密度来看，信息作为一种经过加工处理的产物，其价值密度相对集中，数据作为人们对客观事物描述的载体，其价值密度相对稀疏。

信息资产与数据资产的区别见表 8 –1。

表 8 –1　　信息资产与数据资产的区别

资产种类	研究范围	关注焦点	资产体量	价值密度
信息资产	信息	识别与管理	较小	相对集中
数据资产	数据	价值与交易	巨大	相对稀疏

2. 数据资产的特征

数据资产除了具备资产的三大基本特征，还具备如下几方面特征。

（1）通用性

数据资产具有通用性（共享性），即数据资产可以共享使用。数据资产大部分来自企业生产经营管理活动的日积月累，因此，数据资产可以作为共有资源来使用，不同的主体可以同时共享数据资产。这种通用性进一步表现为以下几种特性。

一是非实体性。数据资产具有非实体性，即数据资产没有实体形态，是一种隐性存在的虚拟资产。这是它具有通用性的重要原因。虽然数据资产需要以二进制的形式存储在某种有形的存储介质中，占据一定的物理空间，但是决定数据资产价值的关键因素是数据自身，而与存储数据的媒介物无关。

二是无消耗性。数据资产不会因使用而消耗。数据资产没有具体的物质形态，不会因为使用磨损、消耗与毁坏，可以重复使用与加工。数据资产不消耗，不像物质资源那样会因稀缺而产生竞争性使用、排他性使用的性质，这是其具有通用性的第二方面原因。

三是冗余性。数据资产通常具有较多数量的副本。很多企业都保存有大量的数据，但存储的数据中有很多重复的、相同的数据，这些相同的数据副本是没有价值的。大量储存的无价值数据占用过多的存储空间，会增加企业的存储成本、管理成本与维护成本。这决定了通用性的另一个特点，即使用成本低，但存储成本的存在，使无限制地保有数据并不经济。数据只有使用才能发挥它最大的价值，数据按使用收费比按产品（如物权、存储等形态）收费更适合价值的增益，数据不使用就难以产生新价值。

（2）多样性

数据资产包含众多类型的数据，多种多样的数据形成的数据资产也是多种多样的。这种数据是多维的，包括大量非结构化数据。数据的多样性可以满足不同主体的需求，在多种用途中使用数据，会带来更大的经济效益。这种多样性可进一步表现为以下特性。

一是不确定性。数据资产具有不确定性，即数据资产在获得经济效益中充满了不确定性。受时间和经济环境的影响，数据资产所提供的预期经济效益存在很大的不确定性，对其很难直接以货币形式计量。数据资产的经济价值只有在企业经营决策发挥作用，企业产品和服务得到应用之后才能体现出来。在数据交易市场，由于缺乏普遍公认的参照物，数据资产的交易价值存在很大的不确定性。

二是非标准性。非标准性是指数据资产的价值没有统一的、标准的衡量尺度。同一种数据资产，不同挖掘者利用不同挖掘技术、不同分析模型，会产生不同的价值标准。非标准性是数据资产资源属性的重要体现，同一种资源，如水、电、石油等，不同情况下所产生的使用价值有巨大差异。

非标准性还意味着，一定的数据资产，只有同使用的具体场景、情境相结合，由使用者参与，才能产生完整的价值，而且这种价值是因人而异的、个性化的。

三是时效性。数据流动本身是其价值的必要组成。数据资产具有时效性，即数据是流动性、时间性很强的资产。例如，股票的价格只在特定时间内才有应用价值。如果数据资产在恰当时间内不能被分析、使用，其价值就会随时间推移而减少，也可能完全消失。反之，有的数据资产其价值会随时间推移而增加。在目前或某个时期、时段、时刻看起来价值很小的数据资产，随着时间的推移和环境变化，可能会产生更大的价值。

（3）技术性

数据资产依托数字技术而存在。它的存在方式不同于物质与货币。物质不具有通用性（复用性），而数据具有通用性；货币不具有多样性，而数据具有多样性。这些都是由它的技术属性决定的。数据资产的概念源于大数据技术的发展和广泛渗透，大数据技术与各个领域的深度融合，对人们的生产和生活方式产生了深远影响，使经济社会的形态发生了变化。同时，技术创新也可以推动数据资产的保值和增值。

3. 数据资产的分类

按照数据开发与使用的不同制度经济性质，我们把数据资产分为3类。

第一类是内容数据（产品数据），如知识。内容数据因其意义而具有价值。研究出版、文学艺术、设计传播、娱乐体育等形成的数据，因其内容而具有价值，这种价值可以固化在数据产品的载体之中。内容数据可以以专业化的方式提供。内容数据主要用于产品。

第二类是行为数据（服务数据），如个人数据、企业数据。行为数据是在人的行为中采集的关于行为特征的数据，利用这种数据，可以对不同的人群进行分类，为其提供有针对性的服务。行为数据与专门“制造”出的内容数据的不同：第一，内容数据可以作为最终产品消费，行为数据只是中间产品，用于服务；第二，行为数据的价值是自然形成的，不能人为制造的，只能专业化采集、加工，行为数据主要用于服务。

第三类是资产数据，如通用性资产。具有资产功能的数据是资产数据，它不是关于数据的资产（例如，关于资产变化的统计数据），而是资产本身（可以从功能上替代实体资产投入的数据）。资产数据可以通过生产资料数据化的方式形成，可以分享使用并按使用效果收取服务费，以补偿投入。例如，企业或平台数据可以是企业资产的一部分，但这些数据以行为数据本身为资产内容，或者说，这些数据是以行为数据为内容的资产数据，而一般的资产数据以资产功能为内容。不以行为数据为业（包括依赖行为数据分析）的企业与行业，拥有资产数据（例如，具有店铺商流功能的代码），但不一定将行为数据作为直接投入。资产数据本身具有带来剩余的功能，行为数据本身有价值但不能直接带来剩余，只有经过加工、分析、应用等活动，转化为资产后，用于经营活动，才能间接带来剩余。资产数据主要用于创造剩余。

4. 数据资产化与资产数据化

数据不一定是资产，也可能是用于等价交换的商品。数据资产化，是指将数据从商品状态转化为资产状态，例如，将数据从信息加工为知识，又如，将用户信息转化为关系链资产。

资产不一定是数据形态的资产，例如，实体资产就不是数据形态的资产，但可以把实体资产转化为数据形态的资产。途径之一是，将实物资产数字化，实现数据功能与实体功能的替代。又如，以虚拟商店（如网上书店）的功能替代并实现实体商店（如实体书店）的功能。这种资产功能数字孪生的过程，就是资产数字化。途径之二是，将资产以数据形态保存，以供数字化应用。例如，将以纸质版文字形式承载的资产（如重要文献）转录为数据形式，或用数据库形式记录银行数据、企业数据等。

8.1.2.2 加快培育数据要素市场

1. 从何种角度提出问题

（1）抓应用，促发展，面向价值化加快培育数据要素市场的必要性

从《中共中央 国务院关于构建更加完善的要素市场化配置体制机制的意见》要求来看，“推进政府数据开放共享”（不是政府信息化，而是政府数据进入市场）、“提升社会数据资源价值”（不是企业信息化，而是企业数据进入市场）、“加强数据资源整合和安全保护”（要素利用中存在问题）与“加快培育数据要素市场”的联系，均与利用（“价值化”）有关。

人们对数据确权的必要性有共识，然而，确权不是目的，在确权基础上实现数据的顺畅流动与最大程度共享，是政策的一大目标（张锐，2020）。有专家主张，数据确权与价值化并重，应探索国内数据要素市场化的具体机制（刘典，2020）。

培育数据要素市场，是为了促进数据要素流动。数据流动并不是为了流动而流动，其最终目的是形成市场有效、政府有为、企业有利、个人有益的数据要素市场化配置机制，提升与放大数据要素的价值。价值化包括两个方面的主要内容：一是培育出数字经济新产业、新业态和新模式；二是构建农业、工业、交通、教育、安防、城市管理、公共资源交易等领域规范化数据开发利用的新场景（张锐，2020）。

正如专家所指出的，只有盘活数据，才能在数字经济时代掌握主动权。盘活数据，就要推动数据与各行业各领域的融合发展。推动数据应用，就要加快传统产业数字化、智能化，做大做强数字经济，为我国经济转型发展提供新动力。我们应该面向重点行业的应用需求，研发具有行业特征的大数据检索、分析系统，形成垂直领域成熟的大数据解决方案及服务（徐恒，2020）。

（2）为什么要面向价值化设计制度：根据数据性质完善产权性质

GDPR 的制度设计主要是面向采集与确权（数据生产），而不是面向应用与价值化（数据服务）。在规制方面，欧盟出台了史上最严格的数据保护条例，对此我国应理性对待，不宜照搬，而应在个人数据保护和数据融合创新间追求平衡（张亮亮、陈志，2020）。

我国要面向价值化加快培育数据要素市场，原因在于，数据只有在服务、使用中才能体现其价值。从数据价值链视角来看，数据供给的市场化，即要通过外部力量加快推动数据价值链“数据采集—数据储存—数据处理—数据挖掘”中一个或多个价值环节的市场化进程（杨锐，2020）。培育要素市场是一个全面的工作、全链条的工作，如果把治理重心过度放在数据采集一个环节，是不符合“根据数据性质完善产权性质”的要求的。

主要理由如下：

- 同样的数据对不同人来说价值可能大相径庭。第一，不同人的分析方法不一样，从同样数据中提炼出的信息、知识和智慧可能相差很大。在科学史上，很多科学家深入研究一些大众习以为常的现象并有了重大发现。重物落地之于牛顿，闪电之于富兰克林，与它们对大众的价值是完全不一样的。第二，不同人所处的场景和面临的问题不一样，同一数据对他们所起的作用也不一样。比如，另类数据包括个人产生的数据、商业过程数据和传感器数据等，可能帮助投资者做出投资决策，对非金融投资者则没有太大价值。第三，不同制度和政策框架对数据使用的限定不一样，也会影响数据价值。比如，互联网平台获得用户数据后，如果不恰当保护和使用，不尊重用户隐私，就会影响品牌形象和用户信任，使数据价值降低。
- 数据价值随时间变化。第一，数据具有时效性。很多数据在经过一段时间后，因为不能很好地反映观察对象的当前情况，价值就会下降。这种现象称为数据折旧。数据折旧在金融市场中表现得非常明显。第二，数据有期权价值。新机会和新技术会让已有的数据产生新价值。
- 数据会产生外部性。第一，数据对个人的价值称为私人价值，数据对社会的价值称为公共价值。数据如果具有非排他性或非竞争性，就会产生外部性，并会造成私人价值与公共价值的差异。这种外部性可正可负，没有定论。第二，数据与数据结合的价值，可以不同于它们各自价值之和，这是另一种外部性。但数据聚合是否增加了价值，也没有定论。既可能存在规模报酬递增情形，比如更多的数据可以更好地揭示隐含的规律和趋势，也可能存在规模报酬递减情形，比如更多的数据带来更大的噪声（邹传伟，2020）。

2. 数据要素应用存在的问题是什么

当前，数据要素存在政府、企业数据难以进入市场流动进而无法价值化的问题，具体表现在以下两个方面（田杰棠、刘露瑶，2020）。

（1）政府数据难以价值化

政府数据作为一种公共资源，有多种管理方式，我国相关政策文件默认政府数据为公共资源并要求推动其开放。例如，《中华人民共和国网络安全法》规定，国家鼓励开发网络数据安全保护和利用技术，促进公共数据资源开放，推动技术创新和经济社会发展；《促进大数据发展行动纲要》提出，稳步推动公共数据资源开放；《政务信息资源共享管理暂行办法》对政务信息资源的共享和无偿使用作出了规定等。但是，政府数据的权利、责任、义务尚未有明确的法律规定，这导致公共数据开放较为滞后。目前我国政府数据开放还停留在信息公开阶段，我们必须完善相关法规，以促进政府数据开放和利用。

（2）社会数据难以价值化

除了政府数据，各类数字经济企业累积了大量互联网、物联网数据，目前，这些数据大多处于互相割裂、难以流动、无法打通的“数据孤岛”状态。在数据资源参与生产过程方面，由于缺乏相关的法律法规和交易规则，大数据的充分扩散、大范围共享和市场化流通难以实现。目前互联网企业的数据除了在特定情况下向有关政府部门、高等院校、科研院所有限开放，主要以自己开发利用为主。在这种情况下，最需要数据的企业未必能得到数据资源，数据价值难以被最大化地开发出来。

对此，专家认为，打破存在于政府、部门、行业及企业间的数据要素壁垒，是实现数据要素高效流动的深度变革之举（张锐，2020）。

3. 数据要素难以充分流动发挥作用的问题所在

数据要素难以充分流动以发挥最大作用，从根本上说，是因为存在开发与利用的矛盾。

一方面，这种矛盾表现为确权与价值化的矛盾。一是在开发与利用关系上，开发要求确权，但传统确权排他且影响利用，尤其是数据共享，如何令数据要素在流动中发挥“1 + 1 > 2”的价值化作用，需处理好开发与利用的关系。二是在产品与服务关系上，传统确权专注于产品业态，这筑高了数据采集门槛；服务业态作为新业态、新模式，趋向于产品免费而服务收费。业态的落后限制了数据要素的价值化。

另一方面，表现为规则与服务的矛盾。一是由于缺乏确权在内的有效规则的规范，主体不愿投入开发，开发之后也不愿让数据流动；二是由于服务体系不健全，数据要素市场化的成本居高不下，成本高于收效，影响了数据要素作用的发挥。

4. 如何解决数据要素市场化问题

解决问题，应主要致力于建立能够加快培育数据要素市场的规则体系与服务体系，即建立有利于确权的规则，保障数据要素有序流动，建立服务体系，以利于实现价值化。

应按市场化原则、商业化方式，推动数据要素有序流动，实现供求匹配，即根据需求实现数据要素流动（交易），优化资源配置，合理分配利益。

应根据数据性质，按拥有权、使用权两权分离的原则构建规则。从轻处理采集环节的拥有权，服务、利用环节的使用权，建立既有中国特色又符合全球趋势的有偿共享规则体系，建立以共享发展为实质内涵的规则体系，并据此建立制度优势。

服务体系建设的主导思想应是以信息服务为主，推动信息服务与金融服务结合，着眼于数据要素价值倍增，以要素市场（合约交易）为主，以商品市场（产品交易）为辅，发挥平台以数据生产要素倍增实物生产要素的作用，最大限度地发挥产业数据化中数据生产要素价值化的倍增作用。

8.1.2.3 数据资产保护的大思路

1. 基于数字经济高质量发展的考量

从数字经济发展实际来看，数字经济的竞争就是平台生态系统的竞争。在智能时代，成功的平台生态可以显著增强国家竞争力。因此，研究平台数据的资产保护，首先要考虑的就是平台的建设成本。

平台是指以现代信息技术为基础形成的虚拟空间，这个空间能够同时满足多方主体的需求，多方主体分工合作，资源互补，从而实现增值和利益的最大化，达到共赢。

打造一个成功的平台，需要付出巨大的原始成本，包括大量的资金、人力、时间等要素投入，还需要市场竞争、创新试错和高度不确定性模式的探索过程。表 8 –2 展示的是目前各领域比较成功的平台。

表 8 –2 目前各领域比较成功的平台

平台类型	平台服务内容	平台企业举例
社交平台	供人与人建立关系及在线分享与互动的平台	微信、微博、QQ、Twitter、Facebook 等
电子商务平台	供买卖双方沟通信息和交易的平台	阿里巴巴、京东、亚马逊、当当等
生活服务平台	为人们日常生活提供便捷服务的平台	美团、大众点评、途牛、同程、滴滴等
搜索平台	提供信息收集、检索服务的平台	谷歌、百度等
媒体平台	提供各类新闻、资讯服务的平台	网易、新浪、搜狐等
支付平台	提供第三方担保支付服务的平台	支付宝、财付通、银联等

保护平台的数据资产就是保护公平竞争。忽视平台为获得数据而付出的巨大成本，让其他平台“搭便车”，是对有关领域创新者的不公平。

从平台建设成本角度出发，本研究认为，平台在开放内容、开放方式、开放路径等方面应该享有选择权和控制权。同时，“搭便车”会给整个市场生态带来很强的负外部性，会抑制我国互联网创新的积极性。

2. 基于核心资产保护的考量

1997 年，NASA 研究员迈克尔·考克斯和大卫·埃尔斯沃斯在 IEEE 第 8 届国际可视化学术会议上首先提出了“大数据”这一概念。2008 年，《自然》出版了一期大数据专刊，这使大数据在科学研究领域得到高度重视。2012 年，美国政府发布了《大数据研究和发展倡议》，大数据引起了很多国家和社会的重视。大数据时代，人们的关注点就是数据。作为一种重要的战略资源，数据的价值被不断挖掘和创造，数据正在成为一种新的资产——数据资产。

随着数据经济活动的不断增多，越来越多的企业已认识到数据是关键的生产要素，是宝贵的资产。在互联网迅速发展的今天，IT 系统可以被复制，流程和组织可以被模仿，商业模式也可以被复制，员工也可以跳槽，数据无疑是平台独一无二的资源，是竞争最大的依仗。只有保持数据不被窃取或复制，充分利用数据资源创新产品，为客户提供差异化的服务，平台才能保持核心竞争力。

数据已经成为不可或缺的，除劳动力和资本以外又一重要的生产力要素（麦肯锡，2011）。数据资产的挖掘，可以提高技术进步率，改变既往的生产函数，形成降低成本、提高生产率的效应：第一，信息透明度大大提高，极大地降低了交易成本，使企业识别客户、管理内部流程的效率极大提高，宏观经济的管理能力也出现飞跃式的提升；第二，将会极大地提高企业和社会的风险管理能力；第三，正在并将继续形成新的生产、生活和交易方式。

数据是公司的核心资产，要像经营资本一样“经营数据”，坚持“数据经营”是华为公司得以在大数据时代立足的重要基础。数据是核心资产，如果平台数据泄露或者被窃取，平台的合法权益就会被侵害。

从核心资产保护角度来说，本研究认为，数据是数字经济时代企业的核心资产，它关系到平台企业的存续，保护企业数据资产不受侵犯具有正当性和合理性。

3. 基于用户利益的考量

平台吸引用户，用户产生数据。平台是数据产生、汇集的地点，平台上产生的数据是企业投入硬性资源和软性资源后得到的回报。从数据的产生来看，平台吸引用户，用户在平台上活动产生数据，通过数据分析，平台可以为用户提供更好的服务。因此，数据的产生需要平台与用户共同努力，离开特定的平台架构，数据价值就消失了。平台一方面享有数据权益，另一方面要履行数据责任。

从现实情况来说，普通用户还没有能力管理自己的数据，因此，平台对用户有很强的数据责任。当用户要使用平台所提供的各种服务时，平台会要求用户提供相应信息，根据《中华人民共和国网络安全法》有关要求，平台有责任保护用户隐私，防止个人信息泄露。

平台与用户在数据资产保护方面具有高度一致性。如果数据被其他平台获取，会增加个人信息泄露的风险。

本研究认为，数据是互联网公司的重要资产，平台有责任维护自己的数据安全，也有责任保障用户的个人隐私不受侵犯，即平台应把用户相关数据作为最核心的资产。

4. 基于社会关系链保护的考量

大数据时代，尽管各大互联网平台所属细分领域不同，但它们都拥有一项共同的资产：用户数据，尤其是用户社会关系链。关系链是平台企业的核心资产，用户关系链的竞争，不单存在于同类企业之间，不同类企业对用户资源的争夺也非常激烈。

用户的社会关系链不但是个人的隐私，而且关系到个人的“数字信誉”，迈克尔·费蒂克（2016）指出，大数据时代，我们比以往任何时候都需要注意维护自身的数字信誉，数字信誉比金钱更重要。目前发生的用户关系链不当利用等行为，对个人隐私、数字信誉、平台合法权益都产生了损害，很有可能造成社会问题。

从社会关系链保护来说，本研究认为，关系链对个人和企业利益及社会稳定都有一定的影响。非法获得或者滥用关系链不符合竞争本义所要求的公平、透明原则，不但违反了商业道德，而且违反了相关法律，很容易给社会带来安全隐患。

5. 基于技术创新的考量

在注重商业模式创新的同时，更要关注关键技术创新。数据资产作为一种新型资产，具有显著的技术特性。数据是企业发展的战略性资源，也日益成为促进技术创新的关键要素。平台孕育产生的大数据是宝贵的财富，是不可或缺的生产资料，数据已经成为企业发展的战略性资源。一方面，这些平台数据恰恰能够满足各主体方了解客观事实的需求，是企业预测和决策的基础；另一方面，伴随着技术创新和有关政策法规的陆续出台，数据收集、处理、应用和保护能力将进一步增强，大数据的应用创新将提速。因此，近几年来国内主要企业都已将大数据作为未来发展战略。技术创新可以推动数据资产保值与增值，因此，强化数据资产保护也可以倒逼大数据技术创新。

从技术创新角度来说，本研究认为，鼓励平台从技术维度增强数据资产保护，可以激励平台企业技术创新，尤其是大数据相关技术创新。

6. 基于国际竞争的考量

从国际背景来看，欧盟出台了史上最严的网络数据管理法规 GDPR，极大地限制了企业对于个人用户数据的使用权。可以预期，在 GDPR 的规制下，欧盟今后将难以发展出世界级数据平台。

大数据时代，依然是中美两国的博弈。当前美国学术界对数据资产的研究较少，尤其是不太关注数据资产归属研究。从国际竞争角度来说，本研究认为，在出台数据资产相关规定时，我国应尽量慎重，充分做好前瞻性研究，充分审慎包容，应挖掘我国互联网经济发展的成功经验，而不能盲目借鉴国外经验，更不要盲目干涉市场发展。

8.1.3 探索通用性资产的制度机制

第三大类被研究忽略而又极为重要的问题，是通用性资产问题。

8.1.3.1 创造生产要素供给新方式

《意见》的一个突出亮点，就是提出“探索生产资料所有权和使用权分离改革，大力推进实物生产资料数字化，促进生产资料共享，促进数据要素流通，引导增值开发应用，激活数字化对实物生产资料倍增作用，提升全要素生产率”。当年农村改革实行土地生产资料所有权与使用权分离，曾极大地解放与发展社会生产力。在数字经济成为我国经济发展新引擎，中央将数据确定为新型生产要素的当下，探索生产资料所有权和使用权分离改革（以下简称“两权分离”），将再一次有力地提升要素效率，畅通经济循环。

培育发展平台与增值开发应用结合的新业态，创造生产要素供给一次投入、多次复用的新方式，是打造数字经济新实体的要求。有人把数字经济与实体经济当作一对矛盾，这是不正确的。数字经济与实体经济不是对立关系，它们是通过生产要素供给新方式连接在一起的。具体来说，第一步，实现实物生产资料数字化，使它们在功能上融合在一起；第二步，利用通用性资产可以复用的特性，促进数字化后的生产资料共享，这就利用数字技术打通了虚拟要素与实体要素的互补循环。例如，众多零售服务行业纷纷加入“线下门店数字化 + 即时配送”这一模式，在数字经济的不断渗透下，新技术与实体经济加速融合，助推创新，拓展了新消费、新制造、新服务。

《意见》提出“创造生产要素供给新方式”，不但有极强的现实针对性，而且具有深刻的理论意义，可以说是对供给侧结构性改革理论的一个重大完善与发展。它预示着中国经济政策与中国经济学正引领中国经济渐渐脱离凯恩斯以来的西方“老师”，开始独立探索与创新，同时具有中国新意与时代新意。

“创造生产要素供给新方式”这个重大命题，与供给侧结构性改革理论，同属于供给侧理论这个大方向。供给侧结构性改革理论对西方理论的突破是根本性的。其核心问题源于凯恩斯。凯恩斯经济学的精髓在于，其认为市场供求不能带来充分就业。供给侧的各派理论都是为了解决这个悖论性问题而产生的，但从没真正解决过这个难题。供给侧结构性改革理论从西方既定轨道“脱轨”，不再认为总需求问题是个简单的投资需求问题，而认为其是结构问题，是需求有效性（以及由它决定的供给有效性）问题。解决这种结构问题，与解决民生、就业乃至内需问题，具有一脉相承的逻辑联系，即要有针对性地解决先富与共富的矛盾，将二者统一在一起。

这种既不同于凯恩斯主义又不同于供应学派的新思路，“号”到了中国经济的主脉，无疑是正确且立意高远的。“培育发展共享经济新业态，创造生产要素供给新方式”这一新思路的提出，给出了兼顾眼前与长远的不同答案，而且在治标与治本结合上，既出人意料，又在情理之中。

1. 内需导向

《意见》提出，拓展共享生活新空间，积极探索线上服务新模式，激活消费新市场。这突出了在新的经济循环中内需所起的重要作用。创造生产要素供给新方式，要在以下 4 个方面有别于传统思路，推动形成高质量的生活服务要素供给新体系：一是寻求现有收入条件下的需求带动，当前，我国需求具有“新空间”“高质量”的特点；二是需求必须是有效需求，这要通过“开辟消费与就业新空间”来实现；三是有效需求通过促进一次分配公平实现，强调的是提高劳动收入；四是要与中等收入陷阱问题解决结合起来。

凯恩斯主义思路（外生需求）与供应学派思路（离开结构调整扩产能）的鲜明区别在于，它将民生、就业嵌入系统核心来考虑问题。内需导向，有利于畅通经济循环。

2. 新动力特征

“创造生产要素供给新方式”是以数据生产力为动力的，它只能在数字经济条件下实现。供应学派与重商主义都缺乏时间方向感，原因是其算路中没有生产力因素，因此，实行起来，到底是发展先进生产力还是落后生产力，完全是随机的。但供给侧结构性改革理论不同，它兼顾市场作用与政府作用，在市场没有时间方向时，政府可能给予必要引导。

我国在这方面的引导思路是“打造共享生产新动力”，推动形成高质量的生产服务要素供给新体系，一是鼓励企业开放平台资源，二是鼓励公有云资源共享。这里的要点在于，第一，不是把云当作技术，而是将其完全当作资本模式。第二，不是把公平与效率当作相反的模式，而是反向嫁接。

3. 模式突破

《意见》提出，要健全完善“所有权与使用权分离”的生产资料管理新制度，这是一个重大创新。要做的具体的事情是，推进各类所有制企业、行政事业单位等法人主体生产资料共享，取消各种不合理的限制，畅通共享经济合作机制等。

《意见》提出，按市场化原则、商业化方式自主推进生产资料共享，提高资源利用效率，这针对的是“搭便车”。共享不会出现“搭便车”，是因为可以“按市场化原则、商业化方式”进行，具体来说，就是有偿共享，共享数字化生产资料的平台企业可以按使用效果收费（言下之意，无效果不收费）来补偿固定资产投入。为支持中小企业，政府鼓励平台对中小企业减少收费（如服务年费）。

4. 数据基础

《意见》提出，要激发数据要素流通新活力，推动构建数据要素有序流通、高效利用的新机制。关键是要与《中共中央　国务院关于构建更加完善的要素市场化配置体制机制的意见》契合起来，因为这里数据不但是资源，而且是要素。

8.1.3.2　新动能的服务机制

《意见》提出了“加快转型升级，拓展融合深度”的新思路，强调培育产业平台化发展生态，着力发挥互联网平台对传统产业的赋能和效益倍增作用，打造形成数字经济新实体。其中，发展普惠性“上云用数赋智”是一个关键性举措，这将企业与产业的转型提升到了要素转型的新高度，找到了中国经济通向高质量发展的突破口。

1. 新动能的服务体系与机制

《意见》中提及的“上云用数赋智”源自《通知》，该通知要求以打造数字化企业、构建数字化产业链、培育数字化生态为目标，指出了筑基础、搭平台、促转型、建生态、兴业态、强服务六大方向，从点到面，全面推动以数据要素为重心的数字化转型，使中小微企业纾困与转型相结合，以数字经济发展促进经济实现高质量发展。

中小微企业数字化转型是经济潜力释放的关键。新基建与“上云用数赋智”行动有一个共同之处，即都以公共服务与社会服务相结合的方式，为中小微企业进行数字经济赋能。

中小企业数字化发展中国特色的形成，有一个历史过程。2008 年，《关于强化服务促进中小企业信息化的意见》提出以完善服务（公共服务 + 社会服务）体系带动投入，替代中小企业重复“自建”的思路。2020 年，《通知》进一步形成了要素转型的思路，特点是政府（公共服务）、平台（社会服务）提供通用经济要素（如数据这种“通用性资本”）投入，令中小企业复用。可见，这些文件或政策的共同点是由政府、平台承担固定资产投入，让分散的中小微企业以边际投入方式“轻装上阵”；不同之处在于，以前重资产投的是技术本身，现在重资产投的是经济要素本身。

《通知》强调的新动能，主要是在一定程度上用数据要素投入替代资金投入，并以此作为数字经济新实体的要素基础。这个数据要素，不是指购置数字技术的资本，而是用来作为经济投入的商业资本。这既是纾困的需要，也是转型的需要。从纾困角度来说，调查发现，我国中小微企业第一位的需求始终是资金，制约中小微企业生存发展的主要因素，是资金缺口大、融资难。长期以来，资金本能地流向“三大”（大城市、大企业、大项目），但中小微企业是就业主力，不解决资金问题，会对经济全局产生不利影响。

通过资本替代，以数据要素替代资金要素，以虚拟生产资料替代资金（反正 M2 是用来购买生产资料的），以准公共产品方式提供资本要素，实现数据要素的有偿共享，解决中小企业融资难的问题，为就业和高质量发展注入新动能，是一个重大的创新性思路，是《通知》的突出亮点，也是本轮机遇的主要看点。

“用数”的要点在于资本替代，用数据替代资金；“上云”是数据资本不同于资金的运行机制，即将通用性资产，以平台、公共服务等方式提供给私人部门，再由私人部门以租的形式补偿准公共品共享投入的固定成本，让国有、平台所有的一次性固定成本投入，在中小微企业身上实现多次复用，从而产生少发 M2 却增加资产的“赋智”效果，让资本要素变成可自我复制的“聪明”要素，令数字化转型从技术深化到资本，实现质的飞跃。

在数字化转型方面，中小微企业普遍面临不会转、不能转、不敢转的问题。“上云用数赋智”结合现代化产业体系构建来抓数字化转型，难点与要害都在于从应用期的技术导入转向转型期的资本深化。数字化赋能，要从技术赋能（激发外生动力）深化为资本赋能（激发内生动力），将旧动能变为新动能，实现经济发展由低质量向高质量的转型。

“上云用数赋智”提供了一种数字化的新范式。以打造数字化企业、构建数字化产业链、培育数字化生态为体变的抓手，实现产业体系的现代化转型。其核心，是系统地实现生产要素由旧体向新体的动能转换。在此基础上，辅以平台生态为主要内容的共享发展新机制，形成新动能与新机制的有机结合。

在这一思路的指导下，有关文件提出通过数字化将转型与纾困结合起来，探索一条以转型带动发展的新路，以期构建新动能主导经济发展的新格局。

这一宏大构想一旦实现，将从资源配置到机制设计深刻改变现有中国经济的面貌。下面从新动能与新机制两个方面谈谈对《通知》的理解。

（1）以数据作为新要素，建立服务体系

“上云用数赋智”设想，在资源配置方面有一条隐含的主线，体现在“用数”中的“数”（数据）上，即以数据为主线落地新动能，其中蕴含着这样的思路：以数据为资本（生产要素），建立新的资源配置体系。

《中共中央　国务院关于构建更加完善的要素市场化配置体制机制的意见》将数据作为了一种新型生产要素，这体现了互联网大数据时代的新特征。《通知》中首次出现了“通用性资产”这一新概念，明确指出作为生产要素的数据是通用性资产。

通用性资产与专用资产的最大区别，是以物质投入为特征的旧动能不能“多次复用”，而数据要素作为新动能可以“多次复用”。《通知》提出“通过平台一次性固定资产投资、中小微企业多次复用”这一新的投入方式。不可“多次复用”的要素体系，一次 M2 投入，只能形成一次固定资产，作为生产资料，相当于孙悟空单打独斗；可以“多次复用”的数据要素体系，一次 M2 投入，可以孪生出多次固定资产，作为虚拟生产资料，相当于孙悟空吹毫毛，形成无数孙悟空的分身，在中小微企业资金缺乏条件下提供资产充裕性。例如，阿里“平台一次性固定资产投资”，将流通业的生产资料（店铺和柜台）虚拟化、孪生化为具有同样功能的数据分身（虚拟店铺和柜台），分发给 1500 万中小微企业“多次复用”，可以大量替代 M2，减少中小微企业对固定资产的重复投入，通过新动能，实现对资产的高效、绿色利用。

《通知》提出利用可“多次复用”的“数字化生产资料”，为中小微企业发展提供充足的资产，这将数字化的重心从以往企业的自我技术装备转向了增进资产动能，对于避免货币政策失灵，有效支持实体经济纾困等，具有重大的现实意义。

将作为新动能的数据，从概念落地为可以释放巨大能量的现实资本力量，需要在实体上逐层落实。为此，《通知》从打造数字化企业、构建数字化产业链、培育数字化生态 3 个层面展开了以资产转型为特色的新动能布局，其核心是将数据作为替代性的生产要素，注于整个体系，推动数字化从技术层深化到资产层。

实体经济中的供应链是中国制造的核心竞争力。《通知》提出，通过数字化转型，打造数据供应链，系统地以数字孪生方式替代和加强传统供应链，使产业体系从物质投入驱动转向数据驱动，以实现现代化。《通知》将数据生产要素的数字化引领作用具体化为，以数据流这一新要素，引领物资流、人才流、技术流、资金流等传统生产要素，以此构建具有世界先进水平的数字化供应链体系，降低以实体方式实现同类功能所需的物质成本，极大提高专业化与多样化效率，实现高质量的规模经济与范围经济。

在《通知》中，建立数据供应链体系包含“设备数字化—生产线数字化—车间数字化—工厂数字化—企业数字化—产业链数字化—数字化生态”等丰富的新实体内容，它们共同组成了一个有层次的数字生态结构，这有助于中国经济在纾困中实现转型，在转型中实现纾困，抓住高质量发展的战略机遇。

（2）以共享作为新机制，释放新动能

“上云用数赋智”设想，在机制设计方面，有一条隐含的主线，体现在“上云”的“云”中，实际是共享模式。云模式与共享模式，都是指新业态中基础业务免费而增值服务收费这样一种模式（又称“以租代买”）。例如，《通知》中的“推动云服务基础上的轻重资产分离合作”，意思就是云上的重资产（数字化生产资料）由平台“免费”提供，轻资产运作（因而节省了固定资产投入）的中小企业则以服务年费等形式的租金补偿平台投入。

《通知》提及“大力发展共享经济”“数字化生产资料共享”“支持行业龙头企业、互联网企业建立共享平台”等，这里“共享”的不是公共品，而是云服务。二者同是共享使用，但区别在于，公共品的回报是税，主体是政府，云服务的回报是费（如产品免费而服务收费），主体是平台。《通知》设计的机制，是政府—金融机构—平台—中小微企业联动机制，其中，政府与平台的关系是“政府补平台，平台做服务”。平台的收费机制，则明确为“平台免费提供基础业务服务，从增值服务中按使用效果适当收取租金以补偿基础业务投入”。这是一种准公共品机制，或者说“公共产品 - 私人产品”混合机制。“免费提供基础业务服务”与公共品机制相同，但“收取租金以补偿基础业务投入”是私人产品机制（为的是解决“搭便车”问题）。奥妙全在于“按使用效果适当收取”，它既非公共品（公共品不收费），亦非私人物品（私人物品收租金，无论效果如何，具体指中小企业赚不赚钱，都要收取）。因此，这里以租代买的租，是一种特殊租金，是介于公共品与私人物品的一种创新机制（最初在苹果商城中实行）。意思是，只有“租”数字化生产资料（如开发工具）的效果好（赚钱）才收租金（等同于提供私人物品），效果不好（不赚钱）免费（等同于提供公共品）。

理解了这一点，才能够理解《通知》中“政府—平台”联动的真实意思，其中，政府作用有两个层次，一是提供完全的公共品，如公共服务，例如，“加大对共性开发平台、开源社区、共性解决方案、基础软硬件支持力度”“推动形成公共、开放、中立的开源创新生态”“引导各方参与提出数字孪生的解决方案”等；二是提供平台中公共服务部分（即使用也不收费，相当于让平台替政府提供公共品那一部分）的补贴，即“政府补平台”，例如，“以专项资金、金融扶持形式鼓励平台为中小微企业提供云计算、大数据、人工智能等技术，以及虚拟数字化生产资料等服务，加强数字化生产资料共享”“鼓励互联网平台企业依托自身优势，为中小微企业提供最终用户智能数据分析服务”。这适合平台（例如，百度、腾讯等企业）为社会提供公共服务或公益服务的情况。

“平台做服务”是政府给平台的建议，是“鼓励”而不是强制。这里的服务与政府提供的公共服务不同，是充分发挥市场基础作用与网络引领作用但具有网络溢出效应的商业服务，鼓励的方向是开放（资产通用）而非封闭（资产专用）。具体来说，就是“推进企业级数字基础设施开放，促进产业数据中台应用，向中小微企业分享中台业务资源。推进企业核心资源开放”。这里说的企业级数字基础设施（应用基础设施）、中台（通用数据资产）、企业核心资源（数字化生产资料），在数字孪生中，都有通用、专用两种选择，鼓励的是共享，即开放、通用。为了消除企业开放后被“搭便车”的顾虑，《通知》提出“支持平台免费提供基础业务服务，从增值服务中按使用效果适当收取租金以补偿基础业务投入”。

《通知》还提出“支持产业以数字供应链打造生态圈”的制度创新之举，主要是针对利益与效率边界，从以拥有权为边界的企业，成为以使用权为利益共同体边界的生态、供应链、虚拟企业，形成组织的治理结构，从不完全合约转型为完全合约。

《通知》隐含的另一制度设计思路，充分体现了共享发展的利益分配特点，即通过一次分配公平扩大内需，从供给侧根本上解决有效需求不足的问题。《通知》提出“结合国家双创示范基地、国家数字经济创新发展试验区建设，鼓励数字化生产资料分享，降低灵活就业门槛，激发多样性红利。支持互联网企业、共享经济平台建立各类增值应用开发平台、共享用工平台、灵活就业保障平台。支持企业通过开放分享资源，为中小微企业主、创客提供企业内创业机会。广泛开辟工资外收入机会，鼓励对创造性劳动给予合理分成，促进一次分配公平，进一步激活内需”，其中，“激发多样性红利”就是推动中国经济从劳动力红利转向创新红利，以跨越中等收入陷阱，为人们展示共享发展可能具有的与效率不矛盾的分配优化效应。

概括起来，“上云用数赋智”中的“上云”内含系统的机制设计创新思路，“用数”包含着系统的资源配置创新思路，二者结合在一起，要达到的是“赋智”这一效果。高质量发展必须靠“赋智”来实现。从数据固定成本均摊角度看，“赋智”的经济学含义就是实现规模经济且范围经济。这打开了人们的思路，让人们走出了“转型就无法纾困，纾困就无法转型”的困境，看到了通过创新实现高质量发展的希望与可能。

2. 打造跨越物理边界的数字供应链

《意见》不但讲转型，而且讲升级，提出：培育数字化新生态，提高转型效益，支持建设数字供应链，打造跨越物理边界的“虚拟”产业园和产业集群，实现产业供需调配和精准对接，推进产业基础高级化和产业链现代化。数据集成、平台赋能正成为推动产业数字化发展的关键。

当前，全球化外部环境变化剧烈，全球供应链挑战与机遇并存。我国中小企业一方面面临纾困的挑战，一方面面临转型的机遇，打造数字化供应链，是全球化新的发展方向。中小企业应按照《数字化转型伙伴行动倡议》，抓住产业数字化、数字产业化赋予的机遇，化危为机，培育数字化产业链，建设数字供应链。具体来说，就是要搭建联合推进机制，提供转型服务，以普惠性“上云用数赋智”服务，提升自身转型服务供给能力。

观察此前跨国公司主导全球化的“路数”，主要是通过创新占据供应链高端而放弃供应链低端，这种创新主要是技术创新特别是技术原创。我国则有另一种创新优势，即要素“新组合”（市场创新）的优势。“新全球化”的

“新”，应体现为以数字供应链主导全球化替代原来的跨国公司主导全球化。

针对“逆全球化”将实体产业链上的某些环节拉回本国的情况，中小企业应积极打造数字供应链，通过数据流，在更高层面整合物资流、人才流、技术流、资金流等传统生产要素，以此构建具有世界先进水平的数字化供应链体系，在转型升级中寻求增量突破。为此，需要打造跨越物理边界的“虚拟”产业园和产业集群，促进产业链向更高层级跃升；培育产业链上下游和跨行业融合的数字化生态体系；建设数字供应链，带动上下游企业加快数字化转型。

针对“逆全球化”停留在传统思路上，单打独斗地进行孤立环节的固定资产投资的情况，数据产业链要强调资源共享、服务共建，例如，通过共享经济模式开放数字化转型资源，倡导实现资源高效利用和价值共享，鼓励提供共性解决方案，开放普惠化的转型产品和服务，特别是支持与鼓励平台企业推出有偿共享服务，支持互联网企业、共享经济平台建立增值应用平台，提供中台支持，以实现供应链层面的规模经济与范围经济。

“新全球化”面临着一些全新的问题，我们要发挥市场优势，把需求变成需求操作系统，服务全球发展共同体。数据供应链不是简单地孪生实体供应链，而是要变成“用户指导企业”型的 C2B 模式，以需求工程的方式组织供应。“新全球化”真正的希望在于，吸取代理人主导全球化的教训，转型为去官僚化、亲民化的贴心供应链，转型为高度智能化、服务化的智慧供应链。

《意见》提出，实施数字经济新业态培育行动，支持建设数字供应链，推动订单、产能、渠道等信息共享；支持具有产业链、供应链带动能力的核心企业打造产业“数据中台”，以信息流促进上下游、产供销协同联动，保产业链供应链稳定，发展产业服务化新生态；支持出口园区和基地创新数字服务出口新业态新模式，大力发展数字贸易。

8.2 数据要素使用权

8.2.1 数据要素具有哪些使用新特性

8.2.1.1 资源配置规律

当经济规律指资源配置规律时，数据要素的新特性主要是与效率（做大

“蛋糕”）相关的特性，主要包括商品与要素两个层面的特征。

1. **新价值特性（作为商品的特性）**

◎ 命题 14（数据要素的价值新特性）：数据要素是（或具有）可以带来高附加值的价值。

这是微观新特性，从创造新价值（增加值、附加值定义）角度看，增加了“创造新价值”的熊彼特义（通过创新创造异质性价值），以此解释质量、创新的价值（均为不同于同质性价值的价值），将知识价值论的定义“知识具有使用价值与交换价值”修改为“知识（数据要素）具有使用价值、交换价值与高附加值”，以突出数据要素与实体要素的不同。

◎ 命题 15（数据要素的使用价值新特性）：数据要素的价值与使用价值不对称，数据要素在使用上具有放大、叠加、倍增作用。通过“生产要素供给新方式”，可以实现数据要素对实体资产、货币资产的资产替代。

理论上，数据要素的价值与使用价值不对称，指对于数据要素，价值不可以复制，但使用价值可以复制（进而共享），因此，要素租赁（转移使用权）与买卖（转移所有权）现期收益不对称，使用价值与使用权转移，可以多次反复进行（“复用”），因此，租赁的价值高于买卖的价值（因此，数据要素交易创造的价值远远小于数据要素共享使用创造的价值）。

微观上，利用数字孪生（将实体生产资料数字化），可以部分实现数据要素对实体要素的功能替代（如虚拟店铺替代实体店铺，不可替代的物流部分用快递解决）。

宏观上，可以实现数据要素对货币要素的替代（平台一次性固定资产投入，中小企业多次复用），大幅减少社会固定资产投资投入，缓解中小企业资金难问题，降低银行支持中小微企业的资金风险，支持虚拟经济为实体经济服务（数据资产目前不会流入金融业与房地产空转），减少量化宽松需求。

2. **新产权特性（作为资本的特性）**

◎ 命题 16：数据要素是通用性资产，具有通过市场程序供应公共物品的特性，可以按市场化原则、商业化方式有偿共享，按使用效果收费，并按资产使用合约中规定的权责利，与其他要素（如劳动）按使用贡献分成。

数据要素作为资产，具有资产通用性，即资产使用上的非排他性与非竞争性，这决定了数据要素具有通过市场程序供应公共物品的特性，以及数据要素的两个财产使用权上的特征：一是当把数据要素当作专用性资产时，数据要素可以像实物那样买卖，即进行所有权与使用权的交换，如数据交易、知识产权交易（用专用性资产规则交易通用性资产）；二是当把数据要素当作“通用性资产”时，可以进行数据要素使用权交换与流转，由此形成了数据要素几个新的特性——可以只交换使用权而不交换所有权，即租赁而非买卖（既非贵州交易模式，亦非专利模式）；可反复交换使用权，即“复用”；可以按使用效果（向不同使用主体）收费（实体要素只能按使用收费）；可以“共享生产资料”（实体要素难以“共享生产资料”）；数据要素所有者可以同其他要素（如劳动）按使用贡献分成，即劳动者可以凭借劳动力的使用价值分享剩余（在雇佣制条件下，劳动力的使用价值被无偿占有，实体要素难以参与剩余分享）。

8.2.1.2 利益分配规律

当经济规律指利益分配规律（政治经济学利益分配规律）时，数据要素新特性主要是与公平（切好“蛋糕”）相关的特性，可以用三次分配归纳。

1. 零次分配新特性

> ▲ 命题16推论1（数据要素的一次分配新特性）：数据要素可以通过“共享生产资料”，按使用效果收费以补偿投入，同时，通过“平等使用生产资料”，按使用效果分成，促进零次分配（对生产资料和生产机会的分配）公平。

“共享生产资料”指有偿共享数字生产资料（数据要素），实体要素难以实现生产资料共享。这一新特性可细分为3个方面的子特征：①数据要素适合“以租代买”，即以复用（反复租赁）代替一次买卖，实体要素则没有这个特性（租赁与买卖现期收益相等）；②数据要素共享使用，按使用效果分成（在苹果税中，劳方为七，资方为三），通过使劳动者分享剩余，促进一次分配公平（机会公平）；③数据要素拥有者以平台方式有偿共享数据要素，但当市场份额超过某一限度（高于补偿投入的某一限度）时，可能以掠夺性价格减少竞争者与消费者的选择机会（新布兰代斯学派的核心观点），从而损害平等意义上的公平，适用自然垄断治理（特许垄断经营或价格管制）。

“共享生产资料”新特性的发现，将成为新时代中国特色社会主义的理论突破，这是对《共产党宣言》的发展，应成为21世纪马克思主义的标志性成果：①根据历史唯物主义“生产力决定生产关系”，21世纪的生产力（通用目的技术）决定通用目的资产（“通用性资产”）的供给方式与分配方式，将令“共享生产资料”（进而共同富裕）从20世纪的空想变为21世纪的现实。社会主义所有制生产力基础的改变，使所有制向“所有权共产+使用权共享”的方向发展，进而使共享发展得到“共享生产资料”这一新生产关系的支持，从而创新、发展21世纪马克思主义。②“共享生产资料”使共享发展由以结果公平为主发展为结果公平与机会公平并重，这有利于促进人的全面发展。

2. 一次分配新特性

> ▲ 命题16推论2：数据要素可能产生“租金盈余”，其中包含潜在的受益税与公平税义务。

数据要素具有通过市场程序供应公共物品的特性。亨利·乔治提出，公共物品可以从土地租金中筹集资金，这种理论被概括为租金（R）等于公共物品支出（G），称为亨利·乔治定理（Henry George Theorem，HGT）。[①] 由市场供给社会服务，经常会出现 $R > G$ 的情况，称为“租金盈余”[②]，表现在数据要素上，即一旦平台形成自然垄断，可能产生正常投入补偿水平之上的租金，为避免因此形成的“私人税收体系”（新布兰代斯学派针对苹果税现象提出的概念），应合理划分国家、集体、个人三者利益边界（“交够国家的”“留足集体的”与“剩下都是自己的”三者的比例）。

---

① 弗雷德·弗尔德瓦里．公共物品与私人社区：社会服务的市场供给［M］．北京：经济管理出版社，2007.

② 同①.

3. 二次分配新特性

▲ 命题 16 推论 3：数据要素在生态组织之间分配利益，对社会具有法定转移支付义务。

生态组织是平台企业与应用企业基于共同的资产使用合约纽带形成的利益共同体。实体要素的收益主要在表内分配，而数据要素具有表外分配的新特性（平台上的增值应用企业），同时，最终消费者也是这一生态的利益相关者，为收益做出贡献（如构成流量、提供个人信息等），因此，数据要素拥有者在获得租金盈余的条件下，有义务为社会提供转移支付（包括慈善、公益等）。这部分义务，可以列入美国管理会计师协会（IMA）与海尔倡导的传统会计三张表之外的“第四张表”（共赢增值表），确定为法定义务（实体要素承担社会责任主要出于自愿）。

8.2.2 数据要素分类的适用规则

◎ 命题 17：数据要素可分类为公共数据要素、公益数据要素与商业数据要素。

8.2.2.1 财政规则

▲ 命题 17 推论 1：公共数据要素由税收提供，公共拥有，公共使用。

对于公共数据要素，适用财政规则，即公共拥有，公共使用，公共付出（税收）。

受益原则：相对而言，谁受益（使用），谁付出；多受益（多使用），多付出。

开放共享原则：共同付出（税收），共同受益（共同使用）。

开放使用原则：公共数据在转移给社会、个人（企业）时，保留所有权（不得买卖公共数据所有权），转让使用权及使用权的流转权，免费共享公共数据（加工、增值除外）。

平等使用原则：转移、流转公共数据使用权（不包括加工、增值部分），不应由使用者排他、独占、垄断公共数据（保密除外）。

公平规则：平等受益（不是谁缴税多谁多使用，而是普遍服务），按能力付出（高收入者多缴税，低收入者少缴税，通过转移支付补偿低收入者）。

安全原则：数据要素开发利用中，应维护国家安全，保护公民个人隐私与个人信息安全，保护企业数据财产安全。

8.2.2.2 社会服务规则

▲ 命题 17 推论 2：公益数据要素适用成本原则。

公益数据要素应分类在“社会服务的市场供给”① 项下，适用成本规则，即公益数据的交易与使用，应遵循以下规则。

目的：公益数据要素供给不以营利为目的。

方式：公益数据要素供给，可以采用经营、收费的方式，包括买卖、租赁的方式。

收费：公益数据要素收费，以维持必要成本为限（包括平台固定成本投入）。

条件：平台提供公益数据要素的条件。对于共享公益数据要素的平台企业，可由政府部门提供（但不一定提供）特许经营条件（包括但不限于按自然垄断行业来管理、委托平台承担部分行业管理职能）。

限制：对特许经营中持续超出成本盈利者，公共部门保留两项权利：一是重新招、拍、挂，直至竞争出按成本经营者；二是废止特许经营权利，将公益机制转为市场机制。

8.2.2.3 市场规则

▲ 命题 17 推论 3：商业数据要素适用市场原则。

1. 商业数据要素产权原则

独立企业的商业数据，包括企业间商业数据要素的商品交易（等价交换部分），主要适用市场规则，即保护企业商业数据产权，保护企业以营利为目的合法经营，支持企业自愿承担社会责任。

---

① 弗雷德·弗尔德瓦里．公共物品与私人社区：社会服务的市场供给［M］．北京：经济管理出版社，2007.

2. 有偿共享原则（市场原则的变体）

针对“平台－应用”双层经营新业态，包括企业间、企业对个人商业数据要素的要素交易（不等价交换部分），采用有偿共享原则：①按市场化原则、商业化方式鼓励平台企业面向应用企业有偿共享数据要素（转让数据要素使用权），用于增值业务。区别于公益数据要素规则之处，是肯定以营利为目的的经营。②有偿共享应按使用效果收费与付费（而不支持按使用收费与付费），对利用商业数据不盈利者免费，体现数据要素作为通用性资产公共性（外部性）的一面；对利用商业数据盈利者，按一定比例适当收费，体现数据要素作为通用性资产商业性的一面。③要求平台企业承担社会责任，将通过有偿共享获得的盈余租金，用于降低服务资费或转移支付。④对拒不对合理限度外的盈余租金进行转移支付者，政府保留价格管制、特许经营和强制进入（国有化）等管制手段。

3. 个人数据要素开发与保护平衡原则

针对个人数据要素（从个人信息中转化为要素者，如通讯录、关系链数据三重授权中的个人授权对象），采取以下原则：①自愿原则，将选择开发或保护该数据要素的决定权交由个人（而非像 GDPR 那样，由规则代为决定），由个人平衡开发带来的损益（如个性化服务的好处）与保护带来的损益（如失去个性化服务的坏处），最终做出决策。②服务赋权原则，在合理加强个人数据要素采集保护的基础上，重点为个人提供服务赋权，即为个人提供对服务的评价权。

4. 鼓励数据要素开发利用的原则

针对数据要素资源闲置、封闭的现状，我们应以鼓励数据要素使用为主、保护数据要素为辅，鼓励数据服务商提高技术水平与服务质量。

8.3　数据要素持有权

数据要素持有权，就是数据要素的所有权、拥有权，叫持有权是因为所有权用在数据上有不尽义之处。比如，物的销售，转移的是所有权，但数据的销售，转移的不是所有权，而是许可使用权。当然，这里的许可，仍是所有权人许可，因此，还是源于所有权，只不过，数据销售后，所有权本身并没有转移，所有权中的人格权、署名权等仍归原所有人。因此，从交易的角度定义数据，可以将所有权置换为持有权。持有权对应的是许可使用权意义上的所有权。当然，在理论研究中，仍然可以保留所有权的说法。

建立数据确权机制，从法律法规、机制设计、平台建设、运营管理等多个维度，分别建立确权、定价、交易机制，即明确数据所有权、使用权、收益权、管理权的归属和职能，并逐步将之融合为整体数据要素市场机制；建立数据定价机制，科学合理地制定、变更、管理和监督价格，维护市场价格秩序；建立数据交易机制，建立健全数据要素交易市场，依法合规开展数据交易，促进数据有效流动和价值实现。

8.3.1 个人数据与企业数据的拥有权

8.3.1.1 个人数据的开发与保护

在消费者政策取向上，中国、美国作为世界上互联网数据平台绝对领先国家，均不同程度地采取了在个人信息开发与保护之间保持平衡的政策取向。例如，提出个人信息保护而非隐私保护，就在于突出个人信息、个人数据的中性色彩。而欧盟作为单纯的数据消费方，相对于中、美，更加强调个人隐私保护。

这种分歧在于，对个人信息是否中性判断不同：认为个人信息是中性的，则会将“赋权用户”平衡在个性化服务信息开放透明与个人隐私保护两个相反方向的中点，由用户自己取舍；认为个人信息是负面的（例如，都属于“隐私”），则会限制个性化服务信息开放透明而只强调个人数据保护。

欧盟显然更强调保护。有利的地方是，欧盟的消费者会享受更高级别的数据安全，例如，GDPR 强调的“被遗忘权”有利于用户在网络中“隐身”，不利的地方是，欧盟消费者会失去较多的个性化服务机会。

个人数据确权，要吸取 GDPR“保护最严又保护不到位”的教训，转向“适度保护但保护到位”的思路，主要是将个人信息权利保护的重心从前端（产品）移向后端（服务），显著增强保护效果却不提高采集门槛，以用户利益的均衡，自发地调节权利平衡。

为此，需要重视以下方面：

由个人信息形成的个人数据，作为信息产品，归个人所有。个人数据产品的拥有权以授权形式转移。

对于个人在自身行为和过程（包括他人对自身服务的行为与过程）中形成的信息、数据（以及接受服务过程中形成的数据），个人拥有通过启动服务与终止服务“生”“灭”其中数据（使数据拥有权可以转让或无法转让）的权利。

个人享有自身在亲自权衡个性化服务与保护个人信息安全的得失后做出接受或不接受服务决定的权利。一方面，具有判断、约束个人信息服务的权利，即享有依自由意志根据个人数据在使用中产生的利弊来判断个人信息服务性质的权利。另一方面，具有评价厂商服务水平的权利，包括在言论自由范围内评价的权利。

个人享有为享受精准服务、享受个性化服务而允许正面利用个人信息的权利。

个人享有由不同企业数据来源汇聚自身个人数据并建立或委托建立情境化的个人数据中心的权利。

将保护个人信息安全改变一个提法，变为避免个人数据被负面利用，即避免可带来负效用的服务。安全侵害的对象一般是国家，属刑事主体，个人数据负效用侵害的对象主要是个人，属民事主体，可民事赔偿。注意，属于刑事范围的个人信息安全责任，应在商事制度外另行规定。

8.3.1.2 建立企业数据的产权规则

1. 企业聚合数据确权

不同于美国在企业数据权利保护方面侧重于保护产品权利，中国需要突出企业数据的服务确权，以适应未来产品免费而服务收费的云服务趋势。

这方面，重要的权利包括：

数据处理者享有经个人数据主体同意对基础数据进行编辑加工及分析而产生的增值数据的所有权。

对于数据集合中由企业提供条件（包括收集、加工或者提供基础设施，对于数据形成进行了实质性投入）形成的（由个人数据主体关系构成的）关系数据，如头像系统、昵称系统、特定用户关系、特定好友关系、形式化的用户列表等，企业具有拥有权。但是，关系数据涉及个人信息，因此，转移关系数据拥有权须获得用户授权。

企业拥有挖掘数据形成的大数据增值数据的所有权。

如果聚合数据不但是个人数据的集合，而且包含在服务（如购物）中形成的用户过程信息（如消费习惯）的集成（如“用户画像”），则称其为服务聚合数据。企业对服务聚合数据享有拥有权。

企业数据挖掘应视为一种企业分析服务，企业对由此获得的服务聚合数据享有拥有权。

企业针对个人进行精准营销和为其提供个性化服务时拥有利用个人数据的权利，这时不应以保护个人隐私为由，对企业正常采集无法证明为隐私或凭借服务才能验知是否会产生负面效应的个人信息的行为加以限制。

2. **平台关系链核心资产保护**

针对美国技术平台强而中国市场平台强的现实，应突出保护中国数据平台赖以增进国际竞争力的社会资本型数据核心资产。

其中，重要的权利及规则应包括：

不应侵占、损害平台企业关系链等核心资产。

平台拥有平台聚合数据，可以选择是否订立合同以转让平台聚合数据的拥有权。平台关系链数据属于平台聚合数据，是平台核心资产。平台转移平台聚合数据需要三重授权，第一重是用户授权，第二重是企业授权，第三重是平台授权。平台有责任维护平台聚合数据中包含的用户权益。

平台具有选择关系链数据分享不分享即使用权开放不开放的权利，但须遵守非歧视原则。在开放平台数据产品使用权时，对不同主体不得加以歧视。

平台通过合同约定授权使用的范围及强度。企业超越授权使用平台数据，如平台关系链数据，构成违约。越权使用，既包括数据形式利用方面的违约，如抓取平台以非结构化形式、固定格式存储的昵称、头像，也包括数据内容利用方面的违约，如爬取关系链、通讯录。平台有责任保护平台关系链数据中的个人信息安全。

云服务或大数据存储、分析阶段的平台聚合数据应归委托人所有或依契约进行产权确认。

平台以外的主体，应依合约使用平台聚合数据，平台有权按使用或使用效果收费。

平台企业的昵称、头像、关系链数据等聚合数据，与企业的昵称、头像、关系链数据等聚合数据，具有同等法律性质。企业或其他平台不应以公共产品来要求平台开放其聚合数据，而应以合约方式协商共享聚合数据。

8.3.2 数据确权规则

8.3.2.1 主体确权规则

确权就是确定数据的所有权、使用权、收益权、管理权等权利。

数据产权界定是数据要素有效配置的基础。数据产权主要分为所有权和控制权。数据控制权包括谁能使用数据，如何使用数据，以及能否进一步对外分享数据等。在公司治理中，所有权和控制权是统一的——股东拥有公司，股东大会是公司的最高权力机关。但数据的所有权和控制权可以分离，特别是对所有权不清晰的个人数据来说。数据产权可以通过技术来界定，也可以通过制度设计来界定（邹传伟，2020）。

对于确权的权（产权），应根据数据性质确定产权的两权分离性质，引导确权从确拥有权为主转向确使用权为主（控制权），以利应用与价值化。

只有数据的权属得到了明确规定，流通、交易才成为可能。哪些数据属于个人数据或公共数据，哪些数据可以直接使用或经授权使用，哪些数据是科研需要还是供商业运营，这些问题都有待完善相关法规来解决。

1. 个人数据：在用中确权，在用中赋权

第一，应坚持个人数据中性，让市场来平衡开放与保护的力度。

个人信息只有找到利益平衡点，才能真正找到监管的发力杠杆。凯利认为，个人信息中的隐私保护与个性化服务需求是一对矛盾，消费者在这正反两极间权衡得失后做出的选择，才代表消费者的真正利益。好的做法是，制定规则以让市场发挥决定性作用，让市场平衡这两个方面。当消费者认为需要个性化服务时，规则应能鼓励个人信息开发；当消费者认为需要信息安全时，规则应能鼓励个人信息保护。

第二，赋权用户应从产品端向服务端延伸，真正赋权到位。

GDPR 强调赋权用户，给人以消费者得益的假象。欧盟给消费者赋的权，主要是开关权（直接让厂商关掉信息采集的开关），这恰恰有可能损害消费者利益，因为可能切断消费者享受个性化服务的后路。

基于面向应用、面向服务的原则，数据是否有价值，应在服务端（中端、后端）确定，否则确权本身就会出现价值不确定性。

真正赋权到位的做法，不是这种前端式的监管做法，而是放宽采集，在数据使用的中端与后端多为消费者赋权。要让消费者根据服务水平评价厂家，建立由消费者决定厂家优胜劣汰的机制。在关键和要害上，GDPR 没有给消费者这样的权力，所以 GDPR 根本不是对消费者保护过度，而是对企业限制过度且对消费者保护不足。

2. 企业数据、平台数据：保证有恒产者有恒心

（1）探索适应数据产业化的企业数据确权规则

《中共中央 国务院关于构建更加完善的要素市场化配置体制机制的意见》区分了 3 类不同主体的数据，“加强对政务数据、企业商业秘密和个人数据的保护”，这里将数据分为了政府数据、企业数据、个人数据 3 类。但在我们的研究中，有一个奇怪的现象，即研究数据的论文，90% 以上都是在研究个人数据，研究企业数据的不到 10%，真正研究企业数据产权的，更是少之又少。由此可以看出，人们研究数据的兴趣，不在要素上只在商品上。

为了适应培育发展新型要素形态的形势，我们建议加强对企业数据产权的研究，这不仅是因为政府倡导，也是实践所需。发展数字经济，培育数据生产要素，如果把企业关心的产权问题抛到一边，就容易脱离现实。在缺乏相关法律和行规的情况下，行业出现的种种乱象，越来越突出的企业数据产权问题，就是其表现。

企业数据是由企业行为（包括采集、加工、整理等服务增值行为）产生的数据。企业数据产权问题不同于个人数据产权问题，具体来说，包括企业（包括平台企业）对其投入资本和劳动收集、加工、整理的数据享有何种财产权益，企业在个人数据基础上开发的数据衍生产品及数据平台等财产权益受何种法律保护，以及企业在开放数据接口方式以获取用户信息时应坚持何种授权原则等。

当前，司法实践已通过一系列案件逐步明确企业对其投入劳动收集、生成、加工、整理、衍生的数据和数据产品享有合法权益，对这类数据和数据产品，他人在获取与使用时应尊重企业意愿（司晓，2020）。从互联网实践遇到的矛盾来看，容易因要素权属不明引起纷争的，一是企业关系数据，如头像系统、昵称系统、特定用户关系、特定好友关系、形式化的用户列表等；二是聚合数据，如“用户画像”，这类数据是企业挖掘数据形成的新数据；三是平台企业关系链数据，这类数据是平台以非结构化形式、固定格式存储的昵称、头像及社交群关系链、通讯录。对于实践乱象，我们需要从理论上认识问题出在哪里。核心是，数据要素作为资本，具有较强的社会属性，属于社会资本，但这种产权性质，没有根据数据性质加以明确。传统观念往往认为社会资本不是资本，这助长了扰乱市场秩序的行为。

需要注意的是，在推进数据产权建立过程中，应优先将司法判例所确立的规则与标准上升为法律制度，用其来权衡、兼顾这些目标，如个人信息保护不能罔顾商业利益和公共利益而走向绝对化，企业对个人数据的获取及使用也不能以牺牲个人隐私为代价。不能无条件地讨论数据开放，特别是不能无条件地强制企业共享数据，因为这不但与数据产权相悖，而且不符合《中共中央　国务院关于构建更加完善的要素市场化配置体制机制的意见》提出的“促进要素自主有序流动”。可以说，在数据要素市场中，企业是最重要的数据持有者，数据产权制度的首要目的便是对企业手中的数据进行保护。例如，《欧洲数据战略》提出，不能强制企业分享其数据，只有在市场失灵时，才考虑基于公平合理、无歧视的条件赋予数据访问权，但也要尊重数据持有者的合法权益，这意味着企业对其数据享有一定的排他性控制权益（司晓，2020）。

GDPR 偏重于保护个人数据（但也不充分），对企业数据的保护极为薄弱，不利于数据企业发展壮大。我国需要自己摸索完善数据产权的道路。

（2）探索建立适应产业数据化的通用性资产确权规则

通用性资产，是非数据企业的资产，是实物生产资料的数据孪生资产，即以数据为资产存在形式，具有与实体资产相同或相近的功能，可以作为要素投入（如固定资产投资）并多次复用的资产。举例来说，虚拟店铺和柜台就具有通用性资产的性质：第一，数字属性，它不以实体商业资产形式存在，而以数据代码和程序运行方式存在；第二，孪生属性，它具有实体店铺和柜台的功能，因此，可以进行功能替代，例如，网上书店与实体书店的主要功能可以相互替代；第三，复用属性，以往的要素投入，都是把一份货币资本转化为一份生产资料进行投入，通用性资产可以把一份货币资本转化为多份生产资料进行投入，这就大大减少了实体的固定资产投入。

《通知》提出的“通用性资产”概念，包括“中台”“通用软件”“数字孪生的解决方案”“数字化生产资料”等数据要素，其特征在于“平台一次性固定资产投资、中小微企业多次复用”。

根据数据性质完善产权性质，不是就理论谈理论、就学术谈学术，而是要指导实践。指导实践也不是终点，还要在中国特色实践基础上形成道路，完善我们的经济制度。因此，我们需要进一步研究，技术意义上的通用是否可能引致制度意义上的共享（有偿共享，而不是在市场机制外提供公共品），使共享发展从理念落地为制度并使这种制度在制度竞争中具有竞争力。

数据资产化过程中，还应注意推进数据资产金融化、信用化，发挥数据要素的交易、投融资作用，最大化地实现和释放数据价值。

3. 公共数据

数据作为公共产品时，由私人部门提供会产生供给不足的问题，因此，一般由政府部门以税收收入的方式提供。政府部门的数据开放和共享项目可以在这个框架下理解。政府部门应该在不涉密的前提下，尽可能地向社会和市场开放政府数据，这样才能最大化政府数据的公共价值（邹传伟，2020）。

一是建议做好公共数据共享的基础性技术工作。政府至少应构建以下基础类数据库：宏观经济基础数据库、人口基础数据库、法人基础信息数据库、社会诚信信息数据库、自然资源和空间地理信息数据库、知识产权数据库等（杨锐，2020）。

二是调整并完善相关法规政策和标准体系，发布合规合理的数据共享责任清单，建立协同联动的数据安全流转制度，构筑协调数据流动与数据交易的运行机制，畅通各级各地政府部门间的数据共享渠道，加大公共领域数据开放力度，促进政府与企业以及不同企业间的数据融通（蒋洁培，2020）。

三是以项目方式推进急用先试。鉴于疫情期间公共数据高效协同共享的经验，建议设计问题导向的项目制机制，以处理民生关切的医疗、交通、气候等公共数据共享问题，设立相关重大项目、重大工程。

8.3.2.2 市场交易规则

依据交易模式不同，有产品市场（含产品、服务两类细分交易模式）与要素市场两类，应分别建立规则。目前国内多关注产品市场（如大数据集市），长远来看，更应关注要素市场（如平台的数据要素倍增）。

我国在数据要素市场建设方面，应秉持数据确权和资产化并重的策略，进一步从规章制度和市场自然规律等方面探寻数据要素市场化的具体机制，建立和完善数据获取、开发和交易的整体经济循环体系（刘典，2020）。其中，应在产业数据化这一环节加深资产化，以取得实质突破。

1. 产品市场交易规则：推动数据商品化

数据确权直接促进的是数据商品化。数据交易依交易模式可分为数据撮合交易与数据增值服务两类（田杰棠、刘露瑶，2020）。

（1）产品市场交易规则

这里的产品市场是窄义的，指以数据要素为最终产品进行交易的市场，典型如贵阳大数据交易所。

主要采用数据撮合交易模式。这种市场有点像传统的商品集市，因此又被称为“数据集市”。在这种交易模式下，数据交易机构交易的主要是粗加工的原始数据，不对数据进行任何预处理或深度的信息挖掘、分析，收集、整合数据资源后便直接出售。很多交易所或交易中心在发展初期都是以这种交易模式为基本发展思路（田杰棠、刘露瑶，2020）。

以贵阳大数据交易所为例，在推动数据交易发展过程中，其先后制定了数据确权暂行管理办法、数据交易结算制度、数据源管理办法、数据交易资格审核办法、数据交易规范、数据应用管理办法等一系列交易规则。

（2）服务市场交易规则

这里的服务市场是以数据要素为最终服务产品的市场。

主要采用数据增值服务模式。数据交易机构不是简单地撮合买方和卖方，而是根据不同用户需求，围绕大数据基础资源进行清洗、分析、建模、可视化等操作，形成定制化的数据产品，然后将其提供给需求方。

相对而言，数据增值服务模式有以下两个优势：第一，数据增值服务机构代替客户从大数据中提取密度低但价值高的数据，这为其节省了大量的时间成本和分析成本；第二，数据增值服务提供商需确保数据的合法性，这降低了数据需求方面临的法律风险。

2. 要素市场交易规则：面向数据资产化

将生产要素供给新方式与撮合型数据要素交易，并列为两大数据要素市场交易方式，鼓励通过平台一次性固定资产投资，以合约交易的方式，供中小企业“多次复用”（可理解为要素以市场方式交易、流动），激活数字化对实物生产资料的倍增作用。

要素市场不是最终产品市场，而是以企业方式组织交易，以吸引各行业的产业资本，与数据资产实质融合。要素市场与产品市场的区别：产品市场把数据要素当作产品，不再产生剩余；要素市场把数据要素当作资本投入，产生剩余。企业组织作为生产要素交易机构的特征，在于新制度经济学所说的“合约交易”。包括虚拟企业、平台企业、生态组织、产业链、产业集群等多种方式。这里重点讨论平台模式。这是一般讨论数据要素市场时普遍被忽略而又非常重要的（可以说最重要的）交易形式。

这里的数据要素市场，不是指数据买卖交易市场（最终产品市场），而是指合约交易市场（以平台为依托的中间产品市场，数据作为生产资料这一中间产品继续投入，由平台企业与应用企业达成生产资料交易合约，完成资源配置）。因此，建议将共享数字化生产资料的平台认定为数据要素交易平台。

数据要素市场交易模式：平台免费提供基础业务服务（提供数字化生产资料，即数据要素），从增值服务中按使用效果适当收取租金以补偿基础业务投入，按市场化原则、商业化方式共享生产资料。

要素市场确权的核心原则，应是健全完善“所有权与使用权分离”的生产资料管理新制度。生产资料数据要素流转的确权重心应放在使用权上。确定按使用效果收费的定价机制。

建议把贯彻落实《通知》《意见》作为“加快培育数据要素市场”的实质性举措。把数据要素市场化作为一个投入产出的全过程来看待，把交易作为流动的实质内容，发挥数据要素在投入环节“倍增”价值的核心作用。

8.3.3 处理好拥有权与使用权关系

利益规则主要从生产关系角度规范生产、分配、交换和消费中的行为关系，包括生产资料所有权、生产过程中人与人的关系和地位及分配关系。

8.3.3.1 “两权分离”的生产资料管理新制度

我们需要把数据要素产权制度改革，定位于健全完善“所有权与使用权分离”的生产资料管理新制度。健全完善“所有权与使用权分离”的生产资料管理新制度，应成为数据要素产权制度建设的主线。其基本原理，应一致于农村土地制度改革中的权利分置，将推动使用权流转作为数据要素市场建设的战略性任务与长期举措。

8.3.3.2 数据要素交易过程行为规则

当前，数据要素流动过程中存在的突出问题是数据交易要件体系欠缺。

交易前，缺乏针对数据产品和交易商的评估体系，数据质量难以保障；交易中，缺乏统一的交易撮合定价体系，数据滥用、数据诈骗等现象频发；交易后，缺乏统一的数据可信流通体系，数据要素难以顺畅交易、流通（罗培，等）。

为此，应从交易前、交易中、交易后 3 个方面完善交易规则。交易过程中的行为规则应主要由市场决定，不断完善服务体系，政府的作用主要是保障市场秩序，例如，反对借市场支配地位进行不正当竞争等。

8.3.3.3　数据要素分配规则

一是沿着健全完善“所有权与使用权分离”的生产资料管理新制度的大思路，让分配以数据要素的使用权贡献为依据。

以数据生产要素的实际价值为核心，构建公平合理的收益分配制度。构建“谁使用谁付费”的税收机制，以便向社会公众集中返还数据收益（蒋洁培，2020）。

二是根据实践中的分配模式，探索数据要素利益分配规则。

第一类，撮合交易中的利益分配规则：一是交易分成模式，数据交易完成后，大数据交易平台与数据卖方按约定好的比例分成；二是一次性交易数据所有权模式，数据交易中一次性转移数据占有权、使用权、处分权、收益权；三是多次交易数据使用权模式，数据交易双方约定只针对数据使用权进行交易，数据卖方能够反复对数据进行交易以获取更多的利益；四是保护数据增值收益权模式，大数据交易卖方对数据保留增值收益权并以此收费。

第二类，要素合约中的利益分配规则：鼓励根据《意见》中两权分离下市场化、商业化的有偿共享方式确定分成与利益。这类分配规则的突出优点是符合中央共享发展的精神，有利于降低“双创”门槛，实现一次分配公平。

第三类，发展与完善知识产权、专利的利益分配规则：这主要适用于撮合型交易的数据要素市场。同时，鼓励按照云模式、开源模式创新许可使用的利益分配新模式。

8.4　数据资本资产定价问题、方法与研究背景

数据要素的价值包括成本价值与实现价值，数据要素只有在最终产品中

才能实现其资产的全部价值，最终产品可以是关于资产的服务（如云服务）、使用（如资产复用）、应用（如增值应用）、利用（如再开发）等。当把数据要素定义为中间产品投入时，意味着会出现 3 个主体——平台方（中间产品提供方）、应用方（中间产品需求方与最终产品提供方）与消费方（最终产品需求方）。我们可以认为数据资本资产定价过程同时是这样一个价值实现过程：首先，由数据资本所有者付出成本，生产（形成）数据要素；其次，将数据要素作为中间产品（引致效用），投入全生命周期的下一个阶段（流通与使用阶段），这一过程是所有权人对于数据要素的效用，在当前消费与未来消费之间权衡的结果；最后，中间产品投入形成的最终产品，将引致效用（间接效用）转化为直接效用，完成数据要素的价值实现。在价值实现中，数据要素的生产价值转化为实现了的利用价值。数据要素所有权人既可以选择在投入应用之前在单边市场进行交易，以贴现其价值，但风险极大（随机贴现因子β较小），这更接近天使投资，也可以选择随价值实现过程，以空间贴现方式，从最终产品收入中分成，这更接近平台上市。

数据要素与传统要素的一个重要区别，是数据要素主要以流量方式存在，传统要素常以存量方式存在。数据资本资产定价与传统资本资产定价的一个重要不同，是它需要将自身从存量（中间产品）转化为流量（最终产品）。因此，贴现的关键在于流量空间贴现（以下简称“空间贴现”）。流量变现的实质是数据在使用中充分实现其价值，从资产定价角度说，流量变现是数据要素的特殊贴现形式。流量空间，从资产定价的收益法角度讲，指总销售收入（最终产品总销售收入）的分成空间，对双边市场来说，主要是使用费的收费空间。

由于数据要素的特殊性，数据资源资产定价一个总的改进方向是，由根据成本定价转向根据收益定价。基于按使用效果收费的实践，这里的根据收益定价，是从按使用定价转向按使用效果定价。

现有的数据交易市场实践效果不理想，数据要素市场化又亟待推进，这是当前数字经济发展遇到的一个突出矛盾。从暴露出的问题看，建立符合数据要素规律的数据资本定价理论是当前迫切的理论需求。本书试图结合间接定价理论，建立一个数据资本资产定价模型。

数据资本是数据要素之一，数据要素的分析单位是共同体①，即以使用权

① 共同体以合作制区别于企业，以风险分担、利益分成机制区别于雇佣制。

分成合约为单位的利益共同体。数据要素作为流量，不可直接以实物方式呈现，而呈现为共同体的流量。流量是数据要素投入产出过程中数据要素投入的对应物，等价于数据要素。流量主要由共同体中各利益相关方（平台方、应用方和消费者）授权形成。方便起见，假定另外两方数据要素产权对应的收益都出清，其中，总流量中归属消费者的部分，通过平台免费服务形式，以消费者剩余方式出清；归属应用方的部分，通过最终产品净收入中按比例分成的方式出清，这部分收入在理论上可定性为共同体可变资本的分成。① 作为本书分析重点的数据资本，特指平台方数据要素（共同体的资本方），在理论上定性为共同体的不变资本，其收益靠与应用方的分成合约规定。

数据资本资产定价，要解决的是数据资本价值与价格不匹配的问题。资产定价的问题，本质上需要将一个现值与一个未来销售收入相联。价值与价格不匹配就发生在现值与未来值不匹配上。

从资源配置角度，可以将数据要素定义为作为中间产品投入的并能从最终产品中获得剩余回报的数据，以此区别于作为最终产品的信息、知识和内容。数据要素具有主体与权利属性，它具有授权主体作为产权主体因而具有剩余索取权的特征，这使它有别于只具有客体属性的数据资源。我们可以认为数据资本资产定价过程同时是一个价值实现过程。价值实现过程，可以采用空间贴现的方式，从最终产品收入中分成。

所谓空间贴现，就是将时间上的“现在 - 未来”转化为空间上的“平台 - 应用”，以“平台 - 应用”构成双边市场（这是一个具有企业分层功能的市场）。数据资本以平台的固定成本投入为代表，作为中间产品，以有偿共享（按平台重资产与应用轻资产结合的使用效果收费）方式投入应用。这时，确定的平台固定成本投入（数据资本的中间产品价值）与各不相同的使用效果（每个 App 实现了不同的最终产品与服务定价收入）相结合，形成一对一的“中间产品 - 最终产品”组合，将这个组合作为一个集合，就构成了数据资本的定价。这不是一个历史过程（先后过程），而是一个统分结合的同时过程，因此，与期权定价不同，它直接以数据要素的现实定价（而非期权中的未来定价）——由中间产品的使用（应用）所形成的最终产品定价——作为中间产品估值的结算根据。

---

① 注意，不是可变成本的成本（工资），而是成本加成。

分析遵从消费资本资产定价模型（Consumption CAPM，CCAPM），将需求分析与资本分析结为一体。假定数据要素的主体是“一个人”（共同体），则资本的生命周期是从投入中间产品到产出最终产品的全过程（全生命周期）。我们可以视这一过程为一个总的消费选择过程，即这“一个人”以总效用最大化为目标，权衡当前消费与未来消费的机会成本。平台资本代表对未来消费的选择，是这“一个人”未来消费的人格化代表，将最终产品转化为中间产品，停止眼前消费，以实现未来更高的消费；应用方代表对当前消费的选择，将中间产品转化为最终产品，是这“一个人”当前消费的人格化代表（应用方是供方，消费方是需方），从生产资料中不断转化出生活资料，把资本的潜在价值转化为增值后的实现价值。二者的比例关系，决定了数据要素资本资产的定价。如果资产定价高于均衡水平，等价于平台应用分成比例向平台倾斜，对应共同体较低的风险预期（平台较高的无风险收益预期）；如果资产定价低于均衡水平，等价于平台应用分成比例向应用倾斜，对应共同体较高的风险预期（应用方高风险、高收益）。

要素交换中的要素定价，通过商品交换计价。流量是人力资本中的不确定因素，它由三方授权形成，具有资产互补性，依赖关系与互动。可根据收益法，以风险比例来确定剩余分割。生态合约等价于所有权人向使用者按效果有偿租赁的市场合约。

从广义交易概念角度，可以区分数据要素的两种市场化方式：一种是以市场为合约形式的交易，另一种是以企业为合约形式①的交易。相应地，存在两种资产定价方式——市场的方式与企业的方式。前者视资产为最终产品，对资产直接定价；后者视资产为中间产品，对资产间接定价。二者的主要区别在于，前者将使用（经营）作为定价的外生变量，将使用权价值并入所有权价值计算，主要是在所有权交易中完成定价，而将资产在使用中产生的未来的潜在价值，以时间贴现方式并入资产所有权的当前价值；后者依靠交易与经营共同定价，以空间贴现方式，将使用作为定价的内生变量，通过中间产品空间集中投入与最终产品分散产出，显化潜在价值，将经营效果作为资产定价的内在要素。市场与企业两种合约的核心区别，是市场合约外生外部性，没有产权成本；企业合约内生外部性，具有产权成本（及收益）。

① 将企业视为合约，是张五常的典型观点。

在实践中，两种市场化方式可以分别通过单边市场、双边市场两种实际存在的市场来实现。

单边市场本质上是一个科斯型市场，即原子式的市场，每个市场主体都像一个独立的原子，通过明晰所有权边界，将粒从波的状态中摘出来，将以外部性为代表的不确定性排除，交易对象是流动性水平确定条件下作为状态存在的确定的财富。定价方法是将最终产品与中间产品都当作最终产品定价。我们称之为直接定价。

双边市场本质上是一个反科斯型市场，即关系式的市场，它把粒还原到波（对数字经济来说，就是互联互通的交互关系）中来定价（例如，梯若尔以进入费或使用费的方式“变现”流量外部性——内部化）。网络交互意味着对应所有权的利益处于“你中有我，我中有你”的模糊状态（外部性状态），它必须区分最终产品直接定价与中间产品间接定价，其中，将中间产品（如人力资本、数据资本）的潜在估值转化为现实估值（贴现），需要引入间接定价机制。

双边市场本质上是对数据要素进行贴现的间接定价机制。它以数据流量作为外部性的载体，建立起佣金（“1 + 1 = 2”时的中介收入）之外流量变现（“1 +1 >2”时的生态——报酬递增——收入）的定价机制。

数据资本资产与一般资本资产的核心区别是具有影响定价的流量外部性，以市场化方式将外部性内部化，是数据资本资产定价的特殊性所在，根据梯若尔的理论，依据能否将外部性内部化，可以将市场区分为科斯型市场（称为单边市场）与反科斯型市场（称为双边市场）①。梯若尔明确指出，科斯定理无效是“双边性”的必要非充分条件。②本书将这一理论引入资本资产定价理论，将数据资产的单边市场定价机制与双边市场定价机制分别归结为时间贴现与空间贴现，认为二者间存在特例与通则的转换关系，从而为实践中偏于金融化的数据交易所定价机制与偏于数据特殊性的平台定价机制提供了理论与政策分析的框架基础。

---

① 让・梯若尔．创新、竞争与平台经济［M］．北京：法律出版社，2017.

② 同①.

8.4.1 数据资产会计处理的实践背景

8.4.1.1 数据资源作为资产的会计处理规定

根据《企业数据资源相关会计处理暂行规定》，企业在判断相关数据资源是否为资产时，需要考虑以下条件：相关数据资源是由过去的购买、生产、建设行为或者其他交易事项形成的，预期在未来发生的交易或者事项不形成资产；相关数据资源是由企业拥有或控制的。这里的“拥有或控制”，是指企业享有某项资源所有权，或者虽然不享有所有权但该资源能被企业控制。

这里的控制，因为限定“不享有所有权”，所以主要指自然控制（所有权为法律控制），即使用权。以租赁为例，在一定期间内，出租人将资产的使用权让给承租人以获取对价，承租人主导已识别资产的使用并获得该期间该已识别资产所产生的几乎全部经济利益，通常需要确认为“使用权资产”。

按照会计上经济利益的实现方式，可以将使用权资产进一步细分为企业使用的数据资源和企业日常活动中持有、最终目的用于出售的数据资源两类。数字经济中“按使用效果收费”的“效果”，就是在使用中产生的销售收入。

落入无形资产准则范围的数据资源，既包括企业“内部”使用的数据资源，也包括企业用来“对外”提供相关服务的数据资源，例如，数据的授权使用等。平台企业按数据资产使用效果收取租金，就属于对外提供服务获得的要素收入与财产性收入。平台内企业对平台使用权资产的分享使用，则处于“企业使用的数据资源”范围，可以同平台企业分享资产收入，如现在流行的三七分成。

《企业数据资源相关会计处理暂行规定》在信息披露方面有重要突破。企业可以根据实际情况，自愿披露数据资源（含未作为无形资产或存货确认的数据资源）。“企业应当单独披露对企业财务报表具有重要影响的单项数据资源存货的内容、账面价值和可变现净值”“企业对数据资源进行评估且评估结果对企业财务报表具有重要影响的，应当披露评估依据的信息来源，评估结论成立的假设前提和限制条件，评估方法的选择，各重要参数的来源、分析、比较与测算过程等信息”“数据资源的应用场景或业务模式、对企业创造价值的影响方式，与数据资源应用场景相关的宏观经济和行业领域前景等”“企业对数据资源的加工维护和安全保护情况，以及相关人才、关键技术等的持有和投入情况”“数据资源的应用情况，包括数据资源相关产品或服务等的运营应用、作价出资、流通交易、服务计费方式等情况”。对无法确认为无形资产的数据资源，允许企业信息披露，使其影响市场价格，而不一定非采取入表的形式。

8.4.1.2　数据资产定价中的“测不准”问题

《企业数据资源相关会计处理暂行规定》没有直接采用“数据要素”这一概念，但“企业合法拥有或控制的、预期会给企业带来经济利益的、但由于不满足企业会计准则相关资产确认条件而未确认为资产的数据资源”的说法，实际已包含了数据要素的内涵。实际中会计处理的难点，来自数据在从资源向资产转化时的价值评估。为此，我们需要辨析数据要素的价值构成，找到会计计量的难点。

数据要素价值包括生产价值与实现价值。生产价值是在数据全生命周期采集、加工、制作等前期环节，由资产形成的全部投入所决定的价值；实现价值是在数据全生命周期服务、使用、利用、再开发等后期环节，由资产完成的全部收益所决定的价值。前者是存量价值，后者是流量价值。数据要素资产定价的主要困境是存量价值较为确定而流量价值不确定，或者说，用传统资产定价方法测不准数据要素的价值。

当前，在数据要素市场交易中，生产价值与实现价值的矛盾充分暴露了出来。传统单边市场（如贵阳大数据交易所）场内交易的特点是，仅把数据要素当作由成本价值决定的商品来交易，交易的标的只是数据的存在状态（being）——只具有生产价值（“基本价值”）。这种价值相对于它完整的收入（如把“使用价值创造的价值”包括进来产生的实现价值）而言是不完全的，这带来了不同于传统要素交换的特殊现象——场外交易的活跃。场外交易实际承担的功能，是按数据的过程——根据价值的实现（生成，becoming）——为要素定价。

把数据要素当作商品（而非资本品）进行交易，即“企业日常活动中持有、最终目的用于出售的数据资源”，交易的是数据的状态价值（生产价值），买方这种基本价值的估价，一般是极低的，例如，在拼多多、淘宝上几十个G的数据可能只卖8～20元。我们称这种价格为状态价格。状态价格在这里主要是由重置成本决定的。

这些数据一旦与价值生成过程结合起来，例如，与具体场景确定价值实现的应用结合起来，其价值往往会成百上千倍地提升。但在商品交易中，这种价值是极不确定的。这说明，数据要素的资产定价是一个综合的过程，需要同时考虑重置的成本与收益的变化。仅仅根据重置成本定价，必将测不准其生成价值，必然会带来全面价值确定上的极大不确定性。相反，如果抓住数据要素价值生成的流量变现特征，则可以在随机贴现因子之外找到极简的定价方法。实践证明，数据只有在应用中通过流量变现，才能充分发挥其价值和作用。这启示人们，对数据要素进行资产定价，需要用新的方法。这种新的方法，把流量空间的贴现，作为价值实现的主要方法。

根据现有问题，确定新的方法，出发点在于如下认识：数据即数据之流，它不但有状态的价值（存量价值），而且有过程的价值（流量价值）。把流动的事物变为静态的、孤立的“物”来变卖，注定会遇到实现价值测不准这一根本难题。作为状态的数据（以符号、文本形式固化、物化的数据），只有与人的活动——在具体场景中对数据的利用、使用和流通、应用——结合起来，形成一个变化之流（价值生成之流），才能构成完整的价值循环（生命周期）。这决定了作为流量数据的数据要素，需要结合流量变现来定价，需要结合应用过程中的价值实现来确定它的全部资产价值。

8.4.2 数据资产定价问题的研究背景

8.4.2.1 区分要素定价与资本定价

数据资源、数据要素、数据资产，这些概念既有联系又有区别。数据处于客体存在，无论是自然资源还是对象化产物，都只处于原料、成本状态，只有与主体因素结合，才能转化为数据资本。数据要素只有与活的劳动（无论生产活动与消费活动）结合，转化为销售收入，才能被视为创造价值，才能成为经济意义上的数据资本。

数据要素创不创造价值呢？应该说，它是创造价值的条件，创造价值与分享价值只能是主体的行为。数据要素可能以多种方式与主体联系：一是作为数据要素的所有权人，例如，授权者，则数据要素的部分价值归属所有权人，这是归属权价值（持有价值）；二是作为数据要素的内容构成，如用户数据中的个人信息本身是有价值的，这是数据的使用价值，即可用性（不一定是使用权价值）；三是作为数据要素的使用或价值实现机会，如应用活动，所创造的价值，这是与剩余索取权相联系的使用权价值，其中又可细分为所有权人的使用权（如所有权人参与经营创造的价值）与非所有权人的使用权（如用益权）；四是作为数据要素的价值实现条件所包含的价值，如流量交互所带来的互补价值（“1 +1 >2”的部分），这是外部性价值。

有关数据资产的一个最低限度的基础知识，是权利用尽原则。权利用尽是指知识产权人一旦把产品销售或交付给新的所有者，就必须放弃对产品的某些控制权。我们说这些权利已经用尽，是因为权利人无法再控制新的所有者对该产品的许多使用方式。① 传统资产定价不太涉及权利用尽原则，这是因为，随着所有权的转移，实物的使用权也完全归新的所有权人，原所有权人不能再控制已经卖出的东西的使用。数据要素则不然，其价值主体部分，可能是在“销售”（实际是通过许可，转移使用权）之后，与经营、使用结合中产生出来的。数据资产的“销售”，并没有转移所有权，“销售”的只是同一所有权下对诸多使用权权利束进行分割的过程。数据要素经营、使用过程，还在发生着权利交易，也就是说，在所有权交易之后，还有一个使用权进一步交易的过程。是过程而不是状态，实质性地决定着资产定价。举例来说，Facebook 平台上有数亿用户、许多应用、数万亿条用户数据。流量数据由平台、应用、用户三方授权，其中，数亿用户构成的交互关系（流量）是平台的主要数据资产。如果单卖关系链，可能只是一个数据表。针对关系链的所有权交易，门槛相对较低（用户可能免费享受流量的好处，应用方则要付出会员费），但真正的交易机会是在随后出现的。在中间产品转化为最终产品的过程中，交易合约不是格式化的合同，每个实际产生销售收入的交易（无论是通过广告还是应用服务收费），都是在这一流量与用户数据、具体应用结合时具体地达成的，是场景化的。在这一过程中，平台方仍然可能参与经营（这与交易所交易明显不同），例如，提供基础性的收费服务——利用大数据服务帮助应用方提高客流转化率。在这一过程中，平台有权利向双边市场中的某一方或多方收取数据资产使用费，这是数据资本产权方未用尽的使用权。在围绕同一资源使用权的交易完成之前（其价值可能占总价值的 90% 以上），

① 普赞诺斯基，舒尔茨．所有权的终结：数字时代的财产保护［M］. 北京：北京大学出版社，2022.

仅仅达成所有权的交易，是无法穷尽数据要素的价值及权利的。

数据资本资产定价，与数据要素定价，既有联系又有区别。联系在于，数据作为资本，是数据要素的存在形式之一，作为要素，数据与资本、劳动、土地、技术是并列关系。但从市场化定价角度看，数据作为要素交换与作为资本交换又有所不同，不同在于，数据可以作为要素商品，在不考虑贴现的因素下定价，此时的要素实际是被当作一般商品来对待的。数据的要素性质，仅表现为购买者把数据当作商品买回去后将其作为要素进行再投入，要素的原产权人对出售后的要素再无剩余索取权（法律上称为权利用尽）。数据资本资产定价却不同，一定要考虑它的潜在价值（本金）与实现价值（利息和剩余）。因此，要素作为商品定价与作为资本定价是有重大区别的。

作为商品定价时，市场的定位是单边市场，也就是类似贵阳大数据交易所那样的商品市场，而作为资本定价时，市场的定位是双边市场，既可以是平台，也可以是风险投资市场那样的资本市场。现实的困境是，希望将数据要素作为数据资本来交易，但现实中的资本市场又没有发育成熟。作为一个基础理论问题，我们先要搞清数据要素作为商品定价与资本定价的不同，这样才能避免在现实中把资本市场“办”成商品市场。

我们注意到，即使是风险投资市场那样的资本市场，也不是直接交易数据要素本身，而是把数据要素与人的行为（创始人）“打包”在一起交易。其中的理论含义，是把数据要素的所有权与使用权、潜在价值与价值实现能力当作完整的标的，以生态为单位（具体来说是以平台企业为数据资本的载体）进行统一交易。这表现为以数据资产为主要资产的使用单位的市值为定价依据，完成传统资本在不同数据资产单位间的流动，从而间接为数据资本定价。以对待期货的方式，把数据要素、数据要素使用及数据要素使用者分割开来交易，是在变相进行非常传统的衍生金融交易，是把交易的重心放在了传统资本而非数据资本服务上。

我们界定生态由平台方企业与应用方（个人或企业）构成，双方依合约形成合作关系，并将生态中的要素简化为数据要素。

数据要素即数据资产，其中，要素可分为资本要素与劳动要素，二者均以数据要素形态存在，例如，主体作为流量的持有者存在，形成数据化的资本要素与数据化的劳动要素。

我们界定生态数据要素资产，为生态中不变资本与可变资本之和。与企业不同，不变资本与可变资本对应的是不同的要素所有权人，对应不变资本的要素所有权人是平台方（企业），对应可变成本的要素所有权人是应用方（个人或企业）。这意味着生态的可变成本不是资本家付给工人的工资，而是由应用方（生态的“工人”）自己承担的投入。当然，不排除应用方自身也是企业，也有自身不变成本与可变成本投入的情况，但相对于整个生态，这种投入加在一起只相当于可变成本的部分。因此，要注意生态可变资本与企业可变资本、生态不变资本与企业不变资本概念上的区别。前者是一个产权上的集合（集群）概念，是由不同产权主体形成的联合体（共同体），内部子集彼此是合作关系，在这个意义上生态与虚拟企业、虚拟企业联盟是同类概念（不同之处仅在于内部结构是否存在统分结合的双层经营）；后者是产权上的个体概念，以同一产权主体为同一单位，内部子集彼此是雇佣关系（包括委托－代理关系）。

生态不变资本与可变资本之和，相当于生态水平上的资本与工资之和，分别对应生态中的固定成本与可变成本。与会计意义上的固定资本与流动资本有所不同，流动资本既包括不变资本（部分，如原料），也包括可变资本（全部）。

明确了这种区分后，可知数据要素或数据资产定价问题不是一个问题，而是一个问题集合。

第一，我们需要把数据要素定价分解为资本资产要素（平台方要素）与劳动资产要素（应用方）来看待。从产权角度，生态可视为生态双方以资产（主要是平台资产）的使用权（转让与使用）为纽带建立的以使用权为边界的利益共同体，即双方同属同一使用权，但分属不同的所有权。

数据要素是资产组合，其定价是资产组合定价。其与金融资产组合定价既有联系又有区别。

数据资本资产定价是与数据要素定价相联系的，数据资本资产定价要在建立数据要素定价结构的基础上从总定价结构中析取。生态要素的价格结构，可以视为中间产品与最终产品的关系构成。

要素定价不同于商品定价（最终产品定价），属于中间产品定价。就生态而言，我们需要对数据要素定价进行内部构成上的区分。区分标准，首先是分为按产品定价与按服务（使用）定价。数据要素整体定价不同于实体要素定价的特殊性，是要将价值生产与价值实现（包括流通、使用）结合起来。按产品定价，与实体定价一样，是只根据价值生产定价，购买完成后，使用收益如何，不再影响定价。按服务（使用）定价（在实践中称为云模式，如SaaS），往往是产品免费，按服务（使用）收费，具体来说要联系收益（从购买方指使用效果，从销售方是服务效果）进行收费。

数据资本不同于实体资本之处：一是实体交换中的“销售”（“购买”）是同时交换所有权与使用权，数据交换中的“销售”（“购买”）只转移使用权（“许可使用”）而不转移数据本身所有权（如版权），“销售”中转移的所有权不是数据本身的所有权而只是数据载体（如光盘）的所有权；二是需要处理首次销售定价与衍生服务定价的关系，例如，划分版权与权利用尽的边界。

第二，将交换的数据资本品分为中间产品与最终产品（最终服务）。接中间产品定价，在此指将数据要素直接当作要素商品交换（不考虑增值），只不过这里的商品是特殊商品，是资本品。其定价方式是以直接定价为主，交换主要通过单边市场完成。

其中，根据中间产品定价是否包含增值（剩余），又可进一步将其分为产品贴现与非贴现。非贴现，相当于把要素这种中间产品直接当作最终产品（商品）销售，此时定价适合成本法，直接定价，成本之上要素的潜在收益不计入价格；贴现，相当于同时考虑要素的成本与收益，将要素潜在收益（增值）贴现为现值，一并计入价格，这时的定价方法与期权定价类似，属于间接定价的一种。但对数据要素来说，按期权定价，由于风险极大，往往难以估算时间贴现（市场一般用风险投资方式定价，而期权定价主要用于经理人）。

按最终产品（最终服务）定价，对数据资本来说，属于要素交换，突出了增值“贴现”，其定价方式只能是间接定价。所谓间接定价，就是通过对最终产品定价，间接为中间产品定价，这是要素定价的一种基本方法。在现有理论中，要素交换（如资本要素与劳动要素之间的交换）是通过企业（合约）完成的。张五常视企业为交换要素而非商品的“市场”。数据要素交换并不在企业内部完成，它既可以在直接定价的单边市场完成，也可以在间接定价的双边市场完成。

发生在生态（平台+应用）两要素间的交换，本质上是数据要素使用权交换。作为数据要素所有者（所有权人）的平台方，代表生态的“资方”，承担的是生态的固定成本要素（使平台企业内部可分出可变成本如工资）；作为数据要素使用者（使用权人）的应用方，代表生态的“劳方”（大多数应用方也确实以活劳动为主，即使带有自身的固定成本），双方根据最终产品与服务（以下统称最终产品）净收入（总收入－投资成本＋投资回报），平台方以数据要素的使用费（包括固定的进入费与不固定的窄义使用费）形式在扣除生态固定成本投入（如平台基础设施投入）后获取投资回报，应用方在扣除生态可变成本（以时间、精力为主）后按比例分成并将之作为回报（要素收入）。这种要素交换与工业时代的企业要素交换有一个明显的不同：不是要素一方获得全部剩余，另一方只取工资（成本），而是双方各自承担成本，分享各自的剩余。因此，可以认为双边市场的主导属性是市场而不是企业。

这时带来的不同于实体资本定价的特殊问题，是数据资本在要素交换中既不同于市场（单边市场）定价又不同于企业定价（以雇佣制为前提确定要素价格），是一种新型的生态定价。下面我们重点研究这种生态定价方式。

生态定价中的数据资本定价，指中间产品按最终产品①定价。此时，中间产品定价是不确定的，它能确定的只是成本价格，而收益价格不取决于中间产品本身，取决于最终产品所获收入的多少。这个收入是以它为中间投入的最终产品的总收入。最终产品的总收入具有不确定性。这意味着，中间产品的价值分为两部分，一部分是由成本法确定的成本价格，它是相对确定的，但只是潜在价值；另一部分是由收益法确定的价值，是从总收益中获得的分成部分，其来源具有不确定性。存在不确定性，是因为哪些最终产品的中间投入能获得回报哪些不能，不确定性很大。中间产品收益是总收入减去平台、应用双方投资成本之后的投资回报的某个合约分成比例。总收入确定即最终产品实现价值后，中间产品的回报才能最终确定。

对数据资本来说，中间产品与最终产品提供者不是同一产权主体（所有权人），例如，平台方是中间产品（数据资本）所有权人，应用方是最终产品（App）所有权人（同时是中间产品的使用权人）。间接定价的间接，就是指跨所有权定价，也就是一个所有权人的财产定价要取决于另一所有权人的财产定价，条件是双方交换了财产的使用权。由此也可以认为，平台方在交换中也交换了应用方人力资本的使用权。

---

① 对数据来说，产品与服务不做区分。就数据的购销不转移所有权而言，所有产品都是服务。

以生态合约为基础的双边市场定价，其增值贴现的方式，不是期权那种时间贴现，而是空间贴现，即在同一时间，集中的平台方数据资产所有权人与分散的应用方数据使用者（其收益在空间上谁盈谁亏不确定）结合，根据最终服务与使用效果确定生态收益，在生态收益中再根据合约确定数据资产收益。

8.4.2.2 资产组合：调和货币化与收入化资产定价的矛盾

在数据资本资产定价中区分资本（capital）和资产（asset）有特别的意义，而对于传统的资本资产定价来说，区分二者没有特别的必要。

数据资本资产定价可以视为一类特殊的资产组合问题，它是资本所有权定价与资本使用权定价的组合。前者是货币化资产定价，货币化资产定价特指把具有一定实现潜力的价值贴现为现值来定价；后者是收入化资产定价，收入化资产定价是指把资产的当前价值与其在未来销售收入中的价值实现联系起来定价。货币化资产定价估值的是价值存量，收入化资产定价估值的是价值流量，前者力图把流量化为存量来定价，后者力图把存量展开为流量来定价。

在一般研究中，人们对货币资本与资产并不做严格区分，但有两个学派例外，一个是凯恩斯学派，其坚持以交换价值定义资本，而反对用使用价值定义资本，因此，其资本特指货币资本。其对资本的关注完全聚焦于所有权转移，而基本不关心所有权转移后发生在使用（经营）中的价值变化。该学派认为所有使用都是同质的、无差异的，无须离开市价另外估价（如场景化定价）。另一个学派是奥地利学派，其坚持以使用价值来定义资本，而拒绝用交换价值定义资本。在该学派看来，资本就是其使用价值（资产、生产资料），即迂回生产中的中间产品。同样数量的货币资本，经过不同的使用（经营），结果千差万别。因此，重要的是资产评估而不是货币资本套利。

在传统的CAPM中，由货币资本与资产的区别导致的定价中的矛盾显露得并不明显，但对于数据资本资产来说，矛盾却很突出。资本定价与资产定价，结果可能不同，前者表现为货币化定价，侧重将收入流量贴现为现值，强调状态价值，后者表现为资产化定价，侧重将存量状态置于经营、收入之流，突出过程价值。

表现在当前数据要素市场化思路上，一种思路是坚持以货币化的方式

（单边市场的方式）实现市场化，另一种思路则主张以平台化的方式（双边市场的方式）推进市场化。本书采用数学方法对两种思路进行了标准化处理，认为在资本资产定价上，前者属于时间贴现，后者属于空间贴现，时间贴现与空间贴现互为特例与推广形式。时间贴现更体现数据要素与传统资本资产（如金融资本）一致性的方面，空间贴现则更体现数据要素不同于传统要素的方面。

以货币化的思路对数据要素进行资产定价，其实践形式是采用金融市场的办法，以数据交易所方式，对数据要素进行直接交换。这种思路的优点是有金融资产交换先例可循，简单易行，但存在场内交易不活跃的问题。

这种思路的理论实质是基于交换价值与使用价值估值合一（租与买折合现值相等）的观念进行资产估值，这种观念不认同“数据只有在使用中才能充分发挥与实现价值”这一简单道理，而是默认依交换价值定价与依使用价值定价在现期收入上没有区别。因此，其隐含的资产定价思路，实质变成了对数据要素的现值货币资本定价，而忽视了数据要素在过程价值变化中的资产特殊性。

以使用权定价的思路对数据要素进行资产定价，是按资产定价中“资产”这个词的原意定价，与内生经营因素（要素使用价值与使用权）来定价有实质区别。

按照新的思路，可将生态中平台与应用的要素组合视为一类特殊的资产组合——同一个生态资产与众多生态人力资本的资产组合。生态均衡（均衡点 e^*）的本质，就是从实体均衡点（f，代表实体平均成本）出发，以 f 作为均值的起点（以中间产品为起点），由无数空间离散的 App 来分散风险，最后在作为终点（最终产品）的均衡方差处形成新的稳定均衡（e^*）。

在此假设平台资本是风险回避的，对应的实践是，平台方向应用方开放（有偿共享）生态固定成本，是希望将所有应用风险计入应用方的资产负债表（其中，应用无效的风险因资产复用被冲销）；如果平台资产不是风险回避的，它将封闭经营，即由平台方直接经营 App，将生态中的统分两层统一于同一所有权（两权合一），将生态还原为企业，将外部范围报酬递增还原为内部范围报酬递增。

与纯资源配置分析有所区别，这里的风险还包含社会关系中的不确定性（如权力、心理、情绪、意向等方面的不确定性）。作为一个实际问题，体现为合约分成比例不是唯一最优的而是情境最优的。

8.5 数据资产的价值存在方式：特殊性方面

8.5.1 数据资产定价与传统资产配置机制的不同

本书将现有资本资产定价理论和模型当作传统资本资产定价理论和模型，进而建立与之既有联系又有区别的数据资本资产定价理论和模型。

8.5.1.1 数据资产与传统资产的基本不同：存量与流量

◎ 命题18：数据资产主要是流量资产。

数据资产主要是流量资产，传统资产主要是存量资产。存量资产是显性资产，流量资产则包含隐性因素：一是社会资本的隐性因素，表现在流量外部性中，是同一存量在不同场景具有不同的流量，其流量价值具有空间（共时）不确定性；二是人力资本的隐性因素，表现在活劳动行为中，是同一存量在不同时间转化为流量的速率不同，具有时间（历时）不确定性。

将资本理解为存量，由斯密首倡。① 斯密用“stock”这个词来描述资本的特征：一种是固定资本存量，它用于生产时，“在不转让的前提之下每期可以给所有者带来收益或者利润”；另一种是流动资本，在出借或者循环中，“靠流动来产生利润”。② 数据资本与社会资本一样，其价值显现都是在存量状态不明显，只在流量过程中才明显。例如，销售人员的社会关系，放在电话本上不用，不会产生价值，只有在用的过程中，关系才能发挥价值。同样，数据要素放在数据库中不用，虽然也有其价值（如重置成本价值），但只有在用的过程中，其价值才能充分发挥。

存量用代表价值量的数量 Q 表示，流量则用收入 Y 表示，流量 = 存量 × 价格，即 $Y=PQ$。收入可视为存量以某种速率转化为流量的结果。由费雪方程，可以得出流量公式：$PQ=MV$。根据费雪的存量流量转换公式，资本的存

---

① 汪丁丁．经济学思想史讲义［M］.2版．上海：上海人民出版社，2012.

② 同①.

量的价值，等于它在生命周期里产生的净收入流量的贴现总值。其中的 V（如利息），既是货币价格水平，又是货币流通速率，代表的是存量相对于流量的贴现频率。希克斯提出流量的时间单位的概念，从而把流量的计量实证化了。比如，以年为流量的时间单位，以资本的投入（中间产品）产出（最终产品）为一个周期（1 次），同一个量的资本存量周转 12 次，与只周转 1 次，其收入会相差 12 倍，从中可见价格的流量本质在于流动的快慢，进一步说，是使用的效率，较快的流动带来较高的收益（人们常说“有水快流”），较慢的流动带来较低的收益。如果说资本的价值是存量（现价值、潜在价值、成本价值），那资本的收入就是使用形成的价值（未来价值、变现价值、收益价值、销售收入等），前者往往以成本法定价，后者往往以收益法定价。对传统资本来说，两种定价方法理论上说可以得出同一个价格。前者的价值（生产价值）必须是社会必要的（也就是有需求对应，可由收益印证的），后者的价值（实现价值）不过是前者在市场上的实现（在政治经济学中还要考虑其社会价值的实现）。

数据资产定价与传统资产定价有一个基本不同，即它们与流量外部性的关系不同。具体来说，内生外部性定价与外生外部性定价不同。内生外部性，是指在市场内部内生外部性，这与传统资产需要到市场外面去内部化外部性（如缴纳税费）不同。可以直接内生外部性的市场称为双边市场，外部性在双边市场以流量方式存在。一个流量就是一次交互，一个有效流量就是一次可以转化为交易（如销售收入）的交互（称为“流量变现”）。我们可以把“市场”中的“市”与“场”分开来定义：“市”特指单边市场，主要功能是交易，“市”是交易的场所；“场”特指双边市场，主要功能是交互，“场”是交互的场所。场是流量空间，由交互产生互补这种相互外部性，可以将其简单理解为外部性市场。这就把资产定价的标的从存量发展为了流量。

资产定价的贴现规律在数字经济学中没有改变，改变的是流量贴现这种方式。在数字经济中人们经常提到的流量变现，实际是数据资本贴现的一种主要方式。事实上，社会资本贴现也是在社会关系的互动中实现的。

传统资产与数据资产存在一次性使用与多次性使用（复用）的区别。传统资产以一次性使用（一个单位使用）为周期，在一次性使用中转化为一次性流量。但同一个单位的存量，在同一时间，只能转化为一次流量。它的贴现，更多的是时间贴现，即同一产权人资本的现在价值与未来价值之间的贴现，这种贴现可以通过货币化完成（在形成收入之前就变现为货币）。货币化在此意味着可以脱离使用权，仅凭所有权进行交易。贴现的不确定性，表现为同一资产使用（流量化）可能贴现出价值也可能贴现不出价值，贴现的价值有多有少。数据资本与社会资本一样，可以复用，反复使用比简单叠加价值更大，即具有“1+1>2”的收益递增性质。其中，由互补增加的价值，是难以从成本重置角度定价的，而是需要联系具体的使用（至少是联系使用中的贴现比例情况）从收益角度来确定。数据要素与社会资本都具有不联系使用其互补价值就无从定价的特点。

除了有时间贴现规律，数据资产与社会资产一样，还有空间贴现规律。空间贴现在形成销售收入之前，并不进行货币化。它高度依赖使用权定价，或者说，它货币化的是收入（流量）而不是存量。流量空间的存在，是数据资本与社会资本的又一共同点。经营社会资本，也具有与双边市场类似的将关系（流量交互）转化为收入的规律。梅特卡夫法则，既是社会资本的规律，也是数据要素的规律，其核心是价值互补。

数据资产可以多次性使用（复用），可以在多次性使用中转化为多次性流量。同一个单位的存量，在同一时间，可以转化为多次流量。它的贴现（流量变现）更多的是空间贴现，即同一产权人资本（如平台企业的数据要素）作为中间产品，提供给不同的产权主体，在空间上同时存在的众多主体，同时重复使用，通过最终产品提供者按资产使用效果交资产使用费（梯若尔分为固定的进入费与不固定的使用费）的形式来贴现，这是共时存在的中间产品与空间上分布式存在的最终产品间的即时贴现。

当前，数据要素市场化一个没有被人们发现的关键特征，是资产是在外部性市场上定价的。

数据资产在从生产到利用的全生命周期中，其价值生成、价值实现与价格确定离不开流量这种外部性在其中所起的作用，离不开提供这种外部性的场所（如双边市场）为其提供的间接定价的条件。与传统要素不同，数据要素的价值只有在使用中才能得以充分体现与实现。流量的作用，就是将成本已知而收益未知的要素置于使用的语境（情境、场景）中定价，使此前无法显现、由不同需求决定的不同价值实现潜力，得以用价格信号显现出来。一个好的市场机制，可以充分实现数据要素的潜在价值，而一个不那么好的市场机制，会把数据要素仅仅当作实物资产、货币资产定价，从而限制其收入实现中由流量转化决定的那部分价值（这部分价值正是数据要素价值特色所在）。

流量变现是数据要素价值实现的一般规律。电子商务提供了流量变现的范例。在其中，数据要素是以流通业生产资料（作为虚拟店铺和柜台）形式存在的，流量是连接（平台）中间产品与（应用）最终产品的要素转化为现金流的中介（“场”）。一切数据要素，都存在不同形式的流量变现。云服务提供了比电子商务更为一般的流量变现形式。在云服务中，数据要素本身不收费，而是按照数据要素的使用（服务）如 SaaS、PaaS、DaaS 收费。云平台就承担着流量场的功能。平台即服务（PaaS）只是其中的一种形式。推而广之，一切收费模式从产品形态进化到服务形态（产品不收费而服务收费）的数据要素，都存在流量变现问题。举例来说，以数据形式出现的内容产品，作为商品销售，适用首次销售原则，其中权利用尽，但一旦成为要素，就意味着它将进入改编、再创作、再开发、再利用的过程，比如一首歌被翻唱、改编成新的最终产品或服务，通过媒体包括自媒体形成的流量池，获得打赏等变现回报，这时就存在原作者对流量变现的保留权利，最好的市场化办法，是在流量平台上，在中间产品与最终产品主体间达成符合行情的分成协议。如果平台垄断分成这种权利，如知网垄断一篇知识产品作为中间投入（如引用源）转化为最终产品（新的论文、作品）的增值利益，就可以通过规制手段加以干预。是否存在不可变现或与变现脱钩的数据呢？在现实中，这种情况是存在的，许多公共数据、统计调查数据、个人信息数据等，以脱离服务的方式，仅作为产品被提供，但这只是以非数据的方式“对待”数据的过渡现象。在充分市场化条件下，尤其是在双边市场条件具备的情况下，会有动力以平台提供中间产品的方式，为这些要素提供间接定价。进而言之，在数据交易所，也存在以卖产品而非卖服务的方式提供数据要素的情况，但市场规律会平衡单边市场定价（时间贴现，相当于对中间产品直接定价）与双边市场定价（空间贴现）的比例关系。现实中，代表前者的场内交易正趋向于萎缩，代表后者的场外交易正日益活跃，这是市场本身的选择。

我们要研究的是，这种必须借助外部性市场定价并且内生需求决定收益的资产与不借助外部性市场定价的资产，在定价原理与模型上有什么联系与区别。我们把其中的区别概括为空间贴现与时间贴现的区别。我们的研究，在基于双边市场市场法的基础上，将数据资本资产定价模型的构建，从内生供给与成本转向内生需求（使用）与收益。

8.5.1.2 数据资产与传统资产交易方式区别

▲ 命题 18 推论 1：数据资产内生流量外部性，通过流量变现定价。

本书从市场交易层面，将数据资本与传统资本的本质区别，概括为内生外部性的资本与外生外部性的资本间的区别，将市场分为内生外部性的市场（反科斯型市场）与外生外部性的市场（科斯型市场）两类，将内生外部性的市场定义为双边市场（梯若尔所称的反科斯型市场），将外生外部性的市场定义为单边市场（产权明晰的市场）。内生外部性的资本可以通过双边市场，在市场内部直接将外部性内部化从而进行交易，外生外部性的资本只能在单边市场交易，其外部性要在市场之外化解。

这种区别表现在以下几个方面。

第一，资本的使用价值性质不同，资产使用（利用）方式不同，进而交易方式不同。传统资本是专用性资本，数据资本是通用性资本。专用性资本的生产力基础是专用性技术，通用性资本的生产力基础是通用性技术（又译为通用目的技术）。在威廉姆森《资本主义经济制度》原有的专用、通用定义基础上，补充了复用这一含义，表示可以同一时间在多个空间使用。复用就是后面所说的空间贴现的资产的使用价值基础。

传统资本与数据资本的共同点在于，都是可以带来剩余价值的潜在价值，具有当前价值与明天价值间的贴现关系，在所有权交换方面是基本一致的。

二者的重大区别是使用权交换方式不同。传统资本在交易中排斥外部性，无法交换通用性资产；数据资本在交易中可以内生外部性，通过将外部性内部化的交易方式，将通用性资产纳入交易范围。典型的市场化方式是流量变现，从互补性的资源中析出会员费与使用费。可以认为，传统资产定价与数据资产定价在定价上存在有无流量变现之分。传统资本贴现不存在流量贴现机制，数据资本贴现可以借助流量贴现机制。

要素的本质是中间产品，对中间产品的定价主要是间接定价。我们可以发现，多种具有中间产品性质的要素，在间接定价上，与数据要素定价可能存在一致性。本书研究中，数据资本定价方式不同于知识资本。知识资本是传统资本与数据资本的中间过渡形态，其特征是以知识产权排除外部性后，将通用性资本处理为专用性资本，进入单边市场交易，交易其许可使用权。对许可使用权，一般按首次销售原则，视为权利用尽。数据资本资产定价与知识产权定价的一个重大区别，是根据资产复用带来的重复使用收益，在定价中内生了按使用效果收费（而非按使用收费）的外部性内部化部分，即按使用收费（等同于按服务收费）的收益。因此，知识与数据虽同为通用性资产，但出现了按产品收费与按使用收费的不同，其实质是按所有权收费与按使用收费的不同。在服务业态（如云服务模式）为主的条件下，数据资本资产定价收益高于知识产权定价收益。围绕定价及收益的差别产生的法律冲突，主要表现在权利用尽原则适用之争上。

第二，价值实现方式不同，从而市场估值依据不同。传统资本主要按交换价值定价，数据资本是交换价值与使用价值（价值实现）结合定价。

传统资本与数据资本定价的相同之处，是都以价格形式体现价值。不同之处在于，按交换价值定价本质上是按所有权定价，按使用价值（价值实现）定价本质上是按使用权定价。数据资产存在复用性质，可反复收取租金，这令按使用权定价的收益高于按所有权定价的收益。

知识产权定价外生价值实现，对于利用知识进行二次加工、增值创造的新价值，不存在剩余索取权，适用一次性转让。数据资产定价是所有权价值与使用权价值（变现价值）结合定价，因此，多出来一个反复使用取得的贴现值，从而产生了数据潜在价值实现带来的溢价。

数据资产强调在使用中充分实现价值、使用价值的增值，这都是在强调二次开发、与应用紧密结合的价值实现思路。为此，需要设计有利于资产定价中使用价值定价的特殊机制。

第三，资产具有异质性，因此，定价有别于货币资本。数据资产需要靠场景化定价来弥合同质性资本与异质性资产的估值之差。

传统资本主体是经济个体，数据资本主体是经济共同体（本书称为“生态”），共同体是指由不同所有权人围绕同一使用权构成的利益共同体（合约主体），主要由供给者和需求者构成，供给者内部又分中间产品提供者（平台方）与最终产品提供者（应用方），前者定价为时间贴现，后者定价为空间贴现，现实中表现为流量变现。

本来，资本是指交换价值（等同于货币资本），资产是指使用价值（等同于生产资料）。对 CAPM 来说，二者是同一个概念，这意味着它们都被视为同质的（这有别于奥地利学派的观点）。但对数据要素来说，资本可以是同质的，但资产一定是异质的。这在定价上有实质区别。如果资产是异质的，即使它在交换上具有同样的价值，但与不同场景下的应用相结合，实现出来的价值也是不同的。

本书采用空间贴现方法，针对的就是这种不同。如果资产是同质的，它的应用场景就不应成为内生定价因素，具体价值实现只有概率的不同。而同一数据要素，与不同的应用情境结合，可能发挥出来的潜在价值具有实质上的不同。这一要素定价，需要以情境定价方法为补充。空间贴现本质上就是一种场景化定价。

第四，市场机制不同，变现方式不同。数据资产定价需要结合时间贴现与空间贴现。

所有资产定价都存在一个确定性的现值与包含风险的具有不确定性的未来值之间的贴现关系，都存在高风险对应高收益的规律。

不同在于，传统资本资产定价是同一所有权人资产当前价值与明天价值之间的时间贴现，而且是货币化贴现；数据资本资产共时性地由中间产品（商业基础设施及其数据流量）的所有权人与分布式存在的最终产品所有权人（应用服务商）进行空间贴现，即以共时为尺度，利用同一平台流量，对生产条件的使用效果不同，有的（3%~6%）应用产生收益从而可以兑现使用费，有的（93%~97%）应用不产生收益从而无须兑现使用费。平台资产作为潜在价值，其面对的不确定性，是虽然存在相对稳定的成功概率，但不确知是哪几个应用能够成功实现流量变现。

对传统资产来说，市场化只是交易，只需要通过时间贴现确定资产的现价即可完成交易。传统资产所有权人也可以直接从事经营，但从资本交易功能来说，参与经营不是必需的；对数据资产来说，市场化则包含了交易与经营。双边市场介于市场与企业之间，它将数据资本资产的所有权人涉入流量经营作为交易的重要条件。这并不是交易与经营不分的倒退，而是生态本身（外部性市场本身）就是介于市场与企业之间的第三种组织。以市场化方式化解外部性，要求将企业的合约因素加入市场结构，利用空间贴现中市场交易可观察的优势，改进时间贴现中的信息不对称。

当然，所有权人也可以委托代理人从事平台基础业务（统分结合中“统”那一部分的业务），但不能完全置身于经营与使用的事外。从某种意义上来说，如果以数据交易所方式进行数据资产交易，就一定要与经营划分开来，需要将场外交易作为流量经营（变现“阀门”）功能的替代。由此而生的政策建议，是以数据交易所方式交易数据资产，应发育第三方流量经营，以代替运营商（可以委托所在行业的平台、链主代理）作为场内交易功能的补充，至少要在支付环节为交易双方搭建可信任的结算平台。正面例子是苹果，由于中间产品（平台、开发工具）与最终产品（App）同在一个支付系统，最终产品向中间产品的贴现分配不存在争议；反面例子是谷歌，由于缺乏统一支付，应用方在共享可复用的平台方数据资产后，可以拒绝向平台贴现（交使用费），其效果等价于资产方权利用尽。

第五，实践特征不同，数据资产定价需要流量化、应用化，通过延长面向产业的价值链来化解金融服务的信息弱势。

传统资产定价以货币形式完成资产的所有权交换，这种交换在金融市场就可以完成，但交换中买卖双方共同承担着信息不对称的风险。因此，这种业态饱受泡沫化、杠杆风险等信息不对称带来的困扰。究其根源，金融信息服务虽然也是信息服务，但受限于信息源只是一般等价信息，具有金融行业本身相对于行业信息服务（在一般等价物信息外另有场景化信息优势）的信息不对称劣势，这被称为金融或货币的“信息弱势”。

数据资产定价新增了两个功能，是在信息对称化的实践环节，可以减轻或免去前者的风险。一是通过流量化，将外部性资源内部化，将（原来只能通过随机贴现因子显现的）资产风险中的外部性风险与溢价以市场可观察的形式透明化，例如，流量经营者（平台）收费的形式；二是通过应用化，将原来不可见的收益（未来收益）中包含的不确定性以透明化方式消除。从实践来看，这相当于通过延长信息业务价值链的方式，使资产风险化解在（面向产业数字化的）专业化的信息对称行业（如基于行业数据分析的生产性服务业）。这项工作原来由非专业的金融部门承担，相对而言是“不专业”的（例如，面向行业的场景化服务并不是金融信息服务的专业擅长所在）。

由上述分析，我们可以把问题聚焦为，同是中间产品间接定价，为什么传统要素可以在一般交易市场定价而数据要素难以在一般金融型交易市场定价？我们认为是数据资产增加了与外部性关联的两个新特性——社会资本特性、人力资本特性，正是它们导致了会计计量上的难题。

8.5.2 数据资产的社会资本性质：空间贴现基础

◎ 命题19：数据资本具有社会资本的空间属性，由利益相关者参与定价与分成，可以通过空间贴现定价。

从存量与流量关系的角度看，传统资产的价值特征偏存量特征，数据资产的价值特征偏流量特征。我们从流量型的资产中选择定价的比较对象。

8.5.2.1 作为社会资本的流量：资产的空间属性

首先作为比较对象的，是社会资本。数据资本是广义的社会资本，社会资本体现了数据资产的空间属性。

社会资本与数据资本都具有存量的成本价值与流量的实现价值相分离的特征，都不适合仅凭成本价值直接定价，难以用“交易”定价的方式从会计上直接入账，但它们同样具有在社会关系（交互）中实现与放大价值的特点，都可以用“交互”定价的方式（外部性内部化的方式），联系最终产品价值实现的收益（销售收入实现）间接定价。

流量的本质是社会资本，它由关系与信任实质地构成。按何兴华的定义，本质上，一个流量是指品牌商与一个用户的一次互动，即形成一次信息交互。① 流量的价值就是与用户互动的价值，即信息交互的价值，也就是“三流”中的“信息流”的价值。② 刘学认为，社会的总体流量，转换成社会学的术语，就是全体社会中的所有社群性互动关系，这些关系的密度、数量、频率就形成某种可测的流量。这一概念与奥斯特罗姆所讲的公共池塘物品具有类似的产品特性。③ 我们可以把这些定义进一步推广，将互动的范围扩大到包括平台与消费者的互动、平台上应用方之间的互动、平台上买卖双边的互动等，进而提炼为生态范围内的社会资本构建。流量为交换提供了关系和信任的基础，是社会资本交易的基础。对作为社会资本的流量来说，交互是围绕关系建立而展开的活动，流量的大小，不但要看总量，而且要看边的密度、聚集系数、邻接矩阵等。

---

① 何兴华．流量制造：从位置流量到用户流量［M］．北京：东方出版社，2020.

② 同①.

③ 刘学．流量治理：平台企业如何将公益组织起来？［J］．新视野，2021（1）.

流量的社会资本性质，还具有文化的性质。尤其是圈子文化，使社会资本中关系的性质具有某种文化资本的特色。流量圈的维护，对于流量圈的扩大以及后期流量变现至关重要，流量圈维护的关键即要通过文化资本的凝结来增强圈子内部网友的关注黏性。①

8.5.2.2　流量作为“基础性的生产资料”：数据“土地”

数据资产定价中，流量是资产投入的对等物，是数据资产的载体，可以当作资产投入本身来看待与估值。这种资产不是以直接的物的方式存在，而是以社会资本的方式存在，是对象化在社会关系中的数据资产。

流量交互的本质，是以社会资本作为中间投入，从而在最终产品和服务中引致更大的财富效用。这种交互不仅是技术上的交互，更重要的是经济上的交互。范·迪克认为，技术将连通性转换为连接性，从而实现人与人之间关系的商品化。其中，算法将用户使用网络平台的媒体实践转化为平台经济生产方式中的基础性生产资料，以数据流量的形式呼应资本世界的量化特征。②

从积极的方面来说，交互具有价值，是因为它是用户利益相关的信息交互，即关于价值的信息交互。通过交互，形成生产目的上的信息对称这种正外部性，避免盲目生产这种负外部性。盲目生产构成价值的贬损。

在资产定价中，流量作为基础性生产资料的地位，使我们可以把它作为数据资产的替身来估值，即以产出物的价值替代投入物的价值。数据作为资产往往是不可见的、不可识别的，但流量作为数据资产的载体，是可见的、可识别的。活跃用户数，经常被当作平台企业市值的重要评估依据。流量转化率，更是直接建立起了流量与销售收入间的会计联系。

在资产评估中，我们可以把最终产品对于最终消费者的效用，视为资产的财富效用，进而可以把最终产品的总销售收入作为资产收益 X 的参照物（资产收益占总收入的一个比例）。借助流量向现金流的转化，我们为数据资产定价找到了一个可靠的财务根据。为此，假定在数据资产完整生命周期中不存在无法变现（转化为最终消费）的效用，所有数据要素都存在变现问题，

---

① 王佳．网红流量变现的内在机理探析：基于文化资本与心理诉求的双维视角［J］．中外企业家，2016（16）．

② 曹晋，张艾晨．网络流量与平台资本积累：基于西方马克思主义传统的考察［J］．新闻大学，2022（1）．

我们通过对变现的计量，间接为资产定价。对于无法变现的数据资产，如沉睡在数据库中的数据，我们视其处于完整的经济过程之外，是没发挥要素经济作用的数据。

流量是要素作为社会资本（关系 + 信任）的存在形式。数据作为要素，是关系性的存在，它以流量的方式存在。数据要素作为交易对象，不是状态性的存在（产品这种存量），而是关系性的存在（服务、过程等流量的存在），这意味着数据要素在使用中生成新的价值，它的使用价值体现在使用过程之中。将数据要素作为存量看待，只适用于单边市场，而数据作为流量存在，是以中间产品（社会资本）的方式存在，它只有在最终产品和服务中才能实现其全生命周期的价值。

流量对应的是平台的固定资产投资，它的外部性内涵在于社会交往中的互助、互补增量，它赋予单边市场以中间产品增值的效果。

数据以流量的方式存在，意味着它以关系及事物变化过程的方式存在，而不仅以原子的方式作为状态而存在。流量是人的流量，而不仅是数据的流量。流量不是一个单纯的总量，而是有结构的量，这个结构由节点之间的交互产生。质言之，流量是一个图值，由节点数量和边的数量复合而成，具有邻接矩阵结构。人们往往遗漏了流量在经济学上的真正含义，这就是梯若尔指出的双边市场问题，即外部性的市场化问题，以及共享、协作对价值的影响。将流量当作一个标量而不是矢量（且是可以相互作用的量），就等于把车站的流量混同于商业街的流量，前者只与车票的数量有关，后者则与不同买卖双方的成交机会相关。

当把流量视为“基础性的生产资料”时，我们可以把它同土地要素进行类比，类比其空间特征的相似性。同时，也可以像土地要素估值一样，用要素的租金来为其估值。

蓝江从空间上类比了流量与集市，种粮食的、打猎的、养家禽的、制作陶罐的都集中在一个地点进行交易，形成了一种聚集。平台也是这样的聚集。① 只是，数据流量聚集的价值主要在于聚集所带来的网络效应，它创造出的机会不亚于生产资料创造的机会。蓝江认为，平台机制与“土地 – 地租”

① 蓝江．数据—流量、平台与数字生态：当代平台资本主义的政治经济学批判［J］．国外理论动态，2022（1）．

有着异曲同工之妙：地主拥有土地，但他不生产，他只将土地租用给需要生产的企业，从而赚取可观的地租；同样，平台公司占据了一片很大的数字空间"土地"，商家、用户、物流公司都是这片"土地"的租客而已，平台公司正是在这片"土地"上向每一个使用者收取高额的租金。①

这启示人们注意数据资产定价与一般资产定价的一个重要不同：同为资产，一般资产定价是买卖关系（所有权转移）中的资产定价，因此，是所有权范围内的资产定价，即资产的眼前价值与未来价值属于同一个所有权人，一旦所有权转移，同一标的的价格将不再变化（或变化将不再与原所有权人相关）；数据资产定价是借用关系（使用权转移）中的资产定价，与土地一样，所有者与使用者（借用者）不是同一个所有权主体，但处在同一个使用权单位（合约）。可以认为，工业化条件下资产定价的空间基础主要是两权合一的物质生产资料，数字化条件下资产定价的空间基础则转变成了流动的空间（流量）这种在使用上具有流动性的"基础性的生产资料"。

数据资产的空间贴现，就是指基于流量空间形式的资产（生产资料），将新增价值归属给资产所有者、使用者（持有者）的过程。数据资产与货币资产不同，其定价具有场景属性。像语言一样，词语语义都是语境相关或语用相关的，一个词语可能有多重语义，其确切的语义只能在具体的上下文环境中才能确定；一项数据资产，也可能具有多重价格，其确切的价格只能在具体的场景中得以确定。与土地根据所处位置不同地租有级差一样，数据要素在不同场景下所能获取的租金也是有差别的。差别租金（使用费）的收取，与流量内在相关。

空间贴现反映了数字空间的分布式特征，这决定了同一成本的数据资产的定价，可能是一个与不同收益关联的价格集合，而不仅仅是一个价格。反过来说，要想形成资产的单一价格，只能与具体场景绑定，在其价格结构中形成成本价格与收益价格的组合定价。举例来说，梯若尔在双边市场中为数据资产定价，就把价格结构当作了重要的定价因素，其中，成本价格为会员费（补偿固定成本投入），收益价格为使用费（根据不同场景的流量变现使用效果不固定地收费），会员费、使用费共同构成资产收费结构。

---

① 蓝江．数据—流量、平台与数字生态：当代平台资本主义的政治经济学批判［J］．国外理论动态，2022（1）．

8.5.2.3 用户数据作为中间产品的贡献与权利

数据资产具有社会资本的空间性质，这一点也决定了数据资本资产定价不同于个人资本资产定价。数据要素资产定价与数据资本资产定价也不是一回事。数据要素的所有权人不止一方。流量作为社会资本，它的所有权人包括利益共同体中的各方利益相关人——平台方、应用方与用户方，数据要素的资本方（平台方）只是其中一方。数据资本资产定价，只是对资本投入形成的流量（或者说对于流量形成中资本那一部分的贡献）的估值，它只是流量变现总收益中（由分成比例约定）的一个部分。

与一般资产定价不同，数据资产定价过程中还要考虑用户数据作为要素（中间产品）投入时的贡献与分配。正如帕西科・比利奇等指出的一样，随着数据平台吸引了大量用户，收集了大量数据并允许平台用户参与货币交易，用户数据成为生产的原材料输入（我们在理论上称为“中间产品”）。流量变现要扣除用户数据作为要素投入的贡献。平台向用户免费提供基础服务（如免费的内容服务、购物服务、社交服务等），可以视为对这种投入贡献的补偿，而不应一律视为掠夺性定价、降价、免费等。当然，平台方如果剥夺用户方的权利（包括剥夺用户数据的可携带权），则应视为一种“剥削”。

同样，用户数据也不是由授权那一刻将权利用尽的。正如希尔所说，数据发挥作用的关键不在于采集和储存，而在于流动。也就是说，数据平台只有在处理大量快速流动的数据时利润和效率才最高。不能认为通过用户授权换取免费服务，就足以按首次销售原则将用户数据在后继流动中产生的新价值完全归给平台方或应用方企业。这里仍然存在缔结合约以分成的问题，就像平台方与应用方围绕使用权建立合约一样。

流量不是数据本身，而是买卖双边的互动活动，是人的行为而不是物本身的活动，不能认为将用户数据作为中间产品向最终产品转化就一定构成对用户数据本身的剥夺。关键在于将要素价值附加到使用过程中增值时，分析应用活动中各主体对增值的贡献，看分成是否合理，这决定着生产关系的性质。

8.5.2.4 流量变现中的伙伴关系与合作分成

数据要素以流量变现方式贴现（空间贴现）的第三个方面的问题（前两

个方面分别涉及平台自身、用户自身），是处理定价中平台方与应用方的分成问题。数据资产的定价，要以合作分成为前提，这也是由数据要素的社会资本性质所决定的资产定价机理不同于个人资产定价的一个重要方面。

作为数据要素贴现依据的可变现流量，是有一定范围的，这个范围就是生态。经济意义上的生态不同于社会。路人甲、路人乙可以归入社会，却不能归入生态。生态是社会中的一个个圈子，它虽然不像企业以所有权为单位边界，但也不是没有单位边界。生态的单位边界是使用权，这个使用权指利益共同体中利益的共同边界与单位。生态与生态有些是开放的（例如，相互开放支付、清算渠道），有些是封闭的（例如，存在技术或非技术壁垒）。

下面进一步解释使用权是如何作为利益的基本单位的，它涉及资产定价中贴现的会计计量单位与范围问题。

传统 CAPM 隐含了以企业为资产的利益边界（利益的基本单位），很少研究具有合作性质的租赁分成在定价中的作用。数据资产定价由于具有社会资本的空间贴现性质，以使用权（借用权）为贴现的基本计量单位。但有别于社会资本之处，是社会资本本身可能超过生态范围（生态以相同使用权为利益单位与利益边界）而延及全社会。生态范围内的社会资本则是一定“圈子”内的社会资本，圈子内的外部性是可以内部化的外部性，圈子外的外部性则是不可以内部化的外部性。数据资产定价首先是圈子内的定价。

圈子内与圈子外以什么区分呢？要用利益共同体的利益共同性边界来区分，超出这个范围的社会关系，就变成了路人甲、路人乙的关系。数据资产定价并不将路人甲、路人乙关系中包含的外部性纳入资产定价考虑范围。

使用权合约最常见的利益单位是项目。利益相关方根据一个个项目，确定利益合作的边界，这一方面涉及利益，另一方面涉及得失约定，前者涉及的主要是资源、要素利用和使用所涉及的利益，后者涉及的主要是利益的得失，包括资产使用中的权利（获得）、义务（付出）。从这个意义上，可以说生态是以项目（使用权）为单位组织起来的，企业是以所有权为单位组织起来的。虚拟企业中的虚拟，就是指使用权。以所有权为“实君”，连接起来的是企业，以使用权为“虚君”连接起来的是生态。虚拟企业不是一个老板，产权人不相同，但在资源使用合约上是同一个共同体。生态是按单聚散（以项目决定合约的起点与终点）的松耦合组织，是一系列纵横交错的短期临时契约的完全合同组合（“链群合约”），企业是不同项目的集合体（不以项目的起点与终点为组织的起点和终点），是一个被称为企业的长期合约，而且是项目层面上的不完全合同组织。

平台方与应用方借流量合作的关系可以这样描述：平台企业依靠流量将生态伙伴联系起来，并依靠流量寻找与吸引合作伙伴，形成平台生态。这里所说的流量是平台企业、互联网企业衡量业绩的核心指标，是用来描述具体软件或平台的用户数据，即网站的访问量，具体指标包括网站的独立用户数量、总用户数量、网页浏览量、网站停留时间。其逻辑是基于社群联结的，每一个联结都是一种社会连带能力。这里借用连带性吸纳来描述这种带动能力。平台的流量正是规模更大、种类更多的社群，在将这些社群，无论是饭馆还是酒店，整合到平台之后，与之有着各类交易、互动关系的社群，也不得不被裹挟进平台。①

对资本资产定价来说，需要关注的是另一面，是平台方为什么要对流量变现进行分成，平台方为什么不可以借鉴资本主义的经验，用企业而非生态的方式对待应用方（合作伙伴），比如，把它们裹挟进来之后，在最终产品总销售收入中只补偿它们的成本而不分任何剩余给它们——就像雇佣制中对待工人那样？在现实中，平台方与应用方（合作伙伴）分成的市场行情是三七分成，这显然属于合伙制、合作制的分配，而完全不是雇佣制的分配，合作伙伴在其中获得的也不是工资收入，而是要素收入与财产性收入。鉴于在现实的数据要素生态中，越来越多的合作伙伴受零工经济趋势的影响变为自然人、个体经营者、在家办公人员，研究这个问题具有重大的政治经济学意义。

单就资本资产定价而言，数据资本这方面的社会资本性质，决定了其在定价中要多出一个与合作者分成的程序。相应地，要把有效流量（Q^*）与总流量（Q_{eff}）的关系内生到收益法中的销售收入分成率计算中去，这在空间贴现中具有与时间贴现中随机贴现因子同样重要的地位。

对数据要素的资产定价内生社会资本性质持不同意见的观点，可能会举出反例：有的数据要素可以像实物资产那样，在明晰产权之后，像一般商品那样，不依赖于流量，不依赖于最终产品的使用和消费而进行直接定价交易的，例如，专利、商业秘密（配方等）、开发工具（模板、模块等）。我们不否认这种情况的存在，但认为这种情况只是更广泛的数据要素交易方式中的

---

① 刘学．流量治理：平台企业如何将公益组织起来？［J］．新视野，2021（1）．

一种特例，因为不能排除同样的数据要素按租（使用）而不是按买（拥有）来定价的可能。而且，从趋势来看，数据要素以租代买的总销售收益可能更高。理论上的反驳意见，与索洛反对把社会资本认定为资本品具有同样的理由，都是认为社会资本因为不可转移所有权而不可交易。对此，进一步的反驳有两点：一是前面说过的，现实中已经发生了资产从以所有权为中心定价转向以使用权为中心定价。二者的区别只在于买价与租价。云收费模式与平台收取使用费说明资产租价的广泛存在。二是双边市场对中间产品的间接定价，已经解决了具有社会资本性质的产品（网络外部性产品）可交易还是不可交易（实际是可收费还是不可收费）的问题。本书后面的建模部分，将利用梯若尔的定价技术，具体展示已为实践证明过的、具有社会资本空间贴现特征的流量变现在逻辑上的可能性。

在生态经济中，中间产品定价是不确定的，最终产品定价是确定的，因此，与其用期权确定可能性的潜在价值，不如直接以服务（使用）价格作为最终收入价格，为中间产品进行间接定价。这样一来，这个定价就不是潜在的了，而是现实的了。而且，中间产品定价不再是一个单纯的配置价格，而是古典的分配价格，资产的公允价值要与合约中风险收益的分配约定联系在一起确定。

8.5.3　数据资产的人力资本性质：时间贴现基础

◎ 命题20：数据资产具有人力资本相同的时间属性，与资产的活动载体不可分离，其价值具有在现在与未来之间发生变化的过程特性，可以通过时间贴现定价。

与数据资产空间属性相对的，是数据资产的时间属性。数据资产既具有在当前消费与未来消费之间进行资产组合选择的一般时间特性，又具有与人力资本相同的、与人的价值实现活动相联系、与资产的活动载体不可分离，因而随时随地可能发生变化的过程时间特性。有鉴于此，我们把人力资本的资产定价理论当作数据资产时间贴现的理论根据。

8.5.3.1　数据资产的人力资本性质

1. 数据资产与人力资本的相似性

在与人力资本比较之前，先看看无形资产评估方法对数据资产的适用性。

《国际评估准则》对无形资产的定义：无形资产是以其经济特性而显示其存在的一种资产，无形资产无具体的物理形态，但可以使其拥有者获取权益和特权，为其拥有者带来收益。这个定义是适合数据资产的。但我国财政部《企业会计准则第 6 号——无形资产》对无形资产的定义，辨别出了不适合数据资产的部分：无形资产指企业为生产商品、提供劳务、出租给他人，或为了管理目的而持有的、没有实物形态的非货币性长期资产。无形资产可分为可辨认无形资产和不可辨认无形资产。可辨认无形资产包含专利权、非专利技术、商标权、著作权、土地使用权、特许权等，不可辨认无形资产指商誉。数据资产更接近“不可辨认无形资产”这个分类，与“可辨认无形资产”差异较大。但用可不可以辨认来划分资产，有一定的随意性。例如，数据资产的使用权、许可使用权等存在权利用尽问题。

在无形资产分类中，另有技术型无形资产的概念，该概念与数据资产基本相符。第一，技术型无形资产使用价值的实现是间接的。一方面，是因为它只有结合相应的劳动资料、劳动对象才能有效发挥作用；另一方面，其使用价值受买方利用转化能力、经营管理能力等因素的影响很大。第二，技术型无形资产的使用价值在使用过程中经过某些适应性改变后，可不断衍生。第三，技术型无形资产的使用价值具有共享性，但技术型无形资产没有强调它的主体性质（权利性质）和社会经济性质，比如它是否可以参与剩余分享。用于时间贴现定价可以，但不能直接转化为空间贴现，对数据资产社会资本方面的价值无从定价，因此，方法不具通用性。

权衡之下，我们认为人力资本既具有资源配置特征，又具有社会分配特征，可以同社会资本进行转换。因此，把数据资产与时间贴现对应的特征当作人力资本的性质较为接近实际。

人力资本可以定义为直接劳动所凭借的个人知识，它具有不确定性、外部性，它可以创造新价值（剩余），可以分享剩余。从载体上说，它接近技术型无形资产的性质，是投入最终产品的具有不确定新增价值的中间产品。“人力资本”一词最早出现在美国全国制造商协会工业教育委员会发表的《我们的人力资本》报告中，该报告指出资本可分为两种，由土地、机器和货币构成的资本称为物力资本，由人们的体力、脑力构成的资本称为人力资本。

数据要素与人力资本同理，而与土地、资本、劳动力不同。人力资本与劳动力具有不同的内涵。人力资本是要素，劳动力很难称为要素，因为要素要按中间产品（分配剩余的资产）定价，传统分配理论中的劳动力只是按最终产品（不分配剩余的商品）定价，即劳动力依靠自身的再生产成本（对劳动力状态的还原）定价，以工资的方式结算。

这种人力资本的价格，可以由平台依最终产品收益通过合约分成来间接定价，也可以通过预期定价（如期权定价）进行时间贴现。在不区分中间产品与最终产品产权主体的条件下，可以将前一种方法直接还原为后一种方法。例如，可以在使用前就转移所有权，同时考虑使用后带来的价值，而无须考虑作为不同所有权人的最终产品生产者参与分成这类分配问题。

在这种方法中，资产定价是一个单纯的资源配置问题（外生了社会分配因素——变成了前一个自己与后一个自己的价值“分配”）。按照资产配置定义，它是同一所有权①在当前价值（消费效用）与未来价值（财富效用）间的时间贴现，单看数据要素资本资产本身（不包括用户数据），这种资产与人力资本具有相同的规律。这时的人力资本，不是指劳动作为人力资本，而是指资本本身作为人力资本。

在贝克尔的定义中，人力资本与社会资本并不是对立的概念，贝克尔把社会资本还原成个人资本来研究，相当于把空间贴现还原为时间贴现。在他的方法中，社会资本是通过个人人力资本的方式起作用的。这种方法也适用于数据资本。

数据资本本来以流量的方式存在于社会关系中，但这种流量也可以以人力资本、消费资本等过程性活动的方式呈现。用户参与行为（如围绕定制的产消互动）与社交性的消费行为，都具有人力资本那种资产估值不能脱离人的行为的特征，这与数据要素只有结合相应劳动对象、劳动行为（无论是生产还是消费）才能有效发挥其作用，是同一个道理。

例如，平台方声称在自身生态中有多少活跃用户，这是在把数据要素整体上作为人力资本、消费资本计入，充当资产计量的内生变量。其中，人力资本的实质所指在于，资产可以在最终用户活跃的使用（对最终产品销售收入的增益）中，获得某种超出成本价值的贴现价值。

这与个人的人力资本可以在知识利用、才能发挥等价值实现过程中充分

① 这包含了可能不是同一所有权人的情况，比如通过买卖期权，所有权人变了，但所有权标的还是同一个。

实现价值，具有相同的定价结构。对流量的强调，在于进行资产估值的如下暗示：数据资产除了成本重置的价值，还有应用增值的收益（未来的收益）。人力资本的成本重置价值与未来实际发挥价值之间的增益关系，则具有（与空间不确定性一样的）时间不确定性。

按传统实体经济隐含的原理，土地、资本、劳动力都可以仅凭存在状态（存量），凭成本重置来估值。例如，劳动力依靠再生产成本（对劳动力状态的还原）来估值。在存量之上，令其流动的租金、利息和奖金水平，都有一个不依情境而变化的确定水平（或称流速，如货币流通速度），把它们转化为确定的流量。

数据资本与人力资本一样，与其存量相连的流速（价格水平）因人而异，因此，是情境相关的。也就是说，一个人的人力资本或一个数据资本在存量（如学历、文本）状态上，代表的只是它的潜在价值，代表的只是一种可能性。只有在遇上事（各个事又有所不同，因此，估值不同）或数据与不同应用结合（有的效果好，有的效果不好）时，要素的潜在价值才确定地转化为现实价值，从可能变为现实。因此，数据资本需要依全生命周期定价，否则只是能半成品（中间产品）定价。

数据资本与人力资本，在知识流动方面特征相似。知识流出不一定减少知识存量。如果流出系统的是工艺技术、管理方法等编码化的知识，那系统的知识存量并不会减少；如果流出的是拥有隐含经验类知识的人才，则系统的知识存量有可能减少。① 同样，数据资产流出的如果只是编码化的数据，其存量功能并不一定减少，但如果数据资产是与个人知识相伴而生的，那一旦流出很可能减少存量。

2. 对人力资本进行间接定价

豆建民（2003）认为，人力资本价值存在“潜在价值”和“实际价值”两种形式，他把通过教育、培训、保健、迁移等投资支出而形成的人力资本价值称为“潜在价值”。这种“潜在的”价值，必须通过劳动力参与社会生产过程来体现。豆建民把人力资本在使用过程中由其绩效体现出的价值称为人力资本的“实际价值”。仅凭潜在价值，难以对人力资本进行全面定价，而

---

① 李顺才，邹珊刚，常荔．知识存量与流量：内涵、特征及其相关性分析［J］．自然辩证法研究，2001（4）．

要把实际价值纳入定价，就需要间接定价。数据资产定价面临同样的问题。

传统观点（如舒尔茨、贝克尔的人力资本理论）更多地从资产重置成本角度评估人力资本的潜在价值，新近的观点则更多地从交易费用或增值收益的角度看待人力资本的实际价值。

杨小凯和黄有光认为，用来提供管理服务的劳动的交易效率，远远低于用来生产最终产品的劳动的交易效率，这是因为，度量从事难以捉摸的管理活动所付出的努力及其产出水平，要花费极高的成本。因为对管理服务直接定价成本太高，所以企业的剩余索取权最好由管理者获得。管理者的剩余索取权体现了管理服务的间接价格。对此，豆建民认为，对管理服务的间接定价，本质上是对管理型人力资本的间接定价，让管理者获得剩余，是因为难以直接度量其人力资本的大小，从而难以进行一次性市场直接定价，因此，组成企业，通过人力资本的使用，使其潜在价值在使用后显现为物化形态的实际价值，人力资本所有者根据其实际价值大小分享企业剩余。从这一意义上讲，不仅管理型人力资本需要间接定价，所有难以直接度量的人力资本都需要间接定价。① 数据资产也可以归为“难以直接度量的人力资本”。与个体的人力资本不同，数据资产只不过是在群体的人力使用环境中生效与度量的资产，而且这种资产的使用与人的消费需求和效用具有财富关联。

胡宏伟认为，人力资本的价值在于为企业创造新价值的能力，人力资本价值的外在表现形式是人在劳动中创造出新的价值。因此，人力资本的价值是衡量和认可未来创造新价值的能力，而不是衡量和认可形成人力资本所发生的劳动耗费。②

在创造新价值的过程中，一方面，在最终产品与服务中结成的消费方与应用供给方互动，涌现新价值，可视为群体性人力资本现象。只不过这种资本不是原子式地存在，而是在关系中存在。另一方面，应用方劳动者与消费者的主动参与，构成人力资本价值生成的重要环节。

此前，在企业雇佣关系中，活劳动不具备共享资本使用权获益的权利——没有对资产的用益物权。但在生态合作、合伙关系中，总销售收入中包

---

① 豆建民．人力资本间接定价机制的实证分析［J］．中国社会科学，2003（1）．

② 胡宏伟．基于市场角度的人力资本间接定价模式研究［J］．科教文汇（中旬刊），2009（35）．

含了合作伙伴所创造的新价值，这种新价值也在合作分成中体现在合作者身上。因此，对人力资本的间接定价，不仅包括资本资产的定价，也包括其他要素的资产定价，是资产定价的合集。资本资产只是从这个合集中析取出属于自身的那一部分。

在企业范围内讨论分成是有根本性局限的。企业中人力资本的间接定价，是指人力资本所有者凭借其实际人力资本获得相应份额的不确定的企业剩余（利润）。已有的企业理论实质上已从不同角度、不同程度论证了人力资本所有者分享企业剩余的观点。[①]但在雇佣制范畴内讨论一种只有合作制才能实现的分成，会自相矛盾。例如，有学者认为人力资本与企业所有者分享企业剩余的本质，是企业让渡企业所有权。这就不太符合数字经济的实际了。实际上，数据资产作为通用性资产，不让渡所有权，仍然能分享剩余。在苹果商店的三七分成中，获得70%销售收入分成的一方，就是平台数据资产非所有权人的使用者，其是凭借使用权而非所有权参与分成的。

因此，“部分人力资本所有者凭借人力资本分享企业剩余”的命题是不完善的，在数据资产定价上，遗漏了关键事实。一是应用方与用户方作为人力资本分享生态的剩余，并不需要以所有权转移为条件；二是平台方作为生态固定投入的流量外部性资源的间接定价者之一，对由流量所物化的人力资本进行定价，这是在对其固定成本投入进行间接定价，是在对租金定价，也不存在转移所有权的问题。

利益相关者理论认为，向企业提供资本的不限于物力资本股东，人力资本也向企业投入专用性资产，与企业休戚相关并承担企业的风险。市场中的企业，实际上是一个人力资本与物力资本的契约联结，其目的是通过这一组契约的履行，实现要素增值。现代企业中股东与经理的关系，已不是过去认为的委托－代理的“雇佣”关系，应该把他们看成不同要素所有者间的平等契约关系。[②] 这种认识实际已改变了企业的内涵，把企业当作了合作组织。如果把这里的企业替换为生态，或许更合适。

对生态来说，人力资本所有者与物力资本所有者具有平等的产权主体地

---

① 豆建民．人力资本间接定价机制的实证分析［J］．中国社会科学，2003（1）.

② 佟爱琴，吴泗宗，杨柳．共同治理逻辑下的人力资本间接定价模式研究［J］．科学学与科学技术管理，2007（6）.

位，二者共同拥有对企业剩余的索取权。资本的概念是广义的，可界定为人力资本和物力资本的总和。资本收益是资本投入后所获得的增值。企业人力资本和物力资本的收益之和，应等于企业增加值与政府税收的差额。在“共同治理”观念下，企业剩余就是共同收益（资本收益），具体指企业的全部收入在扣除成本费用支付后的余额（利润）。这里的成本费用支付包括原材料成本、固定资产折旧、无形资产摊销等，但不包括资本收益如利息和工资等。①

3. 企业人力资本与生态人力资本的异同

分享企业剩余是对人力资本的一种间接定价法。将这种思路运用于数据资产的间接定价，就要把人力资本区分为不变资本与可变资本，对平台的中间产品定价是第一重间接定价，对 App 分享剩余是第二重间接定价，其中，后者可以理解为，作为应用方的轻资产投入的是人力资本，这种资本分成属于对资本可变部分的定价。

周其仁在《市场里的企业：一个人力资本与非人力资本的特别合约》中指出，企业由人力资本所有者与非人力资本所有者即物力资本所有者以契约形式组合而成，这把人力资本提到了与物力资本同等重要的程度，充分肯定了人力资本的产权特征。杨瑞龙、周业安在《一个关于企业所有权安排的规范性分析框架及其理论含义》中指出，人力资本与非人力资本是企业里两个对等的产权主体，企业所有权安排是分散地对称分布于不同所有者主体（人力资本与非人力资本），所有权主体拥有的企业所有权份额是所有者讨价还价的结果，影响这个结果的因素有谈判力、资产专用性程度、重要性、信息显示机制等。方竹兰（1997）论述了人力资本拥有企业所有权有一个历史发展趋势：从资本雇佣劳动制度中的非人力资本所有者控制人力资本所有者，经过非人力资本所有者与人力资本所有者之间的分离、独立和对等谈判，到人力资本所有者拥有非人力资本、支配非人力资本所有者的劳动者占有资本制度，从最初的资本家与企业家融为一体经资本家与企业家分离，到最后企业家与资本家又融为一体。

这些研究有一个共同特点，即都以企业为单位讨论问题；数据要素定价理论却要以生态（利益共同体）为单位讨论问题。前者考虑的都是要素资产

---

① 佟爱琴，吴泗宗，杨柳．共同治理逻辑下的人力资本间接定价模式研究［J］．科学学与科学技术管理，2007（6）．

自己的贡献与分配，而且把要素间的关系默认为互替关系。数据要素定价理论考虑了生态本身要素之间的互补关系这一点，也就是说，定价时需要考虑一方要素向另一方要素借用资产，并且在不转移所有权的情况下，仅凭这种借用就可以分享剩余这一实际情况。

佟爱琴等（2007）认为，普通人力资本具有人力资本的普遍性特征。普通人力资本不承担企业经营破产清算的风险和责任，因而也不享有剩余收益的索取权。能与物力资本进行剩余收益索取权分配的，只有异质性的智力资本，而不是所有人力资本。① 数据资产定价中就存在着直接的反例：在苹果商城，普通人力资本（如）不承担企业（苹果公司）经营破产清算的风险和责任，但享有剩余收益的索取权，这是因为企业的固定资产作为生态的固定成本，是租借（而不是出售）给普通人力资本的，分成并不是依据所有权而是根据使用权。当然，也不能认为佟爱琴等人的观点是“错误”的，因为他们讨论的是企业，而企业是雇佣制的，数据要素的边界是生态，是合作制的。

由此可见，企业的人力资本定价理论是无法向生态的数据资产定价理论直接平移的，二者之间差了一个所有权。企业只有股东才能分享剩余，生态则不需要这个条件。

一些关于企业人力资本的理论，实际上已不知不觉靠近了生态设定，变相取消了雇佣制这一企业内在设定。例如，张昭俊认为，一部分企业参与者会选择让渡企业风险，成为固定收益获得者，另一部分人则会选择承担企业的最终风险，成为风险收入获得者。从广义的企业产权角度分析，企业的人力资本所有者与物力资本所有者都拥有企业产权，他们在企业中的权责利由一系列契约规定……这里合约记为 A：A（HCS，PCS，γ），PCS 为物力资本价值，HCS 为人力资本价值，γ 为人力资本与物力资本的收益分享比例……企业合约其实是这样一个集合：

$$A:\{(HCS_0,PCS_0,\gamma_0),(HCS_1,PCS_1,\gamma_1),\cdots,(HCS_n,PCS_n,\gamma_n)\}$$ ②③

① 佟爱琴，吴泗宗，杨柳．共同治理逻辑下的人力资本间接定价模式研究［J］．科学学与科学技术管理，2007（6）．

② 张昭俊．人力资本产权视角下的企业收入公平分配研究［D］．武汉：武汉理工大学，2012．

③ 张昭俊这是在用合约理论替代企业理论，他把所有权契约偷换为使用权契约了。他所说的合约与其说是一个企业合约，不如说是生态合约，或者说是合伙制企业的合约。

数据要素定价所在的生态合约，可以视为这样一个合约，其中的 *PCS* 对应（平台方）固定成本的价值（广义上的、物化后的人力资本，也可视为物力资本），*HCS* 对应（应用方）可变成本的价值，γ 已不是企业内部关系，具有双边市场性质。一方面，平台与 App 的交易，是中间产品与最终产品的交易，这是交易市场化方面的特征。另一方面，中间产品与最终产品的交易，又是一个“企业化”过程，目的是以间接定价节省直接定价的交易费用，在交易中内生了不确定性的溢价增值的价值。间接包含本金与利息之差的意思，所以称为“企业”化。质言之，间接定价不是关于工资与资产成本的，它本质上是关于不确定剩余的。从这个意义上来说，我们也可以把基于流量的数据要素资产定价理解为两种不同人力资本（一种是固定的人力资本，一种是可变的人力资本）内部的分成合约。

在实际的资产定价方法中，内部分成合约的方法，实际等同于收益法中的效益分成方法，这是指无形资产的价值来自其创造的经济效益中无形资产应占的份额，即以使用价值为基础，就实施此项技术创造的经济效益（节约的劳动时间）中技术应占的份额来确定技术成果的价值。

分成率法是通过对销售收入或销售利润进行分成来确定收益额，因为分成支付方式能使技术的报酬与实施技术后的利益相联系，比较好地体现风险、利益对等原则，收入分成公式如下：

$$\text{无形资产的收益额} = \text{销售收入} \times \text{销售收入分成率}$$

联合国有关技术贸易的规定提出的方法是利润分成率法。技术型无形资产的价值，表现为技术接受方因使用该技术而带来的超额收益，这个收益额就是该资产的价值，也就是该技术型无形资产的转让价。

利润分成原则的核心是确定利润分成率 *LSLP*，利润分成率 *LSLP* 用公式可以表示为：

$$LSLP = S/R \times 100\%$$

式中，*S* 表示技术提供方所得的技术转让费，*R* 表示技术接受方的利润。

对于数据资产来说，确定收入分成比确定利润分成更容易一些，因此，我们采用收入分成法。

数据资本增加了一种新情况，即双重人力资本的存在。我们可以将同一数据投入产出单位（生态）中的人力资本区分为重资产（平台方）与轻资产（应用方），前者的数据资本体现在数据流量（中间产品）形成中，后者的数据资本体现在流量变现（最终产品）中。这与前面把平台资本视为物力资本，将应用与用户视为人力资本，是异曲同工的。

本书将生态定义为平台方产权主体（通常为平台企业）与应用方产权主体（中小微企业与自然人群体）基于要素使用权而形成的利益集合（如企业集群）。通俗地讲，生态（集群）与企业就是，所有权不是一个单位，使用权是一个单位。使用权是同一个单位的主体，称为利益相关者；使用权不是一个单位，就变成路人甲、路人乙等。这时不仅存在企业内部人力资本与物力资本共同拥有对企业剩余的索取权问题，还产生了所有权主体间的剩余分割问题，即同一生态人力资本内部重资产方（平台方提供固定成本投入）与轻资产方（活劳动付出时间、精力）平等分割剩余的问题。

同时，可以把物力资本与人力资本分割剩余的思路，用到人力资本内部平台人力资本与应用人力资本的剩余分割中。此时，用平台人力资本替换物力资本，用应用人力资本替代原有的人力资本，其原理是一样的。本书将两类剩余索取权统一在同一个资本资产定价模型中。

物力资产作为中间产品，因为没有外部性，其剩余是相对确定的；平台数据资产的投入，特别是由共享使用带来的剩余，是不确定的。这种使用价值的实现是间接的，即在将中间产品转化为最终产品（“结合相应的劳动资料、劳动对象才能有效发挥其作用”；借助“使用价值的共享性”，在应用中“不断地衍生”）后才能实现，因此，需要间接定价。

间接定价的本质，在于需要联系“转化风险”——流量向收入转化的风险来确定总剩余的实际值 P_Mefg 以及“平台实现－应用实现”的按比例分配。在图 8－2 中，风险的产生与消失由 D 相对于 d 的偏离决定。如果 D 移向 d 的左下方，则流量无法转化为（P_Mefg 部分）销售收入，为流量而投入的 FC 无法获得租金盈余。人力资本收益的不确定性，也体现在 e 与 f 之间。风险的大小和结构（β 值），由总流量 Q_{eff} 与有效流量 Q_M 的比值决定。

平台收取的进入费、使用费，具有一种与有效 App 相联系的流量空间分布上的不确定性，它恰好等价于生态整体时间分布上的不确定性。换句话说，时间贴现中 β 值的不确定性，主要是成本之上 P_Mefg 部分未来收入的不确定性。与时间贴现不同的是，在空间贴现中，风险度量已内生在流量空间有效流量 Q_M 与总流量 Q_{eff} 之比的显性关系中；对于时间贴现来说，有效流量 Q_M 与总流量 Q_{eff} 之比是不可见的，意思是最终产品市场交易不可观察。以人力资本

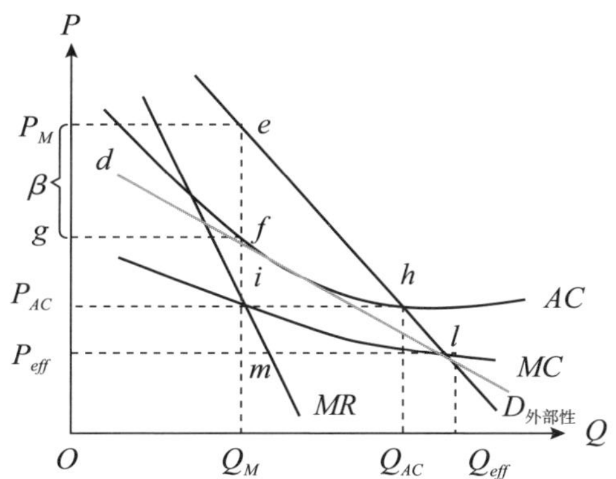

图 8-2 数据流量转化风险与 β 值空间

角度贴现数据资产的价值，需要在既定（也是假定的）Q_M 值的条件下，针对 e 与 f 的关系进行随机贴现因子的发现。此时，Q_M 值有另一种确定方法，即利用 $MC = MR$ 这个条件。但 CAPM 有个方法论缺陷，即把 P_Mefg 完全交给了统计学而不是经济学。① 这一能力上的不足，只能靠金融化的专业能力来弥补。

8.5.3.2 人力资本间接定价的期权方法

布莱克和斯科尔斯的期权定价模型，运用于数据资本资产定价，与人力资本期权定价异曲同工。

胡宏伟认为，人力资本增值部分难以像物质资本那样在静态下以货币度量方式确定，所以其使用价值创造的价值比基本价值对人力资本的定价更有现实意义，人力资本在使用过程中的不确定性，决定了其公允价值应交由资本市场来计量。为此，他主张人力资本价值增值计量应以股票期权理论为基础。② 这个道理，对数据资产的时间贴现定价也是适用的。

佟爱琴等（2007）认为，股票期权是一种风险收入，能够使人力资本扮演企业风险真正承担者的角色。③ 这个风险，等价于要素从确定的中间产品转

---

① 经济学的思路是要用不同的平均成本曲线直接定位 $P = AC$，而不是找协方差。

② 胡宏伟. 基于市场角度的人力资本间接定价模式研究［J］. 科教文汇（中旬刊），2009（35）.

③ 佟爱琴，吴泗宗，杨柳. 共同治理逻辑下的人力资本间接定价模式研究［J］. 科学学与科学技术管理，2007（6）.

化为不确定的最终产品的“距离”，在数据要素空间贴现中，它相当于App使用中间产品“有效果”的成功概率（Q^*/Q_{eff}）。反过来观察，可以把期权定价视为这一过程的反向模拟，是对中间产品的时间贴现。在双边市场，数据资源资产的复用，与应用方承担最终产品收入风险，是一体两面的关系。如果应用方不承担中间产品变现过程中的最终产品风险，平台方就没有动力复用数据资源资产并按使用“效果”收费，而会用完全内部化的方式，买卖或按使用（无论有无销售收入）收取资产使用费。

从资产组合的观点看，期权面对的风险，主要是当前直接拥有资产可能造成的市场风险，主要是机会成本上的风险。换成CCAPM语言表述，期权相当于增加当前消费中隐含的不确定的未来效用，主要是财富效用。

所谓期权，实际是一种对资产组合的选择权，即以一定当前成本获得在未来某一时间买进或卖出某指定资产（或称基础资产，如股票）的权利，这一权利在未来某一时间既可以行使也可以放弃，从而降低当前直接拥有该资产可能造成的市场风险。

期权到期日的价值（以股票期权为例）为：

$$E=\max\ (S-X,\ 0)$$

其中，S为期权到期日的股票市场价，X为购买期权时确定的股票协定价。本质上，X是买入中间产品的价格，S是卖出中间产品的价格，买卖的是中间产品转化为最终产品所获的增值价格。

人力资本间接定价的原理，同样适用于数据资本的个体定价法（时间贴现法）。与空间贴现一样，都需要在“基本价值”上贴现一个“使用价值创造的价值”。区别只在于，对数据资产定价时，像给常青藤毕业生定价一样，对他们可能做出的贡献，不是按业绩表现定价，而是在业绩结果出来之前提前预估价值。

数据交易所场内交易的标的，可以视为数据资产的期权，只不过到期日就是交易日，是固定了到期日的期权。

数据资本间接定价与人力资本间接定价都是剩余索取权定价，但二者有一个根本区别，即人力资本间接定价以期权这种时间贴现方法为主，而数据资本有一个现成的空间贴现方法可以理论化。在我们的研究中，空间贴现是通则，时间贴现是特例。

将人力资本期权定价方法借用到数据资产定价中，一个必要的条件是限制所估值数据资产生命周期的长度，这适用于数据资产在使用、利用、再开发等后期环节估值信息严重不对称的情况，资产交易的目的，主要是发现适合资产转移本身的金融机会，解决的主要是不直接联系经营过程和结果的交易定价问题。

8.5.4　定价中的特殊资产组合因素

8.5.4.1　生态组合与产权组合

▲ 命题20推论1：数字资产的组合，除了个体自身的投资组合，还反映为与生态伙伴的投资组合，以及表现为所有权定价与使用权定价的组合。

第一，数字资产的组合，除了个体自身的投资组合，还反映为与生态伙伴的投资组合。

贴现的不确定性，除了表现为同一资产使用（流量化）能不能贴现出价值、贴现的价值是多还是少，还表现为有多大比例的使用者使用的效果好（可以将中间产品变现为最终产品收入，从而可以以交使用费的形式进行贴现，即向数据资本产权人交费），有多大比例的使用者使用的效果不好（没有收入，不用交费）。

举例来说，电子商务平台投入的中间产品（数据资产），以投入所形成的流量（比如5亿流量①）为单位计算，这一流量可能为1000万个应用服务提供商在同一时间、不同空间共时地使用，应用服务商的共时使用，并不影响资产的功能（例如，更多的使用不造成更多的资产物理耗损），资产复用还会因网络效应而提高其使用价值（例如，增加人气）。数据资产所有人面临的贴现风险在于，不知哪个应用商产生收入，哪个应用商不产生收入，但总的概率是相对确定的，一般为3%~6%。也就是说，1000万个应用商中，至少有30万个可以把这5亿流量的资产变现为实际收入，从而使数据资产投入（固定资产）在空间概率上得到即时贴现。这种资产价格，可以通过上市的市值以即时的方式加以确定与显示。这种即时贴现，并不影响同时对其进行时间

① 实际是按交互行为次数来计算，这里暂时简化处理。

贴现（如针对市值进行期权套现）。

第二，数字资产的组合，还表现为所有权定价与使用权定价的组合。

我们可以把实体与数据两种资产贴现方式的区别，高度概括在单边市场与双边市场这一定价机制的不同上。单边市场资产定价的本质，是按所有权定价；双边市场资产定价的本质，是按使用权定价。实体资产不可复用，因此，价值与使用价值、所有权与使用权是合一的，是同一个定价；数据资产可以复用，因此，价值与使用价值、所有权与使用权是分离的，是（中间产品与最终产品）复合定价。前者（价值、所有权）是对资产的成本定价（是潜在价值定价，是存量定价），后者（使用价值、使用权）是对资产的使用进行流量变现定价。

定价机制的不同，反映在当前实践的矛盾中。从美国司法实践看，目前争论的焦点是权利用尽原则的适应范围，即数据商品首次“销售”（与实体销售不同，“销售”的不是所有权而是使用权的一种，即许可使用权）后，产权人对于数据在二次开发、利用中产生的“实现价值”是否有剩余索取权或限制使用权。从我国数据交易所的实践来看，主要矛盾是场内交易（按成本价值定价）与场外交易（按使用效果定价）的矛盾。实际趋向是交易不可遏制地向场外交易集中，进而导致场内交易不足。

从政策分析角度看，单边市场是生产（价值）与应用（使用）分离的市场，更加适合批量型（场景无关的、非个性化）标准化产品交易。双边市场本质上是生产与应用合一的市场，是中间产品与最终产品以统分结合形式同场交易的互补型市场。以单边市场（如交易所）方式交易数据要素，特点是把中间产品当作最终产品（要素商品）来交易，由于隔离了最终产品用户，无法获得最终应用的场景与情境定价信号，因此，放大了定价的不确定性；双边市场不是交易要素商品本身，而是对要素使用进行交易，数据要素经过应用服务商和最终用户的两次流量转化，最终化解了定价的不确定性，可以说，双边市场实际是一个应用贴现市场，它与应用、需求的联系比单边市场更紧密。

8.5.4.2 统一经营与分散经营的组合

▲ 命题20 推论2：在所有权人与使用权人共同参与经营的条件下，数据资产定价将是经营组合定价。

对于数据要素来说，资产定价存在一个特殊的资产组合问题。标准的资产组合，是所有权人自身在同一经营权（使用权）下的资产组合，而对于数据要素来说，它的单位不是企业而是企业集合（生态利益共同体），因此，资产组合有可能成为不同所有权人基于不同使用权（经营权）的资产组合。在双边市场，典型的资产组合是平台方（中间产品）与应用方（最终产品）的资产组合，二者之间存在统分结合双层经营结构，因此，资本资产定价需要在资产组合中对总收入分成后，再对归属于资本的部分进行定价。

统分结合双层经营，是使用权资产组合的典型方式，广泛存在于农村家庭联产承包责任制与互联网生态（平台 + 应用）两种生态所有制形态。

家庭联产承包责任制没有管理劳动与生产劳动的分工与交换，而是将管理劳动和生产劳动集于一身，剩余权利的实现首先取决于农民自身努力的程度，“交够国家的、留足集体的，剩下都是自己的”，从而形成了足够强的激励机制，避免了内生交易费用产生的风险。在经济上还包含了每个农民天生相同且都可能成为企业家的含义，这也最大限度地满足了农民对平等（包括起点平等）、就业和自尊的需求。①

统分结合双层经营是家庭联产承包责任制的高级形式，其中，使用权（经营权）被分为所有者的使用权（以“统”的形式经营）与使用者的使用权（以“分”的形式经营）。土地所有者是村集体，使用者是农户。如果所有者不参与经营，完全由农户分散经营，则“留足集体的”应理解为所有权的租金；但如果所有者参与经营，如承担土地经营的固定资产投资（利益共同体的固定成本，如农田水利基础设施建设），则“留足集体的”还要加上土地之外生产资料（如拖拉机、收割机等）的使用费。这样就存在两笔费用，一是相当于会员费的所有权租金，二是相当于使用费的资本资产使用权租金。

“留足集体的”与“剩下都是自己的”的关系，是剩余的合约分成关系。这与企业的生产关系明显不同。企业是雇佣制，对剩余的分配，资方全得，劳动力只得工资，不分剩余。这里采取的是合作制，即农民不是劳动力而是

---

① 向国成，韩绍凤. 分工与农业组织化演进：基于间接定价理论模型的分析［J］. 经济学（季刊），2007（2）.

人力资本，土地所有者与农民都分得剩余。

在合作关系中，存在双重中间产品（要素），一是集体土地，二是农民人力资本，二者是平等合作的伙伴关系。

“平台+应用”的互联网生态组织，是统分结合双层经营的又一现实形态，也是数据资产定价的一种重要机制。平台与应用的关系，同样不是企业内部关系，不是企业内资本与劳动的雇佣关系，即使应用方是自然人，也是这样。平台方企业与应用方企业内部可能采取雇佣制，但它们却是平等的合作伙伴关系。平等的标志就是双方依合约分成，而不是一方全得剩余一方完全不得。

从数据要素使用权关系来说，平台方一旦参与经营，是“统”的一方，“统”主要指提供应用方共同需求的基础服务，这种基础服务是作为中间产品投入的，比如，平台方利用大数据为应用方提供可提高流量转化效率的服务；应用方在经营中，是“分”的一方，“分”主要指经营差异化的 App 业务。与农村统分结合双层经营所有权的区别，仅在于“统”的一方不是村集体，而是平台企业（通常是私人企业）。使用权上的区别主要在于，数据资产可以复用，农村土地不可以复用（同一时间在不同空间分别使用）。数据资产价值实现要借助流量变现（因此，是按使用效果收费），土地价值实现不依靠流量（因此，是按使用收费）。

两种经营方式的定价原理是相通的，都是基于总收入分成。农村双层经营是基于总产出分成，互联网双层经营是基于总销售收入分成。其中的资本资产定价，主要取决于资本方（村集体或平台企业）所占分成的比例。

除了分成，数据双层经营定价与包括农村双层经营定价在内的传统资产组合定价有一个重要的不同，即存在价格结构问题。这是梯若尔率先发现的，价格结构是总价格在买方与卖方之间的分担或分配。① 传统 CAPM 较少出现价格结构问题，由此出现免费、交叉补贴、转移定价、差别定价等具体定价方式。在互联网“平台－应用”新业态组织中，平台方经常向用户方提供免费服务。例如，团购网站提供的免费信息服务，包括比价、在线排号、查看评价等，就是一种对消费者免费而对供给者收费的交叉补贴模式。另一种更主

① 让·梯若尔. 创新、竞争与平台经济［M］. 北京：法律出版社，2017.

要的免费模式是收取广告费用的转移支付模式。① 其中的“免费”，其实是针对消费者而言的。交叉补贴是在普通消费者市场提供免费服务以搭建平台，在商家即供给者市场收费以获得盈利（杨文明，2015）。

平台方与应用方进行中间产品与最终产品分工的生态系统，存在着广泛的转移定价现象。原则上，平台方承担整个生态固定成本，应用方承担可变成本，但二者在分担总成本、总剩余时比例并不确定。一般来说，平台方降低基础服务价格，转移应用方提高价格的成本。此时，应用方差异定价提供不同产品与服务，对应的不变的固定成本是同一个，如流量获客成本相同但流量转化成本各自不同。

在实行差别定价的情况下，厂商能够以高于平均成本的价格，向需求弹性小的消费者销售一定数量的产品，同时，用较低的价格向需求弹性大的消费者售卖更多数量的产品，其总的产品生产平均价格高于平均总成本。

这些都形成了统分结合双层经营中定价的复杂性。总的简化资产定价的方法，是在市场不断试错中，先确定统分双方剩余分割的比例行情，再按这个行情直接计算资本方收入回报，将收入除以数量即可得到价格。

8.6 数据资本资产配置理论与定价方法

8.6.1 理论回顾与评析

8.6.1.1 间接定价理论的基本思路

◎ 命题 21：数据要素是中间产品，对中间产品的定价是间接定价。数据要素的间接定价在不同产权主体的资产组合中完成。

间接定价理论是由杨小凯和黄有光在科斯、张五常思想基础上发展出来的。这种理论认为，人们用资源生产没有直接效用的中间产品，一定是中间

① 周密，李晨昕．平台型企业合理补贴策略：基于流量转化价值与市场粘性的盈利模式选择［J］．开放导报，2019（5）．

产品的使用可以提高最终产品的生产效率。① 数据资本就属于“没有直接效用的中间产品”，但可以在使用中提高应用产品（App）这种最终产品的生产效率。进而言之，如果把最终产品延伸到服务，那提高的将是数据服务、应用、使用、利用的效率。②

数据要素资本资产定价理论（数据要素中资本的资产定价理论），将杨小凯、黄有光分类结构中的中间产品生产者享有剩余权利的企业组织、最终产品生产者享有剩余权利的企业组织整合为同一个组织，即平台、应用相结合的生态组织。生态组织是平台方（中间产品生产者）与应用方（最终产品生产者）依合约分割剩余权利的组织。其中，对剩余权利的定价，是一种间接定价。杨小凯、黄有光认为，这种间接定价可以将交易效率相对低的活动“卷入”分工，以避免对这类活动的产出与投入直接进行定价所形成的高昂交易费用。对数据资本直接进行定价，会产生高昂的交易费用，这是贵阳大数据交易所举步维艰（集中表现为场内交易萎缩，大量转入场外交易）的理论原因。解决办法是变场内交易直接定价为场外交易间接定价。这个“场外”，是指单边市场之外（但处于双边市场之内）。双边市场就是一个间接定价市场。

间接定价是对中间产品的定价。杨格承自庞巴维克，把资本等同于中间产品，杨小凯、黄有光认为，杨格不曾采用资本的概念作为替代，他采用“生产迂回性”和“中间产品与最终产品的分工”这两个概念。在他看来，资本是生产迂回程度的一个结果，而生产迂回程度是以迂回生产活动中的分工程度为基础的。我们一旦把资本资产定价当作中间产品定价，它就等同于间接定价。

这为CCAPM提供了一个前置的理论基础。投资者在当前消费与未来消费间的资产组合选择，可以理解为最终产品与中间产品的社会分工。最终产品生产者可以在这些产品的市场上以他的产品交换供生产最终产品用的中间产品。他也可以雇用工人并指派工人在企业内生产这些中间产品，然后他用这些中间产品生产最终产品，再用最终产品到最终产品与劳动的市场上去交换

---

① 韩绍凤，向国成，石慧．对“杨－黄”间接定价理论模型的适当扩展与重新评价［J］．系统工程，2007（6）．

② 这里服务、应用、使用、利用是同一个意思。

劳动。对数据要素资本资产定价来说，数据在最终产品与中间产品中的分工，意味着数据权利主体既可以选择将数据作为最终产品直接消费，也可以选择将其作为要素投入应用（最终产品），以实现间接消费（在 CCAPM 中表示为带来间接效用）。

中间产品与最终产品的交换方式是不同的。对数据要素的市场化交换，人们的第一反应是以市场（如交易所）的方式进行交换，这是当然之选。这实际是把数据要素当作最终产品进行交换。但其实还存在另外两种交换方式——企业与平台（双边市场），可以把数据要素当作中间产品来交换。

杨小凯、黄有光透彻地认识到，由于最终产品生产与中间产品生产的分工，个人可以从各种组织交易的方法中做出选择。① 这里的“组织交易的方法”，既包括市场、企业，也包括市场与企业之间的生态（双边市场）。

一方面，可以同张五常一样，将企业泛化为一种交易方式（以合约为形式的组织），用企业这种交易方法来交易数据要素。在没有中间产品的情况下，不需要企业制度。分工并非企业出现的充分条件。②数据要素一旦作为中间产品，就有了以企业替代市场来进行交易的条件。正如张五常指出的，企业制度以用于生产中间产品的劳动的市场代替了中间产品的市场。③ 从人力资本角度看，可以认为平台企业交易的是作为中间产品的数据要素，其中隐含了这种中间产品包含人力资本等因为外部性而难以直接定价而需要间接定价的要素。这与“生产中间产品的劳动的市场”建立起了联系。从这个意义上说，人力资本市场、期权市场等要素市场都属于准企业型的市场，由此引出后面要素的时间贴现这一主题。另一方面，双边市场既不是市场也不是企业（等同于既是市场又是企业），平台作为生产数据要素中间产品的组织（企业），与应用方（企业或个人）在交换中缔结类似市场交易合约的要素交换合约④，以实现数据中间产品与最终产品的分工，由此引出后面要素的空间贴现

① 杨小凯，黄有光．专业化与经济组织：一种新兴古典微观经济学框架［M］．北京：经济科学出版社，1999.

② 同①.

③ 同①.

④ 其市场性质表现为要素的等价交换，特别是平等分割要素使用的剩余，而非一方独占，另一方只获得成本补偿（如企业雇佣关系）。

这一主题。

杨小凯、黄有光倾向于用交易费用来解释中间产品交换的动因，他们认为，如果中间产品贸易比用于生产中间产品的劳动的贸易包含更多的交易费用，则与劳动买卖相关的企业制度可能因最终产品与中间产品的分工而产生。① 这与梯若尔把平台收费解释为佣金异曲同工。我们在资本资产定价范畴内，更倾向于用资产收益（剩余或利润）来解释交换的动因，因为中间产品交换（要素交换）毕竟有不同于最终产品交换（商品交换）的一面，它需要考虑成本之上的加成与分成，这不同于本金的交换（如人民币与美元的交换）。

数据要素作为中间产品投入后，不但要为投入的固定成本寻求补偿（后文式 8 中的 $B^i - A^i$），而且因为提供交换“场地”（形成流量），为最终产品买卖双边提供了产生互补的外部性的投入条件，还可以将这种外部性内部化，收取与流量相关的使用费［式 8 中的（$b^i - a^i$）N^j］。如果把梯若尔所说的进入费与使用费都理解为节省的交易费用，就容易混淆价值与剩余价值、最终产品与中间产品。

我们在数据资本资产定价中，将张五常的思想（企业制度的作用是以用于生产某些中间产品的劳动的市场替代这些中间产品的市场）形式化，但仅仅是在市场交易水平理解交易费用，对于资产定价，则更多地使用基于剩余索取权的资产收益的概念，以此理解间接定价：在此过程中，某些定价效率极低的活动能够纳入分工，同时得以避免其直接定价与销售，从而降低交易费用以促进分工。企业的剩余权可以用来对这些活动进行间接定价，譬如提供无形知识资产管理服务。②

持此种思路的戈峻、郭宇宽，关注到建立一个平台，以促进这种间接定价和间接交易的过程，本质是促成一些非常难于直接定价和直接交易的要素进行间接评价和间接交易，比如企业家精神、市场资源、知识产权等。③ 本书沿着同样的思路，用间接定价聚焦数据资本资产定价。

---

① 杨小凯，黄有光. 专业化与经济组织：一种新兴古典微观经济学框架［M］. 北京：经济科学出版社，1999.

② 同①.

③ 戈峻，郭宇宽. 大共享时代［M］. 北京：清华大学出版社，2020.

8.6.1.2 资产定价一般

1. 成本法、收益法与市场法的适用性

财务规范中的数据资产概念，与数据要素一样，都指作为中间产品的数据。至于数据资产与数据资本是同一概念还是子集关系，则要看定义的口径。本书定义数据资本为数据资产的子集，与同样作为中间投入的消费者数据①是并列关系。因此，本书所研究的数据资产相当于数据资本资产。以下若不特别声明，均简称数据资产。

数据资产价值评估方法包括收益法、成本法和市场法 3 种基本方法及衍生方法。

在采用成本法评估数据资产时，应主要考虑数据资产形成的全部投入；确定数据资产的重置成本，包括前期费用、直接成本、间接成本、合理利润和相关税费；确定数据资产价值调整系数。

其中，数据资产的前期费用主要包括前期规划成本，直接成本包括建设成本、运维成本和其他成本，间接成本包括与数据资产直接相关的或者可合理分摊的软硬件采购、基础设施成本及公共管理成本，此外，还要考虑合理的利润和相关税费。

采用成本法定价数据资产，优缺点都很突出。优点是定价只考虑数据供方，不考虑数据需方，这比同时考虑供求双方更加简明。缺点是以生产者为中心定价，可能脱离市场实际，一是由于定价缺乏内在的均衡尺度，不容易评估成本的“社会必要”程度。成本法假定的是需求既定下的供给，或假定供方可自发地感知需求，不会在没有需求的地方进行无谓的供给。这与现实相去甚远，可能高估数据垃圾的价值。二是定价与数据二次开发利用所创造的价值脱节，容易低估数据要素的潜在价值。目前，数据交易所的场内交易主要依靠成本法定价，公共数据往往也要依靠成本法定价，它们都存在以上问题。

对数据资产定价来说，成本法存在的根本问题，是数据要素本质上是异质的，这是指同一成本条件下的同一数据要素，与不同情境下的应用结合，

---

① 将消费者数据作为要素投入的理论基础是消费资本化理论，该理论与人力资本理论有相似之处。

可以实现的价值是不同的，具有因人而异、因时而异、因地而异的特点。要使数据要素发挥最大价值，仅靠调整成本是不够的。反过来说，仅靠供给方的成本来确定数据资产的价值，存在逻辑上的缺陷。

采用收益法评估数据资产，主要是根据数据资产的应用来定价，包括历史应用情况、未来应用前景、应用转化能力（如应用企业经营状况）。具体来说，可以采用直接收益预测、分成收益预测、超额收益预测和增量收益预测等方式。本书采用的是中间产品与最终产品的间接定价法，因此，主要采用分成收益预测法。分成收益预测法广泛适用于软件开发服务、数据平台对接服务、数据分析服务等数据资产应用场景，其他方法都可以还原为这种方法。

收益分成预测通常以分成率来计算数据资产的预期收益：首先计算总收益，然后对在总收益产生过程中做出贡献的所有数据资产进行分成。具体到本书，这里的数据资产可分为平台数据资产（数据资本资产）、应用数据资产和消费者数据资产，后面我们会给出分成的具体方法。本书在分成率上没有采取销售利润分成率，而是采取了销售收入分成率。

本书采用的收益分成预测法，本质上也是一种超额收益预测法。这个超额收益，集中反映在体现流量外部性的租值盈余区间（代数上式 8 中的使用费，几何上图 8－2 中的 $P_M efg$），在整体收益中扣除其他相关贡献资产（主要是固定资产）的贡献，以会员费方式体现。本书采用的收益分成预测法，还带有增量收益预测的内涵，这个增量主要表现在广义均衡点的确定上。它是指由数据资产特殊性带来的范围报酬递增的增量。在现实中，这一点与传统 CAPM 具有本质区别。传统 CAPM 容纳股价溢价，但这种溢价只是会计意义上的增量，不是均衡意义上的增量，相反，均衡上仍是边际成本定价，因此，是零经济利润的。

采用收益法的难点，在于保持预期收益口径与折现率口径的一致，这也是本书重点研究的问题。本书提出的空间贴现方法，旨在总结现实中实际施行的方法，估算高风险条件下相对确定的折现率。

资产定价的第三种方法是市场法。采用市场法评估数据资产，当前面临的困境是缺乏可靠的市场基础，主要是不存在活跃的公开交易市场。

现有数据交易市场更接近金融市场，而非专门针对数据特点设计的市场，场内交易与场外交易脱节是其表象，场内交易比照金融模式，交易不活跃，场外交易虽然相对活跃，但由于专注于数据的场景化特点，不被金融思路接纳。

数据资产定价具有场景化的特点，用公允价值来进行资产定价，存在难以克服的局限性。公允价值计量更多地适用于数据交易所这样的场所，要求交易双方熟悉情况，能够综合考量成本、收益、市价等多重因素。

其实，可作为市场法基础的市场是存在的，现实中双边市场的发展，就提供了好的可比案例，却没有纳入市场法研究视野。受限于传统，许多专家坚持认为双边市场不是交易市场。本书将现实中已经发展起来并经梯若尔模型化而又未被市场法吸收的那些评估方法，总结为资本资产定价的双边市场空间贴现方法。此外，风险投资市场，如纳斯达克，是数据资产定价的天然统一市场，其本质是现成的空间贴现市场，与双边市场一样，其高度关注流量变现，与实时经营状况同步变动，可以将其作为空间贴现的市场法定价的参照系。

总之，本书将综合运用收益法、市场法来进行数据资本资产定价，主要的创新是将双边市场的市场法引入 CAPM。

2. 市场法中间定价的核心：数据流量变现

基于双边市场的市场法在资产定价上，对于中间产品的间接定价，是以流量转化为基础的间接定价。高度依赖流量变现，是它不同于传统资产定价的核心特征。

流量是一个技术商业术语，一个流量指以平台为边界①的网络中不同节点（用户）的一次互动，其经济学本质在于网络外部性，即由双边互补产生的收益递增。②流量转化（或流量变现）是指资本投入由中间产品转化为最终产品，其经济学实质是外部性（流量）的内部化（变现）。具体来说，平台投入数据资本，形成流量这种外部性资产；流量这种中间产品向最终产品（如 App）转化（流量转化），变为现金流（变现为财富）；在平台控制（实质是分成合约控制）范围内的市场（“场”）中结算，将前者的效用（消费效用）转化为后者的效用（财富效用）。数据资本资产的定价，则指在这一过程中，确定资产方（中间产品方）依合约所规定的销售收入分成率从最终产品总收益中取得的资本回报部分的价格。

在梯若尔的双边市场理论中，资本方（平台）的收入分别来自依赖流量

---

① 以平台为边界的实质，是以数据资产使用权为边界，即所有权不同、使用权相同的临时共同体。

② 汪丁丁. 收益递增：转型期中国社会的经济学原理［M］. 上海：上海人民出版社，2022.

的收费（不固定的使用费）与不依赖流量的收费（会员费）。这显然有别于单边市场的定价模式。单边市场不存在依赖流量收费这一定价模式，这主要因为它在市场内部外生了外部性。流量具有人力资本的特征，在双边交易中无法对其进行直接定价，对流量只能间接定价，即在使用（App 经营）中定价，从这个意义上说，流量转化产生价值的过程就是间接定价过程。

数据资本当然不限于流量这一种形式，具有外部性的中间产品是其共性特征。流量作为可进行再投入的中间产品，由平台企业所投入的资本形成，因此，是该资本的价值对应物，其价值可以转移到下一轮的生产与服务中。应用基础设施、数字生产资料（如虚拟店铺与柜台）和开发工具，都可以成为数据资本的载体。

8.6.2 数据要素定价的均衡逻辑

◎ 命题 22：数据要素定价的均衡点确定在传统要素垄断竞争定价加外部性内生变量作用形成的均衡点。

现有资本资产定价理论的均衡框架需要改进，以适用于数据资本资产定价。与经济学尤其是理论经济学在均衡类别上丰富多彩的发展与学派分支演化相比，资本资产定价理论的均衡理论部分，只局限在一个狭窄的学派，也就是边际成本定价均衡这一支。其表现是，CAPM 的基石建立在当前消费的边际效用与未来消费的边际效用相等上。这只不过是 $MR = MC$ 的特定均衡，其本质是同质完全竞争均衡定价 $P = MC$。实际解释中，行为金融学虽已发起对市场有效性假定的质疑，但这些修正的理论，都没有明确得出一个最终的均衡结论，即如果资本资产定价的均衡尺度不是 $P = MC$，那它是什么。例如，是不是 $P = AC$？这些理论没有回答。即使这些理论抛弃了完全竞争假定、完全信息假定，加入了噪声交易者、非理性心理账户等，但都没有像一般经济学派第二代那样，从完全竞争均衡框架转向垄断竞争均衡框架。这是我们在进行资本资产定价分析前要解决的问题。这导致资本资产定价理论的主体部分“滑”出了经济学理论，“滑”向了统计学理论，明显的标志是随机贴现因子这种统计对象成了 CAPM 分析的中心。

根据数字经济学研究，数字经济的基本均衡是一种特殊的垄断竞争均衡，它相当于把传统上的垄断竞争短期均衡点 e^* 视为广义均衡点，这将导致对

CAPM 基石最根本的修改。

我们将数据要素的一个全生命周期当作数据要素的一个投入产出循环，它是一个从中间产品投入到最终产品产出的价值循环过程。生态组织（双边市场）构成这个循环的边界。其中，数据要素投入，以数据要素资本产权人平台方数据生产资料共享方式，构成生态共同体的固定成本投入，在图 8－2 中指 $gfiP_{AC}$这部分对生态而言的固定成本投入（FC）①，作为整个生态的资产（生产资料，即生态中间产品）。数据资本产权方在保护所有权不变的条件下，将使用权转移（有偿共享）给应用方，用于生产和提供生态最终产品（App）。这一过程可视为生态中固定成本均摊于应用的过程，同时也是流量变现的过程。生态在此的本质是将企业内部的规模经济与范围经济转化为企业外部的规模经济与范围经济。

与数字经济学理论为数据要素设定的均衡点 e^* 相比，传统资本资产定价理论的均衡基础是建立在新古典主义完全竞争之上的。在定价时，最基础的均衡框架是 $MR = MC$，表现在默顿的跨期资本资产定价模型（Intertemporal CAPM，ICAPM）中，是这样一个等式：

$$U_c(c,t) = J_w(W,t,X)$$

即当前消费的边际效用等于未来消费的边际效用。U 是消费效用函数，U_c是当前消费的边际效用，c 是 t 时刻的消费；J 是财富效用函数，J_w是未来消费的边际效用，J 的下标 w 代表偏导数，W 是总财富，X 是投资回报。这里把投资理解为未来消费。

这个均衡点，只相当于图 8－3 中的 i，它是定价的数学期望。也就是说，如果不发生随机贴现因子变化造成的发散，资产的无风险收益应收敛于此点。

相较马科维茨的理论，阿罗－德布鲁一般均衡分析框架虽然引入了风险，在一定程度上改变了资本资产定价理论的基本方法，但这只是从统计意义上引入了风险，而没有建立关于风险的因果分析框架。

同样以完全竞争均衡为数学期望，统计框架与经济学框架的一个基本不同在于，统计意义上的方差只是对这一期望的发散，经济学意义上的方差还要将这种发散收敛到 $P = MC$ 这一引力中心。

---

① 我们把平台企业的全部投入当作生态（平台企业与应用企业的集合）的固定成本投入，视应用企业投入的总和为生态的可变成本投入。

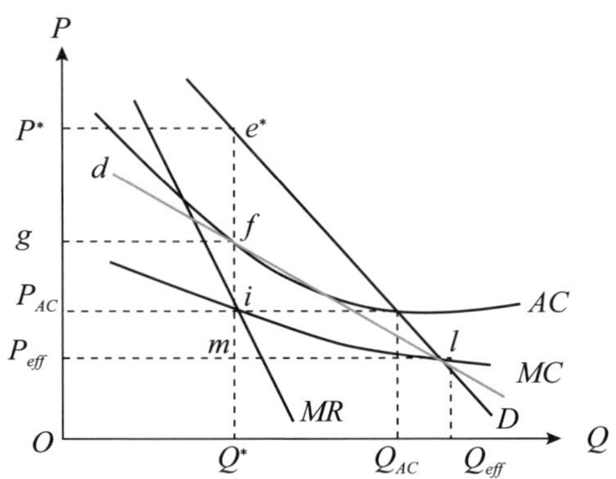

图 8－3 数据要素与资产的生态定价结构

在数字经济学中，数据要素的资本资产定价还要收敛到 $P=AC$ 这一新的引力中心，否则风险就缺乏经济学意义，例如，就无法代表差异化、多样化、异质性这种实质内容。

从这个意义上说，股价溢价之谜更具有思想性，这说明风险、不确定性并不是无原则地逃逸市场有效性假定，而是对新的均衡点的“趋附”。风险偏好，在这里可能另有含义（如创新偏好、体验偏好），而不只是无原则的统计现象。

行为金融学未言明的实际均衡点，是 f，这样才能把有限理性甚至某种意义上非理性的实际含义表现出来。对数据资产定价来说，如果引入行为方法，在此基础上，还要引入外部性因素，因此，均衡会从 f 点进一步移向 e^* 点。数据要素资产定价是一种特殊的垄断竞争均衡定价，其特殊之处就在于内生了外部性。

图 8－3 表示出了数据要素市场（梯若尔双边市场）内生外部性的原理。图中曲线 d 是不含外部性的需求曲线，D 则是内生外部性的需求曲线。总流量 Q_{eff} 与变现流量 Q^* 之比，决定外部性收入区间 P^*e^*fg，即生态总的净收入扣除各方成本之后的分成空间。分成的比例决定了数据资本资产定价的位置在 P^* 与 g 之间。

需要注意的是，变现流量 Q^* 正是由 $MR=MC$ 决定的。在传统资本资产定价模型中，这就是均衡价格的决定之点。但对数据资本资产定价来说，它决定的只是均衡数量，均衡价格则另由需求曲线与之结合决定。为了简化分析并与 CAPM 的边际分析传统一致，我们省略了代数式中的平均成本分析与平均收益分析，只在几何图形上显示 d、D 曲线的位置。在这里要做一个总的声明，凡是 CAPM 中的 E（图中的 i），在数据资产定价语境下一律为 e^*（由 D

决定）。

其经验含义是，成本之上的溢价因素主要是资源配置上的差异化、多样化和异质性（对应质量、创新与体验因素作用）以及社会分配方面的广义权力因素（包括社会权力、制度、心理、情感等因素），由社会资本的外部性决定。这些因素与非理性因素一起表现为对边际效用基准期望的偏离（方差）。

但均衡点不包含非理性因素①的作用。行为金融学将符合理性的方差与不包含理性的方差混为一谈，因此，把经济升级因素（例如，数字化中的个性化、情感化）的影响，与个体“梦游式”的随机游走混为一谈。非理性因素表示为高于 e^* 的定价，该定价是偏离均衡的。不能认为经济偏离了同质完全竞争均衡，就不再受供求相互作用规律的影响。数据资本资产均衡定价显示的无非是内生流量外部性后，供求在差异化、多样化和异质性条件下匹配作用力的关系。

在模型中，我们把数据生产力的作用分解为两部分，一部分是网络的作用，另一部分是数字的作用。它决定了新机会公平只属于数字经济，而在传统经济中难以实现。

网络的作用表现在 d 向 D 移动的过程中：这种移动的作用就是命题 22 中所说的“外部性内生变量作用”。d 为不存在外部性时的需求曲线，D 为存在外部性时的需求曲线。需求曲线从 d 到 D 的变化，由买卖双边互动产生的网络效应与平台投入固定成本提供基础业务两者共同形成。这将被科斯排除出市场的外部性空间 $P_M efg$（图 8－2）纳回了市场，从不可收费变为了可收费。这是市场经济本身的一次重大升级与飞跃。

数字的作用表现在流量 Q_{eff} 的形成与利用上，是“外部性内生变量作用”的另一方面。如图 8－2 所示，实体生产要素要租出，顶多在 Q_M 范围内（并按使用收费），但数字生产资料可以复制，因此，不但可以一次性使用，而且可以在 Q_{eff} 流量范围内复用（并按使用“效果”收费）。Q_{eff} 既可以按买方计算（如一家平台上的 5 亿网购消费者），也可以按卖方计算（如苹果平台上的 400 万个 App，阿里平台上的 1000 万个网商），当然，最科学的方法是统计双边的交互关系值（如以邻接矩阵计算的图值②）。对生产资料的所有权人（平

① 这里的非理性因素，不是指异质性因素与行为因素。

② 姜奇平. 网络经济：内生结构的复杂性经济学分析［M］. 北京：中国财富出版社，2017.

台企业）来说，Q_M与Q_{eff}的成本是一样的（复制数字化生产资料的代码所需要的电费可忽略不计）。从图8－2中可以看出，$mlQ_{eff}Q_M$区间是数字化生产资料与实体生产资料差别最大的地方：数字化生产资料因为以代码方式存在，一旦这部分损失（0收入），无须计入资产损益表，而实体生产资料一旦损失，将计入资产损益表或银行呆账。

不完全内部化时，最终产品定价为P_M，最终产品收入为P_MeQ_MO，平台投入（中间产品投入，生态固定成本）为$gfiP_{AC}$，应用投入（生态可变成本）为$P_{AC}iQ_MO$，不完全内部化收入为$P_{eff}mQ_MO$，代表平台"按使用效果收费"中"有效果"（使用且收费）的部分，而$mlQ_{eff}Q_M$是无效果的部分（使用但不收费）。

实际的价格结构是，最终产品（App）定价中，一是扣除应用方的成本，即图8－2中的$P_{AC}iQ_MO$部分，该部分属于整个生态的可变成本部分（如果应用方不是自然人而是企业，也包含应用企业的固定投入，但对生态来说仍然算可变成本），是由应用方完全竞争形成的边际成本部分。二是扣除平台方的生态固定成本投入——$gfiP_{AC}$部分，该部分以进入费的方式全部由平台方所得。使用费特指P_Mefg（租金盈余）部分。实际分配（如苹果商店的分配）与倾斜性定价分析完全不同，租金盈余由平台方（生态的资方）与应用方（生态的劳方）依合约分成。

生产资料$gfiP_{AC}$的共享范围是全体应用$P_{eff}lQ_{eff}O$。其中，Q_{eff}代表流量；Q_M是生产资料"按使用效果收费"有无效果的分界，其均衡数量由$MC=MR$决定（i点），左侧为有效，即应用方实现流量变现，获得最终产品收入P_MeQ_MO，此种情况下生产资料为有偿使用，右侧为无效部分，即流量Q_{eff}中没有变现的部分，应用方虽然以共享方式使用了生产资料，但没有获得最终产品收入，此时生产资料完全无偿使用，相当于租客没赚钱就不交租（这显然有别于实体生产资料租赁）。

图8－4阴影部分就是不完全内部化所处的值域。阴影代表平台上市后的不完全内部化。D代表存在外部性时的需求曲线，d代表没有外部性时的需求曲线，AC是不考虑外部性时平台本来的平均成本曲线，其均衡定价是g（如果不借助生态化外部性，那只有定价在g才能收回f至i的固定成本）。$P_{eff}lQ_{eff}O$是平台共享生产资料的范围，阴影部分$P_{eff}mQ^*O$是可内部化的部分，右侧空白部分是无法内部化的部分。相对于$P_{eff}lQ_{eff}O$，阴影部分是"不完全"的。因此，把这种内部化称为不完全内部化。

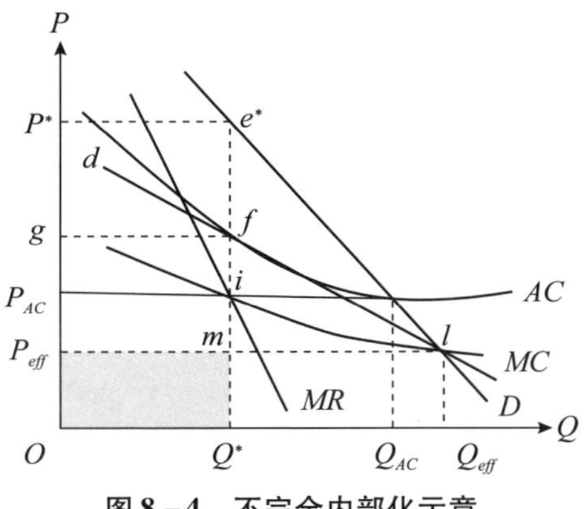

图 8－4 不完全内部化示意

从图 8－4 可以看出，平台所关注的不是使用费占总收入的比例，而是流量基数 Q_{eff}，流量越大，D 越向右上方移动，阴影部分的绝对值才会越大，得到的流量外部性补偿才会越多。

从应用方来看，对平台固定投入（应用基础设施投入）$gfiP_{AC}$的补偿（进入费），来自总收入，其中包括 P^*e^*fg 区间，这是平台外部性带来的超可加性。但 $gfiP_{AC}$本身并不是内部化的价值来源，对应的只是应用自身差异化价值（或创新价值、体验价值）的固定成本价值来源。P^*e^*fg 是对这种差异化价值的倍增与放大。如果应用是同质化产品和服务且不存在应用方固定投入，则需要合并图 8－5 的 g 与 P_{AC}，那么 $gfiP_{AC}$加强的就只是应用打价格战的效果（规模经济）。这时的 AC 只代表内部规模经济。

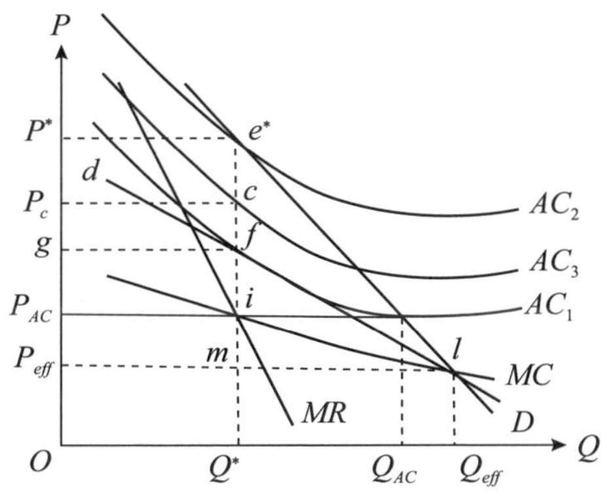

图 8－5 数据资本资产定价

由于存在不同于工业实体经济的配置机制，市场机制就可以实现：一是存在大部分（并且较高比例）的外部性，另一方面在只有少部分（较低比例）可以内部化的情况下能正常运转。

与现有的CAPM不同，数据要素的资产定价模型（尤其是其中的空间贴现部分）不是一个统计模型（相关模型），而是一个经济学模型（因果模型）。图8－5中的P_c显示了数据资本资产的定价位置，这个位置是由逻辑确定的（由AC_3与$MC=MR$两个条件决定）。如果说随机贴现因子起作用的话，只是通过改变Q^*（贴现流量）与Q_{eff}（总流量）的比例关系而间接影响c这个交点的位置。可以将这种风险不确定性，当作特例，用时间贴现来处理。在经验中，这主要表现在风险投资市场上市值的不确定起伏上。

8.6.3 数据资本资产定价模型构建原理

8.6.3.1 资产组合理论与资本资产定价模型

数据资本资产定价模型建立在一般资本资产定价模型基础之上。CAPM遵循马科维茨投资组合理论的一般设定，包括单个资产价格（收益率）的大小由该资产的风险（标准差）大小决定，组合资产价格（收益率）的大小由该组合的风险（标准差）大小决定。

CAPM主要用于模型化经济个体不确定条件下的最大化行为，其基本结论为：资产收益率与它和市场组合的协方差①系数成正比。将CAPM转用于数据要素（数据资本是数据要素的主要部分），将经济个体扩大为一个由平台企业、应用企业等构成的集合（“集群”），就成为生态了。

由于资产定价的单位不同，数据资本资产定价在结构上与一般CAPM有以下不同。

1. 数据资本资产定价中数据资本需要在关系中定价

广义的数据资本指数据要素。数据要素的单位不是“经济个体”，而是

---

① 协方差在概率论和统计学中是用来衡量两个变量的总体误差的。方差是协方差的一种特殊情况，即两个变量相同的情况。如果两个变量的变化趋势一致，也就是说，如果其中一个大于自身的期望值，另一个也大于自身的期望值，那么两个变量的协方差就是正值。如果两个变量的变化趋势相反，即其中一个大于自身的期望值，另一个小于自身的期望值，那么两个变量的协方差就是负值。

共同体——由数据要素产权的所有授权主体构成，授权主体的集合称为生态，即数据要素以生态为基本单位。构成生态共同体的利益相关方，主要包括消费者、平台方、应用方，由此资产定价多了一个程序，即按收益法中的分成收益预测方法，先分割总收益，再将资本收益部分由收入转化为价格。

以生态为单位而非以经济个体为单位，主要有以下两个方面的原因。

第一，从客体方面说，数据所赖以定价的价值，不但存在于生产（价值形成）中，而且存在于使用（价值实现）中，无论是生产还是利用，其存在形态都处于由关系和流量构成的过程之中。因此，不是以状态（存量）单位为基本单位，而是以过程单位（流量）为基本单位。

第二，从主体方面说，数据要素的所有权由平台方、应用方和消费者三方授权，由三方授权形成的数据要素整体是生态数据（关系之内的数据）而非个体数据（关系之外的数据），数据的服务价值同样由三方的数据使用权实现，因此，三方同样具有对共同数据（生态数据）的剩余索取权。经济个体的数据（关系之外的数据），可视为共同体数据的一个特例，知识产权类型的数据就是这种特例形态的数据。

研究起便，我们将简化部分现实，将生态数据资产定价简化为平台数据资产定价。假设在生态数据资产的三方拥有者（授权者）——消费者、平台企业、应用企业中，消费者与应用企业的数据资产在使用中已得到补偿，消费者授权数据及形成的包含彼此交互数据的流量，通过平台免费提供服务，以消费者剩余方式自我补偿；应用方授权数据及形成的包含彼此交互数据的流量，通过相互获得外部性收益而相互抵消（相互补偿）；只有平台企业授权形成的数据及通过生态固定成本投入形成的流量所含的外部性，在使用（服务）中通过收取使用费（含固定的进入费与不固定的狭义使用费）形成资产收入（它是生态收入即最终产品收入的某一比例分成），构成本研究的定价资产。应用方收入，仅从企业角度可视为资产收入，但从生态角度属于生态可变成本所得，因此计入生态意义上的非对象化劳动（活劳动）收入。质言之，从生态角度，并不对应用方内部的活劳动、自然人、灵活就业者、在家办公者、小微企业甚至中小企业加以区分。中小企业作为应用方，自身投入固定资产所得，从理论上说，由于不属于向平台企业交的平台生产资料使用费①，当作生态之外的企业资产负债表另计，不在本书研究范围。

由此可以明确，数据资本资产定价是对数据资本的资产定价，这里的资本虽然原则上可以泛指数据要素，但本书所称数据资本特指数据要素中作为资本投入的要素，有别于消费者授权部分的数据要素②，因此，本书研究对象实际为数据要素的资本资产定价，或数据要素中资本的资产定价。

2. 数据资本资产定价需要在生态总收入中完成

一般 CAPM 中，资本的资产收入仅从自身投入产出时间序列中产生与计量，数据资本收入，则是在生态总收入中取得的生态资本部分的收入。生态总收入是从最终产品构成的总收入中扣除经济个体收入之后的净收入。在数据要素生态中，经济个体收入是指投入产出不依赖生态（具体来说是不取决于流量形态的数据）形成的收入。例如，独立品牌商以流量平台为渠道销售自有产品，其生产自有产品投入的资本，属于生产资本而不属于生态数据资本。因此，生态各方不具有对这种生产资本的剩余索取权，由此形成的收入，不在净收入范围，不参与分成。经济个体作为生态利益相关方之一，加入生态之后，围绕生态净收入分成，其资本我们称为生态商业资本。它主要是基于流量变现来分成。流量变现主要是基于生态不变成本与可变成本的投入在服务中形成的总的净收入来分成。

数据本质上是流量，因此，只有通过使用才能完成定价（使价值充分实现）。其中隐含的意思，是数据定价包含生产与使用两个阶段，数据本身具有价值，数据使用（服务）本身也创造价值，后者所创造的价值，是前者价值中潜在价值的实现。例如，主要由平台固定成本投入形成的流量（或对应生态固定成本 FC 的流量），只是潜在价值，只有经过应用变现（视应用为服务，即使用的主要样式），才能得到实际收入意义上的价值。二者有流量价值与流量变现价值之分。

将数据资产定价视为资产组合定价，此时的数据资产是生态内部固定资

① 在实践中，独立品牌商的生产资本所得应计入独立品牌商自身成本，在计算总收入之前扣除，而不在分成的总的净收入范围之内。独立品牌商向平台企业交的使用费，应理解为（由平台方投入商业基础设施所形成的）商业资本分成部分。

② 本书假定由消费者授权形成的数据要素，通过免费等消费者剩余形式得到补偿，不单列入资本资产定价。

本与可变资本的总和。数据资产定价 = 成本定价 + 使用定价，前者是资产的中间产品定价，后者是资产的最终产品定价，前者是资产现在的价格，后者是资产未来的价格，前者是价值（潜在价值）的定价，后者是使用价值（实现价值）的定价。

数据资本资产定价的典型问题是，如何对潜在价值进行贴现，即如何在现在价格中包含未来的价值。以现有价格出售中间产品，不是“完成的”定价，而是潜在价值的定价。不经使用直接定价是完整定价的特例，即使用不包含风险与不确定性。假设中间产品是无风险的，最终产品是有风险的，由此，价值是确定的，使用价值是不确定的（情境相关的）。“经济个体不确定条件下的最大化行为”被理解为经济主体（生态）不确定条件下总收入最大化行为，即在具有不确定性的最终产品条件下的生态收入最大化行为。

8.6.3.2　数据要素的消费资本资产定价

1. 消费资本资产定价模型

我们按消费资本资产定价模型的思想，将数据资本资产定价还原为整个生态水平的消费效用的价值确定问题。此时的资本资产定价，是基于消费（App 最终产品收入）的中间产品（平台资本资产）定价。

数据资产存在一些特殊情况。按授权来源，数据资产（CA）可区分为用户数据资产（CA_1）、平台企业数据资产（CA_2，数据资本资产）、应用企业数据资产（CA_3）。

$$CA_2 = CA - CA_1 - CA_3$$

平台企业与应用企业资本定价同时基于同一个消费来源（总销售收入）定价。

数据资产整个生命周期内的消费，包括中间产品（牺牲现在以增值未来的消费）与最终产品（现期消费）的组合，或者可以把投入中间产品产出最终产品的整个过程视为一个生命周期。

罗伯特·卢卡斯（1978）和道格拉斯·布雷顿（1979）描述了消费资本资产定价模型（也称资产收益的代表性经济人模型），该模型中，人均消费与典型消费者的消费流完全相关，从而一项资产的风险能够通过其收益与人均消费的协方差来测量，这个协方差被称为消费贝塔。这表明资产预期收益率的系统风险能够用消费增长率风险来解释。[①] 在数字经济中，期望收益本身不是完全竞争定价，而是垄断竞争定价。在此基础上的风险，来自网络的外部性增值收益，在 e^* 点取得均衡。

风险资产的市场组合收益率是 CAPM 的核心变量，因为投资者拥有大量人力资本等非交易资产，所以该变量难以被直接测量。在 CCAPM 中，消费增长率则可以较好地衡量风险资产市场组合收益率。[②]数据资产同样具有人力资本特征，难以直接测量，但通过流量转化，可以由消费端支出额（应用方收入额）较好地衡量。

2. 默顿的跨期资本资产定价模型

默顿的跨期资本资产定价模型的核心概念是间接效用函数（其公式见后文式 9、式 10），表达的含义是当前消费的边际效用等于未来消费的边际效用。

间接效用可以视为相对于资本（中间产品）而言的最终产品效用（未来消费的效用）。对中间产品来说，资本的使用价值是其直接效用（满足生产资料的需求），如果不把它用于投资（生成新价值）而是用于消费，则它就会转化为当前消费的效用。也就是说，把它固化为一种表现为当前消费的存量（状态）的存在（消费把存在变为不存在），放弃其时间价值，亦即生成过程产生的价值，而将这一效用满足从中间产品效用延迟到最终产品效用（满足生活资料的需求），也就是把资本对应的价值从存在状态转化为生成状态，其增值在纯产品（使用价值增值）意义上构成间接效用（迂回的效用），也就是引致效用，即由本金对应效用引致本金 + 利息对应的效用。

默顿的资本定价理论把价值还原为效用进而消费本身，由此倒推投入的贴现价值，建立的是资产与总消费的关系。需要特别注意的是，默顿在这里以边际效用表达的，只是完全竞争定价。这也是整个 CAPM 共同采用的新古典主义立场。在进行数据资本资产定价时，需要考虑数字经济特有的实际的垄断竞争定价（平均成本定价），特别是来自消费的平均成本租值盈余。

效用本身，可以理解为值得满足的需求。这种需求在没有经过价格估值

---

① 臧旭恒，王立平．消费资本资产定价理论：回顾与评述［J］．产业经济评论，2006，5（2）．

② 同①．

（变现）时，可以认为是主观的，但这个主观，不是指偏好这种心理学上的主观心理活动（否则在定义体验是否有价值时就会发生矛盾），而是指它此时还没有与（价格所隐喻的）得失相权衡。用“值得满足”来限定效用，就包含了“有支付能力的需求”这种客观的意思，其中潜在地包含是否“为此付出”的意愿，以及是否社会必要的约束。这种意愿的客观化，是通过建立效用与得失（价格）的函数联系实现的。

8.6.3.3　对 ICAPM 的借用

数据要素资产定价，在全生命周期，指生态数据要素（数据资产）定价（有别于企业数据要素定价），即对 P^* 的定价（其中的资本资产定价是对 P_c 的定价）。

数据资产定价不等于数据资本资产定价，因为数据资产还包含与资本资产相对的“劳动资产”（人力资本）。因此，这里所说的要素，是平台数据要素与应用数据要素（生态人力资本）之和。生态数据要素定价，由生态中数据资本资产定价与数据人力资本资产共同构成。对于生态组织来说，数据要素是一个要素集合。数据要素所有权人，由平台企业、应用企业和消费者（其回报直接纳入消费者剩余，这里不重点讨论）3 个主要授权主体构成。三者不是同一个授权方，因此，也不是生态数据这个集合中的同一个所有权人。我们称这样的要素为生态数据要素。①

定义收入为生态收入（总收入 I），即平台方收入（I_C）与应用方收入（I_A）之和（$I=I_C+I_A$）。净收入 Y 等于总收入减去总成本（投资成本，C），再加上投资回报（R）（$Y=I-C+R$）。其中，总成本 C 分为生态固定成本（FC）和生态可变成本（VC）（$C=FC+VC$），FC 为平台方投资成本，VC 为应用方投资成本。投资回报为平台方投资回报 R_C（含税）和应用方（生态人力资本）投资回报 R_A（要素收入）之和。

在图 8－5 中，I（总收入）为 $P^*e^*Q^*O$，Y（净收入）为 P^*e^*fg，I_C为

---

①　数据生态中，在平台企业、应用企业之外，还存在第 3 个授权主体，即消费者，其在对流量形成的贡献上，也具有消费资本性质。为简化分析，不将其列入投资者。消费者的“投资”回报主要体现在平台用于吸引流量 Q_{eff} 而实行降价或免费带来的消费者剩余中。

$P_c cfg$（狭义①使用费）与 $gfiP_{AC}$（进入费）之和，I_A 为 $P_{AC}iQ^*O$ 与 $P^*e^*cP_c$ 之和；R_C 为 P^*e^*fg（税前②）与 $gfiP_{AC}$ 之和，R_A 为 $P^*e^*cP_c$。

8.6.4 数据资本资产定价模型

8.6.4.1 定价一般

◎ 命题23：数据资本资产定价受共时因素（空间因素 n）与历时因素（时间因素 t）的共同影响，数据资本资产定价中期望值的变化，一方面取决于增加一个有效应用带来的边际效用对应的回报变化，另一方面取决于增加一个未来效用增量对应的回报变化。

数据资本资产定价模型推广式（通用公式）为：

$$\sum_{n=1,t=1}^{n,t} p(n,t) = \sum_{n=1,t=1}^{n,t} E_{n,t}\left[\beta \frac{u'(c_{n+1,t+1})}{u'(c_{n,t})} x_{n+1,t+1}\right] \tag{1}$$

式中，t 表示时间，$t=1$，2，3，…，t；n 表示有效③的最终产品数量（有效流量或可变现流量），$n=1$，2，3，…，n；E 代表预期；u 代表效用；c 为效用对应的消费；x 为资产回报；下标代表起始值，上标代表最大值。

式1表示，数据资本资产定价受共时因素（空间因素 n）与历时因素（时间因素 t）的共同影响，数据资本资产定价中期望值（E）的变化，受两方面因素的影响：一方面，取决于增加一个有效应用 c_{n+1} 带来的边际效用 u' 对应的回报（x_{n+1}）变化；另一方面，取决于增加一个未来效用增量 c_{t+1} 对应的回报（x_{t+1}）变化。

1. **空间贴现**

当 t 取值固定，为 $t=1$ 时，式1变为空间贴现模型：

$$p_n = E_n\left[\beta \frac{u'(c_{n+1})}{u'(c_n)} x_{n+1}\right] \tag{2}$$

式2表示在共时条件下，数据资本资产定价取决于增加一个有效应用

① 广义上，进入费（会员费）也是（平台生产资料包括流量的）使用费。

② 指征收数字税之前。

③ 这里的有效，是指中间产品（数据资本资产）有效转化为最终产品（数据最终产品，即增值应用）的现金收入，即流量变现。

c_{n+1}带来的边际效用 u'对应的回报 x_{n+1}所决定的预期 E 变化。

▲ 命题 23 推论 1：共时条件下，数据资本资产定价取决于增加一个有效应用带来的边际效用对应的回报所决定的预期变化。这是空间贴现。

2. **时间贴现**

当 n 取值固定，为 $n=1$ 时，式 1 变为时间贴现模型：

$$p_t = E_t\left[\beta \frac{u'(c_{t+1})}{u'(c_t)} x_{t+1}\right] \tag{3}$$

式 3 表示当一个资产（中间产品）与众多最终产品分成固定（如平台与应用分成比例固定）从而 n 为常量①时，数据资本资产定价取决于增加一个未来效用增量 c_{t+1}对应的回报 x_{t+1}带来的预期 E 改变。

▲ 命题 23 推论 2：历时条件下，数据资本资产定价取决于增加一个未来效用增量对应的回报带来的预期改变。这是时间贴现。

3. **比较**

在均衡条件下，$p_n=p_t$，这是因为空间贴现是对时间贴现的确认，时间贴现是对空间贴现的预期。

空间贴现的一个关键条件是“市场可观察”（信息对称），这是指对中间产品投入转化而来的最终产品市场，我们可以观察（确知）其收入。这至少需要两个条件：一是具备买卖双边之外的第三方观察者（如苹果商城平台）；二是有买卖之外的第三方观察系统（如苹果商城中的支付结算系统）。

对时间贴现来说，“市场不可观察”（信息不对称），在此条件下资产变现收入（进而资产价格确定）信息的获知，主要是对 β 值这一“黑箱”进行解析。

有助于替代市场观察（使时间贴现与空间贴现等价），解析随机贴现“黑箱”的条件：第一，交易双方熟悉行业（这是公允价值定价规定的条件）；第二，有专业机构在场外交易中提供专业信息服务（如提供关于行业应用的场景化知识与估值信息）；第三，有应用者（买方的买方，即下家）向买方“显示”有助于定价的需求信息；第四，有成熟的资本市场“显示”相关价

① 此时可视同于中间产品与最终产品的提供者是“一个人”。

格信号，例如，纳斯达克显示以数据资产为主要资产的公司的市值（有时也可能过高评价市盈率）；第五，有庄家坐庄，指非参与经营的造市者或利用信息不对称进行杠杆化操作，或利用噪声交易制造泡沫，套现离场。

其中，第5个条件与空间贴现是不相容的，因为庄家坐庄（金融化）倾向于放大风险，空间贴现则趋向于消除风险。其他4个条件是相容的，可以视空间贴现为时间贴现的极限形式。这4个条件不断迫近信息对称，但无法达到信息对称这个极限，而空间贴现的结果，几乎直接是这个极限本身。用CAPM的语言来说，空间贴现与时间贴现结果相等，意味着时间贴现中的随机变量因子β的发散将重新收敛于均衡（不是i而是e^*）。

8.6.4.2 双边市场

1. 空间贴现

根据约翰·科克伦在《资产定价》中提供的简明方法，我们可以将资本资产定价的时间贴现对等地置换为空间贴现，将表示时间的变量t系统地置换为表示空间的n，构建数据资本资产定价模型。

n代表品种，衡量的是最终消费的多样化程度，在此对应的是可变现最终产品的种类数（设1个App代表1个品种）。与杨小凯的定义相反（他把n定义为多样化的中间产品厂商数①），我们基于数字经济垄断竞争均衡定价的先验假设，把n定义为最终产品厂商种类数或多样化的最终产品厂商数（这意味着最终产品均衡必是垄断竞争均衡，属于范围经济）。在现实中，n指平台上可以实现流量变现的应用方（App）的数量②，1个App代表1个不同品种。我们约定最终产品的均衡由平均成本定价决定。③

数据资本资产定价空间贴现，考虑的主要是最终产品厂商数n（App厂商数，对应最终消费品种数量，代表最终产品“使用”或数据要素的“应用”“利用”）的每一个边际变化给数据资产边际收益带来的变化。现实中，

---

① 以一个厂商代表一个不同的质（品种），n表示中间产品厂商的种类数。以中间产品而非最终产品作为品种基准，是将最终均衡确定为边际成本定价的缘故。

② 就是按使用效果收费中“效果好”（有收益）的那一部分，也就是转化为有效的最终消费的部分。对应传统理论中可贴现部分。

③ 这一点由数字经济总的均衡规律决定。数字经济就其总体取向看是差异化均衡定价而非无差异均衡定价。

苹果商城的数据资产（平台、开发工具、流量）是一个定数，商城中的 App 数量并不直接改变资产存量（潜在价值），但每多出 1 个 App（$n+1$），资产的收益都会相应发生变化，这种收益是通过苹果支付系统瞬时结账（n 的集合中，有收益的交资产使用费，无收益则不交）在同一时间内完成的。这个变化与最终产品厂商（App）在同一时间条件下空间数量的多少密切相关。至于平台方与同一应用历时收益间的关系，仍遵从时间贴现，在此不论。

将资产定价中的时间变量置换为空间变量，所要表达的思想如下。

与同一产权主体在不同时间（如 t 与 $t+1$）的价值贴现决定资产定价不同，数据要素作为资本时的资产定价，取决于同一时间一个产权主体的数据资本在多大范围（范围以 n 衡量）不同产权主体应用中的使用（贴现）效果，这个效果用有收益的应用与无收益的应用的比值表示，是具有空间风险①的收益。这里的空间指的是，集中的数据资产（平台资产）与分布式的资产应用之间收益的概率分布是空间式的而非时间式的。

数据资产有偿共享，按使用效果收费，在定价上表现为资产的价值（数学期望）与不同产权主体（应用方）将资产应用于最终消费取得收益（价值实现）之间，存在由上述空间因素决定的由数学期望离散形成的方差，也可以认为同一资产的成本法定价与收益法定价存在空间差异。

在这一模型中，市场被区分为单边市场与双边市场。单边市场是双边市场的一个特例（现实中如贵阳大数据交易所，或交易所形态的数据交易市场），即 $n=1$ 时的特例，其定价是一个静态定价（可套用适合产权分析的时间贴现方法来贴现）。双边市场则是单边市场的推广，将应用方从外生变量（$n=1$）变为内生变量（$n>1$），其定价是对应跨期定价的动态空间定价。二者的实质区别在于，前者应用（使用）不参与定价，主要依据中间成本定价；后者主要依据应用产生的价值（最终收益）定价。

从贴现的具体途径来说，按梯若尔的分法，可分为会员费、使用费两种，它们与流量及流量空间的关系略有区别。使用费是不固定的收费，它以流量为内生变量，是直接与流量相联系的贴现。这里的流量，确切地说是有效流量，即有效变现的流量。有效变现流量在会计上指有销售收入的那部分流量，

① 空间风险指同一时间使用且“复用”（非竞争性使用——数据资产主体有的有收入有的无收入，而谁有收入谁无收入数据资产产权人事先不知道）。

在图 8－5 中为 Q^*。会员费是固定收费，补偿的是资产方的固定成本（FC）投入，不直接与 $Q^*(N^j)$ 挂钩，但与流量间接相关。实际上，它是与总流量（Q_{eff}）挂钩的。这部分收入不是按要素的“使用效果”收费，而是按“使用”收费，即不管有效（有销售收入）无效（没有销售收入）均收费。此时的流量空间，不是有效流量空间（流量变现空间），而是总流量空间。这一点显然与传统要素的贴现不同。传统要素贴现完全不考虑流量问题，中间产品定价（消费效用）与最终产品销售收入（财富效用）间的关系，不以流量（外部性）为考虑因素。会员费的现实存在却显示，在总流量与有效流量之间，存在随机贴现因子那样的系数关系。这是现实存在的风险。如果一个平台提供的总流量 Q_{eff} 不足以让应用方产生足够满意 β 值的有效流量 Q^*，应用方就会认为交会员费不值，从而选择其他平台。

由投资者的一阶条件，可以推导出基于消费的基本模型：

$$p_n = E_n\left[\beta \frac{u'(c_{n+1})}{u'(c_n)} x_{n+1}\right]$$

定价依据的边际效用，指每增加一个有效流量（$n+1$）所增加的效用。有效流量 n 指带来最终产品效用（用销售收入衡量）的流量数（如梯若尔定价公式中的 N^j）。x_{n+1} 是相对于 x_n 新增一个流量数给资产带来的回报。

双边市场中存在一个总的流量基数（Q_{eff}），但并不是每个流量都会带来收入，其中可转化为销售收入的流量构成有效流量，它与总流量之比，构成流量转化率（流量变现率）。平台“按使用效果收费”，就是指按流量转化为销售收入的“效果”收取使用费。

与标准 CAPM 不同，这里将数据资产收益的数学期望（E）本身，设定在垄断竞争水平（图 8－2 中的 f 点，不是标准模型中的 i 点）。它代表数据要素资本资产的成本定价（不考虑数据使用、应用时的无风险定价）。在此基础上，在网络外部性（由图 8－2 中的 D 代表）作用下，资产定价的收益值开始偏离数学期望，出现貌似随机的发散，其中，高风险对应高收益。此时，设有效应用为 n 时（对应图 8－5 中 Q^*）数据资产的报酬为 x_{n+1}（扣除成本后接近图 8－5 中的 $P_c cQ^* O$），这种报酬取决于应用间的 β 值（与图 8－5 中 Q^* 与 Q_{eff} 之比有关）。

采用 CAPM 方法为投资者建模：

$$U(c_n, c_{n+1}) = u(c_n) + \beta E_n[u(c_{n+1})] \tag{4}$$

把双边市场中平台与应用的报酬都还原为消费，以效用函数的方式表示。平台理解为“当前消费”，应用理解为“未来消费”，这里的当前与未来不是指时间，而应在空间意义上理解，即平台方不投资，而是将数据资产对应的价值直接用于消费。这里用效用值表示，相当于将数据要素资源直接当作（所谓“当前”）数据资源来消费。

数据交易所早期的困境，在于不成熟的买方把卖方的数据要素当作数据商品（不是当作资本商品，而是当作商品本身）来买。从不成熟的市场实际发生的情况来看，这非常容易令买家把资本商品消费误当成商品消费，表现为，他们的估值与淘宝这种单边市场上的估价类似，几十 G 的数据只值 8 ~ 20 元。

“未来”消费，在空间上表现为一旦对数据资产形成的流量进行变现，有多少变现机会（以 n 表示）同时存在，即分布在同一时刻的空间（犹如在说有多少网商在利用电子商务平台的流量，将数据资本的潜在价值转化为最终消费的价值）。这相当于，几十 G 的数据一旦与具体的应用（无论是产品还是服务）相结合，比如用于精准营销、一对一定制服务等，可以产生比潜在价值大得多的价值（例如，可以替代广告投入以节省交易费用）。

β 在空间贴现中包含了具有不确定性的流量外部性。在数字经济中，流量不仅含有存量时间流转的含义，更包含交易主体（个体）空间交互（如社交）的含义。交互对应经济学中的互补概念。在互补关系中，交换双边不明晰产权（你中有我，我中有你）会产生一个“1 + 1 > 2”的递增收益。这一收益价值的准确度量，需要借助图论中的邻接矩阵算法，在此不论。①

梯若尔与科斯的原则分歧，在于前者认为在双边市场中可以把 $u(c_{n+1})$ 包含的外部性以进入费、使用费形式内部化，科斯主张的市场只是单边市场，不具备将外部性市场内部化的功能，只能在市场之外处理外部性。

β 值在这里显示的思想性，与货币资本的资产定价不同，它表示的是由数字经济无可回避也不必回避的高风险与高收益（由差异化均衡这一本质特征决定）的比值关系。质言之，数字经济并不认为 App 的离散化是收益的敌人，反而认为经济的个性化、定制化（App 化、服务化等）是在规模化基础上，

① 姜奇平．网络经济：内生结构的复杂性经济分析［M］．北京：中国财富出版社，2017.

获取比工业经济资产回报的数学期望更高水平附加值的必要条件。由此，数据资本资产定价，利用空间贴现，可以在同时“试错”的条件下，找到定价中使信息恢复对称时才会发现的那一点（广义均衡定价之点，在图8－5中，是先找到 e^*，然后反向推出 P_c 的定价）。这一均衡定价，是建立在无数分成合约（称为“链群合约”）集合行为过程中的。平台与应用，在各国市场中，长期反复博弈以确定分成比例，就是这一价格自发形成的过程。这是生态型市场与科斯型市场的不同之处。生态型市场（双边市场）在资产定价方面的核心特征，是在总的净收入分成过程中倒推资本资产定价 P_c。如果不这样做，而是在与应用结合之前就贸然定价，就会失去利用空间贴现降低无谓风险的机会，进而导致比金融市场更大的风险与不确定性，使方差对于期望的偏离变得不确定，变得更为随机，更主要的是找不到方差收敛的规律（内生外部性后的均衡点是统计学不会过问的纯经济因果性），从而在实践中为泡沫化埋下祸根。

由式1可以得到它的等价形式，表示最优消费与投资组合选择的一阶条件为：

$$p_t u'(c_n) = E_n[\beta u'(c_{n+1}) x_{n+1}] \tag{5}$$

这可以理解为数据要素资源在不变资本（把中间产品当最终产品直接消费或交换）与可变资本（投入应用，将中间产品延迟到最终产品后再消费）之间的资产组合选择。

式5显示，数据要素市场化中，数据要素资本资产的定价不能脱离使用，一旦与应用、需求等最终消费脱节，其会变得不可捉摸，甚至导致混乱局面。正面来说，即必须重视流量变现在数据资本资产定价中的独特作用。我们可以把经验形态的流量变现径直理解为数据资本资产在与应用紧密结合中的定价，或将数据资本资产的潜在价值与价值实现结合起来定价。当然，我们并不否认数据交易所采用单边市场方式，离开直接应用，像金融产品那样为数据资本资产定价的努力，但需要指出的是，除了要防止比特币那样的泡沫化，从定价本身来看，其贴现的困境与场景不确定性有关，因此，需要与场外交易结合，提高估值的准确性，真正助力实体经济。其中规律隶属传统的时间贴现，因此在此不论。

将模型分解为定价公式，包括资产价格与随机折现因子。

式6是资产价格，是 $p_n = E_n(m_{n+1} x_{n+1})$ 的简化形式。

$$P = E(mx) \tag{6}$$

式 7 是随机折现因子。这里的 m 指 m_{n+1}。

$$m = \beta \frac{u'(c_{n+1})}{u'(c_n)} \tag{7}$$

与标准模型不同，基于数字经济均衡条件的预设，这里的 β 值是平均值边际的比较。

2. 梯若尔模型：价格结构与组间外部性

由数据要素资本资产定价与实体资产定价不同的方面，并将基于概率论的资本资产定价模型改为基于因果论的资本资产定价模型，可以进一步看清数据要素资本资产定价的特殊性。

这种特殊性与数据要素的通用性资产属性内在相关。通用性资产的市场交易涉及科斯型市场（单边市场）不具有的生态特性（通过市场本身以间接定价方式将外部性内部化），在实践中，表现为人们熟知的流量变现现象，进一步放大流量变现这个局部，可以把流量变现机制中枢——平台，一般性地推广。

传统资本资产交易，不一定以平台这样同时具有市场（直接定价）与企业（间接定价）特征的组织为中介进行，如果以平台为中介，也只是将其作为交易撮合者（媒人），交易中平台会收取佣金。双边市场中的平台，提供了一种独特的价值贴现功能——它可以贴现流量中包含的外部性价值。以平台方式迂回地进行数据要素交易，主要是为了内部化其中的外部性。将外部性内部化后再给数据要素定价，是因为这种外部性是其本质特征。相反，以交易所方式进行数据要素交换，一旦忽略这一点，就相当于在把数据要素当作某种本质上不是数据要素的东西进行交易。因此，当我们在数据资本资产定价中引入平台机制时，等价于加设了一个将外部性内部化的市场交换机制。而在科斯理论中，这种外部性是无法在市场内部内部化的。换句话说，即使不采用有形的平台这种形式构建数据要素市场，也需要有一种类似平台的机制，把数据要素的生命周期延长到它的全过程来综合定价，否则就会重复知识产权制度设计的老路。

为说明这个问题，我们引入梯若尔倾斜式定价模型，将其作为数据资本资产定价机制的补充。

梯若尔用交易量 V 与总价格水平 a 的关系来定义双边。在买卖双边中，

a^B为买方使用费，a^S为卖方使用费，如果交易量只取决于总价格 a，即 $a = a^B + a^S$，则市场是单边的，此时的价格结构是中性的。换句话说，外部性不是内生变量。相反，当保持生态的总价格水平 a 不变时，交易总量 V 随着 a^B（或 a^S）的变化而变化，那这个市场就是“双边”的。①

设市场存在双边 $i \in \{B, S\}$，资产收益分别以会员费（固定）与使用费（不固定）的形式收取。其中，使用费按有效流量收取，一个有效流量指一次互动，交易量是双边会员数量的乘积 $N^B N^S$。其中，平台对第 i 边的每个会员收取非固定的使用费 c^i，固定的会员费 C^i；第 i 边的应用方获取的互动（使用）的平均收益（使用费）为 b^i，收取的加入平台的固定收益（会员费）为 B^i。同时，第 i 边的最终用户向平台支付使用费 a^i和会员费 A^i。

由此，得到一个与消费资本资产定价模型对应的公式：

$$U^i = (b^i - a^i)N^j + B^i - A^i \text{ ②} \tag{8}$$

U 是以效用形式表达的资产总收益，其中的会员费部分（应用方会员费 B^i，最终用户会员费 A^i）相当于图 8－5 中对应固定成本的 $gfiP_{AC}$，是不直接与流量（图中的 Q_{eff}，这里的 N^j）相关的；使用费部分（应用方使用费 b^i，例如，从情境定价中获益；最终用户使用费 a^i，例如，利用拼单享受折扣），对应图 8－5 中的 $P_c cfg$，是直接以流量为内生变量的。

N^j在此还有另一个重要意义，即情境（流量）相关定价或场景化定价。场景构成个性化价值的上下文语境，使用费可以视为定制化价格的集合。需要注意的是，这里的流量相关是指有效流量（Q^*）相关，即可以转化为销售收入的流量相关。每一个可转化为销售收入的流量所处的空间，都可以视为一个有效的情境（场景）。

此时的利润为：

$$\pi = \sum_{i = B,S}(A^i - C^i)N^i + (a^B + a^S - c)N^B N^S \tag{9}$$

价格为：

$$p^i = a^i + \frac{A^i - C^i}{N^j} \tag{10}$$

作为一般结论，数据资本资产定价＝［最终消费者使用外部性收益＋最

① 让·梯若尔．创新、竞争与平台经济［M］．北京：法律出版社，2017.

② 同①.

终消费者会员费－平台会员费（对应图中的 $P^*e^*cP_c$）］ ÷流量（对应图中的 Q^*）。也就是说，数据资本资产定价的本质，是从流量收益中扣除消费者福利后的价格水平，这一福利包括两部分：一部分（a^i）是由增值服务增进的福利（主要是由差异化、多样化、个性化与社交体验所增进的福利），另一部分（A^i）是由平台免费获得的福利（对应图中的 P^*e^*fg）。

推广到数据要素资本资产一般（无论是否通过双边市场交换的数据要素），意味着数据资本资产定价在一般时间贴现特征外，独有的（其本质在于外部性市场内部化的）空间贴现机理在于，数据要素含有两个不同于一般实体要素的潜在价值来源，可用于为资产进行间接定价：一是只有在最终消费者使用中才得以产生的使用价值，这种价值是在应用中间接产生的。最终应用 a^i 是一个资产定价内生变量，这表明脱离最终应用定价，将使数据要素的实现价值处于不确定、不可控状态。二是通过流量变现即流量外部性的内部化产生的转化价值，这种价值与平台网络效应有关。流量 N^j 成为内生变量，这表明数据要素一旦作为固定成本投入应用，由双边交互等网络效应产生的互补性，就是定价不应忽略的因素。针对外部性的适当制度设计，可将这部分财产使用权利作为未“用尽”的权利加以实现。

以上是假设平台方、应用方、消费者作为数据要素的授权方，都从中索取外部性剩余的情况，应用方本身还可以进一步细分为买卖双边。此外，还可以将资产定价简化为平台方与应用方围绕流量外部性的分成，采用简化的“组间外部性”来模型化作为数据要素产权人的平台根据流量外部性向应用方“贴现”出固定投入的收益。

从组间外部性角度定义，换了一种方法，平台不是同时向双边收费，而是重点向其中一边收费，为此要确定的是第 i 边净效用随着第 j 边会员数量 N^j 的增加而增加，即 U^i 随着 N^j 增加而增加。①

第 i 边净效用可理解为以最终产品计量的效用（中间产品的间接效用体现在其中，是根据最终效用来补贴）。N^j 可理解为对应最终成交额的流量。这些流量的受益者是有效（有收益）的应用方。流量的计量单位是买卖双边的每一次交互（所谓流量），平台对买方（第 i 边，在此可理解为消费者）免费（$a^B=0$）等而对应用方（双边中针对消费者的卖方）征收高价，即对买卖双

① 让·梯若尔．创新、竞争与平台经济［M］．北京：法律出版社，2017.

边每次交互中产生的外部性增益征收使用费（按外部性的“使用效果”收费）。

这种收费等价于平台与应用双方围绕应用方净收入分成（含会员费）。代数模型与几何模型实际是一样的。

在空间贴现中，与时间贴现 β 对应的风险比率，可以认为对应于流量转化率 Q^*/Q_{eff}，即有效流量比总流量。

与时间贴现的 CAPM 相比，空间贴现对随机贴现因子的要求并不高。这是因为，第一，时间贴现的 CAPM 本质上是一个统计学模型，而空间贴现本质上是一个经济学模型。二者的主要区别在于，前者的数学期望在完全竞争均衡上的发散，代表的是相关而非因果，从经济学逻辑看，均衡点还是在边际成本定价上；后者的数学期望的发散，需要收敛于垄断竞争均衡（图中的 e^*），代表的是因果而非相关。正因为如此，后者虽也有随机贴现问题，但并不是强调的重点。第二，时间贴现中资产所有权人是无法观察交易的，但对平台来说，只要控制支付（如苹果商城所做），交易是可观察的。数据资本资产定价需要贯穿数据要素从生产（采集）到服务（使用）的全生命周期，因此，对于这个过程的结尾（结果），是可以直接观察的。对流量进行过程定价，有助于克服原子论式的定价仅借助状态信息，对于过程中的存在全靠猜的“黑箱式”方法的不足。

8.6.4.3 特例：单边市场与 ICAPM

1. 作为特例的时间贴现

我们将数据交易所这样的单边市场视为数据要素市场的一个特例，其特点是，以外生流量（外部性）——同时也是明晰产权（为此不惜认可初次销售后权利用尽）——的形式外生应用，即假定 $n=1$。这意味着数据要素无论是不是与应用（最终产品与服务）结合，定价都是一样的。此时，数据资本资产定价就从空间贴现还原为传统的时间贴现了。以 $t+1$ 的分析替代 $n+1$ 的分析，经过替代，本应通过空间贴现的权益就提前通过时间贴现得到一定程度的保留了。为此，需要付出随机贴现因子不确定的代价。其间的信息机制，从空间贴现的过程透明，退回时间贴现信息不对称那种情况。

这一假设的进一步背景：一方面，数据交易市场从生态性市场（双边市场）退回科斯型市场（单边市场），区别是以流量为代表的外部性的作用，被排除出定价因素，相应的空间流量不再成为一个内生变量；另一方面，数据要素产品交易适用首次销售原则，即默认在销售或购买中，与所有权（包括许可使用权）对应的全部利益已包含在售价中，所有权人对售出后产生的新增价值的权利已经用尽（权利用尽原则）。

为此，引致的所有权人的行为变化是，其需要把售出后可能新增的价值（应用或二次开发）预先计入资产估值，尽量以高于成本定价的方法加入资产定价，并把这种类似成本加成的价值视为对资产潜在价值的一种时间贴现。

默顿的 ICAPM 解决了其中的基本理论问题。一方面，沿用 CAPM，以效用计量资产价值；另一方面，把效用分为当期的效用与跨期的效用，视前者为后者的引致效用，由此形成间接效用函数 J 的概念。

间接效用函数公式：

$$U_c(c,t) = J_w(W,t,X) \tag{11}$$

其意思是当前消费的边际效用等于未来消费的边际效用。

其中，目标函数最大化公式：

$$J(W,t,X) = \max E_t\left\{\int_t^T U(c,s)\,\mathrm{d}s + B[W(T),T]\right\} \tag{12}$$

即令当前消费与未来消费的投资组合效用最大化。

加入价格约束后，形成的需求函数为：

$$w_i W = A\sum_{j=1}^{n} v_{ij}(a_j - r) + \sum_{k=1}^{m}\sum_{j=1}^{n} H_k \sigma_j g_k \eta_{jk} v_{ij} \tag{13}$$

分别代表对一般风险资产（加号前）与对冲资产（加号后）的需求。

回到基本定价模型，由式 12 目标函数生成的数学规划是：

$$\max_{\xi} u(c_t) + E[\beta u(c_{t+1})]$$

$$\text{s. t. } c_t = e_t - p_t\xi$$

$$c_{t+1} = e_{t+1} + x_{t+1}\xi$$

令 ξ 的导数为 0，求解得到的最优消费和投资组合选择的一阶条件：

$$p_t u'(c_t) = E_t[\beta u'(c_{t+1}) x_{t+1}] \tag{14}$$

它与式 12 的含义是一致的。

进一步得到定价公式（式 3），转了一圈，回到基本公式的另一个重要变体：

$$p_t = E_t\left[\beta \frac{u'(c_{t+1})}{u'(c_t)} x_{t+1}\right]$$

式 3 与式 2 互为特例与推广，即式 3 是 $n=1$ 时的式 2，式 2 是 $t=1$ 时的式 3。

与式 3 相比，由于平台可观察交易，式 2 中的 β 基本是一个常量（平台与应用分成比例有相对稳定的市场行情）。对于式 3 来说，由于 $n=1$，相当于平台对交易的观察不再存在，信息因此是相对不对称、不透明的，由此成为一个有待计算的变量。

2. 时间贴现中的期权定价

期权定价是人力资本型资产定价时间贴现的主要方法。在数据资本资产定价中采用期权方法，假定的是数据资产可以在产生收益之前预先评估它将要产生的预期收益，这一预期收益与实际收益的差距，存在评估上的不确定性。对于资产，以货币化方式给出不确定价值的具体价格，使资产成为可交易的。这就好比人力资本期权是常青藤高材生，预期其会创造高于教育等重置成本的价值，但能否创造出及能创造出多少这样的价值，具有不确定性。在人才实现进一步的价值前，可以用期权的形式，把人力资本中含有的不确定性价值货币化。交易完成后，无论是数据资产还是人力资本，抑或人力资本型数据资产，其真实价值实现既可能高于也可能低于这个预先估价。

将期权定价用于数据资产定价，需要考虑数据资产与人力资本相结合的特点，需要依托资产载体，与人力资本活动联系起来定价。一种形式是将数据资产与创始人个人知识相结合，以双重投票权方式确定资产权益；另一种形式是将数据资产与用户数据资产中的个人知识（对生态来说是语境知识）结合起来定价。

设看涨期权收益为：

$$C_T = \max(S_T - X, 0) \tag{15}$$

其中，C_T为到期价值（买入收益），T 为到期日，X 为行权价格，S_T为今日股票价格。0 指 $S_T \leqslant X$。

还原回资本资产定价模型，要确定的是资产价格 p：

$$p = E(mx) \tag{16}$$

其中，m 为随机贴现因子：

$$m = \beta \frac{u'(c_{t+1})}{u'(c_t)} \tag{17}$$

因此，资产定价可表示为：

$$p_t = E_t(m_{t+1}x_{t+1}) \tag{18}$$

用式 16 中的 x 表示期权的收益（式 17 中的 c_t），可以看出，数据交易所对数据资产的定价相当于式 16 中的 x。这个定价（比如以资产重置成本确定的价格）越低于某一时刻的实际兑现价值 S_T，买方获益越大。比如，创业初期低估发展潜力，以低价估值，使买方获得高潜力原始股。但对卖方来说，这个定价越高于可能的实际兑现价值越合算。

S_T可理解为由市场法确定的价值充分显现（既可能是价值充分实现，也可能是价值泡沫破灭）状态下的收益。

与空间贴现不同，在时间贴现中，由于未来市场不能直接观察，S_T是未知的。人们只能根据随机贴现因子 m_{t+1}来推测回报 x_{t+1}。由此可以看出式 14 与式 15 的一致关系，即期权资产定价的本质是将 $S_T - X$ 转化为 m。

数据要素以货币化方式在单边市场完成交易，优点是与金融市场充分对接，促进异质性资产以同质性资本（而且是货币资本）的形式，实现在统一市场上的流通。这便于在信息服务不发达的条件下将数据资本金融化，借助金融资本，实现资本在不同机会间的充分流动（用熊彼特的话说，就是令资本在不同机会中来回“插拔”），从而优化资源配置。

同时，可以预见的需要付出的风险与代价是，人们将 m 专业化，既可能发育出一种专业化的金融信息服务，也可能发育出操弄杠杆的赌场。

3. 时间贴现中的影子平台

如果不把变现社会化，而是以传统生产方式进行，表现在行为上，就是以金融方式运作数据资产。

金融方式指以信息不对称方式实现专业化，信息方式指以信息对称方式实现专业化。背后的利益关系是，以信息不对称方式实现资产定价的专业化，最大化的受益者是代理人。信息相对于代理人透明，相对于委托人不透明，代理人就可以充分利用自身专业知识，保留自身尽可能大的剩余份额，实现代理人相对于委托人的利益不对称化。对数据资产定价而言，以场内交易方式进行，实质就是令最终产品交易相对于中间产品而言不再透明，变为一个 β 值黑箱。同时，支持正当交易（提供专业化服务信息）与非正当交易（加杠杆、泡沫化、比特币化，提供虚假的专业化信息）。

信息方式则强调利益对称化，以对等合约的方式，令利益以市场方式平等分配而非以企业方式不平等分配。就数据资产定价而言，平台是可以有利于信息透明的专业化机构，其通过最终产品市场交易可观察，使信息对称化进而令分成平等化。

在数据交易所，场外交易的功能相当于在交易可观察与不可观察之间寻求折中尺度。β 值就是这一尺度的量化。首先，它在定价中要求未来回报贴现，相当于变相放宽了数据产权人权利用尽的尺度，即默认数据产权人对按成本首次销售后产生的价值仍然保留一定的权利；其次，将权利用尽和保留的程度，交由场外交易中更为熟悉数据的行业价值专家判断，数据交易所能否通过场内交易与场外交易的结合形成一个显示随机贴现因子信号的机制，取决于市场的成熟程度；最后，场外交易的现实存在，决定了数据交易所即使作为单边市场，仍然在交易定价中辅以或多或少的合约定价，这种合约定价，存在于数据所有者与使用者的分成谈判中，因此，交易必然具有本地性，完全脱离应用场景的定价只存在于理论之中。

如果对位时间贴现来表述基于社会资本的空间贴现，S 相当于 App 最终产品价格，它属于“使用价值创造的价值”，准确地说，属于应用方有偿使用数据资本（平台方的固定成本投入）形成的使用价值所创造的增值价值，或应用方在使用数据生产资料过程中创造的增值价值；X 相当于中间产品定价，属于“基本价值”，可对应平台价值，如市值。平台方在与应用方分割剩余索取权时，采取的总规则有两个方面，一是按收入分成，即从 App 收入中按比例回收属于平台方的剩余；二是“按使用效果收费”，这决定了 App 中谁向平台交使用费（有收入的 3% 应用方有偿使用平台数据资产）谁不用交（没收入的 97% 应用方免费使用平台数据资产）。数据资产——特指平台数据资产（生态重资产）定价，公式为 $P = I/Q$（收入除以数量）。这个数量指有效果的应用方数量（从供给角度计算）或对应可变现流量数量（从需求角度计算）。对 App 而言，S 相当于有效果者，X 相当于有效与无效的比例。

在什么情况下不采用空间贴现而采用传统的时间贴现呢？当我们需要把基于社会的研究对象（把数据资产视为社会资本）还原为纯个体对象（把数据资产视为个体人力资本）时，特别是要交易其所有权时，采用期权这种典型的时间贴现方法就成为首选。

这时相当于把数据资产集合视为“一个人”的数据资产，这就摆脱了社会资本因为无法交换所有权而无法进入市场直接交易的“难题”。然而，采用这种个体主义方法论的方法时，必须做好承受一种损失的准备，即确定“使用价值所创造的增值价值”时不确定性的增强。这是脱离使用和应用环境为数据要素定价的必然代价。在实际交易中，这就是坚持以场内交易作为数据要素市场化主渠道背后的逻辑。唯一的好处可能是感觉上的：终于可以不把数据资产当作数据资产而是当作某种熟悉的“东西”（如金融产品）来交换了，在提升交易的标准化水平以利于用金融方式配置资源的同时，把一种本来信息对称的服务变成了信息不对称的服务，从而加大了杠杆空间。

在数据资产定价问题上，一些人一直排斥平台定价或双边市场定价的思路。但即使不进入双边市场，数据资产的定价与价值实现也存在影子平台机制。数据要素在其全生命周期，无论是否以真实的平台为中介，都有影子平台在其中发挥作用。这种机制的作用在货币化中也有反映，即使货币化的定价尽可能地从场内交易定价贴近场外交易定价，尽可能多地反映数据资产未用尽的权利。这种影子平台机制也是通向场景化的机制。平台是社会化地通向应用场景（有效流量），个体是非社会化地通向应用场景。

一些人希望数据要素可以像物质那样离开使用与使用场景定价，但实际上只是不自觉地把场景化的工作，从中间产品与最终产品分工的交易机制“退回”不分工的机制。这种定价机制是假想数据要素作为商品交易出去之后，会因为与应用场景结合，产生一定可归属所有权一方的使用权增值。这种定价机制无法直接观察交易，因此，场景化新增的价值对其来说只能是一个黑箱。该机制希望借助期权定价那样的方式，在早期就确定一个包含了随机贴现概率的回报。这个黑箱的内在结构就是空间贴现的结构，即有效流量与总流量之比构成的流量转化率，其实质是风险之比。

在单边市场条件下打开随机贴现因子黑箱，可以采用替代直接观察市场最终产品交易定价（如会员费、使用费）的其他方法：一是在数据交易所中委托第三方评估资产风险，第三方所做的，无非是评估该数据资产与场景结合可能产生的收入，或数据资产与买方结合可能从进一步的利用中获益的情况；二是让熟悉行业应用的第三方服务，参与数据资产的时间贴现价值评估，也是一种可行的替代方法；三是从市场行情中，对不同概念的数据资产，给出市场法评估。尤其是以知识资产形态存在于创始人团队的数据资产价值，可以通过市值观察。

虽然这些中介服务业务各有不同，但都具有影子平台提高中间产品向最终产品转化率的功能，对应的租金空间都是图 8－5 中的 $P_c cfg$。不同之处在于，平台主要是针对流量外部性进行转化服务，中介服务更多的是针对信息不对称而节省交易费用提供服务。与传统资产贴现相比，数据资产在获取高额回报中涉及的信息不对称成本更高，服务的收益也更大。也就是说，传统资产贴现可能不存在 $P_c cfg$ 这一租金盈余空间。理论上说，时间贴现与空间贴现在均衡水平上是等价的，但在现实中，是时间贴现更为有利还是空间贴现更为有利，要权衡平台收取使用费与数据资产卖方支付中介费哪个更合算。

影子平台机制的本质，就是进行从空间贴现到时间贴现的还原。很明显，时间贴现的投机空间更大，因为可以通过数据交易所，以令数据资产所有权人与经营脱钩的方式，将相对可控的经营风险转变为相对不可控的交易风险，不露痕迹地将低风险的变现模式变成高风险的变现模式，从而获得对应高风险的高收益。对 CAPM 来说，就等于以“放大”β 值为业，进行专业金融操作，以对信息不对称“套利”（在 e^* 水平“套现”）。

影子平台机制存在的必然性在于，数据资产存量价值之外价值的确定，取决于要素作为中间产品与最终产品的价值转化关系，但与一般资产不同，这种转化与应用、使用中与场景联系的外部性具有密不可分的内在联系。双边市场只是把这种外部性显现化，如果不能显现化，这种外部性中蕴含的不确定性仍然存在，只是需要结合场外交易机制来化解。因此，实质区别只在于化解数据资产不确定性的双边市场机制与单边市场场外交易机制的区别。从总的发展方向来说，数据资产定价领域的信息对称机制比信息不对称机制更有竞争力。因为随着数字化水平的提高，数据要素从中间产品转化为最终产品的过程，由于市场可以直接观察（比如通过支付可以直接了解销售收入），将会变得越来越透明。人为地将透明市场变回不透明，需要付出额外交易费用，长期来看，很可能得不偿失。

8.6.4.4 综合：生态中的数据要素定价

生态中的数据要素定价，是不同产权与投资主体（不排除自然人）的一种投资组合（资产组合）定价。不同的数据要素，在生态中具有互补性，它们在交叉补贴中形成生态中各自要素（比如平台数据要素）定价的收入基础。由要素自身成本决定的，只是要素的潜在价值（存量价值）；完整实现后的价值，取决于与自身存在交叉补贴（形成流量后）的另一方要素的定价。另一方要素（如增值应用方数据要素）的定价，同样取决于自身分摊固定成本的资本方（如平台方）要素的定价。

数据资本定价，在此特指 P_c，而不是指向应用方提供中间产品的定价（而且往往是加入流量补贴后的实际价格 P_{eff}），后者只是企业定价（成本定价）而不是生态定价（收益定价）。因为存在与应用方间的交叉补贴，所以决定平台方投资回报（收益）的定价，不是企业定价 P_{eff} 而是生态定价（收益价格 P_c）。当然，我们也可以对应用方进行数据"资本"定价分析，这种分析不但可以从人力资本角度进行，而且在应用方作为企业，实际具有数据资本投入时，也可以进行。

本书分析的单位是生态，将平台方设为生态的"资方"，因此，已把它的所有成本（包括工资等可变成本）一律简化为生态的固定成本。数据资本定价中的资产只是相对于固定成本投入一方而言的，实际研究的是数据资产资本定价。

应用方的资产属于要素资产的一部分，但不是生态的"资本"方，而只是"劳动"方。从实践看，与平台方相对的 App 多是活劳动，如灵活就业人员、零工从业者、兼职者、在家办公人员、自然人等，也包括中小微企业。称其为生态的劳动方，主要是就其不具有生态中最主要生产资料的所有权而言的，其对于生态是"无产"的（虽然不排除其作为企业可能有产）。数据劳动资产定价是另外的研究主题。

8.6.5　数据资产的间接定价实践

1. 资本市场市值定价

2012 年，脸谱 IPO 时提交给美国证券交易委员会（SEC）的 S-1 文档报告资产为 66 亿美元，保守预估市场资产为 750 亿美元。66 亿~750 亿美元无法报告的资产，以数据资产为主，投资者预期可变现 680 亿美元。这些资产以流量为变现基础，当时每个用户账户中的信息价值约为 81 美元。按市场给出的估值 1040 亿美元计算，预期可变现 974 亿美元。如果流量按平台上的 2.1 万亿条用户数据计算，每条数据折算约 5 美分。①

① 莱尼．信息经济学：如何对信息资产进行定价、管理与度量［M］．上海：上海交通大学出版社，2020.

这是数据资产定价的一个简明案例。66亿美元资产是对软硬件、企业专利、实体资产的加总计算，可视为平台企业的固定投入，是从成本法出发计算的数据资产重置成本。流量可视为这一投入的产出。这里以总流量计算（分别以用户数所对应的数据与总的用户数据条数为代表）"每个用户账户中的信息"或每条数据的价值，相当于流量向总销售收入（以市值代替）转化的效率。

这可以归结为市场法定价。其基本框架是以平台为双边市场，将数据资产作为中间产品，进行间接定价。间接定价锚定的是流量向最终产品收入转化的效率。市值是对流量变现形成的总销售收入的预期，市值对应的股价则对应的是预期的资产价格水平。当然，与现实发生的总销售收入相比，这种估价存在前后相同尺度评价虚高或低估的情况。

这种双边市场的定价机制与数据交易所的定价机制存在显著区别。市值与股价虽然也存在高于实际价值的现象（如市盈率偏高），但通过与实际销售收入相联系，市值与股价的涨落仍然具有相对客观的估值基础。数据交易所采用时间贴现法为数据资产估值，由于与实际销售收入不直接联系，贴现的主观性、随机性更强，更多地依赖对随机贴现因子的测算与评估，要为信息不对称付出更高的成本。同为市场，双边市场联系经营而为交易定价；单边市场不联系经营而为交易定价。

2. 基础业务+应用服务定价中的交叉补贴

欧洲瑞安航空模式案例可作为数据资产定价的一个类比。

欧洲瑞安航空采用ULCC的超低成本承运人模式，将传统的标准全包机票捆绑为"座位+服务"，采用"基础票价+附加服务"的定价结构。由表8-3可以看出，瑞安航空的基础票价已经不足以弥补成本，而主要是通过辅助收入盈利，以补贴基础票价的亏损。

表8-3 **瑞安航空的定价结构** 单位：欧元

年份	2010	2011	2012	2013	2014
每客票价	34.95	39.24	45.36	48.20	46.40
每客成本	38.88	43.59	48.90	52.56	53.61
每客辅助收入	9.98	11.12	11.69	13.43	15.27

资料来源：瑞安航空2014财年年报。

这正符合免费增值策略（Freemium，免费 free 和增值溢价 premium 的合成单词），即所谓的互联网思维：先以免费或者接近成本的价格吸引海量用户，然后开发增值服务来盈利。①

免费增值策略是人力资本（作为社会资本的流量）由中间产品变为最终产品的机制，免费相当于中间产品投入，增值则是价值实现。

同样，在这个案例中，与数据资产变现高度相关的，是流量变现。

航空公司的流量变现，是指在客票销售成功之后，继续开发增值业务，以满足多层次旅客的多样化需求，以及官方网站的一站式解决方案，这涉及开发合适的产品、采用合适的营销手段等，将旅客流量转变为实实在在的收入。这一流量概念包括每年亿万的旅客客流量和官方网站等所有接触点流量。②

3. 平台“交易 + 经营”定价

苹果公司对平台（具体为苹果商店）形成外部性流量（具有网络效应的流量）的平台基础设施的投入与免费提供给应用方开发工具的投入，视为数据资本投入，其本质上是对以“平台 - 应用”生态（苹果商店生态）为单位的双边市场（把它叫成统分结合双层经营的双边企业亦无不可）进行的固定成本投入（$FC = AC_1 - MC$）。在投入 App 之前，这笔投入有一个确定的估值（因为投入是确定的），在此作为中间产品定价部分（相当于期权中的潜在价值）；应用（App）将这种中间产品投入转化为中间产品 + 附加值（$AC_2 - AC_1$）的最终产品价格，称为收入。平台与应用依合约对“收入”进行分成。若市场行情为三七分成（平台得收入的 30%，应用得收入的 70%；国家再对平台征收 15% 的数据税），则数据资本的实际定价为收入的 30%（税前）或 15%（税后）。

在此可以明显地看出平台定价与人力资本期权定价的区别。人力资本期权定价是确定性价值（现期）加不确定性价值（未来），人力资本所有权人具有兑现时机选择权。平台定价的不确定性不在定价之内而在定价之外，定价之内是确定的。

这里的确定是指按使用效果收费，这个“效果”是指最终产品或服务卖

---

① 李云溪．互联网思想与航空公司商业模式转型：免费增值和流量变现［J］．空运商务，2015（2）．

② 同①．

不卖得出去、有没有收入，有收入就有效果，没有收入（没卖出去）为没有效果。因此，在定价时，收入已完全确定。

这里的不确定是指，应用方哪个有效果哪个没有效果，在流量空间中是不确定的。目前，市场实际获益与失败的比例为3%（~6%）：97%（~94%）。但按使用效果收费，意味着97%因经营失败而没有“效果”的应用方不必向平台方（如苹果公司）交数据资本使用费，这部分重资产是完全“免费”的（但由于由0、1代码构成，苹果公司并无实际损失），而对于有效果的3%应用方，则依分成比例（如三七分成）向平台方交流量变现费（数据资本中间产品向最终产品转化，其比例在业内称为“转化率”）。

梯若尔将这笔流量变现费（数据资本使用费）分为两部分：第一部分为进入费（又称会员费），是固定费用，对应AC_1定价部分，补偿的是中间产品投入成本（$FC = AC_1 - MC$）；第二部分为使用费（这是窄义的使用费），对应$AC_2 - AC_1$部分，它是应用方提供差异化、多样化、异质性产品与服务的溢价增值，是不固定的，有的应用方交得多，有的应用方交得少。

4. 贵阳大数据交易所

贵阳大数据交易所是一个单边市场，没有对第二部分使用费（对转化为销售收入的流量收的使用费）进行定价的功能，要想确定数据资本的使用费，交易只能移到场外（移到具体应用场景）与最终产品收入相结合（且确定分成合约）。

贵阳大数据交易所在数据资产定价机制上面临的权衡：第一，选择定价的深度，是“交易”定价还是“交易+经营”定价，它选择的是将市场范围仅限于“交易”；第二，选择化解风险的方式，是金融方式还是信息方式，它选择的是以金融方式（信息不对称方式）化解CAPM中β值的风险。

第一个选择放弃的机会，是将风险区分为风险兑现后收入有效果与无效果两类，无效果的应用方，“按使用效果”收费，免去其使用费，因此，免去了重资产损失风险。对比之下，中小微企业先向银行贷款，再置换为与数据要素同功能的实物资产，如实体店铺，以重资产方式投入运营，一旦失败，不是造成企业损失，就是造成银行损失。有效果的应用方，并不存在期权那种时间风险，因为其是已经现实地实现了价值的应用方（只不过是同一时间尺度下众多App在空间分布中的小概率赢家）。

第二个选择相当于按期权方式直接对中间产品进行时间贴现。把作为中间产品状态的数据要素当作最终产品来买卖，等于抹去了 $AC_2 - AC_1$ 部分的差价，数据要素所有权人“心有不甘”。如果将 $AC_2 - AC_1$ 这一部分差价完全贴现给所有权人，作为中间产品买方的应用方则被置于巨大风险环境，因为面对高达94%~97%的失败率，其不能确定这笔投入值还是不值，而值与不值又不取决于数据要素提供方（所有权人）。这相当于所有权人方变成低风险高收益模式，使用权人一方变成高风险低收益模式，这将直接导致买方离场。

质言之，数据资本空间贴现定价与时间贴现定价风险机制不同，期权定价将风险内生于定价，平台定价则将风险外生于定价，不会存在人力资本“生不逢时”（有水平但不发挥）带来的沉淀成本问题。因此，虚拟资本从人力资本演进到数据资本，代表的是人类化解风险与不确定性的制度创新与经济进步。

8.7 数据资本资产研究的批判性

8.7.1 以使用为导向定价的批判性

当前，我国数据要素市场化中出现了一种情况：一定要以“一手交钱，一手交货”的方式在有形市场中交易数据要素，将数据直接转化为货币，将市场化窄化为办市场，为此，甘冒把数据要素变成第二种比特币的巨大风险。其认识根源，在于把市场化单纯理解为西方化、工业化那种现成模式，如金融化、货币化，希望按照现代化追随阶段那些有经验可循的路径来探索前进的方向。这种倾向背后还隐藏着离开应用确定价值的定价取向与定价偏好，延续的是“产学研用”脱节（开发与应用脱节）的传统，总的根源还是把数据当作原子论的存在来对待。

在这个背景下进行数据资本资产定价理论研究，具有批判色彩。批判的是脱离应用与使用定价的做法，因为数据要素只有在使用中才能充分实现价值。在以使用为导向的定价与收费方式（会员费与使用费）成为市场普遍的现实，而且被提炼为诺贝尔经济学奖理论（梯若尔双边市场理论）后，将数据资产金融化以进行交易的执念仍在多数地区存在，这就不能不对这种做法背后的理论进行批判性审视了。

批判的关注点，是以利为本还是以人为本。在数据资产定价上，以利为本是西方CAPM一直具有的内在倾向，这从随机贴现因子成为这一支理论学科一级的主线，只关注对期望的发散而从不负责任地讨论收敛的均衡条件可以看出。CAPM 关注的焦点一直都是以钱生钱、投机获利，几乎从不讨论以人为本的取向问题。如果说这种以利为本的倾向，在传统资产定价上多少有一定道理，因为信息不对称必然助长投机，专业投机原理本身并不需要为此负责，投机本身也有价格发现功能，那么，当市场可观察、信息对称条件出现后，再夸大随机贴现作用，就存在刻意以利为本、脱离实体经济之嫌。我们的批判并不泛泛指向数据资产的金融化、货币化交易，而是指向其价格发现之外伤害民生的“所图”。

强调应用定价、使用定价的空间贴现方法，本身就具有以人为本的含义。首先，以使用作为检验价值的标准，把最终用户的真实需求有意识地置于优先位置，体现了以人为本的精神；其次，将上一原则应用于使用增值领域，以使用增值作为价值增值的评估标准，挤压了以利为本定价方式中同与人为本相冲突的行为的操作空间，举例来说，以炒作比特币的方法炒作数据资产，把数据资产当作制造泡沫的金融工具，势必会切断令信息对称的贴现渠道，使交易者封闭在货币化区间，对经营信息毫不知情，从而为恶意散布虚假信息、操纵行情创造条件。对基金经理来说，最常见的方法，就是对记者“无意间”散布虚假信息，以媒介为手段，人为制造信息不对称，而以应用增值来评估资产价值增值，将极大压缩这一空间；最后，空间贴现以人为本的性质还表现在分成定价上，它体现的是利益相关者分享剩余的理念，其中包含了对最终消费者、最终产品和服务提供者（应用方）的权益保障。

数据资本资产定价是数据要素市场化的一个微观局部，从宏观角度看，以利为本还是以人为本，在更大范围涉及的是市场化资源配置过程中，逻辑主线到底是以金融替代数据还是以数据替代金融，即到底是以信息不对称为主（金融为主）作为配置资源的主要机制还是以信息对称为主（数据为主）作为配置资源的主要机制，是以一般等价物（货币）为中心配置资源还是以一般等价物与非一般等价物的复合体（数据）为中心配置资源。以人为本，对应的是微观上以需求为导向，以应用和使用为中心对资产进行定价，以克服单纯地以生产者自我为中心定价可能引起的偏颇。

8.7.2 流量视角的东方化含义

如果在大的框架方向上对 CAPM 进行调整，还应该考虑到数字化、东方化不同于以往现代化传统的取向。尤其是在联系我们承诺的本体论转向对数据要素进行再观察时，中国式现代化元素开始显现出来，这就是动态本位与关系本位的思考方法与实践方法。

从动态本位来说，把数据要素视为存量，是状态本位的，而把其视为流量，是动态本位的。本章的基本判断是，数据（几乎只能）存在于流量之中。这就是一个东方化的判断。流量在经验的形态上，只代表用户数量、用户信息量，或者更进一步地说，代表用户以数据方式产生的可以带来销售收入的交互次数。在学理层面，还可以理解为以流动速率定义的价格为中介的收入（收入流）；而在范式层面，这些代表的都是其事物存在的变化与过程本身。

动态本位的定价，不同于原子论式的时间序列动态定价。第一，原子论式的动态定价，只是在形式上加入时间序列，其对象仍然是原子论的孤立存在，建立的是项链式的连续的原子（珠子）串。动态本位的定价，则是把数据要素价值置于生命周期的不同阶段，确定其不同的质。数据采集中价值的质，与数据二次开发时价值的质，是不同的质。第二，对数据流量的估值，也不限于时间序列贴现，而是存在对流量的空间贴现，空间贴现的本质是对不同质的贴现（如场景化定价）。场景化就是空间意义上的动态化。第三，动态本位的定价，将技术意义上的流量与收入意义上的流量结合在一起，将外部性内部化过程解析为流量变现过程——本质上是把收入视为价值存量与流动速率之积，再剥离存量得出价格，解决了可观测流量无法直接以收入形式入账的会计难题。

资产定价理论与实践东方化的另一个方面，是对数据要素中包含的社会资本（也就是信任中的关系本身）的会计认可。

现有的会计制度是建立在公司制基础上的。公司制不过是现代性范式条件下的经济存在。公司财务三张表，指资产负债表、利润表和现金流量表，它们都建立在个体主义方法论基础上，把企业视为原子式的个体。传统的财务三张表已无法帮助企业应对未来的挑战，聚焦业务数据“第四张报表”的到来已经是大势所趋。

“第四张报表”的范式基础，是标志东方化转向的关系实在论，它把关系而不只是个体当作财会分析对象，把数据变现与流量分析联系在一起，提供了对于关系实在的间接定价入账依据。

“第四张报表”是一张关注业务数据的“数字资产表”，它通过揭示用户数据与财务的关系来帮助企业将数据变现并实现事前决策。由上海国家会计学院、德勤、易观三方携手成立的课题研究组，收集了百度、京东、新浪等多家互联网企业6个季度的App人均单日启动次数、App人均单日使用时长等业务数据，通过建模分析，发现它们和财务报表呈现很强的正相关联系，比如通过数据所构建的平滑现金流市值模型，与企业的实际市值拟合度达到99.2%。①

海尔"共赢增值表"也属于"第四张报表"的范畴。美国管理会计师协会在《战略财务》上发表文章，指出"共赢增值表"具有普适性。海尔集团的"共赢增值表"包含五大核心要素，分别为用户资源、增值共享、收入、成本，以及单个用户边际收入。其中，单个用户边际收入与我们采用的CAPM空间贴现法中的 $n+1$ 计算思路完全一致。

在应用指引方面，利用这样的"第四张报表"，可以在实际会计计量中找到通过在线服务将客户转化为终身客户的方法，寻求外部合作伙伴并达成协议，建立一个试点生态系统，制定跟踪用户价值的指标并确定指标的所有者和信息来源，针对新服务项目制定目标和行动计划，以及利用量身定制的"共赢增值表"来监控结果。②

数据资产定价东方化总的趋势，是结合市场法，将以消费为中心从而以人为中心的理念，体现在对收益的过程式与过程化估值中。

8.7.3 对以利为本进行金融抑制

通过解析数据资本资产定价，我们还可以得出这样一个可推论出来的知识，即数据资本资产定价有利于对以利为本进行金融抑制。

> ▲ 命题23推论3：数据资本资产的空间贴现，具有对时间贴现中人为操纵随机贴现的金融抑制作用。

数据资本资产定价中的空间贴现，在宏观经济中，具有信息对称这种为实体经济服务的功能。这对以利为本的金融脱离实体经济的倾向，具有系统的抑制作用。

---

① https://baijiahao.baidu.com/s?id=1716851297854656269&wfr=spider&for=pc。

② https://baijiahao.baidu.com/s?id=1631225797263954442&wfr=spider&for=pc。

需要先指出的是，金融抑制不是抑制一切金融行为。金融与资本市场在高效配置资本资源方面一直发挥着重要作用。没有高效率的资本市场，资本的市场价格调节作用就难以发挥。金融抑制不是抑制这种为实体经济正常服务的功能，而是抑制出于利益动机人为偏离实体经济的行为。这种行为的实质是以金融为手段，对实体经济中的利益进行面向特殊利益集团的变相转移支付或再分配，我们称之为金融异化。

自从货币数量说经魏克塞尔在凯恩斯手中完成向货币收入说的转变，经济学家和整个金融界就发现了通过调节货币流通速度，变相增发货币，进而向他人变相收税的一般方法。

费雪方程可以表示为 $QP=MV$，其中，V 是货币流通速度，Q 为实体价值量，P 为实体价格水平，M 为货币价值量。在凯恩斯时代，还只是政府运用利率和准备金调节，通过通胀，以“赋于币”的方式，变相收税。如果这种做法只是为了宏观调控或公共利益（如军备开支）还情有可原，但 20 世纪末至 21 世纪初的衍生金融浪潮表明，以金融利益集团为代表的特殊利益集团，开始以衍生金融创新为名，通过加快货币流通速度，僭越国家货币主权，变相发行货币，从而以利为本，将实体经济的财富转移到自己手中。这种事情在国际范围内同样发生。例如，美国通过废除金本位，确立了信用货币的主导地位，美联储借此实现了美元作为国际货币（通过对美元的高出低进以及对于他国实物的贵卖贱买），像衍生金融工具那样转移各国实体经济财富的功能。到了工业化后期，金融以利为本的倾向，越来越同经济发展以人为本的要求，形成对立性矛盾。在矛盾中，金融偏离初衷，把以钱生钱变成目的，把人为制造信息不对称当作手段，导致了实体经济不必要的过高交易费用，就好比媒人向双方收取过高的“媒介”费用。

在信息市场和数据资本市场成熟之前，金融作为资本交换唯一市场的地位，难以被动摇和取代。但随着数据资本市场的成熟与完善，尤其是双边市场的兴起，以信息市场替代货币市场、以数据资本市场替代金融资本市场的契机终于出现。这种替代的本质，是一旦以信息对称方式配置资本资源的效率高于以信息不对称方式配置资本资源的效率，数据资本市场占整体资本市场的比例，就会从零开始，越来越大，最终超越金融资本市场，成为资本资源配置的主导形式。

可以把其中的规律，总结在扩展费雪方程 $MV=BH$ 中。[①] B 是信息价值量，H 是信息流通速度，即信息价格水平。数据资本资产价格，就是 H 的一个组成部分。H 与 V 的一个最主要区别，也是信息业资本市场同金融业资本市场最主要的区别，是 H 是沿着信息对称化的方向演进的，V 是沿着信息不对称的方向演进的。

在前面的分析中，这种信息对称化表现为，数据资本资产定价不像实体资本资产定价（对应 V 的利率）那样，需要把定价的重心放在随机贴现因子上，而是直接通过空间贴现，以信息透明方式，与实体经济（对应 QP 的销售收入）“吻合”在一起，实现 $QP=BH$ 的直通或直达。这一过程，将在客观上形成对衍生金融的抑制，有效抑制银行的影子与影子的银行，把交换价值定价复归到与使用价值定价一致的水平，消除金融业出于本位利益对随机贴现因子进行以利为本的、使之背离使用价值的人为操作。

8.7.4 与社会分配的关系

尽管对数据资本资产定价模型采取了与 CAPM 方法一致的边际分析方法，但我们并不承认边际生产力分配论那种以利为本的结论。新综合的方法，决定了我们所采取的实质性的方法还是基于平均值分析，对边际值进行新的收敛（收敛于广义均衡值，相当于传统的垄断竞争短期均衡的拉姆齐价格），这就可以与广义均衡中的社会分配方法对接并一致了。

从这个意义上说（从相对于边际生产力分配论这种典型的西方化来说），内生社会分配的垄断竞争制度理论，也体现了东方化特色，是东方化的一个组成部分。在这方面，我们也把古典经济学传统作为东方化的来源一并吸收、继承过来。

本章的分析尽管侧重资源配置，但没有偏离新综合的出发点。真实世界中的资产定价，实际是资源配置与社会分配合力作用的结果。在基本理论上，我们坚持认为，广义均衡点 e^* 既受到资源配置作用力的影响，又受到社会分配作用力的影响。

为了描述社会分配影响在资产定价中发挥作用的位置，可以添加 1 条代

---

① 姜奇平．新金融秩序下“信息—金融”数量价格传导机制与数字金融风险监管［J］．价格理论与实践，2021（1）．

表社会分配作用力的需求曲线 AC^-，将这种作用力线性化，如图 8－6 所示（这只是个举例说明，不代表全面的情况）。当政策代表无产者（自然人）或小产权主体利益的作用方向时，会倾向于在市场形成的分成之外另外施加一个会压低数据资本资产定价（实际是在总收入中分配份额）的力，如征求数字税。改变分配的名目可以是多种多样的。例如，损害消费者福利（质量）、掠夺性定价、平台限制应用方多重归属；改变分配的监管形式也可以有所不同，如运动式监管、常态化监管或依法监管。

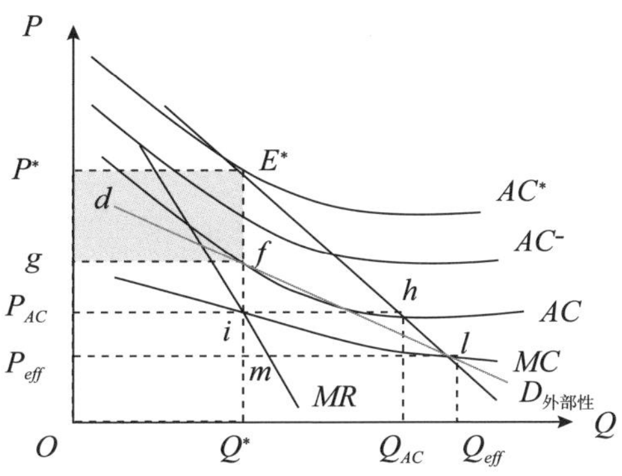

图 8－6 资本资产定价中的社会分配因素

比如，如果市场合约的分配比例是三七分成，AC^- 的影响（按欧盟标准）可能是再征收 15% 的数字税，这样，数据资本资产对收入的分配就从 30% 下降到 15%。图 8－6 是政府干预偏离生态均衡 E^* 的情况。如果添加了 AC^- 后正好达到 E^*，即 AC^- 与 AC^* 重合，则说明资源配置与社会分配达成了统一。

资源配置与社会分配是否达成一致均衡，在短期和局部是很难判断的，但在长期有一个经验性的指标可以参考，这就是刨除比较优势因素，看一国是否达成了市场需求与供给的协调平衡。按这个标准，如果认为欧盟采取的对平台严厉管制的政策与欧洲各国无一世界级平台的情况是对应且一致的，则可以认为欧盟的政策处于如图 8－6 所示的变化中。欧盟在数据要素问题上采取的 GDPR 立场被各国广泛接受，也可以同这些国家都是数据要素服务的用户方联系起来认识。从这个角度说，政策本身也可以成为一个讨价还价的工具，至于它是偏离广义均衡还是趋向广义均衡，要由历史判断。至少由 GDPR 支持国所代表的整体购买力，与数据平台领先国所代表的整体供给力，要达成一定的平衡。

单纯从以人为本这个立场来看，欧盟的数据要素政策在一定程度上反映了用户利益优先的倾向。数据资本资产定价的合法性，以可持续发展为标准，其不是建立在以利为本（供给与利润最大化）基础上，而是建立在以人为本（需求具备可支付能力）基础上。印度对美国知识产权持保留态度，是与南方国家（更广义地说，是弱势群体）的购买力联系在一起的。从这个角度看，需要对资本资产定价模型总的逻辑基础（效用最大化）做出某种社会修正，将其修正为共同体效用的优化，而不只是资本一方的效用优化。

第三篇

均衡：配置与分配的综合

将均衡理论置于总的生态框架下，将表现出使用权中心论的色彩，这主要表现在对租值均衡（作为一种将垄断竞争作为常态的均衡）的强调上。与现代均衡不同，广义均衡理论以使用权中心论为基础，这是因为以使用权中心论为基础，在资源利用与公平正义（共同体）方面表现更好，也就是比以所有权中心论为基础在资源配置上更为充分、在分配上更为公平。

将分配均衡与配置均衡统一为广义均衡，体现了数字经济生态均衡不同于工业经济理性均衡之处。

本篇旨在重建古典经济学的均衡理论，重点是解决导致李嘉图学派解体的根本问题，即古典均衡理论存在的看似几乎不可克服的内在矛盾——价值（分“蛋糕”）与生产价格（做“蛋糕”）的统一问题。这一难题曾演化为马克思政治经济学转形问题（《资本论》第一卷与第三卷中价值与生产价格计算“冲突”问题）。

古典经济学内部存在的这种矛盾，其本质在于如何将分“蛋糕”与做“蛋糕”统一在同一个理论框架下。将效率与公平统一在同一个均衡框架下，也是数字经济学的要求，因为数字经济不但涉及做大“蛋糕”，而且面临切好“蛋糕”的挑战。

解决这一难题的思路，一是通过引入新古典主义均衡理论，将完全竞争理论与垄断竞争经济理论统一起来。谢克在二者之间建立的真实竞争理论，是与这种探索同一方向的努力。二是引入新制度经济学涉及均衡的方法，把交易费用视为价值与生产价格的转形之差，引入政治经济学的均衡结论。

在广义均衡中，我们将古典经济学（政治经济学与制度经济学）所处理的社会关系重释为社会生态关系，这意味着在分“蛋糕”的基础性原理中增加了新的实质性内容，零和博弈转向合作博弈，生态合作（共同体）理念内生于原本同样来自理性背景的古典经济学。

从整体逻辑上看，这里讨论的问题，将均衡的价值基础，从重农学派的使用价值（基于实物市场 *QP* 的均衡）这个正题，经工业学派的交换价值（基于货币市场 *MV* 的均衡）这个反题，复归到数字经济的更高使用价值（基于信息市场 *BH* 的均衡）这个合题。使用价值不再是物的价值、功能的价值，而是人自主参与的价值，只是在具体价值这一点上保留了与原有使用价值的一致性。

对均衡的经济学解释的东方化，主要表现在关系、生态与行为三方面，更多的是通过引入西方经济学内部资源特别是古典经济学资源来实现。在关系本体论方面，东方化强调将社会关系、社会分配理论纳入分析框架，使基于原子实在论（聚焦于“患寡”——基于稀缺）的资源配置均衡，融入社会分配（聚焦于“患不均”）均衡，完善基于网络共同体的均衡框架。同时，强调竞争均衡与合作均衡的统一。在方法论方面，东方化强调的主客一元，在均衡上集中体现为反映客体特征的同质化均衡与反映主体特征（差异化、多样化、异质性）的异质性均衡的新综合，以平衡物质与精神力量的方式体现一体之仁（自然和谐与社会和谐一体化）。在认识论上，东方化的均衡论主张知行合一式的整体框架，以双层规划的双向反馈模型，替代西方式的单向数学规划模型，最终是要建立生产理性与生活愿景的平衡。

用一句话概括东方化（数字化）的均衡取向，即将建立在恃强凌弱基础上的不可持续平衡转为基于强弱平等的可持续平衡。

9 数字经济一般均衡：几何模型

数字经济学的制度理论要以古典均衡为核心来讨论均衡问题（而且仅把新古典均衡当作古典均衡的一个特例），是因为有着不得不如此的原因。数字经济中技术与制度都具有异质性、通用性这种根本特征，这导致均衡时，同质完全竞争成为非常态的，相反，异质完全竞争成为常态，其均衡结构必然更加接近古典均衡而非新古典均衡。《数字经济学》各卷都坚持以差异化均衡、多样化均衡与异质性均衡为主轴，就是这个原因。制度经济卷把古典均衡当作差异化均衡、多样化均衡与异质性均衡来讨论，把差异化、多样化与异质性的价值来源更多地归于权利因素而非技术因素。

“古典 - 新古典”综合均衡，改变了均衡的含义，是供求平衡及利益平衡的均衡，这有别于新古典供求均衡与古典经济学利益平衡的定义。

将新古典经济学均衡理论引入古典经济学分析的大思路如下：可以把古典经济学不同于新古典经济学的所有变量因素（核心是“力量”）高度概括为同一个变量，即垄断竞争与完全竞争均衡价格之差（$AC - MC$）。在重建的均衡框架中，$AC - MC$ 分为两个部分，一部分是新古典的资源配置（技术关系）因素，另一部分是古典的（社会分配）社会关系因素。按这样一种统一的价值尺度，新古典理论与古典理论可以在不改变立场的条件下进行命题的相互转换。李嘉图难题和转形难题将消解于无形。

◎ 命题 24：数字经济均衡是供求关系与社会关系相结合取得平衡时所形成的均衡，以广义均衡为常态。

数字经济均衡论提出了不同于传统均衡理论的新议题。首先，传统均衡论都是以价值（“效用”）为中心，数字经济均衡论则以使用价值为中心，我们将说明数字化与这种重心转移的内在必然联系；其次，数字经济均衡以租值（零经济利润上的溢价）为特有核心，这不同于传统的零经济利润均衡；最后，把以差异化、多样化、异质性为特色的数字经济均衡系统中的资源配置（技术关系）与社会分配（社会关系）第一次统一在一个统一场理论中，并使之可以同新古典均衡框架转换。

古典经济学是继承政治经济学与制度经济学传统的经济学的统称，其一直缺乏像新古典经济学那样系统的均衡理论，研究制度经济理论绕不开这一问题。本章试图综合政治经济学与制度经济学的均衡主张，在制度经济新垄断竞争实践和理论基础上，提出统一的古典经济学均衡理论。这一理论要弥补的核心空白，就是不同于新古典均衡价格的自身独特的均衡价格，也就是以租值标度的均衡价格。

古典均衡可以被视为附加了制度条件的供求均衡。在供求关系上附加的制度条件最核心的内容，是剩余的分割比例。可以认为，古典均衡是附加了剩余刚性的供求均衡。这种剩余刚性，体现的不是自然的（物的、理性的）力量（通过技术关系起作用），而是意志的力量（通过社会关系起作用）。

9.1 数字经济均衡：新综合

9.1.1 古典与新古典的综合：以完全竞争、垄断竞争比较为基础

要全面解释数字经济，经济学需要进行深层改变。当前流行的观点是，数字经济带来许多变化，但并没有改变经济学的原理，经济学原理是普遍，数字经济只是特殊，用普遍的原理足以解释特殊的现象。

但我们认为，要全面解释数字经济，经济学需要进行新的综合，首先是古典经济学与新古典经济学的综合。

为了增强经济学的解释力，数字经济学需要在方法上有重大改进。这不是数字经济本身要求的新变化，而是要解决经济学在工业化背景下没有解决好的一个重大遗留问题，即经济学内部不统一，存在配置理论与分配理论二律背反式矛盾，需要通过新的综合把资源配置理论与社会分配理论结合起来以便更全面地解释现实的问题。

新综合的目标是建立古典经济学与新古典经济学的统一场理论，把它们

在数学上统一在同一种语言下，在不影响各对立学派原有立场的前提下，用一个不变的价值尺度做转换，令其结论在数学上可以相互换算。如果用极简语言概括其要点，就是新古典均衡值，加上一个平均成本与边际成本之差，就会转化为对位的古典经济学（政治经济学、制度经济学）量化结论；相反，古典经济学均衡值，减去一个平均成本与边际成本之差，就会转化为对位的新古典经济学量化结论。这个不变的价值尺度，就是 $AC-MC$。

与我们进行同方向探索（试图统一东西方经济学）的谢克①，同样将理论综合的重点放在完全竞争理论与垄断竞争理论的综合上。

现有的国内外（西方）经济学教程（无论是初级、中级还是高级），有一个奇异的结构残缺，如表 9－1 所示。完全竞争与垄断竞争本来是对称理论（关于均衡点的无差异化体系－差异化体系对称），但垄断竞争理论只见于均衡部分、需求曲线部分，不见于其余 5 个部分。并非垄断竞争理论没有这 5 个部分的理论内容（如双效用函数、两阶段预算、双成本曲线等），而是几乎所有教材默认缺失，但又不说明缺失相关内容的理由。如果这是在表示对垄断竞争理论有意见或不赞同，大可一并删除均衡部分与需求曲线部分的垄断竞争理论，但又不是。

表 9－1　现有经济学教程中基本矛盾分析的结构残缺

理论	分类（按内容分类）	功能（按数学规划分类）	无差异均衡（完全竞争）	差异化均衡（垄断竞争）
均衡			有（$P=MC$）	有（$P=AC$）
需求	效用论	目标函数（Q）	有	缺失
	预算论	约束条件（P）	有	缺失
	需求曲线（需求函数）	合成（QP）	有	有（双需求曲线）
供给	生产函数	目标函数（Q）	有	缺失
	成本利润	约束条件（P）	有	缺失
	供给曲线（供给函数）	合成（QP）	有	缺失

① 谢克．资本主义：竞争、冲突与危机（上下册）［M］．北京：中信出版社，2021.

《数字经济学：微观经济卷》把无差异与差异化的矛盾当作工业化与数字化的矛盾，纳入经济体系分析，补上了缺失的内容，因此，成为国内外唯一一部将完全竞争与垄断竞争在数学规划所有环节进行完整比较的经济学著作。完全竞争与垄断竞争的综合，从而成为新综合的微观基础。《数字经济学：制度经济卷》的分析，为微观基础，重点是进行下一步的综合，即将社会分配均衡纳入垄断竞争理论加以标准化，这是有意没在《数字经济学：微观经济卷》中展开而在这里展开的分析。

数字经济是一个高度综合的现象，各种单一的理论只涉及它的片面，而对其难以全面把握。新综合方法是《数字经济学》各卷的通用方法。

数字经济学制度分析希望达到这样一个主要目标，即在基础理论一级，将资源配置与社会分配建立在整合的逻辑上，将效率与公平从对立状态整合为统一状态。这同时将是东西方经济学的结合，把强调效率的西方经济学与强调公平的马克思主义经济学结合成一种新的理论，它将是中国自己独立思考形成的理论。

▲ 命题 24 推论 1：广义均衡是古典均衡与新古典均衡的综合，在其中，均衡不仅是供求均衡，它是供求均衡与分配均衡的复合结果，是技术关系均衡与社会关系均衡相统一的结果。

统一场理论又称广义均衡理论。与广义相对的窄义，以新古典主义帕累托最优（$MC = AC_{\min}$）为标志。它将完全竞争作为同质性均衡的特例，在广义均衡中予以保留，在此基础上，向两个方向拓展均衡的含义：一是在资源配置（技术关系）分析内部，将异质性均衡（垄断竞争长期均衡，拉姆齐定价）作为广义均衡配置的异质最优标准；二是在社会分配（社会关系）方向上，将异质性均衡（垄断竞争短期均衡）作为广义均衡分配的异质最优标准。广义均衡还含有古典均衡与新古典均衡综合的意思，即均衡不仅是供求均衡，也是供求均衡与利益均衡的复合结果，是技术关系均衡与社会关系均衡相统一的结果。这就将切好“蛋糕”本身与做大“蛋糕”结合起来，纳入均衡定义之中，将公平内生于效率分析。

统一场理论的主要作用，是在保持不同经济学实质立场观点不变的条件下，将其议题设置与问题意识纳入统一的数学结构，建立起彼此语义可相互“翻译”的通用语言并实现对位定量换算。

我们可以利用图 9－1 将所有主要经济学体系提出的问题及对问题的解决纳入统一的计算体系，使它们从彼此无法“互译”“换算”，变得可以依纯粹的数学规则来回切换。以此作为整体框架，来把握数字经济这一引起整个体系全面变革的对象。新综合均衡可以称为租值均衡，因为它把 P_2（高于 P_1 的部分称为租金）作为了均衡价格水平。

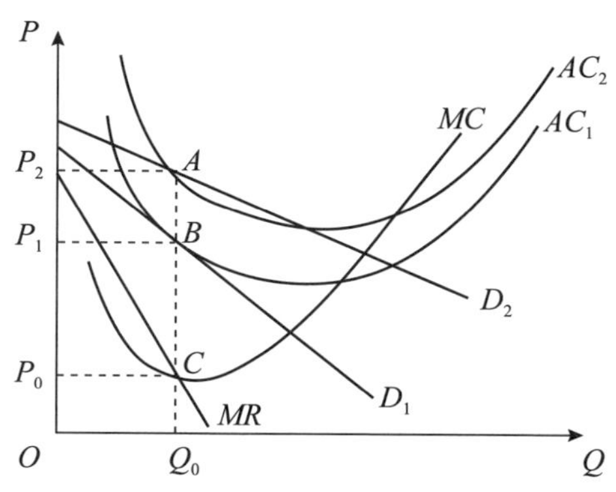

图 9－1　经济学新综合原型

谢克的《资本主义》与《数字经济学》各卷进行的工作，是同一个方向上的探索，有以下 3 个关键点上的一致：第一，同样致力于古典经济学与新古典经济学的统一；第二，同样是在西方经济学与马克思主义经济学之间寻求整合；第三，同样是将统一场理论的突破点放在完全竞争与垄断竞争两种相反理论的对立统一上，从中寻找居中的“真实竞争”。

在进行这种新综合之前，古典经济学与新古典经济学存在着方法上的对立，古典经济学往往将供求关系（技术关系）视为外生变量，新古典经济学往往将社会分配（社会关系）视为外生变量，双方实际上都在将对方视为特例，而自视为通则。在古典经济学看来，新古典理论是社会关系不产生作用（将异质性默认值设为 1，即经济人、理性人为常态）这一特例下的供求理论；而在新古典经济学看来，古典经济学是供求关系不产生作用（如默认社会必要）时的利益理论。新综合将两个方面同时内生在均衡分析中。

数字经济学的制度经济理论，采用了一种包容非制度经济的统一框架（广义均衡框架）来解释，意在将社会分配问题置于资源配置的背景下统一解释。按照这种统一框架，古典经济学与新古典经济学结论可以按一个固定的计量尺度“换算”，而不影响表达各自理论的原意。这个尺度非常简单，即把经济学中的“经济”，以 $P = MC$ 为基准，将政治经济学中的“政治”，与制度经济学中的“制度”，对均衡量所起的作用，即相对于“经济”的偏离，在量上固定为 $AC - MC$ 这个尺度。

这是对古典经济学（含政治经济学、制度经济学）总量方法与新古典经济学边际方法矛盾的彻底解决。这种解决，把两种经济学（包括技术关系分析与社会关系分析、资源配置分析与社会分配分析）在方法上的对立，还原到规范论的内核上来，即以平均值为特征的总量方法表现的是异质性，而以边际值为特征的个量方法表现的是同质性。异质性与同质性的方法分歧，不在于一个采取总量一个采取个量，而在于前者（古典经济学）的总量平均值在均衡状态无法收敛于个量边际值（这是异质性特有的量化特征），后者（新古典经济学）的总量平均值在均衡状态收敛于个量边际值（这是同质性特有的量化特征）。

进一步把这一点放到人类共同知识的背景下来认识，从广义均衡角度看，真实世界的经济，处于康德所说的纯粹理性与实践理性的二律背反的矛盾运动中。当经济符合经济学中的纯粹理性（经济人理性）而运动时，各种经济现象都向一个最优点（以边际值计量的理性最优点）聚拢；当经济顺应经济学中的实践理性（行为或制度逻辑）而运动时，各种经济现象又从这个最优点发散到它的平均值。经济本身不是这两种倾向各自走极端的状态，而多多少少是它们合力的结果。

迄今为止，人们谈论“古典一般均衡”这个概念时，都没有也无法把它同新古典一般均衡进行一个哪怕最简单的均衡价格的比较，这给人两种均衡无法按统一尺度换算的感觉。这实际是因为对两种均衡的本质认识得还不够透彻。

古典经济学与新古典经济学的分别，是“社会关系”分析与“技术关系”分析的分别，亦即利益相互作用分析与资源配置分析的分别。

鉴于制度经济的复杂性，除了需要借助技术经济学与制度经济学的综合来研究，还需要借助古典经济学与新古典经济学方法的综合来研究，使其闲置资源利用方面的议题与利益分享方面的议题统一在一个框架之内。

通过古典经济学与新古典经济学的综合来研究制度经济，聚集点在均衡理论。古典经济学（与古典经济学同源的政治经济学与制度经济学）有一个共同的薄弱环节，即均衡理论不系统、不完善。古典经济学与新古典经济学综合的目的，是吸取其均衡理论的体系化方法，用它来处理古典经济学对利益相互作用分析的全局化、体系化问题。在均衡高度解释制度经济，离不开这项工作。

在数字经济研究中，我们发现了一个奇特的现象：凡是以无差异化为线索的经济学，往往对工业化现象（如传统中国制造）有强解释力；凡是以差异化为线索的经济学，往往对信息化现象（如中国创造）有强解释力。均衡理论是由新古典经济学发展起来的，但当前的制度经济又是后一类现象。本该在古典经济学学术传统中寻找的均衡理论并不完善，要在均衡水平解释制度经济，就不得不从新古典经济学中借方法，从古典经济学中借议题，把二者结合起来。

9.1.1.1 方法转向的背景：从配置均衡到分配均衡

1. 如何提出利益问题：回到李嘉图

李嘉图的剩余概念，不是产出减成本这么简单。

一方面，它与熊彼特对剩余的解释一样，含有“创造新价值”之意，是相对于“谁创造了新价值，是自然，还是人”而提出的。由此可见，它含有能动性的意思。与之相对的观点，是重农学派的价值观，认为这种价值不是能动地创造出来的，而只是被动的、顺其自然的行为。

另一方面，李嘉图的剩余概念，是在回答“谁创造了新价值”时提出的，针对的是人与人的社会关系。例如，是资本还是劳动、是活劳动还是死劳动、是固定资本还是可变资本在创造剩余。其中，同样有能动性的意味，因为这样的问题不能简单地用边际生产力要素论来回答。边际生产力要素论的计算结果，不能体现人群所特有的公平、公正等“道德”价值。因此，在分配剩余时要将人的（相对于不同立场相互冲突的利益的）社会关系纳入考虑范围。

当然，社会分配论考虑公平、公正等道德因素，不是绝对的。人们批判工业化经济制度的物化性质，可能是从道德出发的，但讲道德情操只是经济学的一个方面，是以人的能动性、自由意志（实践）为依据的。经济学的另一方面，是以人顺应自然规律、理性（认识必然）方面为依据的。

数字经济学的制度理论试图将两个对立方面融合起来看问题，因此，在评价工业化的经济制度包括治理结构时，不仅要看到它有可能不公平、不公正，比如带来收入分配劣化效应（两极效应、官僚效应①），还要找出它在资源配置方面的局限。例如，工业化经济制度为何不能把“弱者”的多样性能力、潜力（如创新、创造能力）充分发挥出来？这就需要将公平与效率结合起来讨论问题了，否则，就会把条件不具备（如多样性不经济）时的分配选择（它有可能因为讲公平而伤害效率）与条件具备后的分配选择（可能通过公平促进效率）混为一谈。

数字经济问题分为社会分配与资源配置两个方面，其中，在对社会分配问题进行展开研究之前，首先需要对元问题提出如下设问：利益问题应该如何提出？或者说，制度经济理论的利益论的议题应如何设置？

如果不提出这样的问题，人们本能的反应很可能是形成“通过分享，人们会得到出行方便、消费便利、物尽其用等好处”这类的见解，深入一点想，也无非想到分享使生产要素更为有效配置，有利于创造新的就业等。

实际上，利益问题解析，在理论经济学根部有两个大的分岔，一是从新古典主义的边际生产要素分配论角度出发，二是从古典经济学包括政治经济学利益相互作用（社会关系）② 的角度出发。

上面提出的问题，忽略了内生社会关系，从理论经济学范式基础上一开始就走偏了。

从政治经济学角度研究制度经济，不同于研究闲置资源利用，它是从利益相互作用角度而非资源配置角度切入问题，它研究谁将从制度经济中受益或受损，应该如何分享所得利益，谁最应支持或反对制度经济，为什么要支持或反对。

理论经济学的问题意识，按其重心的不同资源配置或利益相互作用可分为两类。前者可称为斯密问题，后者可称为李嘉图问题。以斯密问题为出发点，形成的是马歇尔以后的新古典主义经济学，以李嘉图问题为出发点，形成的是古典经济学类型的政治经济学（包括马克思主义政治经济学、旧制度经济学、新制度经济学）。

---

① 相对于委托人，代理人所得超过其应得。

② 本书所用“古典经济学”一词，都代指源于古典政治经济学的政治经济学与制度经济学，而非古典经济学本身。之所以不把社会关系角度称为社会分配角度，是因为新古典经济学也有自己的社会分配论（边际生产要素论）。本研究把从古典经济学角度研究的社会分配一律称为利益相互作用，以有别于新古典经济学。

对制度经济来说，闲置资源利用主要是一个斯密问题（配置问题，即主体与客体关系问题），其最关心的是资源如何实现最优配置，如何通过利用闲置资源，在不改变生产关系条件下做大“蛋糕”；“使用而非拥有”主要是李嘉图问题（利益问题，即主体与主体关系问题），其最关心的是谁能从分享中得到最大利益，如何通过使用而非拥有这种生产关系的调整分好“蛋糕”。一个非常现实的问题是，“使用而非拥有”与工业化时代的所有权存在相当大的差异。按照海洋法系的财产观，资源不使用就是浪费，但按大陆法系的财产观，拥有者具有合法浪费的权利，那制度经济应如何看待财产呢？研究制度经济如果连产权都搞不明白，一旦深入就会迷失方向。

当前制度经济的议题，更多的是从资源配置角度设置的，本书第一阶段的研究主要是从利益相互作用角度设置议题。李嘉图一直强调利益相互作用问题是政治经济学的首要问题，因此，我们将这种议题设置为“回到李嘉图”。有别于李嘉图的传统政治经济学，制度经济的基础理论需要发展为内生技术的新垄断竞争政治经济学（简称垄断竞争政治经济学①）。

如何设置制度经济的议题，与如何看待利益的性质有关。如果认为利益是物，方法就会倾向于经济“物理”学（接近自然科学的科学主义方法），把利益视为单纯的资源配置问题；如果认为利益是社会关系，方法就会倾向于经济“分配”学（接近社会科学中的以人为本方法）。后者倾向于把利益理解为人与人权利互动的结果，把经济理解为争夺利益份额的活动。心物一元的观点认为，人与人的社会互动（分配“蛋糕”）与资源配置（做大“蛋糕”），将在相互转化中统一于广义均衡（内生利益相互作用的均衡）。

从利益关系角度认识制度经济，首先应回到这个问题的理论出发点，即李嘉图问题。李嘉图认为，社会分配是政治经济学（有别于斯密）的核心问题。工业化时代，利益相互作用表现为利益在土地所有者、资本拥有者和劳动者“这三个社会阶级”间的分配。李嘉图认为，确定分配法则是政治经济学的首要问题。②

对制度经济来说，这种分配不仅是生活条件的分配（协同消费），更是生

---

① 以垄断竞争为政治经济学的微观基础，将解决导致李嘉图学派解体的价值与生产价格矛盾问题。新垄断竞争理论，则把政治经济学的转形问题直接建立在信息生产力的基础上，得出符合互联网实际的新结论。

② 李嘉图．政治经济学及赋税原理［M］．北京：华夏出版社，2005.

产条件的分配，即生产资料拥有权、使用权的分配（如租值分成）。分配的核心是价值问题。这里的价值有所特指，劳动价值论所说的价值，在其古典含义中，有人与人的关系决定价值，而不是资源配置决定价值的意思。在制度经济学中，交易费用实际也是一种价值现象。这样的价值体系与斯密的供求价格体系，是相反的体系。这两个体系的相反相成，指向了本研究所指的垄断竞争状态。

在政治经济学传统中（包括古典政治经济学、马克思主义政治经济学、旧制度经济学、新制度经济学、新政治经济学，甚至新古典政治经济学），这一点相对一致。例如，科斯的新制度经济学，从根上否定效用函数这一概念，理由与传统政治经济学一样，是它们都认为效用函数表现不出经济主体间的利益矛盾。因为效用最大化，没指明生产方哪个要素主体获得的利益多，哪个获得的利益少。新古典理论预设其中没有利益矛盾（零摩擦条件下不合“理”的利益相互抵消，因此，不发生我们有所特指的“相互作用”），其实矛盾是有的，经济中的刚性客观存在，很大部分就来源于此。分享，表面上是资源分配，背后却是社会分配。

我们这样提出问题，有着现实依据。对利益的改变，如果没有一个基础理论上的说法，遇到实际问题，生产关系、经济基础甚至上层建筑，都会出现自相矛盾的不适应现象。比如，对网约车治理来说，有政府部门可能认为，只有顺风车才算分享，而约租车因为有利益回报，所以不算分享。可见，这个问题不是凭空产生的，而是由现实问题引发的，与具体规制相对应的政治经济学、制度经济学利益理论，还没有在所有的地方讲通。再比如，按大陆法系的物权法，“使用而非拥有”不能成立，因为资源归属于“我”，利用还是不利用（甚至浪费），拥有者具有随意支配权（滥用权），滥用资源并不违法。制度经济虽然提高了资源配置效率，但在关于利益的权利法理上，无法可依。可见，提出这个问题，是为了解决现实中迫切需要解决的实际问题。

2. 如何解析利益问题：技术－制度两部门均衡

针对现实，制度经济理论在利益相互作用方面回答的是下述问题：制度经济赢利是否有正当、合法的权利依据？分享资源和财产将对利益关系产生何种与工业化时代不同的影响？分享引起的经济和制度上的连锁反应与技术是否存在内在联系（古代的分享与互联网分享有何不同）？等等。

标准经济学假定人的利益围绕最大化（实质是两权一体化下以支配权为

中心）达成一致，政治经济学（包括制度经济学）认为这种最大化中存在利益冲突这种相互作用，这种冲突导致最大化需要付出额外的成本（社会关系冲突导致摩擦），这种矛盾需要以适当的制度设计在付出一定交易费用后平衡。

制度经济特殊在拥有与使用两权分离上，需要支配权利与使用权利相互作用、达成合约来解决矛盾。此前，在工业化中，两权冲突不明显，经理人与工人享有的都不是充分的使用权（二者都只是受雇者，不具有与独立使用权相对应的分成收益权），未来的制度经济的利益关系更像历史上地主与佃农的关系（各自拥有部分生产资料，双方分成），当一线劳动者的“资本”（知本）比例超过拥有者时（例如，C2B），危机就会发生。平台“垄断”租金（假设不仅是闲置而是无限可复用）与“双创”的分成比例应如何确定，是制度经济亟待研究的问题。

这样的问题超出了原有理论的最大边界，无论是古典经济学（政治经济学和制度经济学）还是新古典经济学，对制度经济的解释力都会骤然下降。为了在制度经济问题上增强经济学的解释力，我们提出经济学大思路调整的问题。

大思路是，第一，创新出基于制度的技术经济学，或内生技术的制度经济学，实现二者的综合，以说明经济变化的技术缘由，比如云计算如何产生了 SaaS 模式；第二，将古典经济学与新古典经济学在垄断竞争基础上综合，以解释制度经济内生差异化后还能达到全局均衡从而实现可持续发展的原因；第三，在古典经济学传统内部，实现政治经济学与新制度经济学的新综合，解决政治经济学的结论在一般均衡理论中缺乏显示度的问题，使制度经济中的分成规律得以用可计量的方式显现。

这一大思路的出发点是，当前的制度经济对理论经济学的突破，主要是突破了隐含的生产力假定（原有理论“未明言”预设①了工业化技术与工业化生产力），为了“更替”生产力上的前提假设条件，有必要注入技术经济学分析的新鲜血液，同时，制度经济涉及的利益问题，集中暴露出以往利益相

① “未明言”是因为经济学家认为工业生产力是永恒的，所以无须专门讨论。《信息化与网络经济：基于均衡的效率与效能分析》一书提出了系统的反例和数理证据，证明工业化技术与信息化技术是完全相反的技术，二者对生产关系的作用和影响相反。

互作用理论解释框架不统一的方面，为了对社会分配给出“统一场”式的解释，在新的综合中，利益、分配、交易费用、制度、创新、垄断等诸多分散的概念，被统一在代表复杂性的异质性这一概念中，用租值来计量，简化博弈论为双层规划数学方法，对利益相互作用理论进行数学化处理。

3. 对利益分析方法的两个改进

制度经济理论通过新垄断竞争理论，将分享背后的利益相互作用机理建立在技术经济关系——生产力（技术关系）与生产关系（社会关系）的结合——这两种生产方式分析的基础上。它带来了政治经济学的两大改进。

（1）为政治经济学注入技术经济学的新基因

政治经济学，尤其是马克思主义政治经济学，在起步期，是具有技术经济学基因的，突出反映在对英国纺织业生产技术与生产力发展（相当于现在互联网一样的技术革命）的深刻理解上。政治经济学关于生产关系的许多基本结论，都与工业技术、工业生产力的发展具有内在联系。这些结论很多都是不能脱离工业化背景而独立存在的。可以说，工业技术和工业生产力内生于政治经济学。

但这一优良学术传统，在当代中断了。当信息生产力成为经济现代化新的驱动力和先导力量时，政治经济学家没有及时按照生产力决定生产关系的传统调整有关生产关系的研究结论，最突出的表现就是对信息技术作用的理解过于肤浅，对由此带来的分享这种生产关系的改变不闻不问。既然政治经济学不能自我完成与信息化趋势保持一致的工作，那数字经济专业研究者就需要从外部引入技术经济学传统，帮助政治经济学家更好地坚持生产力决定生产关系的逻辑，并沿着这一逻辑更新出符合互联网时代的新的生产关系结论，特别是关于“使用而非拥有”的生产关系结论，其中可解释的当前已大量发生且深具未来潜力的现象，就是劳动者在市场经济完全竞争中可以获得高于资本家比例的剩余价值。

信息技术革命代表的是一种差异化的异质性力量（又称创新），这是一种与同质化的生产力（工业生产力）相反的生产力。政治经济学已许久没有对生产力变革做出基础理论级（范式级）的反应了。为推动它坚持“生产力决定生产关系”，正视信息生产力的存在，我们不惜引入技术经济学来“帮助”它“提高认识”，克服隐含的“天不变道亦不变”的惰性假设——工业生产力万古永存，因此，生产关系（包括反映这种关系的排斥分享的排他性使用与专有范式）亦不变，将工业时代的政治经济学推进到信息时代的政治经济学。

（2）为政治经济学注入均衡理论的新基因

制度经济是一种表现为“平台分享 + 差异化增值”的新垄断竞争均衡现象。垄断竞争在张伯伦的原始出处里，代表着异质的完全竞争①。差异化在制度经济中通过分享主体 App 的个性化、定制化实践，成为核心现象。差异化是垄断竞争与传统完全竞争的不同所在，它是产品从趋同（如传统中国制造）转向不同（如未来中国创造）的驱动力所在，也是制度经济背后“技术—经济”发动机的经济驱动力所在。

政治经济学长期隐含着完全竞争假定，但这种完全竞争与新古典主义的完全竞争又完全不同，二者在异质性范式上有差别——我们用异质性指代实证上的差异性（如个性化）。政治经济学隐含着对人的理解上的异质性范式，这种异质性表现为对利益相互作用（社会关系）分析的坚持。为了有别于新古典主义人性假定，政治经济学把人的利益本身（人性）假定为异质性，以区别于物化（同质化）的人性假定，坚持以人为本，即坚持以社会关系的人为本而不是以物化的人为本，这样就可以把政治经济学合理地解释为异质的完全竞争理论或内生利益相互作用的完全竞争理论了。如此，可以通过垄断竞争政治经济学，在均衡水平上进行同质、异质两种完全竞争理论的比较。在找出分歧的实质以及融合的桥梁基础上，发现制度经济发展的客观规律。

如图 9 -2 所示，将新古典方法综合进古典方法来建立分配理论框架，要点在于，将所有新古典边际生产力分配理论关于要素定价的结论，概括在 P_{MC} 这个大的范畴内。这个价格，既可以指资产价格，也可以指劳动价格，它们都具有边际成本定价这一相同特征。将所有古典分配理论关于要素定价的结论，概括在 P_{AC} 这个大的范畴内。$AC - MC$ 代表的是差异化、多样化、异质性因素。在新古典理论中，这本来指的是品牌、专利等资源配置上的差异化、多样化、异质性因素，但在这里，拓展出差异化、多样化、异质性的新含义，即设理性为同质性，则所有利益相对于理性都是异质性的，所有社会因素相

① 张伯伦为了把垄断竞争这种异质的完全竞争，同斯密的同质完全竞争区分开，把斯密式的完全竞争命名为“纯粹竞争”。张伯伦认为垄断竞争在异质这一点上，与罗宾逊夫人同质化的不完全竞争有本质区别。

对于理性都是异质性的。用 $AC-MC$ 指代社会利益关系这种异质性因素（表示人不同于物的那部分特性，包括权力因素），以标明古典经济学不同于新古典经济学的标的取值范围。

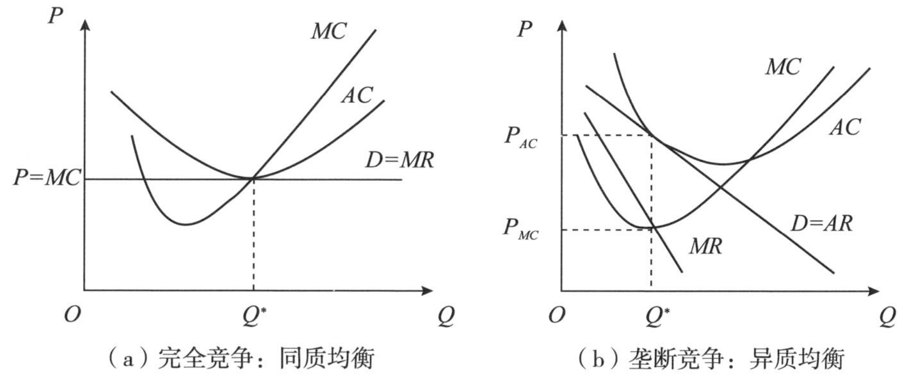

（a）完全竞争：同质均衡　　（b）垄断竞争：异质均衡

图 9－2　用新古典方法表示古典分配理念

古典经济学分配理论不同于新古典分配理论的那些特殊内容，都概括在 P_{AC} 与 P_{MC} 之间的空间（$AC-MC$）中①，这可以代表从阶级斗争到谈判的一切社会关系行为，包括工会因素、权力因素、制度因素等。它们并不是偏离理智，而是偏离认识理性的实践理性（例如，关于善、正义的理念），偏离把人当物来看待、把人的利益仅仅理解为物质利益的同质理性，而是把人当作社会关系这种异质因素来看待“异质理性”（如人的目的、意义，包括在何为目的、何为意义上的矛盾、冲突）。

这对现有理论的改变，是在讨论 P_{AC} 时，$AC-MC$ 由两部分构成：一部分是原来资源配置（技术关系）中的差异化、多样化、异质性因素；另一部分是新加入的社会分配（社会关系）中的差异化、多样化、异质性因素。

这时我们可以看出，两种对立的分配理论的实质区别是 P_{MC} 是理性定价，即物化的、同质性定价，P_{AC} 是“权力”定价，即社会关系的、异质性定价。

9.1.1.2　古典理论与新古典理论的综合

制度均衡，是指在制度经济中加入“制度”因素，对“经济”均衡带来

---

① 具体到古典与新古典子学派区分时，再细分 $AC-MC$ 中 AC 的不同。

的复合结果；在政治经济中加入“政治”因素，对“经济”均衡带来的复合结果。这里的经济，相当于没有内生制度或政治时的单纯技术关系，即资源配置，其均衡只是供求均衡。

1. 制度均衡：与新古典均衡的融通

对于均衡，制度理论与配置理论有着不同的理解。制度理论较少谈及均衡，是因为往往把均衡这个词直接理解为配置均衡。制度理论实际也有自己的均衡，主要是力的平衡（势均力敌）。在利益相关方势均力敌时，供求是否均衡，或者与配置论的供求是什么关系，较少有人讨论。事实上，规则、制度都是力的均衡的一种外在表现形式。

一种制度能够稳定地存在与持续，本身就是力的均衡的结果。这种力的均衡，实际是力的僵持或刚性。一场革命，可能以暴力或其他强制力的形式，将利益格局主要是利益相对方的得失关系与比例确定下来。规则只不过是对这种以力的平衡维持的社会分配内容的描述与确认。从配置角度看，利益平衡（或者说利益相对方无力改变利益格局）时，配置可能是非均衡的，比如，在长期可能存在制度性的短缺或制度性的过剩。

由此，我们可以把合约、治理结构、制度、规则当作均衡机制来研究，只不过应该意识到，如果将力的均衡与供求均衡相比较，在与配置论的供求均衡进行换算时，量值上相当于在供求量之上存在一个表示异质化、多样化和差异性的力的等值因素，在“干扰”同质化的理性体系，达成的相当于是一种垄断竞争的均衡。

将制度论与配置论综合，需要把制度的语言转化为供求的语言。对制度论而言，这相当于把对规则的定性描述转化为定量描述。比如，交易费用这个概念，就将规则达成过程中利益相对方的能动性作用（矛盾与冲突）以摩擦力的量化形式表现出来，将它加入供求关系，就构成了一种制度论与配置论的量的换算。再比如，“剩余”这个概念，运用得好（比如像熊彼特那样使用），就可以表现出在物化的循环流转（实际是 $MR = MC$ 背后同质化的均衡运动）均衡量值之上，存在一个由人的能动性（无论是创新还是其他）带来的新价值的溢价。

在历史上，古典经济学与新古典经济学的第一次重要综合，就是新制度经济学。新制度经济学引入的是同质完全竞争均衡框架，但解释制度经济需要的是垄断竞争均衡框架。这是讨论这个问题在起点上遇到的情况。

新制度经济学的组成很庞杂，我们重点讨论的是把制度经济学新古典化的一支，即新古典制度经济学。新古典经济学与新古典制度经济学都强调完全竞争的帕累托最优，但二者角度不同。

从资源配置角度看，新古典经济学与新制度经济学的区别，可以归到完全竞争（同质完全竞争）与垄断竞争（异质完全竞争）的区别中。这并不是新制度经济学家自己的认识，而是我们的比喻，新制度经济学家往往自以为站在完全竞争的立场上。从资源配置角度出发的垄断竞争理论，与从利益相互作用角度出发的新制度经济学（包括政治经济学），有着隐秘的甚至不为他们自己所认识的联系。

从方法论看，新古典主义与制度主义的区别可以理解为供求目标函数（如效用函数、利润函数）框架的不同，前者的目标函数是一元的，强调做大“蛋糕”（一元目标的最大化），后者的目标函数是二元的（也可以是多元的），强调分“蛋糕”（多元利益间的利益博弈、冲突或协调）。新古典经济学与新古典制度经济学（或新政治经济学）在均衡上有一个交集：二元目标函数要以均衡为度，在同质化条件下，以 $P=MC$ 为均衡价格；新古典主义也在同质化总福利限度内肯定要素的“公平”分配，只不过认为这种公平已通过零摩擦假设不言而喻地实现了。

从数学角度看，新古典经济学相当于单层数学规划，新制度经济学可对应内生利益的双层数学规划。前者强调将效用最大化作为目标函数，外生了利益约束，后者从形式上否认效用函数，而认为利益的合约应内生于均衡与最优，以支配权为核心的产权（防止租值消散）是最优理性所在。

新制度经济学家自己认识不到与垄断竞争的隐秘联系，是因为新制度经济学潜在地容纳异质完全竞争。交易费用就是零摩擦世界上的“杂质”，他们认为尽管这种“杂质”存在，但市场仍可以完全竞争。张五常说，交易费用可以称为制度费用。[①] 这种社会关系，可以理解为一种异质性。新古典经济学排斥异质性，自然排斥社会关系。新古典制度经济学力图调和这种矛盾，于是想出了交易费用这种差值。

新制度经济学的这种综合方向，对制度经济最有借鉴价值的是张五常的租佃理论。因为张五常把交易费用的焦点，明显移向了今天制度经济的焦

---

① 张五常．经济解释：二〇一四增订本［M］．北京：中信出版社，2015.

点——使用（权）。张五常讨论的是租，租就是使用费，或是与拥有权分离的使用权的收益。这与云服务收费模式面对的按使用收费问题一模一样。

张五常在《佃农理论》中直接研究了制度经济的核心问题，即按使用收费的租金的均衡问题。租佃就是某种意义上的“使用而非拥有”。张五常把交易费用转换到了使用这个主题上，将其称为租值。制度经济理论目前没有均衡论，租值理论正好是制度经济的均衡论。有均衡论，才是全局论；没有均衡论，就成了枝节论。这就是我们研究制度经济的均衡论需要借鉴新制度经济学的原因。

政治经济学也有自己利益相互作用版本的均衡论，但对研究借鉴来说，缺陷在于没有提炼出像租值（交易费用）一样的核心概念，例如，没有把“社会必要”这一判断提炼成内生利益相互作用的均衡值，用来比较与新古典均衡在数量上的异同。我们详细讨论了政治经济学历史上的转形问题，并把它与新制度经济学的租值理论进行综合、比较，在此基础上总结出制度经济理论自己的均衡原理。

张五常极力反对新古典经济学中效用函数的概念，他的合约理论，在某种意义上克服了效用函数隐含假设的片面性。效用函数隐含的利益相互作用外生假定，相当于单层规则，它的片面性表现在其最大化目标排除了利益矛盾关系，是鲁滨孙世界的利益的。但张五常否定效用函数是不值得肯定的，因为不必全盘推翻新古典建模方法，只用双层规划方法就可以把它转化为合约理论，从而在新古典理论中用同一种数学语言内生利益相互作用，达到用古典经济学整合它的目的。

令人感到奇怪的是，在异质性方向上强调各种非斯密因素的新制度经济学，不是走向以垄断竞争为微观基础的新凯恩斯主义，而是回归类似奥地利学派的新古典主义（包括新古典政治经济学）。新古典制度经济学与新古典政治经济学（包括 D－S 模型）存在的问题一样，即不具有异质范围经济的成本主张，回避了异质性本身的经济性问题，从而错过了发现差异租的机会，这正是制度经济理论要着重发力的地方。

其实，真正与新古典主义匹配的制度经济学应该是公共选择理论，而非新制度经济学。新古典制度经济学在基础理论一级存在不可克服的内在矛盾，在于将新古典完全竞争与利益相互作用理论嫁接时，没有充分意识到这是两种不同性质的均衡，两者存在类似转形的矛盾。

我们发现有一种比新制度经济学（包括新政治经济学、新古典政治经济学）更好的理论策略：只要把利益相互作用视为异质性，将张伯伦异质完全竞争理论作为“媒人”，把制度经济学转换成垄断竞争新制度经济学，或把政治经济学转换成垄断竞争政治经济学，就可以轻松地实现，从而用新古典形式的语言，说出与之不同的内容，化解利益相互作用与同质完全竞争不相容的问题。

广义均衡理论①②正好可以承担这个重任。创建垄断竞争的政治经济学，就是为了实现这一任务，从而准确地把握属于垄断竞争（异质完全竞争）的制度经济利益现象。

2. 垄断竞争古典经济学的方法

垄断竞争政治经济学的方法是，从异质使用入手，将垄断竞争（异质完全竞争）以 $AC-MC$ 租值的方式纳入经济学，并且从劳动者使用利益（权益）入手，将增值的剩余纳入均衡分析。最重要的修正在于，劳动价值不可能在劳动力基础上索取剩余，而只能在劳动者全面发展基础上创造增值。资本与劳动的矛盾，最终应这样解决。这是数字经济制度理论通向的结论。

数字经济学与现有经济学的关系，是信息化经济学与工业化经济学的关系。信息化是工业化内在矛盾的扬弃，古典经济学与新古典经济学是工业化经济学内部矛盾两个方面的理论反映，因此，信息化经济学需要建立在对古典经济学与新古典经济学进行新综合的基础上。新综合的理论称为广义均衡理论。这里的广义，是指以同质性为窄义，将同质性推广为异质性后，更为普遍的情况。

广义均衡的微观理论详见《数字经济学：微观经济卷》，这里择要谈谈其中思路。

从广义均衡来看，将技术关系分析（新古典经济学，或资源配置理论）与社会关系分析（古典经济学，或社会分配理论、制度理论）统一在同一个逻辑框架下，要点是将技术关系抽象为同质性（同质性的技术关系与社会关系，同质性的资源配置与社会分配），将社会关系抽象为异质性（异质性的技

---

① 品种—数量—价格三维均衡理论，或内生品种的数量—价格均衡理论（如 D－S 模型），以下亦称广义均衡。

② 姜奇平．信息化与网络经济：基于均衡的效率与效能分析［M］．北京：中国财富出版社，2015.

术关系与社会关系，异质性的资源配置与社会分配）。将同质性均衡确定为 $P=MC$，将异质性均衡确定为 $P=AC$。$AC-MC$ 就是两种体系均衡量值的切换值。

图 9－3 显示了广义均衡中的新古典条件，即由边际值（$MC=MR$）决定均衡时的条件。广义均衡是一个组合条件的均衡，即由 $P=MC$（代表同质性）和 $AC-MC$（代表异质性）两个条件构成的均衡。图 9－3 中，P_0的均衡只决定了整个均衡（成本加成）中成本的部分，对应的是均衡中技术关系最典型的量（完全竞争之量）——“物”（资源配置的“资源”）那一部分的量。

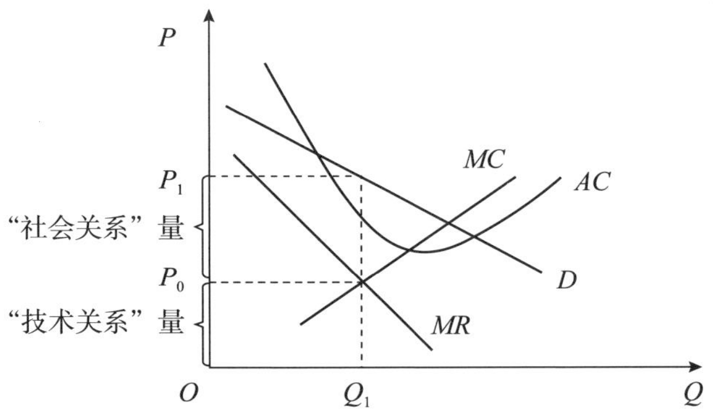

图 9－3　广义均衡的第一个条件：产量（技术关系）决定条件

在这里，先不区分异质的 P_2与同质的 P_1，而用 P_1笼统地代表垄断竞争（且统称为社会关系分析，后面再细分）。对资源配置和技术关系来说，$AC-MC$ 代表差异化、多样化（如产品差异化、多样化）；对社会分配来说，$AC-MC$ 代表权利与权力等非“经济”的“政治”因素（政治经济学中的政治，可视为异质权力，如产权）。这意味着，往一个无摩擦的资源配置体系（或技术关系体系）中加入一单位社会分配体系（或社会关系）的特有（摩擦力）因素，对均衡的影响，在数量上等价于往一个同质的（无差异的、非多样化的，因而零摩擦的）均衡体系中加入一单位的差异化、多样化配置因素。反过来理解也一样，从一个存在摩擦的社会分配体系（或社会关系体系，均衡价格为 P_1）中抽走一单位的异质性利益（权利与权力）因素，在数量上等价于从一个垄断竞争均衡体系中抽走一单位的差异化、多样化因素。

在资源配置理论中，垄断竞争导致图 9－4 中的“超额生产能力”。从广义均衡角度解释，这相当于为较多的品种付出的较少的批量（为质而牺牲的量），反映的是较高的差异化、多样化和异质性与较低的同一质量内部数量的权衡。对制度经济理论来说，这里的异质性指相异的利益构成的权力冲突，而不再是品牌、专利等，需要解释的是这里的“超额生产能力”转化成了什么。

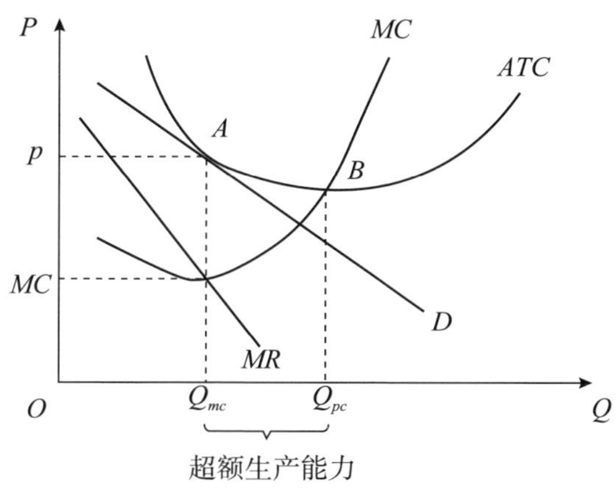

图 9-4　垄断竞争的“超额生产能力”

在资源配置理论中，$MC = MR$ 确定了垄断竞争均衡中的均衡数量。对制度经济理论来说，可以把这个数量整体打包成资源配置的结果，把它之外的变动理解为利益冲突的结果，那“超额生产能力”就意味着，本来仅凭技术关系也就是供求关系均衡的量（Q_{pc}），现在在社会分配作用这种异质性作用的影响下，移到了 Q_{mc}。动因是代表异质性的值 AC，没有在物化、理性作用下收敛于它的最小值（与边际值取齐），以致垄断竞争的实际产出移到了 Q_{mc}。

这时我们应回忆起“生产力决定生产关系，生产关系反作用于生产力”这个规律，也就是权力框架受效率框架制约的情形。按照权力框架，异质性（对边际值的偏离）是劳动与资本两个力相互博弈的结果，此时会出现两种情况：一种情况是制度在分配剩余时，相对于边际生产要素的尺度，异质因素的力更偏向于劳动力（如公有、国有、工会或福利国家），这时的“超额生产能力”代表效率损失，严重时会导致短缺；另一种情况是制度在分配剩余时，相对于边际生产要素的尺度，异质因素的力更偏向于资本（如私有），这时的“超额生产能力”代表普遍的过剩或有效需求不足。

前一种超额指向的是因公平（过度）而失去的效率，意思是如果 A 是现实而主观的（因此，相对于自然率是过度的），那么本来需要在 B 才能达到的供求量的均衡，就出现了“超额生产能力”这一代表短缺的缺口。

后一种超额指向的是因效率（过度）而失去的公平，意思是如果 A 是现实而主观的（过度的），即 A 只是资本供求的均衡（如凯恩斯的投资等于储蓄），且附加了刚性的利润率（因此，是主观的、意向性的），实际上将劳动力的均衡（充分就业）计算进去才能达到的均衡在 B，则这种经济天然就会存在量值为“超额生产能力”的有效需求不足。“超额生产能力”在这里就指，消费所能支持的供给被压到了 A，潜在的需求对应的供给要超过实际。这里的公平作为效率因素，就是垄断竞争均衡所要求的有效需求或购买力。它只是相对于同质完全竞争而言的“超额”，而不能认为对现实的垄断竞争均衡是“超额”的。

从政治经济学角度解释这种现象，可以把商品区分为使用价值（以产品数量代表）与价值（以产品价格为代表）。价格围绕价值上下波动，可以理解为“价值”围绕供求价格上下波动（反过来理解也一样）。一个同质性的均衡（边际均衡），在广义均衡中，仅仅相当于产量（供求）即使用价值意义上的均衡。垄断竞争均衡的第一个成本条件是 $MC=MR$，这是不考虑资源配置与社会分配方面的异质性因素（非边际因素）、完全理性条件时的均衡。边际在此代表的就是无差异化、非多样化、同质性。但是，它无法决定“价值”（政治经济学意义上的价值），在此表现为价格。假设价格反映的是价值（而不仅仅是供求），则需要在供求量 $P=MC$ 之上叠加一个“价值”波动量（异质量值）$AC-MC$。$AC-MC$ 这个量的作用，仅在于在理性体系中加入“非理性”（我们用异质性替代“非理性”这个不太准确的词，它指代从实践理性、行为理性到差异化、多样化等一切与同质性理性相反的现象），无论对同质性均衡的偏离是来自社会分配方面的权力（如利益冲突、博弈、工会谈判、合约）还是来自资源配置方面的差异化与多样化（如品牌、专利）。

如果政治经济学不习惯价值围绕供求价格上下波动这种说法，也可以反过来，以价值为基准，让供求价格（$P=MC$）围绕体现价值的价格（$P=AC$）上下波动。这是指，假设真实世界的价格是 $P=AC$，假设利益格局既定（如支配剩余的权力已用合约、规则、秩序乃至制度固定下来），则需要从这个综合价格中剥离纯技术关系、非社会关系中供求量决定的那部分价格，即图 9－5 中 Q_{mc} 的价格成分，即在成本加成中扣除加成后的成本。这一部分值越大，加

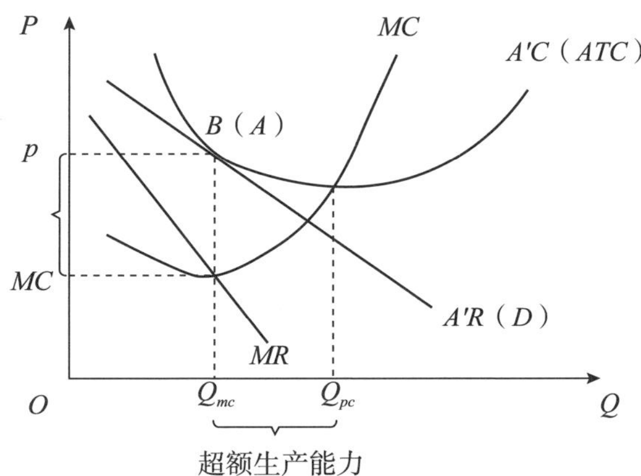

图 9-5 广义均衡中对应的异质“超额生产能力”

成（可供斗争与冲突争夺的部分）就越小。围绕溢价的权益争夺，理论上说，与成本部分是否达成均衡几乎无关。也就是说，无论资源配置在纯粹物的层面是否均衡，利益冲突都会照常发生。但是，如果权力变成主观意志的任意而脱离潜在效率结构——也就是不与生产力相适配，那持续的短缺或过剩就有可能在综合价格结构（*MC* 加上 *AC* - *MC*）中的成本部分（*MC* 部分）出现。

上面我们将垄断竞争当作一个笼统的整体来分析，但事实上，在广义均衡中，需要将垄断竞争细分为两个部分，即古典（社会关系分析）与新古典（技术关系分析）部分，将均衡价格细分为 P_2 与 P_1，将平均成本区分为社会平均成本曲线 AC_2 和一般平均成本曲线 AC_1，将需求曲线区分为社会需求曲线 D_2 和一般需求曲线 D_1，前者代表政治经济变量，后者代表纯经济变量。

作为资源配置理论，新古典理论包括完全竞争理论与资源配置上的垄断竞争理论，它们的问题域与解释空间在 P_1BQ_0O 区域，其中又分为两部分，分别是配置同质性（新古典完全竞争）区域 P_0CQ_0O，如图 9-6 所示，以及配置异质性（新古典垄断竞争）区域 P_1BCP_0，如图 9-7 所示。

这里说的新古典理论，代表的是资源配置理论，包括完全竞争理论、弗里德曼的货币数量说等反映自由主义观点的理论。

作为利益分析理论（社会关系分析），古典经济学对应的是社会分配上的垄断竞争理论，它的问题域与解释空间是社会异质性，主要在图 9-7 中的 P_2ABP_1 区域。同为垄断竞争理论（古典经济学家自己并没有意识到，是广

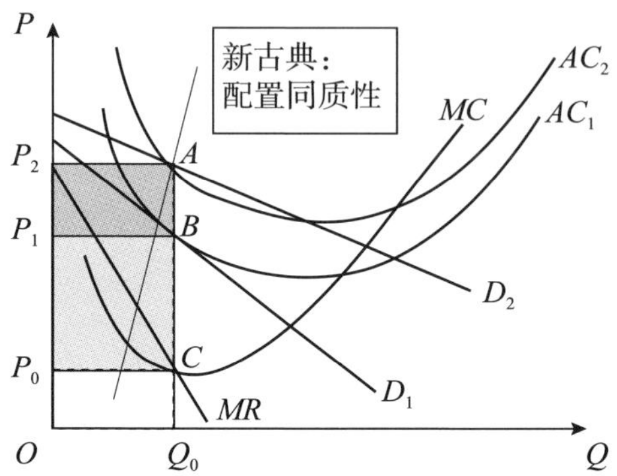

图 9－6　新古典经济学（完全竞争理论）在统一场结构中的位置

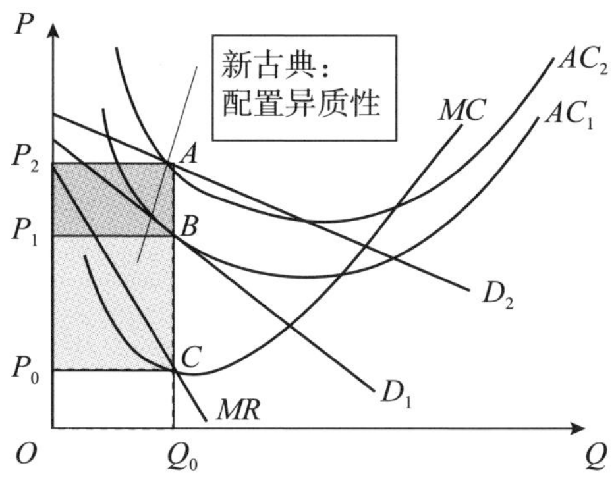

图 9－7　新古典经济学（垄断竞争理论）在统一场结构中的位置

义均衡体系将其归类在这里），与配置异质性的问题域与解释空间不同之处，是它在“经济”或“市场”的变量之外内生了“政治”（或叫权力、制度）的变量，以 AC_2 代表社会平均成本（新制度经济学称为交易费用），以 D_2 代表“经济”需求之外的“社会”需求（或公共需求）。从供求两个方面表现出来的社会异质性，就构成了 P_2ABP_1 这个租金空间（“租”在此含有“经济”之外“社会经济”因素作用下的产物的作用）。

这一空间，既对应政治经济学特性的转形值域，又对应新制度经济学的租值值域。政治经济学与新制度经济学虽然立场相反，但都认为存在一个由社会关系决定的利益空间，并以此区别于资源配置理论。古典经济学及派生出的各学派，都没有公开声明自己叠加理性之外的社会分配因素后形成的“供求均衡＋利益平衡”的新均衡点的均衡价格是什么。广义均衡替他们总结了出来，就是 P_2。资源配置理论（特别是新古典完全竞争理论）不承认 P_2 会形成一个均衡价格水平，是因为该理论将社会关系分析排除出了经济学，顶多在分析工会、垄断势力时偶尔接触这些现象，视之为与完全竞争相抵触的刚性因素，顶多算短期垄断竞争均衡，在“长期”是“不存在”的，主观上不承认 P_2ABP_1 的结果，就是有效需求不足不以这些经济学家主观意志为转移地存在于客观世界，给了凯恩斯经济学、公共部门经济学及古典经济学后继分支巨大的解释空间。事实证明，真实世界的均衡是理性因素（资源配置）与古典因素（社会分配）共同作用形成的。因此，P_2 作为广义均衡的价格水平，有可能是一个真问题。数字经济学将古典经济学综合进来，是为了说明共享经济、云模式中财产权利在通用目的技术作用下向通用方向变化的制度经济原理，这是一个绕不过去的核心问题。

在资源配置理论中，有两个分支学科是从资源配置角度回应古典问题的，它们将古典经济学中的权力、制度问题理解为宏观、政府或公共部门问题。

相较于新古典微观理论，凯恩斯经济学添加了有效需求这一特征，对应图 9－8 中的 D_2 需求曲线。这条曲线的形成，是因为等价交换的供求均衡并不能导致平等的社会分配，由此真实世界均衡 A 的达成需要政府通过“经济”之外的权力来干预。

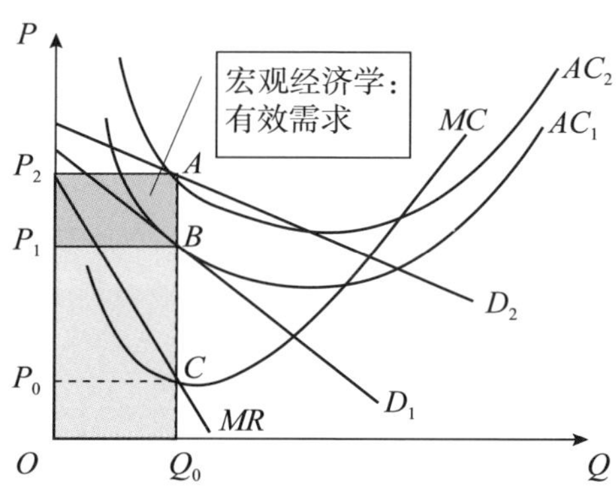

图 9－8　凯恩斯主义的政府、宏观因素的位置

公共部门经济学则把有效需求 P_2ABP_1 区间置换为公共利益目标（图 9－9），它涉及的公平公正是非经济的社会价值，如果换算为私人部门提供公共服务，则对应私人部门获得的租金 P_2ABP_1，租金大于成本的部分是租金盈余。

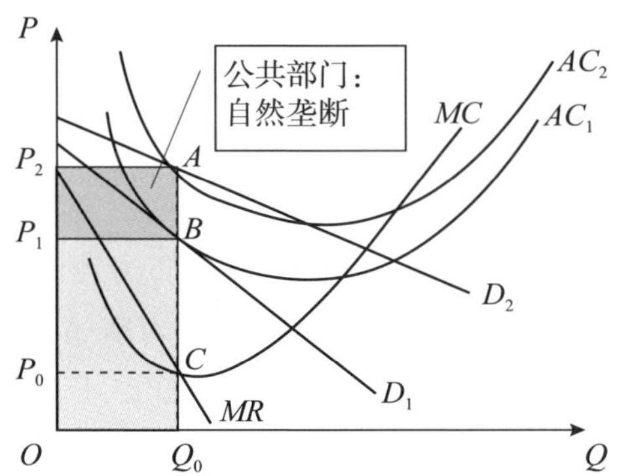

图9-9 公共部门经济学的公共利益的位置

9.1.1.3 政治经济学与新制度经济学的内部综合

政治经济学与制度经济学都有一个经济上的权力框架，作为承自古典经济学的共同基因来源，代表社会关系内核。权力对于政治经济学来说，就是那个“政治”；对于制度经济学来说，就是那个“制度”。这个权力，首先是关于财产的权力，而不直接是政治权力。

数字经济学研究制度理论（包括政治经济学与制度经济学）的背景，是初期的数字经济研究偏重于工程师角度的研究，只从技术角度研究数字经济，而很少从价值角度（利益、权利角度）研究数字经济，这种研究的致命缺陷，是回答不出数字经济代表什么人的利益这个问题。这种研究在具有重视技术与生产力因素优点的同时，也有为技术而技术、为生产而生产的缺点。为此，需要从技术相反的方面，即社会关系的方面，对其加以补充研究，然后与技术性的研究结合起来，形成比较全面的理论。

在进行制度分析时，会遇到一个问题，即政治经济学与制度经济学（特别是新制度经济学）虽然同属古典经济学社会关系分析系统，但各自将所代表的利益的立场融入了学术体系，数字经济代表的利益类型与之均不同，既不是劳动雇佣资本（如政治经济学的主流立场），也不是资本雇佣劳动（如新制度经济学的主流立场），而是劳动与资本一体化（如知本家），依合约分成。数字经济学认为，劳资对立本身就是工业生产方式的产物，是信息生产方式的扬弃对象。因此，研究时的第一个改进，就是要将只代表劳动利益和只代表资本利益的立场从古典均衡水平上抽离出来，以各自声明的方式保留，加以悬置，把研究重点放在二者关系依历史条件转化上。例如，研究为什么剩余会随生产力提高（数据生产力替代物质投入的生产力）而由资本转向劳动，为什么共享发展能否实现取决于生产力发达程度，等等。第二个要改进的地方，是吸收政治经济学与制度经济学均衡理论中有用的成果。数字经济要从广义均衡角度超脱于古典均衡理论与新古典均衡理论的冲突，要将社会关系均衡纳入广义均衡，需要借鉴政治经济学与制度经济学的研究成果。但是，政治经济学与制度经济学均衡理论在技术方面不成熟，模型化水平远不如新古典理论，需要用简洁的数学方法来高度概括地表述核心内容。在我们看来，政治经济学在完善古典均衡理论方面最大的贡献是完全竞争与垄断竞争的数学转换关系，这是制度经济学从来没有发展出的一种知识体系。但政治经济学数学化的缺点，是没有形成 $AC-MC$ 这个在新古典经济学中已十分成熟的价值转换尺度。李嘉图学派正是因为没解出这一难题而解体；马克思也没有直接从数学上解开这一难题，从而导致《资本论》第一卷与第三卷的数学转形这一历史遗留问题；斯拉法复归李嘉图对“不变价值尺度”解法的探索，为了数学而扔掉价值论本身，且其研究的数学过于迂回曲折，达不到我们所说的高度概括的简洁性要求。制度经济学的情况相反，它对均衡的数学分析“一窍不通”，但有一个突出优点，即产生了交易费用这一在数学上异常简洁的结论。但交易费用（包括租值）概念是不完善的，而且主要是直觉产物，不是系统推导出来的（好比一道题只有正确结果，没有推导过程，甚至没有题面本身）。整个制度经济学一直找不到想要表达的思想和数学方法的合理对位（例如，会产生新古典制度经济学这种从数学角度讲无法存在的“怪胎”）。

广义均衡理论发现，租值正是转形的解，而转形正是租值的题面与推导过程。利用这种互补关系，我们“抽离”政治经济学与制度经济学的特殊立场，而将其在数学上统一为同一个体系，复归古典均衡的原貌。

政治经济学与新制度经济学在利益相互作用（社会关系）这一主线上具有同宗性，都继承了古典经济学的传统，但二者在利益立场上完全对立。将表面上差异极大的两种理论统一在同一个基础理论框架下，是数字经济学制度理论的任务。这种问题可以归属于古典经济学传统下内部综合问题。

这种综合，是为了更好地建立工业经济与数字经济的制度比较框架。在此之前，制度理论分为资本主义经济制度与社会主义经济制度，新制度经济学的制度研究主要通向资本主义，主要研究市场（竞争）机制下的制度；政治经济学的制度研究主要通向社会主义，过去主要研究计划（垄断）机制下的制度。这给人一种错觉，好像研究资本主义与社会主义需要两种完全不同的制度理论。事实上，从竞争实践与垄断实践出发进行的两种制度研究，主要让人们看到了社会关系中的对立方面，而多少忽略了二者的同一方面。

从数字经济学视角来看，这两种制度理论的同一性集中表现为，它们都是工业化的制度理论，而与数字化的制度理论有本质区别。从实践来看，迄今为止的资本主义都是工业化资本主义，人们还没有看到一种成熟的信息化的资本主义，因此，以威廉姆森为代表研究的资本主义经济制度，准确地说是工业化资本主义经济制度。同样，社会主义最初在理论上被视为资本主义“之后”的制度，但那些体现“之后”的因素在实践中并没有出现。尤其是经过社会主义市场经济的实践检验，现在并没有根据说“计划”与“市场”具有“之前”“之后”这种时间先后关系，不能认为“市场”在先、“计划”在后，“计划”是市场“之后”的高级阶段。在实践中出现的社会主义，在时间上与工业化资本主义是相同的，二者都是工业化的制度。迄今为止的社会主义，都是工业化的社会主义。工业化的资本主义，与工业化的社会主义，至少在工业化这一点上具有同一性，都是经济发展到工业化这一历史阶段的产物。

工业化阶段的公有制与私有制是同一历史阶段的产物，它们都以工业生产力决定的资产专用性为制度（与专用对应的专有制）存在的基础。它们在生产力上是同代的。它们的不同，只是资本专用所决定的专有方向的不同，或者说相反（这决定了利益的立场相反）。当资本专用转化为专有，为公专有时，表现为公有制；当资本专用转化为专有，为私专有时，表现为私有制，但在资本专用上，公有与私有没有任何区别。资本主义与社会主义条件下，“馒头吃一口少一口”，没有任何区别。数字经济却不同，它建立在资本非专用性的信息生产力基础上，这使共享发展从原来不经济甚至不可能变成经济且可能的。例如，具有同样生产资料功能（如店铺经营功能）的电子商务源代码，1 个网商使用与 1500 万个网商使用，使用价值不仅不会像馒头那样减少，还可能会越复用变得越大。在这种情况下，会出现新的合约形式与新的治理结构，由此形成新的经济制度。

数字经济学认为，比工业化包括资本主义工业化（自然也包括社会主义工业化）“更高”或“更后”的历史阶段是存在的，但这个“更高”或“更后”，都是以生产力的革命性跃升（质变）为前提的。前提是这种引致新历史阶段到来的生产力，与工业生产力有一个“革命”（“信息革命”）的差距，这种生产力是“信息革命”这场革命从信息生产力兴起到信息生产方式发展成熟的结果。信息技术向不同于工业化的制度（无论是工业资本主义还是工业社会主义）转化的经济契机，是具有资产通用性的资本（“新动能”）在要素结构中的占比超过资产专用性的资本（“旧动能”）。它改变了威廉姆森以资产专用性为基础的工业资本主义（也包括工业社会主义）的经济制度基础，转向以共享发展为特征的信息化的合约与治理结构。突出表现是，商业化的平台提供的准公共产品，为网络生态各利益相关主体共享，同时通过租金收回固定成本投入，既非专用，而共享又不会“搭便车”，从而出现与工业化制度现象相悖的现象。数字经济学还认为，理论上高于资本主义（实际上是工业资本主义）的“更高”阶段的特征，包括人自由而全面的发展，并没有条件存在于工业社会主义的实践之中。这主要是由于受工业经济中工业生产力发展的局限，资本通用从而使共享发展成为现实可能的制度条件无法创造出来。在数字经济中，在信息生产力、数据生产力高度发达的条件下，与工业经济本质有别的制度（包括合约与治理结构）是完全有可能发展起来的。数字经济学希望在工业经济和数字经济的整体制度比较中把握新制度的特征。为此，需要把反映工业经济的政治经济学与新制度经济学当作一个统一体，与数字经济的制度分析进行整体比较。

对于政治经济学与新制度经济学都如此坚持的所有权分析，数字经济学建立了一个可以推广到“拥有－使用”的权利框架，跳出工业经济、数字经济的特殊性，用更广泛的历史视野来审视。数字经济学认为，以拥有权为中心的制度分析与制度实践，本身就是工业经济特有的框架。工业经济中的资产专用性，正是这一框架赖以成立的先决条件，它决定了工业经济的制度分析只能也必须以拥有权为中心，由资本专用，推论出对应的资本专有（或者为公专有，或为私专有）且专有必专用的自洽逻辑，由此展开包括合约与治理结构在内的所有社会关系规则体系的分析。数字经济根据信息生产力、数据生产力决定的相反要素的性质，即资产通用性，引出专有而通用或混有而通用的新的制度结论。数字经济的合约，也不再必定是威廉姆森所说的非对称合约，而可能成为海尔信息透明的对称合约，治理结构不再是企业治理或市场治理结构，而是“平台－应用”双层经营的网络生态结构。资本通用令数字经济的治理结构从以拥有权为中心，转向奥地利学派所说的资本的使用，并进而可能形成与极化相反的新的社会分配格局，最终使人的创新、创造潜力得到自由而全面的释放。这些都是数字经济学要面对与解释的现实经济中存在的问题。

政治经济学总量方法的实质内容，在于定量异质性（社会分配矛盾），其思想性来源于古典经济学，即李嘉图所认为的，把劳动与生产资料的比例（总量）对于商品相对于价格（个量）的决定作用置于经济分析的中心，从而将社会产品在各阶级间分配法则的确立作为经济学的主要问题。

斯拉法“用商品生产商品”，实际上是将边际方法还原为了总量方法，回到了古典经济学配第对剩余的定义，但在这个过程中又冒着一种风险，即丢掉作为利益矛盾而特指存在的剩余。

斯拉法不变价值尺度，从广义均衡角度看，无非就是 $AC-MC$ 这把尺子。它代表的古典经济学的意蕴，是劳动与生产资料的比例——在政治经济学看来，这种关系是由政治（异质性）而非经济（同质性）决定的。这直接击中了边际方法的要害（只考虑 MC，认为 AC 自然收敛于 MC 而实现 $MC=AC_{min}$）。与新古典理论相比，这相当于认为，所谓供求（相对技术关系）决定的价格，实际在交易之前已被“政治”地决定了——被劳资关系代表的社会利益冲突关系决定了其“原型”结构。因此，看上去像是 $P=MC$ 的价格（技术关系价格），实际是 $P=AC$ 的价格（内生社会关系的价格）。$AC-MC$ 就是劳动与生产资料的比例本身。总量 AC 与个量汇总的 MC 不调和（收敛）是常态，调和（收敛于边际值）反而是非常态。

政治经济学与新制度经济学存在如下异同。

第一，利益关系上的异同。

在利益关系机制上，二者都是从社会关系出发判断技术关系问题，都是从制度出发判断资源配置问题，只不过前者强调阶级斗争形式的利益博弈，后者强调谈判（如合约）形式的利益博弈，可以在形式上把这种分别抽象为两个不同的利益目标函数。

二者都可以统一在资源配置意义上的“租”这个概念之下，都强调对同质化完全竞争均衡（$P=MC$）的偏离，都认为这种偏离无关资源配置，只反映社会关系的能动作用，是社会分配运动的结果。因此，它们更适合对应垄断竞争经济学。社会分配意义上的“租”这个概念，代表的则是拥有者与使用者的利益关系（一般来说，劳动者代表异质性的一方，拥有者代表支配同质交换价值的一方）。

二者的不同体现在所有制方面，新制度经济学主张私有制（隐含无论是否资本稀缺都应由资本家拥有生产资料之意），政治经济学主张公有制（隐含无论是否资本稀缺都应由劳动者拥有生产资料之意），但在混合所有特别是两权分离（不问拥有上姓“社”姓“资”，只求使用上最大化）情况下，产权的重心一旦从“拥有”刚性转向“使用”弹性，通过产权相对论，就可以在保留立场、结论不同的情况下将二者纳入同一分析框架。

在利益关系与资源配置相互作用方面，二者都认为利益关系影响财富增长（配置优化），无形中具有以资源配置优化为利益关系依据的原则，当劳动稀缺时，二者具有趋近的可能。例如，马克思的自由而全面发展思想与张五常的自由分成思想表面上看水火不容，但一旦面对劳动者发挥创造性造成增值从而获得分成这种双方都没有遇到过的新情况，二者有统一解释的方法论基础。

第二，双方在资源配置问题上的异同。

在资源配置上，二者都设置了完全竞争条件之外的内生变量。新制度经济学设置的是交易费用（对租值的追求被视为本能），指代一切异于市场完全竞争的摩擦力；政治经济学在剩余价值基础上提出了转形问题，显示出一切异于市场供求的变量因素。完全竞争与新内生变量的关系，实质可归结为完全竞争与垄断竞争之差，二者在同一框架下实现统一。

在资源配置与利益关系上，二者都认为配置最优影响利益关系。政治经济学在物质福利之外内生了一个价值目标，以人的自由而全面发展为理想；新制度经济学也在物质福利之外内生了一个价值目标，即私人产权的绝对性，希望阻止租值耗散，实现自由主义意义上的自由（精英的自由）。两种自由虽有精英与草根立场上的本质区别，但在自由这一点上又有共性，一旦扬弃公平与效率的矛盾，二者就有可能统一。

在利益分析结论上，制度经济理论是政治经济学与新制度经济学的新综合。

制度经济理论与政治经济学、新制度经济学相比，因生产方式背景不同

（如技术生产条件不同），利益主体发生了变化。工业化条件的利益主体和利益有3类，一是地主和地租，二是资本家和利润，三是工人与工资，互联网条件下出现了第4类主体——知本家和分成（将雇佣制下的使用者调整为分成制下的使用者——类似佃农，从工资制调整为分成制）。

在制度经济中，知本家是具有一定资本（如人力资本、个人知识、匠人工艺和个性化经营能力）的劳动者，其地位类似佃农，其与生产资料所有者的关系不是雇佣关系，而是分成关系。分成的性质是净收入除本分成，而工资计入成本。

制度经济理论做了以下继承与发展。

第一，吸收了新古典制度经济学以租值为核心概念。将均衡嵌入制度分析的做法，但将新古典均衡修正为新垄断竞争均衡。

第二，吸收了新制度经济学合约理论的两权分析框架并将其发展为平权的合约分析框架，通过双层规划来表现两权的利（目标函数）责（约束条件）关系。将雇佣制下的委托－代理关系转化为分成制下的两权互补关系，利用内生技术，对比委托－代理结构与网络结构。

第三，吸收了政治经济学的价值分析框架，以双层规划表现利益博弈关系（分配关系，包括消费条件分配与生产条件分配），综合政治经济学与制度经济学的利益主体结构，不再区分地主、资本家和工人，而将其作为具体生产方式条件下的拥有者与使用者。

第四，通过平台分享风险共担机制分析，发展了张五常合约经济学中关于风险的理论。

1. 内生均衡的政治经济学

政治经济学经过新综合，主要产生了两种变化：一是内生均衡框架，本质上是古典与新古典的综合，特点是将供求关系纳入利益关系分析框架，将“社会必要”理论展开为可计量的供求关系，这一整合，使政治经济学的均衡与新古典均衡在不改变相互对立立场（如劳动价值分配论与边际生产力要素分配论）的条件下，可以对各自表述的结论进行定量换算；二是统一利益分析框架，特点是将政治经济学转形的量值，与新制度经济学交易费用的量值，统一在同一数学口径下，在保留双方对立立场（如劳资关系对立）的前提下实现定量换算。在新综合前，这两个转换都做不到。

政治经济学以异质性同新古典理论的同质性相区别，这种异质性来自人不同于自然的异质性。自然只是物，相对来说是同质性的；人不同于物的那些方面，就是异质性。这里的人不是抽象的人，而是指社会关系。异质性的本质是社会性，社会性即异质性，这是相对于技术关系而言的。社会关系在此又特指社会关系中的利益冲突，以同新古典同质化的个体等于整体的社会关系相区别。

这种利益冲突集中体现在与财产有关的权力与制度中。权力的前提与基础是权利。加入服从内容的权利关系，即权力关系。权利是主体视角，它与新古典理论的纯物视角是相对的。权利反映的是交易中的主体利益，它在人与人的关系上是平等的，权利是在等价交换中形成的；权力反映的是生产（或者说某种治理结构，如企业治理结构）中的主体利益，它在人与人关系上是不平等的，是在剩余产生的过程中形成的。事实上，交易并非只是物的交换，其中存在着利益冲突，只不过这种冲突处于潜伏状态。这种冲突表现在选择之中，并且这种选择是以主体为参照点因人而异的。正如康芒斯所指出的，交易体现了冲突形成的秩序。权力（在此主要是财产权利及附生物）则在秩序（制度）之中将异质利益（剩余）的支配、归属显现化了。因此，可以说权力是利益的支配力。

从图 9－10 看，转形所在的位置与交易费用所在位置在数学上是同一空间。如果用交易费用术语来转述转形问题，相当于《资本论》第三卷是以零交易费用为基准表述的（只有供求，交易无摩擦），而第一卷是以交易费用为基准表述的。它们表述的是同一个对象，只是参照基准不同。

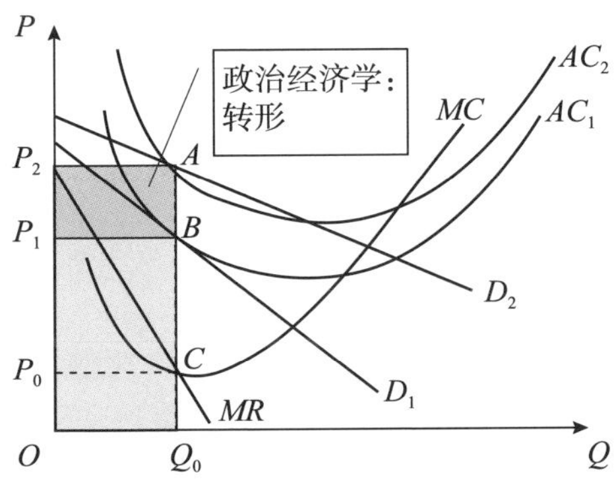

图 9－10　政治经济学转形问题的值域

马克思政治经济学中有一个潜在的“权力分析框架”，我们可以通过宏观与微观的结合建立起这个“内生的权力分析框架”。① 其中包含的不同于新古典理性的异质性要素，包括以下3个主要方面。

（1）法与意志

马克思最初从法的角度认识经济，把经济理解为权利与权力背后的利益现象，因此，其所理解的社会关系指社会权利关系与社会权力关系。与制度经济学一样，政治经济学也把经济中的权力意志（财产拥有权）当作核心，并把它作为政治经济所谓的“政治”。

法与意志的异质性，表现为社会关系的冲突，可以分为可调和的利益矛盾与不可调和的利益矛盾。可调和与不可调和，都特指是否可以还原为理性值（边际值）。可还原为理性值的矛盾都可视为可调和的矛盾，其全局特征表现为均衡时利益收敛于边际值，即在边际值之外没有剩余值（没有因取得双方共识而不“争”的剩余）。不可还原为理性值的矛盾，无论利益矛盾双方在利益冲突形式上是暴力斗争还是和平谈判，都可以认为是不可调和的，其全局特征表现为均衡时利益的平均值必从边际值发散而在“总量”平均值上收敛。

马克思区分了权利与权力，他认为前者是法权，后者是由生产力决定的经济权力，实际是产权（特别是产权中的支配权）。市场只有权利而没有权力，加入权力后，就成为企业。

我们可以在内生权力结构的基础上，将政治经济学与制度经济学综合起来，将社会关系分析与技术关系分析的分别理解为权力配置分析与资源配置分析的分别。

政治经济学常被理解为一种总量理论，但是，总量还是个量并不是问题的要害。总量观点实际是说，总量（如李嘉图的“中数”，如平均成本 AC）不能收敛于个量（MC）；个量观点实际是说，总量（AC）一定收敛于个量（MC），也就是说，理性的、无争议状态的社会分配总量，只能是理性值个量的汇总，因此，是均值中的最小值。

政治经济学历史上一直采用总量方法，这与其定义剩余的方式有关。在“收入 = 成本 + 剩余”这一公式中，成本实际相当于边际要素理论讨论的对

---

① 刘元春. 交易费用分析框架的政治经济学批判 [M]. 北京：经济科学出版社，2001.

象，剩余对应的则是新古典零利润外的东西。最初在与重农学派争论时，这里的剩余可以笼统地归给一般社会劳动，但是，工业化条件下，一般社会劳动开始转化为社会关系分析中劳动与资本的利益冲突关系，剩余的语境就转化为，作为先决的制度条件，资本只有取得一个既定的利润，才可能开始生产过程。这一先决制度条件，因为不依赖相对价格而存在，被当作总量加诸价格形成机制之中。也就是说，现实的价格已隐含了这一部分“加成”变量。这一总量因素，被政治经济学普遍认为是相对价格（个量价格）形成的前提。新古典理论从根本上不承认这一总量的存在，认为它是零利润、零剩余的。如果建立新古典与古典理论的对话标准，可以视这一总量因素为经济中的异质因素，将其与资源配置中的差异化、多样化因素在数学上等量齐观地看待。如果新古典主义肯换位思考，站在古典理论角度认识问题，那应理解到，古典理论相当于认为不存在完全竞争定价，一切真实定价都只能是垄断竞争定价。决定垄断竞争均衡价格高于完全竞争的部分，就是异质因素起作用的部分。制度、利益、权力等之所以可以决定均衡价格，与资源配置中广告、专利等差异化、多样化因素可以影响均衡，是同理的。

政治经济学由于总量的关系，容易被划入宏观经济学。宏观经济学有时也会由于总量的关系被划入政治经济学。①②像所有的“第一代”理论一样（否定纯资源配置均衡），它们都需求补充垄断竞争这一微观基础。可以认为，所谓的微观基础，是在同质性均衡之上内生、附加一个（原来仅以为是总量、宏观因素的）权力框架，以解释权力（实际是利益异质性）导致的均衡偏离。这种偏离才是正常状态。没有偏离的状态，反而是真空状态，是不“正常”的。总量也不是政府的专属行为，因为存在政府干预与政府放任的分别。

（2）公平

公平分配不应是边际分配。在资源配置均衡时出现的系统有效需求不足，证明劳动者工资无法补足达到均衡水平所需的有效需求，其差额（$AC-MC$）被归为由异质性（财产权利）引起的偏离。工业化、西方化语境中的劳动供求均衡，只是劳动力供求均衡，其中隐含了劳动力使用价值在用益权上的非均衡。

---

① 例如，卡波拉索和莱文专门讨论“凯恩斯主义政治经济学”。

② 卡波拉索，莱文．政治经济学理论［M］．南京：江苏人民出版社，2009.

把公平视为一种宏观的效率，可以认为，边际要素分配实际已在权力支配关系下扭曲了相对某种“自然率”的分配。分配是通过作用于需求的有效性而回到均衡关系中的。没有权力作用的零摩擦均衡（同质均衡），之所以在长期会导致生产过剩而有效需求不足的周期性经济危机，是权力（异质性）的总体作用使实际均衡发生了一个等量于这一供求缺口的偏离。这个缺口的实际内容，是内生权力的合约，没有将相对“自然率”必要的剩余分配给劳动力（事实证明人数众多的劳动者的有效需求对供求均衡来说是必要的）。人（在此具体指工人）没有分得他们生产的东西。这导致人在总体上没有获得对应投入的产出，没有获得与产出对应的下一轮投入，那么这部分生产是为了什么就成了问题（目的与手段背离）。倒过来推论，分配中应给予劳动者的部分，应加大到均衡价格中 $AC-MC$ 的程度，才足以使均衡实际发生，而这个均衡不可能是边际均衡，而只能是附加了一个体现权力作用（公平）的异质值的平均值均衡。这样就把公平转化为了一个效率的计量问题——一个附加了公平（$AC-MC$）的效率（$P=MC$）值。这表明，较少的资本人格化代表与多得多的劳动力以分配决定的可支配收入来保证其有效性需求，是内生了公平的效率。从这个意义上说，公平内嵌了效率。分配公平不仅与道德有关，最主要的是，它与道德无关时也可以成立，因为联系于分配公平讨论社会关系，从需求是否有效角度来看，也是一个资源（可持续）配置问题。

至于为什么按边际要素来分配会造成一个由权力刚性决定的利益扭曲，换句话来说，即为什么“资产雇佣劳动”，需要提炼出一般性的说法，物化的生产方式（从专用性、要素一直到分配、消费）都会抑制人之为人的创造性。仅仅是权力方面的能动性，不足以激发创新意义上的能动性——所谓人的潜力。物质投入驱动，从历史角度看，是人以非人的自我来印证自我的过程，本身就包含着有待解决（自我扬弃）的矛盾。

（3）历史（生产力）

即使权力的问题解决了，资源仍可能利用不充分，人也仍然可能发展不充分。这与资产、劳动和技术要素的历史性或者说生产力的历史发展有关。政治经济学的权力中，包含了“潜在效率结构”，包括生产力要素中是否具有异质性，如技术和使用上的异质性，它决定了生产力与生产方式效率结构的不同。

对数字经济学来说，这个异质因素还与使用有关。使用价值是异质的。当生产力与历史因素令使用价值上的这个特点具有权力（权利）的新含义——对创新与创造的参与权①（高级的“使用权”）时，就会创造出剩余的权力。

政治经济学强调权力，着眼于发展生产力。当它否定一种制度时，主要是认为它不适应甚或阻碍了社会生产力的发展，其中暗示某种要素占有支配地位的客观原因及其历史发展的可能。生产力是历史发展的产物，历史（时间）本身就是异质的，这也决定了要素对应的权利与利益的性质不同。

在政治经济学分析中，由剩余而产生的剩余价值问题，突出了资本与劳动对立的一面。资本边际报酬递减（这是物质生产力给资本和生产资料打上的印记）而利润又是先决条件，因此，资本与劳动间的矛盾会日益尖锐。这种矛盾，从公平与效率两个不同角度使理性的资源配置难以实现平衡。从生产关系看，一种报酬递减的资产，不可能为劳动提供创新与创造的基础制度条件，不可能有交换水平之外的公平。而工人的贫困化，又不能在总量上满足均衡水平的总需求与充分就业，这带来了制度变迁的内在压力。

从大类上来说，凯恩斯经济学可以归为政治经济学。它认为市场机制不足以确保充足的有效需求，新古典均衡无法保证足量的总需求（因此，凯恩斯既不承认这种均衡也不承认“看不见的手”②），只有加入权力因素（政府干预）才能达成均衡。与马克思一样，凯恩斯在总量上发现理性的微观机制不足以达成非“理性”的利益平衡，代表异质性的“动物精神”又根植于人的本性，是不能排除在体系之外的。事实上，这不是宏观（总量）与微观（个量）本身的矛盾，而是理性的同质性与非“理性”的异质性的冲突。总量和宏观，都可以视为一种隐喻，隐喻制度和权力形式的异质性，通过二次分配与再调节，对完全竞争中的一次分配进行再合成。

在马克思的总量—个量之分中，价格是一个总量价格（垄断竞争价格），马克思批评的个量价格则是完全竞争价格（称为相对价格）。比如，要素价格并不处于完全竞争的流动中，而处于一定的社会关系中，这意味着一定的所有制结构作为总量合约，已经以规则的、刚性的形式预先在社会各处规定了剩余加成，这种加成不以供求相对关系（只决定“成本”）为转移地进入

---

①　反观工业生产力造成的剥削，则其实质可以认为是对参与权的剥夺，迫使人置身于“人”之事外。

②　卡波拉索，莱文．政治经济学理论［M］．南京：江苏人民出版社，2009.

价格。

在广义均衡中，我们可以把微观机制建立在差异化、多样化、异质性的垄断竞争理论中。这样，在“第一代”（马克思、凯恩斯）认为“均衡”不存在的地方，就出现了合乎逻辑的均衡——“第二代”加入异质补偿、进行校正后的均衡。

政治经济学始终没有完成“第二代”化，是因为它始终没有发现权力、制度具有差异性、异质性这一根本的（实证、规范两方面）特点。所谓的古典一般均衡，与资源配置“打通”后，其实就是垄断竞争均衡。它与垄断竞争均衡理论在数学上一致，都不是边际值方法，而是平均值方法。

古典经济学特别是政治经济学始终没有说清楚的一点，是它们一致认为的总量上的统一利润率，实际是这个值的平均值。它们认为新古典不存在统一的利润率，这实际是在说它们的总量是边际值。双方的语言误会实际可以用如下方式澄清：新古典理论将个量加总为总量，对边际值是没有影响的，因为 $AC-MC=0$，不存在总量是 AC 而个量是 MC 的情况，这是说得通的。因此，问题并不在于它们没有总量，而是它们的总量就是边际值。反观政治经济学，当它说总量或统一利润率时，实际说的是平均值，这个平均值在总量上不等于边际值，这是因为差异化、异质性是内生在均衡中的。因此，双方的实际分歧，是两个总量之争，一个是 $P=AC$ 时的总量，一个是 $P=MC$ 时的总量，进而是异质性与同质性的分歧。“两个剑桥之争”，已指明了问题在于资本的异质性，但可惜的是，没有在数学上指明差异化、多样化和异质性在数学上统统等于总量的平均值，且这个平均值与个量的关系是在总量上不能收敛于边际值。

如果把新古典理论也理解为一种特殊的政治经济学，那它是怎样处理政治经济学中那些政治类（社会关系类）议题的呢？卡波拉索与莱文讨论过这个问题，他们认为新古典的边际要素分配论将“政治”从经济中剥离出来，主要是通过 4 种议题设置途径，一是产权，二是外部性，三是公共品，四是不完全竞争①。每种情况都涉及对理性的溢出，从而是对同质性的溢出，由此剥离了异质性因素。

---

① 卡波拉索，莱文．政治经济学理论［M］．南京：江苏人民出版社，2009.

2. 内生均衡的制度经济学

制度经济学经过新综合，主要产生了两种变化：一是内生均衡框架，本质上是古典与新古典的综合，特点是将供求关系纳入利益关系分析框架，但不是把制度经济学或新制度经济学新古典化，不是对应完全竞争结构，而是对应垄断竞争结构，这一整合，使制度经济学（新制度经济学）的均衡与新古典均衡在不改变相互对立立场（如社会构成的世界与鲁滨孙世界）的条件下，可以对各自表述的结论进行定量换算；二是统一利益分析框架，特点是新制度经济学交易费用的值域，对位统一到政治经济学转形的值域上，在保留双方对立立场（如劳资关系对立）的前提下，实现统一口径的计量转换。在新综合前，这两个转换都做不到。

制度经济学中的异质性来自社会关系中的冲突与摩擦力，以交易费用量化它与不存在这种异质性时的成本量差（A 和 B 的差），在图 9－11 中，用社会平均成本 AC_2 表示，租值则从机会成本方面代表它的收益 D_2。例如，张五常认为，如果资本的产权得不到保障（从 AC_1 提到 AC_2），就会对潜在的所有权人带来一个 A、B 之差的租值耗散。二者可视为同一件事的两个不同方面。

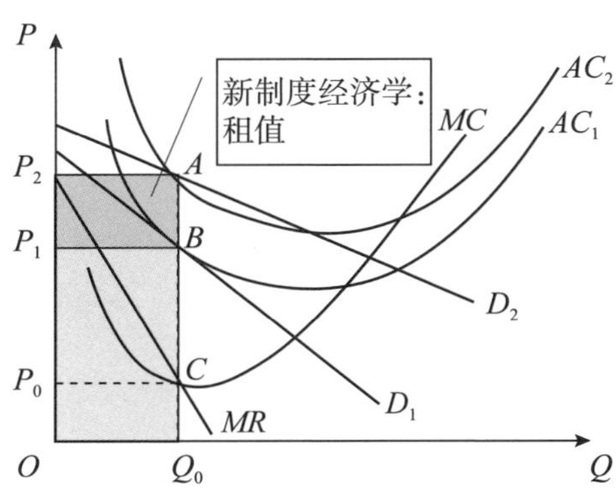

图 9－11　新制度经济学的均衡

租值 P_2ABP_1 对应的利益异质性，表现在以下方面。

（1）权利

洛克首先将权利（财产权）而不是资源（物质）作为经济学讨论的重心，在他看来，财富具有双重含义：一重含义指物质，它是资源配置的研究对象；另一重含义是所有权，它是社会分配的研究对象。前者由稀缺与过剩的矛盾，构成供求形式的资源平衡问题（多少问题）；后者围绕对资源支配力的争夺，构成利益冲突形式的力量平衡问题（强弱问题）。

（2）利益冲突

由权力而生的利益冲突，通过交易呈现。因此，制度经济学将利益冲突作为经济分析的主要线索，并以此区别于新古典理论。可以说，制度分析所指的社会关系，单指利益冲突。

交易在制度经济学中被视为权利交换，是社会关系的基本单位。交易费用是新制度经济学的核心概念。在正统的制度经济学中，“交易”一词的含义与新古典理论不同。在新古典理论中，交易是资源配置概念，交易的对象是客体的资源，只考虑稀缺还是过剩，而在制度经济学中，交易是社会分配概念，交易的对象是主体的权利，不仅要看资源本身是稀缺还是过剩，更要看因稀缺或过剩引发的权力冲突。

（3）制度（权力）

如果说对制度经济学来说交易只是利益冲突的“背景布”，那制度就是利益冲突的主战场，这与新古典理论把市场（物的交易场所）当作资源配置的“主战场”不同。

康芒斯的制度经济学，将冲突置于经济分析的中心，视规则、制度为协调冲突的结果。协调与均衡不同，它是在力量强弱之间达成的平衡，而不是在资源流动中达成的平衡。

可以从交易费用理论中抽象出一个一般的“权力分析框架”。在制度经济学中，这被哈特概括为“权力是重要的”这样一个命题，意思是制度安排是对主体间权力配置的设计。①在这一点上，制度经济学与马克思政治经济学有相通之处，而与新古典理论对立。

9.1.2 数字经济均衡议题重置

9.1.2.1 古典均衡的一般特征

古典均衡指古典经济学的均衡，可以把政治经济学与制度经济学当作古典经济学的两个后继分支，也可以视其为分化之前的理论源头。与资源配置

① 刘元春. 交易费用分析框架的政治经济学批判［M］. 北京：经济科学出版社，2001.

均衡不同，古典均衡本质上是分配均衡。在数字经济的底层逻辑中，存在着分配均衡问题。信息通用导致的资源共享，存在共享主体间的利益均衡关系。资源共享的另一个基础是各个治理主体之间资源的均衡分配。① 数字经济学需要重点研究资源共享中的利益均衡问题。

作为古典经济学的后继分支，政治经济学与制度经济学立场和观点的对立，并不影响它们在社会关系分析上共性的存在。以古典经济学均衡为统一场理论，就隐含这样的意思：要从来源框架中剥离政治经济学和制度经济学固化到方法中的立场，将其当作附加的前提假设声明出来，然后独立于这种相对对立的前提假设，寻找它们在社会关系分析上的共同交集。

具体来说，政治经济学隐含的观点是劳动雇佣资本，将剩余全部由劳动创造（但分配上被资本方全部剥夺）当作制度的刚性假设，认为资本主义颠倒了这种关系；制度经济学隐含的观点与之相反，主张资本雇佣劳动，将剩余全部由资本要素创造（因此，全部归给生产资料产权拥有方）当作制度的刚性假设，认为社会主义颠倒了这种关系。在制度存在上述刚性前提（以社会关系刚性为前提）下，再建立技术关系的复合均衡。

将劳动与资本分配上的具体对立抽象出来，均衡就成了由劳动与资本的社会关系比例作为技术关系之上的刚性条件而形成的均衡。技术关系均衡是指不加入社会关系之前的资源配置均衡，以新古典主义的同质完全竞争均衡为代表，均衡价格为 $P=MC$；加入社会关系是指，以 $AC-MC$ 为社会关系（偏离零摩擦状态）程度的量度②，形成的复合均衡就是 $P=AC$。其中，$AC-MC$ 是一个固定尺度，代表社会关系中的利益矛盾程度，这个值越大代表利益矛盾（偏离理性或供求）越大，这个值越小代表利益矛盾越小。这个值为 0，则代表社会关系不起作用（考虑社会关系与不考虑社会关系对均衡没有影响）而理性起完全作用。

用这个统一的古典经济学风格的均衡框架分别表述政治经济学与制度经济学，可以看出，无论利益上的立场如何，以下关系都是不变的，即社会关系对技术关系施加的影响，在均衡价格上，都相当于将边际成本定价移向平均成本定价，或从边际收益的利润定价移向平均利润的定价。这是古典经济

① 王志刚．社会治理的合作制理论研究［D］．徐州：中国矿业大学，2017.

② 此时假设资源配置方面的差异化因素可以忽略不计。

学均衡的核心特征。

用这个统一的结论分别表现无产阶级（如马克思政治经济学）与资产阶级（如新制度经济学）的立场，等于在上述表达中附加不同的制度假设。前者是在社会关系对技术关系施加的影响中，社会关系的制度刚性表现为劳动创造全部剩余，资本因财产权刚性全部占有剩余。后者的社会关系模式为，资本创造全部剩余，资本因财产权刚性占有全部生产剩余。这种制度，使商品在进入市场流通前就先验地设定了一种刚性环境，为所有供求相对价格设定了一个预先的“加成”。举例来说，“流动性陷阱”意味着制度已为资产所有者预设了一个由平均利润率设定的利润底线，达不到这个基准，即使市场供求（如利率为0）决定资本可以投入，但这个刚性设定等于扣除了这个平均利润率资本再投入就无利可图了。在这种刚性作用下，原来的边际成本定价就变成了平均成本定价。与新古典主义理论的区别，是新古典理论不承认这里的制度预设，不认为制度会在市场交换中预设一个由社会分配争夺而形成的加成尺度，因此，把加成后形成的价格误认为基于技术关系形成的完全竞争价格，寄希望于用“长期”因素“磨平”“短期”刚性因素。

9.1.2.2 古典经济学缺失的均衡视角

租值是因社会关系而生的基于使用的溢价，它是同质完全竞争均衡价格 $P=MC$ 与异质完全竞争均衡价格 $P=AC$ 的差值。租值（$AC-MC$）是相对于零经济利润（$AC-MC=0$）而言的，相当于对作为成本的边际值的加成。古典经济学缺失的均衡视角在于，可以用租值作为完全竞争与垄断竞争（抑或同质完全竞争与异质完全竞争、技术关系均衡与社会关系均衡）的转换值，即完全竞争均衡加上租值就等于垄断竞争均衡，新古典均衡加上租值就等于古典均衡，反之亦然。

顺承之前的价值论讨论，支配权与使用权属于财产的事前权利（关于原因的权利）；处置权（包括管理权）属于财产的事中权利（关于过程的权利）；得失权包括收益权（相对于得）、责任与安全（相对于失，包括承担损失与避免损失），属于财产的事后权利（关于结果的权利）。

租值是在事前权利向事后权利转换的过程中产生的。在收益权上，不利用即浪费的古老观念，体现的是归属与利用的原初统一。对应所有者即使用者的原初状态，即所有者“亲自”（而非代理）使用财产。

设一财产可从时间上分为10份或从空间上分为10块，所有者即使用者在10个部分上都使用财产的情况为理想状态，如果所有者只使用3/10，则余下的7/10为闲置资源。当拥有者与使用者分离，拥有权绝对化，造成资源利用不充分时，支配权与使用权在收益上就会不对等。不利用即浪费导致分成观念的出现，隐含着“作为机会成本的租值是剩余的一部分”的意思，通过分成，引入产权的竞争，可以达成权利物尽其用的效果。

制度经济的实践提出了相应的理论问题。以价值为中心的均衡，容易出现一个悖论，绝对的支配权带来浪费，且按拥有分配会导向两极分化。以使用为中心的均衡，通过使用权的分享，反而充分利用了资源，且按使用分成会缓解两极分化。从出现悖论到消解悖论，可见租值议题的设置是为解决实际问题而产生的。

1. 为何没有垄断竞争古典经济学

在经济学谱系中，古典经济学（政治经济学和制度经济学）的研究对象一直被视为对新古典均衡的偏离。这种偏离或者是经济上的偏离（其效果近于垄断竞争），或者是权力上的偏离（其效果近于垄断）。但政治经济学和制度经济学很少从新古典均衡的偏离这一视角来理解自己，而更倾向于把这种偏离当作独立于新古典均衡的特殊现象，在利益相互作用的名下加以研究。古典经济学指出经济现象中对新古典逻辑的种种偏离，但它并不必然支持垄断。可奇怪的是，并不存在垄断竞争古典经济学这一学科门类①（无论是垄断竞争政治经济学还是垄断竞争制度经济学），这是经济学说史上的一个奇怪现象。

政治经济学与制度经济学长期忽视均衡分析，以为均衡只是资源配置问题，而不是利益相互作用问题，由此造成的片面性和消极后果，往往是偏离基本面分析利益对抗与合作，导致分析短期化，为违背客观规律的唯意志论留下了过大的空间（如认为利益关系不受均衡规律制约，利益格局可以长期偏离基本面，以强制性权力偏离均衡可以不受惩罚等）；以局部利益之“偏”“概”全局利益之“全”（如在博弈分析中片面强调主观的局部选择的作用，“只见树木、不见森林”）。

① 垄断竞争理论更常见于产业经济学理论（一种以偏离完全竞争均衡的现象为对象的资源配置理论），很少见于利益相互作用理论。

新古典制度经济学和新古典政治经济学意识到了古典经济学需要均衡理论，但不约而同地把均衡简单地理解为新古典均衡。当古典经济学的后继者想起向新古典主义资源配置理论学习时，他们首先想的是完全竞争理论而非垄断竞争理论，由此形成两个新古典品牌的古典经济学——新古典制度经济学和新古典政治经济学。这两支理论走向了与古典经济学方向相反的另一个极端，它们不是总结自身（古典经济学）特有的均衡理论，而是把新古典均衡理论直接当作自己的均衡理论，它们同时忽略了有自身特色的、偏离新古典均衡的均衡（垄断竞争均衡）。

新制度经济学是新古典主义与制度经济学的综合。它从古典经济学传统出发，试图面向异质性现象（如交易摩擦）解决问题，却回到了同质性均衡这一新古典经济学传统，因此，它一方面否定市场（认为市场由于具有交易费用，没有达到最理想的完全竞争效果），另一方面又要回到完全竞争意义上的市场。在这一背景下，它先于政治经济学进化出租值这一代表新均衡值的概念。政治经济学包括新政治经济学在内，还在“转形”问题中转磨，还没有进化到提出代表自身主张的均衡值的程度。因此，我们先从吸取了新制度经济学的均衡理论分析入手来解制度经济的题。

新制度经济学提出的以租值为核心的制度经济学研究，具有特别的价值。租值代表了一种既垄断又竞争的状况。通过租值，可以将制度和政治的异质性行为内生进均衡框架，作为均衡行为的一部分来加以理解。

但是，新制度经济学的租值理论，在我们看来有一个缺陷。具体的租值理论（如张五常的理论）还没有完全摆脱新古典的束缚，其均衡论存在内在矛盾，它在用完全竞争解释垄断竞争。因此，租值理论虽然把问题正确地提了出来，但解决问题的方法是不正确的，需要加以改进——从完全竞争均衡移向垄断竞争均衡。不做这样的修正，首先是实践通不过，用它来解释制度经济，会导致价格补贴大战，而错失高品质服务、差异化经营的升级方向。

2. 古典经济学均衡的核心特征

古典经济学虽然早于新古典经济学发展，但直到新古典经济学衰落，仍没有形成自身的均衡论共识，这不能不说是一种理论失败。其失败的标志，就是说不清独立于新古典主义的、能够体现自身特色的均衡价格在哪一点。并非古典经济学不能有自己的均衡方法，而是这样的议题很少有人提出。为了解释、解决制度经济遇到的实际问题，今天我们不得不把这个特殊问题提出来，把这个迟到的工作提上议事日程，否则我们做不到与新古典主义共用同一套术语（如数学）同时又保留自身观点的特色。

我们知道，新古典经济学均衡的核心是边际成本（$P = MC$）。把租值作为均衡的核心，是新制度经济学最先提出的。如果用同一个价值尺度来统一术语，以租值确定均衡价格，指以 $P = AC$ 为均衡价格。两个均衡存在的 AC 与 MC 之差，对新制度经济学来说对应的是交易费用（和平解）；对政治经济学来说，对应的是阶级斗争（战争解）。我们可以用 $AC - MC$ 来概括利益相互作用带来的对均衡的（也就是经济全局之“纲”的）改变，由此形成政治经济学与新制度经济学的新综合。

无论是新制度经济学还是政治经济学，都有一个潜在的论辩对手，就是斯密。斯密代表的立场，不应被泛泛地理解为市场①，而应更确切地理解为同质性（完全竞争）市场。所有的利益（有别于物性利益的利益，特指自由意志）都是异质性的，在斯密看来都是理论上“不存在”的。针对斯密的这一弱点，资源配置理论首先产生了张伯伦经济学，从异质完全竞争方面，提出了一种（几乎可以当作为古典经济学量身定做的）新均衡论。这种新均衡论在完全竞争角度被说成是垄断竞争理论，其实它更适合论证的，是古典经济学而不是新古典经济学。

在研究制度经济的均衡理论时，我们意外发现，垄断竞争均衡才是古典经济学均衡的本质特征。至今我们仍检索不到对垄断竞争制度经济学和垄断竞争政治经济学的研究，这说明这是研究上的一个空白和盲区。差异化的经济行为如何产生有别于新古典主义的均衡结果，在当下还是一个全新的理论课题，而这正是解释制度经济的关键。

同相邻学科的发展相比较，这个空白显得尤其特别。例如，同是以非均衡形式偏离新古典微观行为著称，宏观经济学不但有了新古典宏观经济学，而且有了垄断竞争的宏观经济学（如新凯恩斯主义和新熊彼特主义）。它们都善用垄断竞争理论在均衡论上安放自身的基础理论“基座”，古典经济学为何会漏掉这一“绝妙”的机会呢？我们本来只是为了研究制度经济的均衡问题，

---

① 例如，张五常理解的市场就是必然具有交易费用（否则就沦为计划经济）的市场。

但发现新古典制度经济学和新古典政治经济学都不好用，在研究好用的均衡论时，被迫要承担起矫正古典经济学均衡框架的任务。

讨论这个问题，是因为最终我们将得出制度经济分成的对象正是租值本身的结论。找到制度经济利益争夺的标的物，就可以捋清未来人们在制度经济中行为背后逻辑的主线索。

租值消散理论是合约理论的均衡理论，它实质是在指出基于利益（或制度）（对我们而言是基于异质性）的均衡点不同于不存在利益之争的均衡点。因此，$AC-MC$ 是两种均衡（同质完全竞争与异质完全竞争）的均衡点（价格）之差。交易费用或租值，都是所谓“社会”（利益相互作用）存在才会有的东西。这不是在讽刺斯密的市场不是“社会”的吗?

古典经济学建立自己的均衡论（而非新古典化的均衡论），有一条直接通道：把 $AC-MC$ 直接理解为利益相互作用本身（社会关系对资源配置的扰动）。这一发现对于古典经济学的意义，堪比边际方法的发现对于新古典经济学的意义。

9.1.3 以统一场模型综合政治经济学与制度经济学

9.1.3.1 *以垄断竞争论解释转形*

1. 作为均衡论的转形问题

（1）转形问题本身是什么问题

转形问题被称为“世界著名经济学难题”。①其问题的含义是什么，本身就是一个问题。表面上看，转形问题讨论的是价值与生产价格的转化关系（具体包括两个等式：价值总和是否等于生产价格总和，剩余价值总和是否等于平均利润总和），但价值与生产价格的关系指什么，有两种角度完全不同的解释。

需要说明的一点是，长期以来，古典经济学与新古典经济学的术语体系没有以数学为标准统一为同一套语言，导致双方同一概念所指不同。我们用统一场模型对其标准化处理后发现，双方的一个基本误解是对真实世界价格

---

① 吕昌会．世界著名经济学难题：价值转形问题研究［M］．北京：商务印书馆，2005.

基准的理解不统一。古典经济学所说的价格实际指 P_2，新古典经济所说的价格实际指 P_1（在完全竞争理论中，甚至窄化为 P_0）。2008SNA 所说的现价值，相当于 P_0（P_1被处理为 P_0后再进入 GDP）。

第一种解释是经典考据学的解释，是在政治经济学内部考证马克思的原意是什么。其突出特征，是把转形问题视为价值论内部问题（把生产价格理解为价值而非供求的表现）。这种研究的基本模式为“从政治经济学到政治经济学”，即求解价值（由价值决定）＝生产价格（由价值决定，利益内生）。例如，认为转形是价值体系内部的变化。①价值体系在此有所特指，是政治经济学体系（主要是劳动价值论）。价值体系的问题意识指向利益相互作用而非资源配置，因此，强调社会分配对价格的决定作用，而不太关注供求对价格的决定作用（资源配置是外生的，以“社会必要”一笔带过）。

图 9－12 用资源配置的语言对古典经济学的原意进行了翻译。《资本论》第一卷体现的古典经济学精神，与资源配置理论相比，相当于加入了一个社会关系变量，也就是图 9－12 中的 AC_2，它体现的不是供求作用而是利益作用。利益的作用力，体现在不同阶级围绕分配的角力之中。这是人的因素而非物的因素。加入这一变量之后的价值，与西方标准经济学所说的价值（如效用）相比，就会多出一个值域为 P_2ABP_1的制度刚性，这种制度刚性不能认为是由供求决定的，而是始终潜在地存在于商品价值之中，直到劳动成为商

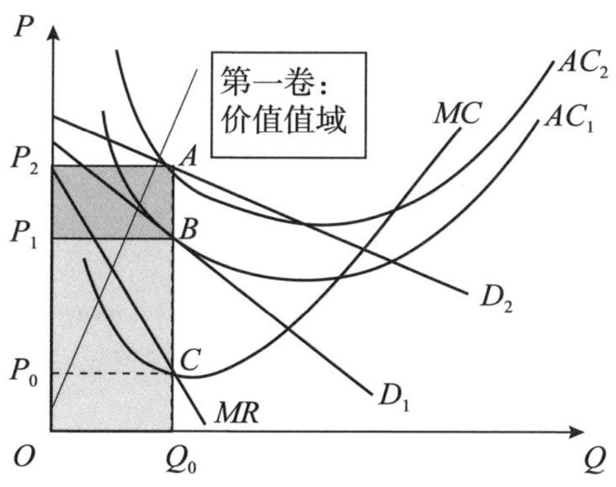

图 9－12　统一场中价值的特殊值域

① 赵锦辉．价值转形理论问题研究［M］．北京：中共中央党校出版社，2008.

品进入供求交换才作为剩余表现出来，这一部分按照“占有规律”而非“所有权规律”（相当于供求规律）被资本无偿占有了。

认为转形是价值体系内部的变化而不是价值体系与价格体系的变化，可以很容易地论证马克思《资本论》第一卷与第三卷的逻辑自洽，但这只是政治经济学体系内部的循环论证，即价值是价值，生产价格也是价值，价值与生产价格自然是一致的。

这种研究的缺陷在于，回避了现实问题，即生产价格还有供求决定（资源配置）这一面。如图 9－12 所示，不能认为《资本论》第一卷的价值只指 P_2ABP_1，那就又与供求无关了。马克思还有“社会必要”这个限制条件，内含了供求作用这层意思，不是只要生产出来就一定有价值，有没有价值、有多少价值还要看供求，没有需求的供给，不是社会必要的，也就是说，第一卷中说的价值已经涵盖了 P_2AQ_0O 整个区间。

如果价值只是指 P_2ABP_1，就会产生极端的观点——认为“供求都不决定价格”①。这样研究价值规律，很容易与社会主义市场经济的现实脱节，而且非常容易引起外人的误会。

第二种解释是阐释学的解释，重在解释马克思与新古典经济学的关系，其突出特征是把转形问题视为价值与供求价格的关系（把生产价格理解为供求价格）。西方经济学家对马克思《资本论》第三卷有一个误解，认为生产价格的值域位于图 9－13 中的 P_1BQ_0O 区间，以为生产价格完全是一个资源配置概念。

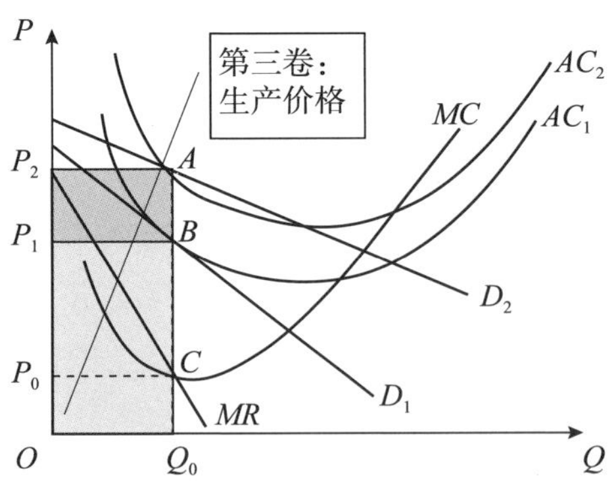

图 9－13　西方学者理解的生产价格值域在统一场中的位置

① 赵锦辉．价值转形理论问题研究［M］．北京：中共中央党校出版社，2008.

但马克思并不是这个意思，马克思所说的生产价格，相对于资源配置的生产价格，多出了一个 P_2ABP_1 区间，实际指 P_2AQ_0O。新古典主义经济学家因为不能理解古典经济学的精髓在于 AC_2（社会平均成本）的存在（它体现的是制度、权力等偏离理性的“古典”因素），所以他们认为在 P_1BQ_0O 与 P_2AQ_0O 之间存在转形问题。

这种研究的基本模式为“从政治经济学到新古典经济学”，即求解价值（由价值决定）=生产价格（由供求决定，利益外生）。这样，问题本身就变成了政治经济学的新古典化，即新古典政治经济学问题。

萨谬尔森等西方经济学家向马克思提出挑战，把生产价格当作供求决定的价格（实质是外生利益的同质完全竞争决定论），这就把古典经济学的精髓（AC_2的存在）“阉割”了。以此为出发点，可以发现价值与生产价格存在体系上的不一致，转形问题被西方学者曲解为《资本论》第一卷说的价值指 P_2ABP_1，第三卷说的生产价格指 P_1BQ_0O，二者不一致。

这与其说证明了马克思自相矛盾（这是子虚乌有的），倒不如说对转形的研究“制造”出了一个新的矛盾，即政治经济学价值体系（乃至整个古典经济学）与新古典经济学价格体系的矛盾。后人利用转形问题“借题发挥”，提出的是一个新的问题，是“阐释”出来的问题，与马克思在政治经济学范围内的研究已不属于同一个问题。

这个新问题揭示的矛盾，不是研究者杜撰出来的，而是现实存在的，其本质反映的是古典经济学与新古典经济学的范式差异。从某种意义上来说，比转形问题具有更大的价值，它实际提出的是政治经济学与新古典经济学的新综合这个难题（而不是政治经济学内部有什么问题）。

令政治经济学家和新古典经济学家都感到为难的，是两种体系的转换找不到切入点。把价值与生产价格简单地画等号，不仅无助于解决这个问题，反而会把问题本身“取消”。把转形问题当作政治经济学内部问题，二者肯定相等；把转形问题当作政治经济学与新古典经济学的问题，二者不相等才有意义。

对数字经济学来说，只有解决好转形问题，才能从基础框架上将资源共享中的配置均衡与分配均衡分清楚，再将其结合起来，否则，在遇到现实矛盾时，就不易察觉其中的基础理论问题。例如，平台治理涉及反垄断的法理、学理基础改变，需要对租金盈余问题进行跨学派的基础理论透视。

（2）垄断竞争框架新思路

政治经济学还可以反超新制度经济学一步，解决新制度经济学在均衡水平处理分“蛋糕”与做“蛋糕”这类转形问题时始终没有突破的难题。

某种意义上可以认为古典经济学存在两类交易费用假设：资源配置上交易费用为0，社会分配上交易费用不为0（而存在“剩余”）。

制度经济学在与新古典经济学对接过程中已先行一步，意识到内生利益相互作用的均衡与外生利益相互作用的均衡之间存在一个被称为交易费用或租值的均衡差。可以将这个差，作为两种不同均衡的数量转换中介。解决转形问题，也可以借鉴这种思路。这样一来，转形问题恰恰不是要证明价值与生产价格相等，而是要证明它们不等，它们可以通过一个差值有规律地相互转化。

在转形研究中有一支理论就是这种思路。白暴力曾提出“平分余量”的思路，他认为在内生利益相互作用的总价值与不内生利益相互作用的生产价格总和之间，存在一个用来量化利益相互作用的影响值。①它与外生社会分配共享同一个价值尺度，因此，可以换算为一个差值。其实，如果我们融会贯通，将张伯伦的垄断竞争学术传统与科斯的交易费用学术传统结合起来，就可以发现租值其实就是这里的“平分余量”。

租值，就是垄断竞争均衡价格与完全竞争均衡价格之差。在转形研究中要做的，就是把垄断竞争均衡价格，从反映资源配置的内容（图 9－14 中的 P_1BCP_0），转换成反映利益相互作用的内容（P_2ABP_1），二者的相通点就在于异质性（P_2ACP_0）。

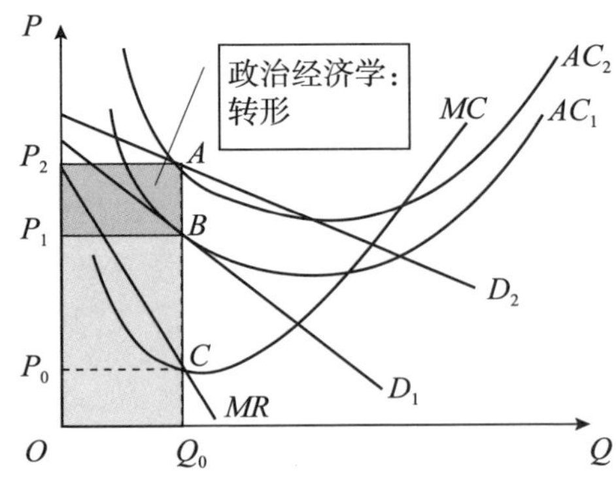

图 9－14 转形的值域

---

① 白暴力．价值转形问题研究［M］．北京：商务印书馆，2006.

在广义均衡理论中，内生利益相互作用与不内生利益相互作用两种均衡体系的量值之差，就是政治经济学与新古典经济学均衡体系之差，同时是价值与生产价格的均衡之差。这也可以从学术上促进新制度经济学的中性化建设。

抓住这个关键，困扰政治经济学上百年的转形难题，不用借助不同部类生产计算等迂回、烦琐的论证，就可以直接得出简明的结论。分析显示，马克思的转形理论是自洽的。但转形问题的存在，反映的实质是应在配置均衡（供求关系）与分配均衡（社会关系）统一的基础上理解均衡，只考虑其中一方，就会出现转形的内在矛盾。

理清通用均衡框架与特殊产权设定（主要是拥有权设定），让二者在基础理论上脱钩，目的在于最终说明数字经济中制度经济的产权设定，既不同于工业化资本主义的拥有方式，也不同于工业化社会主义的拥有方式，而在于信息化条件下的“使用而非拥有”，从而揭示制度经济在闲置资产利用表象背后，剩余分配关系改变的利益实质。

换句话说，我们在制度经济中发现了另一种剩余分配方式，它既不依赖于拥有，也不依赖于价值，而高度依赖使用，高度依赖使用价值。一旦使用的条件变成共同使用（共享发展），则劳动参与剩余分配就不再仅仅是主观愿望，在社会生产力的助力下，这是历史的必然。

2. 转形的垄断竞争解

人们在解决转形问题（政治经济学的租值问题）时，总把生产价格误当作供求价格，这就掉入了新古典经济学的陷阱。

生产价格由价值决定，是说 $P=AC$ 这种类型的价格是在劳资双方围绕生产条件的分配产生利益冲突（或文雅地称为社会分配）作用机理下形成的。因此，它只能是垄断竞争价格而不能是新古典均衡价格。因为如果是新古典均衡价格的话，利益相互作用就被彻底外生、取消了，人与人的社会关系特性就等于不存在了。

用垄断竞争这个新思路来解决转形问题，价值向生产价格转化的问题就转化为了垄断竞争均衡价格向完全竞争均衡价格转化的问题。

假设转形前价值意义上的均衡价格为 100 单位，含义为 $P=AC=100$ 生产价格意义上的均衡价格为 100 单位，含义为 $P=MC=100$，二者在真实世界中的实际价格是同一个价格，完全相等。虽然二者（在真实世界中）都是 100

单位，但二者采用的计算单位显然不同。转形后，要把二者单位变成同一个单位（在此统一为新古典均衡计量单位），以利用同一尺度进行比较。因此，转形中有“不变的价值尺度”。

第一种方法：以生产价格为基准比较。

以新古典均衡计量单位（以转形中的生产价格为计量单位）为统一计量单位，二者的相对值（用于解释相互比例关系的值）必然会发生变化。原来计量单位不统一值才相等，现在计量单位统一值不再相等。

价值意义上的均衡价格，转化为 $P=100$ 价值单位 + （$AC-MC$）$=AC$；生产价格意义上的均衡价格，按新的均衡单位转化为 $P=AC=100$ 生产价格单位。两种计量方式的差值 $AC-MC$ 称为租值，也就是说，把价值意义上的 100 单位转化为生产价格意义上的 100 单位，单位本身就变了。租值的含义是劳资利益摩擦值（对应新制度经济学中的交易费用），在数量上等于 FC（固定成本）。它是生产价格转形为价值的进入门槛（利益刚性）。

第二种方法：以价值为基准比较。

以政治经济学的价值为计量单位，则产生如下换算：价值均衡的实际价格均衡点为 $P=AC=100$，生产价格均衡的实际价格均衡点由垄断竞争均衡价格 $P=$（$AC-MC$） $+MC=100$，折算为完全竞争均衡价格 $P=MC=100-$（$AC-MC$）。

由此可见，无论是从技术关系均衡（价格体系）向社会关系均衡（价值体系）转还是从社会关系均衡向技术关系均衡转，结果都一样。

两种方法的不同仅在于解释角度不同，前一种方法是以新古典均衡为基准折算政治经济学均衡点的量，后一种方法是以政治经济学为基准折算新古典均衡均衡点的值。两种方法对应的真实世界的价格，是同一个价格；解释并不改变价格的实际量值，改变的只是对同一个量值比例关系与结构的解释。因此，只要规定好实际价格指的是哪个体系的价格，就可以着手转形。

转形只是解释世界而不是改变世界。解释的实质，在于揭示生产价格掩盖了何等量值的利益关系。对这种利益关系，要透过资源配置现象洞察其隐含的社会分配实质。

从新古典主义原理倒推，其原来以为生产价格处于均衡时，由于忽略了阶级斗争或交易费用，而把垄断竞争价格“误”认为完全竞争价格。这种现象存在的证据就是经济危机的存在。当按照新古典均衡标准，经济应处于平衡时，却出现了经济危机，这不是因为数学本身的错误，而是其均衡理论本身没有区别利润与剩余价值，把本来应在“体内”起作用的利益冲突忽略了的结果。具体来说，在流动性陷阱设计的资本刚性条件下，投资等于储蓄实际并不代表均衡，因为强制储蓄并不符合费尔普斯经济增长的黄金率，它会导致劳动者有效需求的不足。经济危机实际就是强制利益关系从不均衡向相对均衡方向调整的过程。

我们其实可以这样通俗地理解转形：转形好比在价值与生产价格之间进行“汇率”换算。采用价值体系内部转形解，好比视价值与生产价格为同一种货币；采用价值体系与供求体系之间的转形解，好比视价值与生产价格为两种不同的货币，在进行垄断竞争“货币”与完全竞争“货币”换算时，其均衡价格之差好比两种货币换算成同一种币值后的绝对值之差。既然类似汇率关系，也可以用比例来替代差值方法，表现两种均衡之间的关系。这些都是形式问题，关键是要理解实质——要不要把人的利益冲突这种社会关系内生到资源配置中来。

在现有研究中，张忠任对转形的解属于价值体系内部转形解，但他另外提出以货币单位描述转形的想法，认为转形问题实际是求生产价格对价值的偏离系数。白暴力的“平分余量”与张忠任的偏离系数，从“汇率”角度看，实际是相通的，二者的不同只是描述同一现象时用加减法还是用乘除法的不同。

9.1.3.2 租值：古典－新古典均衡之差

相较新古典主义传统的经济学，古典经济学传统的经济学在学科体系建设中始终缺乏用（价格）均衡值描述核心主张的概念。新古典主义经济学简明地用边际成本确定价格均衡值（$P=MC$），定量化地反映了同质性理性的价值主张。古典经济学传统下的经济学，有相对明确的价值主张（将利益相互作用——表现为阶级斗争或交易费用的社会关系——置于中心），但无法概括地用一个均衡值对利益相互作用进行总的定量。

在研究制度经济的新垄断竞争市场结构时，我们认为可以将租值作为古典经济学不同于边际成本定价的均衡特征值。租值产生于价值垄断的使用（利用）或对使用的价值垄断，也可说是垄断使用带来的价值，但这种垄断不同于新古典经济学中带有贬义的垄断，它包含着从创新到个性化定制的一系列积极的内涵。

一方面，租值是个配置概念，但不是斯密式的配置，而是张伯伦式的配置。从资源配置角度讲，租值相当于预设了制度经济学均衡（$P = AC$）相对于新古典均衡（$P = MC$）的偏离点，这种偏离（$AC - MC$）的含义，“翻译”成政治经济学术语，就是利益。是利益相互作用而不仅仅是社会物理作用，导致均衡趋近于偏离。利益本身就是异质性的，它与同质完全竞争不可能同步在同一个“靶心”上。生产关系反作用于生产力，也是在描述这种现象。

另一方面，也是更主要的，租值是权利互动的结果。在制度经济学中，它扮演着生产资料拥有者与使用者利益“拔河”的中间“红绳”的角色，它是“红绳”对中线（理性值）的偏离度。利益相对人“拔河拔累了”，“拔不动了”，“红绳”固定的那一点，就是制度。

同是研究利益相互作用问题的新制度经济学，比政治经济学超前一步，总结出了租值概念，为在均衡水平解决新制度经济内部的“转形问题”（新古典均衡与内生交易费用后的新古典均衡之间转换的问题）提供了一个中性框架。虽然政治经济学与新制度经济学代表的阶级立场相反，但这一方法可以通用。

租值是在资源配置中内生利益关系后产生的变动值。内生利益所说的利益，特指异质性利益（一切偏离理性值的利益）。租值是一个异质性概念，新古典均衡中不存在异质性，因此不存在租值。

如果利益不存在异质性，则其分配自动归入新古典均衡边际要素分配论的解释领域。同质在此意味着利益没有矛盾，按边际生产力计算各个要素的贡献，以此决定分配。

如果认定利益存在异质性，就进入了与资源配置分配论相反的以社会关系为内涵的社会分配论的视域。这就出现了两种均衡问题：一种均衡是由利益相互作用决定的均衡，一种均衡是由资源配置决定的均衡。

无论我们怎样具体定义这种异质性利益，例如，它是指交易中人与人的摩擦关系，是指权利冲突，是指人际关系成本，是指契约成本，是指制度成本，还是指创新带来的差异化价值（所谓的“垄断”与刚性）等，都可以把利益理解为单纯改变价格但使供给保持不变的、由人与人的关系而生的刚性。这就是被定义为“租”的那种东西。

两种均衡之间（以均衡价格为统一的尺度来衡量）存在一个均衡差值。新制度经济学称之为交易费用，意指人与人之间的摩擦力——这种摩擦力存在的前提是无法以同质化方式调和，如斯密所说的自发调节，需要付出一个完全竞争之外的额外费用。与政治经济学的剩余价值相比，它相当于剩余价值中的一个余额，即剩余价值扣除同质性资本的成本之后剩余的部分。

租值这个差反映了利益张力。这个张力具有刚性，无法在一个经济（如工业经济）的整个生命周期中恢复弹性。对这种利益刚性，我们已不能用相对于经济周期或技术长波周期的“长期”来形容，因为它会随时间或周期变化而自然消除，这也符合经验。利益矛盾尤其是由制度原因引起的利益矛盾往往根深蒂固，两大阶级间的矛盾不会像两大家庭间的矛盾那样容易化解。

通过与资源配置经济学（完全竞争均衡理论与垄断竞争均衡理论）综合，我们赫然发现，制度经济学中的租值，或政治经济学中的“平分余量”，对应的正好是垄断竞争与完全竞争均衡价格之差，即 $AC-MC$。

在数字经济学及垄断竞争政治经济学均衡理论中，我们把刚性与异质性当作一回事①，凡有异质性的地方，必然存在刚性（如价格变动而供给不变），因此，必然存在租值。这极大地扩展了新制度经济学对租值的定义。

根据异质性来源的不同，我们定义出不同的具体的租值。来源于自然异质性的租值，我们称为地租；来自利益博弈（从契约到阶级斗争）异质性的租值，我们称为剩余；来自交易、流通、制度异质性的租值，我们称为交易费用；来自技术和服务创新异质性（与众不同）的租值，我们称为增值（相应服务称为增值服务，如 App）②；来自权力异质性的租值，我们称为（寻租含义上的）租金；来自使用价值的租值，我们称为（以租代买含义上的）租。所有的租值，我们都视其为中性，对它们不进行道德评判，好坏唯视其是否符合均衡，符合均衡判定的（生产关系）促进生产力发展，不符合均衡判定的（生产关系）阻碍生产力发展。当然，促进生产力发展好不好，另当别论，具体来说，可以用生态标准和道德标准来衡量。租值理论并不必然支持唯生产力论。

一般来说，除了权力垄断，异质性刚性都是可竞争的。③ 刚性是这样一种异质性，它既可以对市场进行区隔，又可以自由进入市场。对此，为了有别

---

① 把排斥同质化竞争的（同质性）垄断，如石油垄断等，当作刚性的特例，从而把垄断竞争、利益博弈，统统理解为异质的完全竞争。

② 与成本相反，增值这种“交易费用”是正的租值（如某些超额利润）。

③ 与之对偶的，是在同质化竞争中，同质性垄断是竞争的一个特例。

于同质性竞争，也可用“可竞争”（例如，具有沉没成本的自由进入）来描述。

9.1.3.3 制度经济的政治经济学

▲ 命题24推论2：剩余价值只有在均衡水平才是可持续的才是真正符合价值规律的，才是真正面向以人为本的。

有了以上两步——垄断竞争均衡框架（同质–异质均衡转化框架）与均衡值差，就可以最终完成古典均衡体系的构建了。

数字经济学试图回到均衡这一主题上来，建立更全面的制度经济解释框架。为此，吸收了以往理论的精华，一是重新发掘政治经济学转形论（在我们看来是政治经济学均衡论）的主题。通过吸收新制度经济学关于租值（均衡量值）的研究方法，在垄断竞争均衡方法（将其改造为信息化均衡方法即广义均衡方法）基础上，重建互联网时代的制度经济理论。二是吸收并改造了新制度经济学的交易费用理论。用租值所表述的转形的内核，实质上指向剩余价值的均衡值。数字经济想要达到均衡，不仅仅是配置均衡，还必须加上分配均衡。数字经济学之所以要研究这个问题，落脚点就在这里。

从政治经济学中得到的借鉴，与得自新制度经济学的借鉴，既有相同之处，也有相异之处。

相同之处在于，都利用垄断竞争均衡框架，把利益相互作用（社会关系）这一共同的古典经济学血脉内生于新古典经济学的均衡框架。

能做到这一点，是因为利用了古典经济学学派与新古典经济学派一个共同的理论盲区，即没有发现垄断竞争中的 $AC-MC$（完全竞争与垄断竞争均衡价格之差）正好是租值，因此，可以把资源配置概念平移运用于利益相互作用的表达，从而实现古典经济学与新古典经济学在垄断竞争均衡基础上的新综合。

这种新综合的现实意义，是用垄断竞争理论指代差异化，形成有别于以同质化为核心特征的工业化理论的新范式，而直通互联网制度经济在理论经济学上的根底部位，由此说明工业化中实体的排他性与信息化中信息的非排他性对生产关系的不同决定作用是在哪一个部位、以何种机制发挥出来的，从而彻底揭开“使用而非拥有”之谜。

不同之处在于，新制度经济学对社会关系的理解，更偏于物化的理解，一方面他们承认交易费用、制度的作用反映的是社会关系，而不是鲁滨孙世界的现象；另一方面，他们把这个问题当作同质化的“资源配置”问题，只单一地考虑专业化效率标准，而极大地忽略异质性及多样化效率（进而在商业上忽略了经济转型升级方向的高附加值创造），最后被具有特定利益背景的绝对产权设定所束缚，不能很好地解释非排他性在制度经济中的作用，在“使用而非拥有”最关键的点上，在包容性上，与制度经济理论相左。后一个方面，使交易费用本身，在政治经济学眼中成为可疑的概念，因为其带有背叛古典传统且不能解释增值现实的缺点。

由于新制度经济学存在这些局限，我们希望从政治经济学中更多地得到关于社会关系特殊性（也就是人性不同于物性的特殊性）的知识，特别是利益相互作用中人与人利益关系的知识。

政治经济学传统中有新制度经济学中没出现过的关于人的解放（自由而全面发展）的主题线索，这对数字经济具有强解释力，对于制度经济解释劳动者——不仅是作为整体的劳动者，更是作为草根（底层群众）的劳动者为什么以及如何通过分享使用参与自我梦想的实现，提供了一个难以替代的“以自由看待发展”的整体框架。

传统政治经济学目前严重滞后于实践的发展，表现为偏离了“生产力决定生产关系”的“初心”，对信息生产力带来的以生产资料共享、劳动分享剩余为特点的生产关系视若无睹，对共享经济陷入失语状态。而且，在理论上，对社会主义与市场经济的结合，至今还没有提供可以在均衡水平将分配关系（价值关系）与供求关系有效综合起来的解释。

建立数字经济的新综合均衡理论（这种理论有别于新古典化的新政治经济学），要解决的核心问题（也是制度经济的核心问题），是普通劳动者为什么以及应如何获得剩余价值。它的理论解释力表现，是可以说明在生产力和资本发展的高级阶段（而不是初级阶段），在苹果商店这类模式中，为什么市场经济会自发地让普通劳动者获得收入的85%而生产资料拥有者心甘情愿仅获得15%，且回报比不分享资产更丰厚。① 这是姓“社”姓“资”都解决不了的问题，只有“使用而非拥有”才能解决。

---

① 这一点明显有别于各种形式的阶级斗争理论。

如果不在转形框架下研究政治经济学问题，而直接往制度经济上套，最担心出的问题是片面强调利益冲突而忽视利益合作，例如，走向与新制度经济学相反的剥夺方向。新制度经济学的倾向，是把劳动者剥夺干净，只剩下工资；政治经济学如果也有样学样，把资本家剥夺干净，认为资本家既不创造价值，也不应参与价值分配，就不符合建设的需要了，就会导致普遍的短缺，从而受到经济规律的惩罚。因此，当财产的拥有方与使用方不是敌我关系而同为建设者时，对于作为建设者的拥有方（如企业主）来说，政治经济学的新说法，就变成不创造价值但允许其参与价值分配（理由是调动其建设积极性）。这种说法略显生硬，但总比说拥有者“不创造价值，也不参与分配”合理得多。

另一方面，也是更重要的方面，是要得出一个与传统工业经济（雇佣制经济）不同的分配结论。在制度经济发展中，如果不明确剩余价值分成比例，就有可能造成使用与拥有关系的对立。“使用而非拥有”并非对拥有方的剥夺。拥有方，例如，阿里巴巴的平台、苹果的平台，只是在分成比例上占小头，但分成总额很高，远远超过不分享生产资料的拥有方所得。实际是用一个经营集中的拥有者替代了一群分散经营的拥有者，拥有者的收入比例虽下降了，但每个作为平台的拥有者的收入绝对额很可能大幅上升，而收入大幅上升的前提，恰恰是他们需要对自己的生产资料（平台和开发工具等）进行非排他性使用意义上的分享。这种利益关系调整，是新制度经济学的盲区，也是只有垄断竞争政治经济学才能解释清的道理。

在拥有方与使用方不再处于对立关系的前提下，处理建设者内部利益矛盾，明确分成原则，必须从主要靠语言技巧（如发明“建设者”术语，发明“不创造价值但参与分配”之类的说法），发展为以均衡机理为支撑，把道理说清楚。

以上对均衡逻辑的综合就是围绕这一思路展开的。研究表明，政治经济学所说的“社会必要”，需要以租值为尺度，通过合约，在利益相关方之间，根据均衡的原则来确定和实现。这一均衡，既要考虑物的因素，也要考虑人的因素。前者表现为资源配置意义上的均衡，以同质完全竞争的方式达到均衡点（$P = MC$），主要是决定均衡数量；后者表现为利益相互作用意义上的均衡，以异质完全竞争的方式达到均衡点（$P = AC$），主要决定均衡价格。其中，利益相互作用的范围，应限于 $AC - MC$ 这一租值区间。超过这一范围

（高于 AC）的作用，是短期的、不可持续的①，而这一范围之内的作用，是稳定而可持续的②。

对数字经济的制度经济来说，租值聚散是其核心现象，广义均衡揭示的正是租值聚散的利益相互作用规律。在数字经济中，生产资料拥有者与使用者的合约能否达成均衡，不但要看专业化是否有效率，而且要看多样化是否有效率（是否有高附加值），还要看利益关系是否和谐。这些都围绕广义均衡这一轴心运转，就像价格围绕价值上下波动一样，为此需要清楚代表利益相互作用的价值与代表资源配置的生产价格，围绕租值聚散而运转的整体均衡机制。制度经济中"使用而非拥有"的现象，只不过是拥有方与使用方围绕租值以广义均衡为尺度进行分成的现象。

9.2 生态均衡：广义均衡下的数字经济

9.2.1 生态均衡与传统均衡的区别

◎ 命题 25：生态均衡本质上是内生市场外部性的均衡。

发展数字经济，需要以生态均衡为尺度，把握好市场作用与政府作用的关系。生态均衡有助于克服市场失灵与政府失灵，是解决"一抓就死，一放就乱"问题的关键。

首先定位生态均衡与传统均衡在数学上的区别。

图 9－15 中，e^* 点是生态型市场的均衡点，f（或 i）是企业型市场的均衡点，阴影部分是外部性的市场内部化空间（有偿"搭便车"空间，一般由向平台交的会员费、使用费构成），Q^* 右侧为外部性无法内部化的空间（无偿"搭便车"的空间）。需求曲线 d 向 D 的移动，代表外部性（技术上的网络效应）由弱到强的过程。企业型市场在此指因企业产权明晰而不存在外部性的市场，即适用科斯定理的市场；生态型市场与之相反，是因使用权共享可以将外部性内部化的市场。正如埃文斯所言，市场是双边的必要条件是科

---

① 这一结论是原来的政治经济学没有的。

② 这一结论是原来的新古典经济学没有的。

斯定理并不适用于双方之间的交易。①

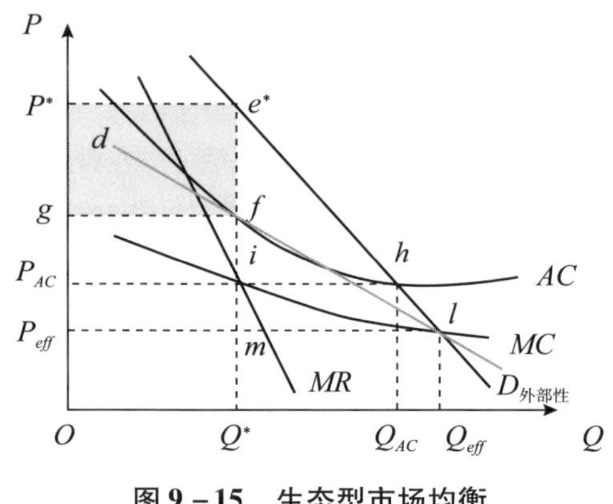

图 9-15 生态型市场均衡

▲ 命题 25 推论 1：作为市场与企业替代配置方式的生态改变了均衡点的位置，出现了有效流量与代表外部性的需求曲线共同决定内生数据后的均衡点的机制。它代表的是数字经济的稳定均衡，符合广义帕累托最优。

如果不存在可以通过市场本身内部化的外部性，e^* 本来代表的是超额利润，不符合均衡条件；在公共部门经济学中，阴影代表的甚至是权力寻租空间。这是芝加哥学派预设的情况。在垄断竞争条件下，e^* 是可以均衡的，但属于不稳定的短期均衡，在长期会回到 f 点，这是哈佛学派预设的情况。

但在生态（平台 $P_{eff}lQ_{eff}O$ + 应用 $P^*e^*Q^*O$）中，市场发生了超出传统竞争政策学理、法理基础所预设边界的变化。这就是在 d 移向 D 的过程中，出现了流量 Q_{eff} 与 D 决定均衡点 e^* 这一新情况。当新的情况成为常态后，意味着 e^* 不再代表超额利润，也不是权力空间，而是新的均衡点，它代表的是数字经济的稳定均衡，符合广义帕累托最优。

数字经济与传统经济存在均衡点在 e^* 与 f（i）的不同，判断政府失灵的基准就产生了变化。如果基准是 f（或 i），则市场上出现 e^* 会被认为是一种市场失衡。竞争政策与政府干预，就是要将状态 e^* 改变为 f（或 i）；反之，如果基准是 e^*，则会认为竞争政策与政府干预通过将 D 调向 d，将市场从这一点拉偏到 f（或 i），属于竞争政策失灵或政府失灵。

---

① 埃文斯．平台经济学：多边平台产业论文集［M］．北京：经济科学出版社，2016.

当前，这个矛盾的突出表现是，反垄断中，一旦政府把生态型市场当作一个（外部性无法内部化）企业型市场来治理，而且这种思路得到习惯于芝加哥学派传统思路的竞争法专家的支持，竞争政策就会与政府干预结合起来（竞争法专家原来一般是反对政府干预的），产生共振，迫使平台企业发展受阻（甚至损失过半）；平台生态遭到破坏，其效率损失范围是 $gfiP_{AC}+mlQ_{eff}Q^{*}$。前者代表因共享平台资源而成功的应用企业，因失去平台共享而重置固定资产，进入门槛提高；后者代表共享平台资源并不成功（无收益）的应用企业，所对应的银行坏账的影子损失（或因此加剧的“资金难”程度）。最终都反映为投资的损益变化并折射为企业预期变化。企业一旦预期投资回报低于自然率，就会采取收缩投资、转移投资等避险行为。

9.2.2　生态定价结构

生态定价机制与数字经济的整体定价机制是一致的，本质上与服务定价规律相同，即成本加成定价。它具有以下特点。

第一，从总的定价机制看，生态的均衡定价一致于数字经济的一般定价，即垄断竞争定价。它的外部特征是最终产品以平均成本为基础的均衡定价，内涵是代表差异化、多样化与异质性的附加值在均衡水平的作用。

Rochet 和 Tirole（2003）率先对双边市场的定价结构进行了较为典型的模型分析。双边市场的定价与传统单边市场的定价不同，不再遵循边际成本定价方法，他们试图使用拉姆齐定价模型来刻画平台的定价结构。①

第二，作为新垄断竞争结构，生态的特点是平台、应用双层经营，在定价上也具有基础业务定价与应用业务定价双层结构，由平台定价与应用定价两步定价构成，前者可视为中间产品定价，后者可视为最终产品的定价。

服务化定价往往是中间产品边际成本定价（经常为0）与最终产品的平均成本定价的成本加成定价。

数字经济的这种定价机制，是通过新垄断竞争市场结构实现的，因此，在理论本质上，是平台方、应用方（参与方）两步定价机制。在“平台－应用”统分结合双层经营中，形成了中间产品的边际成本定价与最终产品的平

① WEYL E G. A Price Theory of Multi－Sided Platforms ［J］. The Amercian Economic Review，2010（4）.

均成本定价相结合的两步定价机制。其中，平台方确定整个生态的均衡数量，同时决定均衡价格中 $P=MC$ 的部分；应用方确定整个生态的均衡价格，具体来说是 $AC-MC$ 的部分。此时的均衡数量，不是某一具体最终产品的数量，而是整体最终产品的数量。均衡价格 $P=AC$，是整体最终产品的价格水平。

> ▲ 命题 25 推论 2：在生态中，均衡数量仍然是由边际成本决定的，均衡价格则由附加了外部性内部化价值的平均成本决定。

一方面是变现流量 Q^* 的确定。平台方通过提供通用的（相对于最终增值应用的）中间产品（如微信等应用基础服务），并让最终用户免费使用，从而为应用方提供增值业务具有外部性的潜在流量 Q_{eff}（总的用户越多价值越高）。基础业务则使潜在流量 Q_{eff} 成为变现流量 Q^* 的那个数量，即均衡数量。平台可以在边际成本水平（i）提供这种基础服务的流量变现，完全是因为这种服务的通用性（非竞争性、非排他性）。

另一方面是最终产品价格 P^* 的确定。它不仅取决于边际成本，还取决于固定资产投入（从 f 到 i），平台方借助通用性资产的通用性，将应用方所需的固定资产投入以均摊方式提供给众多应用方，由此降低了差异化、多样化和异质性增值应用的成本，使之以边际成本方式提供，而从中获得成本之上的差异化、多样化和异质性加成，由此形成服务化的基本定价模式。

第三，生态定价中存在边际成本之上的溢价，该溢价来源于将双边外部性内部化这一不同于非生态定价的特殊性。

Weyl（2010）引入了隔离定价的概念，即在固定平台一边用户数量的基础上，通过价格调整，达到另一边用户数量的期望，由此达到平台想要的两边用户数量。①

同时，定价中外部性的作用，还体现在平台与应用双边（而非买卖双边）间接内部化与不完全内部化中。

在图 9－16 中，存在着一个从 e^* 到 f 的外部性附加值空间。

由平台方形成的均衡数量（变现流量 Q^*），以固定资产投入形成的潜在流量 Q_{eff} 为基础，这一流量 Q_{eff} 本身具有外部性，体现为流量本身不但是数量

---

① WEYL E G. A Price Theory of Multi－Sided Platforms［J］. The American Economic Review，2010（4）.

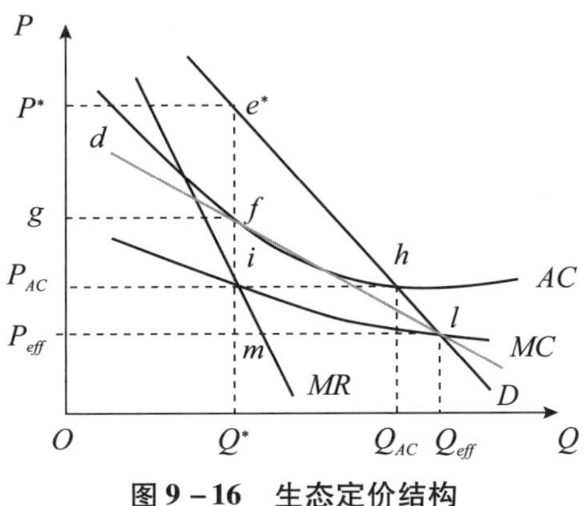

图 9－16 生态定价结构

而且具有网络效应这种关系结构（表现在现象上，就是用户越多价值越大）。

反映在均衡价格上，就是出现从 g 到 P^* 的均衡溢价。这个均衡水平的溢价，是代表外部性的需求曲线 D 由不具有外部性的 d 向右上方扩张的结果。在真实世界中，这种溢价是借助双重双边关系的增值应用实现的。

第四，生态均衡价格的确定（尤其是其中有外部性溢价的部分）具有随机性。这表现为图 9－16 中 e^* 的上限，在真实世界中很难具体确定。

难以确定的原因有两方面，一是技术关系方面的不确定性，二是社会关系方面的不确定性。前者是指，生态由平台与应用双层构成，应用的个性化、多样化程度，决定了价格的随机性，由此引发了消费者福利、消费者剩余、歧视性定价等与个性化定价、情境定价有关的问题。深层问题在于偏好的主观性（与个人预算因素相关）与个人知识的非趋同性都与传统的列表价格（明码标价）在机制上有所不同。后者是指，P^*e^*fg 这个值域同时是社会关系值域（权力的值域）。生态本身就处在私域与公域界限模糊之处，社会利益关系中的冲突与博弈的不确定性，导致公私利益的均衡基准很难确定。

9.3 均衡理论的东方化：数字化“伦理”

9.3.1 关于均衡的东方化解释：关系、生态与行为

现有经济学理解的均衡概念，是建立在原子实在论基础上的，强调对均衡状态的把握。中国古典经济学中的均衡理念，如中、和、均等，则是建立

在关系实在论基础上的，把均衡作为一个过程来把握。

9.3.2 东方化取向：配置均衡与分配均衡的综合

经济学的现代性范式（西方化、工业化范式）对经济学框架带来的最大伤害，是造成了经济学与伦理学的“二分”，这是笛卡尔二元论在经济学中的遗毒。虽然在“以毒攻毒”（以工业化之毒解农业化之毒）方面，这种心物二元论有历史进步作用，但在工业化尾声阶段，需要找出经济学“物化”（它适应并进一步加剧经济本身的“物化”）的总根源，实现经济与经济学从物化（“物”）到人化（“心”）的正常复归。

我国古典经济学中，物（“利”）与心（“义”）在顶层上是一体的，因此，我国古典经济学不同于西方经济学的本质特征，是它是心物一元论的，西方经济学从总体上看是心物二元论的。心物二元的一个突出表现，是将经济学与“伦理学”完全割裂开，以经济学代表“物”，以“伦理学”代表“心”。这里的“伦理学”并不是真正的伦理学，而是经济学家自以为“是”（所“是”）的“伦理学”，即经济学本身所谓的以伦理问题为核心的经济伦理学。这里所谓的伦理问题，本质上与伦理学是无关的。这与哲学中的体验本质上与心理学无关（胡塞尔观点），是一样的道理。心理学固然也可以把体验当作研究对象，但同哲学研究对象是有根本区别的。同样，伦理学也可以把经济伦理当作研究对象，但不等于说这里研究的伦理就不是经济学本身的问题。具体来说，被错误地当作“经济伦理”的，都可以直接替代为“经济目的”，而当作与伦理无关的事情来讨论。比如，经济学讨论均衡，伦理学不讨论均衡，被当作经济伦理讨论的问题，本该是相对于资源配置均衡的社会分配均衡，社会分配均衡就是经济伦理中与伦理无关的核心内容。

社会分配理论是古典经济学的核心论域，但古典经济学中并没有社会分配均衡这一议题，这是西方古典经济学的重大遗憾。数字经济学出于“数字化 = 东方化”这一自然原因，有动机向中国古典经济学寻求经济学资源上的帮助。社会均衡中的数学方面本身并不是问题，我们在新综合中已解决了技术性方面的问题，现在是要找到分配均衡论的实质性基础。

重新研读中国古典经济学，我们发现它的基本框架中存在着系统的社会分配均衡思想。

在顶层框架中，中国古典经济学设有“因”这一议题。“因”对应 becoming，就是因时而变，是对道的存在方式的探究，其重心不在于果（“因果”）这种状态（being），而在于过程（“因由”）。

因的思想，体现在“无为之道，因也。因也者，无益无损也”中。益和损，是经济学中的得失概念（一般用价格来隐喻）。无益无损，就是得失相当，即均衡。无为之道，就是市场机制自发决定均衡。

在儒学中，其突出表现是“不患寡而患不均”。这里的“均”，不是平均的意思，而是更接近均衡的概念。《礼记·月令》中说的“均”，指“均琴瑟管箫”中的调和，而不是把音变得“平均”。但这个均衡，不是现代经济学的资源配置均衡（这是寡——由配置上的多少决定——指向对象），而是社会分配均衡。其数学特征，是均衡点不由边际值决定（边际值只决定均衡数量）而由平均值决定。

以上对各学派方法的综合，只是手段，而非目的，目的是增强对制度经济实践的解释力。制度经济不是独立于网络经济的另一种经济，而是网络经济的利益侧面。因此，可以说，建立新综合模型的目的，是系统、连贯地解释网络经济的利益关系。

网络经济实践超出以往理论解释范围之处，是“互联网 +”的主流形式脱胎于云服务模式的“基础业务平台免费 + 增值应用收费”的新垄断竞争市场结构，这种结构打破了企业与产业的边界，它既不能像新古典经济学那样简单地用外生利益相互作用的边际生产力要素贡献论来解释，也不能像传统政治经济学和新制度经济学那样把利益相互作用理解为一种零和博弈。“免费 + 收费”模式的实践，导致传统理论解释出现悖论，无法解释在生产力发展到信息化这种高级阶段时，生产关系出现了既不同于工业化资本主义又不同于工业化社会主义的新现实。采用新综合的双层规划方法，则可以很好地解释劳资之间的互补关系，解释为什么网络经济将最终带来一种前所未有的制度创新，使资本拥有者出于自身利益而分享自己可支配的资源，使劳动者通过使用共用资源，直接参与开发而获得自由而全面的发展。

在分析网络经济的利益关系时，制度经济学从新古典经济学那里借鉴了以均衡理论为标志的大局观与全局观，克服了它外生利益相互作用分析的缺点，从政治经济学和新制度经济学那里吸收了把利益相互作用分析置于经济分析中心的优点，补上了它们在均衡分析上的短板，尤其是克服了它们在均衡价格分析上难以兼顾资源配置与利益相互作用分析的弱点，最终在广义均衡框架下，以垄断竞争的双层规划模型实现了古典与新古典这两大水火不相容体系的充分融合。这种新综合的意义，超过了对制度经济的解释，有利于将以往的传统经济作为特例纳入观察范围，从而发现其局限性，进而更深入地理解当代经济的演化逻辑。

10　数字经济合约均衡：代数框架

◎ 命题26：数字经济基于使用权合约达成利益平衡，实现共赢。

以“合约”替代“企业”一词，带有恢复交换的平等性的意义。以往，市场交换是等价的，要素交换是不平等的，在如何将二者统一在一起方面，均衡面临着自相矛盾的问题。人们试过用宏观机制、交易费用来补救，但更彻底的解决方法是恢复均衡中矛盾双方的平等性质。从合约角度审视权力，支配与服从这种特例，必须回到相互服务这一本质上来。

上一章讨论的是均衡定价部分，即供求曲线确定条件下确定均衡价格与数量的总论部分，是“总装”部分。下面要讨论的，是需求曲线与供给曲线有待由“零件”组装生成的部分，是“分装”部分。

在极简水平，可以把标准西方经济学“组装”供求曲线的形式结构概括为求解供求曲线的数学规划问题。数学规划的标准形式是“目标函数 + 约束条件 = 供给（或需求）曲线”。一是需求的数学规划，由需求效用函数（目标）—预算支出（约束）—需求曲线顺序构成；二是供给的数学规划，由生产函数（目标）—成本（约束）—供给曲线顺序构成。本章只提供“目标函数 + 约束条件 = 供给（或需求）曲线”这一结构框架，不深入分析供求曲线，希望了解细节的读者，可以参看《数字经济学：微观经济卷》①。

本章主要着墨于我们采用的数学规划（双层规划）与标准教材采用的数学规划（单层规划）在框架上的不同。数字经济学出于新综合的考虑，采用

① 姜奇平．数字经济学：微观经济卷［M］．北京：中国财富出版社有限公司，2023.

双层规划这样一种双要素间对偶规划的形式来形式化“要素平等交换”这一数字经济不同于工业经济的核心特征。一方面，体现生态合作的效率性质，在工业经济的单向规划中，总存在着各种形式的软预算约束。例如，国有化中的“父爱主义”，或私有化中对工资所得收入相关预算约束的软化（利润变硬，工资变软），约束条件与目标函数不对等，是标准经济学微观与宏观不一致的数学根源。双层规划出于共生互利共同体这一前提假设，需要相互最大化对方的目标函数，使资源配置在双赢条件下达到最优。① 另一方面，体现生态合约的平等性质，在根据权利人真实意思订立的合约中，不存在要素一方剥夺另一方剩余的情况，这是与“企业”这种合约不同之处。

在《数字经济学：微观经济卷》中，我们采用的二元函数（数量—品种二元分析）系统分析架构，与这里采用的双层规划架构是一致的。双层规划架构可视为二元函数体系的顶层架构。二元函数体系中的每一个具体规划，都应是双层规划，只不过在微观经济卷中我们没有展开分析。二元函数体系（包括需求函数 - 供给函数，以及构成），可视为双层规划方法沿供、求两个方向的展开，双层规划在供求体系中的展开，应包含需求函数的数学规划（包括其目标函数与约束条件）与供给函数的数学规划（包括其目标函数与约束条件），二者合在一起，确定供求曲线后，再形成前一章所讨论的总的供求均衡分析。

在制度经济卷中进行微观经济卷中没有进行的双层规划框架分析，一个主要考虑是把双层规划当作一种相对于供求框架（资源配置框架）的制度框架（社会分配框架）来运用。

从思想性上说，制度框架本质上是一种权力框架，其实质特征是体现社会关系中不同利益主体之间作用力与反作用力之间的关系（如博弈）。当社会分配均衡达成时，所在的均衡点未必是资源配置的均衡点。为简化分析，我们设定二者的均衡数量相等，只比较均衡价格的不同。决定社会分配的这种力量，不同于供求中的力量，是以社会科学研究的意志作为内容的主体的力量（在经济学中一般把法学中的意志称为特指的利益，即与力量相联系的利

① 在《数字经济学：微观经济卷》中，我们明确指出，这将带来最优点的变化，从现有的二维帕累托最优演进为三维的广义帕累托最优（最优点相当于传统理论的垄断竞争短期均衡点）。

益），而不仅是以自然科学方式就可以量度的对象（如稀缺）作为内容的客体的力量。

西方中心论语境下的制度分析，本质上是单向规划式的，只以资本的目标为目标函数的目的，劳动只被视为一种成本约束（而且放大到宏观来看，往往是一种对资本的软约束），这表明劳动本身是无目的的，只以资本的目的为目的。这构成了劳动异化理论的形式基础。它只适合大机器生产的分析语境。

双层规划将经济学的制度框架改造成了双向权力框架，以适应由以机器为中心向以人为中心（或人与机器包括自然的和谐共生）的转变。与边际生产力分配论的规划框架（如果有的话）相比，就可以发现它的不同：在双层规划框架中，要素一（如资本）与要素二（如劳动）是可以相互匿名置换的，而在遵循“占有规律”条件（雇佣制）的单向规划框架下，资本与劳动是不能相互置换的。比如，不可以把工人目标（从资本家看是“成本”）最大化设置为目标函数，甚至在这里找不到工会存在的仅只是理论上的数学空间，更遑论分享剩余的创客的存在。在抽象的数学背后，实际上存在一种简单的思想：资本家的数学模型，不愿意为工人的发展（劳动者创造力、潜力的释放）留下一点数学空间。当经济发展由物力资本为主转向人力资本为主（且人力资本越来越存在于一线个人知识中）时，这种片面的分析框架就越来越不适合。

在东方化的语境下，双层规划还代表了关系最抽象的形式，即每一对关系所具有的数学规划结构。这种结构在定性的意义上是生成的结构，具有涌现、演进的特性。要把这种抽象的关系还原为它的实际分析对象（由个体与关系构成的网络），分析清楚个人之间存在的社会关系中的远近关系及结构，需要借助基于图论的网络经济分析①，这不是本书的主要研究内容。

在东方化的语境中，合约由传统经济学中的交易，开始加入关系交互的内涵，并进而成为一种代表“生成”（becoming）的价值之流（活动、行为）的分析，从中将产生与网络外部性相关的共生（由合作带来的报酬递增）主题。西方基于原子论的合约与东方基于关系论的合约开始显示出差异。一个

① 姜奇平．网络经济：内生结构的复杂经济学分析［M］．北京：中国财富出版社，2017.

差异是，关系论的合约具有合作博弈内涵，而原子论的合约往往通向纳什均衡（特别是零和博弈）；另一个差异是，原子论的合约往往通向（因委托、代理二分而成为必然的）不完全合同，而关系论的合约可以基于利益对称，建立信息对称、透明的完全合同，如链群合约。在理论经济学层面，我们仅以均衡价格这一个指标来显示两种范式体系的不同，并显示出相互换算的价格尺度。

这一综合了资源配置均衡与社会分配均衡的架构，在制度经济理论上显示出工业经济盛行的按不平等的“占有规律”组织的雇佣制（企业制度），日渐被按平等的占有原则组织起来的合作制（生态制度）所取代的历史变化。在数字经济的早期及相当长一段时期内，许多从事数字经济的企业游离于生态之外从事经济活动（标志性的特征就是封闭经营，即只在所有权范围内分享资源使用权），但在“平台 - 应用”这种生态复合体的挤压下，其命运将越来越被制度变迁的大势牵着向我们指出的方向演进。

均衡论从原理上分析、讨论均衡的性质，双层规划则讨论均衡的具体实现机制和实证模型。在笼统的均衡分析中，租值盈余是一个分配黑箱，现在在双层规划中，我们将打开这个黑箱。这个黑箱一旦打开，就意味着不但能得到一个总的剩余分配比例，而且可以将这种分配结构分解到经济学每一细部（如效用、预算、成本、利润）的得失量化中。如果说前面讨论的是均衡论的定价原理，现在要讨论的则是均衡论下供给论与需求论的方法模型，要求发展出一种内生复杂性（异质性或质性）社会关系的新垄断竞争经济学。对此，体现质的关系的双层规划成为最顺手的数学工具。

双层规划长期以来被用于局部分析与应用分析，我们第一次把它作为理论经济学方法来看待，用它把古典均衡与新古典均衡综合在一起。

数学规划原本是服务于资源配置理论的，但加入可代表利益相对方的“双层”这一互动因素后，可以在数学方法上内生利益博弈。将数学规划运用于资源配置的研究已很成熟，下面我们主要从利益博弈角度来探索这种新的方法。

如此看重双层规划，理论意图在于，将资源配置学说与利益关系学说有机统一起来。价值和使用的关系，在双层规划中统一为社会分配与资源配置的关系。前者代表了经济权利（背后是人的自由意志）对经济的决定作用，这是劳动价值论、制度经济学等想表达的独特思想。但双层规划又显示出，支配权不是绝对的，它必须与资源的使用配置相互协调。双层规划的长处是可以在这两个方面的对立统一中把握经济现象。

制度经济理论在“新垄断竞争”均衡框架上利用双层规划。“新垄断竞争”是一个特指概念①，是垄断竞争的一种新的实现方式，具体指新垄断竞争市场结构，这种结构具有平台和增值应用上下两层，垄断竞争的差异化效果主要通过多元化的增值应用服务实现，平台在其中承担分享、分摊固定成本的作用。我们利用双层规划在数学上描述这种双层结构。其中，上层规划代表平台规划（平台拥有者规划），下层规划代表 App 规划（平台使用者规划）。为了简化，设平台代表同质性组，App 代表异质性组。新垄断竞争的均衡点与垄断竞争相同，但因为新设了平台使用者租金补偿平台（FC），所以均衡从不稳定的二维均衡变为稳定的广义均衡。这是与工业时代经济学的主要区别，它的依据主要来自实践，它的解释力也主要体现在新经济上。

10.1　关系论背景下的合约均衡

▲ 命题 26 推论 1：合约均衡是以使用权为中心的均衡，是主体均衡。

这个推论是针对马克思的“占有规律”说的。“占有规律”说的是资本与劳动的交换在商品层面等价，但在要素层面不等价。该推论说明的是，“占有规律”在配置上均衡，但在力量上不均衡，存在上下之间权力的不对等，表现为它不是我们这里说的“合约”。这里的“合约”，讲的是双方基于力量博弈的合意，要点在于从规则上保证使用权的用益权。这个用益权可大可小，但工业化、西方化的制度刚性表现为，在交易之前就取消了使用权的用益权，单方面保障所有者的剩余索取权。数字时代扁平化的平等的合约，实质是保证任何要素都可以使它的主体得到剩余索取权，在形式上表现为要素 A 与要素 B 可以在这一规则下随便置换位置而不改变剩余分配关系，而不是像现在

① 姜奇平．论互联网领域反垄断的特殊性：从“新垄断竞争”市场结构与二元产权结构看相关市场二重性［J］．中国工商管理研究，2013（4）．

这样，生产资料的使用权交换出去，（生产资料使用价值的）剩余归所有者，劳动力的使用权交换出去，劳动（劳动力的使用价值）的剩余却不归所有者。

上面谈论的均衡，是以使用为中心的均衡，是客体均衡；下面谈论的均衡，是以使用权为中心的均衡，是主体均衡。如果说客体均衡是通过价格表现的，是量的均衡，那么主体均衡则是通过制度（契约、规则）表现的，是质的均衡、力的均衡。

第一，合约均衡是力量平衡时达成的契约。说它是质的均衡，指力量代表着社会关系的异质性。它不像资源配置中同质性的物质的力量那样，只是客观现实，而是具有由选择决定的可能与潜力。

第二，合约均衡所指的合约，是产权合约的推广。工业经济中的产权合约，主要是以拥有权为核心建立的代表交换价值的契约。合约则特指可以令拥有权与使用权平等获得剩余的契约，所以不同于物权基础上的产权，同时包含了价值与使用价值的权利。

以合约为制度均衡的基础，以合约作为社会关系与社会分配规则之规则（契约的规则，元规则，亦即制度），意味着“废除全部现存的占有方式”（这个“现存”指工业生产方式条件下的现实），而建立与信息生产方式相适应的全新的占有方式。本章的重点就是研究这种新的占有规律。

工业化“现存”占有方式的特点，是以法律占有（法权）为主导的占有，其占有规律有一个明显的特点，是只承认法律占有前提下的自然占有（把使用权与收益权只归在拥有权名下），这意味着资本与劳动的双重规则。对生产资料占有来说，不能法律占有就不能自然占有（具体指不能凭自然占有获得剩余）。例如，资本家拥有生产资料，工人即使使用这些生产资料（亲自操作机器），也不可以获得剩余。相反，对于劳动力，法律占有却不能自然占有。例如，工人拥有劳动力，但资本家在使用劳动力时可以无偿占有劳动创造的剩余。这就构成了表面上等价交换而事实上权利的不平等。

如果在信息生产方式下继续肯定这种占有方式，就会将工业生产方式下特定的占有规律永恒化，将其当作普适规律不适当地推广到与之不同的生产方式与占有方式中。与工业化不同的生产方式与占有方式的特点，在于取消了资本与劳动法律占有与自然占有的双重规则。例如，在共享经济中，约定对财产（包括生产资料）不具有拥有权的主体，也可以凭借使用权获得剩余。再如，在合伙制中，将股份与股权分离，没有股份的主体可以凭借股权分享剩余。此时，合约表现为针对资产使用价值（资产经营的股权权利）的权责利契约，而不仅仅像现代产权制度那样，把重心放在资产价值（股份权利）的明晰上。

合约就是对不同权利（拥有权与使用权）占有剩余比例的约定。具体的合约一旦成为被普遍接受的制度（元规则），达成的就是合约均衡。显然，基于信息生产方式建立的合约，与现代产权制度的根本区别，是它把共享生产资料（平等占有——平等地自然占有——生产资料，而不必以法律占有为先决条件）当作新的占有方式（使用而非拥有）。这意味着，即使不能法律占有，也可以自然占有。也就是说，资本与劳动可以在新的占有方式条件下达成利益平衡，资本不能再像雇佣制那样无偿占有劳动（作为劳动力的使用价值，在其使用中创造的）剩余，而必须通过一种制度化的方式谈判，与劳动平等地分成。

合约均衡研究的是在拥有权复归更高的使用权的大背景下，在基于使用的均衡基础上，围绕使用权分成制度安排达成的均衡。这种均衡的特征是以要素平等交换（其平等性因强调劳动与资本依共同使用分成而生）为制度规则，与之相对的是基于要素不平等交换而形成的均衡。这种均衡将因为消除了有效需求不足的制度根源而不再需要将宏观均衡与微观均衡对立起来。

权利的均衡不等于平等，因为要素之间力量的平衡可能并不是建立在权利平等上，而是存在由力量因素造成的刚性。数字经济学还要进一步研究基于权利平等的力量平衡与数字化的关系，为此要研究构成平等合约的决定因素。

从整体逻辑上看，这里讨论的问题，是将均衡的权利基础，从重农学派的使用权这个正题，经工业学派的拥有权这个反题，复归到数字经济的更高使用权（参与权）这个合题。因此，本章的主题将是对机会的参与和包容。

10.1.1　作为博弈的双层规划

双层规划，可以视为内生了经济决策结构的“价格－信息”双重信号的博弈论。

博弈论中的个人是以自然人为原型的理论抽象，相对于经济人，这种人是“实心”人。这种“实心”人身上所带的信息，往往是非价格类型的信息（例如，在理性之外的关于质的信息，如意志对抗、利益冲突或合作的信息）。

这种博弈，补充了价格信号之外与一对一匹配相关的信息信号。

对经济学来说，它讨论的主体是进行经济计算的人（无论是经济人还是内嵌了社会经济属性的经济主体）。在配置论中，主体的行为结构是通过数学规划（主要是围绕供求展开的关于数量与价格的函数关系）展开的。

双层规划将博弈纳入以数学规划为基本框架的均衡体系。它将博弈双方中的每一方都当作一个独立——由目标函数、约束条件和供（求）曲线构成决策结构——的数学规划系统，将博弈表达为利益相对方数学规划间的利益博弈。这就将分析对象从“实心”的意志状态（只有肯定—否定两极）“展开”为理性（平滑转换）状态。内生数学规划这种经济决策结构，有助于更好地结合博弈论与新古典理论。

当然，在这种分析方法中，博弈自身的古典经济学方法色彩仍然得以保留，使经济分析能够内生处理权力的、政治的、社会的各种“垄断”（刚性）变量。

从这个意义上说，博弈既是古典的又是新古典的，它表达的不仅是资源配置，更是社会分配，这使博弈均衡开始综合古典均衡与新古典均衡的优点。

数字经济学适合采用这种将博弈展开为双重数学规划的方法，一方面是为了给古典－新古典综合赋予较为适合的数学形式，另一方面是为了突出数字经济特有的“价格－信息”联合作用的均衡。

10.1.2 广义均衡、合作博弈与数字经济

双层博弈，在解释分配均衡与范围经济均衡双重意义上优化了新古典方法。

1. 内生了分配均衡

博弈论是关于利益冲突及分配的方法。引入博弈论，势必意味着将冲突（竞争）与合作内生进均衡分析。在内生了双层博弈的均衡分析中，新古典的零和博弈代表冲突（竞争），新增长理论的报酬递增代表了合作。

数字经济以生态合作为区别于工业经济的特色，需要将合作博弈纳入体系，与传统的非合作博弈共同解释均衡的变化，由此可以重新认识垄断竞争，进而解释平台生态合作共赢的市场机理，从合作角度加深对竞争政策的理解。

2. 双层规划在均衡的实质内容方面，以博弈的方式内生了范围经济

广义均衡将完全竞争与垄断竞争当作经济体系内部的一对矛盾——非差异化与差异化的矛盾，以此将历史主义的观点（具有辨析生产方式的功能）内生进经济分析。

在将垄断竞争均衡当作广义均衡一个重要方面的过程中，形成了合作博弈论与新增长理论的综合。无论是规模经济还是范围经济，在此都被理解为以“1 +1 >2”为标志的合作行为。

合作博弈论可以通过成本的均摊以及可以通过夏普利值分解的收益分配，有效解释报酬递增。数字经济本质上属于范围经济，因此，它与合作博弈论的研究更加贴近。可以将合作博弈中与不可分成本相关的均摊，以及范围经济中固定成本均摊导致的平均成本递减，视为同类逻辑。

10.1.3　数学规划与东方化

双层规划对关系实在论意义的关系进行了模型化处理，其中的东方化含义是不言而喻的。这里的关系与原子论所说的关系是不同的。

这里的关系是平等的、互动的，表现为关系的双方可以相互置换在模型中的位置。而西方化的关系，如劳资关系，双方的位置是不可置换的。如果把资本置换为工人，就会变成工人无偿使用生产资料而获得全部剩余，这显然与事实不符。

双层规则中的东方化，还表现在把关系理解为过程（becoming）而非状态（being）上。本书所使用的双层规则，可视为博弈论的元凝练，概括的是博弈论中“你知道我知道你知道……”这一动态反馈过程。

均衡模型的东方化，最终有赖于数学本身的改进。这种改进不是工具层面的改进，而是数学范式的改进。改进的方向，是由基于原子论的毕达哥拉斯数学范式向可以同时表达关系与时间的象数范式调整。目前最接近的是图论，由点（“原子”）与边（“关系”）结合而成的邻接矩阵，得出图值，以图值为数，替代毕达哥拉斯的数，进行复杂性系统的计量。①

① 姜奇平. 网络经济：内生结构的复杂性经济学分析［M］. 北京：中国财富出版社，2017.

10.2 通过双层规划内生社会关系

古典经济学很少讨论均衡，不等于它没有自己的均衡思想，它往往把均衡当作资源配置，进而限制其使用。事实上，古典经济学的均衡指权利平衡（力量平衡）。因此，如果将这也算作均衡的话，应该将其归入社会分配均衡来看待。切“蛋糕”以使各方利益达到平衡，是古典经济学语义中的均衡。

用内生利益双方互动关系的“双层”结构法把李嘉图思想数学化，弥补斯密思想的不足，是引入双层规划的一个主要研究路径。

与此前理论不同，将数学规划（诸如最优化理论）扩展为双层规划，意在把李嘉图思想作为一个整体，以元模型的形式，在顶层上将李嘉图思想模型化，从而把李嘉图传统从基础理论的根部数学化，进而弥补新古典主义经济学无法在顶层设计中内生利益相互作用的缺陷。

李嘉图传统不同于新古典传统的根本之处，是强调主体（利益博弈）而非客体（资源配置）对经济学顶层议题设置的优先性。此前各种“李嘉图模型”只是李嘉图某一方面（如比较优势、贸易理论）或某一具体层面（如新剑桥学派眼中的要素分配）论述的模型化，很少把李嘉图思想作为一个整体数学模型化。与此形成对照的是，马歇尔和瓦尔拉斯相对于斯密所做的元模型化工作，早已从局部现象上升为全局本质。

双层规划是一个绝妙的数学工具，与偏应用的博弈论不同，它可以在元逻辑层面把利益相互作用表现为既相互冲突又相互依赖的两造之间的数学规划关系，因此，可以作为李嘉图传统的元模型或者说元李嘉图模型。它把利益矛盾作为一种元经济因素或者说理论经济学元素，纳入经济学框架的最底层。博弈论的元逻辑却只是原子论，以性恶论为基础，把利益冲突当作不证自明的前提，而把合作视为第二位的、派生的东西（如共同知识）。就处理利益博弈关系而言，双层规划作为一种特殊的博弈论，也可视为一种元博弈论。它把实证的、细节上的反复博弈过程，以及外生共同知识的过程，高度概括在数学规划的形式之中。

相对于产权理论，双层规划在产权“如何实现”层面研究制度经济。具体来说，是在契约框架上研究产权中的权责利对应关系，实质是研究同质－

异质等均衡线（长尾曲线）上的利益博弈。其中的租值，对应的就是所要分享的使用的异质价值。

制度经济理论是新垄断竞争政治经济学，它不像新古典政治经济学那样只从负面认识 DUP（直接非生产性寻利活动），而认为租值包含正、负两个方面，即交易费用和异质溢价两个方面，寻求在异质性—同质性两部门经济中确定帕累托最优。

双层规划是契约经济学的数学形式。契约是对利益冲突（作为自由意志冲突的权利冲突）的解决。契约是具有自由意志的交易当事人自主选择的结果。① 与一般关于“粒”的传统的原子论契约不同，双层规划是一种关于“波”的利益学说。契约联系着竞争与合作，契约之外是战争，契约之内是和平。

分成制的利益关系可理解为一种双层规划，支配权一方（如平台）居于上层，使用权一方（如 App）居于下层，上下分成（如苹果商城中的三七分成）。张五常曾打破固定租金假设，设想权利要素完全流动条件下，所有权一方（租地地主）与使用权一方（租地农民）围绕双赢就资源配置（自用与租用比例）与社会分配（分成比例）进行谈判。②

10.2.1 双层规划的分配思路：平等占有分成

10.2.1.1 双层规划理论综述

▲ 命题 26 推论 2：合约中主体均衡量化表现为，在双层规划中，交换的要素双方互为目标函数与约束条件，上层与下层位置可以互换而不影响结果。

双层规划是一种两层的递阶结构，由上层问题及下层问题构成，同时包括目标函数、决策变量、约束条件。上层问题及下层问题是相互影响的，如下层问题的某个变量不能仅仅满足下层的约束条件，还要满足上层的最优解；与此同时，下层决策的某些变量影响着上层的最优解。这种决策过程往往让

---

① 科斯，哈特，斯蒂格利茨，等．契约经济学［M］．北京：经济科学出版社，1999.

② 张五常．佃农理论［M］．北京：商务印书馆，2000.

上层决策者在制定策略、追求自身利益最大化时，要考虑低层决策者会做出什么样的反馈，总体策略制定中上层决策主体和下层决策主体会相互影响，他们各自追求自身的最大收获。①

上层公式：

$$\text{Min } F(x,y)$$
$$\text{s.t. } G(x,y) \leqslant 0$$

下层公式：

$$\min f(x,y)$$
$$\text{s.t. } g(x,y) \leqslant 0$$

模型需要满足如下条件：

$$x \in R^{n1}, y \in R^{n2}$$
$$F(x,y): R^{n1} \times R^{n2} \rightarrow R$$
$$G(x,y): R^{n1} \times R^{n2} \rightarrow R^{m1}$$
$$f(x,y): R^{n1} \times R^{n2} \rightarrow R$$
$$g(x,y): R^{n1} \times R^{n2} \rightarrow R^{m2}$$

首先，决策的过程递阶进行，主体分别位于上下两个层次，上层目标享有更大的实现权，双方都有一定的权利，双方的行为都最终体现在最终目标上。

其次，决策主体独立，分别位于上下两个层次，各自决定着一个或多个变量，各自的出发点都是追求自身最大收获。

再次，决策双方相互依存，即上下两层的主体相互依存，缺少了任何一方，规划问题都将不存在，也就没有了实际意义。

最后，决策主体相互限制，即上下两层的决策者相互限制，但这种相互限制又是有限的，即任意一方都无法 100% 控制另一方，上下两层决策者都具有制约性的权力。②

从直观上可以看出，要素位置可以置换，代表平等的含义。第一，x 与 y，无论谁代表资本与谁代表劳动，都不影响结果。任何要素交换都是成本

① 郝建韬．基于双层规划的移动应用商店利润分成研究［D］．北京：北京邮电大学，2012.

② 同①.

（“本金”）与剩余（“利息”）的整体交换。这在占有规律中是不可以的，因为占有规律隐含了要素 x（资本）是成本（“本金”）+剩余（“利息”），要素 y 只能是成本（“本金”）的内容，所以在占有规律中要素 x 与 y 不可以置换位置。第二，目标函数中，y 与 x 具有同样的最大化权利，而在占有规律中，资本价值可以最大化（股东第一），劳动价值不能最大化（如否定创客价值，包括否定利益相关者价值）。第三，约束条件中，y 与 x 具有同样的硬约束力，不能只以 y 的成本为约束来保证 x 的利润最大化，而在占有规律中，劳动价值最大化（在成本之上获得利润）不能成为资本目标实现的约束条件。

10.2.1.2 制度经济的产权设定

张五常对产权的设定，是将所有权与使用权（或决定使用权）、自由转让权、收入权（“不受干预的收入享受权”）三权并列起来。他认为，只要以上三权界定为私有，所有权保留为国有没有问题。① 这里的所有权指拥有，如国有、私有。

使用权“私有”不应理解为私人拥有，而是私人占有（使用意义上的占有）。既然说“所有权保留为国有没有问题”，那这里的“私”就没有实质意义，只表示排他，包括排他拥有与排他使用；说国有也不意味着非排他，因为权利主体是可以替换的。张五常这里所说的“私有”，实际是说不但支配权属于拥有者，而且使用权之下的收益权也应在扣除劳动力成本后完全归拥有者。例如，劳动力的使用是劳动，劳动创造出高于劳动力报偿的工资，超过工资部分，如果不加上使用权“私有”的限定，其收入权本应归劳动者，至少也要由劳动者（包括劳动力的出让者）参与分成，但这里全部“不受干预”地归给了拥有者。

事实上，地主与佃农，都同时既是拥有者又是使用者，他们相互分享对方要素的使用权。非排他使用作为“私有”，不是合约经济学必然的设定，而是张五常的特殊设定。实体物品排他使用，符合实体经济的一般情况。但在制度经济中，闲置资源的利用、使用权的交换都与技术上的非排他性相容。例如，房屋在分享使用中，仍是排他地使用（不能同时租给两个不同的租户）。我们需要重释使用的含义，将其延展到非“私有”即非排他使用的对

① 张五常．佃农理论［M］．北京：商务印书馆，2000.

象，如云服务 SaaS 中的软件上。

在重释中，我们将产权简化为支配权与使用权。作为支配权与使用权两种权利之下的分属，收益权对应利益，与责任（成本）相对，既有支配权的收益权，也有使用权的收益权，放在契约层面通过合约处理。至于占有和控制，作为与利、责对应的权，也分属于支配权与使用权。对应支配权的占有是法律占有，对应使用权的占有是自然占有。对应支配权的控制是代理控制，对应使用权的控制是直接控制。

至于转让权，归入与市场结构（刚性）对应的垄断权利，在行为层面处理，也分别作为支配权与使用权的下属权利，即存在支配权的转让权与使用权的转让权。在买卖交易中，“一手交钱（交换价值），一手交货（使用价值）”，交换完成后，卖方牺牲使用价值获得交换价值，买方牺牲交换价值获得使用价值。在租赁关系中，只转让使用权，支配权并不转让，拥有方转出的是现期使用价值，获得的是对应现期使用的收益权（现期收益权）对应的交换价值（租金）。对生产资料租赁来说，使用权的流转是一个突出问题。以土地流转为例，在不同的设计中，既有允许土地使用权流转的例子，也有不允许土地使用权流转的例子，反映的是使用权转让的不同。当然，使用权的转让，转让的只是使用而非拥有（虽然在永佃制中可流转的使用权与名义上的土地保有权的界限已十分模糊），这是产权相对论得以成立的实证基础。

在新的设计中，拥有者具有由拥有权利派生和对应的收益权、转让权，使用者具有由使用权派生和对应的收益权、转让权。这种权利有多大，不是绝对的，而是相对的。其相对性表现为，收入权上双方是分成关系，分成的比例由合约决定，既要由要素的相对稀缺性决定，又要由双方的力量决定。制度只是对特定的力量均衡形式的确认，永佃制就是一个例子。至于互联网制度经济将来会不会出现永佃制，有待观察。随着国有风险投资介入互联网平台投资，这个问题可能变得现实起来。

把“私有”当作一种特殊设定，只适用于拥有者有某种制度保护（也属于“干预”）和实力的情况。私有产权的特殊含义，是不但具有支配权的收入权，而且具有使用者除工资以外全部收入的收入权，这是特定生产力条件下的越权状态，也是合约的特殊情况。把它界定为越权，目的是显示制度经济恢复收入权正常状态（平权立约）留下的理论空间。

10.2.1.3　非排他性使用与异质租值

借鉴新制度经济学后，制度经济理论加入的新东西，一是非排他性使用，二是异质租值。

1. 非排他性使用

这是制度经济理论与新制度经济学（在此主要是张五常的理论）最大的不同。制度经济理论不是只有非排他性使用一种设定，它也接受排他性使用。张五常的理论只考虑了排他性使用一种情况。一般来说，排他性使用的设定更适合实体资源，非排他性使用的设定更适合虚拟资源。

如果以非排他性使用为重点，考虑拥有与使用的关系，那专有（不专有）专用（不专用）的逻辑与专有不专用的逻辑是完全不同的。

（1）拥有关系与使用关系逻辑不同

传统理论认为，一般地，根据是否具有消费上的排他性和竞争性，可以将资产（或物品）分为私人物品和公共物品。私人物品在消费或使用上具有竞争性和排他性，公共物品则不具有竞争性和排他性。公共物品的非竞争性和非排他性其实源于排斥某些人使用或消费在技术上的不可能性，或者说排他成本高昂。①

这里把专有且专用的物品称为私人物品，把非专有且非专用的物品称为公共物品。但制度经济中的物品，可能哪个也不算，而应列为专有但非专用的物品（近于公益物品）。一方面，是否“具有竞争性和排他性”，这是使用的特性，而非拥有的特性，因此，仅凭它不足以划定归属。例如，苹果公司的平台与开发工具，“不具有竞争性和排他性”，却不是公共物品，而归苹果公司拥有。这就直接证伪了上述说法。另一方面，说“私人物品在消费或使用上具有竞争性和排他性”，与苹果商店模式也对不上号。苹果的商店平台与开发工具从归属层面看是私人物品，但从使用层面看“不具有竞争性和排他性”，因为可以非竞争、非排他地分发给所有 App 开发者。

（2）新垄断竞争市场结构逻辑不同

“基础平台－增值应用”双层经营的新垄断竞争市场结构，不同于单层的扁平市场结构。单层的扁平市场结构有 3 种：一是垄断的市场结构，二是

① 崔晓林，张辉．租值消散理论的经济学逻辑［J］．山东经济，2009，25（6）．

（同质）完全竞争的市场结构，三是垄断竞争的市场结构。

传统理论认为，市场的有效运行是以私人物品为基础的，公共物品的属性会使市场机制失去功能，从而造成所谓的“市场失灵”。市场机制的运行要求收益能够补偿成本，或者能够明确地将成本归结到具体的使用者身上。① 这只是扁平市场结构的运行机制，其运行逻辑不适用于“基础平台－增值应用”双层经营（同时也是“拥有－使用”双层经营）的市场结构。

制度经济的市场结构是新垄断竞争的“基础平台－增值应用”双层经营结构，平台以近于公共物品的“不具有竞争性和排他性”的方式，将作为私人物品的基础业务资源分享给使用者，使用者使用这些“公共物品”，通过提供 App 形式的私人物品，在市场有效的情况下获得收益，并以分成形式向拥有者提供补偿“公共物品”投入的租金（如果没有收益，那分享的“公共物品”才是真正的公共物品）。

这种按使用效果付费的奇特模式，既不是公共物品的模式（因为公共物品的使用者不会免费使用，需要以纳税形式付费，而分享使用者失败后，连相当于税的租金都不用付），也不是私人物品的租赁模式（更不是买卖模式，因为是“使用而非拥有”），因为私人物品的租赁模式是按使用收费（“明确地将成本归结到具体的使用者身上”）而非按使用效果收费（效果无法预知，成本归谁事先在契约中并不明确，因此，收费对象是不具体的）。不过它并没有使市场失灵，换句话说，由于存在按使用效果收费的补偿成本的机制，“搭便车”有可能不会出现。在制度经济中，平台有可能失败，却不是由于“搭便车”本身，而可能是因为平台本身不符合市场要求，或“搭便车”的规模还不够大，不足以从中成长出足够的具有良好市场效果的使用者，从而补偿平台投入。

（3）既要关注过度使用，也要关注滥用支配

张五常的租值消散理论从绝对的所有权角度出发，只关注了过度使用的一面，如果从平等合约角度出发，还应关注过度拥有（滥用支配）现象。

按照张五常的租值消散理论，如果某资源的产权不能明晰绝对的支配权，那竞争性使用会导致资源过度消耗。正如德姆塞茨所说，使用者将会在土地上过度狩猎和过度劳作，动物的存量及土地的丰裕程度会迅速降低。道理在于，共同拥有会让使用不付成本。因此，使用者可能不加节制地使用，以致

① 崔晓林，张辉．租值消散理论的经济学逻辑［J］．山东经济，2009，25（6）．

过度使用。

但是，相反的情况也是存在的。如果所有权过于绝对，如收益权完全由支配权决定而完全不由使用权决定，也可能导致支配权滥用。

支配权滥用不同于反垄断所指的滥用支配地位，但道理有点相通。对于经营集中者来说，滥用市场支配地位，将造成市场效率下降等后果。同样，支配权本身作为一种古罗马法意义上的滥用权，本身就包含不开发而闲置资源的权利。

如果一切权利（特别是收益权）都归拥有方，拥有方就具有了随意支配资源的权利，包括充分使用与不充分使用资源（闲置资源）的权利。拥有者拥有绝对的支配权，能够保证使用权的充分行使吗？显然是不能的。凭常识我们知道，如果我们将拥有者置于竞争中，拥有者若不能充分利用资源，他将失去拥有权，那么可以期待他一定会使资源得到充分利用，不会让资源闲置，但是拥有者不存在竞争，即无论他是否充分利用资源，都不影响他拥有的支配权，这样他就没有压力去实现资源最优利用，他就可以随心所欲地对待自己拥有的资源，包括滥用资源或让资源闲置。另外，即使拥有者有利益最大化动机，但监督成本的存在，也可能限制拥有者充分利用资源的能力。

此外，资源过度使用有一个前提，那就是资源稀缺或资源使用具有竞争性和排他性。如果分享不会让资源减少，那就无所谓过度使用了。例如，知识不同于公海渔业资源，使用知识的人越多，知识的价值可能越高（而不像公海渔业资源那样被滥用和破坏）。知识的分享使用还可以通过分成制补偿知识投入，这样“搭便车”的问题也可以得到解决。

2. 异质租值

《佃农理论》设定佃农有经营才能，但其作用没有在社会分配中体现出来。事实上，劳动者个人知识无论是在农业社会还是信息社会，都具有租值集聚的作用，这主要是通过异质租值起作用。异质租值来源于差异租的概念，它主要指使用者通过个性化、定制化方面的创新实现的（垄断形成的）高于边际成本的附加值。

张五常举过一个例子：甲、乙两个人要把碎石从山上搬到山下，分开来搬，每人一次可搬 50 磅①，两人加起来是 100 磅，若两人合作，挑碎石下山，

① 1 磅约等于 0. 4536 千克。

一次可挑120磅。然而，合作中，甲方会将重量推给乙方（是卸责），乙方也会把重量推给甲方（也是卸责）。由此，二人合作的一次重量，必定少于120磅，但不会少于100磅，因为少于100磅，他们分开来搬的收入会更多。假若两人合作，一次所搬的重量是110磅，那多人参与搬石的竞争中，这重量是从何而定的呢?① 张五常的本意是追究到交易费用上，我们也可以从相反角度推出异质租值的存在。

设想甲方是生产资料的拥有方，乙方是生产资料的使用方（劳动者），双方合作，可以在100单位收益基础上增加20单位的收益，扣除10单位的交易费用后净增加10单位的收益。从广义均衡观点看，这10单位的溢价，可以是异质性收入$AC-MC$。它大部分来自使用方创造力的释放。此前，如果劳动者不能直接以劳动者身份（相当于佃农身份）access生产资料，而是以劳动力身份（相当于雇农身份）使用生产资料，不可能带来内生于制度的创造性的释放。

我们把异质性收入视为异质租值，将其由张五常认为的应全归拥有者这样一种特殊状态复原为可由双方根据利益博弈分成的对象。张五常主张的拥有者全得，是分成中拥有者全得这样一种特例。既然可以有这样的特例，从形式上说，就应允许使用者全得这一相反特例的存在。分成全视利益相对方的力量对比。

除了差异租，异质租值还包括由利益相互作用形成的租。按政治经济学理论，这种价值争夺，可以（但不一定）不影响价格（包括生产价格）的客观存在。也就是说，如果饼的大小处于均衡状态，可以存在这样一种情况：饼的分配比例并不改变饼的大小。当然，前提是饼的分配比例（喻生产关系，包括广义均衡调整）正好处于把饼做大的最大限度（生产可能性最大边界）上。同时，存在生产关系反作用于生产力的情况，即由于饼的分配比例不同，饼的大小改变。

新制度经济学虽然具有制度经济学进而古典经济学的渊源，包括张五常，也一再强调"社会关系"的重要性，但具体到均衡问题上，多是把它当作资源配置问题。《佃农理论》从头到尾都在说资源配置，但实际上，无论是产权问题、政府管制问题还是交易费用问题，无不与利益相互作用（所谓"社会关系"）有关。要真想把"社会关系"说清楚，还需要从政治经济学角度重

---

① 张五常．佃农理论［M］．北京：商务印书馆，2000.

新梳理问题。不过，这种梳理需要重新定位，要从均衡的观点认识问题。在政治经济学中，转形理论正好就是它的均衡论。转形理论成立的前提，是不言而喻的均衡（生产关系正好适应于生产力发展）。重新定位，是说要把均衡从不言而喻的状态（外生于利益相互作用的状态）转变为内生状态（将均衡内生于利益相互作用）。为此，我们下面转入对政治经济学均衡论的分析。

10.2.2 双层规划的方法论

10.2.2.1 将分“蛋糕”与做“蛋糕”置于同一框架

垄断竞争政治经济学的均衡论，要求把分“蛋糕”的问题与做“蛋糕”的问题置于同一个基础框架。

政治经济学本质上是与分“蛋糕”有关的科学，新古典经济学本质上是与做“蛋糕”有关的科学。最初导致李嘉图学派解体的原因，就是价值与生产价格统一问题的难以解决，这一难题后来演化为马克思政治经济学的转形问题。可以说，如何把分“蛋糕”与做“蛋糕”统一在同一个理论框架下，是政治经济学与生俱来就面临的难题。

解决这个难题的关键是对框架进行调整，为政治经济学提供一个微观经济学基础（新制度经济学面临同样的问题）。同时，这一基础又能内生分配问题，能够无沟通障碍地表达政治经济学、制度经济学想表达的内容。

新古典经济学的要素分配论本质上还是资源配置论，因为它假定的是利益没有矛盾，这使社会分配外生于资源配置体系；政治经济学中的生产价格论，本质上是社会分配论，因为它假定的是供求没有矛盾，这使资源配置外生于社会分配体系。

能够实现新综合的微观经济学基础，主要指资源配置中的供求均衡理论。它可以把政治经济学中的价格（包括转形中的生产价格）实质性地与资源配置经济学所说的价格全面地兼容起来。例如，谈价格最起码要具有均衡的概念。如果不提炼出均衡价格概念，只停留在生产价格概念上，就难以从做“蛋糕”的全局上把握分“蛋糕”，进而无从感知分“蛋糕”对“蛋糕”做大做小的影响。再如，谈公平不能脱离效率，否则就会得出片面的结论。对制度经济来说，脱离效率谈公平，甚至会导致无法发现实现公平对提高效率的促进作用。

事实上，分“蛋糕”（社会分配）与做“蛋糕”（资源配置）不是对立的，转形中价值与生产价格的关系，实际是价值体系与价格体系的转换关系，如果以均衡价格理论为参照系，它们实际是垄断竞争价格体系与完全竞争价格体系的关系。这样问题一下就被大大简化了，因为垄断竞争价格体系与完全竞争价格体系的关系，可以用均衡价格的差值作为内在规律来简明把握。

10.2.2.2 以新定义租值作为统一均衡框架的核心

将租值推广定义为代表一切同质完全竞争之上的成本与收益。其中，平均成本之上的部分为超额利润。平均成本与边际成本之间的部分为租值。边际成本之内的为成本的利润。

作为成本的租值，包括交易费用（利益冲突损耗、谈判费用、协调费用、制度成本）、使用者支付的地租和其他租金等。

作为收益的租值，指源于异质性、差异化的同质完全竞争均衡价格之上的溢价，包括服务增值（直接生产性利润①）、直接非生产性利润②、拥有者获取的地租等。

按权利（产权）分类，产权分为支配权与使用权（分别对应各自的收益权）。利益相对方简化为资本与劳动两类——资本与人力资本（对应“劳动”）。人力资本包括劳动者（提供创造性劳动）与劳动力（提供非创造性劳动）。

利益相对方的权利互动，导致资源配置中对同质完全竞争均衡的偏离与对异质完全竞争均衡的趋向，进而导致租值的出现。因此，我们可以把租值当作同质完全竞争均衡与异质完全竞争均衡的转换标志。

与要素贡献论不同，在社会分配论中，每个要素的行为都是受利益刺激、激励的。一般利润率只是一个象征，背后是租值在激励。租值是利益冲突中利益相互抵销后留下的余值。这种剩余是利益相对人以对要素（生产条件）的分配权力为手段，相互“挤压”形成的。它表现为一方获得对另一方的胜利，从收获中获得的战利品。仅有要素贡献还不够，还必须在贡献之后，在

---

① 租值这一概念超出寻租经济学中 DUP 的利润，提出相反的作为直接生产性利润的租金，特指差异化服务增值溢价。这种寻租是正面的，是分享使用（如以租代买）的重要价值来源。

② 由此形成的寻租活动被称为 DUP，是新政治经济学尤其是政治的经济学的主要研究对象。

对战利品的争夺中占得上风。其中权力大者获得剩余。

随着经济的不断发展，人均收入提高，在有效需求不足的反向生产力的压力下，出现了双赢的机会。制度经济中的分成，说明并不一定是生产资料所有者力量大。以消费者为中心的逻辑，内在导出有效需求决定产消者个性化的有效供给，从而在分配中第一次使人力资本处于主动地位。在双赢条件下，一旦一线劳动者决策与贡献权力上升（这是必然的），劳动者就可以从创造性的贡献中争得属于自己的战利品（工会的强势只是外在表现，关键不在于福利而在于生产权力，在于这种生产权力受制于有效需求），此时甚至不需要再否定要素边际贡献论，因为那不过是在胜利后论功行赏时分战利品的参考。

在这一转变中，有效需求与有效供给的主体虽不是直接一一对应的，但在总量或总体意义上，却成为以劳动者为主体的一种对应。一方面，消费最大主体人均收入的提高，是个性化高附加值溢价的必要条件，当有效需求不足时，这一点强迫分配向劳动者倾斜；另一方面，这种分配倾斜不能仅仅是出于结果（福利）上的考虑，那样将损害效率，还需要为它“匹配”资源配置上的原因，这种分配才能稳定下来（否则就成为缺乏效率的北欧福利模式了）。这个原因就是劳动者的要素贡献（对多样化效率的提高），它使不可复制的劳动的权力高于可复制的生产资料的权力，依托于资产专用性的资本专有性的权力至此走下神坛。资本拜物教至此在专用性上暴露出原形而被非专用性破解。

以租值为标准，均衡是资源配置与社会分配共同作用的结果，各要素在成本补偿基础上，参与可竞争剩余的分成，形成总的均衡。偏离租值的生产与分配，都是不可持续的。生产力的发展，历史地决定了分成的具体均衡形式。

在进入均衡分析之前，我们首先需要统一概念标准，使之既不伤害原意，又能彼此直接用同一尺度比对。与现有概念相比，古典分配理论对剩余的定义是社会产品 - 必要消费 = 工资之外的份额（剩余）。新古典分配理论则把收入界定为地租 + 利润 + 工资。制度经济理论进行新综合后，有了一个魁奈式的定义：

净收入 = 成本（生产资料成本 + 人力资本成本） + 分成

其中，生产资料成本指生产资料使用成本，人力资本成本指人力资本使用成本。这里的人力资本指劳动者，它突破了原有劳动力和工资的概念范围，保留了劳动者一旦在新的生产条件分配（如分享使用）下发挥出创新能力（异质创造力①）获得分成的概念空间。现代政治经济学在此不能忽略在古典政治经济学中被简化掉但仍然存在的生产资料成本。

生产资料成本包括折旧、作为成本的利润（零租值下的“利润”）和机会成本②，对土地来说指土地置换成本。人力资本包括分成与工资。新古典主义意义上的利润，应被分为几部分“剩余”：一是地租，它不是土地的贡献，而是靠对土地的垄断权而抢来的战利品；二是作为成本的利润；三是作为增值溢价但符合三维最优的利润（$AC-MC$）；四是从三维角度也不稳定的短期的超额利润（大于 AC 的利润）。可以把后面 3 种情况概括为，小于等于 MC 的部分（归入生产资料成本，包括机会成本后，它不是简单转移价值，也有自己的价值），大于 MC 但小于等于 AC 的部分（它才是真正在总均衡中可争夺、可竞争的剩余）；大于 AC 的部分（它往往需要借助政治权力维护才能具有刚性）。我们把它们简称为作为成本的利润、作为租值的利润、作为 DUP 的利润，三者之和才是新古典所说的利润。

不能把劳动者简单化地抽象为劳动力而遗漏其赖以获得可竞争剩余的价值源泉，即人自由而全面的发展。③ 在工业化阶段，这种价值源泉还只是潜在地、个别地存在，但不等于不存在。劳动者并非仅仅依靠政治权力就可以在总均衡水平实现对可竞争剩余的获得，劳动者自由而全面的发展，有赖于生产力发展到信息化的高级阶段，使劳动者个性化、差异化供求两方面自由选择能力得以发挥。研究制度经济，就是研究让人自由而全面发展的现实而非空想的条件。

---

① 劳动力在使用中的创造性，被称为同质创造性，产生的是同质剩余（工资之上的同质性价值）。在非分成条件（雇佣制）下，收益完全归生产资料拥有者。

② 把作为成本的利润与机会成本分开，主要考虑将政治经济学中的平均利润剥离为不可竞争剩余与可竞争剩余，视作为成本的利润为不可竞争剩余，其余部分为可竞争剩余。

③ 社会主义工业化的早期实践表明，在社会主义工业化发展阶段（所谓“初级阶段”），超越生产力发展阶段，脱离人的自由而全面发展条件的全面成熟而仅凭非经济手段强行实现对剩余的全面占有与对资本参与剩余分配权利的全面剥夺，势必导致全面的短缺（工业化条件下的有效供给不足）。而一旦信息生产力发展成熟，它必然以制度经济的形式内在地要求面向人自由而全面的发展探索新的分配形式，即劳动者参与可竞争剩余分成的分配形式。

与政治经济学所说的剩余相比，作为成本的利润，扣除了资本的机会成本；作为租值的利润，以可竞争剩余为主体作为分成对象，不再认为剩余必然归属于生产资料拥有者，劳资利益相对方要通过社会关系分配这一部分剩余，我们称之为分成；DUP 的利润不在均衡范围之内，它需外生非经济力量，作为维持非均衡稳定的变量。

我们把作为成本的利润与可竞争剩余都等于剩余的特殊假定，称为马克思主义政治经济学，或包括重农学派在内的古典政治经济学。把二者均作为生产要素拥有者绝对权利的特殊假定，称为新制度经济学。它们都是非均衡的。制度经济理论将可竞争剩余独立出来，内生均衡，将劳动者分享剩余与分成的形式综合起来，实现“抽”掉特殊立场设定后，从新制度经济学形式中导出古典政治经济学结论的新综合效果。

在新综合中，劳动者获得对应贡献的剩余，生产资料拥有者获得生产资料使用的成本补偿，在转移价值后略有利润，有别于政治经济学一般利润率，总均衡下对应生产资料拥有方的作为成本的利润分配，应以有效需求为限度。①双方的争夺焦点，转向对增值部分的分配，由内在的力量对比（要素贡献力对比）与外在的力量对比（非经济力量的对比）决定最终归属。至于地租与 DUP 的利润，相对于总均衡，它们只是一种附加的例外。

10.2.2.3 配置论与利益论的新综合

在对租值分成进行界定之前，需要先对配置论与各种学说的分配论进行术语对表。通过这种对表，可以对边际生产力论、古典均衡的分配论与新古典均衡的分配论进行新的综合，以明晰不同理论背后利益主张的异同。

之所以能进行新综合，是因为均衡论的基础是品种—数量—价格广义均衡论。广义均衡论将边际生产力论及各种分配论作为特例，纳入通解。方法上，相当于把完全竞争均衡（$P = MC$）当作垄断竞争均衡（$P = AC$）的一部分（$P = AC$ 中，减去 $AC - MC$）。

---

① 这是一个分配问题而非配置问题，如果按要素贡献分配的利润使总体上出现系统的有效需求不足，它就不应是公平而正当的。这反过来存在一种压力，要求生产资料拥有方主动考虑顺应生产力发展，创造条件，从社会分配和资源配置两方面发挥劳动者的主体能力。苹果公司从封闭向开放转变的那一段实践，从某种程度上说明，发挥劳动者主体作用，对顺应潮流和趋势的资本家来说，并非吃亏的买卖。资本主义有可能“和平演变”为制度经济。

这样，一个以前没有看出的问题就可以显现出来，即新古典主义（边际生产力论）与古典经济学是否可以有通解的问题。单从方法上看，将边际分析与平均分析作为一对矛盾，研究它们之间的转化关系，是求取通解的关键。以往古典经济学与新古典经济学没有把对立点标准化，是难以发现通解的重要原因。

分配论中的边际生产力论与古典的利益博弈论在争论中，对剩余（配第意义上的总产品扣除工资后的其余部分）分配暗含的均衡尺度只是边际成本（*MC*）。而在新的均衡中，我们首次提出这样一种新的尺度——平均成本（*AC*）的尺度。平均分析与边际分析的不同在于，它可以成为研究差异化均衡的方法。我们可以把所有的边际生产力分析方法都理解为研究同质化均衡的方法。同质性与异质性相互对立与相互转化的关系，就是广义均衡本身所要综合的内容。

从新综合角度看，资源配置论（新古典）的分配论与利益博弈论（古典）的分配论的区别，在形式上可以归结为边际分析与平均分析的区别，前者通向同质化，后者通向异质化。

从这一新的视点观察，我们会发现，劳动、资本和土地的分配论应该有两类：一类是边际收益，即边际的劳动力收入、边际的资本收入和边际的土地收入；另一类是平均收益，即平均成本定义的劳动力收入、平均成本定义的资本收入和平均成本定义的土地收入。以往的分析只到 $MC = MR$，认为超过 *MC* 而高至 *AC* 的收入，在理论上是“不存在”的。但在真实世界（包括内生了异质利益、交易费用的世界）中，劳动租、资本租和土地级差地租是确实存在的，不但现实地存在，而且“理论地”存在。过去的平均成本分析针对的往往是对（同质）均衡的扰动，而不是将其当作另一种均衡（同质均衡）的条件。

根据平均成本，对原来归在资本利润项下的剩余进行再分类。依据小于 *AC*、等于 *AC* 和大于 *AC*，可以分别将其归为（3－1）、（3－2）和（3－3）3个部分（见表10－1），即资本的使用成本（折旧＋机会成本）、租值和超额利润。我们看到，劳动、资本和土地分别有其边际收入，这是它们的同质化收入；同时，又分别有其平均收入，代表它们的异质化收入。在均衡价格等于平均成本的条件下，劳动、资本和土地分别获得它们的级差收入，即租值（3－2）。

在平均成本之上的短期均衡条件下获得的收入，被称为超额利润，因为它不是一种稳定的均衡现象，简化起见，在这里不加讨论。同样，为了简化而不加讨论的，还有地租（包括级差地租，即 $P = AC$ 条件下的地租）。我们把它先视为一种从劳动和资本的收入中转移的收入，平加于价格之上，并不影响劳动与资本内部的相对关系，而把分析的重点放在劳动与资本的分成上，因为这是制度经济社会分配的焦点。

为了分析制度经济，我们对劳动的定义与传统理论不同，把劳动与劳动者（人）对应起来，内部区分为非创造性劳动（劳动力）和创造性劳动。劳动力代表的只是同质化劳动，工资只是劳动力的“折旧”费，即维持劳动力简单再生产的费用。在工业化条件下，因为缺乏让劳动者发挥创造性的生产条件①，所以一般直接把劳动者等同于劳动力，这与劳动创造剩余价值的说法并不矛盾。劳动力的使用创造价值，以及价值的剩余。这种剩余按政治经济学的理论，被购买劳动力的生产资料拥有者剥夺。但这里说的剩余，不是我们所说的劳动的创造性价值，而只是劳动力使用中创造的同质化价值中超过工资的部分（包括霍布森说的应归给劳动的机会成本，即“最低利息”）；劳动的创造性价值特指异质性价值，如 App 开发者在个性化的创造性劳动中创造的价值。

这种区分在某种程度上受到了霍布森“租的原则”的启发。内生（源于差异化的）平均成本后，劳动、资本和土地都有可能产生级差地租。我们的不同在于区分了均衡的租值与非均衡的租值——在此指（3－3）。霍布森则把二者混为一谈了。

现在再看不同学说分配论的异同就一目了然了。各学说没有异议的只有两点：一是对总产品或者说总收入的界定；二是对工资是劳动力的报酬这一点的看法。对劳动的不同看法在于，劳动价值论认为一切剩余应归（活）劳动；霍布森认为劳动力除了“折旧”，也有被比喻为“最低利息”的机会成本，这相当于用定义资本的使用成本的方法来定义劳动；将创造性劳动内生进劳动定义，是制度经济理论的必然，因为它要解释 App 分成现象，即（2－2）要与（3－1）共同参与对（3－2）的分配（见表 10－1）。②

---

① 把生产资料归给劳动者也解决不了创造性劳动的问题。工业化条件下同质化的增值，不同于创造性价值（因为达不到 $P = AC$ 而稳定均衡条件下的高附加值）。

② 其实，自主劳动这个概念含有创造性（自由而全面发展）之意，只是在资本主义工业化条件下，劳动的表现形式不是自主劳动而是劳动力。这是马克思《巴黎手稿》与《资本论》看同一个问题的不同角度。

对资本的报酬，主要从剩余的角度来分析，因为利润有太多的歧义。边际生产力分配论完全无视了（3－2）、（3－3），所指利润仅指（3－1）。但当 $P=MC$ 而 $MC=MR$ 时，界定为零利润。这使利润这个概念变得模糊。政治经济学“平均利润率”所指的利润，则包含（3－1）、（3－2）、（3－3）等全部剩余。尤其是新剑桥学派明指资本异质性问题，把剩余指向了剩余的“余值”，即这里的（3－2）。对于（3－1），我们把这部分剩余称为作为成本的利润，这是从租的角度立论的，指资本的使用成本（折旧＋机会成本）中的“利润”，实际是利息，即同质化的利润，它是所谓“零利润”下的“利润”。如果按古典经济学那样对这部分剩余以完全剥夺为分配取向，实践证明将破坏资源配置均衡（无论利益博弈是否均衡），造成资本的持续稀缺和短缺经济。现代政治经济学开始修正原有说法，认为资本不创造价值［从（3－1）、（3－2）到（3－3）］，但可以参与分配，意思是给资本以格外的“优待”，为的是调动资本拥有者的“积极性”。从资源配置角度看，这还是在说资本稀缺，供不应求，只不过把语言转换成了利益博弈的术语。

表 10－1　　　　分配论新综合与租值分成的定位

<table>
<tr><th rowspan="2">分配理论分类</th><th rowspan="2">总产品（1）</th><th colspan="2">劳动（2）</th><th colspan="4">剩余（3）</th></tr>
<tr><th>劳动力＝MC（2－1）</th><th>创造性劳动＝AC（2－2）</th><th>资本＝MC $P<AC$（3－1）</th><th>租值 $P=AC$（3－2）</th><th>非均衡 $P>AC$（3－3）</th><th>土地＝$MC=AC$（3－4）</th></tr>
<tr><td>古典经济学</td><td rowspan="5">收入</td><td rowspan="5">工资</td><td></td><td colspan="3">剩余</td><td rowspan="4">地租</td></tr>
<tr><td>新古典经济学</td><td></td><td>零利润（拥有者）</td><td>利润（拥有者）</td><td>超额利润（拥有者）</td></tr>
<tr><td>政治经济学</td><td></td><td>剩余（参与分配）</td><td colspan="2">剩余（拥有者）</td></tr>
<tr><td>新制度经济学</td><td></td><td>利润</td><td colspan="2">租值（拥有者）</td></tr>
<tr><td>新综合</td><td></td><td>作为生产资料机会成本的利润</td><td>租值（使用者可分成）</td><td>超额利润（使用者可分成）</td><td>地租与DUP的利润</td></tr>
</table>

真正的变化集中在（3－2）上。$P=AC$ 代表着差异化稀缺这一总体均衡形式。劳动与资本围绕使用权的开发，共同参与对租值的分成。新制度经济学（张五常）主张拥有者全部占有这一租值，政治经济学则认为劳动者应无条件地取得这部分租值。

在制度经济的实践中，资本分享生产资料的使用权，劳动者通过创造性劳动创造价值，并根据生产资料分享使用的效果，给生产资料拥有者一定比例的租金补偿。租值的流向，与谁来提供差异化能力和承担市场风险具有内在联系。利益相互作用较好的实现方式，应是当分配不符合资源配置规律时，用人为的方式加以纠正，而不是让生产关系长期背离资源配置规律。

10.2.2.4　分“蛋糕”的平等原则：双层规划的制度解释

双层规则在形式上是对偶、对称（平等）的，即利益相对人 x 与 y 无论指劳动还是资本都可以互换。但对称是否平等，取决于一个重要的制度条件，即取消雇佣制的预设。

马克思在《资本论》中指出了所有权规律与占有规律的不同，他指出，商品生产按自己本身内在的规律越是发展成为资本主义生产，商品生产的所有权规律也就越是转变为资本主义的占有规律。

这里的所有权规律指商品等价交换规律，占有规律则指资本与劳动交换规律（占有指资本占有劳动）。

所有权规律与占有规律在形式上是对称的，但所有权规律代表的商品等价交换是平等的，占有规律代表的资本与劳动的商品等价交换（要素交换）却是不平等的。

实质的原因是，所有权规律只是关于物的（商品），占有规律却涉及人（要素）。人除了物的特性一面，还有人的特性一面，后者没有包括在要素交换中，而是一方（资方）占有另一方（劳方）。

等价交换的平等，是相对于（对象化的）物而言的。劳动力被当作商品（物）交换时，劳动者身上具有的物的属性（劳动力）与人的属性（劳动创造）被割裂开，劳动力只被当作孤立的物的属性的存在（与动物相同的方面）投入交换，而把人之为人的特有属性（与动物不同的方面）放在了交换之外。资本与劳动的交换，就变成作为商品的生产资料与作为商品的劳动力的交换，掩盖了生产资料拥有者在生产资料折旧获得补偿，包括资本获得补偿外，无偿占有劳动者人之为人的价值（把这种价值当作劳动力的使用价值无偿占有，占有了劳动创造的价值及剩余价值）的事实。

双层规划体现古典特性的地方，是它体现的不是商品交换而是要素交换。要素交换的等价，包含物的部分与人的部分，要在物的平衡之上建立人的平等。具体体现在，被定义用于要素交换的利益中，不但含有（新古典意义上的）物的利益，而且包含（古典意义上的）人的利益，要素具有平等的剩余索取权。其他要素如技术、数据、土地的剩余索取权，取决于谁具有对于它们的权利，资本抑或劳动。

双层规划在强调利益相对方（要素）缔约时，相互最大化自身利益，包含一个雇佣制不具有的特定内涵，即诸要素均有权主张自身物的权利之外的人的权利。套用到劳动上，就成为劳动作为要素，有权主张自身物的权利（劳动力价值）之外的人的权利（劳动力的使用价值）。要素交换不是物与物的交换，而是“物 + 人”与“物 + 人”的平等交换，这就将马克思所说的占有规律，从不等价、不平等的占有变成要素的等价交换或平等交换。而雇佣制固化的是这样的权利规定：人（劳动）加入商品交换后，人的因素不参与交换，而只进行物的交换，从而把人当作物。双层规划在加入人的因素后，劳动与资本的交换就不再是工资与资本所得的交换，而变成“工资 + 剩余”与资本所得的交换了。

这是双层规划中利益最大化“最大”到什么边界的实质含义。雇佣制中劳动力利益最大化的边界仅限于工资，双层规划中劳动利益最大化的边界则从工资扩展到了剩余。

至于资方所得是否包含剩余，取决于资本的人格化代表（包括经理人）是否将自身劳动的使用价值投入生产过程并从中创造价值，即在股份（资产拥有）之外，视是否有股权（资产使用）方面的投入——是否参与资本使用（如经营）——而定。不排除资方根据资产拥有与使用两方面原因获得剩余的权利。其中，资本根据资产拥有获得的剩余索取权，其原理与员工持股分红的原理是一样的。但这一剩余，已不包含劳动剩余在内。

如果不能满足所有要素都有剩余索取权这一条作为目标函数中最大化条件的内容，双层规划就不能成立。相比之下，占有规律则附加了劳动要素不能主张剩余索取权的制度条件。在劳动驱动型经济中，凭借双层规划的要素平等交换规则，从原来对资本有利的逻辑中自然会推导出对劳动有利的逻辑。

从制度经济学角度解释双层规划，一个突出的改变在于，引入了利益相对人 x 和 y。在资源配置经济学中，不存在利益相对人，目标函数是一元的（例如，只是拥有者利益的最大化）；而在双层规划中，目标函数是二元的，x 和 y 是相反相成的一对利益相对人，他们分别是自己要素的拥有者、对方要素的使用者。例如，资本家是资本的拥有者，是劳动（力）的使用者；劳动者是劳动（力）的拥有者，是资本（生产资料）的使用者。

对制度经济来说，x 和 y 分别代表生产资料的使用者与拥有者。在真实世界的组织中，存在雇佣制和分成制两类拥有者 - 使用者关系。前一类是封闭的拥有者与使用者，这类使用者包括工人、经理，他们作为使用者时，仅以劳动力身份获得工资报酬，不参与分成；后一类是开放的拥有者与使用者，主要包括制度经济中的 App 开发者（劳动者），这类是分成关系。

劳动的拥有者与资本的拥有者先分别凭借对自身要素的拥有设计目标函数，并将对方的拥有权益纳入目标函数，然后分别将使用对方要素的权益条件作为约束条件，由此形成上下双层规划。

双方围绕拥有收益与使用成本来协调利益、优化配置。我们按照边际成本与平均成本对拥有收益与使用成本进行区分。双层规划的模型框架对古典经济学、新古典经济学、政治经济学、制度经济学来说都是中性的。它们的区别，仅仅表现在对劳动的边际收入、劳动租、资本的边际收入、资本租及土地边际收入与级差地租不同权利的主张上，表现在与权利相联系的行动对资源配置（包括同质均衡与异质均衡）的影响上。

10.3　双层规划的模型框架

双层规划的建模思路，主要是通过建立内生二元利益主体关系的需求曲面、供给曲面及均衡曲面来构建模型。

需求曲面，由作为目标函数的效用函数与作为约束条件的支出函数双层规划构成。

假定存在二元利益主体——拥有者与使用者，拥有者偏好同质性，使用者偏好差异化。

制度经济学不应也不必否定效用函数，而可以把效用函数转化为代表利益博弈方的上下双层目标函数，即拥有者的消费者效用函数（代表同质性需求）与使用者的消费者效用函数（代表差异化需求）构成的二元目标函数。支出函数可按两阶段预算设计。这样可以把古典分析与新古典分析统一在双层规划这个分析框架下。

双层规划在这里对需求的综合，表达的是这样的含义：博弈的利益双方（拥有者与使用者）自利的目标函数，需以利他（对方的目标函数）为条件。双层规划不同于博弈论之处，是博弈论的观察对象相当于 P2P 关系，过于微观，难以一次性直接表现全局最优；双层规划则把网络结构简化为矛盾关系，相当于是对 P2P 网络结构的一种全局抽象。

供给曲面，由作为目标函数的利润函数与作为约束条件的成本函数双层规划构成。

拥有者与使用者双方的利益，直接表现为双层目标函数，把对方的利益包含在自身利益之中，形成分成关系。在约束条件方面，拥有者的固定成本与使用者的成本（租金补偿）形成二元关系（其中包含非排他性使用中特殊的租值或机会成本问题）。收入既可以外生，也可以内生。

双层规划在这里比博弈论更简明、抽象地表现了产权制度中利己与利他围绕均衡与最优的互动。此外，同质－异质二元关系，在平台经济（平台＋App）中，固定成本均摊于增值应用的均衡效果，表现为劳动者（通过服务创新）在一次分配中形成分成的公平效应。在这里，产权问题转化为成本约束问题。交易费用可被简化为异质成本（相当于双成本曲线），交易成本简化为 $AC-MC$。

由需求曲面与供给曲面形成的均衡曲面，是双重二元结构均衡，是兼具利益二元博弈，以及同质－异质两部门特征的内生利益的广义均衡框架。

在此基础上，内生技术，形成内生制度的技术经济学或内生技术的政治经济学。内生制度就是将交易费用的概念转化为不同产权主体利益博弈模型。内生技术是研究生产力决定生产关系（政治经济关系）。

10.3.1　双层规划思路

10.3.1.1　从双层规划看合约安排

如何将合约理论还原到中性呢？如果将绝对产权嵌入合约，中性肯定是谈不上的，因为合约本身就是相对产权的，将双层规划方法与合约理论结合起来，可以说是体现中性合约的理想形式。

用双层规划倒着观察《佃农理论》的合约安排，定额租佃制相当于固定农业税和统筹提留的数量（而非比例），“交够国家的、留足集体的，剩下都是自己的”。当然，就家庭联产承包责任制中的联产承包来说，又具有分成制的特征。集体与农户按比例分成，农业税由集体出，但实际来自农户的产出。这与中外土地分成租佃中，地主与佃农分成，土地税（地租税）名义上由地主承担，实际产自佃农，是同一类结构。难怪张五常说，我国改革出来的土地使用制度是佃农分成制。① 从一定意义上来说，互联网制度经济中的 App，与佃农一样，都是 share cropper，即以一定比例与拥有者分享收入的生产资料使用者。

从上层规划的目标函数来看，土地拥有者的收益是明确的，但是不是最大化不确定（理论上说，需要将租佃的收益与地主自耕的收益相比较），约束条件（责任）也有可能不明确。实际上，在契约经济学中，与收益权相对应的，应是具有成本约束功能的责任。例如，我们经常看到使用者短期行为现象，短期行为会构成土地过度使用，这是因为拥有者虽空有收益权，但如果没有对应的监督来保障使用的代价适当，由于法权占有与实际占有存在差距，收益权是不可能完全实现的。在中国历史上，一般通过永佃制来解决土地使用者短期行为的问题。

从下层规划的目标函数来看，土地使用者的利益是不是最大化也不一定（如果政府管制价格，佃农可能获得超额利润，但如果固定租过高，可能会挤压佃农利益最大化空间）。历史上的歉收年份，固定租对佃农来说往往是不利的。从约束条件来看，同样存在各种交易费用（如监督费用等）的可能。

《佃农理论》的设想是，地主垄断土地并为承揽佃户而竞争（这种竞争使资本化地租陷入零利润境地，使地主仅仅“守”地租），佃农则处于完全竞争。历史上，人们普遍认为分成制的效率低于定额租佃制，但张五常认为，如果产权充分（成本约束健全），各种合约安排是等价的，那分成制的效率也可以高于定额租佃制。

直觉上看，分配比例应取决于要素贡献，只要定额租佃制或分成制能正

---

① 张五常．经济解释：二〇一四增订本［M］．北京：中信出版社，2015.

确反映双方合意的要素贡献（不同于新古典要素贡献，要经过双方对价），结果应是相同的。以租值（交易费用）为准，定额租佃制如果比分成制更偏离均衡，则分成制效率更高；如果分成制比定额租佃制更偏离均衡，则定额租佃制效率更高。不存在必然原因导致二者效率一定高于或低于对方，反证就是，定额租佃制可能正好与分成制的分配比例相同。因此，当资源配置 $MC = MR$（它本身不决定“怎样”实现）时，问题的关键是对交易费用进行比较。

张五常在比较分成制与定额租佃制的交易费用时，认为如果仅看产出信息对不对称及监督费用高低，那分成制的交易费用更高，但如果加上风险因素，则分成制更有优势。

为支持分成制的交易成本低于定额租佃制这一判断，张五常引入了风险规避概念。该概念意外适用于互联网平台制度经济。因为按使用效果收费，会令使用者更乐于分担、分散拥有者的风险。例如，苹果模式要求 App 开发者承担 App 失败的全部风险，仅在开发成功时双方分成。如果换算为佃农模式，相当于净收入除本分成中，将风险成本完全算在佃农一方（失败即无工资），与高风险对应的高收益则表现在高达 70% 的分成比例上（享受超额利润，近乎赢者通吃），假定了 App 具有风险偏好。

《佃农理论》中说的分成是一种固定比例分成，与定额租金相对于利益相对人关系的区别，只是固定数量关系与固定比例关系的区别。

对互联网制度经济来说，按比例分成是当前流行的做法，例如，苹果的三七分成。这体现了高风险与高收益的对称关系，其含义是按使用效果分成。如果实行定额租金，则意味着按使用分成。

定额租金有低于均衡、达到均衡、高于均衡 3 种情况。平台租金低于均衡，对“双创”有利，但会突现“搭便车”问题；高于均衡，又存在垄断性超额利润问题，相当于提高税负的效果，但征税的转移支付方向是特定利益（平台企业），这使政府有动力通过规制来消除租值。

定额租金等于按使用而非使用效果收费，相对于利益平衡点（双层规划最优）或者说相对于均衡分成而言，存在如下影响：使用效果越不好，风险越大，分配越偏向于拥有方，使用者越倾向于机会主义行为；使用效果越好，风险越小，分配越偏向于使用方，使用者越倾向于基本面行为。

在这方面，需要观察中国古代租佃制和家庭联产承包责任制中拥有方与使用方在利益关系制度安排方面的经验与教训。

10.3.1.2 生态的数学内涵：目标与约束相互置换

制度经济学观察制度经济的角度，是将资源配置（效率）问题转化为通过利益相对方的竞争与垄断实现双方公平合意分配的问题。

对数字经济来说，双层规划还有一个特别含义，即用交互的目标函数与约束条件来表现生态关系。生态关系的特点是以合作替代竞争，变为竞合（既竞争又合作）。合作的一般含义是“人人为我，我为人人”，即自利（目标）以利他为条件（约束），利他（对方约束）以自利（对方目标）为目标。

合作在数字经济条件下具有特殊含义，即以外部性替代利他，用内部化替代自利，即把主体为了自身利益而相互提供外部性的行为当作“1 +1 >2”的价值来源（合作的动机）。

对双层规划来说，相互提供外部性，相互将对方提供的外部性内部化，等价于博弈的两个主体相互将对方的目标函数当作自己的约束条件，将对方的约束条件当作自己的目标函数，这相当于把对方的所得当作自己的所失，将对方的所失当作自己的所得。

从外部性角度看，这里的所失包含自己提供给对方但无法由自己直接内部化的外部性，所得包含对方提供给自己但无法由对方直接内部化的外部性。

从内部化角度看，这里的所得都是将对方（付出成本）提供的外部性内部化为自己的收益，所失都是自己为对方提供内部化收益时在外部性提供上付出的成本。

从双层规划角度看，生态的本质是在互动（社交关系）中将外部性内部化的市场机制。商务社交的本质，就是原子化市场的生态化，也即关系（社会资本）的市场化，是市场机制从以原子论为基础向以关系论为基础的转变。

在数字经济中，最主要的生态关系是平台方与应用方的双层规划关系。

用双层规划框架还原《佃农理论》中的利益博弈，存在以下关系（仅讨论分成制，不讨论定额租金）。

1. 通过上层规划实现“上有政策”

在上层规划中，地主的初始目标函数（张五常设定的理想状态）是收入权相对最大化，即地租最大化，同时兼顾佃农的反应，但把佃农目标限制在雇农水平，即工资最大化。

在上层约束条件方面，以佃农至少40%的劳动力付出（工资）为成本，构成对土地拥有者租金最大化的约束。对应的责任可以从两方面来看。

一方面，没有关于土地垄断权的竞争（理论上允许滥用资源），因此，拥有绝对的私人产权（合法滥用权）。使用者无论是否运用经营才能（不可竞争部分）以充分利用拥有者的资源，收入都没有变化（只是工资）。因此，没有关于闲置使用权利束异质性利用上的约束（意即，如果佃农仅仅是围绕工资最大化而竞争，没必要关心标准水平之上的投入）。

另一方面，由于引入佃农的完全竞争，具有对资源可竞争部分的使用约束。也就是说，佃农的市场竞争可以消除同质租值（如稀缺租），这对收入权中的同质部分（$P=MC$ 部分）提供了责任保障。总体来说，地主的约束条件可以为收入权提供性质上 50% 的保障，对应数量上 40% 的分成。

2. 通过下层规划实现“下有对策”

下层规划中，佃农的初始目标是分成最大化，同时必须与地主租金最大化目标相协调。如果地主将使用者分成理解为工资，那佃农会将目标调整为付出劳动力限度内的分成最大化即工资最大化，但不付出创造力（包括不承担风险）[①]，包括加大拥有者在产量上的监督成本，而只在同质成本（专业化效率）范围内承担佃农间的完全竞争；如果地主将分成理解为分享剩余，那佃农会将目标调整为净收入除本分成（将工资视为成本），即包括差异化增值的最大化分成，为此，佃农会主动进行一定的资本投入（如农具）或提供差异化增值服务，以创造异质租值。前一种情况（佃农分成 = 工资最大化）会衍生出一类交易费用，在双方博弈中，迫使地主将 20% 的收入“吐”出来，合约中的交易费用包括量度费用、监管费用、信息费用。其中，最后一类交易费用可能导致租值由地主一方转向佃农一方，因为地主希望将风险转移、分散给佃农，而佃农（尤其是在定额租佃制下）可能愿意或被迫承担一定的风险（如自然灾害），以倾家荡产为赌注，博取一份“分成”比例更大的合约。

在下层约束条件中，佃农要在地主租金最大化的成本约束下行事，由此产生的责任：通过竞争保证尽可能高的产量，承担可行监督成本下的劳动力

---

① 这在互联网条件下，对应淘宝商城模式，网商只为价格而竞争，如进行降价竞争，但与小农不同，以大为美。或对应优步模式，对闲置资产（私车运力）的利用，相当于引入佃农竞争，通过降价竞争，使份子钱的租值消散。

投入义务；在分成合约中，发挥劳动者的主观能动性（如发挥经营才能），分散和承担增值风险；等等。

10.3.2 一般双层规划模型的数学形式

双层规划又称双层优化问题，是指包含上、下两层规划问题且上层问题以下层问题为约束条件的规划问题。①这一方法来自运筹学中的 Stackelberg 问题，即主从递阶决策论。②

双层规划处理的是领导与随从的关系。新古典政治经济学用双层规划分别代表利益相对方，将利益矛盾内生于新古典经济学，重点研究所有权的相对方，即支配权（拥有者）与使用权（使用者）的关系，并将双方既相互矛盾又相互依存的关系表现在双层二元目标函数与约束条件的关系中。

在方法上，双层规划方法是博弈论的替代与改进。它将利益博弈双方的一次性的一对一对策的累加转化为对双方全局博弈对策的概括，实际效果相当于将共同知识内化在相互关系中。因为共同知识是反复博弈的结果，所以双层规划可视为对反复博弈的模拟，由此排除了有利益而不合作（算错了账）的情况。

一般双层规划的形式如下：

$$\underset{x,y}{\mathrm{Min}} F(x,y)$$
$$\text{s.t. } G(x,y) \leqslant 0$$
$$H(x,y) = 0$$

其中，y 是上层决策者的决策变量，在制度经济中指拥有者的决策变量；F（x，y）是上层决策者的目标函数；s.t. 后面是拥有者在决策过程中受到的约束条件。

x 是在拥有者的决策变量 y 给定的条件下下层规划的最优解：

$$\min f(x,y)$$
$$\text{s.t. } g(x,y) \leqslant 0$$
$$h(x,y) = 0$$

① 胡长英．双层规划理论及其在管理中的应用［M］．北京：知识产权出版社，2012.

② 盛昭瀚．主从递阶决策论：Stackelberg 问题［M］．北京：科学出版社，1998.

其中，$f(x, y)$ 是使用者的目标函数，s. t. 后面是使用者在决策过程中受到的约束条件。

在双层规划中，拥有者先给出决策，称为领导者，使用者要在拥有者决策后做出决策，称为跟随者，一方的变量会参与并影响到另一方的决策过程。

10.3.3 商品交换制度分析的框架化：协同消费

制度经济内生利益相互作用的资源配置方式有两个层次：一是交换层次的生活条件交换，即协同消费；二是生产层次的生产条件交换，如平台分享，指分享使用生产资料。

首先在交换水平上考虑双层规划。

协同消费研究制度经济的拥有方与使用方的二元效用函数，支出函数和需求曲面。

制度经济解决物尽其用的问题，设置的议题是如何设计制度，令使用权利束的收益最大化。它针对的是租值，即拥有者的垄断权利。

设拥有者垄断资源支配权的总收益（租值）为全部使用权利束现期收益的总和。当拥有者与使用者为不同权利主体时，在不充分使用情况下，物的使用上存在未尽其用即浪费的现象（例如，私家车 24 小时中只使用 10 小时——兑现 10 小时的现期收益，但闲置 14 小时），进而导致未尽其用部分的租值耗散。

制度为权责利的规定。拥有者的权是支配权，在双层规划中由上层决策变量体现；拥有者的利，在双层规划中通过目标最大化（上层目标函数中的 y）体现，应是潜在租值的最大化（当然，要扣除使用成本，如车辆使用成本中的折旧、油耗、维修费用等）；责指成本，在双层规划中以约束条件体现。

如果产权不完全（不能保证拥有），则没有人对约束条件（成本）负责，将存在过度使用或浪费使用的情况。例如，公海渔业不界定鱼的归属，则可能出现滥捕滥捞；又如，土地如果不明晰产权，使其对成本和约束条件负责，就可能在某一现期内被使用者透支地力。从利的角度看，两种情况都表现为租值耗散。对前者来说，耗散的是作为机会成本的租值。也就是说，滥捕滥捞透支的是本来的拥有者的机会成本，因为如果存在一个本来的拥有者且可以行使支配权，则其本来可以要求捕捞者在收益中扣除成本，并将其作为自己所得。对后者来说，透支地力，使拥有者损失了当期以外的其他使用权利束中的收益。

对使用者来说，权责利同样存在对应的情况。使用者在协同消费中以租代买，凭借的权利是使用权，责任是付出租金（按使用交费或按享受服务交费）这种成本，其约束条件是拥有者要求租金最大化，获得的利益是特定含义的节约，即免除了沉淀成本（也就是不需要为其他使用权利束预支成本），或者说降低了进入门槛，其目标函数是追求节约的最大化或租金的最小化。可见，租的发生，前提是存在锁定（固定成本与边际成本在消费上的一体化），且存在对应异质性的门槛。

制度经济交换典型的形式，是基于双边市场交换服务的财产支配者（供给方）与财产使用者（需求方）的协同消费。

下面区分财产支配权与使用权在交换（等价交换而非生产）中的权能。

支配权的权能，包括法律占有权、转让权利、收益权利（成本与机会成本，收租权利）、决定使用权、租让权利。

使用权的权能，包括参与权、使用功能的权利（功能性占有权）、直接控制使用权、开发收益权。

权利的计算，可以从使用权量化开始，即把使用权量化为若干使用权利束（功能收益）。这些权利束可以在自用与他用之间分配，如一辆车，以小时为单位，1 小时为一个使用权利束，一天一共有 24 个使用权利束。使用成本包括油、司机工资、折旧、维修、交通罚款。

同样，可以把支配权量化为支配权利束（价值权利束，价值收益）。支配权利束可在自营自收（如土地自耕）与他营分成之间分配。以车为例，支配权利束包括车的价值（车价贴现）、可转让机会成本（租值，包括每小时潜在租金，技术上非排他使用带来的机会损失，如知识分享后降低的独占价值）。

假设在分享之前，财产拥有者只利用（自用）了若干使用权利束构成的权利束集合中的 1 个（如私家车在一天 24 小时中只使用 1 小时）而闲置了其余 23 个小时的使用权利束，或在同 1 个小时的使用中只使用了 5 个座位中的 1 个而闲置了其余 4 个座位，那在协同消费中，财产支配者将闲置资源开放给其他使用者，可以提高闲置资源的利用水平，并有可能取得其中对应租值的部分收益（包括租金、油费均摊等）。

如果拥有者不分享使用，则其可能造成租值消散，包括其本来可以通过分享闲置的使用权利束而获取的使用收益（租金）。这种租金来自资源使用上的稀缺和法权上的独占。使用权利束的闲置，构成了资源使用上的浪费与法权上合法的滥用（随意不使用）。

我们继续分析分享使用与所谓绝对的私人产权的关系。

私人产权是一种比私有产权更广义的说法（我们把私有但共用归入私人产权）。私人产权可以从拥有与使用两个方面来理解。拥有是一种法权，所谓绝对的私人产权，往往首先针对的是绝对的私有产权。这里的“绝对”，有以下三种分歧的意思。

一是随意支配，等同于滥用权。“随意”在此可理解为不需要从法律上遵从资源配置的均衡规律，可以仅凭主观意志而行使支配权利。这种权利映射在使用上的一个重要特征，就是滥用权，即在财产上可以滥用支配权。具体是指，即使拥有者不使用，也可以绝对地不让别人使用——哪怕让资源闲置、浪费。这是与制度经济格格不入的权利界定。制度经济的理念是资源不使用即浪费。

二是体现在控制权和收益权上的绝对性。这是指在使用权可以转移的情况下，拥有者不但具有决定使用权，而且对剩余收益具有绝对权利。例如，张五常认为在绝对的私人产权下，拥有者对剩余包括租值（剩余的余值），具有绝对的权利，即剩余归拥有者全得，使用者一无所有（只拿工资）。与之相比，巴泽尔的产权界定则不强调这种绝对性，而从某种程度上认同使用权对支配权权能的一定限制。绝对产权与互联网制度经济情况很不相同。互联网制度经济强调收益权的相对性，认为收益权应综合考虑资源配置（特别是异质租值）和利益博弈，通过分成确定。需要具体考虑重资产与轻资产的比例关系，同时考虑平台方与增值应用方的“风险－收益”等利益权衡。

三是把否定使用权分享（更不用说分成）理解为产权的绝对性，而无论财产资源是否在技术上具有非竞争性和非排他性。例如，某些将知识产权绝对化的版权理论就与服务化的实践背道而驰，并且使版权所有者收入减少。

由绝对产权设定向相对产权设定的改变，将支配权引入了完全竞争。对绝对产权最大的改变，在于使产权设计符合均衡原则而不是不受均衡制约。按照新制度经济学的绝对产权设定，产权（拥有权）与完全竞争的关系是，拥有权无论是否浪费资源，都是不变量，完全竞争仅限于拥有滥用权的拥有者彼此间的完全竞争，他们希望在竞争中使自身资源的使用效益最大化；但如果这种最大化与拥有权发生矛盾，拥有权是绝对不变的，因此，牺牲的只能是使用权益最大化。相对产权由于限制了拥有者的滥用（例如，合法的不使用、闲置资源），一旦使用权益最大化与拥有权发生矛盾，要求使用权益最大化优先。因此，在这里，支配权与完全竞争的关系就成了如果不能保证完全竞争均衡条件下的利益最大化，那支配权将受到限制。例如，受到使用权能扩张的制约，使支配权中的滥用权利部分投入完全竞争的要素流动。

10.3.4　要素交换制度分析的框架化：分成制

古典经济学社会分配理论如何与新古典资源配置理论整合在同一个数学框架中而不“伤害”各自的表述呢？这个问题最关键的一步，是要从数学形式上显化马克思《资本论》商品交换与要素交换（主要是劳资关系）的不对称，将其恢复为对称。引入双层规划，可以很好地解决这一问题。

从数学规划角度观察商品交换与要素交换会发现，在商品交换中交换双方的目标函数是一致的，都只包含商品自身的价值而不包含剩余（价值的增值）；在要素交换中，则既包括价值的交换也包括价值增值的交换。这一点在“占有规律”中没有得到满足，成了一方（资方）在价值的等价交换之外无偿占有另一方（劳方）的价值增值。将自身剩余无偿交换给对方，不是劳方的真实意思表示，而是制度刚性被内化为劳方的认同的选择。在数字经济条件下，同样的制度（雇佣制），可能并不反映双方要素的真实稀缺关系，尤其是在内生公平尺度的条件下，多样性红利可能要求改变原有“占有规律”所反映的制度刚性。

此时，需要将要素交换还原为等价交换，方法是解除原有的制度刚性，将剩余分配当作内生的自由变量（而不是先验地规定哪种要素稀缺、谁获得剩余更加公平），用双层规划将要素间的利益博弈显化为两种彼此制约的目标函数。这比边际要素生产力分配理论，更能客观反映分配实际，这种实际不但要求内生资源配置因素，而且要求内生社会分配因素。现有的边际要素生产力分配理论只考虑了前者，没有考虑后者，而且在考虑前者时只考虑了资本稀缺的情况（这往往是工业化时的常态）而没有考虑相反的情况（例如，在数字经济条件下，通用性资产可能降低资本稀缺性，而对技艺、个人知识的需求可能要求多样性红利）。采用双层规划后，在社会分配上，一个明显的改变，是新古典的方法只能用于雇佣制（不是资本雇佣劳动就是劳动雇佣资本），而新方法可以用分成制替代雇佣制。对数字经济来说，生态化的发展显然更支持分成制（合伙制、合作制）。

与协同消费不同，制度经济最重要的领域在生产领域，即对生产资料的分配。生产资料的分配，内部也有两个层次：一是生产条件的分配，是指生产资料占有关系；二是生活条件的分配，即通常意义上我们所说的分配。

与之相对应，制度经济也存在两种分配关系：一种是基于生产条件分配的分享（对生产资料使用的分享）；另一种是对生产结果的分享（如威茨曼、李炳炎所谈的分享）。

与交换中的权能不同，生产关系中多出了一个因素，即价值上的剩余。这种剩余是分成的对象，它既是资源配置的对象，也是利益相互作用的对象。

10.3.4.1 分成的值域

分成制（为了简化，暂不分析地租）把劳动和资本都视为可分成的参与主体，分别对应人力资本和生产资料。

劳动与资本的收入，按性质可具体分为4类，即工资（劳动力的收入）、劳动分成（人力资本收入或劳动租）、资本使用成本（折旧+机会成本）、资本分成（资本租）。

分成的第一个解析维度，是成本与租值。成本对应同质性收入（支出），租值对应异质性收入，总收入为二者之和：

$$总收入=［要素总成本（MC）+要素总租值（AC-MC）］\times Q$$

这里的总收入是垄断竞争条件下的总收入，即垄断竞争均衡价格与产品数量之积。

同质完全竞争形成要素总成本，包括劳动成本和资本成本；异质完全竞争形成要素总租值，包括劳动租和资本租。

这里与传统理论有两点不同：把劳动视为一种资本（人力资本），外延上超出了劳动力；把传统理论中的利润（利息）视为成本（视利息意义上的利润为资本使用的机会成本），而把超过利息的利润视为资本租。

分成的第二个解析维度，是使用权利束（使用权）与价值权利束（支配权）。

在完全竞争中，劳动与资本使资源和利益最大化，包括让使用权利束最大化、让价值权利束最大化。

在现实中，针对的问题是，资本由于拥有的垄断（滥用权）而令使用权利束出现闲置；劳动由于被异化为劳动力，其价值权利束出现闲置（如创造能力的闲置、全面发展潜力的闲置）。

在双层规划中，资本与劳动作为二元函数中蕴含的二元要素，分别以使用和价值互为目标函数和约束条件进行最优规划。

资本拥有者使用劳动（使用权利束），产出价值——劳动力（折旧 + 最低机会成本） + 剩余余值（分成）；劳动拥有者使用资本（使用权利束），产出价值——资本成本（折旧 + 机会成本） + 剩余余值（分成）。在这里，劳动力的使用成本增加了一个最低机会成本，这是来自霍布森的概念，意思是劳动力也参与了同质性剩余的创造，因此，拥有利息的一部分（对这一部分的剥夺称为剥削）。最低机会成本不同于异质性剩余值，不是创造性劳动的伴生物。例如，不同于 App 创造的差异化附加值。

在现实中，针对的问题是，资本拥有的垄断性与资本使用的开放性（闲置与非排他性使用）的矛盾，拥有的垄断对应有限使用，包括同质资本使用与异质资本使用。同质资本使用在完全竞争中，边际成本等于边际收益，边际成本对应折旧（价值转移）与机会成本（利息，或作为成本的利润），边际收益就是使用对应的价值（通过收益权主张）。异质资本使用在完全竞争中，以边际成本之上由平均成本定价的部分作为均衡条件，对应的价值是资本租，资本的拥有者能否得到资本租（剩余余值中的分成），取决于拥有者是否具备异质资本（而不仅仅是因为对同质资本的垄断性拥有——这一点与某些制度经济学的分析不同）。

一方面，资本使用（权利束）的最大化与资本的绝对支配权（允许滥用的支配权）是相互矛盾的。因为它可能使拥有者的租值消散，即丧失本来可以得到使用权收益和自身利用的价值（差别租）的机会。如果引入完全竞争，使支配权从绝对变为相对，则进一步的问题就变成对闲置资源的开发与根据这种开发对剩余进行分成的问题即双层规划问题了。

另一方面，劳动使用（作为劳动力使用创造的价值）与劳动价值（创造性价值）是相互矛盾的。在现实中，劳动不能转化为自主劳动（创造性劳动），而一直被简单化地理解为是否占有同质资本的问题。通过使用的谱系与价值的谱系的展开分析，人们发现，即使在自身的折旧（工资）外得到最低的利息，劳动者也只是变为同质资本的拥有者，并不能自动使自身获得创造力的解放，不能使自己自然而然地得到全面发展的机会。问题在于，劳动不仅是同质性的（机械性的），还有创造性的一面，只有把这一面同新的生产条件联系在一起，劳动才能真正解放自己，并在解放自己的同时解放资本。例如，当异质资本非排他性地分享时，劳动创造性的部分可以以 App 使用的形式创造出异质租值，并且可以补偿资本的固定成本，进而实现双赢。劳动者从劳动力中“扩展”自己，与其说是打破垄断，不如说是挣脱枷锁，解放自己为全面发展的自己。

双层规划的实质是一个知本化模型——劳动与资本一体化模型。在双层规划中，资本使用的最大化有赖于劳动使用的最大化（不仅是劳动力意义上的使用，也是创造性劳动意义上的使用），资本价值（包括租值）的最大化也有赖于劳动价值（人的全面发展）的最大化。这一切，都只有通过双方的一体化才能实现。

10.3.4.2 私有制下的制度经济：从工资制到分成制

威茨曼在《分享经济》中提出用分享制替代工资制，[①] 他主要是从收入分配分享而非生产资料分享角度提出分享制。分享制理论不讨论如何改变生产，而只讨论在同一种生产方式下如何改变分配，实现作为利益相对人的劳资双方的分成。这一理论与霍布森的劳动利息说有相通之处但又有所退步。

工资制对应的劳动主体是劳动力，分享制对应的劳动主体本应是劳动者（例如，具有创造性并依靠创新来创造剩余的 App 开发者）。威茨曼并没有说明在从获得工资变为分享剩余的过程中劳动主体在创造剩余中所做的要素贡献有何改变。他所说的分享制，只具有分配上的意义而不具有生产（要素贡献）方面的意义。也就是说，如果不是在滞胀[②]条件下，而是在复苏过程中，按他的分享制逻辑，工人仍然应回归工资制。这样的分享经济是不可持续的，不是一个完整的经济形态。也就是说，威茨曼的微观经济学与宏观经济学是不一致的，他的宏观理论缺乏微观基础，这是威茨曼分享经济理论的一个突出问题。

威茨曼从滞胀这一宏观经济上的特殊条件入手来讨论分成制。在这一背

---

① 威茨曼．分享经济：用分享制代替工资制［M］. 北京：中国经济出版社，1986.

② 滞胀指增长停滞与通货膨胀两种现象并存的情况，内在原因是资本与劳动力在资源与分配方面比例不当，资本相对劳动力过剩，当由通胀实现的储蓄转为投资时，本已过剩的产能继续加大，总供求中供大于求的矛盾无法通过增加劳动者消费缓解。

景下，威茨曼提出通过分成将部分剩余从资本拥有者那里转移给劳动主体，一方面消除通胀的内在压力，另一方面提高消费。

对滞胀这一具体情形来说，威茨曼的主张从凯恩斯经济学角度看是具有合理性的。他以不改变劳资生产关系结构（微观的生产条件的分配）为前提（不改变劳动力仍为劳动力这一条件）进行收入上的分配调节，只不过给微观的工资机制赋予了宏观再分配功能。

有人认为，威茨曼的分享经济与互联网分享经济完全不是一回事，对此要具体分析。

在分成这一点上，或者说在分配机制上，二者是一致的。互联网分享经济也具有分配效应。例如，分享苹果平台与开发工具的生产资料拥有者与其App开发者（平台和开发工具的使用者）实行三七分成。第一，改变了分配比例；第二，也是标准的按净收入除本分成；第三，这一比例也是劳资双方利益博弈的结果。这与威茨曼的分享制是相通的。

不同之处在于微观生产机制（要素贡献），在互联网分享经济中，生产机制（而不仅是分配机制）发生了改变。劳动力变成了劳动者，这些劳动者从两个方面提供要素贡献：一是承担了使用的风险（来自不确定性成本），它原本应是双层规划中上层拥有者的约束条件；二是承担了创造性劳动的高收益的贡献。互联网分享经济的分配原理不是劳动力分成（劳动力只承担成本）而是劳动者分成，分配机制不是二次分配而是一次分配。互联网分享经济建立在劳动主体占有（使用权意义上的占有）生产资料的基础上，技术条件是这种占有具有非竞争性、非排他性。最主要的，是分享经济的分成直接建立在微观经济机制的改变上，而不是在微观机制上附加宏观调控功能，因此，这种分成与衰退或复苏无关，是一种基本经济现象。

10.3.4.3 公有制下的分享经济：净收入除本分成制

李炳炎提出的公有制下的分享经济①②，同互联网分享经济的关系，与威茨曼理论的情形相似。

与互联网分享经济不同，李炳炎是从结果分配的分享而非生产条件的分

① 李炳炎．公有制分享经济理论［M］．北京：中国社会科学出版社，2004.

② 李炳炎．利益分享经济学［M］．太原：山西经济出版社，2009.

享入手来设计分成制的。李炳炎同样没有绕过劳动力何以（依据什么①）直接以劳动者身份参与剩余分配这一基础理论问题。

李炳炎不是在劳动者理应分享剩余这一抽象意义上谈论分成，而是在现阶段存在国家、集体、个人不同利益关系的条件下，在国家以委托－代理方式处理国有资产的现实中谈论分成。在李炳炎的分享经济设计中，净收入除本分成制中的成本只是生产资料成本，工资不计入成本，而是把工资与分成混在一起，计入劳动主体的收益。这源于他没有对劳动力与劳动者进行严格区分。

实际上，即使就基于分配的分成制本身而言，李炳炎的分成制也存在威茨曼那样潜在的问题。在李炳炎提出分成制的年代，我国还处在短缺经济中，分成制可以十分有效地刺激生产，但当产能普遍过剩时，如果不立足经济转型，这种在短缺经济条件下刺激产能的分成制也可能在产能过剩条件下带来负面作用。

互联网分享经济不同于单纯分配意义上的分成制，强调劳动主体在灵活就业状态下、在“双创”中把风险精神和创造性当作参与直接分成的价值来源。风险精神和创造性（特别是面向个性化定制的创造性），是对于具有保值增值要求的国有资本来说比较稀缺的生产资源。

另一个潜在的问题是，如果劳动主体以劳动力的身份就可以直接分享剩余，那从理论上就可能隐含劳动力（而不是劳动者）整体作为生产资料拥有者，仍以劳动力的方式（而非扩大再生产方式，或称企业家的方式）创造剩余这一假设。在资本稀缺（包括企业家精神稀缺）条件下，超越劳动力的贡献分成可能对专业化效率提高造成伤害，具体表现是普遍短缺的情况。

从劳动价值论的本义来看，劳动力与生产资料（包括企业管理）只是广义人类劳动的不同表现形式。正如李嘉图所说，不仅直接施于商品的劳动影响商品的价值，那些为协助这种劳动而施于器具、建筑物上的劳动也影响商品的价值，节约劳动总能减少商品的相对价值，无论这种节约是发生在生产这种商品本身所需的劳动方面还是发生在有助于商品生产的资本形成所需的劳动上面。② 问题不在于劳动者该不该分成，而在于生产关系是否有利于劳动者发挥创造力进而增值。这种条件在工业化任务基本完成后的互联网时代才

---

① 本应依据对可以使劳动者直接发挥创造性的生产条件的分析。

② 李嘉图．政治经济学及赋税原理［M］．北京：华夏出版社，2005.

逐步具备。

与威茨曼相比，李炳炎提出的分享经济的所有制结构由私有制变成了公有制。这意味着，生产资料的拥有者与劳动主体的关系发生了变化。在全民所有制、集体所有制条件下，拥有者从理论上说是劳动者整体，但劳动者主体在传统工业化的使用条件下（威茨曼的资产专用性条件与李炳炎的生产资料的排他性使用和竞争性使用条件在这里没有任何区别），由于实体生产资料的使用门槛，不可能像分享经济那样令全民有机会亲自占有和使用生产资料，只能由一部分代表（如国有企业员工）或代理人代为“占有”，代一般劳动者使用这些有限的生产资料。一般劳动者只是以劳动力的身份（拿工资的人的身份）获得这些生产资料使用带来的收入。其中，工资以外的收入，是通过转移支付等形式的二次分配从理论上分配给全民。但理论上并没有说明，那些由拥有者委托的生产资料代理者（代理使用者），可能形成自身有别于一般劳动者的不同利益，从而可能形成独立的利益集团，即使不形成独立的利益集团，显然也会在二次分配前将相当的一部分作为成本扣除后留给自己。

虽然存在这些问题，但总体上来说，公有制意味着公有的生产资料名义上仍归全民或集体所有，这就为劳动力分成提供了不同于威茨曼私有制下分成的合法性。因为按公有制的理论，劳动主体参与剩余分配是合法的（只是这种分配具有微观水平和宏观水平形式上的不同），只涉及劳动主体眼前利益与长远利益的配比。如果说威茨曼的分成制是不可持续的分成，那李炳炎提出的分成制就是具有一定可持续基础①的分成（不必非到滞胀时期才采用）。这是两种分享经济理论的不同之处。

在互联网实践中，分享经济提出了李炳炎没有考虑到的两个理论问题：一是技术内生问题；二是由技术内生引起的生产机制改变问题。技术内生要求考虑生产力决定生产关系这一点，互联网技术带来的最大改变，就是生产资料使用条件由专用变成了分享使用（而且是分享复用），生产机制由此从企业封闭经营、内部（以雇佣制）共用生产资料、企业内劳动者只得工资变为网络开放经营、以基础业态与增值业态分离的形式令企业外作为使用者的劳动者参与分成。

在互联网分享经济的分成制中，劳动主体参与分成，既不是以劳动力身

① 但仍是不充分的，如缺乏有关劳动者创造性增值的制度设计。

份直接掌握生产资料，也不是以生产资料的人格化代表的身份分配剩余，更不是以劳动力的身份参与分成，而是以生产资料独立使用者 + 创造性劳动主体合一的身份（知本家）来参与分成。

10.3.4.4 两权分离下分成制的双层规划

支配权和使用权两权分离下的分享经济，与上述私有制、公有制下的分享经济均有不同，最大的区别是它与谁拥有（私有还是公有）无关而与谁使用极大相关。在两权分离条件下，私有共用与公有共用没有太大差别，关键在共用而不在拥有。这意味着所有制这种形式在生产力发展的高级阶段可能自然消亡，或转化为其他形式，这是“使用而非拥有”的本义。

在政治经济学的生产（条件）水平考虑双层规划，即围绕剩余分配的生产关系，重点在于分析拥有者与使用者的双层决策关系。

在双层规划中，分成制在假定需求条件不变（需求曲面既定①）的情况下进行供给曲面分析。其中，涉及分享经济的拥有方与使用方的二元利润函数、成本函数和它们共同构成的供给曲面。

分享经济中的分成制，利益相对人 x 和 y 均为独立的资产方，y（资方）是资产拥有者、人力资本使用者，x（劳动者）为生产资料使用者、人力资本使用者，二者根据双方资产，按使用（或使用效果）分成。这点与雇佣制的设定完全不同。

分成制按净收入除本分成，除本分为两个方面：一方面，扣除生产资料的使用成本；另一方面，扣除人力资本的使用成本（工资）②，在此基础上双方在双层规划的利益相互作用决策中分成。

在分成双层规划中，先由生产资料拥有者（资本家、网络平台企业或国有企业）给出决策方案，然后观察生产资料使用者（劳动者）的反应。使用者在拥有者决策方案给定的前提下，寻找自己的最优策略。使用者给出行动方案后，拥有者再根据使用者的反应调整并给出其决策方案，力求使自己的利益最大化，使用者再次根据拥有者新给出的决策方案修正自己的方案。循

---

① 需求曲面为垄断竞争双需求曲线分设于 PQ 平面与 PN 平面而形成的曲面。

② 这一点不同于李炳炎的除本分成制，李炳炎的除本仅计生产资料成本，不计劳动力成本（工资），而将工资列入分成，模糊了非创造性劳动（劳动力）与创造性劳动（劳动者）的界限。

环反复，直至拥有者、使用者都不愿意再调整其方案。此时的模型达到一个相对平衡、满意的状态，这时的决策方案称为相对最优方案。

下面分别说明权责利关系。

权利关系上，生产资料的拥有者享有支配权，同时享有人力资本的使用权；人力资本的拥有者（劳动者）拥有生产资料的使用权，同时享有人力资本的支配权。劳动力只是劳动者的特例，即脱离“双创”的劳动者。当生产资料拥有者亲自劳动（使用生产资料）时，他可以同时是自己的人力资本的拥有者，当他委托他人（员工等）代理使用自身生产资料时，他转让出劳动力的使用权利（“使用”劳动）。

责任关系上，生产资料的拥有者具有对生产资料使用成本的监督责任，这种责任构成上层规划的约束条件；人力资本的拥有者具有对人力资本使用成本（包括工资和学习成本，如为“双创”风险“付学费”等）的监督责任，这种责任构成下层规划的约束条件。风险被纳入成本和责任范围，双方协商共担风险，计入各自的成本与责任。

利益关系上，生产资料的拥有者与人力资本（也包括劳动者的其他生产资料，如工具）的拥有者，客观上围绕租值均衡、主观上通过利益相互作用进行净收入除本分成。人力资本拥有者的分成超过均衡，将导致效率降低（短缺经济）；生产资料拥有者的分成超过均衡，将导致公平缺失（产能过剩）。在网络平台经济条件下的分享经济中，生产资料的非竞争性使用，可能导致生产资料的稀缺性流失，出现分成比例降低但分成总额上升的情况；随着人力资本（特别是个人知识）的稀缺，人力资本地位上升，分成比例不断加大（同时伴随人力资本承担风险的加大）。

双层规划形式上是贯序决策，本质上是同时决策，并不特别考虑先行优势，拥有者与使用者（劳资双方）位置可以颠覆。

当以二元的使用（资源配置）为目标函数时，二元的价值（社会分配）就成为约束条件，双层规划就表现为先后以资本和劳动为上层规划与下层规划的主体，进行最优求解。

它表现的是，当资本为主要稀缺要素时，资本追求使用（资源利用水平）最大化，同时要与劳动使用水平（能力与潜力发挥水平）最大化相协调，构成目标函数。这一目标函数受劳资双方权利（成本最小化）的约束。当劳动为主要稀缺要素时，也可以把劳动方作为上层决策者而把资本方作为下层决策者。劳动追求使用水平最大化，同时兼顾资本追求使用最大化，由此构成的目标函数受到由利益博弈定义的成本的约束。

这里的情形明显有别于威茨曼、李炳炎所谈的分享。威茨曼、李炳炎在谈分享的时候，劳动者在资源配置中并不处于稀缺要素的地位，他们只是单纯的劳动力，只是在分配时由于宏观经济方面的原因考虑让他们分享剩余。相当于说，劳动力不创造剩余价值，但参与剩余分配，这是特定均衡条件下的一种“福利”。

劳动为主要稀缺要素，不是指劳动力稀缺，不是指以劳动力的身份参与分成，而是指以创造性的劳动者的身份介入附加值创造这种创造能力的稀缺。例如，增值服务中的 App，在承担市场风险方面，具有资本级的贡献，因资本拥有方不愿承担其中的风险而具有稀缺性；在创造个性化高附加值方面（如定制服务、面对面服务、口碑营销），也具有资本级的贡献，同样因资本拥有方不具有一对一的服务能力而变得稀缺；等等。这时的劳动者处于“人人都是 CEO”的状态，已不再是劳动力，而是创造者，由此获得的分成不是一种福利性的“恩赐”，而是一次分配的正常收入。这是一种离了“都是 CEO”的“人人”，CEO 不再“玩得转”的新经济常态。

当以二元的价值（社会分配）为目标函数时，二元的使用（资源配置）就成为约束条件，双层规划就表现为先后以资本和劳动为上层规划与下层规划的主要决策者，进行最优求解。

它表现的是，当资本处于利益支配地位时，资本追求价值（分配）最大化，但需要兼顾劳动价值分配，由此构成的目标函数，受到劳资资源配置（使用成本）水平的约束。当劳动处于利益支配地位时，劳动追求价值（分配）最大化，但需要兼顾资本价值分配（无论它是否“创造价值”），由此构成的目标函数受到劳资资源配置（使用成本）水平的约束。

进一步研究，还可分为双层需求论（效用函数为目标函数、支出函数为约束条件的需求函数）与双层供给论（利润函数为目标函数、成本函数为约束条件的供给函数），最后形成双层均衡论。

双层需求论研究拥有者效用最大化（使用价值最大化）与使用者效用最大化（使用价值最大化），在拥有者支出最小化与使用者支出最小化条件下进行需求双层规划。

双层供给论研究拥有者收益最大化（租值最大化）与使用者收益最大化

（租值最大化），在拥有者成本最小化与使用者成本最小化条件下进行供给双层规划。

双层均衡论研究拥有者与使用者需求与供给（资本供求帕累托最优与劳动供求帕累托最优）的双层优化，研究双方在两个剩余（闲置资源与租值余值）方面资源配置与社会分配的优化。

10.4 分成制双层规划数学模型

在围绕分成展开的双层规划中，价格、收益、成本（固定成本与可变成本）和分成比例是构建模型的基本要素。价格、收益、成本有对应的均衡值，分成比例则是双层规划模型独特的设计，直截了当地显示了分成的状况。模型的目标：上层目标，即平台（在此是移动应用商店）利益最大化；下层目标，即增值应用（在此是开发者）利益最大化。①②③

10.4.1 建模思路

新兴的互联网平台增值业务，正在成为制度经济分成制具有代表性的实践。北京邮电大学一批学位论文较早抓住了平台增值业务这个研究主题，郝建韬（2012）、高宇（2009）、刘薇（2008）、丁俊楠（2012）等对移动增值领域的分成问题进行了前沿研究。在电信运营商背景下，双层规划表现领域较窄，主要表现为渠道为王模式下运营商平台主导下运营商与服务商（包括电信增值服务提供商和内容提供商）的博弈，以及内容为王模式下服务商主导下运营商与服务商的博弈。把这里的运营商对应为平台、服务商对应为应用，就可以推广为互联网平台－增值业务模式。其中，我们可以把渠道为王理解为平台主导，把内容为王（或服务为王）理解为增值应用主导。

---

① 郝建韬．基于双层规划的移动应用商店利润分成研究［D］．北京：北京邮电大学，2012.

② 高宇．基于双层规划模型的电信移动增值业务供应链协调研究［D］．北京：北京邮电大学，2009.

③ 丁俊楠．基于双层规划理论的网络团购利润分成研究［D］．北京：北京邮电大学，2012.

下面结合他们的成果，一起来研究制度经济特别是分成制的实际建模，进一步了解制度经济双层规划中分成的实际运作。

10.4.1.1 将双层规划运用于分成制的可行性

首先需要讨论双层规划模型（如斯塔克尔伯格模型）对制度经济是否适用的问题。一般的斯塔克尔伯格模型讨论的是两企业的产量决策问题，但制度经济分成的主体不是两个企业，而是平台与增值应用服务商（开发者），二者的决策目标也不是相同产品的产量，如果将二者当作同一个相关市场①，那平台的目标与增值应用的目标是不同的产品，但这些并不构成应用双层规划的障碍，我们可以从主体与对象两个方面来看待这个问题。

关于双层规划涉及的决策主体，我们可以把平台企业视为企业 1，而把企业 2 视为一群企业（App）的集合，尽管有的 App 不是企业而是在家办公的自然人（我们不必抠字眼，只在商业主体含义上理解这里所谓的“企业”即可）。

事实上，新垄断竞争中的上下双层经营结构比双寡头结构更符合双层规划上下分层的特点。因此，从主体上说，将双层规划运用于互联网制度经济的分成制是没有问题的。

关于双层规划的目标对象，双层规划本身并没有限定目标函数是关于数量的还是关于价格的，在实际的斯塔克尔伯格模型中就有价格决策模型。② 因为制度经济的分成不是上层与下层决策者围绕产量进行的双层规划，所以我们将重点围绕价格（具体来说是价格中的利润）进行模型构造。

我们把平台与增值应用当作同一个相关市场，因此，它们面向的应是同一个产品集合，只不过我们把其中的平台作为产品集合中固定成本的部分，把增值应用作为产品集合中可变成本的部分，前者相当于中间产品，后者相当于最终产品。收入和利润都是按最终产品计算的。因此，上层决策与下层决策涉及的产量是相同的，都是最终交付的增值产品的数量。

从分成的实际过程出发，也可以将这种做法理解为上层主导决策者（平

---

① 姜奇平．论互联网领域反垄断的特殊性：从“新垄断竞争”市场结构与二元产权结构看相关市场二重性［J］．中国工商管理研究，2013（4）．

② 王先甲，冯尚友．二层系统最优化理论［M］．北京：科学出版社，1995.

台）与下层主导决策者（App）围绕最终交付产品（增值应用服务）进行收入分成，分成实际上是对最终产品收入（从而可直解为最终产品产量）进行的比例划分，平台依据的是固定成本贡献占产量及其收入的一个比例（例如，30%或15%），App依据的是可变成本贡献占产量及其收入的一个比例（例如，70%或85%），这样就与围绕产量的双层规划一致起来了。

10.4.1.2 建模：供给与需求

接下来，我们从供给与需求两个方面展开建模思路。

采用制度经济分成制的苹果商店模式，依托的是移动应用商店。郝建韬（2012）分析的正是移动应用商店的双层规划问题。在他的研究中，移动应用是商品，其核心是具有使用价值。开发者制定应用价格，移动应用商店决定二者的利润分配规则，双方的影响力并不相同，规模大的移动应用商店话语权会比较大，享有制定合作中的具体规则的权利，开发者只能被动地遵守规则（但是开发者通过合作依然能够收获颇丰）。

供给方面，主要研究利益分成的来源。这里的利益指收益，假定价格不变，收益是收入扣除成本后的剩余，而收入对应于消费者支出。

在具体研究中，收入来自服务与内容两个方面（我们的研究不另列内容）：服务收入在郝建韬（2012）的研究中为下载量，即下载者下载应用产生的消费量；内容收入在此指广告收入，即广告主对展示其广告支付的费用。这是互联网渠道属性与媒体属性的反映。建模假设开发者能够根据广告展示单价的高低修改其移动应用，进而产生不同的用户体验，影响下载量。

对于理论研究与实证研究在收入量值上存在的差异，我们可以近似理解。这里的下载量，可以替换为同质性收入（“增产”收入）；这里的广告收入，可以替换为异质性收入（“增收”收入），因为广告收入本来就归为差异化收入。

对于理论研究与实证研究在成本量值上存在的差异，我们也可以近似理解。这里的成本是会计意义上的而不是理论意义上的。在理论上，简化起见，平台的成本均界定为固定成本，增值应用的成本均界定为可变成本。一般建模时可变通处理。

需求方面，主要研究定价因素。一般通过需求函数来建模，假定供给不变，所有价格均有经过调整后对应的均衡价格。

平台增值的双层规划建模中，需求函数的构建意在显示价格与需求（效用）的关系。准确地说，是效用最大化在支出预算约束下决定价格的量化关系。根据理论分析的要求，我们需要进一步细化需求，将其区分为同质性需求与异质性需求（差异化需求）两部分，目的是将异质租值从收入中区别出来，以明确分成的标的物。

10.4.2 数字化制度经济建模

双层规划显然不只限于描述特定业务，而是适用于制度经济分成业务的全部。其中，我们最关心的是与基础业务 - 增值业务分层、劳资分成有关的双层规划。为此，我们进一步探讨上述模型扩展的问题。

10.4.2.1 建模 1：主导方与参数选择

双层规划建模通用化的第一个问题，是规划主导方的扩展。

主导方决定了上层规划的主导决策者。尽管双层规划内在地确定了决策主体的协商关系，但上层规划的主导决策者毕竟在制定规则中起着决定性的作用。上述模型仅强调了平台方（渠道方）的主导地位，但在现实中谁为主导不是一成不变的。双层规划决策由谁主导，受两个方面决定性因素影响：第一个是资源配置方面的因素，即哪一方（要素）相对于均衡（有效需求或有效供给）是稀缺的哪一方就更容易或更适合作为决策的主导变量；第二个是利益博弈方面的因素，即哪一方相对于价值分配更有势力（力量更强大且可持续的）哪一方就更容易或更适合作为决策的主导变量。

与古诺均衡、纳什均衡不同，制度经济双层经营的主体是互补关系而非两个企业模型中的零和关系。因此，由谁主导，并不像寡头垄断中那么重要。制度经济实践有一点同工业化经济具有重大不同。工业化经济是封闭经济，其资产从技术到制度都是企业内部专用的，因此，存在“搭便车”现象，双层规划中的上下层决策主体客观上无法互补。信息化经济则是开放经济，平台企业可以开放分享其资产，其资产可以作为整个价值网络生态的固定成本，又由于进行了按使用效果付费的制度创新，用以租代买的方式系统解决了“搭便车”问题。因此，双层规划中的上下层决策主体可以实现互补，由此便会出现我们后面分析的追随者分成比例远高于领导者的新现象。

对互联网制度经济来说，这是一个非常现实的问题。以云计算为代表的信息通信技术，一旦内生到经济中，就会变为云服务模式，原有的基础设施、平台和工具（软件）等资本（生产资料）在技术上的稀缺性就会快速流失；与之形成对照的是，活劳动由于一对一模式的兴起（这是复杂性经济、多样性经济的必然），稀缺性会不断增强。因此，双方在分成中的地位会出现此消彼长的变化。个性化定制越成为主导现象（网络配置资源的作用越超过市场），活劳动（从一线客户服务人员、企业创始人到创客等）的地位和作用越有可能超过物质资本。此种情况下，平台主导（如运营商主导）并不是必然现象，更不是唯一现象。

因此，设计双层规划模型时要充分考虑基础平台主导与增值应用主导两种不同的情况，即上层规划和下层规划的主导者理论上说是可以相互置换的。此前对移动运营模式双层规划的研究，渠道为王与内容为王两种不同倾向，可以视为基础平台主导（资方主导）与增值应用主导（劳方主导）这一普遍矛盾在运营商与服务商这一特定层面的表现。在扩展的模型设计上，与平台方（资方）相对的，可能不仅是服务商（如内容服务商），也可能是劳动者（如创客）。劳动者通过什么样的机制、以什么样的比例参与价值创造与价值分配，成为以往研究不充分现在需要加强创新研究的内容。

下面以假定平台为上层规划主导决策者为例来建模。①

在参数选择上，通过进一步改变价格、成本和收入等设定来适应互联网制度经济更为普遍的情况。

1. 价格（均衡价格）

改进之处主要在于，区分基础平台与增值应用，区分同质竞争价格与异质竞争价格，区分产品和服务（假设差异性主要由服务提供，产品是无差异的，如有产品差异，则归属于产品服务化，如设计差异、品牌差异、专利差异等）。

价格参数：P_0表示开发者在平台上对应用的定价；L表示消费者为基础业

① 如果以开发者为上层规划的主导决策者建模，只要把二者的上下层位置颠倒即可。其中，需要将开发者的全部成本（包括人力资本的使用成本）改设为价值网络的固定成本，将平台的全部成本改设为价值网络的可变成本。

务支付的费用（例如，流量费；App 定价中用来补偿平台固定成本的租金费用，如服务商支付给运营商的通道费）；P_1 表示消费者在平台购买应用产品（而非服务）的全部支出，$P_1 = P_0 + L$，主要指非增值部分的全部支出；P_2 表示 P_1 之上的溢价（主要指增值部分的全部支出，如广告、品牌、专利支付价格，也包括按服务收费的差异租，理论特征是在均衡定价时高于 MC 的部分是垄断竞争定价高于完全竞争定价的部分）；$P_0{}^*$ 表示开发者对增值应用产品的完全竞争均衡定价；$P_1{}^*$ 表示用户购买时面对的产品完全竞争均衡价格；$P_2{}^*$ 表示用户租用时面对的垄断竞争均衡价格。

2. **成本（固定成本与可变成本）**

改进之处主要在于，从价值网络整体出发区分固定成本与可变成本。简化起见，将平台的全部成本作为“基础平台 - 增值应用”价值网络的固定成本，将开发者（活劳动）的全部成本作为“基础平台 - 增值应用”价值网络的可变成本。

C_p 为平台成本，即价值网络的固定成本；C_a 为开发者成本，即价值网络的可变成本。其中，$C_p = C_{p_0} + C_{p_1}$，C_{p_0} 表示平台运营该应用的固定成本；C_{p_1} 表示平台提供该应用的可变成本；$C_a = C_{a_0} + C_{a_1}$，C_{a_0} 表示开发者开发该应用的固定成本；C_{a_1} 表示开发者开发该应用的可变成本。C_j 表示开发者与平台结算该应用时应交的税费及产生的利息损失。

在制度经济中，平台向增值应用服务方（开发者）分享使用权，其所有成本作为价值网络的固定成本分摊于增值应用，而增值应用服务方的全部成本包括承担风险的负的机会成本。假如开发者为上层主导决策者，则这里的成本应倒过来设置。例如，如果一线客户关系人员对收入的贡献超过 50%，则应认为这些人员的人力资本作为固定成本被“均摊”于由物质资本构成的价值网络的可变成本中（假设物质资本因过剩而完全竞争）。

3. **收入**

改进之处主要是符号。以 P 代指平台，以 a 代指开发者。

收入与利润参数：F_P 表示平台获得的收入，F_a 表示开发者获得的收入，$F_P{}^*$ 表示平台获得的均衡收入，$F_a{}^*$ 表示开发者获得的均衡收入，平台的利润为 R_P，开发者的利润为 R_a。

4. **分成比例**

改进之处主要是分成的性质，区分了同质业务与异质业务。前者的分成是使用成本补偿意义上的分成，是对稀缺租的分成；后者的分成是对差异租的分成。

分成比例参数：μ_1表示开发者得到的同质业务分成比例。例如，云服务模式中平台按基础设施、平台和软件的使用（或使用效果）收取服务费；μ_2表示开发者得到的异质业务（增值业务）分成比例；$\mu_1{}^*$表示同质业务分成模式下平台对开发者的均衡分成比例；$\mu_2{}^*$表示增值业务分成模式下平台对开发者的均衡分成比例。

在制度经济实践中，分成比例可能是阶段性固定的变量。例如，苹果商店模式中，平台与开发者的分成比例由原来的三七调整为15%∶85%，相当于这里的均衡分成比例已通过博弈在实践中得以确定。其中，平台获得的15%可视为云服务模式中平台的服务费（也可不限于这种具体的服务费）。App 开发者之所以能够获得高达85%的分成，可视为对其人力资本在化解风险、创造价值中贡献的肯定。当然，我们不否定 App 中失败者的机会成本对个体来说是一种净损失，但考虑到这种失败并不额外地占用平台固定成本资源，因此，我们不把它内生进资产的投入产出表来分析。它们可以被视为非“经济”的（自给自足的）或与经济包容性的增加（机会增加）相权各有得失的现象。

10.4.2.2 建模2：区分基础与增值价格的需求函数

需求函数由应用价格（基础价格、增值价格）与应用数量表示。

基础价格指完全竞争机制确定的价格（均衡价格 $P=MC$），增值价格指垄断竞争机制确定的价格（均衡价格 $P=AC$），增值价格是一种来自差异化和多样化的溢价，可以认为是通过前者的成本加成实现的，它与 $P=MC$ 相差一个 $AC-MC$ 的租值，对应于平台固定成本 $FC=AC-MC$。

具体的需要函数模型不变。

1. 线性需求

$$D(P_1)=a-b\cdot P_1$$

其中 a、b 为常数，$a>0$，$b\gg0$，$a-b\cdot P_1>0$。

$$D(P_2)=a-c\cdot P_2$$

其中 a、c 为常数，$a>0$，$c\gg0$，$a-c\cdot P_2>0$。

2. 非线性需求

$$D(P_1)=a\cdot P_1^{-b}$$

其中 a、b 为常数。

$$D(P_2)=a\cdot P_2^{-c}$$

其中 a、c 为常数。

在制度经济双层规划的定价机制中，显现的只是面向客户的应用价格（平台服务价值转移到最终应用中）。要在应用价格中进一步区分基础价格与增值价格，操作上相当有难度。

因此，这一模型的需求函数的真正难点在于 P_1 与 P_2 的确定，特别是从实际定价中区分出 P_2。我们可以设想以下几种情况。

第一种情况，假设存在一种标准应用（具有基本功能），以它为定价基准，确定基础价格 P_1。增值应用在基本功能之外附加了增值功能，则由于增加功能而提高的价格可以视为增值价格 P_2。

第二种情况，标准应用是免费的，增值应用的产品免费但按服务收费，则服务价格为增值价格 P_2。服务价格为产品的租赁价格，如住房租赁。

第三种情况，视服务为一种标准产品（如出租车统一定价），在标准服务之上提供增值服务，收取的高于标准产品的定价（包括补贴）为增值价格 P_2。

第四种情况，产品免费，服务也免费，但以服务为内容的产品收取广告费。例如，下载应用不收费或少收费，少收的部分以广告费形式补偿，则广告费为 P_2。其中的逻辑是，应用越受欢迎，下载页面的用户流量越大，广告价值越大。这种价值，必定来源于此种应用与其他应用差异之处。当然，下载的流量费（用来补偿平台固定成本投入的费用）应计入基础价格而非增值价格。

第五种情况，产品、基础服务收费（包括免费的情况），增值服务另外收费，增值服务费为增值价格 P_2。例如，游戏免费或收费低，但道具收费；又如虚拟柜台免费或收取少量会员费，但通过大数据分析、网站优化等促销服务收费；等等。

总的原则是将差异化的服务与非差异化的产品与服务区分开。

10.4.2.3 建模 3：内生分成比例的利润函数

利润函数的“利润”，仅指收入减去成本所得，用于表示剩余分成。在不同的理论中，这个“利润”有不同的名称，如剩余（配第）、剩余价值（马克思）、利息、机会成本、分成、租值（稀缺租、差异租）、会计意义上的利润等。

其中，实质性的不同，在于这里的“利润”包括了劳动者的利润，如创客的利润。开发者的利润，是活劳动的“利润”，主要是创造性劳动所获的分成（也包括霍布森所说的“最低利息”），这是制度经济以外的理论中没有的。

平台分成中，首先分别计算开发者与平台的收入和成本。

1. 平台的收入和成本

平台的收入为基础收入与增值收入之和：

$$F_{p=}(1-\mu_1)\cdot P_1\cdot D(P_1)+(1-\mu_2)\cdot P_2\cdot D(P_2)$$

其中，平台增值收入既可来自分成，也可来自直接提供 B2B 增值服务所得。一般来说，向应用服务商（或 App 开发者）提供的依托平台的增值服务与第三方商务增值服务定价相比（如电子商务平台提供物流与第三方物流相比），有更低、相等和更高 3 种情况。

平台成本即价值网络的固定成本，是平台自身的固定成本与可变成本之和：

$$C_P = C_{P_0} + C_{P_1}\cdot D(P_1) + C_{P_1}\cdot D(P_2)$$

其中，平台可变成本 C_{P_1} 在实践中可视为平台开发增值应用的成本，它本身属于针对增值应用服务的增值应用服务（B2B 的或面向服务商的增值服务）。

2. 开发者的收入和成本

开发者的收入为：

$$F_a=\mu_1\cdot P_1+\mu_2\cdot P_2\cdot D(P_2)$$

开发者的成本为：

$$C_a=C_{a_0}+C_{a_1}\cdot D(P_1)\ \ +C_{a_1}\cdot D(P_2)+C_j$$

需要注意的是，这里的固定成本 C_{a_0} 既包括一定生产资料费用（对应佃农的工具）、学习费用等，也包括活劳动中人力资本（如果有的话）使用的机会成本等。

平台与开发者的利润函数，表示的是双方的剩余分成。

平台的利润为平台收入减去成本：

$$R_p=(1-\mu_1)\cdot P_1\cdot D(P_1)+(1-\mu_2)\cdot P_2\cdot D(P_2)\ \ -$$

$$[C_{P_0} + C_{P_1} \cdot D(P_1) + C_{P_1} \cdot D(P_2)]$$

开发者的利润为开发者收入减去成本：

$$R_a = \mu_1 \cdot P_1 \cdot D(P_1) + \mu_2 \cdot P_2 \cdot D(P_2) - [C_{a_0} + C_{a_1} \cdot D(P_1) + C_{a_1} \cdot D(P_2) + C_j]$$

10.4.2.4 建模4：双层规划的目标与约束条件

上层目标：平台利益最大（利润 R_p 最大）。

$$\max F_P = (1-\mu_1) \cdot P_1 \cdot D(P_1) + (1-\mu_2) \cdot P_2 \cdot D(P_2) - [C_{P_0} + C_{P_1} \cdot D(P_1) + C_{P_1} \cdot D(P_2)]$$

下层目标：开发者利益最大（利润 R_a 最大）。

$$\max F_a = \mu_1 \cdot P_1 \cdot D(P_1) + \mu_2 \cdot P_2 \cdot D(P_2) - [C_{a_0} + C_{a_1} \cdot D(P_1) + C_{a_1} \cdot D(P_2) + C_j]$$

这只是双层规划一种简单的表示方法。进一步的做法是，将上下层的利益最大化作为目标函数、将成本作为约束条件来表示。

10.4.3 小结：作为新综合均衡框架的双层规划

双层规划作为体现均衡原理的模型，在其建模中综合了垄断竞争均衡的均衡价格确定方法、政治经济学与新制度经济学的社会关系分析方法及新古典经济学的最优化方法等框架性要素。同时，在资源配置与社会分配两个主要方面体现了数字经济的独特性。

10.4.3.1 新综合双层规划的资源配置特征

1. 以双层规划形式内生垄断竞争

垄断竞争政治经济学引入原属于新古典主义的均衡框架，以垄断竞争均衡为稳定均衡，这不代表它排斥完全竞争均衡，而是把完全竞争均衡与垄断竞争均衡整合在同一个均衡框架内。这个均衡框架即广义均衡，是由品种、数量、价格 3 个维度构成的均衡。①

广义均衡的学术渊源来自内生品种的均衡，即由迪克西特、斯蒂格利茨于

① 广义均衡又称信息化与网络经济均衡，其基本模型见姜奇平《信息化与网络经济：基于均衡的效率与效能分析》（中国财富出版社，2015）。

1977年建立的D-S模型。其中的“广义”是指把新古典均衡（仅由数量—价格两个维度构成的均衡框架）视为三维框架的一个特例，即同质性（$N=1$，即以品种代表的质不变）的特例。广义均衡与新古典完全竞争均衡的计算结果完全一样，二者的主要区别在于，新古典完全竞争视工业化同质化生产为常态，视差异化竞争为非常态。

斯塔克尔伯格的垄断竞争理论在“垄断性卖主的数目非常多”的条件下，强调“每个人都将自己局限在自己市场的垄断范围之内”。[①] 在制度经济中，“垄断性卖主的数目非常多”恰恰是App所面临的情况，每个App都在个性化情况下成为“垄断者”，而这种“垄断者”的数目非常多，彼此之间竞争激烈。“垄断者”的市场权力仅限于自己的个性化市场。制度经济借鉴斯塔克尔伯格模型构建双层规划模型，更看重对平台（固定成本分享者）与“数目非常多”的App（固定成本使用者）之间分成关系的分析。

2. 以合作博弈形式体现范围经济

双层规划是规范化的博弈形式，无论是双层规则还是博弈论，都既可以体现工业经济均衡，也可以体现数字经济均衡。同质化完全竞争的新古典理论，更多地体现自由竞争时期工业经济的特点。对数字经济来说，更多的是一种局部解释（例如，解释平台间、应用间的同质完全竞争），但不适合对生态的解释。

将双层规划用于数字经济均衡分析，必然要求对双层规划本身做出方法选择。双层规划的结果，既可能是零和博弈类型的，也可能是合作博弈类型的。如果将双层规划对应于博弈论，那适合数字经济生态均衡分析的方法显然是合作博弈而非零和博弈。也就是说，用对应合作博弈的双层规划方法解析数字经济，才能更好地做到内容与方法的统一。

当然，如果只是进行局部均衡分析，并不受这一条件的限制。例如，在数字经济发展中，也存在局部的工业生产方式的“孤岛”。例如，农业，由于条件限制，仍然坚持以工业化（称为“农业产业化”）的方式发展，此时对农业的分析就适合零和博弈，因为合作化对它来说可能暂时不是主要的决定因素。再比如，在“两化融合”中，制造业服务化中的产品制造部分仍然主要遵循工业化的生产方式（同质化、大规模、零经济利润），对这一局部的分

① 特里芬．垄断竞争与一般均衡理论［M］．北京：商务印书馆，1995.

析，可以沿用工业经济分析使用的合作博弈方法（如规模经济）。

但总的来说，如果一个经济体能称为数字经济，那无论其中包含多少工业化的成分（就好比工业化完成后仍存在大量未资本化的土地与地租一样），经济的主要部分都应遵循主导逻辑来分析。合作博弈本身，也分规模经济与范围经济。对数字经济来说，这两种成分将会长期并存（范围经济且规模经济），我们把规模经济当作数字经济继承下来的工业经济因素（它已从主导逻辑下降为次要逻辑），而把范围经济作为经济的主导逻辑。在数字经济的生态中对二者进行区分，有简明的标志——看平台之上增值应用的类型是以多品种竞争（异质完全竞争）为主还是以单一品种竞争（同质完全竞争）为主，前者的外在标志通常是品牌化，后者的外在标志通常是价格战。

合作博弈与范围经济的内在联系有以下几个方面。一是二者都具有“1 + 1 >2”这一本质特征。在“平台 - 应用”生态中，双边市场的网络效应提供了一种相互的外部性。较大的消费者流量，形成有利于供方实现报酬递增的外部性条件；较大的供应商数量，又为消费者提供了有利于实现报酬递增（消费者剩余增加）的外部性条件。双边市场的互补，实现了生态外部性的内部化。双方相互将对方提供的外部性内部化，又形成了收益的超可加性。二是二者都具有成本均摊这一本质特征。平台以外部性方式提供整个生态的固定成本，而应用方将这种固定成本均摊在 App 中，实现轻资产（主要是整个生态的可变成本）运作，从而实现了成本上的次可加性。从消费者角度讲，是降低了消费相对于范围的成本（如搜寻成本、配对成本等）。

当然，区分合作博弈中平台本身的规模经济与范围经济是困难的。在整个生态中，平台主要承担的是规模经济的功能，典型的生态是“平台规模经济 + 应用范围经济”的组合，其中，平台承担工业化（产业化，如规模化）功能，应用承担信息化（服务化，如定制）功能。生态组织本质上是以扬弃（肯定一半即采用规模化的一半，否定一半即采用定制化的一半）的方式转型企业这种组织方式（注意，不是企业转型而是转型企业，即把企业转型为不是企业而是生态的组织）。

什么样的平台发展范围经济的增值业务更具有优势呢？从经验上看，范围经济平台应具有以下功能，一是通过 API 将差异化、多样化能力，以开发工具、设计软件、中台等形式开放给应用方，进行差异化、多样化赋能；二是云到端服务能力，可以通过大数据来分辨、分析个性化需求，帮助应用方进行面向提价竞争的流量分析与流量转化；三是能够为应用方提供或帮助应用方发展足够丰富多样的应用场景服务。这些其实都是合作博弈中合作的具体内容。

同工业经济中以企业为组织单位发展范围经济的区别，是企业范围经济在同一所有权内部分摊固定成本（提供共用设施的企业本身进行多角化经营），生态范围经济则在所有权外部（但在同一使用权内部）分摊固定成本（提供共用设施的企业与多元化的企业可以不是同一所有权主体）。与数字经济的联系在于，只有采用基于数字技术的资产（如可复制、复用的数据资产、数字化生产资料），才有技术条件在整个经济范围内广泛共享生产资料。

当然，也存在“平台规模经济 + 应用规模经济”的组合，如团购平台。这就要深究平台中的什么禀赋引导应用打价格战（降价竞争），什么禀赋引导应用提价竞争了。

10.4.3.2 新综合双层规则的社会分配特征

制度经济之所以需要以内生了垄断竞争的广义均衡为基本框架，是因为要在均衡水平上加强对 App 的解释力。按照新古典均衡理论，由创新带来的个性化、差异化将违反帕累托最优。因此，一旦完全竞争，最优均衡水平将不可能稳定地存在。广义均衡解决了这个问题，广义均衡认为个性化从而整个网络经济符合均衡规律不是短期的、偶然的现象，而是历史的必然和长期可持续发展的新现象，由此才解释清楚为什么具有差异化优势的劳动者可以获得剩余分成。

垄断竞争理论与古典理论的结合具有历史渊源。罗宾逊夫人的垄断竞争理论，最后就通向了剑桥学派的古典经济学传统——将利益相互作用作为框架整体内生进经济学分析，重点研究劳动收入与财产收入的比例关系。

以双层规划形式内生垄断竞争同样具有历史渊源。双层规划与垄断竞争均衡的结合，曾在斯塔克尔伯格的研究中初见端倪。特里芬在《垄断竞争与一般均衡理论》中曾将斯塔克尔伯格的理论列为垄断竞争的四大理论之一（与张伯伦、罗宾逊夫人、帕累托的垄断竞争理论并称）。特里芬认为，同样提出垄断竞争理论，斯塔克尔伯格更强调企业间的依存关系，而不像张伯伦、罗宾逊夫人那样侧重分析群体或产业的概念。①

1. **生态化的合作博弈：长勺理论**

将生态问题从配置问题转化为制度问题，需要把资源配置中的外部性与内部化转化为财产权利。传统的外部性与内部化都是相对于所有权而言的，都是一种行为在行为主体所有权内部的得失。主体行为的正外部性视为主体之失（成本付出），这种正外部性的得是他人从中获得的收益。用权利来界定，外部性是指行为主体在所有权范围内付出成本而提供的收益，由所有权之外的主体获得；负外部性是指行为主体在所有权范围内造成的他人损失（常常作为行为主体获益的相伴条件，如生产非环保产品所伴生的污染），由所有权之外的主体承担。

数字经济的改变在于，将外部性与内部化从所有权扩展到了使用权。也就是说，主体行为的正外部性同样视为主体之失（成本付出），这种正外部性的得同样是他人从中获得的收益，但他人从收益中拿出一部分补偿主体，相当于将这一部分外部性内部化。用权利来界定，外部性同样指行为主体在所有权范围内付出成本而提供的收益，被所有权之外、使用权之内（共同使用、共享使用）的主体获得。负外部性是指行为主体在所有权范围内造成的他人损失（如平台风险），由所有权之外、使用权之内的行为主体（平台）承担。例如，生态中失败（如平台退市）的应用方并不承担平台固定资产损失（无“产”可破），损失由平台承担。

这非常像杨培芳先生常举的例子：上帝让人们用长勺吃饭，由于勺子太长，人们无法将饭喂到自己嘴里，只能用长勺互相喂对方，如果不合作，谁也达不到自己吃饱的目的。这就是一个典型的双层规划场景，其实质是自利与利他的统一，即互利。这种互利，是通过所有权与使用权原先对应的收益功能的互换实现的。

2. **用合约理论精炼双层规划博弈**

双层规划在新综合模型中的另一个框架性功能，是概括性地“表现”出利益相互作用的实质性关系。

利益分析是本书的主题，采用综合的方法进行利益分析，是因为以往的方法不太理想。古典经济学的利益分析框架往往聚焦于对剩余的争夺，

① 特里芬．垄断竞争与一般均衡理论［M］．北京：商务印书馆，1995.

而疏于对均衡过程的解析，这使利益相互作用与供求相互匹配难以有机结合。

博弈论也可以用于表现利益相互作用，但在“你知道我知道你知道……”的形式下，注意力聚焦在了利益相互作用的冲突细节上，而把共同知识和制度都当作外在的、派生的东西。斯塔克尔伯格模型虽说是博弈论的前身，有种种不完善之处，但它对利益的概括力却比博弈论强，至少没有像博弈论那样把合作与非合作当作不同方法的研究对象。

斯塔克尔伯格模型原来也不是用于分析政治经济学，更多的是用于分析资源配置。我们在新综合中将它转用于内生利益分析的均衡模型，在于将合约经济学的思想贯注其中。合约理论是新制度经济学常用的方法，它比博弈论更适合利益相互作用分析。新制度经济学的合约理论往往设定了特殊的制度条件（如绝对产权），为了更好地分析制度经济中拥有与使用之间的权利关系及它们各自背后的利益关系，我们放松了这种偏窄的制度设定，而以相对产权为制度设定。双层规划同时克服了合约经济学偏文字描述的缺点，可以大大提高合约经济学分析均衡问题时的量化精确性。在进一步的研究中，我们还将引入社会网络计算，以实现对网络结构的量化分析。

3. 对新古典技术方法的完善：数学规划的推广

经济学的数学方法体系（主要是数学规划方法体系）可以分为两大类：一类是新古典主义经济学的数学方法，对应的主要是单层数学规划（以及最优化理论）；另一类是目前尚不统一的古典经济学传统（政治经济学、制度经济学）潜在的数学方法，对应的主要是双层数学规划（以及最优化理论）。我们的策略是把新古典主义数学方法当作一个特例（单层规划特例），将其综合进更全面的双层规划。

同是内生利益相互作用，在古典经济学方向的数学延长线上，方法又可分为博弈论与双层规划两种研究路径。博弈论代表经验性的、注重利益相互作用过程的实证性方法；双层规划在体现利益博弈时，更加注重利益相互作用结果而非中间过程，因此，更接近理论经济学风格。数字经济在运用双层规划与博弈论时，内在要求以范围经济为均衡与最优标准，把代表自由竞争阶段工业化特征的新古典方法作为特例（$N=1$ 时的特例）纳入自身。